Nachhaltigkeitsberichterstattung in Deutschland und den USA

MÜNSTERANER SCHRIFTEN ZUR INTERNATIONALEN UNTERNEHMENSRECHNUNG

Herausgegeben von Peter Kajüter

Band 8

Zu Qualitätssicherung und Peer Review der vorliegenden Publikation

Die Qualität der in dieser Reihe erscheinenden Arbeiten wird vor der Publikation durch den Herausgeber der Reihe geprüft.

Notes on the quality assurance and peer review of this publication

Prior to publication, the quality of the work published in this series is reviewed by the editor of the series.

Daniel Blaesing

Nachhaltigkeitsberichterstattung in Deutschland und den USA

Berichtspraxis, Determinanten und Eigenkapitalkostenwirkungen

PL ACADEMIC RESEARCH

Bibliografische Information der Deutschen Nationalbibliothek
Die Deutsche Nationalbibliothek verzeichnet diese Publikation in der DeutschenNationalbibliografie; detaillierte bibliografische Daten sind im Internet über http://dnb.d-nb.de abrufbar.

Zugl.: Münster (Westfalen), Univ., Diss., 2013

D 6
ISSN 1868-7687
ISBN 978-3-631-64547-5 (Print)
E-ISBN 978-3-653-03692-3 (E-Book)
DOI 10.3726/978-3-653-03692-3

PL Academic Research ist ein Imprint der Peter Lang GmbH.
Peter Lang – Frankfurt am Main · Bern · Bruxelles · New York · Oxford · Warszawa · Wien

www.peterlang.de

Geleitwort

Die Nachhaltigkeitsberichterstattung hat in den letzten Jahren vor allem bei großen Unternehmen stark an Bedeutung gewonnen und ist zu einem festen Bestandteil der Unternehmenskommunikation geworden. Die Informationsbedürfnisse der Investoren, aber auch jene der Stakeholder im Allgemeinen beschränken sich längst nicht mehr auf eine Darstellung der wirtschaftlichen Lage. Vielmehr fordern sie auch Informationen über ökologische und soziale Belange und somit über eine verantwortungsvolle und nachhaltige Unternehmensführung. Neben der traditionellen Finanzberichterstattung ist eine transparente Darstellung der Nachhaltigkeitsleistung daher von zentraler Bedeutung, um die unternehmerische Tätigkeit gegenüber den Stakeholdern zu legitimieren und sich langfristig den Zugang zu notwendigen Ressourcen zu sichern.

Die Gründung des *International Integrated Reporting Council* (IIRC) im August 2010 unterstreicht die zunehmende Bedeutung von Nachhaltigkeit für die Unternehmensberichterstattung. Angesichts der steigenden Informationsbedürfnisse der Stakeholder und der damit verbundenen Komplexität der aktuellen Berichtspraxis veröffentlichte das *IIRC* im April 2013 den Consultation Draft für eine integrierte Berichterstattung (*integrated reporting*). Dieser ganzheitliche Ansatz der Unternehmensberichterstattung zielt darauf ab, die wesentlichen finanziellen und nichtfinanziellen Aspekte der vergangenen, gegenwärtigen und künftigen Unternehmensleistung darzustellen, deren Verbindungen und Wechselwirkungen aufzuzeigen und die Auswirkungen der Geschäftsaktivitäten auf das ökonomische, ökologische und soziale Unternehmensumfeld zu erläutern.

Im Unterschied zur gesetzlich verpflichtenden Finanzberichterstattung erfolgt eine umfassende Nachhaltigkeitsberichterstattung sowohl national als auch international bislang meist auf freiwilliger Basis. Daher weist die Berichtspraxis eine geringe Standardisierung auf und die Qualität der Nachhaltigkeitsberichterstattung wird überwiegend als gering beurteilt. Die Freiwilligkeit der Berichterstattung wirft die Frage auf, welche Unternehmen Nachhaltigkeitsberichte veröffentlichen und warum sie dies tun. Neben der Legitimation des unternehmerischen Handelns wird häufig auch die Reduktion der Kapitalkosten als ein Motiv für eine umfassende Nachhaltigkeitsberichterstattung angeführt.

Die zunehmende Bedeutung von Nachhaltigkeit für die Unternehmensberichterstattung und die damit verbundenen Problemfelder und offenen Fragestellungen waren Anlass für Herrn Blaesing, sich im Rahmen seiner Arbeit mit der Ausgestaltung separater Nachhaltigkeitsberichte und deren Kapitalmarktwirkungen zu befassen. Neben einer Beschreibung der Berichtspraxis in Deutschland und den USA identifiziert Herr Blaesing wesentliche Determinanten der Berichterstattung und untersucht die Eigenkapitalkostenwirkungen einer separaten Nachhaltigkeitsberichterstattung im Rahmen einer international vergleichenden Studie.

Die empirischen Befunde zeigen eine insgesamt geringe Qualität der Nachhaltigkeitsberichterstattung, wobei diese in Deutschland signifikant höher ist als in den USA. In beiden Ländern besteht daher ein erhebliches Verbesserungspotenzial. Die Entscheidung für die Erstellung separater Nachhaltigkeitsberichte wird insbesondere durch die Unternehmensgröße und das systematische Risiko beeinflusst, während die Berichtsqualität durch die Medienpräsenz, eine freiwillige Berichtsprüfung, die Höhe der Verschuldung sowie die Branchenzugehörigkeit beeinflusst wird. Zudem zeigt sich in Übereinstimmung mit den Befunden zur Berichtspraxis ein signifikanter Ländereinfluss auf die Qualität separater Nachhaltigkeitsberichte. Bezüglich der Eigenkapitalkostenwirkung ist für deutsche Unternehmen ein negativer Zusammenhang zwischen der Qualität separater Nachhaltigkeitsberichte und der Höhe der impliziten Eigenkapitalkosten nachweisbar. Für die USA lässt sich dieser Zusammenhang hingegen nicht bestätigen.

Die empirischen Befunde haben wesentliche Implikationen für die Praxis. Für Unternehmen empfiehlt sich eine stärkere Berücksichtigung von Nachhaltigkeitsaspekten im Rahmen der internen Planung und Steuerung sowie die Implementierung eines umfassenden Nachhaltigkeitscontrollings, um den Informationsbedürfnissen in der externen Unternehmensberichterstattung besser nachkommen zu können. Darüber hinaus kann sowohl die Qualität als auch die Glaubwürdigkeit der Berichterstattung durch eine externe Berichtsprüfung erhöht werden. Für Gesetzgeber und Standardsetzer stellt sich vor dem Hintergrund der geringen Standardisierung und Berichtsqualität die Frage nach den Möglichkeiten und Grenzen einer Berichts- und/oder Prüfungspflicht sowie die Herausforderung der Formulierung einheitlicher Berichtsstandards.

Die vorliegende Arbeit bietet durch ihre empirischen Befunde umfassende Einblicke in die Praxis, die Determinanten und die Eigenkapitalkostenwirkungen der Nachhaltigkeitsberichterstattung deutscher und US-amerikanischer Unternehmen. Sie zeigt zudem zahlreiche Implikationen für Berichtsersteller, Berichtsadressaten, Gesetzgeber und Standardsetzer sowie Wirtschaftsprüfer auf. Insofern wünsche ich der Arbeit eine breite Aufmerksamkeit in Wissenschaft und Praxis.

Münster im Juni 2013 Prof. Dr. Peter Kajüter

Vorwort

Die vorliegende Arbeit entstand während meiner Zeit als wissenschaftlicher Mitarbeiter am Lehrstuhl für BWL, insb. Internationale Unternehmensrechnung an der Westfälischen Wilhelms-Universität Münster. Sie wurde von der Wirtschaftswissenschaftlichen Fakultät im April 2013 als Dissertation angenommen.

Diese Dissertation ist das Ergebnis eines mehrjährigen Arbeitsprozesses, der in bedeutendem Maße von dem fachlichen Austausch und dem persönlichen Zuspruch geprägt wurde, die ich während dieser Zeit erfahren habe. Nachfolgend möchte ich daher die Gelegenheit nutzen, mich bei all jenen zu bedanken, die mich während der Promotionszeit auf unterschiedlichste Art und Weise unterstützt und somit zum erfolgreichen Gelingen dieser Arbeit beigetragen haben. Besonders danke ich meinem akademischen Lehrer und Doktorvater, Herrn Prof. Dr. Peter Kajüter. Er ermöglichte es mir zum Thema Nachhaltigkeitsberichterstattung zu promovieren und unterstützte mich nicht nur im Rahmen der Themenfindung. Als mein Doktorvater war er als Ansprechpartner stets für mich erreichbar und trug mit seinen fachlichen Anregungen und Hinweisen wesentlich zum Gelingen meines Dissertationsvorhabens bei. Mein herzlicher Dank gilt zudem Herrn Prof. Dr. Dr. h.c. Jörg Baetge für die Übernahme des Zweitgutachtens. Frau Jun.-Prof. Dr. Andrea Schneider danke ich für ihre Prüfertätigkeit im Rahmen der Disputation.

Ein herzlicher Dank gilt meinen derzeitigen und ehemaligen Kolleginnen und Kollegen für die fachliche Unterstützung und das freundschaftlich geprägte Arbeitsklima am Lehrstuhl. Unsere vielen gemeinsamen Freizeitaktivitäen, wie die wöchentliche Fußballrunde, gemütliche Kochabende und unsere Ausflüge ins Münsteraner Nachtleben, haben dazu beigetragen, dass ich auf eine tolle Zeit in Münster zurückblicken kann.

Besonders bedanken möchte ich mich bei Dr. Christian Reisloh und Dr. Simon Esser, die mein Manuskript kritisch durchgeshen und mich während meiner Promotionszeit als Freunde vor allem auch persönlich unterstützt haben. Zudem danke ich Moritz Schröder für die kritischen Diskussionen und wertvollen Anregungen zu den theoretischen Ansätzen der Arbeit sowie Martin Thomsen für seine kritische Durchsicht der konzeptionellen Grundlagen. Martin Nienhaus danke ich dafür, dass er als Ansprechpartner bei statisitschen Fragestellungen stets ein offenes Ohr für mich hatte. Ferner danke ich Dr. Kristian Bachert, der mir insbesondere zu Beginn meiner Promotionszeit für fachliche Diskussionen zur Verfügung stand und mir so geholfen hat, die Themenstellung zu konkretisieren. Desweiteren danke ich Marcel Baki und Dr. Martin Merschdorf, die mir bei sämtlichen IT-Fragen stets mit Rat und Tat zur Seite standen. An dieser Stelle möchte ich auch unseren derzeitigen und ehemaligen studentischen Hilfskräften danken, die mich im Rahmen ihrer Tätigkeit auf vielfältige Weise unterstützt haben und deren Engagement uns Mitarbeitern die Arbeit an der Dissertation wesentlich erleichtert.

Von ganzem Herzen danke ich meiner Freundin Christina Voets, die ich während unserer gemeinsamen Zeit am Lehrstuhl kennengelernt habe. Neben dem fachlichen Austausch und Zuspruch haben mir ihr Verständnis, ihre Geduld sowie ihre liebevolle Unterstützung in den vergangenen Jahren vor allem auch in persönlich schwierigen Phasen Halt und Vertrauen gegeben und wesentlich zum Gelingen dieser Arbeit beigetragen.

Darüber hinaus möchte ich meiner gesamten Familie danken. Insbesondere meiner Oma, Ilse Altenberend, sowie meinem Onkel, Rainer Altenberend, danke ich für den Rückhalt und die vielfältige Unterstützung, die sie mir und meiner Mutter geben. Der größte Dank gebührt schließlich meiner Mutter und meinem verstorbenen Vater, Christa und Herbert Blaesing. Sie haben mich während meines gesamten Lebenswegs geprägt und mir stets ermöglicht, meine eigenen Entscheidungen zu treffen. Ihre Zuversicht, ihre Unterstützung und ihr Vertrauen in mich haben das Gelingen dieser Arbeit erst möglich gemacht. Ihnen widme ich diese Arbeit in Liebe und Dankbarkeit.

Münster im Juni 2013 Daniel Blaesing

Inhaltsübersicht

1 Einleitung ... 1

1.1 Problemstellung und Zielsetzung ... 1

1.2 Gang der Untersuchung ... 6

1.3 Wissenschaftstheoretische Einordnung ... 8

2 Grundlagen der Nachhaltigkeitsberichterstattung ... 12

2.1 Nachhaltigkeit und Nachhaltigkeitsberichterstattung ... 12

2.2 Nachhaltigkeitsberichterstattung und Unternehmenspublizität ... 29

2.3 Der G3.1-Berichtsrahmen der Global Reporting Initiative ... 41

3 Stand der empirischen Forschung ... 54

3.1 Überblick ... 54

3.2 Praxis der Nachhaltigkeitsberichterstattung ... 57

3.3 Determinanten der Nachhaltigkeitsberichterstattung ... 71

3.4 Eigenkapitalkostenwirkungen der Nachhaltigkeitsberichterstattung ... 83

3.5 Implikationen für die vorliegende Arbeit ... 88

4 Theorie und Hypothesenentwicklung ... 91

4.1 Institutionalismus als theoretisches Fundament ... 91

4.2 Hypothesenentwicklung ... 122

5 Forschungsdesign ... 138

5.1 Struktur des empirischen Feldes ... 138

5.2 Datenerhebungsmethodik ... 149

5.3 Auswertungsverfahren ... 167

6 Empirische Befunde ... 174

6.1 Praxis der Nachhaltigkeitsberichterstattung ... 174

6.2 Determinanten der Nachhaltigkeitsberichterstattung ... 199

6.3 Eigenkapitalkostenwirkungen der Nachhaltigkeitsberichterstattung ... 237

6.4 Verknüpfung der Teilstudienergebnisse ... 256

7 Schlussbetrachtung ... 267

7.1 Zentrale Ergebnisse und Implikationen ... 267

7.2 Limitationen ... 273

7.3 Ausblick ... 275

Inhaltsverzeichnis

Abbildungsverzeichnis XVII
Tabellenverzeichnis XIX
Formelverzeichnis XXIII
Abkürzungsverzeichnis XXV
Symbolverzeichnis XXXI

1 Einleitung 1
1.1 Problemstellung und Zielsetzung 1
1.2 Gang der Untersuchung 6
1.3 Wissenschaftstheoretische Einordnung 8

2 Grundlagen der Nachhaltigkeitsberichterstattung 12
2.1 Nachhaltigkeit und Nachhaltigkeitsberichterstattung 12
2.1.1 Definitionen und begriffliche Abgrenzungen 12
2.1.2 Nachhaltigkeit und Unternehmensführung 17
2.1.3 Nachhaltigkeit und Kapitalmärkte 20
2.1.4 Nachhaltigkeitsberichterstattung 22
2.1.4.1 Historische Entwicklung 23
2.1.4.2 Ziele und Nutzen 24
2.1.4.3 Grundsätze und Inhalte 26
2.2 Nachhaltigkeitsberichterstattung und Unternehmenspublizität 29
2.2.1 Obligatorische und freiwillige Unternehmenspublizität 29
2.2.2 Obligatorische Nachhaltigkeitsberichterstattung 32
2.2.2.1 Der deutsche Lagebericht 32
2.2.2.2 Die MD&A in den USA 36
2.2.2.3 Der Management Commentary des IASB 38
2.2.3 Freiwillige Nachhaltigkeitsberichterstattung 39
2.3 Der G3.1-Berichtsrahmen der Global Reporting Initiative 41
2.3.1 Zielsetzung und Konzeption der GRI 41
2.3.2 Der G3.1-Leitfaden zur Nachhaltigkeitsberichterstattung 44
2.3.2.1 Berichtsprinzipien und Berichtsgrenzen 44

2.3.2.1.1 Prinzipien zur Bestimmung des Berichtsinhalts. 44
2.3.2.1.2 Prinzipien zur Sicherung der Berichtsqualität.... 45
2.3.2.1.3 Bestimmung der Berichtsgrenzen 47
2.3.2.2 Standardangaben 48
2.3.2.2.1 Strategie und Profil 48
2.3.2.2.2 Managementansatz und Leistungsindikatoren... 49
2.3.3 Konkretisierungen und Ergänzungen des Leitfadens 52
2.3.3.1 Technische Protokolle und Indikatorprotokolle 52
2.3.3.2 Sector Supplements 52
2.3.4 Anwendungsebenen 53

3 Stand der empirischen Forschung 54
3.1 Überblick 54
3.2 Praxis der Nachhaltigkeitsberichterstattung 57
3.2.1 Nationale Studien 57
3.2.2 Internationale Studien 64
3.2.3 Zwischenfazit 69
3.3 Determinanten der Nachhaltigkeitsberichterstattung 71
3.3.1 Nationale Studien 71
3.3.2 Internationale Studien 75
3.3.3 Zwischenfazit 81
3.4 Eigenkapitalkostenwirkungen der Nachhaltigkeitsberichterstattung 83
3.4.1 Nationale Studien 83
3.4.2 Zwischenfazit 87
3.5 Implikationen für die vorliegende Arbeit 88

4 Theorie und Hypothesenentwicklung 91
4.1 Institutionalismus als theoretisches Fundament 91
4.1.1 Grundlagen des Institutionalismus 91
4.1.1.1 Institutionalismus als Gegenstand verschiedener Wissenschaftsdisziplinen 91
4.1.1.2 Institutionenbegriff nach Scott 92
4.1.1.3 Ökonomischer Institutionalismus 94

4.1.1.4 Soziologischer Institutionalismus ... 96
4.1.2 Ökonomische Theorieansätze ... 98
4.1.2.1 Vorüberlegungen ... 98
4.1.2.2 Prinzipal-Agenten-Theorie ... 99
4.1.2.2.1 Grundlagen der Prinzipal-Agenten-Theorie ... 99
4.1.2.2.2 Prinzipal-Agenten-Probleme ... 101
4.1.2.2.3 Agenturkosten ... 102
4.1.2.2.4 Lösungsmöglichkeiten für Prinzipal-Agenten-Probleme ... 103
4.1.2.3 Positive Accounting Theory ... 105
4.1.2.3.1 Grundlagen der Positive Accounting Theory .. 105
4.1.2.3.2 Die Existenz politischer Kosten ... 108
4.1.3 Soziologische Theorieansätze ... 109
4.1.3.1 Vorüberlegungen ... 109
4.1.3.2 Legitimitätstheorie ... 110
4.1.3.2.1 Grundlagen der Legitimitätstheorie ... 110
4.1.3.2.2 Gesellschaftsvertrag ... 111
4.1.3.2.3 Gesellschaftliche Erwartungen und Legitimitätslücke ... 112
4.1.3.2.4 Legitimationsstrategien ... 114
4.1.3.3 Stakeholdertheorie ... 116
4.1.3.3.1 Grundlagen der Stakeholdertheorie ... 116
4.1.3.3.2 Ethische Sichtweise ... 117
4.1.3.3.3 Betriebswirtschaftliche Sichtweise ... 118
4.1.4 Zwischenfazit ... 120
4.2 Hypothesenentwicklung ... 122
4.2.1 Vorüberlegungen ... 122
4.2.2 Determinanten der separaten Nachhaltigkeitsberichterstattung ... 122
4.2.2.1 Ländereinfluss ... 123
4.2.2.2 Einfluss der Unternehmensgröße ... 125
4.2.2.3 Einfluss der Medienpräsenz ... 126
4.2.2.4 Einfluss des systematischen Risikos ... 127
4.2.2.5 Einfluss der Profitabilität ... 129

4.2.2.6 Einfluss einer Berichtsprüfung und der Wahl des Berichtsprüfers ... 130
4.2.2.7 Einfluss der Stakeholderorientierung ... 132
4.2.2.8 Einfluss der Branchenzugehörigkeit ... 134
4.2.3 Kapitalkostenwirkung der Nachhaltigkeitsberichterstattung ... 135
4.2.4 Zusammenfassung ... 136

5 Forschungsdesign ... 138
5.1 Struktur des empirischen Feldes ... 138
5.1.1 Beschreibung der Grundgesamtheit ... 138
5.1.2 Festlegung der Untersuchungseinheit ... 145
5.1.3 Beschreibung der analysierten Nachhaltigkeitsberichte ... 146
5.2 Datenerhebungsmethodik ... 149
5.2.1 Grundlagen der Inhaltsanalyse ... 149
5.2.2 Phasen einer Inhaltsanalyse ... 151
5.2.3 Anforderungen an ein Kategoriensystem ... 153
5.2.4 Entwicklung des Disclosure Index ... 155
5.2.4.1 Festlegung des Kategoriensystems ... 156
5.2.4.2 Gewichtung einzelner Items und Ausprägungen ... 158
5.2.5 Gütekriterien der Inhaltsanalyse ... 162
5.2.5.1 Verhältnis von Reliabilität und Validität ... 162
5.2.5.2 Reliabilität ... 163
5.2.5.3 Validität ... 164
5.3 Auswertungsverfahren ... 167
5.3.1 Skalenniveau des Disclosure Index ... 167
5.3.2 Deskriptive Statistiken und univariate Analyseverfahren ... 168
5.3.3 Bivariate Korrelationsanalysen ... 170
5.3.4 Multivariate Regressionsanalysen ... 171

6 Empirische Befunde ... 174
6.1 Praxis der Nachhaltigkeitsberichterstattung ... 174
6.1.1 Allgemeine Charakteristika der Berichtspraxis ... 174
6.1.2 Inhaltliche Ausgestaltung der Nachhaltigkeitsberichterstattung ... 178

6.1.2.1 Ökonomische Leistungsindikatoren ... 179
6.1.2.2 Ökologische Leistungsindikatoren ... 182
6.1.2.3 Soziale Leistungsindikatoren ... 185
6.1.2.4 Zusammenfassende Darstellung ... 188
6.1.3 Kritische Würdigung der Ergebnisse ... 191
6.2 Determinanten der Nachhaltigkeitsberichterstattung ... 199
6.2.1 Verwendete Variablen ... 199
6.2.1.1 Abhängige Variablen ... 199
6.2.1.2 Unabhängige Variablen ... 199
6.2.2 Deskriptive Statistiken und Korrelationsanalysen ... 204
6.2.3 Isolierter Einfluss der Determinanten ... 208
6.2.4 Simultaner Einfluss der Determinanten ... 217
6.2.4.1 Einfluss auf die Erstellung eines separaten Nachhaltigkeitsberichts ... 217
6.2.4.2 Einfluss auf die Qualität der Nachhaltigkeitsberichterstattung ... 221
6.2.5 Sensitivitätsanalysen und Robustheitstests ... 225
6.2.6 Kritische Würdigung der Ergebnisse ... 226
6.3 Eigenkapitalkostenwirkungen der Nachhaltigkeitsberichterstattung ... 237
6.3.1 Implizite Eigenkapitalkosten ... 237
6.3.1.1 Grundlagen ... 237
6.3.1.2 Gewinnkapitalisierungsmodell nach Easton (2004) ... 239
6.3.2 Verwendete Variablen ... 241
6.3.2.1 Abhängige Variable ... 241
6.3.2.2 Unabhängige Variablen ... 242
6.3.3 Deskriptive Statistiken und Korrelationsanalysen ... 244
6.3.4 Ergebnisse der multivariaten Regressionsanalysen ... 247
6.3.5 Sensitivitätsanalysen und Robustheitstests ... 252
6.3.6 Kritische Würdigung der Ergebnisse ... 252
6.4 Verknüpfung der Teilstudienergebnisse ... 256
6.4.1 Abschließende Gesamtwürdigung ... 257
6.4.2 Implikationen ... 260

7 **Schlussbetrachtung** **267**
7.1 Zentrale Ergebnisse und Implikationen 267
7.2 Limitationen 273
7.3 Ausblick 275

Anhang **279**
Verzeichnis der Gesetze und Vorschriften **298**
Literaturverzeichnis **299**

Abbildungsverzeichnis

Abb. 1-1: Gang der Untersuchung ... 7

Abb. 1-2: Forschungsstrategien ... 9

Abb. 2-1: Corporate Responsibility im Stakeholderdiskurs ... 14

Abb. 2-2: Begriffliche Abgrenzung von Corporate Citizenship, Corporate Responsibility und Corporate Sustainability ... 17

Abb. 2-3: Historische und inhaltliche Entwicklung der Nachhaltigkeitsberichterstattung ... 24

Abb. 2-4: Ziele und Nutzen der Nachhaltigkeitsberichterstattung ... 25

Abb. 2-5: Das Drei-Säulen-Modell der Nachhaltigkeitsberichterstattung ... 27

Abb. 2-6: Bestandteile G3.1-Berichtsrahmen der GRI ... 44

Abb. 2-7: Angaben zu Strategie und Profil des Unternehmens ... 48

Abb. 2-8: Leistungsindikatoren des GRI-Leitfadens ... 51

Abb. 3-1: Analyse des Forschungsstands zur Nachhaltigkeitsberichterstattung ... 54

Abb. 4-1: Legitimitätslücke ... 113

Abb. 4-2: Primäre und sekundäre Stakeholder ... 119

Abb. 4-3: Theoretische Fundierung ... 121

Abb. 4-4: Theoretische Fundierung und Hypothesenentwicklung ... 137

Abb. 5-1: Verteilung der Grundgesamtheit deutscher Unternehmen nach Branchen ... 140

Abb. 5-2: Verteilung der Grundgesamtheit US-amerikanischer Unternehmen nach Branchen ... 140

Abb. 5-3: Beschreibung der Grundgesamtheit anhand der Marktkapitalisierung ... 141

Abb. 5-4: Beschreibung der Grundgesamtheit anhand der Bilanzsumme ... 142

Abb. 5-5: Beschreibung der Grundgesamtheit anhand des Umsatzes ... 143

Abb. 5-6: Beschreibung der Grundgesamtheit anhand der Mitarbeiterzahl ... 144

Abb. 5-7: Erstellung separater Nachhaltigkeitsberichte in Deutschland ... 146

Abb. 5-8: Erstellung separater Nachhaltigkeitsberichte in den USA ... 147

Abb. 5-9: Verteilung separater Nachhaltigkeitsberichte deutscher Unternehmen auf die Auswahlindizes ... 148

Abb. 5-10: Berichtszeiträume der analysierten Nachhaltigkeitsberichte ... 148

Abb. 5-11: Systematisierung textanalytischer Ansätze ... 149

Abb. 5-12: Kommunikationsmodell im Kontext der Nachhaltigkeitsbericht-erstattung ... 151
Abb. 5-13: Phasen einer Inhaltsanalyse ... 152
Abb. 5-14: Gütekriterien einer Inhaltsanalyse ... 162
Abb. 6-1: Separate Nachhaltigkeitsberichte in Deutschland und den USA nach Branchen ... 174
Abb. 6-2: Zielerreichungsgrade ökonomischer Leistungsindikatoren ... 179
Abb. 6-3: Angaben im Rahmen der Berichterstattung über ökonomische Leistungsindikatoren ... 181
Abb. 6-4: Zielerreichungsgrade ökologischer Leistungsindikatoren ... 182
Abb. 6-5: Angaben im Rahmen der Berichterstattung über ökologische Leistungsindikatoren ... 185
Abb. 6-6: Zielerreichungsgrade soziale Leistungsindikatoren ... 185
Abb. 6-7: Angaben im Rahmen der Berichterstattung über soziale Leistungs-indikatoren ... 187
Abb. 6-8: Zusammenfassende Darstellung der Zielerreichungsgrade ... 188
Abb. 6-9: Zusammenfassende Darstellung nach Art der Angaben im Nachhaltigkeitsbericht ... 190
Abb. 6-10: Punktevergabe zur Auswertung der Internetberichterstattung ... 203
Abb. 6-11: Ergebnisse der Hypothesentests zu den Determinanten der Nachhaltigkeitsberichterstattung ... 236
Abb. 6-12: Berechnung der impliziten Kapitalkosten nach *Easton* (2004) ... 241
Abb. 6-13: Ergebnisse des Hypothesentests zu den Eigenkapitalkostenwirkungen der Veröffentlichung eines separaten Nachhaltigkeitsberichts ... 253
Abb. 6-14: Ergebnisse des Hypothesentests zur Wirkungsweise der Qualität der separaten Nachhaltigkeitsberichterstattung auf die Eigenkapitalkosten ... 254
Abb. 7-1: Zusammenfassung der zentralen Ergebnisse ... 270
Abb. 7-2: Implikationen der Ergebnisse ... 272

Tabellenverzeichnis

Tab. 2-1: Stakeholderansprüche gegenüber dem Unternehmen 19
Tab. 3-1: Nationale Studien zur Praxis der Nachhaltigkeitsberichterstattung 63
Tab. 3-2: Internationale Studien zur Praxis der Nachhaltigkeitsberichterstattung 69
Tab. 3-3: Nationale Studien zu den Determinanten der Nachhaltigkeitsberichterstattung 75
Tab. 3-4: Internationale Studien zu den Determinanten der Nachhaltigkeitsberichterstattung 81
Tab. 3-5: Nationale Studien zu den Kapitalkostenwirkungen der Nachhaltigkeitsberichterstattung 87
Tab. 4-1: Three Pillars of Institutions 93
Tab. 4-2: Prinzipal-Agenten-Probleme 101
Tab. 4-3: Prinzipal-Agenten-Probleme und Lösungsmöglichkeiten 104
Tab. 5-1: Korrelationsanalysen der Proxys zur Messung der Unternehmensgröße.. 144
Tab. 5-2: Zusammenfassende Darstellung des Disclosure Index 158
Tab. 5-3: Gewichtung der Ausprägungsmerkmale des Disclosure Index 160
Tab. 6-1: GRI-Anwendungsebenen und Application Level Check 175
Tab. 6-2: Freiwillige Berichtsprüfung 176
Tab. 6-3: Berichtsumfang separater Nachhaltigkeitsberichte in Deutschland und den USA 177
Tab. 6-4: Berichtsumfang separater Nachhaltigkeitsberichte nach deutschen Auswahlindizes 178
Tab. 6-5: Berichterstattung über ökonomische Leistungsindikatoren 180
Tab. 6-6: Berichterstattung über ökologische Leistungsindikatoren 183
Tab. 6-7: Berichterstattung über soziale Leistungsindikatoren 186
Tab. 6-8: Zusammenfassende Darstellung der Berichtsqualität und -quantität 189
Tab. 6-9: Kriterienkatalog zur Auswertung der Internetberichterstattung 202
Tab. 6-10: Deskriptive Statistiken der unabhängigen Variablen (Determinantenstudie) 205
Tab. 6-11: Deskriptive Statistiken zur Nachhaltigkeitsberichterstattung im Internet 205
Tab. 6-12: Deskriptive Statistiken zur Nachhaltigkeitsberichterstattung im Geschäftsbericht 206

Tab. 6-13: Korrelationsanalysen der unabhängigen Variablen (Determinanten und Kontrollvariablen) 207

Tab. 6-14: Einfluss der Unternehmensgröße 209

Tab. 6-15: Einfluss der Medienpräsenz 210

Tab. 6-16: Einfluss des systematischen Risikos 211

Tab. 6-17: Einfluss der Profitabilität 211

Tab. 6-18: Einfluss des Streubesitzanteils 212

Tab. 6-19: Einfluss des Verschuldungsgrads 213

Tab. 6-20: Einfluss einer freiwilligen Berichtsprüfung 214

Tab. 6-21: Einfluss einer Prüfung durch eine Big-Four-Wirtschaftsprüfungsgesellschaft 214

Tab. 6-22: Einfluss der Branchenzugehörigkeit 215

Tab. 6-23: Probitregressionsergebnisse zu Determinanten der Erstellung (Gesamtsample) 218

Tab. 6-24: Probitregressionsergebnisse zu Determinanten der Erstellung (Ländersamples) 220

Tab. 6-25: Regressionsergebnisse zu Determinanten der Berichtsqualität (Gesamtsample) 222

Tab. 6-26: Regressionsergebnisse zu Determinanten der Berichtsqualität (Ländersamples) 224

Tab. 6-27: Deskriptive Statistiken der impliziten Eigenkapitalkosten 245

Tab. 6-28: Deskriptive Statistiken zum Marktwert-Buchwert-Verhältnis (Kontrollvariable) 245

Tab. 6-29: Korrelationsanalyse der Test- und Kontrollvariablen 246

Tab. 6-30: Regressionsergebnisse zu Eigenkapitalkostenwirkungen der Veröffentlichung eines separaten Nachhaltigkeitsberichts 248

Tab. 6-31: Regressionsergebnisse: Eigenkapitalkostenwirkungen der Berichtsqualität 250

Tab. A-1: Disclosure Index zur Auswertung der Nachhaltigkeitsberichterstattung.. 279

Tab. A-2: Ergebnisse der inhaltsanalytischen Auswertung separater Nachhaltigkeitsberichte 282

Tab. A-3: Probitregressionsergebnisse zu Determinanten der Erstellung (alternative Proxys für die Unternehmensgröße) 286

Tab. A-4: Probitregressionsergebnisse zu Determinanten der Erstellung (um Ausreißer bereinigt) 287

Tab. A- 5: Regressionsergebnisse zu Determinanten der Berichtsqualität (alternative Proxys für die Unternehmensgröße) ... 288

Tab. A-6: Regressionsergebnisse zu Determinanten der Berichtsquantität ... 289

Tab. A-7: Regressionsergebnisse zu Determinanten der Berichtsqualität (um Ausreißer bereinigt) ... 290

Tab. A-8: Rangregressionsergebnisse zu Determinanten der Berichtsqualität ... 291

Tab. A-9: Regressionsergebnisse zu Eigenkapitalkostenwirkungen der Berichtsqualität (einschließlich Kontrollvariable für Berichtsprüfung) ... 292

Tab. A-10: Regressionsergebnisse zu Eigenkapitalkostenwirkungen der Berichtsquantität ... 293

Tab. A-11: Regressionsergebnisse zu Eigenkapitalkostenwirkungen der Veröffentlichung eines separaten Nachhaltigkeitsberichts (um Ausreißer bereinigt) ... 294

Tab. A-12: Regressionsergebnisse zu Eigenkapitalkostenwirkungen der Berichtsqualität (um Ausreißer bereinigt) ... 295

Tab. A-13: Rangregressionsergebnisse zu Eigenkapitalkostenwirkungen der Veröffentlichung eines separaten Nachhaltigkeitsberichts ... 296

Tab. A-14: Rangregressionsergebnisse zu Eigenkapitalkostenwirkungen der Berichtsqualität ... 297

Formelverzeichnis

(5.1) Berechnung des Disclosure Index ... 161

(6.1) Regressionsgleichung: Determinanten der Erstellung eines Nachhaltigkeitsberichts ... 217

(6.2) Regressionsgleichung: Determinanten der Berichtsqualität ... 221

(6.3) Gewinnkapitalisierungsmodell nach *Easton* (2004) I ... 240

(6.4) Gewinnkapitalisierungsmodell nach *Easton* (2004) II ... 241

(6.5) Regressionsgleichung: Eigenkapitalkostenwirkungen der Veröffentlichung eines Nachhaltigkeitsberichts ... 247

(6.6) Regressionsgleichung: Eigenkapitalkostenwirkungen der Berichtsqualität ... 249

Abkürzungsverzeichnis

A	Anhang
Abb.	Abbildung
Abs.	Absatz
AEG	Abnormal Earnings Growth
AG	Aktiengesellschaft
AktG	Aktiengesetz
ANOVA	Analysis of Variance
arithm.	arithmetisches Mittel
BMU	Bundesministerium für Umwelt, Naturschutz und Reaktorsicherheit
BRD	Bundesrepublik Deutschland
BRIC	Brasilien, Russland, Indien, China
bspw.	beispielsweise
bzw.	beziehungsweise
CAPM	Capital Asset Pricing Model
CBCA	Canadian Business & Current Affairs
CC	Corporate Citizenship
CEC	Commission for Environmental Cooperation
CERES	Coalition for Environmentally Responsible Economies
Comp.	Company
Corp.	Corporation
CPA	Certified Public Accountant
CR	Corporate Responsibility
CS	Corporate Sustainability
CSEAR	Centre for Social and Environmental Accounting Research
CSR	Corporate Social Responsibility
DAX	Deutscher Aktienindex
DCGK	Deutscher Corporate Governance Kodex
d.h.	das heißt
DI	Disclosure Index
Discl.	Disclosure
Diss.	Dissertation
DJSI	Dow Jones Sustainability Index
dps	dividend per share
DRS	Deutscher Rechnungslegungsstandard
DRSC	Deutsches Rechnungslegungs Standards Committee

DSR	Deutscher Standardisierungsrat
E	Entwurf
EC	Economic
EFTA	European Free Trade Association
e.g.	exempli gratia
EKK	Eigenkapitalkosten
EN	Environmental
eps	earnings per share
et al.	et alii
etc.	et cetera
EU	Europäische Union
e.V.	eingetragener Verein
f.	folgende
FASB	Financial Accounting Standards Board
FWB	Frankfurter Wertpapierbörse
GB	Geschäftsbericht
GbR	Gesellschaft bürgerlichen Rechts
ggf.	gegebenenfalls
GICS	Global Industry Classification Standard
GmbH	Gesellschaft mit beschränkter Haftung
H	Hypothese
Habil.	Habilitation
h.c.	honoris causa
HDAX	Hundred Deutscher Aktienindex
HGB	Handelsgesetzbuch
HR	Human Rights
http	hypertext transfer protocol
IASB	International Accounting Standards Board
i.d.R.	in der Regel
IDW	Institut der Wirtschaftsprüfer
IFRS	International Financial Reporting Standards
IIRC	International Integrated Reporting Council
Inc.	Incorporation
Int.	Internet
IÖW	Institut für ökologische Wirtschaftsforschung
i.S.d.	im Sinne des

i.V.m.	in Verbindung mit
Jg.	Jahrgang
JSE	Johannesburg Stock Exchange
KgaA	Kommanditgesellschaft auf Aktien
Kap.	Kapitel
LA	Labor Practices and Decent Work
MC	Management Commentary
MD&A	Management's Discussion and Analysis
MDAX	Midcap Deutscher Aktienindex
Mio.	Million
Mrd.	Milliarde
MSCI	Morgan Stanley Capital International
n.a.	not applicable
NASDAQ	National Association Of Securities Dealers Automated Quotations
NB	Nachhaltigkeitsbericht
NGO	Non-Governmental Organization
No.	Number
NYSE	New York Stock Exchange
OFR	Operating and Financial Review
OHG	Offene Handelsgesellschaft
OSCR	Observatory on Corporate Social Responsibility
PAT	Positive Accounting Theory
PEG	Price Earnings Growth
PIRC	Pensions & Investment Research Consultants
PR	Public Relation
PR	Product Responsibility (i.V.m. Ausführungen zu den Leistungsindikatoren der GRI)
PS MC	Practice Statement Management Commentary
qual.	Qualitativ
quant.	Quantitativ
RH	Rechnungslegung

Rn.	Randnummer
ROA	Return on Assets
ROE	Return on Equity
S.	Seite
S&P	Standard & Poor's
SAM	Sustainable Asset Management
SDAX	Smallcap Deutscher Aktienindex
SE	Societas Europaea
SEC	Securities and Exchange Commission
SIFF	Social Investment Forum Foundation
SMAC	Society of Management Accountants of Canada
SO	Society
sog.	so genannte
Sp.	Spalte
SRI	Socially Responsible Investment
Std.Abw.	Standardabweichung
syst.	Systematisches
Tab.	Tabelle
TBL	Triple Bottom Line
TecDAX	Technologie Deutscher Aktienindex
u.a.	unter anderem
UN	United Nations
UNEP	United Nations Environment Programme
Univ.	Universität
US	United States
USA	United States of America
USD	US-Dollar
US-GAAP	United States Generally Accepted Accounting Principles
vgl.	vergleiche
VIF	Varianzinflationsfaktor
WBCSD	World Business Council for Sustainable Development
WCED	World Commission on Environment and Development
WPG	Wirtschaftsprüfungsgesellschaft
www	world wide web
YoY	Year on Year

z.B.	zum Beispiel
zugl.	zugleich

Symbolverzeichnis

§	Paragraph
%	Prozent
*	Signifikanzniveau
Σ	Summe
Chi2	Chi2-Wert des Chi2-Test
Di	Item i im Disclosure Index
eps_t	Erwarteter Gewinn je Aktie zum Zeitpunkt t
F	F-Wert des F-Test
I	Item im Disclosure Index bzw. Unternehmen in Regressionsschätzung
N	Anzahl der Unternehmen in der Grundgesamtheit
N	Anzahl der analysierten Unternehmen
P	Signifikanzwert
PEG	Kurs-Gewinnwachstum-Verhältnis
Pt	Aktienkurs im Zeitpunkt t
	Regressionskoeffizient
R^2	Bestimmtheitsmaß
R	Rangkorrelationskoeffizient (Spearman Rho)
r_{Easton}	erwarteter Eigenkapitalkostensatz nach dem Modell von *Easton* (2004)
T	T-Wert des T-Tests
α	Konstante, Achsenabschnitt
Β	Regressionskoeffizient
ε_i	Störterm

1 Einleitung

1.1 Problemstellung und Zielsetzung

„Bei allem, was man tut, das Ende zu bedenken, das ist Nachhaltigkeit."[1]

Dieses Zitat beschreibt die Lehre, die aus der gesellschaftlichen Einsicht zu ziehen ist, dass menschliches Handeln die Hauptursache für den fortschreitenden Klimawandel, die zunehmende Ressourcenknappheit, menschenunwürdige Arbeitsbedingungen sowie eine wachsende soziale Ungerechtigkeit ist.[2] Durch die Erkenntnis der Notwendigkeit eines ethischen und nachhaltigen Handelns für das gesellschaftliche Zusammenleben hat die Nachhaltigkeitsthematik in den letzten Jahrzehnten zunehmend an Bedeutung gewonnen. Die Anforderungen an eine nachhaltige Entwicklung auf Ebene der Gesellschaft wurden dabei entscheidend durch die Brundtland-Kommission geprägt.[3] Diese fordert die Berücksichtigung der Bedürfnisse gegenwärtiger Generationen, ohne die Möglichkeiten künftiger Generationen zu gefährden, ihre eigenen Bedürfnisse zu befriedigen.[4]

Insbesondere den Unternehmen wurde in der Vergangenheit regelmäßig eine Hauptverantwortung an den bestehenden ökologischen und sozialen Missständen zugeschrieben,[5] wodurch die Auswirkungen des unternehmerischen Handelns bis heute häufig Gegenstand gesellschaftlicher Kritik sind. Daher stehen Unternehmen in zunehmendem Maße vor der Herausforderung, sich der gesellschaftlichen Verantwortung zu stellen und ihre ökonomischen Zielsetzungen unter Berücksichtigung ihrer ökologischen und sozialen Verantwortung zu definieren.[6] Die Forderung nach einer gesellschaftlichen Verantwortung der Unternehmen ist keineswegs neu. Neu ist allerdings die *„Lautstärke und der Nachdruck"*[7], mit denen Stakeholder die Integration eines gesellschaftlich verantwortungsvollen Handelns in die Unternehmensstrategie einfordern.

Der US-amerikanische Ökonom *Milton Friedman* schrieb hingegen in einer Ausgabe des *New York Times Magazines* aus dem Jahr 1970 hinsichtlich der sozialen Verantwortung von Unternehmen:

> *„There is one and only one social responsibility of business – to use its resources and engage in activities designed to increase its profits so long as it stays within the rules of the game, which is to say, engage in open and free competition without deception and fraud."*[8]

---

[1] Dr. Eric Schweitzer, CEO der Alba-Group, Mitglied des Rates für Nachhaltige Entwicklung, in einem Interview mit dem Tagesspiegel im Juni 2010. Online verfügbar unter: www.tagesspiegel.de/wirtschaft/interview-alle-abfaelle-zu-rohstoffen-machen/1850532.html (Stand: 12.12.2012).

[2] Vgl. *Lackmann* (2010), S. 1; *Zentes/Schramm-Klein* (2009), S. 185.

[3] Vgl. *Hoffmann* (2011), S. 7.

[4] Vgl. *WCED* (1987), S. 8.

[5] Vgl. *Burschel et al.* (2004), S. 550.

[6] Vgl. *Zentes/Schramm-Klein* (2009), S. 186.

[7] *Meffert* (2008), S. 381.

[8] *Friedman* (1970).

Die Berücksichtigung sozialer und ökologischer Aspekte verursacht nach *Friedman* nur unnötige Kosten, die der Steigerung des Unternehmenswerts zuwiderlaufen und folglich einer bevorzugten Rangstellung der Shareholderinteressen entgegenstehen. Diese radikale Ausprägung des Shareholder Value-Gedankens, welche die Gewinnmaximierung als alleinige Handlungsmaxime unternehmerischer Verantwortung legitimiert, erscheint als Konzept zur Unternehmensführung jedoch als zu eindimensional und zu kurzfristig.[9] In einer sich rasch entwickelnden Welt, die mit den Folgen des Klimawandels, zunehmender Ressourcenknappheit und einer fortwährend steigenden Arbeitslosenquote zu kämpfen hat, scheint es für die Unternehmen unabdingbar, ökologische und soziale Faktoren in ihre Zielfunktionen zu integrieren.[10]

Im Unterschied zum Shareholder Value-Konzept ist der *Corporate Social Responsibility* (CSR)-Ansatz durch einen Diskurs mit den unterschiedlichen Stakeholdern sowie der Berücksichtigung der spezifischen Partikularinteressen der Anspruchsgruppen bestimmt.[11] Unter der international weit verbreiteten Bezeichnung CSR haben sich bis heute zahlreiche Initiativen und Projekte mit dem Ziel entwickelt, unternehmerische Verantwortung über den rein wirtschaftlichen Bereich hinaus auszudehnen.[12] Auch die Unternehmen selbst haben sich in den letzten zwei Jahrzehnten verstärkt mit der Umsetzung von CSR, unternehmerischer Nachhaltigkeit (*Corporate Sustainability*) und unternehmerischem Nachhaltigkeitsmanagement (*Sustainability Management*) auseinandergesetzt.[13] Die zentrale Herausforderung für die Unternehmen besteht dabei in der Formulierung mehrdimensionaler Zielfunktionen, unter Berücksichtigung einer Harmonisierung ökonomischer, ökologischer und sozialer Zielsetzungen.[14]

Die wachsende Bedeutung einer stakeholderorientierten Unternehmensführung hat schließlich dazu geführt, dass Informationen über Nachhaltigkeitsaspekte zunehmend auch Gegenstand der Berichterstattung großer Unternehmen geworden sind.[15] Nach einer kurzen Phase der Veröffentlichung vereinzelter Sozialberichte, beginnend in den USA während der 1960/70er Jahre, und den Anfängen der Umweltberichterstattung knapp zwei Jahrzehnte später, hat sich seit Ende der 1990er Jahre eine umfassende Nachhaltigkeitsberichterstattung entwickelt und ist inzwischen zu einem festen Bestandteil der Berichterstattung großer Unternehmen geworden.[16] Die Gründung des *International Integrated Reporting Council* (IIRC) im August 2010 unterstreicht die Bedeutung von Nachhaltigkeitsaspekten für die Unternehmensberichterstattung. Ziel des IIRC ist es, ein allgemein anerkanntes Rahmenkonzept für eine integrierte Berichterstattung zu entwickeln,

---

9 Vgl.*Hermann* (2005), S. 1.

10 Vgl. *Homann* (2004), S. 3.

11 Vgl. *Bassen et al.* (2005), 232f., sowie zu einer Interpretation von CSR aus der Shareholder- und Stakeholder-Perspektive *van Marrewijk* (2003), S. 96f.

12 Vgl. *Hansen/Schrader* (2005), S. 373.

13 Vgl. *Schaltegger et al.* (2007), S. 10.

14 Vgl. *Baetge/Schmidt* (2010), S. 293.

15 Vgl. *Herzig/Schaltegger* (2007), S. 577.

16 Zur historischen Entwicklung von der Sozial- und Umweltberichterstattung hin zu einer umfassenden Nachhaltigkeitsberichterstattung vgl. ausführlich *Brugger* (2010), S. 65ff.; *Herzig/Schaltegger* (2007), S. 581ff.; *Burschel et al.* (2004), S. 545ff.

welches insbesondere die Finanz- und Nachhaltigkeitsberichterstattung miteinander verknüpft.[17]

In einigen Ländern existieren bereits gesetzliche Bestimmungen zur Angabe von Nachhaltigkeitsinformationen im Rahmen der Unternehmensberichterstattung.[18] Allerdings erfolgt eine umfassende Nachhaltigkeitsberichterstattung sowohl national als auch international meist auf freiwilliger Basis. Dabei hat sich die *Global Reporting Initiative* (GRI) seit ihrer Gründung 1997 als führende Initiative in der Entwicklung internationaler Leitlinien zur Nachhaltigkeitsberichterstattung etabliert.[19] Der G3-Berichtsrahmen der GRI ist das weltweit am häufigsten angewendete Rahmenkonzept zur Nachhaltigkeitsberichterstattung.[20] Das Rahmenkonzept soll dazu beitragen, dass die Nachhaltigkeitsberichterstattung hinsichtlich Vergleichbarkeit, Verlässlichkeit, Überprüfbarkeit und Aktualität der Qualität der Finanzberichterstattung entspricht.[21]

Allerdings scheint die Nachhaltigkeitsberichterstattung von diesem Ziel bislang weit entfernt zu sein. Trotz bestehender Leitlinien, wie denen der GRI, weist die Berichtspraxis bislang eine geringe Standardisierung auf und die Qualität der Nachhaltigkeitsberichterstattung ist allenfalls als mittelmäßig zu beurteilen.[22] Wie eine Studie von *KPMG* zeigt, gilt die Berichterstattung deutscher Unternehmen im internationalen Vergleich jedoch als vorbildlich.[23] In den USA erstellen im Vergleich deutlich mehr Unternehmen einen Nachhaltigkeitsbericht, allerdings ist die Nachhaltigkeitsberichterstattung US-amerikanischer Unternehmen insgesamt als oberflächlich zu bewerten. Unternehmen stehen daher häufig unter dem Verdacht, die Nachhaltigkeitsberichte für Werbe- und Public Relation-Zwecke zu instrumentalisieren, wodurch den Berichten mitunter eine geringe Glaubwürdigkeit zugesprochen wird.[24] Um den beschriebenen Problemen entgegenzuwirken, wird seit einigen Jahren die Einführung einer gesetzlichen Berichtspflicht kontrovers diskutiert.[25] Ferner kann die Glaubwürdigkeit der Berichterstattung durch eine externe Berichtsprüfung erhöht werden. Dies führt dazu, dass im Zusammenhang mit der Diskussion um eine mögliche Berichtspflicht in der Literatur regelmäßig auch die Frage nach den Möglichkeiten und Herausforderungen einer (gesetzlich vorgeschriebenen) Prüfungspflicht erörtert wird.[26]

Die Tatsache, dass eine umfassende Nachhaltigkeitsberichterstattung sowohl national als auch international bislang meist auf freiwilliger Basis erfolgt, wirft unweigerlich die Frage auf, welche Unternehmen Nachhaltigkeitsberichte veröffentlichen und warum sie dies tun. Bestehende empirische Befunde zur Berichtspraxis zeigen, dass insbesondere große

---

17 Vgl. *Schmidt* (2012), S. 3. Für einen Überblick über das Diskussionspapier zum *integrated reporting* vgl. ausführlich *Beyhs/Barth* (2012), S. 2857-2863, sowie *Behncke/Hoffmann* (2012), S. 411-417.

18 Vgl. *Herzig/Schaltegger* (2007), S. 584.

19 Vgl. *Eiselt/Kaspereit* (2010), S. 380.

20 Vgl. *KPMG* (2011a), S. 21.

21 Vgl. *Haller/Ernstberger* (2006), S. 2518.

22 Vgl. *Quick/Knocinski* (2006), S. 633.

23 Vgl. *KPMG* (2011a), S. 4f.

24 Vgl. *Eiselt/Kaspereit* (2010), S. 380.

25 Vgl. *Herzig/Schaltegger* (2005), S. 18.

26 Vgl. *Höschen/Vu* (2008), S. 378-387; *Hofmann* (2007).

Unternehmen über die gesetzlichen Mindestanforderungen hinaus Informationen mit Nachhaltigkeitsbezug veröffentlichen.[27] Allerdings kann eine freiwillige Nachhaltigkeitsberichterstattung regelmäßig auch durch weitere länder-, branchen- oder firmenspezifische Faktoren beeinflusst sein.[28]

Im Hinblick auf die Frage, warum Unternehmen umfangreiche Nachhaltigkeitsinformationen auf freiwilliger Basis bereitstellen, nennen diese, neben der Legitimation ihres unternehmerischen Handelns, insbesondere auch ökonomische Vorteile als Motive einer Nachhaltigkeitsberichterstattung.[29] Ökonomische Vorteile können bspw. durch eine Erhöhung zukünftiger Cashflows aufgrund einer gestiegenen Reputation entstehen.[30] Im Sinne eines kapitalmarktorientierten Nachhaltigkeitsverständnisses dient die Berichterstattung über Nachhaltigkeitsaspekte insbesondere der Verbesserung der Risikotransparenz der Unternehmen.[31] Demnach führt eine transparente Nachhaltigkeitsberichterstattung zu einer Verringerung des Investitionsrisikos der Investoren und somit zu einer Senkung der Kapitalkosten.[32] Inwieweit Unternehmen in Folge einer umfassenden Nachhaltigkeitsberichterstattung tatsächlich von geringeren Kapitalkosten profitieren, kann indes nur empirisch beantwortet werden. Es gibt bereits einige empirische Studien, welche diesen Zusammenhang überwiegend für den angloamerikanischen Raum untersuchen. Die Untersuchungen weisen jedoch sehr unterschiedliche, mitunter sogar gegensätzliche Ergebnisse auf.[33] Für Deutschland existiert eine vergleichbare Untersuchung bislang nicht.

Die vorstehenden Ausführungen unterstreichen die Aktualität der Nachhaltigkeitsthematik und ihre Auswirkungen auf das unternehmerische Handeln. Dabei wird insbesondere der Nachhaltigkeitsberichterstattung eine hohe Bedeutung zugesprochen. Die mit der Nachhaltigkeitsberichterstattung verbundenen Problemfelder und offenen Fragestellungen leiten gleichzeitig zur **Problemstellung** der vorliegenden Arbeit über. Aufgrund der geringen Standardisierung der Nachhaltigkeitsberichterstattung wird in einer ersten empirischen Teilstudie zunächst die Berichtspraxis in Deutschland und den USA untersucht. Daran anknüpfend widmen sich die beiden folgenden Teilstudien der Frage, welche Unternehmen über Nachhaltigkeitsaspekte berichten und warum sie dies tun. In einer zweiten empirischen Teilstudie werden daher die Determinanten der Nachhaltigkeitsberichterstattung in Deutschland und den USA empirisch analysiert. Wie zuvor beschrieben, wird als eines der hauptsächlichen Motive für die Veröffentlichung von Nachhaltigkeitsinformationen regelmäßig eine Reduktion der Kapitalkosten genannt. Die dritte Teilstudie

---

27 Vgl. bspw. *Quick/Knocinski* (2006), S. 637; *Ho/Taylor* (2007), S. 144f.

28 Vgl. *Ho/Taylor* (2007), S. 129-130.

29 Vgl. *KPMG* (2011a), S. 19.

30 Vgl. *Herzig/Schaltegger* (2007), S. 578f.

31 Vgl. *von der Crone/Hoch* (2002), S. 43.

32 Vgl. *Bassen/Senkl* (2010), S. 256.

33 Während *Richardson/Welker* (2001), S. 613f.; *Plumlee et al.* (2010), S. 26, und *Déjean/Martinez* (2009), S. 73, entgegen der Vermutung einen positiven Zusammenhang zwischen der Nachhaltigkeitsberichterstattung und den Kapitalkosten feststellen, deuten die Ergebnisse von *Reverte* (2012), S. 266, auf einen negativen Zusammenhang hin. *Clarkson et al.* (2010), S. 25f., können hingegen keinen statistisch signifikanten Zusammenhang feststellen.

beschäftigt sich daher mit der Wirkungsweise der Nachhaltigkeitsberichterstattung auf die Eigenkapitalkosten der Unternehmen.

Aus der zuvor formulierten Problemstellung leiten sich die Forschungsziele der vorliegenden Arbeit ab. In Analogie zu der Untersuchung der Nachhaltigkeitsberichterstattung im Rahmen von drei empirischen Teilstudien lässt sich die **Zielsetzung** in drei Forschungsziele unterteilen:

- Das erste Teilziel besteht darin, die aktuelle Praxis der Nachhaltigkeitsberichterstattung in Deutschland und den USA vor dem Hintergrund der Anforderungen an eine Berichterstattung über die GRI-Leistungsindikatoren ländervergleichend zu analysieren und darzustellen.
- Das zweite Teilziel besteht in der Identifikation möglicher Determinanten der Nachhaltigkeitsberichterstattung. Dabei stehen insbesondere die Analyse firmenspezifischer Einflussfaktoren sowie die Frage, inwieweit sich diese international unterscheiden, im Fokus der Betrachtung.
- Das dritte Teilziel besteht schließlich darin, die Eigenkapitalkostenwirkungen der Nachhaltigkeitsberichterstattung empirisch zu analysieren und mögliche Länderunterschiede in der Wirkungsweise aufzuzeigen.

Um die zuvor genannten Teilziele zu erreichen, werden die Nachhaltigkeitsberichte der Unternehmen unter Verwendung eines Disclosure Index inhaltsanalytisch ausgewertet. Dabei bilden separate Nachhaltigkeitsberichte den primären Untersuchungsgegenstand, da diese das bislang am häufigsten verwendete Berichtsformat darstellen, um umfassend über Nachhaltigkeitsaspekte zu informieren.[34] Ausgehend von den jeweils 160 größten Unternehmen in Deutschland und den USA werden zunächst diejenigen Unternehmen ermittelt, die einen separaten Nachhaltigkeitsbericht erstellen, um im Anschluss die Berichte auszuwerten und die Berichtspraxis anhand deskriptiver Statistiken und univariater Analyseverfahren zu beschreiben. Ferner bildet der Disclosure Index die Grundlage zur Messung der Berichtsqualität, um die Determinanten sowie die Eigenkapitalkostenwirkungen der Nachhaltigkeitsberichterstattung mit Hilfe multivariater Analyseverfahren empirisch zu analysieren.

Die vorliegende Arbeit umfasst eine ausführliche empirische Analyse der Berichtspraxis sowie der Determinanten und der Eigenkapitalkostenwirkungen der Nachhaltigkeitsberichterstattung in Deutschland und den USA und trägt daher in vielerlei Hinsicht zum Erkenntnisfortschritt auf dem Gebiet der Nachhaltigkeitsberichterstattung bei. Zum einen werden insbesondere firmenspezifische Einflussfaktoren der Berichterstattung ländervergleichend analysiert. Zum anderen liefert die Untersuchung erstmals Ergebnisse zu den Eigenkapitalkostenwirkungen der Nachhaltigkeitsberichterstattung deutscher Unternehmen und ist gleichzeitig die erste Studie, welche die Wirkung der Nachhaltigkeitsberichterstattung auf die Kapitalkosten in einem internationalen Kontext analysiert. Die empirischen Befunde besitzen zudem wesentliche Implikationen für Berichtsersteller, Berichtsadressaten, Gesetzgeber und Standardsetzer sowie Wirtschaftsprüfer.

---

[34] Vgl. *Gebauer/Glahe* (2011), S. 4f.; *KPMG* (2011b), S. 8.

1.2 Gang der Untersuchung

Der Aufbau der Untersuchung und somit das weitere Vorgehen leiten sich aus der zuvor formulierten Problemstellung und Zielsetzung der Arbeit ab. Die Arbeit wird insgesamt in sieben Kapitel unterteilt (vgl. Abb. 1-1). Im Anschluss an die einleitenden Ausführungen schließt das **erste Kapitel** mit einer kurzen wissenschaftstheoretischen Einordnung der vorliegenden Arbeit. Diese legt die gewählte Forschungsstrategie fest und bildet die Grundlage für das weitere Vorgehen im Rahmen der Untersuchung.

Im **zweiten Kapitel** werden zunächst die wesentlichen Definitionen und begrifflichen Abgrenzungen sowie die Grundlagen einer nachhaltigen Unternehmensführung erläutert, bevor die Bedeutung und historische Entwicklung der Nachhaltigkeitsberichterstattung herausgearbeitet werden. Anschließend wird die Nachhaltigkeitsberichterstattung in den Kontext der Unternehmenspublizität eingeordnet, wobei insbesondere zwischen einer gesetzlichen und einer freiwilligen Berichterstattung unterschieden wird. Das Grundlagenkapitel schließt mit einer Darstellung des G3.1-Berichtsrahmens der GRI, welcher gleichzeitig die Grundlage für den später entwickelten Disclosure Index bildet.

Aufbauend auf den Grundlagen widmet sich das **dritte Kapitel** der Analyse des aktuellen Forschungsstands zur Nachhaltigkeitsberichterstattung. Dazu werden die bereits bestehenden empirischen Studien in Analogie zu den drei Teilzielen der Arbeit zusammengefasst und deren Ergebnisse kritisch diskutiert. Abschließend werden auf Basis der gewonnenen Erkenntnisse bestehende Forschungslücken identifiziert und Implikationen für die vorliegende Arbeit aufgezeigt.

Im **vierten Kapitel** wird schließlich der theoretische Bezugsrahmen der Arbeit entwickelt. Um ein möglichst umfassendes Verständnis der Nachhaltigkeitsberichterstattung zu erlangen, wird, aufbauend auf dem Institutionalismus als theoretisches Fundament, sowohl auf ökonomische als auch auf soziologische Theorieansätze zurückgegriffen. Diese theoretischen Erklärungsansätze bilden gleichzeitig die Grundlage für die Entwicklung der Forschungshypothesen.

In Vorbereitung auf die empirische Untersuchung wird im **fünften Kapitel** das zugrundeliegende Forschungsdesign konzipiert. Nach einer Beschreibung des empirischen Feldes wird die Datenerhebungsmethodik der Inhaltsanalyse und der für die Auswertung der Nachhaltigkeitsberichterstattung verwendete Disclosure Index entwickelt. Zudem werden die im Rahmen der empirischen Analyse zur Anwendung kommenden Auswertungsverfahren erläutert.

Das **sechste Kapitel** umfasst schließlich die empirische Untersuchung der Nachhaltigkeitsberichterstattung vor dem Hintergrund der eingangs aufgeworfenen Problemstellung sowie die Überprüfung der im vierten Kapitel formulierten Forschungshypothesen. In Analogie zu den Teilzielen der vorliegenden Arbeit wird zunächst die Berichtspraxis in Deutschland und den USA analysiert. Daran anschließend werden sowohl die Determinanten als auch die Eigenkapitalkostenwirkungen der Nachhaltigkeitsberichterstattung empirisch untersucht. Das Kapitel schließt mit einer zusammenfassenden Gesamtwürdigung der wesentlichen Forschungsergebnisse der drei Teilstudien und einer kritischen Diskussion der Implikationen für die Praxis.

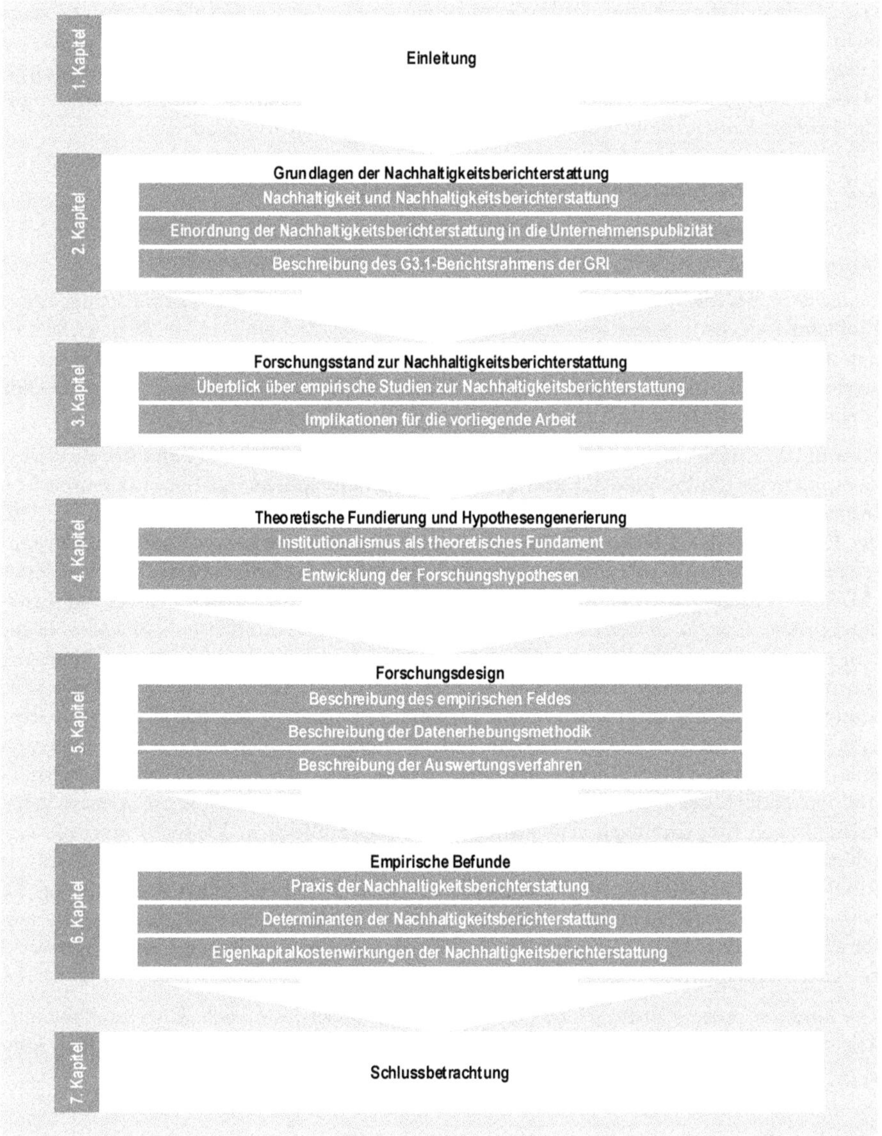

Abb. 1-1: Gang der Untersuchung

Die Arbeit schließt mit einer Schlussbetrachtung im **siebten Kapitel.** Diese fasst die zentralen Ergebnisse und Implikationen der vorliegenden Arbeit zusammen und zeigt die Limitationen der empirischen Untersuchung auf. Darauf aufbauend werden Anknüpfungspunkte für zukünftige Forschungsprojekte diskutiert und ein kurzer Ausblick über mögliche künftige Entwicklungen der Nachhaltigkeitsberichterstattung gegeben.

1.3 Wissenschaftstheoretische Einordnung

„Die Erkenntnis beginnt nicht mit Wahrnehmungen oder Beobachtungen oder der Sammlung von Daten oder von Tatsachen, sondern sie beginnt mit Problemen."[35]

Unter dem Begriff Wissenschaft versteht man die Entdeckung und Formulierung neuer Problemfelder sowie deren systematische Lösung.[36] Das Ziel einer jeden Wissenschaft ist demnach der Erkenntnisgewinn durch die Ansammlung neuen Wissens. In Abgrenzung zu den Begriffen Intuition und Glauben erfordert der Wissensbegriff, dass entsprechende Meinungen, Positionen bzw. Aussagen beschrieben und begründet sein müssen.[37]

Sowohl die Erkenntnistheorie (Epistemologie) als auch die **Wissenschaftstheorie** stellen Teilgebiete der Philosophie dar und können als Metadisziplinen der Einzelwissenschaften (bspw. Betriebswirtschaftslehre) verstanden werden. Sie beschäftigen sich mit dem Begriff, der Einteilung, den Erkenntnisprinzipien, den Methoden sowie den Zielen der Wissenschaft.[38] Die Wissenschaftstheorie versucht insbesondere zu beantworten, welchen Zwecken die Wissenschaften dienen (soll) und welche Mittel die Wissenschaftler zur Erreichung dieser Zwecke einsetzen (sollen).[39] Die Fragestellungen umfassen somit sowohl die bloße Beschreibung (deskriptive Wissenschaftstheorie) als auch die kritische Anleitung (normative Wissenschaftstheorie) der Wissenschaftspraxis. Letztere umschreibt die Wissenschaftstheorie im eigentlichen Sinne. Es bleibt festzuhalten, dass die Wissenschaftstheorie einen präskriptiven Charakter beansprucht, indem sie Anleitungen für die angemessene Konzeption, Durchführung und Auswertung von Forschungsvorhaben bereitstellt und letztendlich der Entwicklung von Forschungsmethoden dient.[40] Diese wissenschaftstheoretischen Empfehlungen sind jedoch keineswegs einheitlich. Vielmehr bestehen verschiedene Strömungen in der Wissenschaftstheorie, die sich mitunter scheinbar unversöhnlich gegenüberstehen. Die Wissenschaftstheorie stellt letztendlich das Rüstzeug für wissenschaftliches Arbeiten dar, wobei der Forscher selbst entscheiden muss, welche wissenschaftstheoretischen Methoden für die Verfolgung des spezifischen Forschungszwecks geeignet erscheinen.

Die konkrete Ausgestaltung eines Forschungsprojekts bestimmt sich daher in Abhängigkeit des jeweiligen Forschungszwecks. Um die Ziele der Wissenschaft zu erreichen, kön-

---

35 *Popper* (1969), S. 104.
36 Vgl. *Lingnau* (1995), S. 124.
37 Vgl. *Kornmeier* (2007), S. 4.
38 Vgl. *Fülbier* (2004), S. 266; *Westermann* (1987), S. 5.
39 Vgl. *Scherer* (2006), S. 22.
40 Vgl. hier und im Folgenden *Frank* (2007), Sp. 2010.

nen nach *Grochla* grundsätzlich drei verschiedene Forschungsstrategien angewendet werden (vgl. Abb. 1-2):[41]

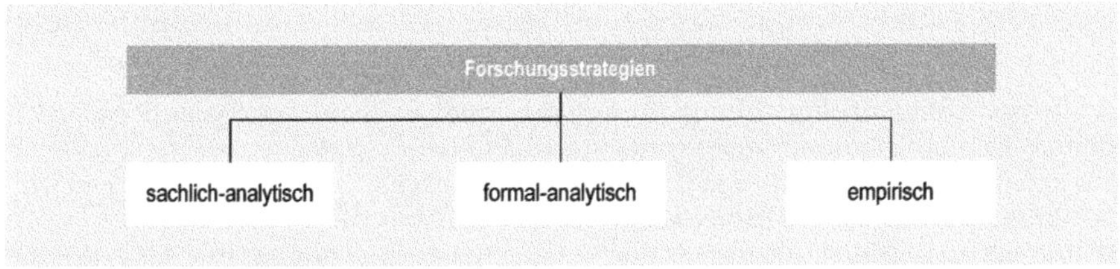

Abb. 1-2: Forschungsstrategien

Die **sachlich-analytische** Forschungsstrategie versucht, auf Basis von Plausibilitätsüberlegungen komplexe Zusammenhänge transparent zu machen und Handlungsempfehlungen auszusprechen. Diese konzeptionelle Herangehensweise erfüllt insbesondere eine heuristische Funktion, indem sie darauf zielt, interpretierend-deskriptive Aussagen oder hypothetisch-spekulative (explanatorische) Aussagen zu formulieren. Eine empirische Auswertung und Überprüfung der Aussagen wird hingegen nicht angestrebt.[42] Die **formal-analytische** Forschungsstrategie versucht real existierende Problemstrukturen möglichst einfach und abstrakt zu modellieren. Dabei steht weniger die Realitätserkenntnis als vielmehr eine entscheidungstechnische Verwendbarkeit der generalisierten Problemlösungen im Vordergrund.[43] Die **empirische** Forschungsstrategie verfolgt letztendlich das primäre Ziel einer systematischen Erfahrungsgewinnung. Dazu werden theoretische Aussagen an der Realität getestet, um *„ihre Geltung zu begründen oder ihren Wahrheitsmangel zu belegen"*[44]. Zum einen können aus dieser Forschungsstrategie real-deskriptive Aussagen abgeleitet werden, indem eine Beschreibung der Realität vorgenommen wird. Zum anderen können aber auch Aussagen über den Kausalzusammenhang zwischen verschiedenen Variablen angestrebt werden. Diese daraus formulierten Ausführungen werden als empirisch-kognitive Aussagen bezeichnet.[45]

Die vorliegende Arbeit ist dem Forschungsgebiet der Betriebswirtschaftslehre zuzuordnen. Die Betriebswirtschaftslehre bleibt in ihrer heutigen Form nicht allein auf den Stellenwert eines kaufmännischen Handwerks beschränkt, sondern versteht sich vielmehr als (Wirtschafts-)Wissenschaft.[46] Sie kann sowohl das Ziel der Wissensmehrung (reine Wissenschaft) verfolgen, als auch die Umsetzung gewonnener Erkenntnisse in die Praxis (angewandte Wissenschaft) beabsichtigen.[47] Der wissenschaftliche Anspruch der Betriebswirtschaftslehre erfordert gleichsam eine Auseinandersetzung mit den Methoden und Zielen

---

[41] Vgl. *Grochla* (1978), S. 71.
[42] Vgl. *Grochla* (1978), S. 72-78.
[43] Vgl. *Grochla* (1978), S. 85-93.
[44] *Grochla* (1978), S. 78.
[45] Vgl. *Grochla* (1978), S. 78-85.
[46] Vgl. *Fülbier* (2004), S. 266.
[47] Vgl. *Gutenberg* (1957), S. 9.

der Wissenschaften und somit eine wissenschaftstheoretische Positionierung des Forschungsvorhabens.[48]

In der heutigen Betriebswirtschaftslehre sind insbesondere zwei wissenschaftstheoretische Grundpositionen dominant: der kritische Rationalismus und der Konstruktivismus.[49]

Der **kritische** Rationalismus, mitunter auch verzerrend als Neo-Positivismus bezeichnet,[50] kann als Kombination und Weiterentwicklung des Neo-Positivismus und des klassischen Rationalismus verstanden werden und wurde entscheidend durch *Karl Popper* geprägt.[51] Der Grundgedanke *Poppers* basiert auf der Erkenntnis, dass menschliche Vernunft grundsätzlich fehlbar (Fallibilismus) und eine sichere Bestätigung aufgestellter Hypothesen[52] (Verifikation) somit niemals möglich ist.[53] Hypothesen können lediglich dadurch (vorläufig) bestätigt werden, indem sie empirische Falsifikationsversuche überstehen.[54] Erst wenn eine Hypothese durch einen Vergleich mit der Wirklichkeit verworfen werden kann (Falsifikation), besitzt sie empirischen Gehalt.[55] Demnach gründet der Erkenntnisgewinn des kritischen Rationalismus auf einem dreistufigen Schema: Zunächst werden erklärungsbedürftige Kausalzusammenhänge (Problemstellung) formuliert. Daran anknüpfend werden Hypothesen (Lösungsansätze) entwickelt, die in einem letzten Schritt durch eine empirische Überprüfung teilweise falsifiziert werden können.[56] Aus diesem ständigen Wechselspiel zwischen Hypothesenbildung und Falsifikation können bewährte Gesetzesaussagen, sog. nomologische Hypothesen, abgeleitet werden.[57]

Der **Konstruktivismus** der Erlanger Schule beansprucht grundsätzlich Gültigkeit für alle Wissenschaften. Allerdings richtet er sich primär auf die sog. Kulturwissenschaften, welche auch die Wirtschaftswissenschaften umfassen.[58] Er wird insbesondere mit dem Namen *Paul Lorenzen*[59] verbunden. Im Unterschied zum kritischen Rationalismus sind Wahrheit und Erkenntnis dieses stark geisteswissenschaftlich geprägten Ansatzes das Ergebnis von Argumentationsleistungen.[60] Basierend auf argumentativen Schlussfolgerungen werden sog. (Tendenz-)Aussagen deduktiv abgeleitet.[61] Konstruktivisten erkennen eine mögliche Fehlbarkeit der menschlichen Argumentationslinie ebenfalls an, doch glauben sie trotz-

---

48 Vgl. *Chmielewicz* (1994), S. 6.

49 Vgl. *Fülbier* (2004), S. 268.

50 Vgl. *Frank* (2007), Sp. 2012.

51 Vgl. *Popper* (2005). Für eine vertiefende Darstellung des kritischen Rationalismus vgl. zudem *Albert* (2000).

52 Die Hypothesenbildung kann entweder intuitiv oder auf Basis systematischer wie auch empirischer Explorationen erfolgen. In der betriebswirtschaftlichen Forschung werden die Hypothesen überwiegend aus Ergebnissen modelltheoretischer und/oder empirischer Untersuchungen abgeleitet. Vgl. *Fülbier* (2004), S. 268.

53 Vgl. *Raffée/Abel* (1979), S. 3f.

54 Vgl. *Frank* (2007), Sp. 2013.

55 Vgl. *Bartel* (1990), S. 55, sowie *Bortz/Döring* (2006), S. 18.

56 Vgl. *Fülbier* (2004), S. 268.

57 Vgl. *Lingnau* (1995), S. 125.

58 Vgl. *Frank* (2007), Sp. 2013f.

59 Vgl. *Lorenzen* (1974).

60 Vgl. *Frank* (2007), S. 2014.

61 Vgl. *Fülbier* (2004), S. 269.

dem beständige methodische Aussagen treffen zu können. *Raffée/Abel* sprechen daher auch vom „*eingeschränkten Fallibilismus*“[62]

Im Einklang mit der eingangs formulierten Zielsetzung verfolgt die **vorliegende Arbeit** eine empirische Forschungsstrategie und beruht dabei auf der wissenschaftstheoretischen Grundposition des kritischen Rationalismus. Aufbauend auf einer Beschreibung der aktuellen Praxis der Nachhaltigkeitsberichterstattung in Deutschland und den USA (realdeskriptive Analyse) werden die Hypothesen zu den Determinanten und den Kapitalkostenwirkungen der Nachhaltigkeitsberichterstattung mit Hilfe multivariater Analyseverfahren überprüft (empirisch-kognitive Analyse). Im Folgenden werden zunächst der konzeptionelle Rahmen der Arbeit aufgespannt und die Grundlagen der Nachhaltigkeitsberichterstattung näher erläutert.

---

62 *Raffée/Abel* (1979), S. 6.

2 Grundlagen der Nachhaltigkeitsberichterstattung

2.1 Nachhaltigkeit und Nachhaltigkeitsberichterstattung

2.1.1 Definitionen und begriffliche Abgrenzungen

Mit zunehmender Bedeutung der Nachhaltigkeitsthematik haben sich in den vergangenen Jahren verschiedene Begriffe und Konzepte entwickelt, welche die gesellschaftliche Verantwortung von Unternehmen adressieren. Mit den verschiedenen Begriffen haben sich auch die Definitionen im Zeitverlauf regelmäßig vermehrt und teilweise inhaltlich verändert.[63] So sind *Corporate (Social) Responsibility* (CSR bzw. CR), *Corporate Citizenship* (CC) oder *Sustainability* bzw. Nachhaltigkeit sehr ähnlich gelagerte Begriffe, die häufig im selben Kontext und teilweise auch synonym verwendet werden.[64] Es bestehen durchaus große definitorische Schnittmengen, weshalb sich eine eindeutige begriffliche Abgrenzung mitunter schwierig gestaltet. Während im angloamerikanischen Raum häufig der Begriff CSR verwendet wird, ist in Europa der Begriff Nachhaltigkeit (Sustainability) geläufiger. Um ein einheitliches und intersubjektiv nachvollziehbares Verständnis der in dieser Arbeit verwendeten Begriffe zu erlangen, werden daher im Folgenden die Konzepte CSR und Nachhaltigkeit konkretisiert. Ferner wird in Abgrenzung zu diesen Konzepten der Bedeutungsinhalt des Begriffs CC näher erläutert.

Corporate Social Responsibility[65] ist keineswegs ein neuartiges Konzept, dennoch hat es gerade in den letzten Jahren zunehmend an Bedeutung gewonnen. Der Begriff stammt aus dem angloamerikanischen Raum und findet sich bereits in einer Publikation von *Howard R. Bowen* im Jahre 1953 mit dem Titel *‚Social Responsibilities of the Businessmen'*.[66] Darin weist Bowen darauf hin, dass die soziale Verantwortung die Unternehmer verpflichtet, sich an den Zielen und Werten der Gesellschaft zu orientieren.[67] Die Idee einer gesellschaftlichen Verantwortung der Unternehmen erreichte hingegen schon mit Beginn der industriellen Revolution das Bewusstsein führender Unternehmensverantwortlicher.[68] Mitte des 19. Jahrhunderts war die englische Stadt Bradford das Zentrum der industriellen Wollverarbeitung. Gleichzeitig war es durch die industriellen Schadstoffemissionen in Luft und Trinkwasser schon nach kurzer Zeit die meist verschmutzte Stadt Englands und wies mitunter eine durchschnittliche Lebenserwartung von 20 Jahren auf.[69] Aufgrund der schlechten Lebensbedingungen in Bradford, errichtete Sir Titus Salt im Jahre 1851 eine neue Fabrik in der Nähe von Bradford und gründete die Stadt Saltaire. Zum Zeitpunkt seines Todes im Jahre 1876 stellte die Stadt 850 Häuser für die Arbeiter bereit. Zudem gab es eine Frischwasserversorgung sowie einen Park, eine Kirche, eine Schule, ein Kran-

---

63 Vgl. *Hoffmann* (2011), S. 5.

64 Vgl. *Bassen et al.* (2005), S. 233f.; *Becker/Jahn* (2000), S. 67f.

65 Zu den verschiedenen funktionalen Bedeutungen des Begriffs Responsibility vgl. *Schreck* (2009), S. 6-9.

66 Vgl. *Carroll* (1979), S. 497.

67 Vgl. *Bassen et al.* (2005), S. 231.

68 Vgl. *Smith* (2003), S. 52f.

69 Vgl. *Hawken* (2005), S. 7.

kenhaus und eine Bücherei.[70] Gegen Ende des 19. Jahrhunderts entstanden weitere *factory towns* in England, wie Bourneville (1879) oder Port Sunlight (1888), um die Arbeiter und ihre Familien mit Wohnungen und anderen Zusatzleistungen zu versorgen.[71]

Wie diese Entwicklungen während der zweiten Hälfte des 19. Jahrhunderts sowie der CSR-Begriff selbst suggerieren, liegt der historische Schwerpunkt des Konzepts auf der sozialen Komponente unternehmerischer Verantwortung. Aufgrund der hohen Komplexität des CSR-Konzepts haben sich über Jahrzehnte hinweg verschiedene Definitionen und inhaltliche Interpretationen entwickelt.[72] Eine Analyse von *Dahlsrud* im Jahr 2008 ergab indes, dass diese vielfältigen Definitionen zu einem hohen Maß deckungsgleich sind.[73] So besteht weitestgehend Einigkeit darüber, dass der Begriff CSR in der heutigen Definition einen mehrdimensionalen Verantwortungsbereich umfasst.[74] Ein weit verbreitetes Begriffsverständnis basiert auf der Definition des *World Business Council for Sustainable Development* (WBCSD):

> *„Corporate Social Responsibility is the commitment of business to contribute to sustainable economic development, working with employees, their families, the local community and society at large to improve their quality of live."*[75]

Die *Commission of European Communities* (CEC) weist in ihrem 2001 veröffentlichten *Green Paper* sogar explizit auf die ökologische Verantwortung der Unternehmen hin:

> *„Corporate social responsibility is essentially a concept whereby companies decide voluntarily to contribute to a better society and a cleaner environment."*[76]

Häufig wird in der Literatur auch der allgemeiner gefasste Begriff **Corporate Responsibility** verwendet. Da das CSR-Konzept neben der sozialen auch die ökologische Verantwortung der Unternehmen mit einschließt, scheint ein weiter gefasster Oberbegriff durchaus zielführend.[77] Inhaltlich bestehen indes keine Unterschiede zwischen CSR und CR.[78]

Die Schwierigkeit einer inhaltlichen Konkretisierung des CR-Konzepts ergibt sich insbesondere aus dem weit gefassten Begriff der Verantwortung. Verantwortung ist ein mehrgliedriges Konzept. Daher ist zunächst die Frage zu klären, *wer* (Subjekt) gegenüber *wem* (Instanz) *wofür* (Gegenstand) verantwortlich ist. Zudem sind die Erwartungen der Subjekte näher zu bestimmen (*Kriterium*). Bezogen auf das CR-Konzept fordern die Betroffenen (Instanz) von den Unternehmen (Subjekt) eine moralische Verantwortung (Kriteri-

---

70 Vgl. *Smith* (2003), S. 52f.
71 Vgl. *WBCSD* (1999), S. 5.
72 Vgl. *O'Riordan/Fairbrass* (2008), S. 746f.; *van Marrewijk* (2003), sowie *Okoye* (2009).
73 Vgl. *Dahlsrud* (2008), S. 6.
74 Vgl. *Welford* (2004), S. 32f. Einen Ansatz zur Erklärung, welche Dimensionen gesellschaftlich verantwortungsvolles Handeln der Unternehmen umfassen, liefert *Carroll* (1991), S. 40-43, sowie ausführlich *Schwartz/Carroll* (2003).
75 *WBCSD* (2001), S. 6.
76 *CEC* (2001), S. 4.
77 Vgl. *Steinert/Klein* (2002), S. 4, sowie zu einer Interpretation im Rahmen der CSR-Debatte *Schreck* (2009), S. 10-13.
78 Die Begriffe werden daher im weiteren Verlauf der Arbeit synonym verwendet.

um) für ihr unternehmerisches Handeln (Gegenstand) (vgl. Abb. 2-1).[79] Dies setzt voraus, dass Unternehmen als nicht natürlichen Personen überhaupt eine Verantwortung zugesprochen werden kann. Um den Verantwortungsbegriff im Rahmen der CR inhaltlich zu konkretisieren, sind zunächst die Verantwortungsinstanz, der Verantwortungsgegenstand und insbesondere das Verantwortungskriterium näher zu definieren. Während die Stakeholder der Unternehmen als Verantwortungsinstanz auftreten und das unternehmerische Handeln den Verantwortungsgegenstand bildet, erweist sich die inhaltliche Interpretation des Verantwortungskriteriums hingegen als komplex.

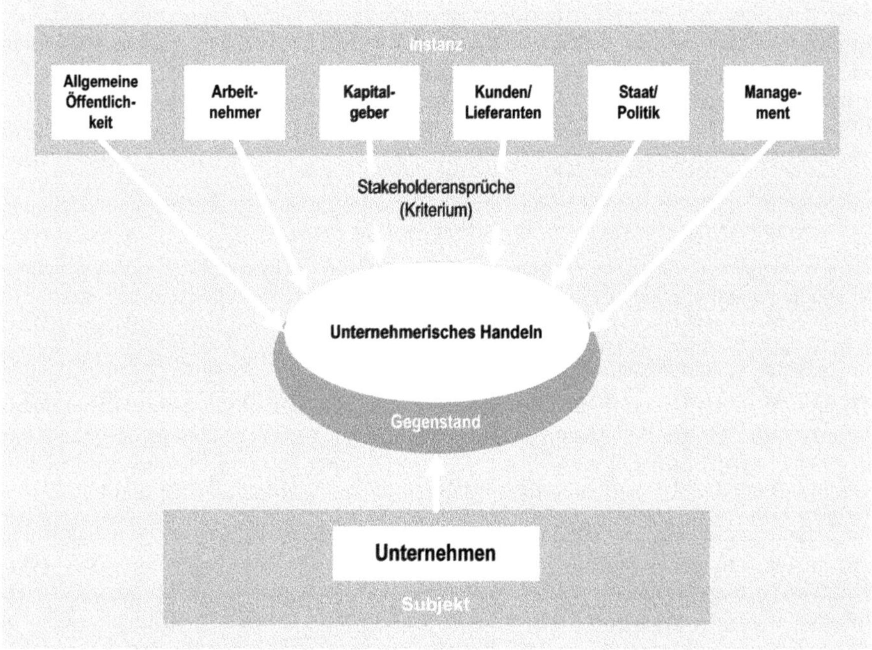

Abb. 2-1: Corporate Responsibility im Stakeholderdiskurs

Die besondere Problematik bei der Festlegung des Verantwortungskriteriums ergibt sich aus der Stakeholderorientierung und ist somit entscheidend von der Instanz, gegenüber der sich das Unternehmen verantworten muss, abhängig.[80] Ein moralisches bzw. gesellschaftlich verantwortungsbewusstes Handeln der Unternehmen erfordert die Berücksichtigung der Stakeholderinteressen. Folglich wird das Verantwortungskriterium durch die verschiedenen Partikularinteressen der Stakeholder bestimmt (vgl. Abb. 2-1).[81] Zum einen unterscheidet sich die Gewichtung der inhaltlichen Elemente des CR-Konzepts in Abhän-

[79] Vgl. *Schreck* (2011), S. 747.

[80] Vgl. *Maon et al.* (2009), S. 72; *O'Riordan/Fairbrass* (2008), S. 747f.

[81] Zu den verschiedenen Anspruchsgruppen und ihren jeweiligen Partikularinteressen vgl. *Macharzina/Wolf* (2012), S. 13; *Wöhe* (2010), S. 51.

gigkeit der verschiedenen Partikularinteressen. Zum anderen verändern sich sowohl diese Gewichtungen als auch die Bedeutung verschiedener Stakeholdergruppen im Zeitverlauf.[82] Demzufolge ist das CR-Konzept sowohl interessengesteuert als auch dynamisch und erfährt durch aktuelle gesellschaftliche Themen und die Medienberichterstattung kontinuierlich inhaltliche Veränderungen.[83]

Neben den Begriffen CR und CSR findet sich in der Literatur auch häufig der Begriff **Corporate Citizenship** (CC). Wie auch das CR-Konzept hat sich CC im angloamerikansichen Raum entwickelt und findet insbesondere seit Ende der 1990er Jahre zunehmend Verwendung.[84] In Deutschland wird der Begriff verstärkt seit dem Jahr 2000 verwendet und ist insbesondere nach deutschem Verständnis häufig auf soziale Aspekte beschränkt.[85] CC umfasst demzufolge das gesellschaftliche Engagement von Unternehmen. Dieses Konzept fasst Unternehmen als öffentliche Institutionen auf, von denen als Teil der Gesellschaft der gleiche Beitrag zum Gemeinwohl wie von einem Bürger erwartet wird.[86] CC beschreibt insbesondere das über die eigentliche Geschäftstätigkeit hinausgehende soziale Engagement (bspw. Spenden) der Unternehmen im lokalen Umfeld.[87] Dabei integrieren die Unternehmen ihr gesellschaftliches Engagement in ihre Unternehmensstrategie und deklarieren es zu einem festen Bestandteil ihrer Unternehmenskultur.[88] Während das CR-Konzept die Berücksichtigung ökologischer und sozialer Aspekte fordert, beschränkt sich die gesellschaftliche Verantwortung im Rahmen von CC auf eine soziale Teildimension.[89] CC wird im Folgenden daher als ein untergeordnetes Element des CR-Konzepts verstanden.[90]

Wie eingangs erwähnt, ist im europäischen Raum der Begriff **Nachhaltigkeit** (*Sustainability*) bzw. **unternehmerische Nachhaltigkeit** (*Corporate Sustainability*, im Folgenden CS) geläufiger als das angloamerikanische CR-Konzept.[91] Der Nachhaltigkeitsbegriff ist indes ebenso mehrdeutig und vielschichtig und hat sich genauso wie das CR-Konzept im Zeitverlauf kontinuierlich weiterentwickelt. Er findet bereits zu Beginn des 18. Jahrhunderts in der mitteleuropäischen Forstwirtschaft Verwendung. Hans Carl von Carlowitz, Oberhauptmann am kursächsischen Hof Freiberg (Sachsen), schreibt bereits 1713, dass in einem bestimmten Zeitraum nur so viel Holz geschlagen werden darf, wie durch Neupflanzungen nachwachsen kann.[92] Dies spiegelt bereits die Forderung nach einem verantwortungsvollen Umgang mit natürlichen Ressourcen wider und wird als Ursprung des Nach-

---

82 Einen Überblick über die verschiedenen internen und externen Verantwortungsbereiche des CSR-Konzepts liefert *CEC* (2001), S. 6-15.

83 Vgl. *Bassen et al.* (2005), S. 233.

84 Vgl. *Hansen/Schrader* (2005), S. 376.

85 Vgl. *Steinert/Klein* (2002), S. 3.

86 Vgl. *Bassen et al.* (2005), S. 234.

87 Vgl. *Loew et al.* (2004), S. 14, sowie *Labbé/Stein* (2007), S. 2661f.

88 Vgl. *Fischer et al.* (2009), S. 266.

89 Vgl. *Labbé/Stein* (2007), S. 2662.

90 Autoren mit einem weiter gefassten Verständnis des CC-Begriffs nehmen dagegen häufig eine Gleichstellung mit dem CR-Begriff vor. Vgl. hierzu kritisch *Hansen/Schrader* (2005), S. 376f.

91 Zum Begriff der unternehmerischen Nachhaltigkeit vgl. *Fischer et al.* (2009), S. 268-271.

92 Vgl. *Loew et al.* (2004), S. 56.

haltigkeitsbegriffs gesehen.[93] Während das CR-Konzept ursprünglich der Diskussion über die Integration sozialer Aspekte in die Geschäftspolitik der Unternehmen entstammt, entwickelte sich die Nachhaltigkeitsdebatte in Europa insbesondere im Laufe der 1950er Jahre zunächst über eine Umweltdiskussion.[94]

Der Nachhaltigkeitsbegriff erlangte in den 1980er Jahren weltweite Aufmerksamkeit und wurde entscheidend durch die Brundtland-Kommission geprägt und weiterentwickelt.[95] Die Kommission ergänzte die ursprünglich ökologische Perspektive des Nachhaltigkeitskonzepts um die Berücksichtigung sozialer Aspekte.[96] Der Brundlandt-Bericht aus dem Jahr 1987 definiert Nachhaltigkeit wie folgt:

> *„Sustainable development meets the needs of the present without compromising the ability of future generations to meet their own needs."*[97]

Diese Definition fordert die Berücksichtigung gesellschaftlicher Bedürfnisse im Allgemeinen und umfasst sowohl ökologische als auch soziale Aspekte. Zum einen fordert sie die Beachtung einer sog. **intragenerativen Gerechtigkeit**, welche sich auf die Gegenwart und den gerechten Ausgleich innerhalb einer Generation (bspw. zwischen verschiedenen Bevölkerungsschichten, Kulturkreisen, Geschlechtern oder Altersgruppen) bezieht. Darüber hinaus umfasst die Definition auch eine zeitliche Komponente, indem sie ferner eine sog. **intergenerative Gerechtigkeit** fordert, welche sich mit dem Ausgleich zwischen aktuellen und zukünftigen Generationen befasst.[98] Ein Überordnungsverhältnis ist zwischen den beiden Begriffen nicht erkennbar, so dass die Ziele der intra- und intergenerativen Gerechtigkeit mit derselben Priorisierung zu verfolgen sind.[99] Der Nachhaltigkeitsbergriff impliziert nicht nur eine Verantwortung gegenüber den Stakeholdern der Unternehmen, sondern vielmehr gegenüber der gesamten Menschheit sowie zukünftigen Generationen. Strenggenommen ist der Begriff an dieser Stelle folglich etwas weiter gefasst als das angloamerikanische CR-Konzept. Zudem konkretisiert das Nachhaltigkeitskonzept den CR-Begriff, indem die Bedürfnisbefriedigung neben der ökologischen und der sozialen Komponente auch die ökonomische Dimension im Rahmen einer unternehmerischen Nachhaltigkeit berücksichtigt.[100]

Zusammenfassend bleibt festzuhalten, dass sich die Konzepte CR und CS in den letzten Jahren zunehmend einander angenähert haben. Während sich CR bzw. CSR zunächst mit sozialen Aspekten befasste und sich CS ursprünglich aus einem Diskurs über die ökologische Verantwortung entwickelte, umfassen beide Konzepte mittlerweile sowohl die ökologische als auch die soziale Dimension. CS schließt zudem explizit die ökonomische Di-

---

93 Vgl. *Huber* (1995), S. 10.
94 Vgl. *Lackmann* (2010), S. 7.
95 Vgl. *Hoffmann* (2011), S. 7.
96 Vgl. *Lackmann* (2010), S. 7.
97 *WCED* (1987), S. 8.
98 Vgl. *Labbé/Stein* (2007), S. 2661.
99 Vgl. *Hoffmann* (2011), S. 9, sowie ausführlich zur inter- bzw. intragenerativen Gerechtigkeit *Hoffmann* (2011), S. 27-31.
100 Vgl. *Labbé/Stein* (2007), S. 2662.

mension mit ein.[101] Wie zuvor erwähnt, ist CC schließlich dem CR-Konzept unterzuordnen.[102]

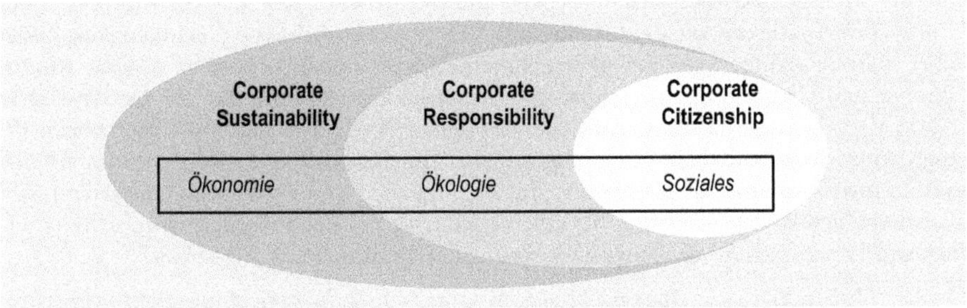

Abb. 2-2: Begriffliche Abgrenzung von Corporate Citizenship, Corporate Responsibility und Corporate Sustainability
Quelle: in Anlehnung an *Labbé/Stein* (2007), S. 2662

Das Nachhaltigkeitsverständnis, welches der vorliegenden Arbeit zu Grunde liegt, entspricht der unternehmerischen Nachhaltigkeit bzw. dem CS-Konzept und umfasst folglich die drei Dimensionen Ökonomie, Ökologie und Soziales in gleichem Maße.[103] Häufig wird in diesem Kontext auch von dem ‚Drei-Säulen-Modell' der Nachhaltigkeit oder der **Tripple Bottom Line** (TBL) gesprochen.[104] Die ökonomische Dimension umfasst insbesondere die wirtschaftliche Leistungsfähigkeit, ein angemessenes Wachstum und die Sicherung der zukünftigen Wettbewerbsfähigkeit. Gleichzeitig verlangt die ökologische Dimension eine verantwortungsvolle Interaktion der Unternehmen mit ihrer natürlichen Umwelt (bspw. Rohstoffverbrauch, Schadstoffausstoß). Die Auswirkungen des unternehmerischen Handelns auf die Gesellschaft und ihre Mitarbeiter, die soziale Stabilität und Gerechtigkeit sowie die Chancengleichheit werden in der sozialen Dimension erfasst.[105]

2.1.2 Nachhaltigkeit und Unternehmensführung

Die zunehmende Bedeutung der gesellschaftlichen Nachhaltigkeitsthematik hat auch zu Veränderungen in der strategischen Ausrichtung von Unternehmen geführt. Lange Zeit galt der Shareholder Value-Ansatz als Handlungsmaxime der Unternehmen.[106] In den vergangenen Jahren hat jedoch die Berücksichtigung von Nachhaltigkeitsaspekten in der strategischen Unternehmensausrichtung zunehmend an Bedeutung gewonnen.[107] Allerdings ist zwischen der nachhaltigen Entwicklung der Gesellschaft und der Unterneh-

[101] Zu dieser begrifflichen Abgrenzung vgl. ausführlich *Loew et al.* (2004), S. 70-74.
[102] Vgl. *Hermann* (2005), S. 76.
[103] Vgl. *Zentes/Schramm-Klein* (2009), S. 187.
[104] Vgl. *Elkington* (1999), S. 69-96, und *Zentes/Schramm-Klein* (2009), S. 187f.
[105] Zu den verschiedenen Dimensionen vgl. ausführlich *Boms* (2008), S. 88-94.
[106] Zum Shareholder Value-Ansatz vgl.*Rappaport/Klien* (1999), S. 1-3.
[107] Vgl. *Müller-Christ* (2001), S. 89-95; *von der Crone/Hoch* (2002), S. 262f.; *Beckmann/Horst* (2009), S. 101.

mensnachhaltigkeit zu unterscheiden.[108] Eine nachhaltige Unternehmensführung ist insbesondere auf eine langfristige Unternehmenswertsteigerung ausgerichtet.[109] Ferner fordert die unternehmerische Nachhaltigkeit die Berücksichtigung der Auswirkungen der Unternehmenstätigkeit auf die Gesellschaft.[110] Die gesellschaftliche Nachhaltigkeit bildet dabei Rahmenbedingungen des unternehmerischen Handelns und stellt folglich Risikofaktoren und Chancen einer nachhaltigen Unternehmensführung dar. So werden stabile soziale Verhältnisse und die Regenerationsfähigkeit der Umwelt als Voraussetzungen für langfristigen ökonomischen Erfolg angesehen.[111] In diesem Sinne wird der systematische und verantwortungsbewusste Umgang mit ökologischen und sozialen Herausforderungen als entscheidende Voraussetzung für einen nachhaltigen ökonomischen Unternehmenserfolg und letztendlich für die Existenzsicherung der Unternehmen angesehen.[112]

Dabei stimmen die Ziele einer nachhaltigen Unternehmensentwicklung nicht immer mit den Zielen einer nachhaltigen Entwicklung der Gesellschaft in allen Bereichen vollständig überein.[113] Vielmehr ist es Aufgabe einer nachhaltigen Unternehmensführung, bestehende Interessenkonflikte zwischen dem Unternehmen und den verschiedenen Stakeholdern bzw. der Gesellschaft weitestgehend in Einklang zu bringen.[114] Das Stakeholdermanagement ist in diesem Zusammenhang von besonderer Bedeutung.[115] Die Stakeholder-Perspektive der Unternehmensführung hat in der Vergangenheit daher zunehmend an Bedeutung gewonnen.

Der betriebswirtschaftliche **Stakeholder-Ansatz**[116] basiert auf der Sichtweise, dass die Unternehmen von unterschiedlichen Stakeholdern sowohl materielle als auch immaterielle Ressourcen beziehen, die für den langfristigen ökonomischen Erfolg der Unternehmen notwendig sind. Verstöße gegen die Interessen bestimmter Stakeholder können folglich den Zugang zu notwendigen Ressourcen (bspw. Kapital, Produktionsfaktoren) erschweren oder gar verhindern.[117] *Freeman* definiert Stakeholder wie folgt:

> *„A stakeholder is any group or individual who can affect, or is affecetd by, the achievement of a corporation's purpose. Stakeholders include employees, customers, suppliers, stockholders, banks, environmentalist, government and other groups who can help or hurt the corporation.*[118]

Eine nachhaltige Unternehmensführung gründet folglich weniger auf einer moralischen Verpflichtung der Unternehmen gegenüber der Gesellschaft, als vielmehr auf dem Selbst-

[108] Vgl. *Hermann* (2009), S. 18; *Hoffmann* (2011), S. 43.
[109] Vgl. *Tilebein* (2005), S. 16; *Kajüter* (2011b), S. 33.
[110] Vgl. *Dyllick* (2003), S. 236-238; *Hermann* (2005), S. 67-76.
[111] Vgl. *Lackmann* (2010), S. 8.
[112] Vgl. *Beckmann/Horst* (2009), S. 101.
[113] Vgl. *Hoffmann* (2011), S. 33.
[114] Vgl. *Fischer et al.* (2009), S. 262.
[115] Vgl. *Brühl/Osann* (2011), S. 282; *Mousa* (2010), S. 404.
[116] Zur betriebswirtschaftlichen Stakeholdertheorie vgl. ausführlich Kap. 4.3.2.3.
[117] Vgl. *Oliver* (1991), S. 149f.; *Bansal* (2005), S. 202; *Freeman et al.* (2010), S. 94f. Exemplarisch für die Ölindustrie vgl. *Massoud* (2009), S. 1-4.
[118] *Freeman* (2010), S. vi.

zweck der Unternehmen, langfristig ihren ökonomischen Erfolg zu maximieren.[119] Daher wird häufig argumentiert, dass eine an den Interessen der verschiedenen Stakeholder ausgerichtete nachhaltige Unternehmensführung langfristig einen positiven Einfluss auf die Gewinnentwicklung hat und somit durchaus im Einklang mit der Maxime des Shareholder Value-Ansatzes steht.[120]

Die Ausrichtung einer nachhaltigen Unternehmensführung an den Bedürfnissen der verschiedenen Stakeholder geht indes mit dem Problem einher, dass die unterschiedlichen Stakeholdergruppen verschiedene Ansprüche gegenüber den Unternehmen formulieren und es somit regelmäßig zu Interessenkonflikten kommt (vgl. Tab. 2-1).

Stakeholdergruppe	Typische Interessen	Beitrag zur Unternehmung
Eigenkapitalgeber (Eigentümer; Anteilseigner)	Erhaltung, Verzinsung und Wertsteigerung des investierten Kapitals	Eigenkapital
Fremdkapitalgeber	zeitlich und betragsmäßig festgelegte Tilgung und Verzinsung des eingesetzten Kapitals; sichere Kapitaleinlage; Vermögenszuwachs	Fremdkapital
Mitarbeiter	Gehalt; motivierende Arbeitsbedingungen; soziale Sicherheit; Macht; Einfluss und Prestige	Exekutive und dispositive Arbeit
Kunden	Preisgünstige und qualitativ hochwertige Produkte und Dienstleistungen; Serviceleistungen	Abnahme von Produkten und Dienstleistungen
Lieferanten	Zuverlässige Bezahlung; langfristige Lieferbeziehungen; günstige Konditionen	Lieferung von Produkten und Dienstleistungen
Staat und Gesellschaft	Steuerzahlungen; Sicherung von Arbeitsplätzen; Sozialleistungen; Einhaltung der Rechtsvorschriften; schonender Umgang mit der Umwelt	Infrastruktur, Rechtsordnung, Umweltgüter

Tab. 2-1: Stakeholderansprüche gegenüber dem Unternehmen
Quelle: in Anlehnung an *Thommen/Achleitner* (2012), S. 57; *Wöhe* (2010), S. 51

Eine gleichzeitige Berücksichtigung sämtlicher Stakeholderbelange im Rahmen einer nachhaltigen Unternehmensführung ist in der Praxis folglich nicht realisierbar.[121] Die zentrale Herausforderung des Stakeholdermanagements der Unternehmen besteht daher im Umgang mit den bestehenden Interessenkonflikten und damit einhergehend in der

[119] Vgl. *Freeman et al.* (2010), S. 10-12.
[120] Vgl. *Boms* (2008), S. 38f.; *Lackmann* (2010), S. 18f. Vgl. hierzu kritisch *Hoffmann* (2011), S. 75.
[121] Vgl. *Lackmann* (2010), S. 15.

Identifizierung und Priorisierung relevanter Stakeholdergruppen.[122] Um diese zu identifizieren sowie eine Priorisierung vorzunehmen, kann bspw. auf die Machtposition, die Legitimität sowie die Dringlichkeit der Anliegen verschiedener Stakeholder abgestellt werden.[123]

Einhergehend mit der Forderung nach einer nachhaltigen Unternehmensführung setzt sich darüber hinaus zunehmend die Auffassung durch, auch das Management eines Unternehmens anhand der Berücksichtigung des Nachhaltigkeitsprinzips zu beurteilen.[124] Hierzu müssen die Auswirkungen der unternehmerischen Tätigkeit auf die drei Nachhaltigkeitsdimensionen Ökonomie, Ökologie und Soziales evaluiert werden. In diesem Zusammenhang wird regelmäßig auch von der **Nachhaltigkeitsleistung** (**sustainability performance**) der Unternehmen gesprochen.[125] Die Nachhaltigkeitsleistung wird dabei als Beitrag des Managements hinsichtlich einer positiven Gestaltung der Auswirkungen in den drei Nachhaltigkeitsdimensionen gemessen.[126] Allerdings erweist sich die Beurteilung aufgrund eines fehlenden geeigneten Maßstabs als problematisch. Nachhaltigkeitsaspekte sind in der Regel schwer zu quantifizieren, vielschichtig und äußerst komplex,[127] so dass es sich sehr schwierig gestaltet, diese Leistung zu messen. Zudem stehen die Zielsetzungen innerhalb der drei Nachhaltigkeitsbereiche teilweise miteinander im Zielkonflikt, was die Beurteilung der Nachhaltigkeitsleistung zusätzlich erschwert.[128]

2.1.3 Nachhaltigkeit und Kapitalmärkte

In den letzten Jahren hat sich vermehrt die Überzeugung durchgesetzt, dass die Beachtung sämtlicher Stakeholderinteressen und somit auch die Berücksichtigung von Nachhaltigkeitsaspekten eine elementare Voraussetzung ist, um langfristig auch ökonomisch erfolgreich wirtschaften zu können. In der Folge haben Nachhaltigkeitsaspekte zunehmend auch an Bedeutung für die Kapitalmärkte gewonnen. In den 1990er Jahren wurden Nachhaltigkeitsaspekte fast ausschließlich von ideologisch-politisch motivierten Investoren im Rahmen ihrer Investitionsentscheidungen berücksichtigt. Bis heute hat sich jedoch vermehrt die Auffassung durchgesetzt, dass Investitionen in nachhaltig agierende Unternehmen, aufgrund ihres integrativen und zukunftsbezogenen Ansatzes, langfristig ein überdurchschnittlich vorteilhaftes Verhältnis von Risiko und Ertrag aufweisen.[129] Immer mehr Investoren sind davon überzeugt, dass Unternehmen mit einer nachhaltigen Unternehmensstrategie besser in der Lage sind, auf Chancen und Risiken der Zukunft zu reagieren. Daher berücksichtigen sie Nachhaltigkeitsaspekte auch zunehmend im Rahmen

[122] Vgl. *Freeman et al.* (2010), S. 27. Es existiert zwar eine umfangreiche Basisliteratur zum Stakeholdermanagement, allerdings sind diese Konzepte bislang sehr theoretisch und daher kaum nützlich für eine Umsetzung in der Praxis. *Ackermann/Colin* versuchen diese Lücke zu schließen. Vgl. hierzu ausführlich *Ackermann/Colin* (2011), S. 179-194.

[123] Vgl. hierzu ausführlich *Mitchell et al.* (1997), S. 865-868, sowie Kap. 4.3.2.3.

[124] Vgl. *Lackmann* (2010), S. 10.

[125] Vgl. *Haller/Ernstberger* (2006), S. 2517; *GRI* (2011b), S. 3.

[126] Vgl. *Haller/Ernstberger* (2006), S. 2517.

[127] Vgl. *Mast/Fiedler* (2007), S. 569-571.

[128] Vgl. *Lackmann* (2010), S. 10.

[129] Vgl. *von der Crone/Hoch* (2002), S. 41; *Baetge/Schmidt* (2010), S. 293.

ihrer Investitionsentscheidungen.[130] Mit der verstärkten Nachfrage nachhaltiger Investitionen durch institutionelle und private Anleger ist umgekehrt zunehmend auch die Bereitschaft geschwunden, für Wertpapiere nachhaltiger Unternehmen eine reduzierte Kapitalrendite zu akzeptieren.[131]

Durch die Berücksichtigung von Nachhaltigkeitsaspekten in der Unternehmensstrategie ändern sich sowohl die zukünftig zu erwartenden Cashflows der Unternehmen als auch der zur Ermittlung des Unternehmenswerts verwendete Diskontierungszinssatz.[132] Häufig wird dabei von einer Verminderung des Risikos ausgegangen, was wiederum zu einer Senkung der Kapitalkosten der Unternehmen führen kann.[133] Zum anderen kann eine nachhaltige Unternehmensführung zu künftig höheren Cashflows führen, da bspw. eine Änderung von Kundenbedürfnissen frühzeitig erkannt wird und dadurch neue Märkte erschlossen werden können.[134] Ebenso können die Cashflows in Folge einer erhöhten Arbeitseffizienz, aufgrund einer größeren Verantwortung gegenüber den Mitarbeitern und eines verbesserten Arbeitsklimas gesteigert werden.[135] Insgesamt wird von einer positiven Wirkung einer nachhaltigen Unternehmensführung auf die Unternehmensreputation ausgegangen, was wiederum mit einer Steigerung des Marktwerts der Unternehmen verbunden ist und in der Folge Potenziale schafft, Marktanteile auszubauen, die Kunden- und Lieferantenloyalität zu verbessern und die Attraktivität des Unternehmens für (potenzielle) qualifizierte Mitarbeiter zu steigern.[136] Der Zusammenhang zwischen der Nachhaltigkeitsleistung und der finanziellen Leistung der Unternehmen ist Gegenstand zahlreicher empirischer Untersuchungen. *Orlitzky et al.* analysieren im Rahmen einer Meta-Analyse 52 Studien, die sich mit dem Zusammenhang zwischen der Nachhaltigkeitsleistung und dem finanziellen Unternehmenserfolg befassen.[137] Sie kommen insgesamt zu dem Schluss, dass ein positiver Zusammenhang zwischen beiden Variablen besteht.[138]

Folglich haben Aspekte der unternehmerischen Nachhaltigkeit zunehmend auch an Bedeutung für Kapitalanlageentscheidungen gewonnen.[139] Dies zeigt sich insbesondere anhand der Entwicklung sog. **Social Responsible Investments** (SRI).[140] Diese haben gerade in den letzten drei Jahren verstärkt an Bedeutung gewonnen. So haben sich die SRI in Europa von 25,4 Mrd. € im Jahr 2009 auf rund 48 Mrd. € im Jahr 2011 fast verdop-

130 Vgl. *Haller* (2006), S. 65.

131 Vgl. *von der Crone/Hoch* (2002), S. 42. Ideologisch-politisch motivierte Anleger würden hingegen auch dann nachhaltige Investitionen präferieren, wenn diese eine vergleichsweise geringere Rendite erwirtschaften würden, da es ihnen in erster Linie darum geht, ihre Investitionsentscheidung möglichst eng mit ihren moralischen und ethischen Wertvorstellungen zu verknüpfen. *Schueth* spricht in diesem Zusammenhang auch von ‚*feel good*'-Investoren. Vgl. *Schueth* (2003).

132 Vgl. *Haller* (2006), S. 65; *Bassen/Senkl* (2010), S. 256.

133 Vgl. *Bassen et al.* (2006), S. 7f.

134 Vgl. *Haller* (2006), S. 65.

135 Vgl. *Bassen/Senkl* (2010), S. 256.

136 Vgl. *Haller* (2006), S. 65.

137 Vgl. *Orlitzky et al.* (2003), S. 403.

138 Vgl. *Orlitzky et al.* (2003), S. 423.

139 Vgl. *Schmidt* (2012), S. 15.

140 Zur historischen Entwicklung von SRI vgl. *EUROSIF* (2012), S. 8f.

pelt.[141] Mit einer Steigerung von rund 23% lag die Zunahme von SRI in Deutschland jedoch deutlich unter dem europäischen Durchschnitt.[142] In den USA haben sich die SRI über einen Zeitraum von 2007 (202 Mrd. USD) bis 2010 (569 Mrd. USD) sogar mehr als verdoppelt.[143]

In Folge einer zunehmenden Nachfrage nach SRI haben die Kapitalmärkte mit der Auflegung einer hohen Anzahl nachhaltiger Investmentfonds[144] und der Aufstellung entsprechender Nachhaltigkeitsindizes reagiert.[145] Der seit dem Jahr 1999 existierende *Dow Jones Sustainability Index* (DJSI) stellt den weltweit bedeutendsten Index nachhaltig agierender Unternehmen dar. Er enthält 10% der 2.500 größten Unternehmen weltweit, die am besten hinsichtlich ökonomischer, ökologischer und sozialer Kriterien bewertet wurden.[146] *Lackmann et al.* konnten im Rahmen einer Ereignisstudie anhand des europäischen Dow Jones STOXX Sustainability Index zeigen, dass die Aufnahme von Unternehmen in einen Nachhaltigkeitsindex einen positiven Einfluss auf die abnormalen Gewinne und letztendlich auf den Unternehmenswert hat.[147]

In Verbindung mit den zuvor genannten Implikationen einer nachhaltigen Unternehmensführung für die Kapitalmärkte wird mitunter auch von einem kapitalmarktorientierten Nachhaltigkeitsverständnis gesprochen.[148] Der Wettbewerb um Kapital erfordert eine zielgerichtete Kapitalmarktkommunikation, so dass sich die Nachhaltigkeitsberichterstattung in den letzten Jahren zu einem bedeutenden Instrument der Unternehmenskommunikation entwickelt hat.[149]

2.1.4 Nachhaltigkeitsberichterstattung

Die wachsende Forderung nach einer unternehmerischen Verantwortung gegenüber der Gesellschaft, aber auch die zunehmende Bedeutung von nachhaltigen Investments an den Kapitalmärkten, haben dazu geführt, dass die Integration von Umwelt- und Sozialaspekten zunehmend in den Mittelpunkt der Kommunikation zwischen den Unternehmen und der Gesellschaft gerückt ist.[150] Da das unternehmerische Handeln für die Stakeholder nur schwer beobachtbar ist, kommt der Kommunikation der nachhaltigen Ausrichtung eine ebenso wichtige Bedeutung zu wie dem nachhaltigen und verantwortungsbewussten Handeln selbst.[151] Nachfolgend wird zunächst die historische Entwicklung der Nachhaltigkeitsberichterstattung kurz erläutert, bevor anschließend die Ziele und der Nutzen sowie

---

141 Vgl. *EUROSIF* (2012), S. 13.
142 Vgl. *EUROSIF* (2012), S. 14.
143 Vgl. *SIFF* (2010), S. 9.
144 Analog zur Entwicklung von SRI hat sich die Anzahl nachhaltiger Investmentfonds in den USA im Zeitraum von 2007 (260 Fonds) bis 2010 (493 Fonds) ebenfalls fast verdoppelt.
145 Vgl. *Baetge/Schmidt* (2010), S. 293; *Lackmann* (2010), S. 20.
146 Vgl. *Dow Jones Sustainability Indexes* (2012), S. 5.
147 Vgl. *Lackmann et al.* (2012), S. 126.
148 Vgl. *von der Crone/Hoch* (2002), S. 43.
149 Vgl. *Eiselt/Kaspereit* (2010), S. 379.
150 Vgl. *Herzig/Schaltegger* (2005), S. 10.
151 Vgl. *Labbé/Stein* (2007), S. 2661.

die allgemeinen Grundsätze und Inhalte der Nachhaltigkeitsberichterstattung dargestellt werden.

2.1.4.1 Historische Entwicklung

Die Unternehmen haben in den letzten Jahrzehnten mit spezifischen Erweiterungen und Schwerpunktsetzungen auf sich verändernde gesellschaftliche Erwartungen reagiert und die traditionelle **Finanzberichterstattung**, die ihren Ursprung bereits im 19. Jahrhundert hat, sukzessive um ökologische und soziale Aspekte erweitert (vgl. Abb. 2-3).[152]

Anfang der 1970er Jahre wurden die negativen Effekte des technologischen Fortschritts und des damit verbundenen stetigen Wirtschaftswachstums zunehmend sichtbar. Die zunehmende Umweltverschmutzung, der unkontrollierte Umgang mit knappen Ressourcen sowie die zunehmenden physischen und psychischen Belastungen am Arbeitsplatz ließen die Forderungen nach einer umfassenden Verantwortung der Wirtschaft für gesellschaftliche Fragen lauter werden.[153] Dies führte dazu, dass die Unternehmen ihre Berichterstattung um soziale Aspekte ergänzten und sich daraus die **Sozialberichterstattung** entwickelte, welche gesellschaftsbezogene Ziele, Maßnahmen, Leistungen sowie Auswirkungen der Unternehmenstätigkeit dokumentierte.[154] Die Sozialberichterstattung war zwar nicht gesetzlich verpflichtend, jedoch legte die öffentliche Erwartungshaltung den Unternehmen eine faktische Berichtspflicht auf, indem Unternehmen mit erheblichen Reputationsverlusten und damit verbundenen negativen ökonomischen Konsequenzen in Folge einer Nicht-Berichterstattung rechnen mussten.[155]

In den 1980er Jahren belebte schließlich eine steigende Wahrnehmung von Umweltschutzproblemen und ein verändertes Umweltbewusstsein die Diskussion um die unternehmerische Verantwortung. Den Unternehmen wurde die Hauptverantwortung an den bestehenden ökologischen Problemen zugeschrieben.[156] Der steigende Legitimitätsdruck seitens der Gesellschaft hat dazu geführt, dass die Unternehmen – teils durch gesetzlichen Zwang, teils freiwillig – im Rahmen einer **Umweltberichterstattung** verstärkt über die ökologischen Auswirkungen ihrer Unternehmensaktivitäten berichteten.[157] Seit Mitte der 1990er Jahre berichten Unternehmen zunehmend auch über die Zusammenhänge zwischen ökonomischem Output und ökologischem Input (Öko-Effizienz[158]). Eine analoge Untersuchung ökonomisch-sozialer Zusammenhänge (Sozio-Effizienz) ist indes vergleichsweise unbedeutend geblieben. Dies wird insbesondere auf die schwierige Messbar-

[152] Vgl. *Herzig/Schaltegger* (2005), S. 13.

[153] Vgl. *Schulz et al.* (2001), S. 35.

[154] In Deutschland bürgerte sich in diesem Zusammenhang der Begriff Sozialbilanz ein. Vgl. *von Wysocki* (1981), S. 1-4.

[155] Vgl. *Burschel et al.* (2004), S. 549.

[156] Vgl. *Burschel et al.* (2004), S. 550.

[157] Vgl. *Herzig/Schaltegger* (2007), S. 580.

[158] Die Entwicklung des Öko-Effizienz-Ansatzes ist auf *Schaltegger/Sturm* zurückzuführen. Vgl. *Schaltegger/Sturm* (1990), S. 273-290.

keit sozialer Aspekte und die damit verbundene hohe Komplexität bei der Untersuchung des Zusammenhangs zwischen monetären und nicht-monetären Größen zurückgeführt.[159]

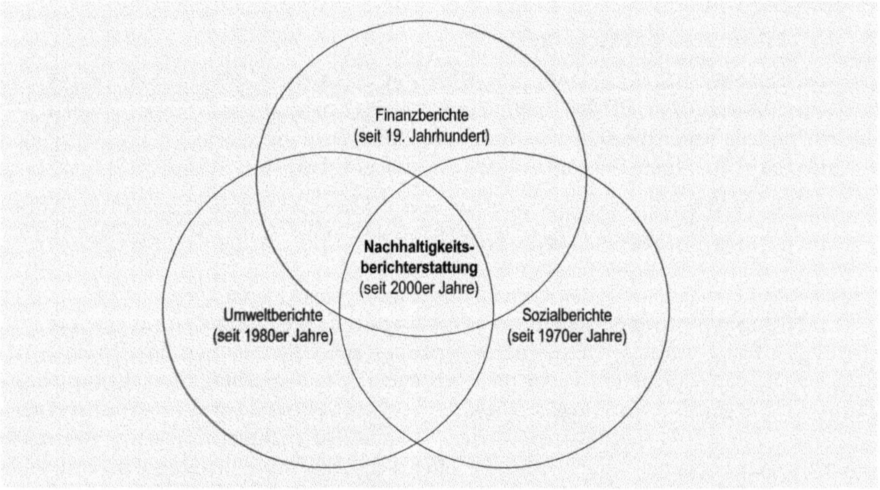

Abb. 2-3: Historische und inhaltliche Entwicklung der Nachhaltigkeitsberichterstattung
Quelle: *Eiselt/Kaspereit* (2010), S. 380

Die Entwicklung führte mit dem Jahrtausendwechsel zu einer ganzheitlichen Integration ökonomischer, ökologischer und sozialer Aspekte im Rahmen einer umfassenden **Nachhaltigkeitsberichterstattung**.[160] Während soziale und ökologische Aspekte in der Vergangenheit meist additiv in die Unternehmensberichterstattung aufgenommen wurden, ist mit einer umfassenden Nachhaltigkeitsberichterstattung der Anspruch einer inhaltlich integrativen Darstellung der Auswirkungen der unternehmerischen Tätigkeit in den drei Nachhaltigkeitsdimensionen verbunden, um die Stakeholder in geeigneter Weise über die Nachhaltigkeitsleistung zu informieren.[161]

2.1.4.2 Ziele und Nutzen

Die externe Unternehmensberichterstattung dient insbesondere der Rechenschaftslegung gegenüber den Anspruchsgruppen der Unternehmen.[162] Die gesellschaftliche Forderung nach einer nachhaltigen Ausrichtung der unternehmerischen Tätigkeit erfordert sowohl die Ermittlung als auch die Veröffentlichung und somit die Rechenschaftslegung der unternehmerischen Leistung im Nachhaltigkeitsbereich gegenüber den internen und externen Stakeholdern.[163] Der Nachhaltigkeitsbericht als Produkt der Nachhaltigkeitsberichterstattung umfasst eine Momentaufnahme der Nachhaltigkeitsleistung zu einem bestimm-

---

[159] Vgl. *Herzig/Schaltegger* (2005), S. 14.
[160] Vgl. *Eiselt/Kaspereit* (2010), S. 380.
[161] Vgl. *Herzig/Schaltegger* (2005), S. 14f.
[162] Vgl. *Burschel et al.* (2004), S. 545.
[163] Vgl. *GRI* (2011b), S. 3.

ten Zeitpunkt.[164] Neben der Rechenschaftslegung dient die Nachhaltigkeitsberichterstattung insbesondere auch dem Dialog mit den gesellschaftlich relevanten Anspruchsgruppen. Auf diese Weise können die Inhalte und Zielsetzungen einer nachhaltigen Unternehmensentwicklung durch einen zielgerichteten Stakeholderdialog im Zeitverlauf angepasst und konkretisiert werden.[165] Die Zielsetzung der Nachhaltigkeitsberichterstattung kann indes in öffentlichkeitsorientierte, kapitalmarktorientierte und managementorientierte Ziele unterteilt werden (vgl. Abb. 2-4).

Die öffentlichkeitsorientierte Zielsetzung umfasst einerseits die Sicherung der Legitimität des unternehmerischen Handelns und folglich die Sicherung unternehmensrelevanter Ressourcen.[166] Andererseits kann eine glaubwürdige Nachhaltigkeitsberichterstattung die Unternehmensreputation steigern, was wiederum positive Auswirkungen auf den unternehmerischen Handlungsspielraum sowie den Unternehmenserfolg haben kann.[167] Insbesondere der Umgang mit Herausforderungen im Nachhaltigkeitsbereich birgt ein großes Potenzial, ein hohes Ansehen bei den unterschiedlichen Stakeholdern zu erzielen.[168] Die Nachhaltigkeitsberichterstattung zur Legitimitätssicherung kann insbesondere dann von großer Bedeutung sein, wenn bspw. Image-Kampagnen gegen das Unternehmen laufen, welche in der Folge mit erheblichen negativen ökonomischen Auswirkungen verbunden sein können.[169]

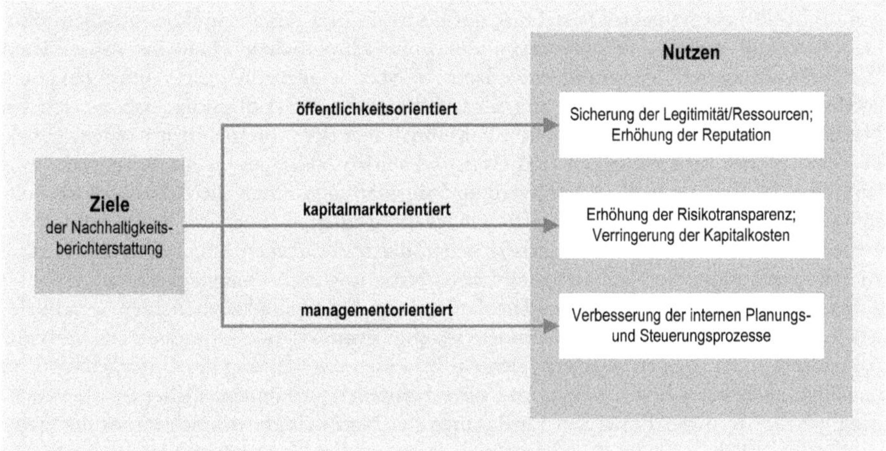

Abb. 2-4: Ziele und Nutzen der Nachhaltigkeitsberichterstattung

---

[164] Vgl. *Hoffmann* (2011), S. 65. Die Nachhaltigkeitsberichterstattung erfolgt nicht immer in einem eigenständigen Nachhaltigkeitsbericht. Vielmehr nutzen die Unternehmen unterschiedliche Berichtsformate, um über ihre Nachhaltigkeitsleistung zu informieren. Vgl. hierzu Kap. 2.2.3.

[165] Vgl. *Herzig/Schaltegger* (2007), S. 578.

[166] Vgl. *Herzig/Schaltegger* (2005), S. 11.

[167] Vgl. *Herzig/Schaltegger* (2004), S. 4.

[168] Vgl. *Kim* (2008), S. 357.

[169] Vgl. *Labbé/Stein* (2007), S. 2663.

Die kapitalmarktorientierte Zielsetzung der Nachhaltigkeitsberichterstattung strebt eine Verbesserung der Risikotransparenz an, indem das Unternehmen Aufschluss über den Umgang mit ökonomischen, ökologischen und sozialen Risiken gibt.[170] In diesem Fall kann die Nachhaltigkeitsberichterstattung den Kapitalzugang begünstigen,[171] indem bestehende Informationsasymmetrien durch eine erhöhte Risikotransparenz verringert werden und die Kapitalkosten der Unternehmen in Folge der erhöhten Informationseffizienz sinken.[172]

Im Rahmen einer managementorientierten Zielsetzung beabsichtigt die Nachhaltigkeitsberichterstattung eine Verbesserung der internen Planungs- und Steuerungsprozesse.[173] Die Berichterstattung kann die Unternehmensleitung im Rahmen einer nachhaltigen Unternehmensführung unterstützen, indem sie umfassende Informationen über die Unternehmensleistung im Nachhaltigkeitsbereich bereitstellt und Interdependenzen der drei Dimensionen Ökonomie, Ökologie und Soziales aufzeigt. Ferner kann die Nachhaltigkeitsberichterstattung die Motivation der Mitarbeiter durch das Bewusstsein, in einem nachhaltig agierenden Unternehmen tätig zu sein, erhöhen.[174]

2.1.4.3 Grundsätze und Inhalte

Um den zuvor formulierten Zielsetzungen gerecht zu werden, bedarf es einer vollständigen und wahrheitsgetreuen Darstellung der positiven und negativen ökonomischen, ökologischen und sozialen Auswirkungen des unternehmerischen Handelns sowie deren Wechselwirkungen.[175] Aufgrund einer latenten Skepsis gegenüber einer ernstgemeinten gesellschaftlichen Verantwortung der Unternehmen ist die Auffassung, dass es sich bei Nachhaltigkeitsberichten um gezielte PR-Maßnahmen der Unternehmen handelt, gerade in Zeiten hoher Arbeitslosigkeit und einem fehlenden Vertrauen in die Wirtschaft, weit verbreitet.[176] Nur wenn die bereitgestellten Informationen durch die Adressaten als vollständig, verlässlich und täuschungsfrei eingestuft werden, können sie den gewünschten Nutzen entfalten.[177] Um sich langfristig neben der traditionellen Finanzberichterstattung zu etablieren, muss die Nachhaltigkeitsberichterstattung auch eine vergleichbare Qualität aufweisen.[178] Insbesondere die Vergleichbarkeit von Nachhaltigkeitsberichten verschiedener Unternehmen und Berichtsperioden ist eine grundlegende Voraussetzung, um die Adressaten in die Lage zu versetzen, sich ein Bild über die Leistung des Unternehmens im Nachhaltigkeitsbereich zu machen und diese beurteilen zu können. Daher ist die Beachtung gleicher formaler Prinzipien im Rahmen der Nachhaltigkeitsberichterstattung zwingend erforderlich.[179] Diese orientieren sich stark an den Grundsätzen der traditionellen

---

[170] Vgl. *von der Crone/Hoch* (2002), S. 43.
[171] Vgl. *Labbé/Stein* (2007), S. 2663.
[172] Vgl. *von der Crone/Hoch* (2002), S. 43; *Bassen/Senkl* (2010), S. 256.
[173] Vgl. *Herzig/Schaltegger* (2007), S. 579.
[174] Vgl. *Labbé/Stein* (2007), S. 2663.
[175] Vgl. *GRI* (2011b), S. 3; *Hauth/Raupach* (2001), S. 25; *Burschel et al.* (2004), S. 555f.
[176] Vgl. *Hofmann* (2007), S. 134; *Spelthahn et al.* (2009), S. 61.
[177] Vgl. *Spelthahn et al.* (2009), S. 61f.
[178] Vgl. *Hofmann* (2007), S. 131.
[179] Vgl. *Burschel et al.* (2004), S. 562.

Finanzberichterstattung. *Hofmann* veranschaulicht die Grundsätze und Inhalte der Nachhaltigkeitsberichterstattung graphisch anhand des sog. ‚*House of Sustainability*' (vgl. Abb. 2-5). Die grundlegenden Berichtsprinzipien bilden dabei das Fundament einer qualitativ hochwertigen Berichterstattung.

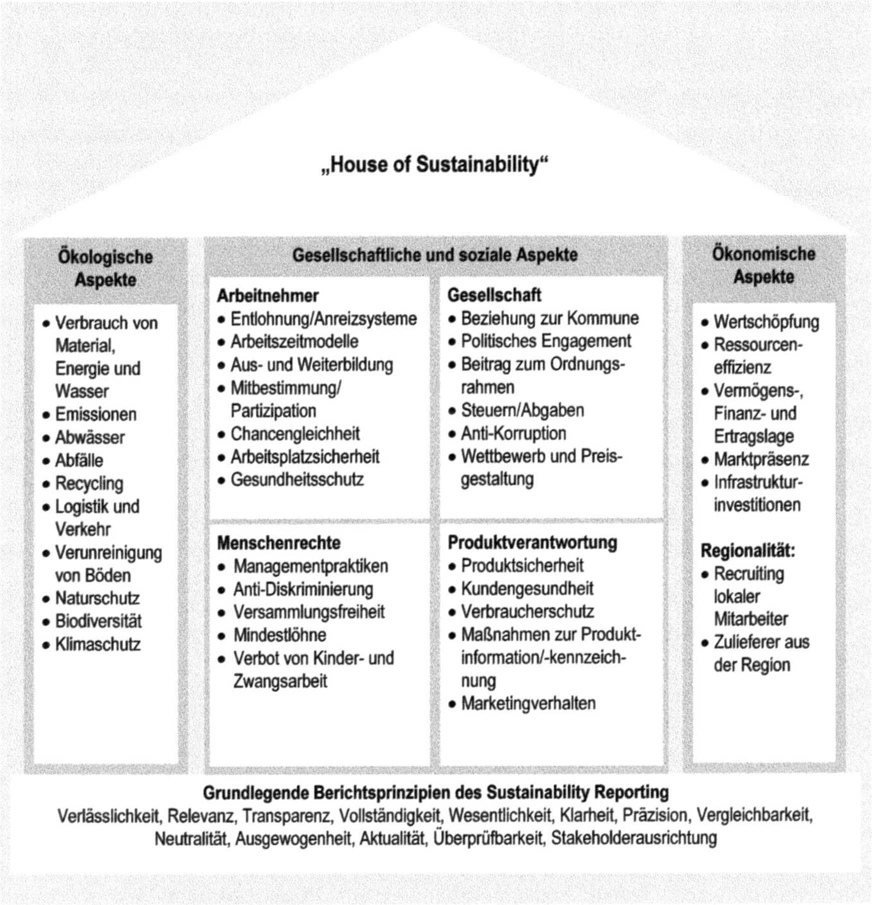

Abb. 2-5: Das Drei-Säulen-Modell der Nachhaltigkeitsberichterstattung
Quelle: *Hofmann* (2007), S. 134

Neben den traditionellen Grundsätzen der Finanzberichterstattung ist im Rahmen einer Nachhaltigkeitsberichterstattung insbesondere auf eine ausgewogene Darstellung zu achten. Die Ausgewogenheit bezieht sich einerseits auf eine ausgeglichene Darstellung der ökonomischen, ökologischen und sozialen Leistung der Unternehmen.[180] Andererseits

[180] Vgl. *Labbé/Stein* (2007), S. 2664.

fordert eine ausgewogene Darstellung die gleichwertige Berücksichtigung positiver wie auch negativer Aspekte der Nachhaltigkeitsleistung.[181] Aufgrund einer fehlenden Standardisierung sowie einer fehlenden Prüfungspflicht dient der Grundsatz der Überprüfbarkeit im Rahmen der Nachhaltigkeitsberichtserstattung vor allem der Nachvollziehbarkeit und letztendlich der Glaubwürdigkeit der bereitgestellten Informationen. Um die Berichtsqualität zu sichern und eine möglichst hohe Glaubwürdigkeit der Berichterstattung zu erreichen, können die Unternehmen ihre Nachhaltigkeitsberichte freiwillig einer externen Berichtsprüfung unterziehen.[182]

Ferner ist der Grundsatz der Aktualität von besonderer Bedeutung, da gesetzliche Vorgaben einer regelmäßigen Veröffentlichung von Informationen, wie dies im Rahmen der Finanzberichterstattung der Fall ist, für Nachhaltigkeitsberichte nicht vorgesehen ist. Es ist daher zu beachten, dass die Nachhaltigkeitsberichterstattung in regelmäßigen Abständen (bspw. jährlich) erfolgt. Zudem sollten aktuelle Informationen, ähnlich der Ad hoc-Berichterstattung, zeitnah gegenüber den Stakeholdern kommuniziert werden (bspw. via Internet).[183] Ein typischer Grundsatz der Nachhaltigkeitsberichterstattung ist zudem die Stakeholderausrichtung, welche fordert, die Berichterstattung an den Erwartungen und Interessen der Stakeholer auszurichten. Dabei ist vor allem zu der Gewichtung der verschiedenen Stakeholderinteressen sowie zu dem Umgang mit konfligierenden Erwartungen Stellung zu nehmen.[184]

Aufbauend auf diesem Fundament bestimmt sich der Inhalt der Nachhaltigkeitsberichterstattung anhand der drei Säulen Ökonomie, Ökologie und Soziales. In der Praxis beschränken sich die ökonomischen Angaben häufig noch auf einige ausgewählte Auszüge finanzieller Daten aus dem Geschäftsbericht, die unverändert oder nur leicht modifiziert übernommen werden. Dieses Vorgehen ist im Sinne der Nachhaltigkeitsberichterstattung jedoch als unzureichend zu bewerten.[185] Vielmehr erfordert die Berichterstattung über ökonomische Aspekte Angaben zur Wertschöpfung, zur Ressourceneffizienz, zu Infrastrukturmaßnahmen sowie zum lokalen Recruiting und dem Umgang mit lokalen Lieferanten. Im Rahmen sozialer Aspekte ist über die Arbeitnehmer, den Umgang mit Menschenrechten, die Berücksichtigung gesellschaftlicher Aspekte sowie die Produktverantwortung zu berichten. Die ökologische Dimension umfasst letztendlich Angaben zu Material-, Energie- und Wasserverbräuchen, Emissions- und Abfallmengen, Auswirkung der unternehmerischen Tätigkeit auf die Biodiversität oder auch über Maßnahmen zum Umweltschutz. Um den Adressaten der Nachhaltigkeitsberichterstattung ein umfassendes Bild über die nachhaltigkeitsbezogene Lage und Leistung des Unternehmens zu vermitteln, ist neben einer fundierten Darstellung der einzelnen Nachhaltigkeitsdimensionen deren integrierte Darstellung unter besonderer Berücksichtigung der Interdependenzen zwischen den einzelnen Teildimensionen Ökonomie, Ökologie und Soziales erforderlich.[186]

---

[181] Vgl. *Hauth/Raupach* (2001), S. 29; *Hofmann* (2007), S. 135.
[182] Vgl. *Höschen/Vu* (2008), S. 379.
[183] Vgl. *Burschel et al.* (2004), S. 564.
[184] Vgl. *GRI* (2011b), S. 10.
[185] Vgl. *Hofmann* (2007), S. 134.
[186] Vgl. *Burschel et al.* (2004), S. 556.

2.2 Nachhaltigkeitsberichterstattung und Unternehmenspublizität

Wie die vorherigen Ausführungen gezeigt haben, wird die Nachhaltigkeitsberichterstattung als Instrument der Stakeholderkommunikation eingesetzt und dient primär der Rechenschaftslegung und Informationsbereitstellung gegenüber den verschiedenen Anspruchsgruppen der Unternehmen.[187] Sie hat sich bis heute vor allem bei großen Unternehmen zu einem festen Bestandteil der Unternehmenspublizität entwickelt.[188] Nachfolgend wird die Nachhaltigkeitsberichterstattung daher in den Kontext der Unternehmenspublizität eingeordnet. Hierzu wird zwischen der obligatorischen und der freiwilligen Unternehmenspublizität unterschieden (Kap. 2.2.1). Im Anschluss daran werden die regulatorischen Anforderungen an eine Berichterstattung über Nachhaltigkeitsaspekte in Deutschland und den USA sowie nach internationalen Leitlinien (Kap. 2.2.2) und die verschiedenen Formen der freiwilligen Nachhaltigkeitsberichterstattung erläutert (Kap. 2.2.3).

2.2.1 Obligatorische und freiwillige Unternehmenspublizität

Publizität bedeutet Bekanntmachung oder Veröffentlichung.[189] Unternehmen veröffentlichen eine Vielzahl von Informationen. Diese sind nicht auf rechnungslegungsbasierte Angaben beschränkt und werden über verschiedene Publikationsmedien kommuniziert (bspw. Geschäftsberichte, Handelsregister, Bundesanzeiger, Internet, Nachrichten, Tagespresse etc.).[190] Unternehmenspublizität im weiteren Sinne umfasst demnach die *„allgemein zugängliche Bekanntmachung von Unternehmensinformationen“*[191]. *Kronstein/Claussen* beschränken den Publizitätsbegriff hingegen auf die Veröffentlichung von Informationen zur wirtschaftlichen Lage und Tätigkeit des Unternehmens.[192] Diese Definition der Unternehmenspublizität im engeren Sinne steht im weiteren Verlauf der Arbeit im Vordergrund.[193]

Grundsätzlich stehen sich zwei Wirkungsweisen der Publizität konträr gegenüber. Zum einen kann die Veröffentlichung von unternehmensinternen Daten zu einer Reduktion von Informationsvorsprüngen des Unternehmens führen, bspw. bei der Veröffentlichung von Informationen über Forschungs- und Entwicklungsaktivitäten oder zukunftsgerichteter Informationen (Prognosepublizität).[194] Dies liegt gerade dann nicht im Interesse der Unternehmensleitung, wenn durch die Publizität solcher Informationen unternehmensindividuelle Wettbewerbsnachteile und letztendlich negative Rückwirkungen auf die Er-

---

187 Vgl. *Burschel et al.* (2004), S. 545.

188 Vgl. *Herzig/Schaltegger* (2007), S. 577; *Labbé/Stein* (2007), S. 2661.

189 Vgl. *Fülbier* (1998), S. 21.

190 Vgl. *Berndsen* (1978), S. 121. Zu den verschiedenen Veröffentlichungsmedien vgl. *Feldhoff/Feldhoff* (2002), Sp. 1641.

191 *Pellens et al.* (2011), S. 971.

192 Vgl. *Kronstein/Claussen* (1960), S. 9.

193 *Pellens* (2001), Sp. 1742, spricht in diesem Zusammenhang von der Unternehmenspublizität im engeren Sinne. Für eine andere Definition der Unternehmenspublizität im engeren Sinne vgl. *Moxter* (1970), Sp. 1478. Diese beschränkt den Begriff der Unternehmenspublizität im engeren Sinne auf die gesetzlichen Publizitätspflichten.

194 Vgl. hier und im Folgenden *Ewert/Wagenhofer* (1992), S. 299.

folgsentwicklung des publizierenden Unternehmens drohen.[195] Zum anderen fließen die veröffentlichten Unternehmensinformationen in die Entscheidungskalküle der Informationsempfänger (bspw. Investoren) ein und erscheinen daher prinzipiell geeignet, um bestehende Informationsasymmetrien abzubauen. In diesem Fall trägt die Publizität von Informationen im Hinblick auf die wirtschaftliche Lage und Tätigkeit eines Unternehmens bspw. zur Allokationseffizienz der Kapitalmärkte bei und erhöht letztendlich die gesamtwirtschaftliche Wohlfahrt.[196]

Generell ist zwischen der obligatorischen und der freiwilligen Unternehmenspublizität zu unterscheiden.[197] Bei der **obligatorischen Unternehmenspublizität** erlassen der Staat oder andere legitimierte Instanzen Vorschriften zur öffentlichen Bereitstellung von Unternehmensinformationen, überwachen deren Einhaltung (*Enforcement*) und verhängen Sanktionen im Falle der Nichtbefolgung. In Deutschland entstammen die gesetzlichen Berichtspflichten traditionell dem Gesellschaftsrecht und sind folglich in Abhängigkeit der Rechtsform der Unternehmen zu beachten.[198] Die Publizität legitimiert sich in diesem Fall als ‚Preis' für die Haftungsbeschränkung. Im Unterschied zum gesellschaftsrechtlichen Publizitätssystem in Deutschland entstammen die Publizitätspflichten in den USA primär dem Kapitalmarktrecht und dienen vorrangig dem Schutz der Anleger durch die Vermittlung entscheidungsnützlicher Informationen.[199] Erst mit der wachsenden Internationalisierung der globalen Kapitalmärkte und den zunehmenden Harmonisierungsbestrebungen der Rechnungslegungsnormen (bspw. durch Anwendung der IFRS) erhielten kapitalmarktrechtliche Vorschriften zunehmend auch Einzug in die deutsche Gesetzgebung.[200]

Die Bereitstellung von Unternehmensinformationen verursacht regelmäßig Kosten, die bspw. bei der Suche, der Auswahl und der Aggregation von Informationen entstehen. Diese können sowohl ausgabenwirksam sein (direkte Informationskosten) als auch in Form von Opportunitätskosten anfallen (indirekte Informationskosten).[201] In welchem Umfang gesetzliche Publizitätspflichten als zweckmäßig anzusehen sind, kann daher nur unter Berücksichtigung von Kosten-Nutzen-Aspekten beurteilt werden. Dabei sind die entstehenden Publizitätskosten sowie mögliche Wettbewerbsnachteile des publizierenden Unternehmens den meist deduktiv hergeleiteten Informationsbedürfnissen der verschie-

---

[195] Vgl. *Schneider* (1993), S. 1429, sowie ausführlich *Moxter* (1962), S. 3-64.

[196] Vgl. zur Allokationseffizienz von Unternehmensinformationen am Beispiel von Rechnungslegungsregeln ausführlich *Leippe* (2002), S. 29-50.

[197] Vgl. *Pellens* (2001), Sp. 1742.

[198] *Pellens et al.* (2011), S. 971. Dabei sind Unternehmen mit einer haftungsbeschränkten Rechtsform (AG, GmbH, KGaA) stärker von Publizitätspflichten betroffen als Personengesellschaften (bspw. OHG, GbR), deren Gesellschafter mit ihrem vollständigen Betriebs- und Privatvermögen haftbar gemacht werden können.

[199] *Pellens et al.* (2011), S. 974f. Der Publizitätsumfang richtet sich daher in erster Linie danach, ob die Unternehmen, unabhängig von der jeweiligen Rechtsform, einen öffentlichen Kapitalmarkt in Anspruch nehmen. Zur Unterscheidung zwischen gesellschafts- und kapitalmarktrechtlichen Publizitätsvorschriften vgl. *Pellens et al.* (2011), S. 972-974.

[200] Vgl. *Pellens et al.* (2011), S. 979f.

[201] Vgl. *Wagenhofer* (1990), S. 36f.

denen Adressaten gegenüberzustellen und abzuwägen, inwieweit eine gesetzlich erzwungene Publizität zu einer Verbesserung der Gesamtwohlfahrt führt.[202]

In Fällen, in denen Unternehmen einen Anreiz haben, Informationen freiwillig offenzulegen, erscheint eine gesetzliche Publizitätspflicht grundsätzlich nicht erforderlich. Die zunehmende Bereitschaft der Unternehmen zur **freiwilligen Publizität** verdeutlicht, dass es Anreize für das jeweilige Management gibt, den Stakeholdern freiwillig Informationen bereitzustellen, die über den gesetzlich geforderten Publizitätsumfang hinausgehen.[203] Auch die individuelle Entscheidung über eine freiwillige Veröffentlichung von Informationen, bspw. in Form einer umfassenden Nachhaltigkeitsberichterstattung, beruht auf einem Kosten-Nutzen-Kalkül.[204] So versprechen sich Unternehmen von einer über den gesetzlichen Mindestumfang hinausgehenden Veröffentlichung von Informationen wirtschaftliche Vorteile in Form erhöhter finanzieller Dispositionsspielräume, verminderter Kapitalkosten sowie geringerer Übernahmerisiken.[205]

Die Grenze zwischen einer verpflichtenden und einer freiwilligen Publizität verläuft dabei nicht immer trennscharf. So können Anforderungen des Kapitalmarkts oder Erwartungen verschiedener Stakeholder eine quasi-verpflichtende Wirkung auf die Offenlegungsstrategie des Managements haben, wenn dem Unternehmen durch Verzicht auf die Veröffentlichung bestimmter Informationen ein Wettbewerbsnachteil droht.[206]

Wie bereits die Ausführungen zur historischen Entwicklung der **Nachhaltigkeitsberichterstattung** gezeigt haben,[207] ist der Nachhaltigkeitsbericht als eigenständiges Berichtsinstrument der freiwilligen Unternehmenspublizität zuzuordnen.[208] Dieser wird in regelmäßigen Abständen (meist jährlich) veröffentlicht. Neben qualitativen Ausführungen zur Nachhaltigkeitsleistung berichten die Unternehmen regelmäßig auch über spezifische Leistungsindikatoren in quantitativer Form. Eine umfassende Nachhaltigkeitsberichterstattung erfordert sowohl die Angabe vergangenheitsorientierter Informationen, um einen Vergleich der Nachhaltigkeitsleistung im Zeitverlauf zu ermöglichen, als auch eine zukunftsorientierte Berichterstattung, bspw. in Form von Zielsetzungen.[209] Obwohl die Nachhaltigkeitsberichterstattung grundsätzlich in die freiwillige Unternehmenspublizität einzuordnen ist, existieren in einigen Ländern gesetzliche Berichtspflichten bezüglich der Offenlegung von Nachhaltigkeitsinformationen.[210] Diese unterscheiden sich hinsichtlich

---

[202] Vgl. *Pellens* (2001), Sp. 1744; *Feldhoff/Feldhoff* (2002), Sp. 1643.

[203] Vgl. *Pellens* (2001), Sp. 1751.

[204] Vgl. *Pellens* (2001), Sp. 1743. Auch die Legitimität der unternehmerischen Tätigkeit kann ein Motiv für eine freiwillige Berichterstattung sein. Vgl. hierzu ausführlich Kap. 4.1.3.2.

[205] Vgl. hierzu ausführlich *Paul* (1993), S. 139-147.

[206] Vgl. *Pellens et al.* (2011), S. 977, sowie *Ruhnke/Simons* (2012), S. 30-32.

[207] Vgl. Kap. 2.1.4.1.

[208] Zur Systematisierung der Unternehmenspublizität vgl. auch *Pellens et al.* (2011), S. 976-978.

[209] *GRI* (2011b), S. 25.

[210] Vgl. *Herzig/Schaltegger* (2005), S. 18. Für eine Übersicht bereits bestehender Berichtspflichten in verschiedenen Ländern vgl. *KPMG/UNEP* (2006), S. 22-27, sowie ausführlich *UNEP et al.* (2008), S. 18-83.

Umfang und Detaillierungsgrad mitunter jedoch deutlich voneinander.[211] Im Folgenden werden daher die regulatorischen Rahmenbedingungen zur Berichterstattung über Nachhaltigkeitsaspekte in Deutschland und den USA näher betrachtet.

2.2.2 Obligatorische Nachhaltigkeitsberichterstattung

Zwar existieren in Deutschland und den USA bislang keine obligatorischen Regelungen für eine umfassende Nachhaltigkeitsberichterstattung, allerdings sind deutsche und amerikanische Unternehmen bereits heute verpflichtet, im Rahmen der Managementberichterstattung über Indikatoren nichtfinanzieller Art zu berichten.[212] Darunter werden auch Informationen mit Nachhaltigkeitsbezug subsumiert.[213] Die Regulierung der Managementberichterstattung fällt bislang in den Verantwortungsbereich der jeweiligen nationalen Standardsetzer. So existieren in Deutschland und den USA schon seit langem verbindliche Vorschriften zur Erstellung eines **Lageberichts** bzw. einer **Management Discussion and Analysis of Financial Condition and Results of Operations** (MD&A).[214] Zudem veröffentlichte der *International Accounting Standards Board* (IASB) am 08. Dezember 2010 das **IFRS Practice Statement Management Commentary** (PS MC) mit dem Ziel, die Managementberichterstattung international zu harmonisieren.[215] Im Folgenden werden die gesetzlichen Anforderungen an die Berichterstattung über Nachhaltigkeitsaspekte im Rahmen der Managementberichterstattung in Deutschland und den USA näher beschrieben.

2.2.2.1 Der deutsche Lagebericht

Der deutsche Gesetzgeber verpflichtet mittelgroße und große Kapitalgesellschaften (§ 264 HGB), diesen gleichgestellte Unternehmen (§ 264a HGB) sowie Mutterunternehmen (§ 290 HGB) zur Aufstellung eines (Konzern-)Lageberichts.[216] Der (Konzern-)Lagebericht unterliegt gemäß § 316 Abs. 1 HGB ebenso wie der Jahres- bzw. Konzernabschluss der Prüfungspflicht durch einen Wirtschaftsprüfer.[217] Der Wirtschaftsprüfer hat den (Konzern-)Lagebericht dahingehend zu prüfen, ob er mit dem Jahres- bzw. Konzernabschluss sowie mit den bei der Prüfung gewonnenen Erkenntnissen des Wirtschaftsprüfers übereinstimmt und insgesamt eine zutreffende Darstellung der wirtschaftlichen Lage des Unternehmens vermittelt.[218] Es ist zudem zu prüfen, ob die Chancen und Risiken der künftigen Entwicklung zutreffend dargestellt sind.[219]

---

211 Zu den gesetzlichen Anforderungen an eine Berichterstattung über Nachhaltigkeitsinformationen in Deutschland und den USA vgl. Kap. 2.2.2.

212 Vgl. hier und im Folgenden *Roberts et al.* (2008), S. 118-126 und S. 130; sowie *Baetge/Hippel* (2009), S. 546-550; *Tesch* (2008), S. 303f.

213 Vgl. § 315 Abs. 1 Satz 4 HGB sowie SEC (2010), No. 33-9106.

214 Vgl. *Kajüter/Guttmeier* (2009), S. 2333.

215 Vgl. *Kajüter et al.* (2010), S. 183; *Kajüter/Fink* (2012), S. 248.

216 Kleine kapitalmarktorientierte Kapitalgesellschaften i.S.d. § 264d HGB gelten stets als große Kapitalgesellschaften (§ 267 Abs. 3 HGB) und sind somit ebenfalls verpflichtet, einen Lagebericht zu erstellen.

217 *Kajüter* (2002), S. 243.

218 Vgl. § 317 Abs. 2 Satz 1 HGB.

219 Vgl. § 317 Abs. 2 Satz 2 HGB.

Der (Konzern-)Lagebericht ergänzt den Jahres- bzw. Konzernabschluss einer Kapitalgesellschaft und stellt somit ein eigenständiges Berichtsinstrument dar (sog. „Zwei-Säulen-Modell").[220] Im (Konzern-)Lagebericht sind der Geschäftsverlauf und die Lage der Kapitalgesellschaft so darzustellen, dass dem Leser *„ein den tatsächlichen Verhältnissen entsprechendes Bild vermittelt wird"*[221]. Der (Konzern-)Lagebericht soll den Jahres- bzw. Konzernabschluss ergänzen und erläutern sowie die Informationen aus dem Abschluss in einer zusammenfassenden Darstellung aggregieren.[222] Auf diese Weise sollen bestehende Informationsasymmetrien zwischen den Adressaten der Rechnungslegung und der Unternehmensleitung abgebaut werden. Im Rahmen der Analyse des Geschäftsverlaufs und der Darstellung der wirtschaftlichen Lage wird dem Lagebericht zum einen eine Rechenschaftsfunktion beigemessen, zum anderen wird ihm aufgrund der zukunftsorientierten Berichterstattung auch eine Informationsfunktion zugewiesen, indem den Lesern entscheidungsrelevante und verlässliche Informationen vermittelt werden.[223] Die Darstellung der wirtschaftlichen Lage des Unternehmens ist dabei stets aus Sicht der Unternehmensleitung zu erläutern.[224] Darüber hinaus unterstützt der Lagebericht im Rahmen der Corporate Governance den Aufsichtsrat bei der Überwachung der Unternehmensleitung.[225]

Der Inhalt des Lageberichts respektive Konzernlageberichts ergibt sich aus § 289 HGB bzw. § 315 HGB. Ferner werden die Anforderungen an die Konzernlageberichterstattung inhaltlich und formal durch die Deutschen Rechnungslegungsstandards (DRS) des Deutschen Rechnungslegungsstandards Committees (DRSC) konkretisiert. Das DRSC verabschiedete am 14. September 2012 die finale Fassung des DRS 20 ‚Konzernlagebericht'.[226] Der Deutsche Standardisierungsrat (DSR) empfiehlt eine analoge Anwendung des DRS 20 für den Lagebericht gemäß § 289 HGB.[227]

Unternehmen, die einen Konzernlagebericht aufstellen, sowie große Kapitalgesellschaften müssen sowohl über finanzielle als auch über nichtfinanzielle Leistungsindikatoren berichten, soweit diese für das Verständnis des Geschäftsverlaufs und der Lage des Unternehmens von Bedeutung sind.[228] Der Begriff „Indikator" zielt dabei in erster Linie auf die Bedeutung des Einflussfaktors für das Verständnis der wirtschaftlichen Lage des Unternehmens ab und ist nicht primär unter dem Gesichtspunkt der Messbarkeit zu interpretieren.[229] Die Berichterstattung über nichtfinanzielle Leistungsindikatoren umfasst auch die Bereitstellung von Nachhaltigkeitsinformationen.[230]

---

[220] Vgl. *Kajüter* (2004), S. 197; *Krüger/Schneider-Piotrowski* (2008), S. 473; *Beiersdorf/Buchheim* (2008), S. 281.

[221] § 289 Abs. 1 Satz 1 HGB.

[222] Vgl. *Kajüter* (2004), S. 197.

[223] Vgl. *Coenenberg et al.* (2012), S. 925-927.

[224] Vgl. *Deussen* (2007), S. 795.

[225] Vgl. *Böcking* (2007), S. 30-33.

[226] Die Bekanntmachung des DRS 20 erfolgte am 04.12.2012 durch das Bundesministerium der Justiz.

[227] Vgl. DRS 20, S. 6.

[228] Vgl. § 315 Abs. 1 Satz 4 HGB. Im Lagebericht zum Einzelabschluss bleibt diese Forderung auf große Kapitalgesellschaften beschränkt (vgl. § 289 Abs. 3 HGB).

[229] Vgl. IDW RH HFA 1.007.10.

[230] Vgl. DRS 20.107.

Mit DRS 20 wird der aus der internationalen Rechnungslegung stammende *management approach*[231] explizit auf die Berichterstattung nichtfinanzieller Leistungsindikatoren angewendet.[232] So sind diejenigen nichtfinanziellen Leistungsindikatoren einzubeziehen, die auch zur internen Steuerung herangezogen werden.[233] Als Beispiele nichtfinanzieller Leistungsindikatoren werden im Standard Kundenbelange, Umweltbelange, Arbeitnehmerbelange, Indikatoren zur Forschung und Entwicklung sowie die gesellschaftliche Reputation des Konzerns genannt.[234] Eine inhaltliche Konkretisierung anhand einiger Beispiele spezifischer Indikatoren verdeutlicht den Nachhaltigkeitsbezug der Informationen im Rahmen der Berichterstattung über nichtfinanzielle Leistungsindikatoren. Unter dem Aspekt der Umweltbelange kann bspw. über Emissionswerte oder Energieverbräuche berichtet werden. Bezüglich der Arbeitnehmerbelange können bspw. Angaben zur Mitarbeiterfluktuation und zu Fortbildungsmaßnahmen gemacht werden. Die Berichterstattung über die gesellschaftliche Reputation umfasst z.B. Angaben zum sozialen und kulturellen Engagement der Unternehmen sowie zur Wahrnehmung gesellschaftlicher Verantwortung.[235] Hieraus ergibt sich für bestimmte Unternehmen eine Berichtspflicht von Nachhaltigkeitsinformationen, soweit diese für das Verständnis des Geschäftsverlaufs und für die Lage des Unternehmens relevant sind.[236] Ferner fordert DRS 20 quantitative Angaben zu den nichtfinanziellen Leistungsindikatoren, sofern solche auch zur internen Steuerung herangezogen werden und für den verständigen Adressaten wesentlich sind.[237] Diese können im Konzernlagebericht allerdings stärker aggregiert sein, als sie zur internen Steuerung verwendet werden.[238]

Im Vergleich zum bislang gültigen DRS 15 nimmt DRS 20 zudem explizit Bezug zur Nachhaltigkeitsberichterstattung.[239] So wird darauf hingewiesen, dass finanzielle und nichtfinanzielle Leistungsindikatoren im Rahmen der Nachhaltigkeitsberichterstattung angegeben werden können. Allgemein anerkannte Rahmenkonzepte zur Nachhaltigkeitsberichterstattung können dabei als Anhaltspunkte für die Berichterstattung herangezogen werden.[240] Im Standardentwurf E-DRS 27 wurde ursprünglich beispielhaft auf die Leitlinien der GRI verwiesen.[241] Dieses Vorgehen wurde im Rahmen der Stellungnahmen teilweise kritisiert, da so der Eindruck einer bewussten Lenkung der Berichtsersteller auf dieses spezielle Rahmenkonzept entstehen könnte.[242] Daher wurde der Verweis auf die GRI in der finalen Überarbeitung wieder gestrichen und stattdessen durch einen allgemeinen Hinweis auf anerkannte Rahmenkonzepte ersetzt. Der zentrale Bezug zum Nachhaltig-

---

231 Zum Konzept des *management approach* vgl. ausführlich *Merschdorf* (2012), S. 21-94.

232 Vgl. *Hillmer* (2012), S. 299; *Kajüter* (2013a), S. 134.

233 Vgl. DRS 20.106.

234 Vgl. DRS 20.107.

235 Vgl. DRS 20.107.

236 Vgl. DRS 20.105.

237 Vgl. DRS 20.108.

238 Vgl. DRS 20.109.

239 Vgl. *Hachmeister/Glaser* (2012), S. 301.

240 Vgl. DRS 20.110.

241 Vgl. *Kajüter* (2013b), S. 19. Zum Berichtsrahmen der GRI zur Nachhaltigkeitsberichterstattung vgl. ausführlich Kap. 2.3.

242 Vgl. *Hachmeister/Glaser* (2012), S. 302.

keitskonzept wird in DRS 20.111 deutlich. Sofern die berichteten finanziellen und nichtfinanziellen Leistungsindikatoren intern unter dem Aspekt der Nachhaltigkeit verwendet werden, ist der Zusammenhang zwischen den Indikatoren und dem Nachhaltigkeitsaspekt darzustellen. Dieser kann bspw. dadurch hergestellt werden, dass für einzelne Kennzahlen der Zusammenhang zu ökonomischen, ökologischen und sozialen Belangen dargestellt wird.[243] Wird der Nachhaltigkeitsberichterstattung ein bestimmtes Rahmenkonzept zugrunde gelegt, so ist dieses anzugeben.[244] Während der explizite Nachhaltigkeitsbezug im Standardentwurf zunächst auf kapitalmarktorientierte Mutterunternehmen beschränkt war,[245] wurde diese Einschränkung in der finalen Fassung des DRS 20 aufgehoben.

Konkrete Vorgaben zu spezifischen Nachhaltigkeitsindikatoren, über die ein Unternehmen im Lagebericht zu informieren hat, werden in den Vorschriften zur Lageberichterstattung nicht gemacht.[246] Allerdings können die von *Hesse* in einer Befragung ermittelten *Sustainable Development Key Performance Indicators* (SD-KPIs) den berichterstattenden Unternehmen zur Orientierung dienen.[247] Im Rahmen der Befragung von Investoren und Analysten im Jahr 2006 wurden die für das Verständnis des Geschäftsverlaufs oder der Lage der Gesellschaft bedeutsamsten, nichtfinanziellen Leistungsindikatoren mit Nachhaltigkeitsbezug bezüglich der DAX-Unternehmen ermittelt.[248] Diese branchenspezifischen Indikatoren gingen als Bewertungskriterien in den Wettbewerb „Der beste Geschäftsbericht" ein.[249] Auf Basis der Ergebnisse der Untersuchung entwickelten *Baetge/Hesse* einen sog. *Best Practice Guide* zur Berichterstattung über SD-KPIs.[250] Die SD-KPIs dienen der Konkretisierung der Konzernlageberichterstattung über Aspekte der unternehmerischen Nachhaltigkeit.[251]

Eine gesetzliche Berichtspflicht für eine umfassende Nachhaltigkeitsberichterstattung ergibt sich aus den Regelungen zur (Konzern-)Lageberichterstattung nicht. Umgekehrt sind Unternehmen, die freiwillig einen separaten Nachhaltigkeitsbericht erstellen, nicht davon befreit, über Informationen mit Nachhaltigkeitsbezug im Lagebericht zu berichten, sofern diese für das Verständnis des Geschäftsverlaufs und die Lage des Unternehmens von Bedeutung sind.[252] Es ist jedoch möglich, im Rahmen der Lageberichterstattung auf weiterführende Informationen über Maßnahmen der CSR im Nachhaltigkeitsbericht zu verweisen.

[243] Vgl. DRS 20.112.

[244] Vgl. DRS 20.111.

[245] Vgl. *Haller/Fuhrmann* (2012), S. 468.

[246] Die Vorgabe spezifischer Nachhaltigkeitsindikatoren würde letztendlich auch dem *management approach* auch widersprechen.

[247] Vgl. *Baetge/Hesse* (2008), S. 8; *Hesse* (2010), S. 12; *Schmidt* (2012), S. 81-83.

[248] Vgl. *Baetge/Hesse* (2008), S. 5. Im Jahr 2009 entwickelte *Hesse* in einer neuen Befragung die SD-KPIs für jede der insgesamt 68 Branchen des *Global Industry Classification Standard* (GICS). Vgl. *Hesse* (2010), S. 13, sowie ausführlich zu den Indikatoren S. 15-118.

[249] Vgl. *Baetge/Hesse* (2008), S. 8f.

[250] Vgl. ausführlich *Baetge/Hesse* (2008), S. 5-45.

[251] Vgl. *Schmidt* (2012), S. 81f.

[252] Vgl. *Kajüter* (2011a), Rn. 82.

2.2.2.2 Die MD&A in den USA

Neben der Finanzberichterstattung müssen börsennotierte US-amerikanische Unternehmen auch einen Managementbericht erstellen. In den USA fordern die kapitalmarktrechtlichen Vorschriften der *Securities and Exchange Commission*[253] (SEC) seit 1980 von börsennotierten Unternehmen die Erstellung einer MD&A – dem Pendant zur deutschen Lageberichterstattung.[254] Amerikanische Unternehmen müssen die MD&A jährlich gemäß der Formvorschrift 10-K erstellen.[255] Ausländische Unternehmen, die an der US-amerikanischen Börse gelistet sind, müssen ebenfalls einen Managementbericht nach der Formvorschrift 20-F erstellen. Dieser wird als *Operating and Financial Review* (OFR) bezeichnet.[256] Vielfach integrieren amerikanische Unternehmen die MD&A in ihre umfangreichen Geschäftsberichte und verweisen in der Form 10-K auf diesen Abschnitt.[257]

Im Gegensatz zum Lagebericht unterliegt die MD&A keiner expliziten und umfangreichen Prüfungspflicht.[258] Die MD&A ist nur dann prüfungspflichtig, wenn sie gemeinsam mit dem Finanzbericht in einer von der SEC vorgegebenen Formvorschrift (bspw. 10-K) enthalten ist. Zudem bleibt die Prüfung in diesem Fall auf die Feststellung von wesentlichen Unstimmigkeiten zwischen den Informationen im *financial statement* und der entsprechenden MD&A beschränkt.[259]

Der MD&A wird dabei eine hohe Bedeutung zur Vermittlung besonders relevanter Informationen für den Kapitalmarkt und somit vor allem für (potenzielle) Investoren und Analysten beigemessen.[260] Die MD&A soll es den Adressaten ermöglichen, sowohl die kurzfristige als auch die langfristige wirtschaftliche Entwicklung des Unternehmens aus Sicht des Managements – „through the eyes of management“[261] – zu analysieren. Dazu sollen vor allem Informationen zur Verfügung gestellt werden, die über die Angaben der primär vergangenheitsorientierten Finanzberichterstattung hinausgehen.

---

[253] Als Reaktion auf den Börsencrash im Jahr 1929 erließ die amerikanische Regierung zum Schutz des Wertpapierhandels zwei Gesetze auf Bundesebene, zum einen den Securities Act (1933) und ein Jahr später den Securities Exchange Act (1934). Mit dem Erlass der beiden Gesetze wurde im Jahr 1934 zudem die Börsenaufsichtsbehörde SEC gegründet, und mit der Aufsicht der Einhaltung der in diesen zwei Gesetzen festgesetzten Bestimmungen beauftragt. Die SEC ist neben dem US-amerikanischen Standardsetzer, dem Financial Accounting Standards Board (FASB), die wichtigste Institution, die sich mit der Gestaltung der US-GAAP befassen. Vgl. *Gros* (2010), S. 119-121. Zum Zusammenhang zwischen SEC und FASB vgl. *Pellens et al.* (2011), S. 61f.

[254] Die SEC ist die verantwortliche Behörde für die US-amerikanischen Publizitätsvorschriften und legt somit die jährlichen sowie auch unterjährigen Berichtspflichten börsennotierter Unternehmen fest. Vgl. *Coenenberg et al.* (2012), S. 70f.

[255] Vgl. *Johnen/Ganske* (2002), Sp. 1523.

[256] Für einen Vergleich der Berichtsanforderungen an die MD&A sowie den OFR vgl. ausführlich *Hüfner* (2007a), S. 298-307.

[257] Vgl. *Niehus/Thyll* (2000), S. 488; *Selchert* (1999), S. 222.

[258] Vgl. *Burke et al.* (2008), S. 9.18 und S. 14.23f.; *Burke et al.* (2008), S. 411f.

[259] Vgl. *Lohse* (2005), S. 411.

[260] Vgl. *Hüfner* (2007a), S. 290; sowie *Hüfner* (2007b), S. 58f. Dabei wird die Adressatengruppe der MD&A keineswegs auf die Eigenkapitalgeber beschränkt. Vgl. *Selchert* (1999), S. 222.

[261] *SEC* (2003).

"The Commission has long recognized the need for a narrative explanation of the financial statements, because numerical presentations and brief accompanying footnotes alone may be insufficient for an investor to judge the quality of earnings and the likelihood that past performance is indicative of future performance."[262]

Der inhaltliche Mindestumfang der MD&A ist in der Regulation S-K Item 303 geregelt. Diese sieht eine Berichterstattung über die Bereiche (1) Liquidität, (2) Kapitalausstattung sowie (3) die Ertragslage des Unternehmens zwingend vor.[263] Zudem veröffentlicht die SEC regelmäßig Verlautbarungen (sog. *interpretive releases*), welche die inhaltlichen Anforderungen an die MD&A konkretisieren und ebenfalls Verbindlichkeitscharakter für die Unternehmen besitzen.[264]

Die Vorschriften der Regulation S-K Item 303 fordern die Angaben „sonstiger Informationen" (*other information*)[265] sowie eine zukunftsorientierte Berichterstattung (*forward looking statements*)[266]. Analog zur Lageberichterstattung in Deutschland ist die zukunftsbezogene Berichterstattung ein zentraler Bestandteil der MD&A. Ziel der SEC ist es, den Adressaten Informationen über erwartete Ereignisse und Trends, welche die zukünftige Entwicklung des Unternehmens maßgeblich beeinflussen, bereitzustellen.[267] Darunter sind auch Informationen mit Nachhaltigkeitsbezug zu verstehen, allerdings nannte die SEC bis in die jüngste Vergangenheit keine expliziten Beispiele.[268]

Aufgrund der in den vergangenen Jahren zunehmend intensivierten öffentlichen Diskussion über den Klimawandel, veröffentlichte die SEC am 2. Februar 2010 erstmalig ein *interpretive release*, der sich gezielt mit der Berichterstattung über Informationen in Zusammenhang mit dem Klimawandel (*disclosure related to climate change*) auseinandersetzt. Dabei weist die SEC explizit auf die Informationsanforderungen hinsichtlich des Einflusses (a) umweltpolitischer Gesetzgebungen und Regulierungen sowie (b) internationaler Abkommen, (c) indirekter wirtschaftlicher Einflüsse aufgrund ökologischer Trends (bspw. im Konsumverhalten) und (d) materieller Einflüsse des Klimawandels wie Naturkatastrophen (bspw. Fluten, Stürme) hin.[269]

Ebenso wie die Regelungen zur Lageberichtserstattung in Deutschland sehen die Anforderungen der SEC keine Verpflichtung zu einer umfassenden Nachhaltigkeitsberichterstattung im Rahmen der MD&A vor. Neben den nationalen Vorschriften zur Managementberichterstattung fallen deutsche Unternehmen sowie ausländische Unternehmen, die in den USA gelistet sind, zudem in den Anwendungsbereich des Management Commentary.

---

262 *SEC* (2002).

263 Zu den inhaltlichen Anforderungen an die MD&A vgl. ausführlich *Seamons* (1997), S. 239-252; *Prazak* (2009), S. 19-32; sowie *Johnen/Ganske* (2002), Sp. 1525-1536; *Afterman* (2006), E7-1-E7-37.

264 Vgl. *Zeff* (1995), S. 63; *Johnen/Ganske* (2002), Sp. 1524; *Hüfner* (2007a), S. 292.

265 Vgl. Regulation S-K Item 303 (a), S. 2.

266 Vgl. *Seamons* (1997), S. 242f.

267 Vgl. *Pava/Epstein* (1993), S. 51.

268 Vgl. *Schwartz/Mussio* (2009), S. 94.

269 Vgl. *SEC* (2010).

2.2.2.3 Der Management Commentary des IASB

In Deutschland sind kapitalmarktorientierte Mutterunternehmen seit 2005 verpflichtet, ihren Konzernabschluss nach den *International Financial Reporting Standards* (IFRS) zu erstellen.[270] Da die IFRS bis vor kurzem keinen den Abschluss ergänzenden Managementbericht vorsahen, muss der IFRS-Konzernabschluss deutscher Unternehmen um einen Konzernlagebericht ergänzt werden.[271] In den USA werden die IFRS von der SEC bislang nicht vollständig anerkannt.[272] Trotz jahrelanger Konvergenzbestrebungen sind US-amerikanische Unternehmen weiterhin dazu verpflichtet, ihren Abschluss nach US-GAAP zu erstellen.[273] Für ausländische Unternehmen, die in den USA gelistet sind, besteht seit 2007 jedoch die Möglichkeit, einen Abschluss nach IFRS bei der SEC einzureichen.[274]

Mit dem Ziel die Managementberichterstattung international zu harmonisieren veröffentlichte der IASB im Jahr 2010 das PS MC. Hierbei handelt es sich nicht um einen eigenständigen Standard, sondern vielmehr um eine unverbindliche Leitlinie zur Erstellung von Managementberichten.[275] Diese richtet sich grundsätzlich an alle IFRS-Anwender. Allerdings enthält das PS MC keine expliziten Vorgaben zum Kreis der zur Erstellung und Offenlegung eines *Management Commentary* (MC) verpflichteten Unternehmen.[276] Während sich der deutsche Lagebericht an die Stakeholder der Unternehmen richtet, werden im MC explizit die aktuellen und potenziellen Eigen- und Fremdkapitalgeber eines Unternehmens als primäre Berichtsadressaten genannt.[277]

Das PS MC macht nur grobe inhaltliche und formale Vorgaben und ist insgesamt sehr allgemein gehalten.[278] Mit Angaben zu (1) Geschäft und Rahmenbedingungen, (2) Ziele und Strategien, (3) Ressourcen, Risiken und Beziehungen, (4) Geschäftsergebnis und Aussichten sowie (5) Leistungsmaßstäben und Indikatoren nennt der Standardsetzer lediglich fünf Bereiche zu möglichen Berichtsinhalten des MC.[279] Der MC sieht ebenfalls eine Berichterstattung sowohl über finanzielle als auch über nichtfinanzielle Leistungsindikatoren

---

[270] Vgl. *Pellens et al.* (2011), S. 51.

[271] Vgl. § 315a Abs. 1 HGB.

[272] Vgl. *Pellens et al.* (2011), S. 82. Zum aktuellen Stand sowie den bisherigen Entwicklungen bezüglich der Übernahme und Akzeptanz der IFRS in den USA vgl. *Zülch/Detzen* (2012), S. 1166-1168.

[273] Vgl. *Gros/Unrein* (2010), S. 461; *Zülch/Detzen* (2012), S. 1166.

[274] Vgl. *Gros/Unrein* (2010), S. 462. Dabei ist zu beachten, dass sich die Anerkennung von IFRS-Abschlüssen ausländischer Unternehmen durch die SEC ausschließlich auf die IFRS als solche bezieht und nicht auf Fassungen, wie sie in bestimmten Jurisdiktionen übernommen und angewendet werden. Dies erfordert von ausländischen Unternehmen, die in den USA gelistet sind, möglicherweise eine Überleitungsrechnung. Vgl. hierzu auch *Pellens et al.* (2011), S. 108.

[275] Vgl. *Kajüter et al.* (2010), S. 183. Die Formulierung einer unverbindlichen Leitlinie ist bislang ein Novum in der IFRS-Rechnungslegung. Damit versucht der Standardsetzer Konflikte mit bereits bestehenden nationalen Vorschriften zur Managementberichterstattung zu vermeiden.

[276] Vgl. *Kajüter/Fink* (2012), S. 247.

[277] Vgl. IFRS PS MC, Rn. 8.; *Unrein* (2009), S. 260.

[278] Auf eine ausführliche Darstellung der Anforderungen an einen Management Commentary wird an dieser Stelle verzichtet. Zu den Berichtsgrundsätzen sowie den inhaltlichen und formalen Anforderungen an einen Management Commentary vgl. *Kajüter et al.* (2010), S. 184-186; *Fink/Kajüter* (2011), S. 178-180; Kajüter/*Fink* (2012), S. 249f.

[279] Vgl. IFRS PS MC, Rn. 24-40.

vor. Das PS MC nennt aber keine expliziten Beispiele, was unter den nichtfinanziellen Leistungsindikatoren zu subsumieren ist.[280] Explizite Bezüge zu Nachhaltigkeitsaspekten werden nicht genannt.

Insgesamt ist zu konstatieren, dass die unverbindlichen Leitlinien des IASB zum MC keine neuen Anforderungen für deutsche, zur Lageberichterstattung nach § 289 bzw. § 315 HGB verpflichtete Unternehmen mit sich bringen.[281] Folglich können deutsche Unternehmen in ihre nach DRS 20 erstellten (Konzern-)lageberichte i.d.R. eine Übereinstimmungserklärung gemäß PS MC.7 aufnehmen.[282]

2.2.3 Freiwillige Nachhaltigkeitsberichterstattung

Wie die vorstehenden Ausführungen gezeigt haben, existieren in Deutschland und den USA gesetzliche Regelungen, welche die Angabe bestimmter Nachhaltigkeitsinformationen erfordern. Eine Verpflichtung zu einer umfassenden Nachhaltigkeitsberichterstattung besteht in Deutschland und den USA indes nicht. Eine ausführliche Stellungnahme zu ökonomischen, ökologischen und sozialen Aspekten erfolgt daher größtenteils auf freiwilliger Basis. Umfassende Nachhaltigkeitsberichte sind zu einem festen Bestandteil der Unternehmenskommunikation insbesondere großer Unternehmen geworden und stellen innerhalb der freiwilligen Unternehmenspublizität das bedeutendste und am häufigsten verwendete Berichtsinstrument dar.[283] Aufgrund fehlender regulatorischer Vorgaben zeichnet die Praxis der Nachhaltigkeitsberichterstattung allerdings ein sehr heterogenes Bild und weist bislang einen geringen Standardisierungsgrad auf.[284] Dies betrifft einerseits die inhaltliche Ausgestaltung der Nachhaltigkeitsberichte (bspw. bezüglich der Art der offenzulegenden Informationen oder aussagekräftiger und einheitlicher Leistungsindikatoren) und andererseits das verwendete Berichtsformat.[285]

Häufig erstellen Unternehmen umfassende separate Berichte, um über ihre ökonomische, ökologische und soziale Leistung zu berichten. Ebenso wie die Bezeichnungen solcher Berichte variieren (C(S)R-Report, CC-Report, Nachhaltigkeitsbericht, Umweltbericht, etc.[286]), unterscheiden sich auch die inhaltlichen Themenschwerpunkte.[287] Sofern die Unternehmen einen einzigen separaten Nachhaltigkeitsbericht erstellen, umfasst dieser i.d.R. eine dreidimensionale Berichterstattung über alle Nachhaltigkeitsbereiche. Ferner ist es jedoch auch möglich, dass Unternehmen mehrere verschiedene separate Unternehmensberichte erstellen, indem sie bspw. in einem Umweltbericht über ökologische Aspekte

---

280 Vgl. IFRS PS MC, Rn. 37-40.

281 Vgl. *Kajüter/Guttmeier* (2009), S. 2339.

282 Vgl. *Kajüter/Fink* (2012), S. 251.

283 Vgl. *Fischer et al.* (2009), S. 277.

284 Die Frage hinsichtlich einer Standardisierung der Nachhaltigkeitsberichterstattung wird in der Literatur kontrovers diskutiert. Allerdings scheint weitestgehend Einigkeit darüber zu bestehen, dass zumindest gewisse einheitlich akzeptierte Mindestanforderungen unumgänglich sind. Vgl. bspw. *Hauth/Raupach* (2001), S. 31; *von der Crone/Hoch* (2002), S. 47; *Fischer et al.* (2009), S. 281.

285 Vgl. *Herzig/Schaltegger* (2004), S. 6.

286 Im Folgenden wird grundsätzlich vom Nachhaltigkeitsbericht gesprochen.

287 Vgl. *Haller/Ernstberger* (2006), S. 2516.

berichten und in einem weiteren Sozialbericht vorwiegend soziale Belange berücksichtigen.[288]

Zunehmend integrieren Unternehmen Informationen mit Nachhaltigkeitsbezug auch über die gesetzlichen Vorschriften hinaus in ihre Managementberichte oder informieren an anderer Stelle im Finanzbericht über Nachhaltigkeitsaspekte.[289] Teilweise erfolgt bereits eine vollständige Integration der Nachhaltigkeits- in die Finanzberichterstattung.[290]

Neben einer separaten Nachhaltigkeitsberichterstattung und der Berichterstattung im Finanzbericht nutzen Unternehmen insbesondere auch das Internet, um über Nachhaltigkeitsthemen zu informieren.[291] Während einige Unternehmen ausschließlich im Internet umfassend über ihre Nachhaltigkeitsleistung berichten, nutzen andere Unternehmen das Internet primär um die printbasierte Nachhaltigkeitsberichterstattung sinnvoll zu ergänzen und zu unterstützen.[292] Die Internetberichterstattung bietet insbesondere zwei Vorteile. Zum einen ermöglicht das Internet eine dialogorientierte Nachhaltigkeitsberichterstattung. So haben die Stakeholder häufig die Möglichkeit, sich einen Nachhaltigkeitsbericht gezielt zusammenzustellen und nur die Informationen auszuwählen, die sie zur Beurteilung der Nachhaltigkeitsleistung des Unternehmens benötigen. Ebenso besteht für sie die Möglichkeit über das Internet in direkten Kontakt mit dem Unternehmen zu treten, was einen effektiven Stakeholderdialog für beide Seiten erheblich vereinfacht.[293] Zum anderen bietet das Internet den Vorteil, wesentliche Entwicklungen im Nachhaltigkeitsbereich – ähnlich der Ad hoc-Publizität im Rahmen der Finanzberichterstattung – zeitnah gegenüber den Stakeholdern zu kommunizieren.[294]

Die Frage nach dem verwendeten Berichtsformat oder der Kombination verschiedener Publikationsmedien bezieht sich indes ausschließlich auf die Berichtseffizienz, nicht jedoch auf die inhaltliche Ausgestaltung der im Nachhaltigkeitsbericht behandelten Themen.[295] Insbesondere die fehlende Standardisierung inhaltlicher Berichtsgegenstände sowie die mangelnde Definition einheitlicher Leistungsindikatoren stellt die Nützlichkeit von Nachhaltigkeitsberichten in Frage, da dadurch die Vergleichbarkeit der Informationen erheblich beeinträchtigt und die Glaubwürdigkeit der Angaben verringert wird.[296] Daher haben sich sowohl nationale als auch internationale Organisationen der Aufgabe gewidmet, entsprechende Leitlinien zur Erstellung von Nachhaltigkeitsberichten zu entwickeln und somit zu einer Harmonisierung der Berichterstattung beizutragen.[297] Dabei hat sich die GRI zur bedeutendsten Initiative in der Entwicklung von Leitlinien zur

---

288 Vgl. *Herzig/Schaltegger* (2005), S. 15.
289 Vgl. Vgl. *KPMG* (2011b), S. 8f.
290 Vgl. *Herzig/Schaltegger* (2005), S. 15.
291 Vgl. Vgl. *KPMG* (2011b), S. 8.
292 Vgl. *Franz* (2008), S. 196f.
293 Vgl. *Kim* (2008), S. 357-361.
294 Vgl. *Burschel et al.* (2004), S. 564.
295 Vgl. *Hoffmann* (2011), S. 86.
296 Vgl. *Hauth/Raupach* (2001), S. 31; *Haller/Ernstberger* (2006), S. 2517.
297 Vgl. Für eine Übersicht der wesentlichen Leitlinien vgl. *Ransburg/Vásági* (2007), S. 46-51; *KPMG/UNEP* (2006), S. 16-29.

Nachhaltigkeitsberichterstattung entwickelt.[298] Die Leitlinien der GRI bilden deshalb auch die Grundlage des im Rahmen dieser Arbeit verwendeten Disclosure Index zur Messung der Berichtsqualität.[299] Daher wird im folgenden Abschnitt der G3.1-Berichtsrahmen der GRI näher erläutert.

2.3 Der G3.1-Berichtsrahmen der Global Reporting Initiative

2.3.1 Zielsetzung und Konzeption der GRI

Wie die Ausführungen zur obligatorischen Nachhaltigkeitsberichterstattung gezeigt haben, finden sich in Deutschland und den USA bereits finanzielle und nichtfinanzielle Informationen, die i.d.R. einen Nachhaltigkeitsbezug aufweisen, in der gesetzlich regulierten Managementberichterstattung. Während die Vorschriften des deutschen Gesetzgebers über die Vorgaben der SEC in den USA hinausgehen, sind die Vorschriften in beiden Ländern allerdings wenig konkret und somit ungeeignet, um eine umfangreiche und vor allem vergleichbare Nachhaltigkeitsberichterstattung zu forcieren. Zudem kann auf Basis unterschiedlicher nationaler Vorschriften eine internationale Standardisierung der Nachhaltigkeitsberichterstattung kaum erreicht werden. Ähnlich wie der IASB im Bereich der Finanzberichterstattung, hat es sich die GRI daher zur Aufgabe gemacht, einen internationalen Berichtsrahmen für die Erstellung von Nachhaltigkeitsberichten zu entwickeln, um diese Form der Berichterstattung weltweit voranzutreiben und zu harmonisieren.[300] Die GRI-Leitlinien besitzen mittlerweile weltweite Akzeptanz und werden am häufigsten von Unternehmen bei der Erstellung von Nachhaltigkeitsberichten verwendet.[301] Auf diese Weise leisten die GRI einen Beitrag zur Standardisierung und internationalen Harmonisierung der Nachhaltigkeitsberichterstattung.

Die GRI wurde im Herbst 1997 gegründet. Sie geht aus einer gemeinsamen Initiative der Coalition for Environmentally Responsible Economies (CERES) und dem United Nations Environment Programme (UNEP) hervor. Im Jahre 2002 wurde die GRI rechtlich selbständig, indem sie in eine Stiftung nach niederländischem Recht mit Sitz in Amsterdam überführt wurde.[302] Die Initiative wurde mit der Absicht ins Leben gerufen, die Unternehmen durch die Integration von Nachhaltigkeitsaspekten in ihre Berichterstattung, zu einem verantwortungsvollen Handeln gegenüber der Gesellschaft zu bewegen. Das gemeinsame Ziel besteht darin, die Vergleichbarkeit, Verlässlichkeit, Überprüfbarkeit und Aktualität der Nachhaltigkeitsberichtserstattung zu verbessern und somit der Qualität der Finanzberichterstattung anzugleichen.[303] Dabei beabsichtigt die Initiative nicht, die traditionelle Finanzberichterstattung zu ersetzen. Vielmehr sollen die bestehenden Elemente der Unternehmensberichterstattung um Nachhaltigkeitsaspekte ergänzt und durch einen

---

[298] Vgl. *Haller* (2006), S. 67.
[299] Vgl. Kap. 5.2.4.
[300] Vgl. *Haller/Ernstberger* (2006), S. 2516.
[301] Vgl. *Schaltegger et al.* (2007), S. 73; *Fischer et al.* (2009), S. 280.
[302] Vgl. *Woods* (2003), S. 60.
[303] Vgl. *Haller* (2006), S. 67.

breiteren Kontext die makroökonomischen und gesellschaftlichen Auswirkungen der Unternehmenstätigkeit in den Fokus gerückt werden.[304]

Die auf Basis des Berichtsrahmens der GRI erstellten Nachhaltigkeitsberichte können unter anderem zum Benchmarking und zur Beurteilung der Nachhaltigkeitsleistung in Bezug auf bestimmte Gesetze und Standards sowie Verhaltenskodizes oder freiwillige Initiativen verwendet werden. Zudem geben sie Aufschluss darüber, wie das Unternehmen auf die Anforderungen einer nachhaltigen Unternehmensführung reagiert und diesen gerecht wird. Letztendlich können sie auch verwendet werden, um die Nachhaltigkeitsleistung innerhalb des Unternehmens sowie mit anderen Unternehmen im Zeitverlauf zu vergleichen.[305]

Im Jahr 2006 veröffentlichte die GRI ihren aktuellen **G3-Berichtsrahmen** in der Version G3.0. Am 23. März 2011 hat die Initiative ein Update des Berichtsrahmens (Version 3.1) herausgegeben, welches parallel zum Berichtrahmen in der Version 3.0 bis zur Veröffentlichung der vierten Generation der Leitlinien (G4) Gültigkeit besitzt.[306] Die GRI empfiehlt jedoch insbesondere für Erstanwender die Nutzung des überarbeiteten G3.1-Berichtsrahmens.[307] Das Update in der Version G3.1 enthält im Vergleich zur Version 3.0 fünf zusätzliche Kernleistungsindikatoren sowie die Transformation eines Zusatzindikators in einen Kernleistungsindikator.[308] Zudem umfasst die überarbeitete Version mitunter Änderungen bezüglich der Berichtsanforderungen an einige Berichtselemente.[309]

Am 26. Juni 2012 veröffentlichte die GRI zudem einen Entwurf (*Exposure Draft*) der neuen G4-Leitlinien.[310] Im Vorfeld wurden im Rahmen einer öffentlichen Konsultation vom 26. August bis 24. November 2011 zunächst die verschiedenen Interessengruppen aufgefordert, ihre Bedürfnisse und Erwartungen an die vierte Generation der GRI-Leitlinien in Form von Stellungnahmen einzureichen.[311] Im Anschluss an die Veröffentlichung des Entwurfs der G4-Leitlinien hatte die interessierte Öffentlichkeit erneut die

---

304 Vgl. *Haller/Ernstberger* (2006), S. 2518. In der Praxis hat dies jedoch zur Bildung sog. „Informationssilos" geführt. So veröffentlichen Unternehmen mittlerweile viele Einzelinformationen in unterschiedlichen Berichtselementen (z.B. Finanzbericht, Nachhaltigkeitsbericht, Vergütungsbericht etc.). Eine Darstellung der Zusammenhänge zwischen den einzelnen Berichtselementen erfolgt hingegen nur in den seltensten Fällen. Daher hat das IIRC am 12.09.2011 ein Diskussionspapier veröffentlicht, welches eine erste Diskussionsgrundlage für ein Rahmenkonzept zu einer integrierten Berichterstattung darstellt. Vgl. hierzu ausführlich *Beyhs/Barth* (2012), S. 2857-2863; *Haller/Zellner* (2011), S. 523-529; *Behncke/Hoffmann* (2012), S. 411-417; *Kajüter* (2013a), S. 142-149.

305 Vgl. *GRI* (2011b), S. 3.

306 Vgl. *Hoffmann* (2011), S. 68.

307 Vgl. www.globalreporting.org/reporting/latest-guidelines/g3-1-guidelines/Pages/default.aspx (Stand: 15.02.2013).

308 Vgl. *Schmidt* (2012), S. 93. Die Kernleistungsindikatoren LA 15, HR 10, HR 11, SO 9 und SO 10 wurden ergänzt. Der Leistungsindikator HR 3 wurde von einem Zusatz- in einen Kernleistungsindikator umgewandelt.

309 Für eine Übersicht der wesentlichen Änderungen vgl. *GRI* (2012a).

310 Vgl. GRI-Pressemitteilung vom 26. Juni 2012: www.globalreporting.org/information/news-and-press-center/Pages/New-sustainability-reporting-guidance-released-for-public-consultation.aspx (Stand: 15.02.2013).

311 Zu den Ergebnissen der öffentlichen Konsultation vgl. ausführlich *GRI* (2012a).

Möglichkeit, bis zum 12. November 2012 Stellung zu dem Entwurf der GRI zu nehmen. Eine endgültige Veröffentlichung der finalen G4-Leitlinien ist für Mai 2013 geplant.[312]

Die öffentliche Konsultation der verschiedenen Interessensgruppen im Vorfeld der Veröffentlichung des Entwurfs zu den G4-Leitlinien verdeutlicht das grundlegende Konzept der GRI, den sog. Multi-Stakeholderansatz (*Multi-Stakeholder-Engagement-Concept*). Dieses Konzept sieht vor, die Nachhaltigkeitsberichte an den Bedürfnissen der verschiedenen Stakeholder auszurichten, indem diese aktiv in die Entwicklung der Leitlinien zur Nachhaltigkeitsberichterstattung mit einbezogen werden.[313] Darüber hinaus ist die GRI bestrebt, auch Grundsätze und Leitlinien anderer Organisationen und Initiativen, die sich für eine verbreitete Implementierung des Nachhaltigkeitsprinzips und der gesellschaftlichen Verantwortung von Unternehmen einsetzen, im Rahmen der Entwicklung neuer Leitlinien zu berücksichtigen. So hatte die Überarbeitung der zweiten Genration, die letztendlich in der Veröffentlichung des G3-Berichtsrahmens im Jahr 2006 resultierte, insbesondere das Ziel, eine Kompatibilität mit dem *Global Compact* der Vereinten Nationen (*United Nations*) herzustellen, so dass Unternehmen mit der Anwendung der GRI-Leitlinien gleichzeitig den Berichtsanforderungen des Global Compact entsprechen.[314]

Wie Abb. 2-6 veranschaulicht, bildet der **GRI-Leitfaden zur Nachhaltigkeitsberichterstattung** (*Sustainability Reporting Guidelines*) den Kern des G3.1-Berichtsrahmens. Dieser ist für alle Unternehmen unabhängig von ihrer Größe oder der Branchenzugehörigkeit anwendbar.[315] Der Leitfaden enthält Prinzipien zur Bestimmung des Berichtsinhalts sowie zur Sicherung der Berichtsqualität und eine Anleitung zur Bestimmung der Berichtsgrenzen. Neben den Berichtsprinzipien kommt insbesondere den Standardangaben eine wesentliche Bedeutung zu. Diese gliedern sich in Angaben zur Strategie und zum Profil des Unternehmens sowie in Angaben zum Managementansatz und den Leistungsindikatoren. Die Leistungsindikatoren können indes als Kernbestandteil der Nachhaltigkeitsberichterstattung angesehen werden, da sie standardisierte Informationen über die Auswirkungen der Unternehmen auf die drei Nachhaltigkeitsdimensionen Ökonomie, Ökologie und Soziales aufzeigen.[316]

Darüber hinaus gibt es weitere Elemente des GRI-Berichtsrahmens, welche den Leitfaden konkretisieren bzw. ergänzen.[317] Das technische Protokoll (*Technical Protocol*) sowie die Anleitung zur Bestimmung der Berichtsgrenzen (*GRI Boundary Protocol*) konkretisieren die Berichtsprinzipien. Ferner konkretisieren die Indikatorprotokolle (*Indicator Protocols*) die Definitionen sämtlicher Leistungsindikatoren und enthalten hilfreiche Hinweise für die Berichterstattung der einzelnen Indikatoren. Die *Sector Supplements* umfassen hingegen weitere Branchenempfehlungen zur Anwendung des Leitfadens und ergänzen diesen darüber hinaus um zusätzliche branchenspezifische Leistungsindikatoren. Die GRI sehen

---

[312] Vgl. www.globalreporting.org/reporting/latest-guidelines/g4-developments/Pages/default.aspx (Stand: 15.02.2013). Die weiteren Ausführungen des Kapitels beziehen sich ausschließlich auf den aktuell gültigen Berichtsrahmen der GRI in der Version 3.1.

[313] Vgl. *Schulz et al.* (2001), S. 37.

[314] Vgl. *Haller/Ernstberger* (2006), S. 2518.

[315] Vgl. *Hoffmann* (2011), S. 69.

[316] Vgl. *Hoffmann* (2011), S. 71.

[317] Vgl. hier und im Folgenden *GRI* (2011b), S. 4.

für die Berichterstattung verschiedene Anwendungsebenen vor, die sich hinsichtlich des Berichtsumfangs voneinander unterscheiden.[318] Die Anleitung zur Bestimmung der Anwendungsebene (*GRI Application Levels*) konkretisiert die inhaltlichen Mindestanforderungen der verschiedenen Ebenen. Im Folgenden werden die einzelnen Elemente des G3.1-Berichtsrahmens näher erläutert.

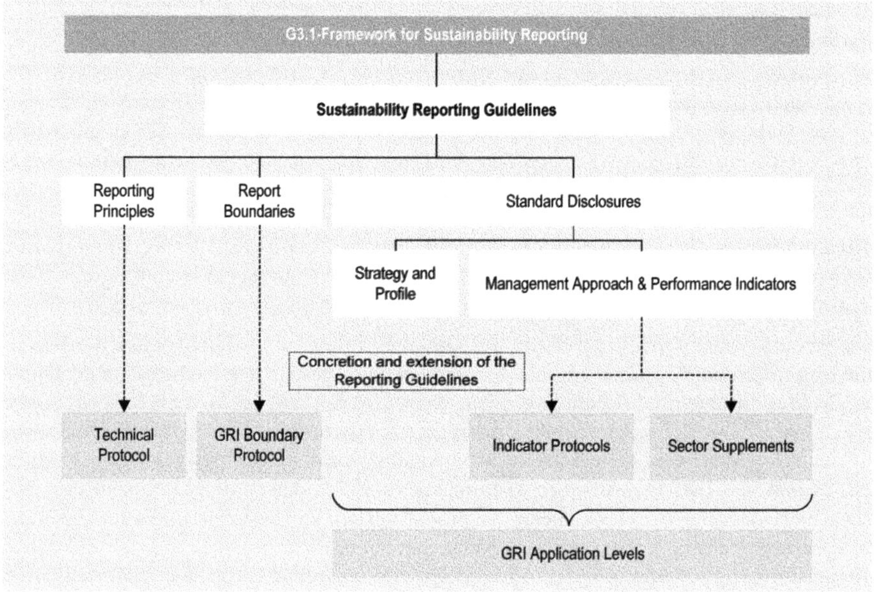

Abb. 2-6: Bestandteile G3.1-Berichtsrahmen der GRI
Quelle: in Anlehnung an *Hoffmann* (2011), S. 70

2.3.2 Der G3.1-Leitfaden zur Nachhaltigkeitsberichterstattung

2.3.2.1 Berichtsprinzipien und Berichtsgrenzen

2.3.2.1.1 Prinzipien zur Bestimmung des Berichtsinhalts

Die Frage, welche Inhalte ein Nachhaltigkeitsbericht umfassen sollte, ist mit Hilfe der Prinzipien zur Bestimmung des Berichtsinhalts zu klären. Die GRI haben hierzu das Prinzip der Wesentlichkeit (*materiality*), der Einbeziehung von Stakeholdern (*stakeholder inclusiveness*), des Nachhaltigkeitskontexts (*sustainability context*) sowie der Vollständigkeit (*completeness*) festgelegt.

---

[318] Die Berichterstattung kann in Übereinstimmung mit den Ebenen A, B oder C erfolgen, wobei die Anwendungsebene A die umfangreichste Berichterstattung fordert.

Indikatoren sind demnach als **wesentlich** zu erachten und somit in den Bericht aufzunehmen, wenn sie entweder bedeutende ökonomische, ökologische oder soziale Einflüsse der Unternehmen widerspiegeln oder einen maßgeblichen Einfluss auf die Entscheidungen der Stakeholder haben könnten. Da nicht alle wesentlichen Themen eine gleich hohe Bedeutung besitzen, sollte ihre Darstellung auch die Bedeutung im Verhältnis zu anderen wesentlichen Themen widerspiegeln.[319] Im Unterschied zum Wesentlichkeitskriterium in der Finanzberichterstattung (bspw. im *IFRS-Framework*), besitzt das Kriterium in der Nachhaltigkeitsberichterstattung vielmehr einen qualitativen als einen quantitativen Charakter.[320]

Die **Einbeziehung von Stakeholdern** erfordert eine Erläuterung der angesprochenen Stakeholdergruppen des berichterstattenden Unternehmens sowie eine Darstellung, inwiefern auf deren Erwartungen und Interessen eingegangen wurde. Zudem ist über die Gewichtung der verschiedenen Stakeholdergruppen zu berichten. Dabei sind die Methode und die zugrundeliegenden Überlegungen für diese Entscheidungen zu dokumentieren.[321]

Der **Nachhaltigkeitskontext** verlangt eine Berichterstattung, welche die Unternehmensleistung in einen ökonomischen, ökologischen und sozialen Zusammenhang stellt. Dabei ist darzulegen, welche Auswirkungen die Unternehmenstätigkeit sowohl auf regionaler als auch auf globaler Ebene auf die drei Nachhaltigkeitsdimensionen hat und haben wird. Darüber hinaus muss deutlich werden, inwieweit das Unternehmen Maßnahmen und Strategien entwickelt (hat), um die Auswirkungen auf diese drei Bereiche möglichst positiv und wenig belastend zu gestalten.[322]

Das Prinzip der **Vollständigkeit** soll gewährleisten, dass wesentliche Themen und Indikatoren unter Beachtung der Berichtsgrenzen hinreichend und umfänglich abgedeckt sind, damit die Stakeholder in die Lage versetzt werden, die Nachhaltigkeitsleistung des Unternehmens beurteilen zu können. Bei der Vollständigkeit geht es primär um den Umfang, die Grenzen sowie den zeitlichen Rahmen. Der zeitliche Rahmen impliziert die Notwendigkeit, dass die berichteten Informationen für den im Bericht angegebenen Zeitraum vollständig sein müssen.[323] Die GRI ermöglicht es dem berichterstattenden Unternehmen jedoch, in begründeten Fällen (bspw. bei zu hohen Kosten der Datengewinnung) unter Angabe der entsprechenden Gründe bestimmte Informationen auszulassen.[324]

2.3.2.1.2 Prinzipien zur Sicherung der Berichtsqualität

Um die Berichtsqualität sicherzustellen, sind zudem die Prinzipien der Ausgewogenheit (*balance*), der Vergleichbarkeit (*comparability*), der Genauigkeit (*accuracy*), der Aktualität (*timeliness*), der Klarheit (*clarity*) sowie der Verlässlichkeit (*reliability*) zu beachten.

---

[319] Vgl. *GRI* (2011b), S. 8f.
[320] Vgl. *Haller/Ernstberger* (2006), S. 2521.
[321] Vgl. *GRI* (2011b), S. 10f.
[322] Vgl. *GRI* (2011b), S. 11f.
[323] Vgl. *GRI* (2011b), S. 12f.
[324] Vgl. *GRI* (2011b), S. 40.

Die **Ausgewogenheit** der Berichterstattung erfordert die Berücksichtigung positiver und negativer Aspekte der Nachhaltigkeitsleistung gleichermaßen, um ein möglichst neutrales Bild des Unternehmens zu vermitteln. Dies soll zum einen verhindern, dass der Nachhaltigkeitsbericht als PR-Instrument missbraucht wird und zum anderen soll gewährleistet sein, dass die Berichtsadressaten in die Lage versetzt werden, eine fundierte Beurteilung der Gesamtleistung fällen zu können.[325] Zudem sollte im Bericht eindeutig zwischen der Darstellung von Fakten und der Auslegung von Informationen durch das berichterstattende Unternehmen unterschieden werden.[326]

Die **Vergleichbarkeit** fordert eine stetige Anwendung der Ermittlungs- und Präsentationsmethoden im Zeitverlauf, so dass die Unternehmensleistung in den drei Nachhaltigkeitsbereichen mit der Leistung der Unternehmen in früheren Perioden, mit selbst formulierten Zielvorgaben sowie mit der Leistung anderer Unternehmen verglichen werden kann. Falls Veränderungen in den Ermittlungs- und Präsentationsmethoden vorgenommen werden, sind diese zu erläutern und eine Überleitung zu den historischen Daten herzustellen, so dass eine Vergleichbarkeit im Zeitverlauf weiterhin gewährleistet ist.[327]

Das Prinzip der **Genauigkeit** fordert, dass die berichteten Daten möglichst korrekt und detailliert darzustellen sind und Stakeholder somit in die Lage versetzt werden, die Leistung des berichterstattenden Unternehmens zu bewerten. Dabei ist die Genauigkeit qualitativer Daten vor allem abhängig von der Klarheit, dem Detaillierungsgrad sowie einer ausgewogenen Darstellung innerhalb der Berichtsgrenzen. Die Genauigkeit quantitativer Daten ist indes vielmehr von den Methoden der Datenerfassung abhängig.[328]

Das Prinzip der **Aktualität** erfordert, dass die Informationen zeitnah veröffentlicht werden, so dass sie ihre Entscheidungsnützlichkeit nicht verlieren. Zudem ist eine Kontinuität bezüglich der Häufigkeit und des Zeitraums der Berichterstattung notwendig. Dabei empfiehlt die GRI den Berichtszeitraum an die Finanzberichterstattung anzupassen und eine Beziehung zwischen der finanziellen Unternehmensleistung und der Nachhaltigkeitsleistung herzustellen.[329]

Ferner sollten Informationen mit der notwendigen **Klarheit** zur Verfügung gestellt werden, so dass Stakeholder, die mit der Organisation und ihren Aktivitäten vertraut sind, die gewünschten Informationen ohne unzumutbaren Aufwand finden. Dazu empfiehlt der Leitfaden eine Aggregation der Daten in Graphiken und Tabellen.[330]

Abschließend erfordert das Prinzip der **Verlässlichkeit**, dass die berichteten Informationen so zusammengestellt, analysiert und offengelegt werden, dass sie durch Dritte nachvollziehbar und überprüfbar sind. Zudem sollten die internen Kontroll- und Dokumenta-

325 Vgl. *Haller/Ernstberger* (2006), S. 2522.
326 Vgl. *GRI* (2011b), S. 13.
327 Vgl. *GRI* (2011b), S. 14f.
328 Vgl. *GRI* (2011b), S. 15.
329 Vgl. *GRI* (2011b), S. 16.
330 Vgl. *GRI* (2011b), S. 16.

tionsprozesse so ausgestaltet sein, dass die Qualität und Wesentlichkeit der Informationen gewährleistet sind.[331]

2.3.2.1.3 Bestimmung der Berichtsgrenzen

Neben der Frage des Berichtsinhalts muss das berichterstattende Unternehmen abgrenzen, welche Unternehmenseinheiten in den Nachhaltigkeitsbericht aufzunehmen sind. Kriterien zur Bestimmung der Berichtsgrenzen sind einerseits direkt im Leitfaden enthalten und werden zudem durch ein Zusatzprotokoll (*GRI Boundary Protocol*) konkretisiert (vgl. Abb. 2-6). Das Unternehmen sollte über sämtliche Einheiten berichten, über die es Kontrolle (*control*) oder aber einen maßgeblichen Einfluss (*significant influence*) ausübt.[332] Kontrolle besitzt ein Unternehmen, wenn es die Finanz- und Geschäftspolitik eines anderen Unternehmens bestimmt, während ein maßgeblicher Einfluss bereits dann gegeben ist, wenn das berichterstattende Unternehmen die Macht besitzt, finanz- und geschäftspolitische Entscheidungen eines anderen Unternehmens zu beeinflussen, ohne dieses jedoch zu kontrollieren.[333] Grundsätzlich ist das Vorgehen zur Bestimmung der Berichtsgrenzen an die Beherrschungskriterien der IFRS angelehnt.[334] Analog zur Finanzberichterstattung sind somit bspw. Tochtergesellschaften und Joint Ventures in den Nachhaltigkeitsbericht einzubeziehen, sofern das berichterstattende Unternehmen Kontrolle über diese Unternehmen besitzt oder einen maßgeblichen Einfluss auf diese ausüben kann.[335] Zusätzlich sind aber auch jene Unternehmen einzubeziehen, mit denen das Unternehmen in Beziehungen auf vorgelagerten (z.B. in der Lieferkette) und nachgelagerten Stufen (z.B. Vertrieb und Kunden) in der Wertschöpfungskette steht und auf die das berichtende Unternehmen einen erheblichen Einfluss ausübt.[336] Die Berichtsgrenzen sind an dieser Stelle daher weiter gefasst als bei der konsolidierten Finanzberichterstattung im Rahmen der Konzernabschlusserstellung.[337]

Allerdings muss nicht über alle Unternehmenseinheiten innerhalb der Berichtsgrenzen in gleicher Weise berichtet werden. Da eine zuverlässige Informationsbeschaffung insbesondere vom Grad der Einflussnahme abhängig ist, sollten Einheiten, die durch das berichtende Unternehmen kontrolliert werden, mit einem detaillierteren Informationsgehalt anhand operativer Indikatoren (*operational data*) Einzug in die Berichterstattung erhalten, während Unternehmen, auf die ein maßgeblicher Einfluss ausgeübt wird, nur bei der generellen Beschreibung der Ziele und Maßnahmen des Unternehmens im Rahmen des Managementansatzes (*management information*) zu berücksichtigen sind. Die Unternehmen, die das berichtende Unternehmen weder kontrolliert noch maßgeblich beeinflusst, sind trotzdem in den Nachhaltigkeitsbericht einzubeziehen, sofern sie von wesentlicher Relevanz für die Nachhaltigkeitsleistung eines Unternehmens sind. Zu diesen Unterneh-

[331] Vgl. *GRI* (2011b), S. 17.
[332] Vgl. *GRI* (2011b), S. 17.
[333] Vgl. *GRI* (2005), S. 9f.
[334] Vgl. *GRI* (2005), S. 5 und 16.
[335] Vgl. *GRI* (2005), S. 9f.
[336] Vgl. *GRI* (2011b), S. 17.
[337] Vgl. *Haller/Ernstberger* (2006), S. 2522.

men sind lediglich narrative Angaben bezüglich ergriffener Strategien oder erkannter Schwierigkeiten bzw. Konfliktsituationen (*narrative on strategy/dilemma*) zu machen.[338]

2.3.2.2 Standardangaben

Aufbauend auf den Berichtsprinzipien und -grenzen bestimmen die Standardangaben die wesentlichen Elemente, die in jedem Nachhaltigkeitsbericht enthalten sein sollten.[339] Die Standardangaben können somit auch als inhaltliche Mindestanforderungen an einen Nachhaltigkeitsbericht verstanden werden.[340] Sie umfassen Angaben zur Strategie und zum Profil der Unternehmen sowie Angaben zum Managementansatz und den Leistungsindikatoren.

2.3.2.2.1 Strategie und Profil

Die Angaben zur Strategie und zum Profil des Unternehmens sollen es den Stakeholdern ermöglichen, die Unternehmensleistung in einen Gesamtzusammenhang zu bringen. Die Angaben werden weiterhin in vier verschiedene Kategorien unterteilt (vgl. Abb. 2-7).

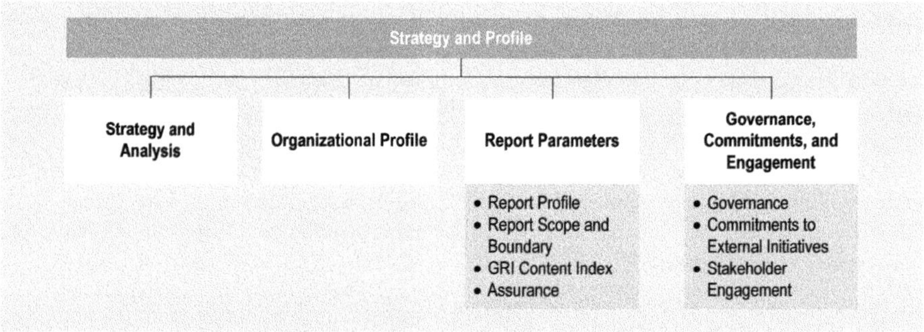

Abb. 2-7: Angaben zu Strategie und Profil des Unternehmens
Quelle: in Anlehnung an *Hoffmann* (2011), S. 115

Die Angaben zu **Strategie und Analyse** sollen das Nachhaltigkeitsverständnis des Unternehmens aus einer übergreifenden, strategischen Perspektive beschreiben und einen Hintergrund für die Berichterstattung in anderen Abschnitten des Nachhaltigkeitsberichts liefern.[341] Dies soll einerseits durch eine Erklärung der Geschäftsführung bzw. des Vorstands über die Bedeutung der Nachhaltigkeit für die Führung und Strategie des Unternehmens erfolgen. In der Erklärung ist insbesondere auf die kurz-, mittel- und langfristige Unternehmensstrategie im Umgang mit den wichtigsten Herausforderungen und Wettbewerbsparametern mit Nachhaltigkeitsbezug einzugehen.[342] Neben dieser Stellungnahme sind zudem die wichtigsten Auswirkungen, Risiken und Chancen zu beschreiben. Wäh-

[338] Vgl. *GRI* (2005), S. 5f. und 8-14.
[339] Vgl. *GRI* (2011b), S. 19.
[340] Vgl. *Lackmann* (2010), S. 58.
[341] Vgl. hier und im Folgenden *GRI* (2011b), S. 20f.
[342] Vgl. *Haller/Ernstberger* (2006), S. 2522.

rend sich die Auswirkungen auf die nachhaltige Entwicklung der Gesellschaft beziehen, umfassen die Risiken und Chancen vielmehr die langfristige finanzielle Entwicklung der Unternehmen. An dieser Stelle steht der Zusammenhang zwischen der unternehmerischen und der gesellschaftlichen Nachhaltigkeit im Mittelpunkt der Betrachtung, indem die Auswirkungen der unternehmerischen Tätigkeit auf die nachhaltige Entwicklung der Gesellschaft und die damit verbundenen Rückwirkungen auf die nachhaltige Entwicklung des Unternehmens verdeutlicht werden.[343]

Die Angaben zum **Organisationsprofil** dienen einer näheren Beschreibung des Unternehmens.[344] Hierzu zählen insbesondere Angaben hinsichtlich wichtiger Marken, Produkte und Dienstleistungen, der Organisations- und Eigentümerstruktur, der Märkte in denen das Unternehmen tätig ist sowie der Unternehmensgröße in Bezug auf Mitarbeiterzahl, Umsatz, Marktkapitalisierung und der Anzahl angebotener Produkte oder Dienstleistungen.[345]

Neben den erforderlichen Angaben zum Unternehmen, sind in der Kategorie **Berichtsparameter** grundlegende Informationen zum Nachhaltigkeitsbericht darzulegen.[346] Hierzu zählen einerseits Angaben zum Berichtsprofil (z.B. Berichtszeitraum, Berichtszyklus) sowie zum Berichtsumfang und den Berichtsgrenzen. Ferner ist im Rahmen der Berichtsparameter ein sog. *GRI Content Index* zu erstellen, der Auskunft darüber gibt, an welcher Stelle im Bericht die verschiedenen Standardangaben enthalten sind. Ebenso ist anzugeben, ob der Nachhaltigkeitsbericht durch externe Dritte geprüft wurde. Sofern eine externe Begutachtung stattgefunden hat, ist der Umfang der Berichtsprüfung zu erläutern und ggf. darzulegen, welche Bereiche des Berichts von der Prüfung ausgeschlossen wurden, sofern diese Angaben nicht bereits im Prüfbericht enthalten sind.

In der Kategorie **Governance, Verpflichtung und Engagement** sind die Governance-Strukturen und -Mechanismen im Allgemeinen und mit Blick auf die Nachhaltigkeitsleistung im Besonderen zu erläutern.[347] Ferner ist anzugeben, welche Verhaltenskodizes vom Unternehmen befolgt werden und welche nachhaltigkeitsbezogenen Initiativen (z.B. UN Global Compact) das Unternehmen unterstützt oder in denen es selbst Mitglied ist. Ebenso ist über die Auswahl der relevanten Stakeholdergruppen sowie deren Einbeziehung in unternehmerische Entscheidungen zu berichten.[348]

2.3.2.2.2 Managementansatz und Leistungsindikatoren

Der **Managementansatz** fordert Informationen zur Herangehensweise des Unternehmens an bestimmte Themengebiete, welche die Unternehmensleistung in bestimmten Bereichen als Ergebnis von Konzepten erkennen lässt.[349] Ein kurzer Überblick über den Managementansatz in den verschiedenen Indikatorkategorien soll den Stakeholdern erklären,

[343] Vgl. *Hoffmann* (2011), S. 115.
[344] Vgl. *Haller/Ernstberger* (2006), S. 2523.
[345] Vgl. *GRI* (2011b), S. 21.
[346] Vgl. hier und im Folgenden *GRI* (2011b), S. 21f.
[347] Vgl. *Haller/Ernstberger* (2006), S. 2523.
[348] Vgl. *GRI* (2011b), S. 24.
[349] Vgl. *GRI* (2011b), S. 19.

vor welchem Hintergrund die Informationen bezüglich der Leistungsindikatoren zu betrachten sind.[350] Die GRI sehen für jede Kategorie der Leistungsindikatoren unterschiedliche Anforderungen an die Angaben zum Managementansatz vor.[351] Diese Vorgaben zum Managementansatz sind jedoch sehr allgemein und enthalten keine konkreten Angabepflichten. Insgesamt kann festgehalten werden, dass Unternehmen im Rahmen des Managementansatzes die Vorgehensweise, nach der bestimmte Zielsetzungen und die zur Zielerreichung erforderlichen Aufgaben festgelegt werden, erläutern müssen. Ferner sind Angaben zu den entsprechenden Kontrollmechanismen, welche die Zielerreichung überprüfen, zu machen.[352]

Die Leistungsindikatoren sollen schließlich vergleichbare Informationen über die Unternehmensleistung in den drei Nachhaltigkeitsbereichen bereitstellen.[353] Die GRI gibt diesbezüglich einen ausführlichen Indikatorkatalog vor und unterscheidet dabei zwischen ökonomischen, ökologischen und sozialen Leistungsindikatoren (vgl. Abb. 2-8). Die sozialen Leistungsindikatoren werden weiterhin in die Kategorien Arbeitspraktiken und menschenwürdige Arbeitsbedingungen (*labor practices and decent work*), Menschenrechte (*human rights*), Gesellschaft (*society*) und Produktverantwortung (*product responsibility*) unterteilt.

Die GRI unterscheidet ferner zwischen sog. Kernindikatoren (*core indicators*) und Zusatzindikatoren (*additional indicators*). Für die **Kernleistungsindikatoren** gilt die widerlegbare Vermutung, dass diese für jedes Unternehmen anwendbar und darüber hinaus auch wesentlich sind.[354] Daher sollte jedes Unternehmen über die Kernleistungsindikatoren berichten, es sei denn, dass die Indikatoren unter Berücksichtigung der Berichtsprinzipien und der Grenzen der Berichterstattung als nicht wesentlich für das berichterstattende Unternehmen zu beurteilen sind. Darüber hinaus kann über die **Zusatzindikatoren** berichtet werden, um neue Praktiken vorzustellen oder Themen zu behandeln, die nicht für alle Unternehmen relevant sind. Sofern endgültige Fassungen zu den branchenspezifischen Leistungsindikatoren für die Branche, in der das Unternehmen tätig ist, vorliegen, sind die Indikatoren indes als Kernindikatoren zu behandeln.

Insgesamt sind in dem G3.1-Leitfaden 84 Indikatoren definiert, die sich aus 55 Kern- und 29 Zusatzindikatoren zusammensetzen. Inhaltlich umfassen die Leistungsindikatoren weitestgehend die Aspekte, die bereits anhand des ‚*House of Sustainability*' dargestellt wurden.[355]

---

[350] Vgl. *GRI* (2011b), S. 24.
[351] Vgl. *Lackmann* (2010), S. 67.
[352] Vgl. *Hoffmann* (2011), S. 117.
[353] Vgl. *GRI* (2011b), S. 5.
[354] Vgl. hier und im Folgenden *GRI* (2011b), S. 24.
[355] Vgl. Abb. 2-5 in Kap. 2.1.4.3.

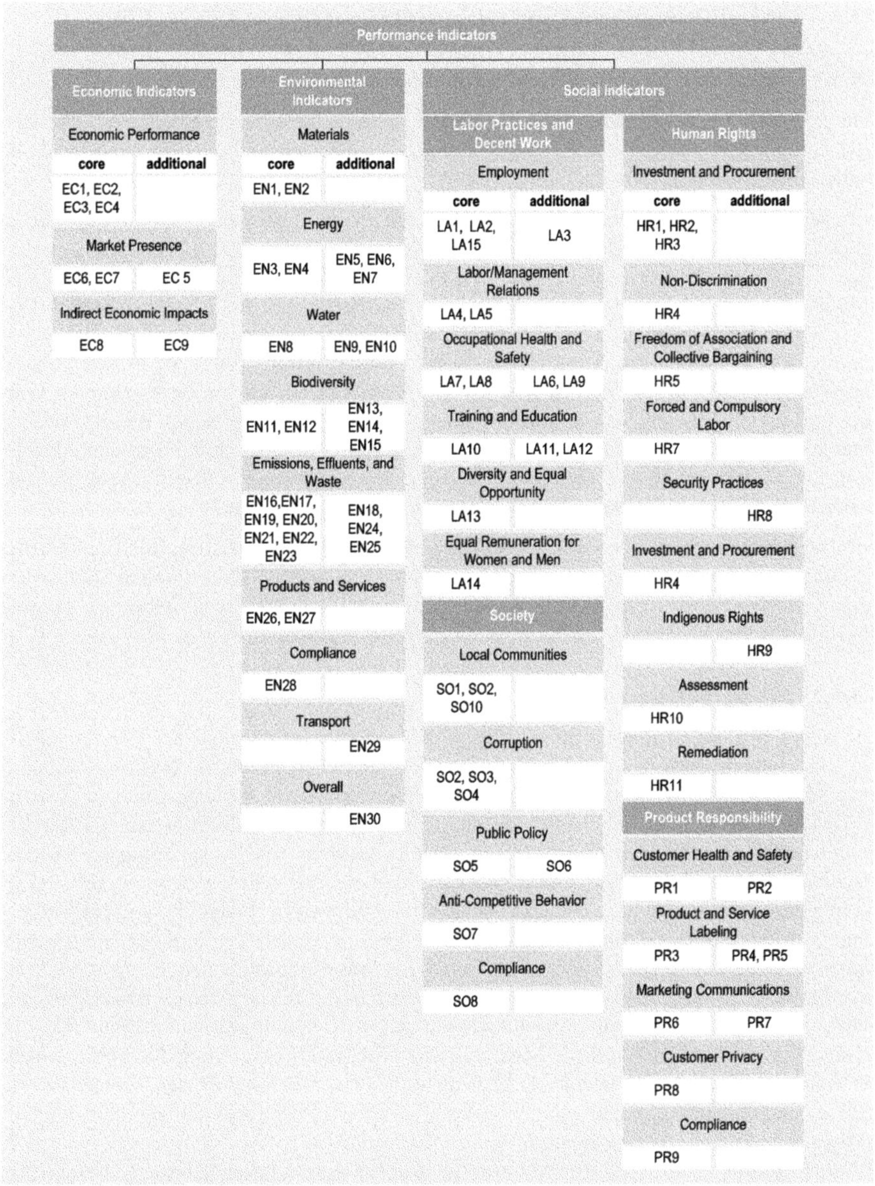

Abb. 2-8: Leistungsindikatoren des GRI-Leitfadens
Quelle: in Anlehnung an *Hoffmann* (2011), S. 72

2.3.3 Konkretisierungen und Ergänzungen des Leitfadens

2.3.3.1 Technische Protokolle und Indikatorprotokolle

Wie Abb. 2-6 zeigt, umfasst der GRI-Berichtsrahmen weitere Protokolle, welche den GRI-Leitfaden konkretisieren. Diese lassen sich in die technischen Protokolle und die Indikatorprotokolle unterteilen.

Die **technischen Protokolle** konkretisieren einerseits die Berichtsprinzipien und sollen in erster Linie die Berichtsersteller sowie die Berichtsprüfer dabei unterstützen, die wesentlichen Berichtsinhalte festzulegen.[356] Die Festlegung der Berichtsinhalte ist vor allem von individuellen Charakteristika des Unternehmens abhängig und stellt einen iterativen und hoch komplexen Vorgang dar. Insbesondere sollen die technischen Protokolle dabei helfen, die Wesentlichkeit möglicher Berichtsinhalte zu bestimmen sowie die Inhalte anhand der Wesentlichkeit in ein Verhältnis zueinander zu bringen, um den notwendigen Umfang und Detaillierungsgrad bestimmter Inhalte festzulegen. Ferner sollen die technischen Protokolle Hinweise geben, wie im Nachhaltigkeitsbericht über den Prozess zur Festlegung des Berichtsinhalts zu berichten ist. Auch die Anleitung zur Bestimmung der Berichtsgrenzen kann unter die technischen Protokolle gefasst werden.[357]

Die **Indikatorprotokolle** konkretisieren hingegen die Berichterstattung im Rahmen der Leistungsindikatoren. Zu jedem Leistungsindikator, der in den GRI enthalten ist, existiert ein entsprechendes Indikatorprotokoll, indem die inhaltliche und technische Bestimmung des Indikators erläutert und die Berichtsanforderungen präzisiert werden.[358]

2.3.3.2 Sector Supplements

Die sog. *Sector Supplements* ergänzen den GRI-Leitfaden hinsichtlich der Berichtsinhalte um Branchenempfehlungen und enthalten zudem branchenspezifische Leistungsindikatoren.[359] Die Ergänzung des Leitfadens um branchenspezifische Auslegungen und Anwendungen im Rahmen der Nachhaltigkeitsberichterstattung kann die Nützlichkeit der Berichterstattung entscheidend beeinflussen, da die Relevanz und Ausprägung spezifischer Nachhaltigkeitsaspekte entscheidend von der Art der Unternehmenstätigkeit abhängt.[360] Bislang existieren solche branchenspezifischen Ergänzungen in finaler Fassung für Flughafenbetreiber (*airport operators*), das Baugewerbe und die Immobilienbranche (*construction and real estate*), Energieversorger (*electric utilities*), Reiseveranstalter (*event organizers*), Finanzdienstleister (*financial services*), die Nahrungsmittelindustrie (*food processing*), die Bergbau und Metallindustrie (*mining and metals*), Nichtregierungsorganisationen (NGO), Öl und Gas (*oil and gas*) und die Medienbranche (*media*). Ferner sind Pilotversionen für die Automobilbranche (*automobile*), Logistik und Transport (*logistic and transportation*),

---

[356] Vgl. hier und im Folgenden *GRI* (2011c), S. 2.

[357] Vgl. *Lackmann* (2010), S. 80. Die Anleitung zur Bestimmung der Berichtsgrenzen konkretisiert die Ausführungen im GRI-Leitfaden und liefert ausführlichere Hinweise für das Vorgehen im Rahmen der Festlegung der Berichtsgrenzen. Vgl. Kap. 2.3.2.1.3.

[358] Vgl. *Hoffmann* (2011), S. 71.

[359] Vgl. *GRI* (2011b), S. 4.

[360] Vgl. *Haller/Ernstberger* (2006), S. 2521.

öffentliche Verwaltung (*public agency*), Telekommunikation (*telecommunication*) sowie die Bekleidungs- und Schuhindustrie (*apparel and footwear*) verfügbar.

2.3.4 Anwendungsebenen

In den vorherigen Abschnitten wurde erläutert, welche inhaltlichen Bestandteile ein Nachhaltigkeitsbericht unter Berücksichtigung der Berichtsprinzipien und Berichtsgrenzen umfassen sollte. Darüber hinaus werden im GRI-Leitfaden sog. Anwendungsebenen (*Application Level*) definiert, die es den Unternehmen ermöglichen, selbst zu entscheiden, in welchem Umfang der Nachhaltigkeitsbericht den Anforderungen des Leitfadens entspricht. Die GRI beabsichtigt damit den Ansprüchen erstmaliger sowie erfahrener Berichtsersteller gleichsam gerecht zu werden.[361] Sie unterscheidet dementsprechend die drei Anwendungsebenen A, B und C. Ein Nachhaltigkeitsbericht der Anwendungsebene A erfüllt die Anforderungen des GRI-Leitfadens vollumfänglich, während die Anwendungsebenen B und C geringere Mindestanforderungen an die Berichterstattung stellen.[362]

Analog zur Anwendungsebene A erfordert die Anwendungsebene B eine vollständige Darstellung des Unternehmensprofils. Ebenso ist der Managementansatz zu jeder Indikatorkategorie zu beschreiben. Während die Anwendungsebene A allerdings Angaben zu jedem Kernindikator und jedem Sector-Supplement-Indikator erforderlich macht, muss das Unternehmen bei Anwendungsebene B lediglich über 20 Kernindikatoren berichten, wobei davon aus dem ökonomischen, ökologischen und sozialen Bereich jeweils mindestens ein Indikator enthalten sein muss. Bei Anwendungsebene C reduziert sich die Anzahl der zu berichtenden Kernindikatoren auf zehn, wobei auch hier mindestens ein Indikator aus jeder der drei Nachhaltigkeitsdimensionen zu berichten ist. Zudem erfordert die Anwendungsebene C nur ausgewählte Angaben zum Unternehmensprofil. Erläuterungen zum Managementansatz sind indes nicht notwendig.[363]

Um den Berichtsadressaten einen Anhaltspunkt zu geben, in welchem Umfang der GRI-Berichtsrahmen angewendet wird, sollen die Unternehmen im Nachhaltigkeitsbericht angeben, auf welcher Ebene sie den GRI-Berichtsrahmen angewendet haben.[364] Die Unternehmen können die Anwendungsebene dabei selbst deklarieren. Zudem können sie diese Angabe durch externe Dritte verifizieren lassen oder eine Prüfung der Anwendungsebene durch die GRI anfragen (*GRI Application Level Check*).[365] Die Prüfung der Anwendungsebene berücksichtigt allerdings ausschließlich den Umfang, in dem der GRI-Berichtsrahmen angewendet wurde. Darüber hinaus können die Unternehmen auch externe Dritte mit einer inhaltlichen Berichtsprüfung beauftragen. Sofern die Angaben im Nachhaltigkeitsbericht durch eine externe Prüfung bestätigt werden, wird die Einordnung in die Anwendungsebene zusätzlich mit einem „+" gekennzeichnet (A+, B+, C+).[366]

---

361 Vgl. *GRI* (2011b), S. 5.
362 Vgl. *Lackmann* (2010), S. 85.
363 Für eine Übersicht der Berichtsanforderungen der verschiedenen Anwendungsebenen vgl. *GRI* (2011a), S. 2.
364 Vgl. *GRI* (2011b), S. 5.
365 Vgl. *GRI* (2011a), S. 2.
366 Vgl. *GRI* (2011a), S. 3.

3 Stand der empirischen Forschung

3.1 Überblick

Vor dem Hintergrund der Zielsetzung der vorliegenden Arbeit wird im Folgenden der aktuelle Forschungsstand zur Nachhaltigkeitsberichterstattung evaluiert. Hierzu werden die empirischen Befunde früherer Untersuchungen analysiert und bestehende Forschungslücken aufgezeigt. Die Analyse des Forschungsstands erfolgt anhand der drei Teilziele der vorliegenden Arbeit. Wie Abb. 3-1 zeigt, werden zunächst deskriptive Studien zur Berichtspraxis dargestellt. Daran anknüpfend werden wirkungsorientierte Studien hinsichtlich der Determinanten sowie der Kapitalkostenwirkungen der Nachhaltigkeitsberichterstattung untersucht.

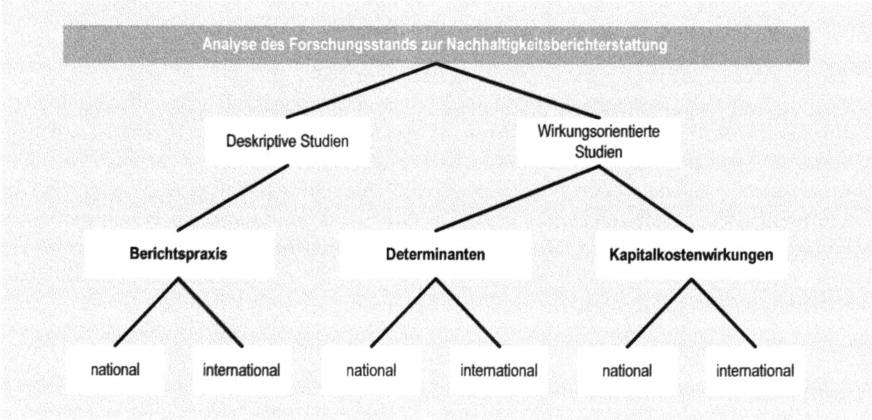

Abb. 3-1: Analyse des Forschungsstands zur Nachhaltigkeitsberichterstattung

Bevor der Stand der empirischen Forschung ausführlich dargestellt wird, ist zunächst zwischen deskriptiver und wirkungsorientierter Forschung zu unterscheiden. Ferner ist das relevante Forschungsfeld einzugrenzen und das Vorgehen bei der Auswahl der analysierten Studien näher zu erläutern.

Deskriptive Studien verfolgen das Ziel, die Ausgestaltung der Berichterstattungspraxis darzustellen und diese möglichst detailliert zu beschreiben.[367] Die Daten zur Beschreibung der Berichtspraxis werden häufig mit Hilfe von Inhaltsanalysen ermittelt.[368] Die Studien unterscheiden sich hinsichtlich des Detaillierungsgrads der erhobenen Daten voneinander. Während einige Studien die Quantität bzw. Qualität der Berichterstattung evaluieren, beschränken sich andere Untersuchungen vielmehr auf eine Beschreibung globaler Charakteristika der Berichtspraxis. In einigen Studien werden neben deskriptiven Auswer-

[367] Vgl. *Mayntz et al.* (1978), S. 28.

[368] Zur Forschungsmethodik der Inhaltsanalyse vgl. ausführlich Kap. 5.2.

tungsverfahren mitunter auch uni- bzw. bivariate Analyseverfahren verwendet, um statistische Signifikanzen und Zusammenhänge aufzuzeigen.[369]

Im Unterschied zu den deskriptiven Untersuchungen ist es das erklärte Ziel **wirkungsorientierter Studien**, die ökonomische Bedeutung der Berichterstattung zu analysieren, indem deren Wirkungen erfasst werden.[370] Sofern nicht auf Datenbankinformationen zurückgegriffen wird, ist auch bei diesen Studien zunächst eine inhaltsanalytische Auswertung notwendig, um die Praxis der Berichterstattung zu evaluieren. Aufbauend auf den deskriptiven Ergebnissen können im Rahmen wirkungsorientierter Studien mittels Regressionsanalysen die Determinanten der Berichterstattung bestimmt werden.[371] Eine solche Analyse geht folglich über die rein deskriptive Beschreibung der Berichtspraxis hinaus. Vielmehr ist es das Ziel, ein bestimmtes Publizitäts- bzw. Berichtsverhalten basierend auf abgeleiteten Hypothesen zu erklären.

Neben der Ermittlung wesentlicher Determinanten der Berichterstattung kann im Rahmen wirkungsorientierter Studien zudem der Nutzen der Berichterstattung analysiert werden. Die Nutzenstiftung wird dabei regelmäßig durch den Einfluss der Berichterstattung auf die Entscheidungen und das Verhalten der Stakeholder gemessen (Entscheidungsrelevanz der Berichterstattung). Von einer Entscheidungsrelevanz der Berichterstattung ist immer dann auszugehen, wenn die bereitgestellten Informationen eine Änderung des Verhaltens der Informationsadressaten bewirken.[372] Um dies zu untersuchen, kann einerseits durch Befragung oder die Durchführung von Experimenten die tatsächliche Wirkung der Berichterstattung bei einzelnen Individuen erfasst werden (verhaltensorientierte Forschung)[373] oder andererseits durch Beobachtungen von Reaktionen am Kapitalmarkt der Nutzen für einzelne Individuen aggregiert erfasst werden (kapitalmarktorientierte Forschung).[374] Die vorliegende Arbeit ist der kapitalmarktorientierten Forschung zuzuordnen und geht der Frage nach, ob und in welchem Ausmaß eine umfassende Nachhaltigkeitsberichterstattung zu einer Verringerung der Kapitalkosten führt und somit entscheidungsnützlich für Kapitalmarktteilnehmer ist.

Um einen fundierten Überblick über den aktuellen Stand der empirischen Forschung zu erlangen, ist es zunächst erforderlich, das **relevante Forschungsfeld** einzugrenzen. Unter Berücksichtigung der eingangs formulierten Forschungsfrage und der Zielsetzung der vorliegenden Arbeit beschränkt sich das zu analysierende Forschungsfeld auf Studien, die sich explizit mit der Praxis, den Determinanten sowie den Kapitalkostenwirkungen der Nachhaltigkeitsberichterstattung beschäftigen. Eine umfassende Nachhaltigkeitsberichterstat-

369 In Abgrenzung zu den wirkungsorientierten Studien kommen multivariate Analysemethoden hingegen nicht zum Einsatz.

370 Zum Vergleich der deskriptiven und wirkungsorientierten Forschung vgl. ausführlich *Barth* (2009), S. 57-60.

371 Vgl. *Coenenberg/Haller* (1993b), S. 576.

372 Vgl. *Coenenberg et al.* (1978), S. 498.

373 Vgl. *Coenenberg/Haller* (1993a), Sp. 508.

374 Zur kapitalmarktorientierten Forschung vgl. ausführlicher *Barth* (2009), S. 60-64.

tung hat sich seit Mitte und insbesondere Ende der 1990er Jahre entwickelt.[375] Daher werden im Rahmen des Forschungsüberblicks ausschließlich Studien betrachtet, die ab dem Jahr 1995 veröffentlicht wurden. Auch vor dem Hintergrund der dynamischen Entwicklung im Bereich der Nachhaltigkeitsberichterstattung erscheint es zielführend, das relevante empirische Forschungsfeld auf möglichst aktuelle Studien einzugrenzen.

Insgesamt unterscheiden sich die im Rahmen der vorliegenden Arbeit analysierten Studien hinsichtlich der betrachteten Nachhaltigkeitsdimensionen. Während einige Studien alle drei Nachhaltigkeitsdimensionen berücksichtigen, bleiben andere Untersuchungen auf die Umwelt- und/oder Sozialberichterstattung beschränkt.[376]

Insbesondere große Unternehmen berichten seit Mitte der 1990er Jahre umfassend über ihre Nachhaltigkeitsleistung. Aufgrund fehlender gesetzlicher Bestimmungen weist die **Praxis der Nachhaltigkeitsberichterstattung** allerdings einen sehr geringeren Standardisierungsgrad auf. Dies betrifft zum einen die inhaltlichen Elemente der Berichterstattung und zum anderen das verwendete Berichtsformat.[377] Daher existiert mittlerweile eine Vielzahl deskriptiver Studien, die es zum Ziel haben, die Ausgestaltung der Berichtspraxis zu beschreiben. Vor dem Hintergrund der Zielsetzung der vorliegenden Arbeit beschränkt sich die Analyse des empirischen Forschungsfeldes auf Studien, welche die Praxis der Nachhaltigkeitsberichterstattung in Länder aus dem angloamerikanischen und kontinentaleuropäischen Raum untersuchen.[378]

Aufgrund der fehlenden gesetzlichen Berichtspflicht erfolgt eine umfassende Nachhaltigkeitsberichterstattung bislang überwiegend auf freiwilliger Basis. Dies wirft die Frage auf, welche Unternehmen über Nachhaltigkeitsaspekte berichten und was die spezifischen Einflussfaktoren der Berichterstattung sind. Daher ist es Gegenstand einer Reihe von empirischen Studien, mögliche **Determinanten der Nachhaltigkeitsberichterstattung** zu identifizieren. Auch hier stehen Studien im Fokus der Analyse, welche die Bestimmungsfaktoren der Nachhaltigkeitsberichterstattung in angloamerikanischen und kontinentaleuropäischen Ländern untersuchen.

Zudem werden Studien analysiert, deren Ziel es ist, die Nachhaltigkeitsberichterstattung aus Kapitalmarktperspektive zu analysieren. Es existieren bspw. Studien, die den Zusammenhang zwischen der Nachhaltigkeitsberichterstattung und dem ökonomischen Unternehmenserfolg[379] untersuchen.[380] Andere Studien analysieren die Kapitalmarktwirkungen

---

[375] Vgl. *Herzig/Schaltegger* (2005), S. 14. Zur historischen Entwicklung der Nachhaltigkeitsberichterstattung vgl. zudem Kap. 2.1.4.1.

[376] Im Folgenden umfassen die Begriffe Umwelt- und Sozialberichterstattung die Berichterstattung über ökologische und soziale Aspekte innerhalb der verschiedenen Berichtsmedien (bspw. Geschäftsbericht, separater Nachhaltigkeitsbericht) im Allgemeinen und beschränken sich somit nicht auf die historische Sozial- und Umweltberichterstattung in den 1970er und 1980er Jahren.

[377] Zu den verschiedenen Berichtsformaten vgl. Kap. 2.2.3.

[378] Zur Länderauswahl im Rahmen der vorliegenden Arbeit vgl. Kap. 3.5.

[379] Der ökonomische Erfolg wird regelmäßig anhand verschiedener Profitabilitätskennzahlen gemessen.

[380] Vgl. bspw. *Al-Tuwaijri et al.* (2004), S. 447-471; *Samy et al.* (2010), S. 203-217; *Saleh et al.* (2011), S. 1-22.

der Nachhaltigkeitsberichterstattung anhand von Aktienkursrenditen.[381] Nachfolgend stehen allerdings die Studien im Fokus der Betrachtung, welche sich explizit mit den **Kapitalkostenwirkungen der Nachhaltigkeitsberichterstattung** befassen und vor dem Hintergrund der Zielsetzung der vorliegenden Arbeit dem relevanten Forschungsfeld zuzuordnen sind. Es gibt bereits eine Vielzahl empirischer Studien, welche die Wirkung einer (freiwilligen) Berichterstattung im Allgemeinen auf die Kapitalkosten der Unternehmen betrachten.[382] Allerdings existieren bislang verhältnismäßig wenige und zudem keine international vergleichenden Studien, welche explizit die Wirkungsweise einer freiwilligen Nachhaltigkeitsberichterstattung auf die Kapitalkosten untersuchen.

Im Folgenden wird der aktuelle Forschungsstand anhand der drei Teilziele der Arbeit vorgestellt und somit in Studien zur Berichtspraxis (Kap. 3.2), zu den Determinanten (Kap. 3.3) sowie zu den Kapitalkostenwirkungen (Kap. 3.4) der Nachhaltigkeitsberichterstattung unterteilt. In jedem Abschnitt werden zunächst die Untersuchungsmethodik sowie die zentralen Ergebnisse ausgewählter Studien, insbesondere aus dem angloamerikanischen und kontinentaleuropäischen Raum, ausführlicher erläutert. Im Rahmen der Darstellung wird zwischen nationalen und international vergleichenden Studien unterschieden. Daran anknüpfend werden die empirischen Befunde studienübergreifend in einem Zwischenfazit kritisch gewürdigt und bestehende Limitationen aufgezeigt. Das Kapitel zum Stand der empirischen Forschung zur Nachhaltigkeitsberichterstattung schließt mit einer Beschreibung der Implikationen für die vorliegende Arbeit (Kap. 3.5), die sich aus den bereits bestehenden empirischen Befunden ergeben.

3.2 Praxis der Nachhaltigkeitsberichterstattung

3.2.1 Nationale Studien

Die Mehrheit nationaler Studien untersucht die Praxis der Nachhaltigkeitsberichterstattung im angloamerikanischen Raum (insbesondere in Großbritannien und den **USA**). So analysieren *Gamble et al.* die Umweltberichterstattung von 294 US-amerikanischen Unternehmen aus insgesamt 33 verschiedenen Industrien.[383] Im Rahmen einer Inhaltsanalyse werten sie die Geschäftsberichte sowie die 10K-Reports der Unternehmen über einen Zeitraum von sechs Jahren (1986-1991) aus.[384] Die empirischen Befunde lassen erkennen, dass die Umweltberichterstattung sowohl in den Geschäftsberichten als auch in den 10K-Reports innerhalb des betrachteten Zeitraums deutlich zugenommen hat.[385] Zu ähnlichen Ergebnissen kommen *Gibson/O'Donovan* in ihrer Untersuchung anhand 276 australischer Unternehmen über einen Zeitraum von 1983 bis 2003.[386] Allerdings zeigen die Ergebnis-

---

[381] Vgl. bspw. *Murray et al.* (2006), S. 228-255; *Lackmann et al.* (2012), S. 111-128.

[382] Für einen Überblick bisheriger Studien vgl. *Botosan* (2006), S. 31-40.

[383] Vgl. *Gamble et al.* (1995), S. 37.

[384] Vgl. *Gamble et al.* (1995), S. 38.

[385] Vgl. hier und im Folgenden *Gamble et al.* (1995), S. 47.

[386] Vgl. *Gibson/O'Donovan* (2007), S. 954. *Niskala/Pretes* können für finnische Unternehmen ebenfalls einen Anstieg der Umweltberichterstattung in den Geschäftsberichten über einen Zeitraum von 1987 bis 1992 feststellen. Vgl. *Niskala/Pretes* (1995), S. 463f.

se von *Gamble et al.* auch, dass durchschnittlich über weniger als 20% der zur Auswertung verwendeten Indikatoren berichtet wird und die Berichtsqualität insgesamt folglich als gering einzustufen ist. Grundsätzlich lässt sich für Unternehmen in ökologisch sensitiven Branchen eine höhere Berichtsqualität feststellen.

Auch *Holder-Webb et al.* analysieren in ihrer Studie die Berichterstattungspraxis in den USA.[387] Darauf aufbauend untersuchen sie mittels uni- bzw. bivariater Analyseverfahren einen möglichen Zusammenhang zwischen der Branchenzugehörigkeit bzw. der Unternehmensgröße und der Veröffentlichung von Nachhaltigkeitsinformationen.[388] Im Rahmen einer Inhaltsanalyse untersuchen sie die veröffentlichten Informationen mit Nachhaltigkeitsbezug von 50 börsennotierten US-amerikanischen Unternehmen in verschiedenen Berichtsformaten (10K-Reports, CSR-Reports, Webseiten, Produktinformationen etc.) im Jahr 2004 und ermitteln einen gewichteten Disclosure-Index.[389] Die Ergebnisse zeigen, dass die Unternehmen unabhängig von Branche und Unternehmensgröße vor allem Webseiten nutzen, um über ihre Nachhaltigkeitsleistung zu berichten, gefolgt von Pressemitteilungen und verpflichtenden Berichtsformaten (10K-Reports).[390] Zu ähnlichen Ergebnissen kommen *Guthrie et al.* in ihrer Untersuchung zur Umweltberichterstattung anhand 19 australischer Unternehmen im Jahr 2004. Auch sie stellen fest, dass die Unternehmen das Internet häufiger als den Geschäftsbericht nutzen, um über ökologische Aspekte zu berichten.[391] Zudem deuten die Ergebnisse von *Holder-Webb et al.* darauf hin, dass Angaben zu den verschiedenen Indikatoren sehr selektiv veröffentlicht und gezielt genutzt werden, um ein positives Firmenimage zu vermitteln. Dieser Effekt wird allerdings abgeschwächt, wenn Unternehmen die Informationen in prüfungspflichtigen Dokumenten veröffentlichen. Die Ergebnisse deuten darauf hin, dass Unternehmen in den USA separate Nachhaltigkeitsberichte und andere nicht prüfungspflichtige Medien dazu nutzen, um *greenwashing*[392] zu betreiben.[393]

Neben den Studien zur Berichtspraxis in den USA untersuchen verschiedene nationale Studien die Praxis der Nachhaltigkeitsberichterstattung in **Großbritannien**. So analysieren *Clarke/Gibson-Sweet* im Rahmen einer Inhaltsanalyse die Geschäftsberichte von 95 der 100 größten britischen Unternehmen im Jahr 1997 hinsichtlich der Veröffentlichung von Angaben zu ökologischen und sozialen Aspekten.[394] Die Ergebnisse zeigen, dass 16 Unternehmen hierzu keine Angaben in ihren Geschäftsberichten machen.[395] Unternehmen des Banken- und Einzelhandelssektors berichten insbesondere über soziale Aspekte. Während alle Unternehmen des Einzelhandels zudem auch über ökologische Aspekte berichten, machen bei den Banken in etwa die Hälfte der Unternehmen Angaben mit Umweltbezug. Unternehmen aus ökologisch sensitiven Branchen berichten fast alle über soziale und öko-

---

[387] Vgl. *Holder-Webb et al.* (2009), S. 497-527.

[388] Vgl. *Holder-Webb et al.* (2009), S. 502f.

[389] Vgl. *Holder-Webb et al.* (2009), S. 504f. Zur Ermittlung eines Disclosure Index vgl. auch Kap. 5.2.4.

[390] Vgl. hier und im Folgenden *Holder-Webb et al.* (2009), S. 517-520.

[391] Vgl. *Guthrie et al.* (2008), S. 13f.

[392] Vgl. *Schewe et al.* (2012), S. 2.

[393] Vgl. *Holder-Webb et al.* (2009), S. 514-517.

[394] Vgl. *Clarke/Gibson-Sweet* (1999), S. 7f.

[395] Vgl. hier und im Folgenden *Clarke/Gibson-Sweet* (1999), S. 8.

logische Aspekte. Die Ergebnisse weisen darauf hin, dass Branchenunterschiede in der Berichterstattungspraxis bestehen. Insgesamt scheinen Unternehmen, die einer hohen öffentlichen Wahrnehmung ausgesetzt sind, umfangreicher über soziale Aspekte zu informieren als andere.[396] Dazu nutzen sie insbesondere die Geschäftsberichte. Eine Berichterstattung über ökologische Aspekte erfolgt hingegen häufig in separaten Umweltberichten.

Auch *Campbell et al.* untersuchen in ihrer Studie die Berichterstattungspraxis in Großbritannien.[397] Im Unterschied zu *Clarke/Gibson-Sweet* beschränken sich die Autoren jedoch auf die Berichterstattung über soziale Aspekte. Im Rahmen einer Inhaltsanalyse werten *Campbell et al.* die Geschäftsberichte von fünf englischen Unternehmen im Zeitraum von 1974-1998 aus.[398] Die analysierten Unternehmen sind drei unterschiedlichen Branchen zuzuordnen, die als unterschiedlich ‚sündhaft' (*sinfulness*) eingestuft werden.[399] Die Ergebnisse zeigen, dass der Umfang der Berichterstattung über soziale Aspekte bei vier von fünf Unternehmen im Zeitablauf zugenommen hat.[400] Der unterstellte Zusammenhang, dass Unternehmen, die einer Branche angehören, die in der öffentlichen Wahrnehmung als sündhaft bewertet wird, umfangreicher über soziale Aspekte berichten, kann nicht bestätigt werden. So berichten jeweils ein Unternehmen aus dem Einzelhandelsgewerbe sowie eines aus dem Brauereigewerbe im Mittel umfangreicher über soziale Aspekte als das Unternehmen der Tabakindustrie. Zudem variiert die Berichterstattung auch zwischen den Unternehmen innerhalb einer Branche. Es ist allerdings zu berücksichtigen, dass sich die Untersuchung auf fünf Unternehmen in drei verschiedenen Branchen beschränkt und die Ergebnisse folglich nicht repräsentativ für die Berichterstattungspraxis in Großbritannien sind.

In einer weiteren Studie legt *Campbell* den Fokus auf die Entwicklung der Berichterstattung über ökologische Aspekte.[401] Über einen Zeitraum von 27 Jahren (1974-2000) analysiert er im Rahmen einer Inhaltsanalyse insgesamt 264 Geschäftsberichte von zehn englischen Unternehmen aus fünf verschiedenen Branchen anhand ausgewählter Umweltindikatoren.[402] Für alle Unternehmen zeigt sich ein signifikanter Anstieg der Umweltberichterstattung gegen Ende der 1980er und Anfang der 1990er Jahre.[403] Zudem zeigen die Ergebnisse, dass Unternehmen in einem umweltpolitisch sensitiven Umfeld im Zeitverlauf in umfangreicherem Ausmaß (gemessen anhand der Wörterzahl) über ökologische Aspekte berichten als Unternehmen aus ökologisch weniger sensitiven Branchen.[404] Auch hier ist eine Repräsentativität der Ergebnisse für die allgemeine Berichterstattungspraxis in Großbritannien aufgrund der geringen Stichprobe nicht gegeben.

---

[396] Vgl. *Clarke/Gibson-Sweet* (1999), S. 10f.

[397] Vgl. *Campbell et al.* (2003), S. 558-581.

[398] Vgl. *Campbell et al.* (2003), S. 564f.

[399] Die Grundgesamtheit enthält zwei Unternehmen aus dem Einzelhandel, zwei aus den Brauereigewerbe und eins aus der Tabakindustrie. Vgl. *Campbell et al.* (2003), S. 565f.

[400] Vgl. *Campbell et al.* (2003), S. 568f.

[401] Vgl. *Campbell* (2004), S. 107-117.

[402] Vgl. *Campbell* (2004), S. 109f.

[403] Vgl. *Campbell* (2004), S. 110.

[404] Vgl. *Campbell* (2004), S. 114.

Auch *Brammer/Pavelin* untersuchen die Praxis der Umwelt- und Sozialberichterstattung in Großbritannien und legen dabei einen Fokus auf die Verwendung verschiedener Berichtsformate.[405] Die Qualität der Berichterstattung von insgesamt 134 der 150 größten Unternehmen im Jahr 2001 wird mit Hilfe von Datenbanken ermittelt.[406] Die Ergebnisse deuten darauf hin, dass Unternehmen verschiedene Berichtsformate gleichzeitig nutzen, um über ökologische und soziale Aspekte zu informieren.[407] So besteht ein positiver Zusammenhang zwischen der Nutzung eines bestimmten Berichtsformats und der gleichzeitigen Veröffentlichung von Informationen in anderen Berichtsformaten. Insbesondere große Unternehmen nutzen vielfältige Berichtsformate. Zudem deuten univariate Analyseergebnisse auf einen positiven Zusammenhang zwischen der Unternehmensgröße, der Medienpräsenz sowie dem sozialem Engagement der Unternehmen und dem Umfang der Umwelt- und Sozialberichterstattung hin.[408]

Neben den Studien im angloamerikanischen Raum, existieren auch Untersuchungen zur Berichtspraxis in **Deutschland.** So analysieren *Quick/Knocinski* in ihrer Studie die Praxis der Nachhaltigkeitsberichterstattung deutscher Aktiengesellschaften im HDAX.[409] Im Unterschied zu den vorherigen Untersuchungen werten die Autoren im Rahmen einer Inhaltsanalyse ausschließlich separate Nachhaltigkeitsberichte von insgesamt 26 deutschen Unternehmen aus, welche die Nachhaltigkeitsleistung für das Berichtsjahr 2002 darstellen.[410] Der Index zur Auswertung der Berichterstattung basiert auf dem GRI-Berichtsrahmen.[411] Die Ergebnisse zeigen, dass formale Aspekte und die Darstellung des Unternehmens positiv zu beurteilen sind, während Informationen zur Nachhaltigkeitsleistung mit einem durchschnittlichen Zielerreichungsgrad von rund 40% nur eine mittelmäßige Qualität besitzen.[412] Die Berichterstattung über die ökonomische Nachhaltigkeitsleistung ist mit einem durchschnittlichen Zielerreichungsgrad von nur knapp 14% im Vergleich zu den anderen Nachhaltigkeitsdimensionen am schwächsten zu bewerten.[413] Zudem deuten Korrelationsanalysen auf einen schwach positiven Zusammenhang zwischen der Finanzkraft der Unternehmen (gemessen anhand der Unternehmensgröße) und der Qualität der Nachhaltigkeitsberichterstattung sowie zwischen der Berichtslänge und der Qualität der Berichte hin.[414] *Schaefer/Schröder* nutzen in ihrer Studie das Scoring-Modell von *Quick/Knocinski* zur inhaltsanalytischen Auswertung der Geschäftsberichte von 624 mittelständischen Unternehmen in Deutschland. Im Unterschied zu *Quick/*

---

405 Vgl. *Brammer/Pavelin* (2004), S. 87.

406 Vgl. *Brammer/Pavelin* (2004), S. 89f.

407 Vgl. *Brammer/Pavelin* (2004), S. 95f.

408 Vgl. *Brammer/Pavelin* (2004), S. 91f.

409 Vgl. *Quick/Knocinski* (2006), S. 615-650.

410 Da separate Nachhaltigkeitsberichte nicht zwangsläufig jährlich veröffentlicht werden, haben die Autoren den jeweils aktuellsten Bericht für die Auswertung herangezogen. So sind in die Analyse Nachhaltigkeitsberichte für die folgenden Berichtszeiträume eingegangen: 2000 (3), 2001 (4), 2001/2002 (2), 2002 (16), 2002/2003 (1). Vgl. *Quick/Knocinski* (2006), S. 622f.

411 Vgl. *Quick/Knocinski* (2006), S. 619-622.

412 Vgl. *Quick/Knocinski* (2006), S. 633.

413 Vgl. *Quick/Knocinski* (2006), S. 627.

414 Vgl. *Quick/Knocinski* (2006), S. 637f.

Knocinski beschränken sich die Autoren jedoch auf die Messung des Berichtsumfangs.[415] Die Ergebnisse zeigen, dass der Umfang der Nachhaltigkeitsberichterstattung bei mittelständischen Unternehmen bislang gering ist, wobei die Berichterstattung bei großen Unternehmen umfangreicher ist als bei mittelgroßen Gesellschaften.[416]

Auch *Gebauer et al.* untersuchen in einer vom Institut für ökologische Wirtschaftsforschung (IÖW) und future e.V. in Auftrag gegebenen Studie die Praxis der Nachhaltigkeitsberichterstattung der größten deutschen Unternehmen.[417] Im Unterschied zu den zuvor vorgestellten Studien greifen die Autoren zur Ermittlung der notwendigen Informationen auf eine Befragung von insgesamt 154 Unternehmen mittels Fragebogen zurück.[418] Insgesamt antworteten 59 Unternehmen auf den im Frühjahr 2011 versandten Online-Fragebogen, so dass sich die Rücklaufquote auf 38% beläuft. Die zentralen Ergebnisse der Studie zeigen, dass insgesamt 38 von 59 Unternehmen einen separaten Nachhaltigkeitsbericht erstellen.[419] Das dominante Berichtsformat ist eine Kombination aus Print- und Internetbericht.[420] Ferner weisen die Ergebnisse der Befragung auf eine zunehmende Integration von Geschäfts- und Nachhaltigkeitsberichterstattung hin, wobei eine vollständige inhaltliche Integration bislang die Ausnahme bildet. Ferner lassen drei Viertel der Unternehmen ihren Nachhaltigkeitsbericht regelmäßig extern prüfen (bspw. durch Wirtschaftsprüfungsgesellschaften).

Zudem hat *KPMG* im Jahr 2011 ein Update des „KPMG-Handbuch zur Nachhaltigkeitsberichterstattung 2008/2009" veröffentlicht.[421] Im Rahmen der Studie werden Unternehmensinformationen mit Nachhaltigkeitsbezug der 100 umsatzstärksten Unternehmen Deutschlands, die bis zum 31. Juli 2011 veröffentlicht wurden, analysiert.[422] In Übereinstimmung mit den Ergebnissen von *Gebauer et al.* zeigen die Ergebnisse, dass der separate Nachhaltigkeitsbericht weiterhin das am häufigsten verwendete Berichtsformat ist, während zunehmend auch interaktive Internetportale an Bedeutung gewinnen.[423] Ebenso lassen die Ergebnisse erkennen, dass Unternehmen zunehmend Nachhaltigkeitsinformationen in die Finanzberichterstattung integrieren.[424] Eine vollständig integrierte Nachhaltigkeits- und Finanzberichterstattung ist jedoch weiterhin die Ausnahme. Ferner zeigen die Befunde der Untersuchung, dass sich der GRI-Leitfaden in Deutschland, aber auch international,[425] als ‚de-facto'-Standard etabliert hat.[426] Tab. 3-1 fasst die Studien zur Berichtspraxis auf nationaler Ebene überblicksartig zusammen.

---

[415] Vgl. *Schaefer/Schröder* (2012), S. 185f.
[416] Vgl. *Schaefer/Schröder* (2012), S. 187 und S. 191f.
[417] Vgl. *Gebauer/Glahe* (2011), S. 1-33.
[418] Vgl. *Gebauer/Glahe* (2011), S. 6.
[419] Vgl. hier und im Folgenden *Gebauer/Glahe* (2011), S. 4f. Weitere Recherchen ergaben, dass insgesamt 62 der 154 befragten Unternehmen einen separaten Nachhaltigkeitsbericht erstellen.
[420] Zudem setzt mehr als ein Viertel der Unternehmen auf eine rein internetbasierte Berichterstattung.
[421] Vgl. *KPMG* (2011b), S. 1-32.
[422] Vgl. *KPMG* (2011b), S. 7.
[423] Vgl. *KPMG* (2011b), S. 8.
[424] Vgl. *KPMG* (2011b), S. 8f.
[425] Vgl. *KPMG* (2011a), S. 21.
[426] Vgl. *KPMG* (2011b), S. 10f.

Studie	Untersuchungsmethodik	Zentrale Ergebnisse
Niskala/Pretes (1995)	Inhaltsanalyse (Geschäftsberichte), Umweltberichterstattung, 75 Unternehmen, 1987 und 1992, Finnland, deskriptive Statistiken	Die Ergebnisse zeigen einen deutlichen Anstieg der Umweltberichterstattung zwischen 1987 und 1992. Während 1987 lediglich rund 25% der Unternehmen über Umweltaspekte berichten, sind dies 1992 knapp 50%. Die Berichterstattung erfolgt überwiegend in qualitativer Form.
Gamble et al. (1995)	Inhaltsanalyse (Geschäftsberichte, 10K-Reports) Umweltberichterstattung, 294 Unternehmen, 1986-1991, USA, deskriptive Statistiken	Die Umweltberichterstattung hat innerhalb des betrachteten Zeitraums deutlich zugenommen. Allerdings ist die Berichtsqualität insgesamt als gering einzustufen. Grundsätzlich lässt sich für Unternehmen in ökologisch sensitiven Branchen eine höhere Berichtsqualität feststellen.
Clarke/Gibson-Sweet (1999)	Inhaltsanalyse (Geschäftsberichte und separate Berichte) Umwelt- und Sozialberichterstattung, 95 Unternehmen, 1997, Großbritannien, deskriptive Statistiken	16 Unternehmen machen keine Angaben zu sozialen und ökologischen Aspekten. Unternehmen des Banken- und Einzelhandelssektors berichten insbesondere über soziale Aspekte. Unternehmen aus ökologisch sensitiven Branchen berichten fast alle über soziale und ökologische Aspekte. Die Ergebnisse weisen darauf hin, dass Branchenunterschiede in der Berichterstattungspraxis bestehen.
Campbell et al. (2003)	Inhaltsanalyse (Geschäftsberichte) Sozialberichterstattung, 5 Unternehmen, 1974-1998, Großbritannien, deskriptive Statistiken	Der Umfang der Berichterstattung über soziale Aspekte hat bei vier von fünf Unternehmen im Zeitablauf zugenommen. Die Vermutung, dass Unternehmen einer Branche, die als sündhaft eingestuft wird, umfangreicher über soziale Aspekte berichten, kann nicht bestätigt werden. Zudem variiert die Berichterstattung zwischen den Unternehmen innerhalb einer Branche.
Brammer/Pavelin (2004)	Verschiedene Datenbanken, Umwelt- und Sozialberichterstattung, 134 Unternehmen, 2001, Großbritannien, deskriptive Statistiken, univariate Analyseverfahren	Insbesondere große Unternehmen nutzen verschiedene Berichtsformate gleichzeitig, um über ökologische und soziale Aspekte zu informieren. Univariate Analyseergebnisse deuten auf einen positiven Zusammenhang zwischen der Unternehmensgröße, der Medienpräsenz sowie dem sozialem Engagement der Unternehmen und dem Umfang der Umwelt- und Sozialberichterstattung hin.
Campbell (2004)	Inhaltsanalyse (Geschäftsberichte) Umweltberichterstattung, 10 Unternehmen, 1974-2000, Großbritannien, deskriptive Statistiken	Für alle Unternehmen zeigt sich ein signifikanter Anstieg der Umweltberichterstattung gegen Ende der 1980er und Anfang der 1990er Jahre. Unternehmen in einem umweltpolitisch sensitiven Umfeld berichten im Zeitverlauf umfangreicher über ökologische Aspekte als Unternehmen aus ökologisch weniger sensitiven Branchen.
Quick/Knocinski (2006)	Inhaltsanalyse (separate Nachhaltigkeitsberichte) Nachhaltigkeitsberichterstattung, 26 Unternehmen, 2002, Deutschland, deskriptive Statistiken, Korrelationsanalysen	Die Berichterstattung über die Nachhaltigkeitsleistung weist mit einem durchschnittlichen Zielerreichungsgrad von rund 40% allenfalls eine mittelmäßige Qualität auf. Korrelationsanalysen deuten auf einen schwach positiven Zusammenhang zwischen der Finanzkraft der Unternehmen und der Qualität der Nachhaltigkeitsberichterstattung sowie zwischen der Berichtslänge und der Berichtsqualität hin.

- wird fortgesetzt -

Gibson/O'Donovan (2007)	Inhaltsanalyse (Geschäftsberichte), Umweltberichterstattung, 41 Unternehmen, 1983-2003, Australien, deskriptive Statistiken	Der Umfang der Umweltberichterstattung hat im Zeitverlauf stetig zugenommen. In den Zeiträumen 1988/1989, 1995/1996 sowie zwischen 1998 und 2003 zeigen die Ergebnisse den stärksten Anstieg des Berichtsumfangs.
Guthrie et al. (2008)	Inhaltsanalyse (Geschäftsberichte, Webseiten), Umwelt- und Sozialberichterstattung, 19 Unternehmen der Lebensmittel- und Getränkeindustrie, 2004, Australien, deskriptive Statistiken	Die Ergebnisse zeigen eine sehr heterogene Praxis der Umwelt- und Sozialberichterstattung innerhalb der Lebensmittel- und Getränkeindustrie. Die Unternehmen berichten häufiger über branchenspezifische Indikatoren als über allgemeine Umwelt- und Sozialaspekte. Die Unternehmen berichten sowohl im Geschäftsbericht als auch auf den Webseiten, wobei Webseiten häufiger genutzt werden.
Holder-Webb et al. (2009)	Inhaltsanalyse (10K-Reports, separate Nachhaltigkeitsberichte, Webseiten, Pressemitteilungen etc.) Nachhaltigkeitsberichterstattung, 50 Unternehmen, 2004, USA, deskriptive Statistiken	Die Ergebnisse zeigen, dass Unternehmen insbesondere das Internet nutzen, um über ihre Nachhaltigkeitsleistung zu berichten, gefolgt von Pressemitteilungen und verpflichtenden Berichtsformaten. Angaben zu den verschiedenen Indikatoren werden sehr selektiv veröffentlicht und gezielt genutzt, um ein positives Firmenimage zu vermitteln. Dieser Effekt wird abgeschwächt, wenn Unternehmen die Informationen in prüfungspflichtigen Dokumenten veröffentlichen.
Gebauer/Glahe (2011)	Online-Fragebogen, Nachhaltigkeitsberichterstattung, 154 Unternehmen (Rücklaufquote: 38%), 2011, Deutschland, deskriptive Statistiken	Insgesamt erstellen 38 von 59 Unternehmen einen separaten Nachhaltigkeitsbericht. Das dominante Berichtsformat ist eine Kombination aus Print- und Internetbericht. Eine vollständige inhaltliche Integration von Geschäfts- und Nachhaltigkeitsberichterstattung ist bislang die Ausnahme. Drei Viertel der Unternehmen lassen ihren Nachhaltigkeitsbericht regelmäßig extern prüfen.
KPMG (2011)	Inhaltsanalyse (separate Nachhaltigkeitsberichte, Webseiten, Geschäftsberichte) Nachhaltigkeitsberichterstattung, 100 Unternehmen, 2010/2011, Deutschland, deskriptive Statistiken	Ein separater Nachhaltigkeitsbericht ist das am häufigsten verwendete Berichtsformat, während interaktive Internetportale als primäres Berichtsformat zunehmend an Bedeutung gewinnen. Ferner integrieren Unternehmen Nachhaltigkeitsinformationen zunehmend in die Finanzberichterstattung. Der GRI-Leitfaden hat sich als „De-facto"-Standard etabliert.
Schaefer/Schröder (2012)	Inhaltsanalyse (Geschäftsberichte, Webseiten), Nachhaltigkeitsberichterstattung, 624 mittelständische Unternehmen, 2009, Deutschland, deskriptive Statistiken	Der Umfang der Nachhaltigkeitsberichterstattung in Geschäftsberichten ist bei mittelständischen Unternehmen unabhängig von der Branche gering. Der Berichtsumfang ist bei großen Unternehmen höher als bei mittelgroßen Gesellschaften. Die Unternehmen berichten vor allem in den Bereichen, die ohnehin gesetzlich gefordert sind. Unternehmen, die zudem im Internet über Nachhaltigkeitsaspekte berichten, weisen auch in den Geschäftsberichten einen höheren Berichtsumfang auf. Nachhaltigkeitsinformationen finden sich an den verschiedensten Stellen im Jahresabschluss bzw. Lagebericht.

Tab. 3-1: Nationale Studien zur Praxis der Nachhaltigkeitsberichterstattung

3.2.2 Internationale Studien

Während im vorherigen Kapitel ausschließlich Studien zur Berichtspraxis auf nationaler Ebene betrachtet wurden, wird nachfolgend ein Überblick über die international vergleichenden Untersuchungen gegeben.

Aufbauend auf ihrer Studie zur Praxis der Umweltberichterstattung in den USA,[427] analysieren *Gamble et al.* die Berichterstattung über ökologische Aspekte in 27 Ländern (darunter auch Deutschland und die USA).[428] Die Autoren werten die Art der Angaben über ökologische Aspekte in den Geschäftsberichten von insgesamt 276 Unternehmen über einen Zeitraum von drei Jahren (1989-1991) inhaltsanalytisch aus.[429] Als zentrales Ergebnis der Studie ist festzuhalten, dass die Berichterstattung über ökologische Aspekte sowohl innerhalb als auch zwischen den betrachteten Ländern eine sehr divergierende Berichtspraxis aufweist.[430] Auch im Zeitablauf ist eine starke Variation der Berichterstattung festzustellen. Während die Häufigkeit verschiedener Angaben zwischen 1989 und 1990 signifikant zurückgegangen ist, zeigen die Befunde zwischen 1990 und 1991 wieder einen signifikanten Anstieg verschiedener Angaben im Rahmen der Umweltberichterstattung. Insgesamt berichten Unternehmen in Großbritannien, Kanada und den USA am häufigsten über ökologische Aspekte. Bezogen auf die einzelnen Länder, ist die Stichprobe insgesamt sehr klein und erlaubt daher keine Rückschlüsse auf die Grundgesamtheit in den verschiedenen Ländern.

Im Unterschied zu *Gamble et al.* kommen *Adams et al.* zu dem Ergebnis, dass die Umwelt- und Sozialberichterstattung in Deutschland am umfangreichsten ist, während Großbritannien, je nach Kategorie der Berichterstattung,[431] auf den Rängen zwei und drei folgt.[432] Im Rahmen einer Inhaltsanalyse untersuchen *Adams et al.* die Berichterstattung über ökologische und soziale Aspekte in den Geschäftsberichten für das Jahr 1992 der jeweils 25 größten Unternehmen aus vier verschiedenen Branchen in sechs europäischen Ländern.[433] In Übereinstimmung mit den Ergebnissen von *Gamble et al.* stellen die Autoren insgesamt eine große Variation der Berichtspraxis zwischen den verschiedenen Ländern fest.[434] Wie die Ergebnisse einer ANOVA zeigen, bestehen zudem signifikante Branchenunterschiede in Umwelt- und Sozialberichterstattung.[435] Ferner weisen die empirischen Befunde auf einen signifikant positiven Zusammenhang zwischen der Unterneh-

---

[427] Vgl. Kap. 3.2.1.

[428] Vgl. *Gamble et al.* (1996), S. 293-331.

[429] Vgl. *Gamble et al.* (1996), S. 300f.

[430] Vgl. hier und im Folgenden *Gamble et al.* (1996), S. 312-315.

[431] Die Autoren messen drei verschiedene Kategorien der Berichterstattung: Anzahl der berichteten Kriterien, Anzahl der berichteten Kriterien für die quantifizierte bzw. finanzielle Angaben gemacht werden und Länge der narrativen Berichterstattung (gemessen anhand der Seitenzahl). Vgl. *Adams et al.* (1998), S. 6.

[432] Vgl. *Adams et al.* (1998), S. 11.

[433] Die Untersuchung umfasst die Berichterstattung in Deutschland, Frankreich, Großbritannien, den Niederlanden, Schweden und der Schweiz. Vgl. *Adams et al.* (1998), S. 4 und 7.

[434] Vgl. *Adams et al.* (1998), S. 11f.

[435] Vgl. *Adams et al.* (1998), S. 8f.

mensgröße und der Berichterstattung hin.[436] So berichten große Unternehmen am umfangreichsten über ökologische und soziale Aspekte in ihren Geschäftsberichten. Bei der Interpretation der Ergebnisse ist jedoch zu beachten, dass zur Bestimmung spezifischer Determinanten der Berichterstattung die Messung des simultanen Einflusses verschiedener Bestimmungsfaktoren im Rahmen multivariater Regressionsmodelle erforderlich ist.[437] Zudem ist die Stichprobe mit 25 Unternehmen je Land sehr gering und daher nicht geeignet, um generalisierende Rückschlüsse auf die Berichtspraxis in den verschiedenen Ländern zu ziehen.

Ähnlich dem Vorgehen von *Gamble et al.*, beschränken *Holland/Foo* ihre Studie auf die Analyse der Berichterstattung über ökologische Aspekte und vergleichen die Berichtspraxis in Großbritannien und den USA für das Jahr 1999.[438] Auch *Holland/Foo* nutzen die Datenerhebungsmethodik der Inhaltsanalyse, um die Umweltberichterstattung der jeweils 20 größten Unternehmen in beiden Ländern zu analysieren.[439] Die Ergebnisse zeigen, dass britische Unternehmen häufiger einen separaten Umwelt- bzw. Nachhaltigkeitsbericht veröffentlichen oder einen separaten Abschnitt zur Umweltberichterstattung in ihre Geschäftsberichte aufnehmen als amerikanische Unternehmen.[440] In Großbritannien berichten knapp 50% der Unternehmen in separaten Kapiteln der gesetzlich nicht regulierten Abschnitte des Geschäftsberichts über ökologische Aspekte und knapp ein Viertel der Unternehmen nutzt hierzu den Managementbericht (Operating and Financial Review). In den USA wird der Managementbericht (MD&A) hingegen am häufigsten genutzt, um über ökologische Aspekte zu berichten (53%), gefolgt von Anhangangaben (26%).[441] Zudem zeigen die empirischen Befunde auch inhaltlich unterschiedliche Themenschwerpunkte zwischen der Umweltberichterstattung in beiden Ländern.[442] Während 89% der britischen Unternehmen Angaben zu Auszeichnungen und Zertifizierungen im Umweltbereich machen, sind dies in den USA nur 33% der Unternehmen. Amerikanische Unternehmen berichten insbesondere über Aspekte bezüglich bestimmter Umweltschutzbestimmungen (72%), während entsprechende Angaben in Großbritannien lediglich bei 37% der Unternehmen zu finden sind. Ebenso berichten amerikanische Unternehmen vergleichsweise häufig über Umweltrisiken, Ausgaben im Umweltbereich sowie Klagen und laufende Gerichtsprozesse. Die Autoren führen dies auf die strengeren Umweltgesetze in den USA zurück. Wie auch schon in den Studien von *Gamble et al.* und *Adams et al.* ist die Stichprobe in beiden Ländern sehr klein, so dass Rückschlüsse auf die Berichtspraxis im Allgemeinen nicht möglich sind. Zudem untersuchen alle drei zuvor vorgestellten Studien die Berichtspraxis in den 1990er Jahren und somit in den Anfangszeiten einer umfassenden Nachhaltigkeitsberichterstattung.[443] Es ist daher fraglich, inwieweit die Ergebnisse heute noch Gültigkeit besitzen.

---

[436] Vgl. *Adams et al.* (1998), S. 12.
[437] Vgl. hierzu die Studien in Kap. 3.3.
[438] Vgl. *Holland/Foo* (2003), S. 1-18.
[439] Vgl. *Holland/Foo* (2003), S. 7-9. Insgesamt sind 37 Unternehmen in die Analyse eingegangen.
[440] Vgl. *Holland/Foo* (2003), S. 10f.
[441] Vgl. *Holland/Foo* (2003), S. 11f.
[442] Vgl. hier und im Folgenden *Holland/Foo* (2003), S. 12-14.
[443] Zur historischen Entwicklung der Nachhaltigkeitsberichterstattung vgl. Kap. 2.1.4.1.

Allerdings existieren auch aktuellere Studien, welche die Praxis der Nachhaltigkeitsberichterstattung in den 2000er Jahren auf internationaler Ebene analysieren. So vergleichen *Dawkins/Ngunjiri* die Umwelt- und Sozialberichterstattung in dem Schwellenland Südafrika im Vergleich zur Berichterstattung in den entwickelten Industrienationen.[444] Die Untersuchung umfasst die 100 größten südafrikanischen Unternehmen der Johannesburg Stock Exchange (JSE) sowie die Unternehmen des Fortune Global 100 für das Jahr 2006.[445] Im Rahmen einer Inhaltsanalyse werten *Dawkins/Ngunjiri* die Geschäftsberichte der Unternehmen hinsichtlich fünf verschiedener Kategorien aus.[446] Die zentralen Ergebnisse der Studie zeigen, dass die Berichterstattung über ökologische und soziale Aspekte in Südafrika in allen Kategorien – außer im Bereich der Menschenrechtsverletzungen – signifikant umfangreicher ist als in den Ländern der EU, den USA und Japan.[447] Ferner kommt der Berichterstattung über ökologische und gesellschaftliche Aspekte in allen betrachteten Ländern die größte Bedeutung zu. Angaben zum Thema Menschenrechte werden vergleichsweise selten gemacht.

Auch *Rahman et al.* legen in ihrer Untersuchung einen Fokus auf die Berichterstattung in Schwellenländern und analysieren die Praxis der Berichterstattung über ökologische Aspekte in Malaysia, Singapur und Thailand.[448] Hierzu analysieren sie die Geschäftsberichte von insgesamt 250 Unternehmen für das Jahr 2006 und teilen diese in Berichterstatter und Nicht-Berichterstatter ein.[449] Insgesamt veröffentlichen 108 Unternehmen Informationen mit Umweltbezug in ihren Geschäftsberichten, wovon 56 Unternehmen aus Malaysia, 37 aus Thailand und 15 aus Singapur stammen.[450] Die Berichterstattung erfolgt überwiegend in narrativer Form. Lediglich 13 Unternehmen machen quantitative Angaben zu ökologischen Aspekten. Ferner analysieren *Rahman et al.* den Zusammenhang zwischen der Umweltberichterstattung und der Profitabilität der Unternehmen mit Hilfe bivariater Analyseverfahren.[451] Die Ergebnisse lassen jedoch keinen systematischen Zusammenhang zwischen der Profitabilität und dem Umfang der Umweltberichterstattung erkennen.[452]

Auch *Beck et al.* beschränken sich in ihrer Studie auf die Analyse der Umweltberichterstattung und untersuchen die Berichtspraxis in Großbritannien und Deutschland im Ländervergleich.[453] Dazu analysieren sie jeweils 14 Unternehmen in beiden Ländern, die sich hinsichtlich Größe, Industrie und Produktportfolio gleichen.[454] Im Rahmen einer Inhaltsanalyse werten *Beck et al.* die Geschäftsberichte der insgesamt 28 Unternehmen über ei-

---

444 Vgl. *Dawkins/Ngunjiri* (2008), S. 286-307.

445 Insgesamt gingen 91 Unternehmen aus Südafrika, 51 aus der EU, 31 aus den USA und neun aus Japan in die Analyse ein. Vgl. *Dawkins/Ngunjiri* (2008), S. 291.

446 Die Kategorien umfassen die Bereiche (1) *environment*, (2) *community*, (3) *diversity*, (4) *employee*, und (5) *human rights*. Vgl. *Dawkins/Ngunjiri* (2008), S. 292.

447 Vgl. hier und im Folgenden *Dawkins/Ngunjiri* (2008), S. 296-301.

448 Vgl. *Rahman et al.* (2009), S. 46-58.

449 Vgl. *Rahman et al.* (2009), S. 51f.

450 Vgl. hier und im Folgenden *Rahman et al.* (2009), S. 52-54.

451 Als Proxy zur Messung der Profitabilität verwenden die Autoren die Gesamtkapitalrentabilität.

452 Vgl. *Rahman et al.* (2009), S. 56.

453 Vgl. *Beck et al.* (2010), S. 207-222.

454 Vgl. *Beck et al.* (2010), S. 211.

nen Zeitraum von fünf Jahren (2000 – 2004) aus, um die Qualität der Umweltberichterstattung zu erheben.[455] Die Ergebnisse zeigen, dass britische Unternehmen in ihren Geschäftsberichten umfangreichere Angaben zu Umweltaspekten bereitstellen.[456] In beiden Ländern erreichte der Umfang der Berichterstattung im Jahr 2002 seinen Höhepunkt. Sowohl in Großbritannien als auch in Deutschland variiert der Inhalt der Berichterstattung deutlich. Insgesamt zeigt sich, dass die Qualität der Berichterstattung in beiden Ländern relativ gering ist. Aufgrund der geringen Stichprobe sind die Ergebnisse allerdings nicht repräsentativ für die allgemeine Berichtspraxis in Deutschland und Großbritannien.

Während sich die zuvor vorgestellten internationalen Untersuchungen zur Berichtspraxis meist auf eine kleine Stichprobe beschränken, veröffentlicht *KPMG* in regelmäßigen Abständen eine umfassende Studie zur Nachhaltigkeitsberichterstattung im internationalen Vergleich.[457] In der aktuellsten Studie aus dem Jahr 2011 werden die jeweils 100 größten Unternehmen aus 34 Ländern und somit insgesamt 3.400 Unternehmen berücksichtigt (darunter auch Deutschland und die USA).[458] Zur Erhebung der Daten werden separate Berichte, Webseiten und Geschäftsberichte für das Jahr 2010 anhand 34 ausgewählter Kriterien mit Nachhaltigkeitsbezug analysiert.[459] Die Ergebnisse zeigen, dass 95% der 250 weltweit größten Unternehmen über Nachhaltigkeitsaspekte berichten.[460] Wie bereits die Ergebnisse der Studie aus dem Jahr 2008 gezeigt haben,[461] ist der Anteil der Unternehmen, die über Nachhaltigkeitsthemen berichten, in Großbritannien und Japan am höchsten. Amerikanische Unternehmen belegen in dieser Rangliste den neunten Rang und berichten insgesamt häufiger über Nachhaltigkeitsaspekte als deutsche Unternehmen (Rang 20).[462] Ferner bestätigen die Ergebnisse, dass der GRI-Leitfaden zur Nachhaltigkeitsberichterstattung der weltweit meist verwendete Berichtsrahmen ist.[463] Hinsichtlich einer externen Berichtsprüfung sind jedoch deutliche Länderunterschiede festzustellen. Während insbesondere Unternehmen in Indien (80%) und Südkorea (75%) ihre Nachhaltigkeitsberichte regelmäßig extern prüfen lassen, ist dieser Anteil bei Unternehmen der drei letztplatzierten Länder sehr gering (USA und Russland (13%), Singapur (7%)).[464] In Tab. 3-2 werden die international vergleichenden Studien zur Praxis der Nachhaltigkeitsberichterstattung mit ihren zentralen Ergebnissen zusammengefasst.

---

[455] Vgl. *Beck et al.* (2010), S. 210f. Die Konzeption des Disclosure-Index ist insbesondere darauf ausgelegt, neben dem Umfang der Berichterstattung auch Aussagen über den Inhalt der veröffentlichten Informationen und somit über die Berichtsqualität machen zu können.

[456] Vgl. hier und im Folgenden *Beck et al.* (2010), S. 217f.

[457] Vgl. *KPMG* (2011a), S. 1-32.

[458] Vgl. *KPMG* (2011a), S. 32.

[459] Sofern für 2010 kein Bericht verfügbar ist, wird auf Berichte für das Jahr 2009 zurückgegriffen. Berichtsdokumente, die sich auf einen früheren Zeitraum als 2009 beziehen, werden von der Analyse ausgeschlossen. Vgl. *KPMG* (2011a), S. 32.

[460] Vgl. *KPMG* (2011a), S. 7.

[461] Vgl. *KPMG* (2008), S. 16.

[462] Vgl. *KPMG* (2011a), S. 10f.

[463] Vgl. *KPMG* (2011a), S. 21.

[464] Vgl. *KPMG* (2011a), S. 29f.

Studie	Untersuchungsmethodik	Zentrale Ergebnisse
Gamble et al. (1996)	Inhaltsanalyse (Geschäftsberichte) Umweltberichterstattung, 276 Unternehmen, 1989-1991, 27 Länder, deskriptive Statistiken, univariate Analyseverfahren	Die Berichterstattung über ökologische Aspekte weist sowohl innerhalb als auch zwischen den betrachteten Ländern sowie im Zeitverlauf eine sehr heterogene Berichtspraxis auf. Insgesamt berichten Unternehmen in Großbritannien, Kanada und den USA am häufigsten über ökologische Aspekte.
Adams et al. (1998)	Inhaltsanalyse (Geschäftsberichte) Umwelt- und Sozialberichterstattung, 150 Unternehmen, 1992, sechs europäische Länder, deskriptive Statistiken, ANOVA	Die Umwelt- und Sozialberichterstattung ist in Deutschlang am umfangreichsten. Die Ergebnisse zeigen eine große Variation der Berichtspraxis zwischen den verschiedenen Ländern und Branchen. Zudem weisen die Befunde auf einen signifikant positiven Zusammenhang zwischen der Unternehmensgröße und der Berichterstattung hin.
Holland/Foo (2003)	Inhaltsanalyse (Geschäftsberichte) Umweltberichterstattung, 37 Unternehmen, 1999/2000, Großbritannien und USA, deskriptive Statistiken	Die Ergebnisse zeigen, dass britische Unternehmen häufiger einen separaten Umweltbericht veröffentlichen als amerikanische Unternehmen. Zudem berichten britische Unternehmen überwiegend in separaten Kapiteln des Geschäftsberichts, während in den USA insbesondere die MD&A genutzt wird. Zudem zeigen die empirischen Befunde auch inhaltlich unterschiedliche Themenschwerpunkte zwischen der Umweltberichterstattung in beiden Ländern.
Dawkins/Ngunjiri (2008)	Inhaltsanalyse (Geschäftsberichte) Umwelt- und Sozialberichterstattung, 182 Unternehmen, 2006, 17 Länder (EU-Länder, Japan, Südafrika, USA), deskriptive Statistiken	Die zentralen Ergebnisse der Studie zeigen, dass die Berichterstattung über ökologische und soziale Aspekte in Südafrika insgesamt umfangreicher ist als in den Ländern der EU, den USA und Japan. In allen Ländern kommt der Berichterstattung über ökologische und gesellschaftliche Aspekte die größte Bedeutung zu, während Angaben zum Thema Menschenrechte vergleichsweise selten gemacht werden.
Rahman et al. (2009)	Inhaltsanalyse (Geschäftsberichte) Umweltberichterstattung, 250 Unternehmen, 2006, drei Länder (Malaysia, Singapur, Thailand), deskriptive Statistiken, univariate Analysemethoden	Insgesamt veröffentlichen 108 von 250 Unternehmen Informationen mit Umweltbezug in ihren Geschäftsberichten. Die Berichterstattung erfolgt überwiegend in narrativer Form. Die Ergebnisse lassen anhand bivariater Analyseverfahren keinen systematischen Zusammenhang zwischen der Profitabilität und dem Umfang der Umweltberichterstattung erkennen.
Beck et al. (2010)	Inhaltsanalyse (Geschäftsberichte) Umweltberichterstattung, 28 Unternehmen, (2000-2004),Deutschland und Großbritannien, deskriptive Statistiken	Die Ergebnisse zeigen, dass britische Unternehmen in ihren Geschäftsberichten umfangreichere Angaben zu Umweltaspekten bereitstellen. In beiden Ländern variiert der Inhalt der Berichterstattung deutlich. Insgesamt zeigt sich, dass die Qualität der Berichterstattung in beiden Ländern gering ist.

- wird fortgesetzt -

KPMG (2011)	Inhaltsanalyse (separate Nachhaltigkeitsberichte, Webseiten, Geschäftsberichte) Nachhaltigkeitsberichterstattung, 3.400 Unternehmen, 2010, 34 Länder, deskriptive Statistiken	Die Ergebnisse zeigen, dass 95% der 250 größten Unternehmen weltweit über Nachhaltigkeitsaspekte berichten. Der Anteil der Unternehmen, die über Nachhaltigkeitsaspekte berichten, ist in Großbritannien und Japan am größten. Der GRI-Leitfaden zur Nachhaltigkeitsberichterstattung ist der weltweit meist verwendete Berichtsrahmen Hinsichtlich einer externen Berichtsprüfung sind jedoch deutliche Länderunterschiede festzustellen.

Tab. 3-2: Internationale Studien zur Praxis der Nachhaltigkeitsberichterstattung

3.2.3 Zwischenfazit

Zusammenfassend bleibt festzuhalten, dass die Nachhaltigkeitsberichterstattung seit den 1990er Jahren stetig an Bedeutung gewonnen hat. Wie die Ergebnisse der Längsschnittstudien gezeigt haben, hat sowohl die Zahl der Unternehmen, die über Nachhaltigkeitsaspekte berichten, als auch der Umfang der Berichterstattung in den letzten zwei Jahrzehnten kontinuierlich zugenommen. Ferner haben die empirischen Befunde übereinstimmend gezeigt, dass die Praxis der Nachhaltigkeitsberichterstattung sowohl national als auch international sehr heterogen ausgestaltet ist und folglich einen geringen Standardisierungsgrad aufweist. Allerdings weisen die analysierten Studien zur Praxis der Nachhaltigkeitsberichterstattung mitunter Schwächen in der methodischen Vorgehensweise auf und sind mit Limitationen verbunden.

Die Entwicklung der Nachhaltigkeitsberichterstattung in den letzten beiden Jahrzehnten macht deutlich, dass die Ergebnisse der Studien, insbesondere aus den 1990er Jahren, keine Gültigkeit im Hinblick auf die aktuelle Berichtspraxis beanspruchen können und der Erklärungsgehalt der Untersuchungsergebnisse aufgrund mangelnder Aktualität stark eingeschränkt ist. Da sich die Nachhaltigkeitsberichterstattung im Zeitverlauf stetig weiterentwickelt hat, erscheinen weitere empirische Befunde zur gegenwärtigen Berichtspraxis auf nationaler und internationaler Ebene erforderlich. Neben einigen Längsschnittstudien beschränken sich die meisten Studien zudem auf eine Querschnittsbetrachtung und liefern daher lediglich eine Momentaufnahme der Berichtspraxis zu einem bestimmten Zeitpunkt.

Bezüglich der Sampleauswahl ist festzuhalten, dass mehr als die Hälfte der Studien lediglich ein Sample zwischen fünf und 50 Unternehmen je Land umfassen. Häufig werden in den Untersuchungen nur ausgewählte Branchen betrachtet. Die empirischen Befunde dieser Studien besitzen folglich keine Repräsentativität und erlauben daher keine allgemeingültigen Aussagen über die Praxis der Nachhaltigkeitsberichterstattung, die über das betrachtete Sample hinausgehen.

Da im Rahmen der Datenerhebung fast ausschließlich inhaltsanalytische Auswertungsmethoden zur Anwendung kommen, sind die Ergebnisse der empirischen Untersuchungen in erheblichem Maße von dem gewählten Kategoriensystem sowie der Auswahl der Untersuchungseinheit abhängig, Ein Großteil der Studien bleibt auf die Messung des Berichtsumfangs begrenzt, da meist ein ungewichteter, dichotomer Disclosure Index zur Auswertung der Berichterstattung verwendet wird. In anderen Studien beschränkt sich die Auswertung des Berichtsumfangs auf die Seitenzahl oder die Zählung von Wörtern oder Sätzen mit Nachhaltigkeitsbezug. Da die Studien meist auf die Messung der Berichtsquantität beschränkt bleiben, lassen sie keine Aussagen über die Qualität der Nachhaltigkeitsberichterstattung zu. Gerade vor dem Hintergrund, dass Nachhaltigkeitsberichte häufig als Instrument für ein gezieltes *greenwashing* benutzt werden, erscheint eine Auswertung der Berichterstattung anhand der Berichtsqualität daher besser geeignet, um die aktuelle Praxis der Nachhaltigkeitsberichterstattung zu beschreiben und zu erklären.

Die Auswertung der Berichtspraxis beschränkt sich insbesondere bei älteren Studien häufig auf die Berichterstattung über ökologische und/oder soziale Aspekte und somit auf ausgewählte Nachhaltigkeitsbereiche. Zudem bleibt ein Großteil der Untersuchungen bei der Analyse der Berichtspraxis auf die Berichterstattung in den Geschäftsberichten der Unternehmen beschränkt. Wie die Ergebnisse einiger Untersuchungen jedoch gezeigt haben, bilden separate Berichte das bislang am häufigsten verwendete Berichtsformat, um über Nachhaltigkeitsaspekte zu informieren, gefolgt von einer internetgestützten Nachhaltigkeitsberichterstattung.[465] Geschäftsberichte werden eher selektiv genutzt, um über ausgewählte Nachhaltigkeitsaspekte zu berichten.[466] Eine vollständige Integration der Nachhaltigkeits- und Finanzberichterstattung bleibt bis dato die Ausnahme. Eine Beschränkung auf ausgewählte Nachhaltigkeitsdimensionen sowie die Geschäftsberichte als Untersuchungseinheit erscheint daher nicht zielführend, um ein umfassendes Verständnis für die Ausgestaltung der Berichterstattung bezüglich der drei Nachhaltigkeitsdimensionen Ökonomie, Ökologie und Soziales zu erlangen. Insgesamt bleibt festzuhalten, dass Unterschiede in der Sampleauswahl sowie die Heterogenität der methodischen Vorgehensweise eine Vergleichbarkeit der empirischen Befunde nicht oder zumindest nur schwer möglich macht.

Vor dem Hintergrund der aufgezeigten Defizite früherer Studien erscheint es daher zielführend, die Berichterstattung in separaten Nachhaltigkeitsberichten hinsichtlich aller drei Nachhaltigkeitsdimensionen (Ökonomie, Ökologie und Soziales) auszuwerten, um ein umfassendes Verständnis für die Praxis der Nachhaltigkeitsberichterstattung zu erlangen. Als Deduktionsbasis für ein adäquates Kategoriensystem bietet sich der Leitfaden der GRI an, da dieser sich weltweit als Berichtsrahmen zur Nachhaltigkeitsberichterstattung etabliert hat und alle drei Nachhaltigkeitsdimensionen umfasst.[467] *Quick/Knocinski* wählen in ihrer Studie ein solches Vorgehen, um die Praxis der Nachhaltigkeitsberichterstattung in Deutschland zu analysieren. Auf internationaler Ebene findet sich bislang keine vergleichbare Studie, so dass insbesondere hier weiterer Forschungsbedarf besteht.

In Analogie zu den Teilzielen der Arbeit werden im folgenden Kapitel die nationalen und internationalen Studien zu den Determinanten der Nachhaltigkeitsberichterstattung analysiert.

---

465 Vgl. *Gebauer/Glahe* (2011), S. 4f.; *KPMG* (2011b), S. 8f.
466 Vgl. *KPMG* (2011a), S. 22.
467 Zur Bedeutung des GRI-Leitfadens vgl. *KPMG* (2011a), S. 21; *KPMG* (2011b), S. 10f.

3.3 Determinanten der Nachhaltigkeitsberichterstattung

3.3.1 Nationale Studien

Neu et al. untersuchen in ihrer Studie den Einfluss verschiedener Stakeholdergruppen (Investoren, Regulierungsbehörden und Umweltschützer sowie der allgemeinen Öffentlichkeit) auf die Berichterstattung über ökologische Aspekte in **Kanada** über einen Zeitraum von zehn Jahren (1982-1991).[468] In die Analyse gingen Geschäftsberichte von insgesamt 33 Unternehmen aus vier ökologisch sensitiven Branchen (Bergbau, Öl und Gas, Chemie und Forstwirtschaft) ein, so dass die Analyse insgesamt 330 Beobachtungen umfasst. Zur Auswertung wurden die Wörter der Umweltberichterstattung im Geschäftsbericht gezählt.[469] Der Einfluss der Kapitalgeberinteressen wurde anhand der Profitabilität sowie des Verschuldungsgrads gemessen.[470] Um die Bedeutung der Interessen von Regulierungsbehörden und Umweltschützern abzubilden, wurde die Anzahl der Medienberichte über Umweltbußgelder sowie medialer Kritik an dem jeweiligen Unternehmen bezüglich ökologischer Aspekte erhoben. Der Einfluss der Öffentlichkeit wurde anhand der Bedeutung von Umweltthemen im allgemeinen öffentlichen Interesse ermittelt.[471] Im Rahmen der multivariaten Analyse wurde zudem für die Unternehmensgröße kontrolliert.[472] Die Ergebnisse zeigen, dass die Interessen der Kapitalgeber (gemessen anhand der Profitabilität[473]), der Regulierungsbehörden und der allgemeinen Öffentlichkeit mit einem erhöhten Umfang der Umweltberichterstattung einhergehen, während die Interessen der Umweltschützer negativ mit dem Berichtsumfang korreliert sind.[474] *Neu et al.* führen den Einfluss verschiedener Stakeholdergruppen auf den Legitimitätsdruck, mit dem die Unternehmen konfrontiert sind, zurück.[475] Die Studie analysiert allerdings ausschließlich die Berichterstattung über ökologische Aspekte in vier verschiedenen Branchen und kann bezüglich der Determinanten einer umfassenden Nachhaltigkeitsberichterstattung folglich keinen nennenswerten Erklärungsbeitrag liefern.

Auch *Cormier/Magnan* untersuchen in ihrer Studie die Einflussfaktoren einer freiwilligen Umweltberichterstattung anhand 33 kanadischer Unternehmen über einen Zeitraum von insgesamt acht Jahren (1986-1993).[476] Dazu werten sie die Geschäfts- und Umweltberichte von 33 Unternehmen aus drei verschiedenen Branchen (Zellstoff- und Papierindustrie, Ölindustrie und Petrochemie sowie Stahl-, Metall und Bergbauindustrie) auf Basis eines

---

[468] Vgl. *Neu et al.* (1998), S. 265-282.

[469] Vgl. *Neu et al.* (1998), S. 274.

[470] Vgl. *Neu et al.* (1998), S. 275.

[471] Um den Einfluss von Regulierungsbehörden und Umweltorganisationen sowie der allgemeinen Öffentlichkeit zu messen, haben die Autoren auf Informationen der CBCA-Datenbank zurückgegriffen. Vgl. *Neu et al.* (1998), S. 275f.

[472] Die Ergebnisse zeigen einen positiven Zusammenhang zwischen der Unternehmensgröße und dem Berichtsumfang. Vgl. *Neu et al.* (1998), S. 276.

[473] Die Profitabilität wird mit Hilfe einer Dummy-Variablen abgebildet, die bei einem positiven Ergebnis nach Steuern den Wert eins und bei einem negativem Ergebnis den Wert null annimmt.

[474] Vgl. *Neu et al.* (1998), S. 278f.

[475] Vgl. *Neu et al.* (1998), S. 279.

[476] Vgl. *Cormier/Magnan* (1999), S. 429-451.

von *Wiseman*[477] entwickelten Index aus.[478] Die deskriptiven Statistiken zeigen, dass die Umweltberichterstattung in den Jahren von 1986 bis 1989 gestiegen und danach relativ konstant geblieben ist. Die Autoren begründen diesen Anstieg damit, dass kanadische Firmen seit 1989 verpflichtet sind, zusammen mit dem Jahresabschluss eine MD&A zu erstellen.[479] Die Ergebnisse der Regression zeigen einen positiven Einfluss des firmenspezifischen Risikos, der Inanspruchnahme von Eigenkapitalmärkten sowie des Handelsvolumens der Aktien auf den Umfang der Umweltberichterstattung, während die Konzentration der Unternehmensanteile auf einen einzigen Investor einen negativen Zusammenhang aufweist.[480] Ferner weisen die Ergebnisse auf einen Einfluss der Kontrollvariablen Unternehmensgröße, SEC-Registrierung und Branche hin.[481] Zudem veröffentlichen profitable und ökonomisch effiziente Unternehmen mehr Informationen mit Umweltbezug als andere.[482] Analog zur Studie von *Neu et al.* besitzen die Ergebnisse aufgrund der Beschränkung auf ökologische Aspekte sowie auf drei ausgewählte Branchen jedoch kaum einen Erklärungsgehalt bezüglich der Determinanten einer umfassenden Nachhaltigkeitsberichterstattung.

Auch *Brammer/Pavelin* beschränken ihre Studie auf die Berichterstattung über ökologische Aspekte in **Großbritannien.**[483] Mit Hilfe einer Datenbank erfassen sie die Berichtsqualität in den Geschäftsberichten und separaten Umwelt- bzw. Nachhaltigkeitsberichten von insgesamt 447 Unternehmen für das Jahr 2000.[484] Die Ergebnisse zeigen, dass große, weniger verschuldete Unternehmen mit einem höheren Streubesitzanteil der Aktien eher über Umweltaspekte berichten als andere Unternehmen.[485] Ferner besteht ein positiver Zusammenhang zwischen der Qualität der Umweltberichterstattung und der Unternehmensgröße sowie der Zugehörigkeit zu einer ökologisch sensitiven Branche.

Im Unterschied zu den vorherigen Studien ergänzen *Gray et al.* ihre Untersuchung um die Berichterstattung über soziale Aspekte und analysieren die Umwelt- und Sozialberichterstattung der 100 größten Unternehmen in Großbritannien.[486] *Gray et al.* untersuchen die Berichterstattung über einen Zeitraum von 1988 bis 1995.[487] Ähnlich wie *Brammer/Pavelin* ermitteln die Autoren die Informationen zur Berichterstattung unter Verwendung der Datenbank des Centre for Social and Environmental Accounting Research (CSEAR).[488] Insgesamt weisen die Ergebnisse einen positiven Zusammenhang zwischen der Berichterstattung und der Unternehmensgröße sowie der Profitabilität der Unter-

[477] Vgl. *Wiseman* (1982), S. 55 und S. 62.
[478] Vgl. *Cormier/Magnan* (1999), S. 435.
[479] Vgl. *Cormier/Magnan* (1999), S. 440f.
[480] Vgl. *Cormier/Magnan* (1999), S. 441-444.
[481] Vgl. *Cormier/Magnan* (1999), S. 444.
[482] Vgl. *Cormier/Magnan* (1999), S. 447-449.
[483] Vgl. *Brammer/Pavelin* (2006), S. 1168.
[484] Vgl. *Brammer/Pavelin* (2006), S. 1175-1177.
[485] Vgl. hier und im Folgenden *Brammer/Pavelin* (2006), S. 1168 und S. 1184-1186.
[486] Vgl. *Gray et al.* (2001), S. 327-356.
[487] Vgl. *Gray et al.* (2001), S. 334.
[488] Die Informationen der CSEAR-Datenbank zur Berichterstattung der Unternehmen basieren ebenfalls auf inhaltsanalytischen Auswertungen. Vgl. *Gray et al.* (2001), S. 333.

nehmen auf.[489] Zudem stellen die Autoren branchenspezifische Einflüsse auf die Berichterstattung fest.[490] Allerdings haben weitere Analysen gezeigt, dass die Ergebnisse sowohl im Zeitverlauf als auch in Abhängigkeit verschiedener Berichtselemente (freiwillige bzw. verpflichtende Berichtselemente, Berichterstattung über soziale bzw. ökologische Aspekte, etc.) variieren und letztendlich keine eindeutigen Zusammenhänge festgestellt werden können.[491]

Auch *Hackston/Milne* beschränken ihre Analyse nicht auf die Umweltberichterstattung, sondern analysieren die Berichterstattung über ökologische und soziale Aspekte von 47 Unternehmen in **Neuseeland** für das Jahr 1992.[492] Wie in den vorherigen Studien können die Autoren einen positiven Zusammenhang zwischen der Unternehmensgröße und dem Umfang der Umwelt- und Sozialberichterstattung in den Geschäftsberichten neuseeländischer Unternehmen feststellen.[493] Zudem zeigt sich ein signifikanter Einfluss der Branchenzugehörigkeit. Einen Zusammenhang zwischen der Profitabilität der Unternehmen und dem Berichtsumfang können *Hackston/Milne* hingegen nicht feststellen.

In **Deutschland** untersuchen *Jahnke et al.* die Umweltberichterstattung in den Geschäftsberichten von 80 Unternehmen des DAX und MDAX für das Jahr 2006.[494] Die Ergebnisse zeigen eine sehr heterogene Berichtspraxis mit einer insgesamt geringen Berichtsqualität.[495] Zudem identifizieren *Jahnke et al.* die Unternehmensgröße sowie die Zugehörigkeit zu einer umweltsensiblen Branche als wesentliche Determinanten der Berichtsqualität.[496] Ein Zusammenhang zwischen der Qualität der Umweltberichterstattung und dem Streubesitzanteil der Aktien sowie der Profitabilität der Unternehmen können die Autoren hingegen nicht feststellen.

Auch außerhalb des angloamerikanischen und kontinentaleuropäischen Raums existieren bereits Studien, welche die Determinanten der Nachhaltigkeitsberichterstattung untersuchen.[497] Tab. 3-3 gibt einen Überblick über die nationalen Studien zu den Determinanten der Nachhaltigkeitsberichterstattung, die in die Analyse zum empirischen Forschungsstand eingegangen sind, und fasst die zentralen Ergebnisse zusammen.

---

[489] Vgl. *Gray et al.* (2001). S. 340.
[490] Vgl. *Gray et al.* (2001). S. 347.
[491] Vgl. *Gray et al.* (2001), S. 349.
[492] Vgl. *Hackston/Milne* (1996), S. 84.
[493] Vgl. hier und im Folgenden *Hackston/Milne* (1996), S. 98-103.
[494] Vgl. *Jahnke et al.* (2009), S. 70-72 und S. 76.
[495] Vgl. *Jahnke et al.* (2009), S. 76-80.
[496] Vgl. hier und im Folgenden *Jahnke et al.* (2009), S. 84f.
[497] Vgl. *Haniffa/Cooke* (2005), S. 391-430; *Liu/Anbumozhi* (2009), S. 593-600; *Tagesson et al.* (2009), S. 352-364; *Suttipun/Stanton* (2012), S. 99-115.

Studie	Untersuchungsmethodik	Zentrale Ergebnisse
Hackston/Milne (1996)	Inhaltsanalyse (Geschäftsberichte), Umwelt- und Sozialberichterstattung, 47 Unternehmen, 1992, Neuseeland, multivariate Regressionsanalysen	Die Ergebnisse zeigen einen positiven Zusammenhang zwischen der Unternehmensgröße und dem Umfang der Umwelt- und Sozialberichterstattung. Ebenso zeigt sich ein signifikanter Einfluss der Branchenzugehörigkeit. Ein Zusammenhang zwischen der Profitabilität der Unternehmen und dem Umfang der Berichterstattung kann hingegen nicht festgestellt werden.
Neu et al. (1998)	Inhaltsanalyse (Geschäftsberichte), Umweltberichterstattung, 33 Unternehmen, 1982-1991, Kanada, multivariate Regressionsanalysen	Die Ergebnisse zeigen einen positiven Einfluss bedeutender Stakeholdergruppen (Kapitalgeber, Regulierungsbehörden, allgemeine Öffentlichkeit). In Bezug auf Umweltschützer zeigt sich hingegen ein negativer Einfluss. Ferner zeigt sich für die Unternehmensgröße als Kontrollvariable ein signifikant positiver Einfluss auf die Berichterstattung.
Cormier/Magnan (1999)	Inhaltsanalyse (Geschäfts- und Umweltberichte), Umweltberichterstattung, 33 Unternehmen, 1986-1993, Kanada, multivariate Regressionsanalysen	Die Ergebnisse zeigen einen positiven Einfluss des firmenspezifischen Risikos, der Inanspruchnahme von Eigenkapitalmärkten sowie dem Handelsvolumen der Aktien. Zudem veröffentlichen profitable und ökologisch effiziente Unternehmen mehr Informationen mit Umweltbezug als andere. Ferner stellen die Autoren einen signifikanten Einfluss firmenspezifischer Kontrollvariablen (Unternehmensgröße, SEC-Registrierung und Branche) fest.
Gray et al. (2001)	CSEAR-Datenbank (Geschäftsberichte), Umwelt- und Sozialberichterstattung, 100 Unternehmen, 1988-1995, Großbritannien, multivariate Regressionsanalysen	Die Ergebnisse zeigen einen positiven Einfluss der Unternehmensgröße sowie der Profitabilität (Umsatzerlöse, Gewinne) auf. Zudem stellen die Autoren branchenspezifische Einflüsse auf die Umwelt- und Sozialberichterstattung fest.
Haniffa/Cooke (2005)	Inhaltsanalyse (Geschäftsberichte), Nachhaltigkeitsberichterstattung, 139 Unternehmen, 1996 und 2002, Malaysia, multivariate Regressionsanalysen	Die Ergebnisse zeigen kulturelle Einflüsse sowie Einflüsse der Corporate Governance auf die Berichterstattung auf. Zudem besteht ein signifikant positiver Zusammenhang zwischen der Berichterstattung und firmenspezifischen Kontrollvariablen (Unternehmensgröße, Profitabilität und Cross-Listing). Ferner stellen die Autoren einen Brancheneinfluss fest.
Brammer/Pavelin (2006)	PIRC-Datenbank (Geschäftsberichte und separate Umweltberichte), Umweltberichterstattung, 447 Unternehmen, 2000, Großbritannien, multivariate Regressionsanalysen	Vor allem große, weniger verschuldete Unternehmen mit einem höheren Streubesitzanteil der Aktien berichten über Umweltaspekte. Zudem besteht ein positiver Zusammenhang zwischen der Qualität der Umweltberichterstattung und der Unternehmensgröße sowie der Zugehörigkeit zu einer ökologisch sensitiven Branche.
Jahnke et al. (2009)	Inhaltsanalyse (Geschäftsberichte), Umweltberichterstattung, 80 Unternehmen, 2006, Deutschland, multivariate Regressionsanalysen	Die Praxis der Umweltberichterstattung ist insgesamt sehr heterogen und weist eine geringe Berichtsqualität auf. Ferner zeigen die Ergebnisse, dass die Unternehmensgröße und die Zugehörigkeit zu einer umweltsensiblen Branche wesentliche Determinanten der Berichtsqualität sind. Für den Streubesitzanteil der Aktien und die Profitabilität kann hingegen kein signifikanter Einfluss festgestellt werden.

- wird fortgesetzt -

Liu/Anbumozhi (2009)	Inhaltsanalyse (Geschäftsberichte, separate Nachhaltigkeitsberichte und Webseiten), Umweltberichterstattung, 175 Unternehmen, 2006, China, multivariate Regressionsanalysen	Die Ergebnisse zeigen einen positiven Zusammenhang zwischen der ökologischen Sensitivität sowie der Größe der Unternehmen und dem Level der Berichterstattung über ökologische Aspekte. Ein signifikanter Einfluss der Profitabilität sowie der Stakeholder (Eigen- und Fremdkapitalgeber) des Unternehmens kann hingegen nicht festgestellt werden.
Tagesson et al. (2009)	Inhaltsanalyse (Webseiten), Umwelt- und Sozialberichterstattung, 267 Unternehmen, 2006, Schweden, multivariate Regressionsanalysen	Es besteht ein positiver Zusammenhang zwischen dem Umfang der Berichterstattung über ökologische und soziale Aspekte und der Unternehmensgröße sowie der Profitabilität. Zudem weisen die Ergebnisse auf einen Einfluss der Branchenzugehörigkeit hin. Staatliche Unternehmen veröffentlichen insgesamt umfangreichere Informationen auf ihren Webseiten.
Suttipun/Stanton (2012)	Inhaltsanalyse (Geschäftsberichte), Umweltberichterstattung, 75 Unternehmen, 2007, Thailand, multivariate Regressionsanalysen	Insgesamt berichten 83% der thailändischen Unternehmen in ihren Geschäftsberichten über ökologische Aspekte. Die Ergebnisse zeigen einen signifikant positiven Zusammenhang zwischen der Unternehmensgröße und dem Berichtsumfang. Ein Branchen- und Ländereinfluss sowie ein Einfluss der Anteilseignerstruktur und der Profitabilität sind hingegen nicht festzustellen.

Tab. 3-3: Nationale Studien zu den Determinanten der Nachhaltigkeitsberichterstattung

3.3.2 Internationale Studien

Während sich das vorherige Kapitel auf die Betrachtung nationaler Studien zu den Bestimmungsfaktoren der Nachhaltigkeitsberichterstattung beschränkte, widmen sich die nachfolgenden Ausführungen den international vergleichenden Studien.

Williams stellt neben der Betrachtung von Länderspezifika insbesondere den Einfluss von Kultur in den Fokus seiner Studie.[498] Im Rahmen einer quantitativen Auswertung (gemessen am Seitenumfang) analysiert der Autor die Umwelt- und Sozialberichterstattung in den Geschäftsberichten für das Jahr 1995 von insgesamt 356 Unternehmen aus sieben verschiedenen Ländern (Australien, Singapur, Hongkong, Philippinen, Thailand, Indonesien, Malaysia).[499] Die Ergebnisse zeigen, dass sowohl zwei Kulturdimensionen nach *Hofstede* (Unsicherheitsvermeidung und Maskulinität) als auch das politische und zivilrechtliche System einen signifikanten Einfluss auf die Berichterstattung über ökologische und soziale Indikatoren haben. Ökonomische Faktoren, wie der wirtschaftliche Entwicklungsstand und die Entwicklung der Kapitalmärkte, weisen hingegen keinen signifikanten Einfluss auf die Berichterstattung auf.[500] Es bleibt jedoch kritisch zu hinterfragen, ob der Seitenumfang einen geeigneten Proxy zur Messung des Berichtsumfangs darstellt, da es sich um eine stark aggregierte Maßzahl handelt, welche erheblich von der Darstellungsform der Berichtsinhalte (bspw. die Nutzung von Graphiken) abhängig ist.

Auch *Van der Laan Smith et al.* untersuchen länderspezifische Einflussfaktoren, indem sie den Einfluss der Stakeholderorientierung auf die Umwelt- und Sozialberichterstattung in

[498] Vgl. *Williams* (1999), S. 209-238.
[499] Vgl. *Williams* (1999), S. 216-218.
[500] Vgl. *Williams* (1999), S. 223-226.

Dänemark und Norwegen sowie den USA analysieren[501] Im Rahmen einer Inhaltsanalyse evaluieren die Autoren den Umfang und die Qualität der Berichterstattung[502] in den Geschäftsberichten der Jahre 1998 und 1999 von 32 dänischen bzw. norwegischen und 26 US-amerikanischen Unternehmen der Energieversorgungsbranche.[503] Die Autoren argumentieren, dass Dänemark und Norwegen eine höhere Stakeholderorientierung besitzen als die USA.[504] Die Ergebnisse zeigen, dass große dänische und norwegische Unternehmen eine höhere Quantität und Qualität in der Umwelt- und Sozialberichterstattung aufweisen als amerikanische Unternehmen. Die Befunde stützen folglich die Hypothese der Autoren, dass eine höhere Stakeholderorientierung einen positiven Einfluss auf die Berichterstattung hat. Für mittelgroße und kleine Unternehmen konnten sie diesen Zusammenhang allerdings nicht bestätigen. Die Analyse bleibt jedoch weitestgehend auf Mittelwertvergleiche zur Überprüfung statistischer Signifikanzen beschränkt. Ferner weist das Vorgehen im Rahmen der Robustheitstests Inkonsistenzen auf. So verwenden die Autoren die Stakeholderorientierung als abhängige Variable in ihrem logistischen Regressionsmodell und drehen die Wirkungsweise ihrer eingangs formulierten Hypothese damit um.[505] Darüber hinaus konnten die Studien auf nationaler Ebene sowie die international vergleichenden Untersuchungen von *Halme/Huse* und *Bhattacharyya et al.* zeigen, dass auch firmenspezifische Faktoren existieren, die einen Einfluss auf die Umwelt- und Sozialberichterstattung der Unternehmen haben.[506] Diesen Erkenntnissen wird im Rahmen der empirischen Untersuchung jedoch nicht Rechnung getragen, da die Autoren nicht für firmenspezifische Charakteristika kontrollieren. Des Weiteren ist der Aussagegehalt der Studie stark limitiert, da das Sample mit insgesamt 32 bzw. 26 Unternehmen in den beiden Vergleichsgruppen sehr gering ist und die Analyse auf die Betrachtung einer Branche beschränkt bleibt.

Anknüpfend an die Ergebnisse von *van der Laan Smith et al.* untersucht auch *Orij* in seiner Studie den Einfluss kultureller Faktoren auf die Umwelt- und Sozialberichterstattung im internationalen Vergleich.[507] Während *van der Laan Smith et al.* in ihrer Studie ein relativ kleines Sample analysieren, umfasst die Untersuchung von *Orij* eine deutlich umfangreichere Stichprobe von insgesamt 600 Unternehmen in 22 Ländern (darunter auch Deutschland und die USA).[508] Anstelle inhaltsanalytischer Auswertungsverfahren nutzt *Orij* zur Ermittlung des Niveaus der Umwelt- und Sozialberichterstattung die Informationen der Sustainalytics-Datenbank für das Jahr 2006.[509] Die Kulturvariablen wurden auf-

---

[501] Vgl. *van der Laan Smith et al.* (2005), S. 123-151.

[502] Während sich die Berichtsquantität anhand der Anzahl der Seiten, Sätze und Wörter bemisst, evaluieren die Autoren die Qualität der Berichterstattung anhand der verschiedener Attribute der Berichterstattung (bspw. Zukunftsbezug). Vgl. hierzu *van der Laan Smith et al.* (2005), S. 140.

[503] Vgl. *van der Laan Smith et al.* (2005), S. 135-140.

[504] Vgl. *van der Laan Smith et al.* (2005), S. S. 129-134.

[505] Vgl. *van der Laan Smith et al.* (2005), S. 145.

[506] Vgl. *Halme/Huse* (1997), S. 137-157; *Bhattacharyya et al.* (2010), S. 1-42. Zur Untersuchung der Determinanten auf nationaler Ebene vgl. Kap. 3.3.

[507] Vgl. *Orij* (2010), S. 868-889.

[508] Vgl. *Orij* (2010), S. 875.

[509] Zur Beschreibung der verwendeten Daten vgl. *Orij* (2010), S. 876.

bauend auf *Hofstedes* Kulturdimensionen ermittelt.[510] Die Ergebnisse zeigen einen negativen Zusammenhang zwischen der Vertraulichkeit und dem Niveau der Berichterstattung.[511] Zudem kann ein Zusammenhang zwischen der allgemeinen Bedeutung sozialer Aspekte innerhalb einer Gesellschaft (gemessen durch eine Kombination der Kulturvariablen Individualismus und Machtdistanz) und der Umwelt- und Sozialberichterstattung festgestellt werden.[512] Die Kulturvariable Maskulinität weist einen negativen Einfluss auf die Berichterstattung über ökologische und soziale Aspekte auf. Zwischen der Langfristorientierung einer Gesellschaft und der Berichterstattung kann indes kein Zusammenhang festgestellt werden. Ebenso wie *van der Laan Smith et al.* kontrolliert *Orij* in seiner Studie nicht für firmenspezifische Einflussfaktoren, obwohl andere empirische Untersuchungen diese bereits als wesentliche Einflussfaktoren einer freiwilligen Berichterstattung über Nachhaltigkeitsaspekte identifizieren konnten.

Ho/Taylor analysieren in ihrer Studie Geschäftsberichte, separate Nachhaltigkeitsberichte und Webseiten der jeweils 50 größten Unternehmen (gemessen an der Marktkapitalisierung) in den USA und Japan im Jahr 2003.[513] Die Autoren werten den Umfang der Nachhaltigkeitsberichterstattung anhand 60 verschiedener Kriterien, basierend auf dem GRI-Berichtsrahmen, inhaltsanalytisch aus.[514] Sie stellen fest, dass japanische Unternehmen insgesamt deutlich umfangreicher berichten als amerikanische Unternehmen, wobei der Schwerpunkt der Berichterstattung auf ökologischen Aspekten liegt. Dies könnte insbesondere auf kulturelle Einflüsse (bspw. Unsicherheitsvermeidung und Individualismus) oder auch auf Unterschiede länderspezifischer Umweltregulierungen zurückzuführen sein.[515] Die Regressionsergebnisse weisen ferner einen positiven Zusammenhang zwischen dem Umfang der Nachhaltigkeitsberichterstattung und der Unternehmensgröße sowie der Zugehörigkeit zur Fertigungsindustrie auf.[516] Umgekehrt besteht ein negativer Zusammenhang zwischen dem Berichtsumfang und der Profitabilität sowie der Liquidität der Unternehmen.

Boesso/Kumar untersuchen in ihrer Studie die Determinanten einer freiwilligen Berichterstattung in Italien und den USA im Allgemeinen.[517] Im Rahmen der Auswertung der Berichterstattung in den Geschäftsberichten betrachten die Autoren allerdings in umfassendem Maße auch Nachhaltigkeitsaspekte.[518] Auch sie identifizieren die Unternehmensgröße als wesentliche Determinante einer freiwilligen Berichterstattung.[519] Ebenso zeigen die Ergebnisse einen positiven Zusammenhang zwischen dem Berichtsumfang und den In-

---

510 Vgl. *Orij* (2010), S. 871-873.

511 Vgl. hier und im Folgenden *Orij* (2010), S. 885f.

512 Dabei besteht ein positiver bzw. negativer Zusammenhang zwischen Individualismus bzw. Machtdistanz und der Berichterstattung. Vgl. *Orij* (2010), S. 885.

513 Vgl. *Ho/Taylor* (2007), S. 123-150.

514 Vgl. *Ho/Taylor* (2007), S. 135-140.

515 Vgl. *Ho/Taylor* (2007), S. 144f.

516 Vgl. hier und im Folgenden *Ho/Taylor* (2007), S. 144.

517 Vgl. *Boesso/Kumar* (2007), S. 269-296.

518 Vgl. *Boesso/Kumar* (2007), S. 274f.

519 Vgl. hier und im Folgenden *Boesso/Kumar* (2007), S. 290-293.

formationsbedürfnissen der Investoren sowie zwischen der Quantität und Qualität der freiwilligen Berichterstattung und der Stakeholderorientierung der Unternehmen.

Li et al. untersuchen in ihrer Studie länder-, branchen- und firmenspezifische Determinanten der Nachhaltigkeitsberichterstattung von insgesamt 105 Unternehmen aus den BRIC-Staaten (Brasilien 18, Russland 19, Indien 33, China 35).[520] Der Proxy für die Berichterstattung umfasst dabei Informationen über die Motive der Berichterstattung, die ergriffenen Managementmaßnahmen im Nachhaltigkeitsbereich sowie verschiedene Stakeholderbelange.[521] Im Rahmen der inhaltsanalytischen Auswertung werden Geschäftsberichte, separate Nachhaltigkeitsberichte sowie Unternehmenswebseiten berücksichtigt. Die Autoren kommen zu dem Ergebnis, dass Länderspezifika die bedeutendsten Determinanten einer freiwilligen Nachhaltigkeitsberichterstattung darstellen, gefolgt von branchen- und firmenspezifischen Einflussfaktoren (Unternehmensgröße, Corporate Governance-System), die in etwa gleichbedeutend sind.[522] Bei den länderspezifischen Einflussfaktoren, weist insbesondere das regulatorische Umfeld einen starken Einfluss auf die Berichterstattung auf. Der gewählte Proxy zur Messung der Berichterstattung unterscheidet sich indes deutlich von den gewählten Kategoriensystemen in anderen empirischen Untersuchungen und stellt insgesamt ein stark aggregiertes Maß dar. Ein Vergleich mit bereits bestehenden empirischen Befunden ist daher nur schwer möglich.

Auch *Adnan et al.* untersuchen in ihrer Studie den Einfluss von Kultur und Corporate Governance auf die Quantität und Qualität der Nachhaltigkeitsberichterstattung[523] von Unternehmen aus ökologisch und sozial sensitiven Branchen[524] in vier verschiedenen Ländern (China, Indien, Malaysia und Großbritannien).[525] Im Rahmen einer Inhaltsanalyse werten die Autoren sowohl Geschäftsberichte als auch separate Nachhaltigkeitsberichte und Unternehmenswebseiten von insgesamt 203 Unternehmen für den Berichtszeitraum 2008/2009 aus.[526] Das Kategoriensystem zur Bestimmung der Quantität und Qualität der Berichterstattung basiert auf dem Berichtsrahmen der GRI und umfasst somit alle drei Nachhaltigkeitsdimensionen.[527] Im Rahmen der multivariaten Regressionsanalysen kontrollieren *Adnan et al.* zudem für den Einfluss einer Berichtsprüfung, einer Big-Four-Prüfung, eines Börsenlistings, des Internationalisierungsgrads sowie der Unternehmensgröße.[528] Die empirischen Befunde zeigen, dass die Existenz eines CSR-Aufsichtsratsgremiums, die Durchführung einer externen Berichtsprüfung sowie ein Börsenlisting ei-

---

[520] Vgl. *Li et al.* (2010), S. 635-654.

[521] Vgl. *Ho/Taylor* (2007), S. 642f. Insgesamt können die Unternehmen im Rahmen der inhaltsanalytischen Auswertung einen Disclosure Index zwischen 0 und 21 Punkten erreichen.

[522] Vgl. hier und im Folgenden *Li et al.* (2010), S. 648f.

[523] Die Berichtsquantität bemisst sich anhand der Anzahl der Sätze. Zur Bestimmung der Berichtsqualität verwenden die Autoren einen gewichteten Index, der eine Punktvergabe für jedes Erhebungsmerkmal zwischen null und vier Punkten vorsieht. Die Berichtsqualität nimmt mit steigender Höhe der vergebenen Punktzahl zu. Vgl. *Adnan et al.* (2011), S. 10-13.

[524] Die Studie berücksichtigt Unternehmen aus insgesamt acht verschiedenen Branchen. Für eine Übersicht der Branchen vgl. *Adnan et al.* (2011), S. 9.

[525] Vgl. *Adnan et al.* (2011), S. 1-30.

[526] Vgl. *Adnan et al.* (2011), S. 8-11.

[527] Vgl. *Adnan et al.* (2011), S. 10.

[528] Vgl. *Adnan et al.* (2011), S. 14.

nen positiven Einfluss auf die Quantität und Qualität der Nachhaltigkeitsberichterstattung haben.[529] Zudem weisen die Ergebnisse auf einen negativen Zusammenhang zwischen der Nachhaltigkeitsberichterstattung und dem Individualismus, als einer Kulturdimension nach Hofstede, hin. Ferner können die Autoren zeigen, dass länderspezifische Unterschiede in der Wirkungsweise verschiedener Determinanten bestehen. Während eine externe Berichtsprüfung in allen untersuchten Ländern einen positiven Einfluss auf die Qualität der Berichterstattung hat, lässt sich der positive Einfluss eines Börsenlistings hingegen nur für die Wachstumsmärkte feststellen. Der positive Einfluss eines CSR-Aufsichtsratsgremiums sowie einer Big-Four-Prüfung zeigt sich indes nur für das chinesische Sample. Die Ergebnisse zeigen, dass es notwendig ist, auch bei der Analyse länderspezifischer Determinanten der Nachhaltigkeitsberichterstattung für firmenspezifische Charakteristika zu kontrollieren.

Im Unterschied zu den vorherigen Studien verzichten *Albers/Günther* in ihrer Studie auf die Messung des Umfangs oder der Qualität der Nachhaltigkeitsberichterstattung. Vielmehr untersuchen sie die wesentlichen Determinanten der Entscheidung, einen separaten Nachhaltigkeitsbericht zu erstellen.[530] Im Unterschied zu den vorherigen Studien, die auf inhaltsanalytischen Auswertungsverfahren basieren, ist das Sample der Untersuchung mit 600 europäischen Unternehmen vergleichsweise groß.[531] Die Ergebnisse zeigen einen positiven Zusammenhang zwischen der Nachhaltigkeitsleistung der Unternehmen und der Erstellung eines separaten GRI-Berichts.[532] Zudem wird die Entscheidung einen separaten Nachhaltigkeitsbericht zu erstellen durch die Branchenzugehörigkeit, die Unternehmensgröße, die Medienpräsenz sowie länderspezifische Einflussfaktoren beeinflusst. Ein Einfluss des Unternehmensrisikos, der Kapitalstruktur und der Profitabilität zeigt sich hingegen nicht.

In Tab. 3-4 werden die Studien mit ihren zentralen Ergebnissen überblicksartig zusammengefasst.

Studie	**Untersuchungsmethodik**	**Zentrale Ergebnisse**
Halme/Huse (1997)	Inhaltsanalyse (Geschäftsberichte), Umweltberichterstattung, 140 Unternehmen, 1992, vier Länder (Finnland, Norwegen, Schweden, Spanien), multivariate (logistische) Regressionsanalysen	Es besteht ein positiver Zusammenhang zwischen der Qualität Berichterstattung über Umweltaspekte im Geschäftsbericht und der Zugehörigkeit zu einer ökologisch sensitiven Branche. Ein Zusammenhang zwischen der Corporate Governance und der Berichtsqualität kann hingegen nicht festgestellt werden. Ferner zeigen die Ergebnisse, dass finnische Unternehmen der Berichterstattung über Umweltaspekte eine geringere Aufmerksamkeit widmen als norwegische und schwedische Unternehmen.
- wird fortgesetzt -		

[529] Vgl. hier im Folgenden *Adnan et al.* (2011), S. 14f.

[530] Vgl. *Albers/Günther* (2011), S. 334f.

[531] Zur Sampleauswahl vgl. 338.

[532] Vgl. hier und im Folgenden *Albers/Günther* (2011), S. 343f.

Williams (1999)	Inhaltsanalyse (Geschäftsberichte), Umwelt- und Sozialberichterstattung, 356 Unternehmen, 1995, sieben verschiedene Länder (Australien, Singapur, Hong Kong, Philippinen, Thailand, Indonesien Malaysia), multivariate Regressionsanalysen	Zwei Kulturdimensionen nach Hofstede (Unsicherheitsvermeidung und Maskulinität) sowie das politische und zivilrechtliche System haben einen signifikanten Einfluss auf die Berichterstattung über soziale und ökologische Aspekte. Ökonomische Faktoren (Rechtssystem, Wirtschaftlicher Entwicklungsstand, Kapitalmärkte) weisen hingegen keinen signifikanten Einfluss auf.
van der Laan Smith et al. (2005)	Inhaltsanalyse (Geschäftsberichte), Umwelt- und Sozialberichterstattung, 58 Unternehmen, 1998- und 1999, drei Länder (Dänemark, Norwegen, USA), univariate und multivariate Analyseverfahren	Die Ergebnisse zeigen für dänische und norwegische Unternehmen eine höhere Quantität und Qualität in der Umwelt- und Sozialberichterstattung als für amerikanische Unternehmen. Dies führen die Autoren insbesondere auf eine höhere Stakeholderorientierung in Dänemark und Norwegen zurück.
Boesso/Kumar (2007)	Inhaltsanalyse (Geschäftsberichte), freiwillige Berichterstattung (umfassende Betrachtung von Nachhaltigkeitsaspekten), 72 Unternehmen, 2002, China, multivariate Regressionsanalysen	Die Branchenzugehörigkeit und die Unternehmensgröße sind wesentliche Determinanten der Quantität und Qualität einer freiwilligen Berichterstattung. Ebenso zeigen die Ergebnisse einen positiven Zusammenhang zwischen der Berichtsquantität und den Informationsbedürfnissen der Investoren sowie zwischen der Berichtsquantität und -qualität und der Stakeholderorientierung der Unternehmen.
Ho/Taylor (2007)	Inhaltsanalyse (Geschäftsberichte, separate CSR-Berichte und Webseiten), Nachhaltigkeitsberichterstattung, 100 Unternehmen, 2003, Japan und USA, multivariate Regressionsanalysen	Der Umfang der Nachhaltigkeitsberichterstattung ist bei Unternehmen mit einer größeren Marktkapitalisierung, einer geringeren Profitabilität, einer geringeren Liquidität sowie für Unternehmen des produzierenden Gewerbes signifikant höher. Insgesamt ist der Umfang der Nachhaltigkeitsberichterstattung in Japan signifikant höher als in den USA.
Bhattacharyya et al. (2010),	Inhaltsanalyse (Geschäftsberichte), Umwelt- und Sozialberichterstattung, 100 Unternehmen, 2006/2007, Australien und Indien, multivariate Regressionsanalysen	Die Berichtsquantität und -qualität Der Umwelt- und Sozialberichterstattung ist bei indischen Unternehmen geringer als bei australischen Unternehmen. In beiden Ländern zeigen sich ein Brancheneinfluss sowie ein positiver Einfluss der Unternehmensgröße auf den Berichtsumfang. Zudem zeigen die Ergebnisse einen negativen Einfluss der Profitabilität bei australischen Unternehmen. Ein Einfluss des Unternehmensalters, der Größe der Prüfungsgesellschaft sowie des Internationalisierungsgrads kann nicht festgestellt werden.
Li et al. (2010)	Inhaltsanalyse, (Geschäftsberichte, separate CSR-Berichte und Webseiten), CSR-Berichterstattung, 105 Unternehmen, 2006, BRIC-Staaten, multivariate Regressionsanalysen	Länderspezifische Faktoren sind die bedeutendsten Determinanten der CSR-Berichterstattung, gefolgt von branchen- und firmenspezifischen Einflussfaktoren, welche in etwa gleichbedeutend sind. Insgesamt berichten Unternehmen in einem stärker regulierten Umfeld in größerem Umfang über ihre CSR-Aktivitäten als andere.

- wird fortgesetzt -

Orij (2010)	Sustainalytics-Datenbank, Umwelt- und Sozialberichterstattung, 600 Unternehmen, 2006, 22 Länder, multivariate Regressionsanalysen	Die Ergebnisse zeigen einen negativen Zusammenhang zwischen den Kulturvariablen Vertraulichkeit und Maskulinität und der Umwelt- und Sozialberichterstattung. Zudem kann ein Zusammenhang zwischen der allgemeinen Bedeutung sozialer Aspekte innerhalb einer Gesellschaft und der Berichterstattung festgestellt werden. Ein Zusammenhang zwischen der Langfristorientierung einer Gesellschaft und der Berichterstattung wird jedoch nicht bestätigt.
Adnan et al. (2011)	Inhaltsanalyse, (Geschäftsberichte, separate CSR-Berichte und Webseiten), Nachhaltigkeitsberichterstattung, 203 Unternehmen, 2008/2009, vier Länder (China, Indien, Malaysia, Großbritannien), multivariate Regressionsanalysen	Die Existenz eines CSR-Aufsichtsratsgremiums, die Durchführung einer externen Berichtsprüfung sowie ein Börsenlisting haben einen positiven Einfluss auf die Berichtsquantität und –qualität.. Zudem besteht ein negativer Zusammenhang zwischen der Berichterstattung und dem Individualismus in einer Gesellschaft. Die Ergebnisse zeigen zudem, dass länderspezifische Unterschiede in der Wirkungsweise verschiedener Determinanten bestehen.
Albers/Günther (2011)	Separater GRI-Bericht (Ja/Nein), Nachhaltigkeitsberichterstattung, 600 Unternehmen, 2008, Europa, multivariate (logistische) Regressionsanalysen	Die Ergebnisse zeigen, dass Unternehmen mit einer positiven Nachhaltigkeitsleistung eher einen sparaten GRI-Bericht veröffentlichen als andere Unternehmen. Ebenso weisen die Ergebnisse auf einen Branchen- und Ländereinfluss sowie auf einen Einfluss der Unternehmensgröße und Medienpräsenz hin. Für das Unternehmensrisiko, die Kapitalstruktur sowie die Profitabilität kann hingegen kein signifikanter Einfluss festgestellt werden.

Tab. 3-4: Internationale Studien zu den Determinanten der Nachhaltigkeitsberichterstattung

3.3.3 Zwischenfazit

Die Determinanten der Nachhaltigkeitsberichterstattung werden sowohl auf nationaler Ebene als auch in international vergleichenden Studien analysiert. Dabei wird die Unternehmensgröße regelmäßig als wesentliche Determinante der Berichterstattung identifiziert. Insgesamt zeichnen die bisherigen empirischen Befunde jedoch kein eindeutiges Bild der Determinanten der Nachhaltigkeitsberichterstattung.

Dies liegt zum einen daran, dass sich die meisten Studien auf die Betrachtung ausgewählter Bestimmungsfaktoren beschränken, so dass je nach Untersuchung unterschiedliche Determinanten analysiert werden und die Ergebnisse daher nicht vergleichbar sind. Zum anderen weisen die Studien aber auch gegensätzliche Ergebnisse auf. Wie die empirischen Befunde implizieren, könnte dies einerseits darin begründet sein, dass sich die Wirkungsweise der Determinanten zwischen verschiedenen Ländern unterscheidet. Anderseits können die gegensätzlichen Ergebnisse auch auf eine unterschiedliche Operationalisierung der analysierten Einflussfaktoren zurückzuführen sein. So kann bspw. die Profitabilität unter Verwendung verschiedener Rentabilitätskennzahlen (ROA, ROE etc.) operationalisiert werden. Dies kann zu unterschiedlichen Ergebnissen führen und die Vergleichbarkeit der empirischen Befunde einschränken.[533]

[533] Gleiches gilt auch für andere Bestimmungsfaktoren, bspw. die Unternehmensgröße, die Medienpräsenz oder die Stakeholderorientierung.

Eine Hauptursache für die unterschiedlichen Befunde und die mangelnde Vergleichbarkeit der bestehenden Studien ist allerdings auf die unterschiedliche Operationalisierung der Nachhaltigkeitsberichterstattung als abhängige Variable im Regressionsmodell zurückzuführen. Wie die Studien zur Berichtspraxis unterscheiden sich die Studien zu den Determinanten hinsichtlich des methodischen Vorgehens bei der Festlegung des Kriterienkatalogs zur Bestimmung der Quantität und Qualität der Berichterstattung mitunter deutlich voneinander. Neben unterschiedlichen Auswertungskriterien und den betrachteten Nachhaltigkeitsdimensionen differieren die verwendeten Disclosure Indizes vor allem hinsichtlich der Gewichtung. Während in einigen Studien vollständig auf eine Gewichtung des Kategoriensystems verzichtet wird und die Forscher einen dichotomen Disclosure Index heranziehen, erfolgt in anderen Untersuchungen eine Gewichtung einzelner Items häufig mit dem Ziel, die Qualität der Nachhaltigkeitsberichterstattung zu messen.[534]

Analog zu den Untersuchungen der Berichtspraxis beschränken sich die Studien zu den Determinanten der Berichterstattung häufig auf eine Analyse der Nachhaltigkeitsberichterstattung in den Geschäftsberichten der Unternehmen.[535] Da Geschäftsberichte nur sehr selektiv genutzt werden, um ausgewählte Nachhaltigkeitsinformationen zu berichten,[536] erscheint es vielmehr zweckmäßig, die Berichterstattung anhand separater Nachhaltigkeitsberichte auszuwerten, um die Determinanten einer umfassenden Nachhaltigkeitsberichterstattung unter Berücksichtigung der drei Bereiche Ökonomie, Ökologie und Soziales zu untersuchen.

Während nationale Studien insbesondere branchen- und firmenspezifische Einflussfaktoren analysieren, fokussieren sich international vergleichende Studien meist auf länderspezifische Determinanten (bspw. Kultur, institutionelle Rahmenbedingungen). Neben der Analyse länderspezifischer Einflussfaktoren werfen die internationalen Unterschiede in der Praxis der Nachhaltigkeitsberichterstattung auch die Frage nach einer unterschiedlichen Wirkungsweise branchen- und firmenspezifischer Bestimmungsfaktoren in verschiedenen Ländern auf.[537] Bislang finden branchen- und firmenspezifische Einflussfaktoren im Rahmen international vergleichender Studien jedoch eine geringe Aufmerksamkeit und werden meist nur als Kontrollvariablen im Rahmen der Regressionsanalysen berücksichtigt.

Ferner deuten die Ergebnisse zur Berichtspraxis darauf hin, dass einige Unternehmen die Nachhaltigkeitsberichterstattung gezielt als PR-Instrument nutzen, um sich ein „grünes“ Image aufzubauen oder von anderen für das Unternehmen ungünstigen Informationen abzulenken.[538] Folglich ist zu vermuten, dass sich die Einflussfaktoren der Berichterstattung zwischen Unternehmen, die eine ernsthafte Nachhaltigkeitskommunikation betreiben, und denen, die den Nachhaltigkeitsbericht als PR-Instrument nutzen, unterscheiden.

---

534 Für eine weitergehende Diskussion zur Messung der Quantität und Qualität der Berichterstattung mit Hilfe von Disclosure Indizes vgl. ausführlich Kap. 5.2.4.2.

535 Eine Ausnahme bilden bspw. die Studien von *Ho/Taylor* (2007), S. 123-150, und *Li et al.* (2010), S. 635-654.

536 Vgl. *KPMG* (2011a), S. 22.

537 Zu den Studien zur Berichtspraxis vgl. Kap. 3.2.

538 Vgl. *Holder-Webb et al.* (2009), S. 514-517.

Daher scheint es zielführend, im Rahmen einer Analyse der Determinanten der Berichterstattung zwischen den Einflussfaktoren der Erstellung eines Nachhaltigkeitsberichts einerseits sowie den Einflussfaktoren des Umfangs- bzw. der Qualität der Nachhaltigkeitsberichterstattung andererseits zu unterscheiden. Ein solches Vorgehen findet sich in den bestehenden Studien bislang nicht. Im folgenden Kapitel werden die empirischen Studien zu den Eigenkapitalkostenwirkungen der Nachhaltigkeitsberichterstattung analysiert.

3.4 Eigenkapitalkostenwirkungen der Nachhaltigkeitsberichterstattung

3.4.1 Nationale Studien

Während die Berichtspraxis und die Determinanten der Nachhaltigkeitsberichterstattung sowohl auf nationaler Ebene als auch in international vergleichenden Studien analysiert wurden, existieren zu den Eigenkapitalkostenwirkungen der Nachhaltigkeitsberichterstattung bislang nur nationale Studien. Diese werden nachfolgend ausführlich dargestellt.

Richardson/Welker untersuchen neben den Auswirkungen einer finanziellen Berichterstattung auch die Wirkungen einer Berichterstattung über soziale Aspekte auf die Kapitalkosten.[539]Als Proxy für die Berichterstattung greifen die Autoren auf Daten der Society of Management Accountants of Canada (SMAC) zurück.[540] Insgesamt umfasst das Sample 87 **kanadische** Unternehmen über einen dreijährigen Zeitraum (1990-1992).[541] Als Proxy für die Kapitalkosten verwenden *Richardson/Welker* die impliziten Eigenkapitalkosten der Unternehmen.[542] In Übereinstimmung mit der formulierten Forschungshypothese können die Autoren einen negativen Zusammenhang zwischen finanziellen Berichtsangaben und den Eigenkapitalkosten der Unternehmen beobachten.[543] Entgegen der Vermutung der Autoren und den Ergebnissen hinsichtlich der Veröffentlichung von finanziellen Jahresabschlussinformationen kann dieser Effekt für die Berichterstattung über soziale Aspekte allerdings nicht festgestellt werden. Vielmehr weisen die Ergebnisse der Studie einen entgegengesetzten, positiven Zusammenhang zwischen der Veröffentlichung von Informationen über soziale Aspekte und den Eigenkapitalkosten der Unternehmen auf.

Richardson/Welker sehen denkbare Erklärungen für diesen positiven Zusammenhang insbesondere in der Art und Weise der Berücksichtigung solcher Informationen durch die Investoren im Rahmen ihrer Investitionsentscheidungen. So ist anzunehmen, dass Unternehmen, die tatsächlich mehr Aufwendungen im sozialen Bereich tätigen, auch umfangreicher darüber berichten. Möglicherweise sehen Investoren in diesen Aufwendungen eine Verringerung des Wertbeitrags und letztendlich ein erhöhtes Investitionsrisiko. Zum anderen könnte es sein, dass Unternehmen vor allem über positive Aspekte ihres sozialen Engagements berichten, negative soziale Effekte ihres unternehmerischen Handelns hingegen weniger stark mit einbeziehen. In diesem Fall wäre es Investoren nicht möglich, die

[539] Vgl. *Richardson/Welker* (2001), S. 597-616.
[540] Vgl. *Richardson/Welker* (2001), S. 600f.
[541] Vgl. *Richardson/Welker* (2001), S. 603.
[542] Die impliziten Eigenkapitalkosten berechnen die Autoren mit Hilfe eines Residualgewinnmodells. Vgl. hierzu *Richardson/Welker* (2001), S. 601-603.
[543] Vgl. hier und im Folgenden *Richardson/Welker* (2001), S. 613f.

Nettoeffekte des sozialen Engagements der Unternehmen im Rahmen ihrer Investitionsentscheidung zu bestimmen. Es bleibt jedoch festzuhalten, dass die Erhebung der Daten über zwanzig Jahre zurückliegt und ihre gegenwärtige Gültigkeit daher in Frage gestellt werden muss. Zum einen haben die deskriptiven Studien gezeigt, dass sich die Nachhaltigkeitsberichterstattung gerade in den letzten Jahren stark weiterentwickelt hat.[544] Zum anderen haben SRI insbesondere in jüngerer Vergangenheit zunehmend an Bedeutung für die Kapitalmärkte gewonnen.[545]

Déjean/Martinez untersuchen in ihrer Studie die Auswirkungen einer freiwilligten Umweltberichterstattung auf die Eigenkapitalkosten **französischer** Unternehmen.[546] Um die Qualität und Quantität der Umweltberichterstattung von 167 französischen Unternehmen zu ermitteln, werten die Autoren sowohl separate Nachhaltigkeitsberichte als auch die Geschäftsberichte der Unternehmen für das Jahr 2006 inhaltsanalytisch aus.[547] Die Eigenkapitalkosten der Unternehmen ermitteln *Déjean/Martinez* auf Basis des Capital Asset Pricing Models (CAPM).[548] Entgegen der formulierten Erwartungen, aber in Übereinstimmung mit den Ergebnissen von *Richardson/Welker* zu den Kapitalkostenwirkungen einer Berichterstattung über soziale Aspekte, weisen die Ergebnisse auf einen positiven Zusammenhang zwischen der Umweltberichterstattung und den Eigenkapitalkosten der Unternehmen hin.[549]

Ebenso wie *Richardson/Welker* sehen die Autoren eine mögliche Ursache für diesen positiven Zusammenhang darin begründet, dass Investitionen in den Umweltschutz negative Auswirkungen auf den Unternehmenswert implizieren. Weitere Gründe für den positiven Zusammenhang zwischen der Umweltberichterstattung und den Eigenkapitalkosten können nach Ansicht der Autoren darin bestehen, dass Unternehmen über positive ökologische Aspekte berichten, ohne sich gleichzeitig ernsthaft zu einer nachhaltigen Unternehmensführung zu verpflichten, und die Berichterstattung daher eine zu geringe Glaubwürdigkeit besitzt. Allerdings weist die Studie zwei grundlegende Schwächen auf. Zum einen ist die Verwendung impliziter Eigenkapitalkosten einer Berechnung auf Basis des CAPM vorzuziehen, da im Rahmen des CAPM die Renditeforderungen der Investoren auf Basis historischer Kapitalmarktrenditen approximiert werden.[550] Zum anderen bleiben wesentliche Kontrollvariablen, welche regelmäßig die Höhe der Eigenkapitalkosten beeinflussen (bspw. Unternehmensgröße, Marktwert-Buchwert-Verhältnis), unberücksichtigt.[551] Dies könnte zudem das sehr geringe R^2 von 2,2% erklären.[552]

Auch *Clarkson et al.* beschränken sich in ihrer Studie auf die ökologische Dimension der Berichterstattung und untersuchen den Einfluss der Umweltberichterstattung in separaten

---

[544] Vgl. Kap. 3.2.
[545] Vgl. *Schueth* (2003), S. 189f.; sowie Kap. 2.1.3.
[546] Vgl. *Déjean/Martinez* (2009), S. 57-80.
[547] Vgl. *Déjean/Martinez* (2009), S. 65f.
[548] Vgl. *Déjean/Martinez* (2009), S. 67.
[549] Vgl. hier und im Folgenden *Déjean/Martinez* (2009), S. 72f.
[550] Vgl. hierzu auch Kap. 6.3.1, sowie *Fama/French* (1997), S. 154; *Elton* (1999), S. 1199f.; *Kothari* (2001), S. 181f.; *Reese* (2005), S. 1.
[551] Vgl. *Déjean/Martinez* (2009), S. 68.
[552] Vgl. *Déjean/Martinez* (2009), S. 73.

Umwelt- bzw. Nachhaltigkeitsberichten und Webseiten auf die Eigenkapitalkosten der Unternehmen.[553] Die Stichprobe umfasst insgesamt 116 **US-amerikanische** Unternehmen im Jahr 2003 und 119 Unternehmen im Jahr 2006.[554] Das Kategoriensystem der inhaltsanalytischen Auswertung der Berichterstattung basiert auf dem GRI-Berichtsrahmen.[555] Als Proxy für die Kapitalkosten berechnen *Clarkson et al.* die impliziten Eigenkapitalkosten nach dem Gewinnkapitalisierungsmodell von *Easton* (2004).[556] Entgegen der Vermutung lassen die Ergebnisse keinen Zusammenhang zwischen einer freiwilligen Umweltberichterstattung und den impliziten Eigenkapitalkosten der Unternehmen erkennen.[557] Allerdings weist die Kontrollvariable zur Messung der tatsächlichen ökologischen Leistung, gemessen anhand der Giftgasemissionen, einen signifikant negativen Einfluss auf die Kapitalkosten auf.

Analog zu den zuvor vorgestellten Studien beschränken sich *Plumlee et al.* im Rahmen ihrer Untersuchung ebenfalls auf die Umweltberichterstattung.[558] Sie untersuchen die Auswirkungen der Berichtsqualität auf den Unternehmenswert, indem sie die Auswirkungen auf die Kapitalkosten und die künftig erwarteten Cashflows der Unternehmen analysieren.[559] Die Stichprobe umfasst insgesamt 490 Beobachtungen US-amerikanischer Unternehmen aus fünf verschiedenen Branchen über einen Zeitraum von 2000 bis 2004.[560] Zur Bestimmung der Qualität der Umweltberichterstattung werten die Autoren im Rahmen einer Inhaltsanalyse sowohl separate Umweltberichte als auch die Geschäftsberichte der Unternehmen aus.[561] Auch *Plumlee et al.* greifen zur Approximation der Kapitalkosten auf die Berechnung der impliziten Eigenkapitalkosten zurück.[562] Entgegen der theoretischen Argumentation der Autoren, aber in Übereinstimmung mit früheren Forschungsergebnissen, zeigen die empirischen Befunde einen positiven Zusammenhang zwischen der Qualität der Umweltberichterstattung und den impliziten Eigenkapitalkosten der Unternehmen.[563] Allerdings weisen die Ergebnisse auf einen negativen Einfluss der Erstellung eines separaten Umweltberichts auf die Höhe der Eigenkapitalkosten hin.

Im Unterschied zu den bereits vorgestellten Studien zu den Kapitalkostenwirkungen einer freiwilligen Nachhaltigkeitsberichterstattung analysieren *Dhaliwal et al.* den Effekt der erstmaligen Veröffentlichung eines separaten Nachhaltigkeitsberichts.[564] Sie entwickeln

---

[553] Vgl. *Clarkson et al.* (2010), S. 1-41.
[554] Vgl. *Clarkson et al.* (2010), S. 16.
[555] Vgl. *Clarkson et al.* (2010), S. 17 und 30f.
[556] Vgl. *Clarkson et al.* (2010), S. 12-14. Zum Gewinnkapitalisierungsmodell nach *Easton* (2004) vgl. ausführlich Kap. 6.3.1.2. Um die Sensitivität der Ergebnisse zu überprüfen, berechnen *Clarkson et al.* die impliziten Eigenkapitalkosten zudem nach dem Residualgewinnmodell von *Gebhardt et al.* (2001). Vgl. hierzu ausführlich *Gebhardt et al.* (2001), S. 135-176.
[557] Vgl. hier und im Folgenden *Clarkson et al.* (2010), S. 25f.
[558] Vgl. *Plumlee et al.* (2010), S. 1-41.
[559] Vgl. *Plumlee et al.* (2010), S. 2.
[560] Vgl. *Plumlee et al.* (2010), S. 21.
[561] Vgl. *Plumlee et al.* (2010), S. 17.
[562] Vgl. *Plumlee et al.* (2010), S. 15f.
[563] Vgl. hier und im Folgenden *Plumlee et al.* (2010), S. 26f.
[564] Vgl. *Dhaliwal et al.* (2011), S. 59-100.

daher keinen Disclosure-Index[565], sondern berücksichtigen in ihrer Studie lediglich den Zeitpunkt der erstmaligen Erstellung eines separaten Nachhaltigkeitsberichts. Im Rahmen ihrer Analyse berücksichtigen die Autoren insgesamt 294 US-amerikanische Unternehmen, die in dem Zeitraum von 1993-2007 einen separaten Nachhaltigkeitsbericht veröffentlichten.[566] Als Proxy für die Kapitalkosten schätzen *Dhaliwal et al.* drei verschiedene Modelle zur Berechnung der impliziten Eigenkapitalkosten und bilden das arithmetische Mittel.[567] Die Ergebnisse zeigen, dass sich Unternehmen mit höheren Kapitalkosten mit einer größeren Wahrscheinlichkeit für die Veröffentlichung eines separaten Nachhaltigkeitsberichts entscheiden.[568] Ferner zeigen die empirischen Befunde, dass Unternehmen mit einer überdurchschnittlichen Nachhaltigkeitsleistung in Folge der erstmaligen Veröffentlichung eines separaten Nachhaltigkeitsberichts von einer Reduktion der Kapitalkosten profitieren. Auch die Analystenschätzungen weisen sowohl eine geringere Streuung als auch geringere absolute Schätzungenauigkeiten auf, was möglicherweise auf eine Reduktion der Informationsunsicherheit in Folge der Veröffentlichung separater Nachhaltigkeitsberichte zurückzuführen sein kann. Es bleibt allerdings festzuhalten, dass die Untersuchung auf die Veröffentlichung separater Nachhaltigkeitsberichte beschränkt bleibt und die Ergebnisse folglich keine Rückschlüsse auf die Wirkungsweise der Qualität und Quantität der veröffentlichten Informationen erlauben.

Auch *Reverte* analysiert die Auswirkungen der Nachhaltigkeitsberichterstattung unter Berücksichtigung der drei Dimensionen Ökonomie, Ökologie und Soziales auf die Eigenkapitalkosten der Unternehmen.[569] Ähnlich dem Vorgehen von *Richardson/Welker* greift *Reverte* zur Bestimmung der Qualität der Nachhaltigkeitsberichterstattung auf Informationen des Observatory on Corporate Social Responsibility (OSCR) Instituts zurück.[570] Die Stichprobe umfasst insgesamt 27 **spanische** Unternehmen über einen Zeitraum von sechs Jahren (2003 bis 2008).[571] Als Proxy für die Kapitalkosten berechnet *Reverte* die impliziten Eigenkapitalkosten basierend auf dem Gewinnkapitalisierungsmodell von *Easton* (2004).[572] Die Ergebnisse bestätigen einen negativen Zusammenhang zwischen der Qualität der Nachhaltigkeitsberichterstattung und den Eigenkapitalkosten der Unternehmen.[573] Ferner lassen die empirischen Befunde erkennen, dass dieser Effekt für Unternehmen in ökologisch sensitiven Branchen stärker ist. Es ist allerdings zu berücksichtigen, dass die Stichprobe lediglich 27 Unternehmen umfasst, wodurch die externe Validität der Ergebnisse stark eingeschränkt ist. Tab. 3-5 fasst die Studien zu den Kapitalkostenwirkungen der Nachhaltigkeitsberichtserstattung mit ihren zentralen Forschungsergebnissen überblicksartig zusammen.

---

565 Zur Entwicklung eines Disclosure Index im Rahmen einer Inhaltsanalyse vgl. Kap. 5.2.4.

566 Vgl. *Dhaliwal et al.* (2011), S. 64.

567 Vgl. *Dhaliwal et al.* (2011), S. 67.

568 Vgl. hier und im Folgenden *Dhaliwal et al.* (2011), S. 94f.

569 Vgl. *Reverte* (2012), S. 253-272.

570 Vgl. zum methodischen Vorgehen des OSCR-Instituts ausführlich *Reverte* (2012), S. 267f.

571 Da das OSCR in jedem Jahr lediglich die 35 größten spanischen Unternehmen im Rahmen der Auswertung berücksichtigt, sind nicht für alle Unternehmen in jedem Jahr Daten verfügbar. Insgesamt umfasst die Stichprobe 114 Beobachtungen. Vgl. *Reverte* (2012), S. 269.

572 Vgl. *Reverte* (2012), S. 258f.

573 Vgl. *Reverte* (2012), S. 266.

Studie	Untersuchungsmethodik	Zentrale Ergebnisse
Richardson/Welker (2001)	SMAC-Datenbank (Geschäftsberichte), Finanz- sowie Umwelt- und Sozialberichterstattung, 87 Unternehmen, 1990-1992, Kanada, multivariate Regressionsanalysen	Die Ergebnisse zeigen einen signifikant negativen Zusammenhang zwischen der Finanzberichterstattung und den impliziten Eigenkapitalkosten. Die Berichterstattung über ökologische und soziale Aspekte weist hingegen einen positiven Zusammenhang mit den Eigenkapitalkosten auf.
Déjean/Martinez (2009)	Inhaltsanalyse (Geschäftsberichte und separate Nachhaltigkeitsberichte), Umweltberichterstattung, 167 Unternehmen, 2006, Frankreich, multivariate Regressionsanalysen	Die Ergebnisse weisen auf einen positiven Zusammenhang zwischen der Umweltberichterstattung und den Eigenkapitalkosten (auf Basis des CAPM) der Unternehmen hin.
Clarkson et al. (2010)	Inhaltsanalyse (separate Umweltberichte und Webseiten) Umweltberichterstattung, 325 Beobachtungen, 2003 und 2006, USA, multivariate Regressionsanalysen	Die Ergebnisse lassen keinen Zusammenhang zwischen einer freiwilligen Umweltberichterstattung und den impliziten Eigenkapitalkosten der Unternehmen erkennen. Allerdings weist die Kontrollvariable zur Messung der tatsächlichen ökologischen Leistung einen signifikant negativen Einfluss auf die Kapitalkosten auf.
Plumlee et al. (2010)	Inhaltsanalyse (separate Umweltberichte und Geschäftsberichte) Umweltberichterstattung, 490 Beobachtungen, 2000 – 2004, USA, multivariate Regressionsanalysen	Die Ergebnisse weisen einen positiven Zusammenhang zwischen der Qualität der Umweltberichterstattung und den impliziten Eigenkapitalkosten der Unternehmen auf. Die Veröffentlichung eines separaten Umweltberichts hat hingegen einen negativen Einfluss auf die Höhe der Eigenkapitalkosten.
Dhaliwal et al. (2011)	Evaluation der erstmaligen Veröffentlichung separater Nachhaltigkeitsberichte, 294 Unternehmen, 1993-2007, USA, multivariate Regressionsanalysen	Unternehmen mit höheren Kapitalkosten veröffentlichen mit einer größeren Wahrscheinlichkeit einen separaten Nachhaltigkeitsbericht. Die erstmalige Veröffentlichung eines separaten Nachhaltigkeitsberichts führt bei Unternehmen mit einer überdurchschnittlichen Nachhaltigkeitsleistung zu einer Reduktion der impliziten Eigenkapitalkosten.
Reverte (2012)	Informationen des OSCR-Instituts zur Bestimmung der Berichtsqualität, Nachhaltigkeitsberichterstattung, 27 Unternehmen, 2003-2008, Spanien, multivariate Regressionsanalysen	Die Ergebnisse zeigen einen negativen Zusammenhang zwischen der Qualität der Nachhaltigkeitsberichterstattung und den impliziten Eigenkapitalkosten der Unternehmen. Dieser Effekt ist für Unternehmen aus ökologisch sensitiven Branchen stärker.

Tab. 3-5: Nationale Studien zu den Kapitalkostenwirkungen der Nachhaltigkeitsberichterstattung

3.4.2 Zwischenfazit

Die Studien zu den Eigenkapitalkostenwirkungen der Nachhaltigkeitsberichterstattung liefern bislang sehr unterschiedliche Ergebnisse und lassen folglich keinen eindeutigen Wirkungszusammenhang erkennen. Wie die Studien zur Berichtspraxis und den Determinanten der Berichterstattung unterscheiden sich die empirischen Untersuchungen der Kapitalkostenwirkungen bezüglich der Konzeption des Disclosure Index, der zugrundeliegenden Untersuchungseinheit sowie den berücksichtigten Nachhaltigkeitsdimensionen deutlich voneinander. Dies erschwert einen Vergleich der verschiedenen Forschungsergebnisse und macht Rückschlüsse auf den tatsächlichen Zusammenhang kaum möglich. Vielmehr bedarf es weiterer empirischer Untersuchungen, um die Frage nach den Kapitalkostenwirkungen der Nachhaltigkeitsberichterstattung beantworten zu können. Dabei ist es notwendig, dass sich die Studien bezüglich der methodischen Vorgehensweise weiter annähern, um eine bessere Vergleichsbasis empirischer Befunde zu erlangen. Während weitestgehend Einigkeit darüber besteht, dass die impliziten Eigenkapitalkosten die bestmögliche Maßzahl zur Bestimmung der Kapitalkosten darstellen,[574] unterscheiden sich die Proxys für die Berichterstattung bislang deutlich voneinander. Analog zu den Untersuchungen der Berichtspraxis und den Determinanten der Nachhaltigkeitsberichterstattung erscheint es daher auch für eine Analyse der Kapitalkostenwirkungen sinnvoll, den Fokus auf umfassende (separate) Nachhaltigkeitsberichte zu legen. Ferner ist es erforderlich, für die Bereitstellung von Nachhaltigkeitsinformationen in anderen Berichtsformaten zu kontrollieren. Ebenso erscheint die Verwendung des GRI-Berichtsrahmens als Deduktionsbasis für die Entwicklung eines Disclosure Index zielführend, da sich der GRI-Leitfaden als international anerkanntes Rahmenkonzept zur Nachhaltigkeitsberichterstattung etabliert hat und ein intersubjektiv nachvollziehbares Vorgehen bei der Auswertung der Berichterstattung ermöglicht.

Neben den zuvor beschriebenen Defiziten bestehender Forschungsergebnisse ist zudem festzuhalten, dass es bis dato keine international vergleichenden Studien zu den Kapitalkostenwirkungen der Nachhaltigkeitsberichterstattung gibt. Allerdings konnten *Hail/Leuz* zeigen, dass die Höhe der Eigenkapitalkosten unter anderem auch durch länderspezifische Offenlegungsvorschriften sowie Vorschriften zum Wertpapierhandel in den jeweiligen Ländern beeinflusst werden.[575] Zudem ist zu vermuten, dass länderspezifische Unterschiede in den Informationsbedürfnissen der Stakeholder sowie in den gesellschaftlichen Erwartungen die Wirkungsweise der Nachhaltigkeitsberichterstattung auf die Kapitalkosten der Unternehmen beeinflussen. Um ein besseres Verständnis über die Eigenkapitalkostenwirkungen der Nachhaltigkeitsberichterstattung zu erlangen, ist es daher notwendig, insbesondere auch international vergleichende Studien durchzuführen.

Die empirischen Studien zu den Eigenkapitalkostenwirkungen beschränken sich überwiegend auf den angloamerikanischen Raum. Zudem wurde jeweils eine Studie in Frankreich und Spanien durchgeführt. In Deutschland wurde dieser Zusammenhang bislang noch nicht untersucht.

3.5 Implikationen für die vorliegende Arbeit

Die vorangegangenen Ausführungen haben den aktuellen Forschungsstand zur Nachhaltigkeitsberichterstattung zusammengefasst und die Defizite und Limitationen früherer Studien erörtert sowie bestehende **Forschungslücken** aufgezeigt. Die im Rahmen der Analyse gewonnenen Erkenntnisse bilden eine wichtige Grundlage für das weitere Vorgehen in der vorliegenden Arbeit und finden insbesondere im Rahmen der theoriegeleiteten Hypothesengenerierung (Kap. 4) sowie in der Konzeption des Forschungsdesigns (Kap. 5)

---

[574] Zu den impliziten Eigenkapitalkosten als Proxy für die Kapitalkosten vgl. ausführlich Kap. 6.3.1.
[575] Vgl. *Hail/Leuz* (2006), S. 523f.

Berücksichtigung. Nachfolgend wird erläutert, inwieweit die vorliegende Arbeit die Defizite und Limitationen früherer Studien zur Nachhaltigkeitsberichterstattung aufgreift und dazu beiträgt, bestehende Forschungslücken zu schließen.

Wie die Analyse des Forschungsstands gezeigt hat, stellt die Nachhaltigkeitsberichterstattung kein ganz junges Forschungsfeld mehr dar. Vielmehr existiert bereits eine Vielzahl nationaler und internationaler Studien, die sich mit verschiedenen Aspekten der Nachhaltigkeitsberichterstattung befassen. Aufgrund sehr unterschiedlicher und mitunter sogar gegensätzlicher empirischer Befunde ist der Erkenntnisgewinn in diesem Forschungsbereich bislang jedoch gering. Dies kann darauf zurückgeführt werden, dass sich frühere Studien häufig auf die Betrachtung einer ausgewählten Nachhaltigkeitsdimension beschränken und somit wenig geeignet erscheinen, um die Berichtspraxis, die Determinanten oder die Kapitalkostenwirkungen einer umfassenden Nachhaltigkeitsberichterstattung zu untersuchen. Ferner hat die Analyse des Forschungsstands gezeigt, dass sich bestehende Studien hinsichtlich des gewählten Kategoriensystems zur Auswertung der Berichterstattung deutlich voneinander unterscheiden und sich meist auf die Analyse von Geschäftsberichten beschränken.

Um den Defiziten und Limitationen früher Studien zu begegnen, wird die **Berichtspraxis** in der vorliegenden Arbeit anhand separater Nachhaltigkeitsberichte analysiert. Es wird somit der Tatsache Rechnung getragen, dass separate Nachhaltigkeitsberichte das bislang am häufigsten verwendete Berichtsformat für eine umfassende Nachhaltigkeitsberichterstattung darstellen.[576] Zudem bildet der GRI-Leitfaden die Deduktionsbasis des zur Auswertung der Berichterstattung verwendeten Disclosure Index. Dieses Vorgehen garantiert die Berücksichtigung aller drei Nachhaltigkeitsdimension (Ökonomie, Ökologie und Soziales) und erhöht darüber hinaus die intersubjektive Vergleichbarkeit des zugrundeliegenden Kategoriensystems. Während frühere Studien häufig auf die Erhebung des Berichtsumfangs beschränkt bleiben, wird in der vorliegenden Arbeit ein Disclosure Index zur Messung der Qualität der Nachhaltigkeitsberichterstattung verwendet.[577] Ein solches Vorgehen erscheint insbesondere vor dem Hintergrund, dass Nachhaltigkeitsberichte häufig als Instrument für ein gezieltes *greenwashing* benutzt werden, sinnvoll.[578]

Die Studien zu den **Determinanten der Nachhaltigkeitsberichterstattung** haben gezeigt, dass eine Forschungslücke hinsichtlich der Analyse branchen- und firmenspezifischer Einflussfaktoren im internationalen Vergleich besteht. Eine international stark divergierende Berichtspraxis lässt jedoch vermuten, dass sich auch die Wirkungsweise dieser Einflussfaktoren zwischen einzelnen Ländern unterscheidet. Daher wird in der vorliegenden Untersuchung insbesondere der Einfluss branchen- und firmenspezifischer Determinanten im Ländervergleich analysiert. Zudem wird im Rahmen der empirischen Untersuchung zwischen dem Einfluss der Determinanten auf die Erstellung eines Nachhaltigkeitsberichts einerseits sowie auf die Qualität der Berichterstattung andererseits unterschieden.[579]

---

[576] Vgl. *Gebauer/Glahe* (2011), S. 4f.; *KPMG* (2011b), S. 8f.
[577] Zur Entwicklung des Disclosure Index vgl. ausführlich Kap. 5.2.4.
[578] Vgl. auch Kap. 3.2.3.
[579] Vgl. hierzu die Hypothesenentwicklung in Kap. 4.2.

Die größte Forschungslücke besteht jedoch in der Analyse der **Kapitalkostenwirkungen der Nachhaltigkeitsberichterstattung**. Zwar existieren bereits Studien auf nationaler Ebene, allerdings liefern diese bislang sehr unterschiedliche, mitunter sogar gegensätzliche Ergebnisse. Für Deutschland wurde der Zusammenhang zwischen der Nachhaltigkeitsberichterstattung und den Kapitalkosten bislang noch nicht untersucht. Darüber hinaus gibt es bis dato keine Studie, welche diesen Zusammenhang in einem internationalen Kontext empirisch analysiert. Daher wird in der vorliegenden Arbeit eine international vergleichende Untersuchung zu den Kapitalkostenwirkungen der Nachhaltigkeitsberichterstattung in Deutschland und den USA durchgeführt.

Eine vergleichende Untersuchung zwischen Deutschland und den USA erscheint aus mehreren Gründen geeignet, um die Nachhaltigkeitsberichterstattung in einem internationalen Kontext zu analysieren. Zum einen bestehen Unterschiede in den **institutionellen Rahmenbedingungen** zwischen beiden Ländern. Dies betrifft insbesondere die Berücksichtigung verschiedener Stakeholderbedürfnisse im Rahmen der Berichterstattung. Während in den USA der Shareholder Value-Ansatz und somit die Interessen der Kapitalgeber im Vordergrund stehen, ist in europäischen Ländern eine unternehmerische Verantwortung gegenüber den Interessen sämtlicher Stakeholder vergleichsweise stark ausgeprägt.[580] Eine ungleich stark ausgeprägte Stakeholderorientierung kann folglich zu Unterschieden in der Berichtspraxis sowie in den Determinanten und der Kapitalkostenwirkung der Nachhaltigkeitsberichterstattung führen.[581] Zum anderen können **Kapitalmarktunterschiede** zu länderspezifischen Unterschieden in den Forschungsergebnissen führen. Der deutsche und der US-amerikanische Kapitalmarkt unterscheiden sich deutlich voneinander.[582] Während in Deutschland institutionelle Investoren die primären Kapitalmarktakteure darstellen, ist die Bedeutung privater Anleger in den USA vergleichsweise groß.[583] Die unterschiedlichen Kapitalmarktstrukturen können insbesondere das Publizitätsverhalten der Unternehmen sowie die Wirkung publizierter Informationen beeinflussen und somit zu unterschiedlichen Forschungsergebnissen zwischen Deutschland und den USA führen. Zudem erscheint ein Ländervergleich mit den USA in dem speziellen Fall der Nachhaltigkeitsberichterstattung auch daher zweckmäßig, weil die **USA** der zahlenmäßig **größte Anwender des GRI-Leitfadens** sind.[584] Andererseits beziehen sich bisherige Studien zur Nachhaltigkeitsberichterstattung häufig auf den angloamerikanischen Raum, so dass eine Analyse anhand amerikanischer Unternehmen am ehesten **Vergleiche mit früheren Forschungsergebnissen** ermöglicht.

Um die Praxis, die Determinanten und die Kapitalkostenwirkungen der Nachhaltigkeitsberichterstattung in Deutschland und den USA zu untersuchen, werden im folgenden Kapitel der theoretische Bezugsrahmen aufgespannt sowie die relevanten Forschungsfragen anhand von Hypothesen konkretisiert.

---

[580] Vgl. *van der Laan Smith et al.* (2005), S. 129f.; *Yoshimori* (1995), S. 33.
[581] Vgl. hierzu auch Kap. 4.2.2.1.
[582] Vgl. *Glaum/Street* (2003), S. 65.
[583] Vgl. *Alexander/Nobes* (2010), S. 71-74.
[584] Vgl. *GRI* (2011d), S. 4.

4 Theorie und Hypothesenentwicklung

4.1 Institutionalismus als theoretisches Fundament

Im Einklang mit der wissenschaftstheoretischen Grundposition des kritischen Rationalismus erfolgt die Erkenntnisgewinnung durch die Falsifikation von theoriegeleiteten Hypothesen. Bevor die relevanten Forschungsfragen anhand von Hypothesen konkretisiert werden (Kap. 4.2), wird im Folgenden zunächst der theoretische Bezugsrahmen erläutert. Das theoretische Fundament der vorliegenden Arbeit bildet der Institutionalismus. Nachfolgend werden daher zunächst die Grundlagen des Institutionalismus (Kap. 4.1.1) sowie die relevanten ökonomischen (Kap. 4.1.2) und soziologischen (Kap. 4.1.3) Theorieansätze erläutert.

4.1.1 Grundlagen des Institutionalismus

4.1.1.1 Institutionalismus als Gegenstand verschiedener Wissenschaftsdisziplinen

Institutionen bestimmen das Handeln und Zusammenleben von Individuen auf vielfältige Art und Weise. Daher greifen Forscher aus verschiedenen Wissenschaftsdisziplinen, wie bspw. der Ökonomie, der Soziologie, der Psychologie oder der Politologie, auf institutionentheoretische Erklärungsansätze zurück.[585] Erste institutionentheoretische Denkansätze finden sich bereits in den frühen Sozialtheorien des 17. Jahrhunderts. Allerdings haben Soziologen, Ökonomen sowie Politik- und Organisationswissenschaftler vor allem seit Ende der 1970er Jahre die Bedeutung von Institutionen für die Gesellschaft wiederentdeckt und die ursprünglichen Theorieansätze weiterentwickelt. Diese Form des Institutionalismus hat seine Ursprünge in der US-amerikanischen soziologischen Organisationsforschung und wird auch als Neo-Institutionalismus (Neuer Institutionalismus) bezeichnet.

Aufgrund der Verwendung des Institutionalismus in den verschiedenen Wissenschaftsdisziplinen handelt es sich *„nicht um einen spezifischen Ansatz oder ein scharf konturiertes theoretisches Konzept [...], sondern um die Subsumtion einer großen Anzahl heterogener Perspektiven unter einem Terminus“*[586]. Diese unterschiedlichen Perspektiven spiegeln nicht selten die Blickrichtung der verschiedenen disziplinären Felder wider.[587] Dementsprechend finden sich in der Literatur vielfältige Definitionen des Institutionenbegriffs und unterschiedliche Klassifizierungen der verschiedenen Ansätze.[588] In der vorliegenden Arbeit wird für die Entwicklung der zu untersuchenden Hypothesen sowohl auf Erklärungsansätze des **ökonomischen** als auch des **soziologischen Institutionalismus** zurückgegriffen. Diese beiden Sichtweisen werden häufig als kontrastierende Erklärungsmodelle wahrgenommen. So lehnen vor allem Soziologen den von einigen Ökonomen vertretenen Anspruch ab, das ökonomische Erklärungsmodell, welches noch stark in den neoklassischen

[585] Vgl. *Senge/Hellmann* (2006), S. 7.
[586] *Göhler/Kühn* (1999), S. 21.
[587] Vgl. *Göhler/Kühn* (1999), S. 21f.; *Senge* (2006), S. 36.
[588] Vgl. *Tacke* (2006), S. 89f.

Modellannahmen[589] verankert ist, auf soziale Phänomene anzuwenden.[590] Allerdings basieren beide Disziplinen auf einer gemeinsamen Problemstellung. Im Mittelpunkt der Betrachtung stehen Interdependenzen und Abstimmungsprobleme, wenn zwei formal freie Akteure aufeinandertreffen. *Maurer/Schmid* bringen die Gemeinsamkeiten beider Disziplinen treffend auf den Punkt:

> *„Es gehört zu den gemeinsamen Aufgaben des soziologischen sowie des ökonomischen Forschungsprogramms zu erklären, wie formal freie und eigenwillige Akteure Institutionen etablieren, mit deren Hilfe sie ihren Handlungsbereich zugleich einschränken und erweitern, und infolge welcher Vorkehrungen die damit entstandenen Abstimmungsmechanismen reproduziert, bzw. für den Fall verändert werden können, dass sich unhaltbare Externalitäten einstellen oder externe Umweltveränderungen auf eine adaptive Regeländerung drängen."*[591]

Trotz der Unterschiede im Institutionenverständnis und in der Konzeptualisierung von Akteur und Handeln innerhalb dieser beiden Disziplinen wird der Ansicht gefolgt, dass sich beide Ansätze komplementär ergänzen.[592] Daher baut der weitere Verlauf der Arbeit auf der umfassenden Definition des **Institutionenbegriffs von Scott** auf. Dieser stellt, basierend auf den Institutionstheorien innerhalb der Soziologie und der Ökonomie (sowie der Politik), ein disziplinübergreifendes Rahmenkonzept des Institutionenbegriffs bereit.[593]

4.1.1.2 Institutionenbegriff nach Scott

Grundlegend definiert *Scott* Institutionen als *„multifaceted, durable social structures, made up of symbolic elements, social activities, and material resources"*[594]. Diese sozialen Strukturen werden über Generationen weitergegeben und sind relativ beständig gegenüber Veränderungen.[595] Die definitorischen Unterschiede des Institutionenbegriffs innerhalb der verschiedenen Wissenschaftsdisziplinen führt *Scott* vor allem auf die unterschiedliche Priorisierung der Wirkungsmechanismen von Institutionen zurück.[596] Aufbauend auf den unterschiedlichen Wirkungsmechanismen unterscheidet *Scott* zwischen regulativen, normativen und kulturell-kognitiven Institutionen und fasst diese in einem Dreisäulenmodell (*three pillars of institution*) zusammen (vgl. Tab. 4-1). *Scotts* Rahmenkonzept zum Institutionenbegriff ermöglicht es, dass sich die unterschiedlichen institutionentheoretischen Ansätze der verschiedenen Wissenschaftsdisziplinen, wie bspw. Ökonomie und Soziologie, sowie deren grundlegende Annahmen in dieses Institutionenverständnis einordnen lassen.

---

[589] Zu den neoklassischen Modellannahmen vgl. Kap. 4.1.2.

[590] Zur Dissonanz zwischen dem institutionalistischen Verständnis der Ökonomen und der Soziologen vgl. ausführlich *Maurer/Schmid* (2002), S. 9-11, sowie *Schmid/Maurer* (2003), S. 9-12.

[591] *Schmid/Maurer* (2003), S. 10.

[592] Vgl. *Edeling* (1999), S. 8.

[593] Vgl. *Senge* (2006), S. 38.

[594] *Scott* (2008), S. 48.

[595] Vgl. *Zucker* (1977), S. 741f.; *Meyer/Hammerschmid* (2006), S. 161f.

[596] Vgl. *Scott* (2008), S. 50.

Regulative Institutionen beeinflussen das individuelle Handeln durch Regeln und Gesetze (*regulative rules*). Das individuelle Verhalten kann durch Sanktionierung (*legally sanctioned*) im Falle der Nichteinhaltung oder aber auch durch Belohnung bei Befolgung entsprechender Regularien beeinflusst bzw. kontrolliert werden.[597] Die Regelungen können in Form erlassener oder ungeschriebener Gesetze existieren und daher sowohl einen formellen als auch einen informellen Charakter besitzen. Regelkonformes Verhalten kann somit durch Zwang (*coercive*) erreicht werden. Die Einhaltung solcher Regularien basiert indes regelmäßig auf Kosten-Nutzen-Kalkülen der Individuen und richtet sich somit nach Kriterien des rationalen Handelns (*expedience*). Entscheidend für die Funktionsfähigkeit von regulativen Institutionen ist somit der Aufwand für die Sicherstellung der Einhaltung der Regeln sowie der Schweregrad möglicher Sanktionen.[598]

	Pillar		
	Regulative	**Normative**	**Cultural-Cognitive**
Basis for compliance	Expedience	Social Obligation	Taken-for-grantedness; Shared understanding
Basis for order	Regulative rules	Binding expectations	Constitutive schema
Mechanisms	Coercive	Normative	Mimetic
Logic	Instrumentality	Appropriateness	Orthodoxy
Indicators	Rules; Laws; Sanctions	Certification, Accreditation	Common beliefs; Shared logics of action
Basis of legitimacy	Legally sanctioned	Morally governed	Comprehensible; Recognizable; Culturally supported

Tab. 4-1: Three Pillars of Institutions
Quelle: *Scott* (2008), S. 51

Normative Institutionen beeinflussen das individuelle Handeln durch Normen und Werte (*normative*). Normen und Werte beschreiben, wie etwas sein sollte und welche Verhaltensweisen als wünschenswert erachtet werden (*social obligation*).[599] Genauer definieren Werte erstrebenswerte Zielvorstellungen (bspw. Gewinn- oder Unternehmenswertsteigerung) und Normen legen die Rahmenbedingungen fest (*binding expectations*), unter deren Berücksichtigung die gesetzten Ziele zu verwirklichen sind (bspw. gesellschaftlich verantwortungsvolle Unternehmensführung). Eine sanktionierende Wirkung auf das individuelle Handeln erfolgt dabei über den moralischen Druck (*morally governed*), wobei die Wirkungsstärke vom Grad der Internalisierung bestimmter Normen und Werte sowie des ausgeübten Erwartungsdrucks anderer Gesellschaftsmitglieder abhängig ist.[600]

Kulturell-kognitive Institutionen definiert *Scott* als *„the shared conceptions that constitute the nature of social reality and the frames through which meaning is made“*[601]. Im kulturell-

---

[597] Vgl. *Scott* (2008), S. 52-54.
[598] Vgl. *North* (1992), S. 4.
[599] Vgl. hier und im Folgenden *Scott* (2008), S. 54-56.
[600] Vgl. *Senge* (2006), S. 39.
[601] *Scott* (2008), S. 57.

kognitiven Verständnis wird das Handeln eines Individuums durch die internalisierte subjektive Wahrnehmung seiner jeweiligen (sozialen) Umwelt bestimmt (*mimetic*).[602] Die durch kognitive Institutionen geregelten Handlungen laufen daher routinemäßig ab und werden von der handelnden Person als selbstverständlich empfunden (*constitutive schema*).[603] In eben diesem Selbstverständnis unterscheiden sich kulturell-kognitive Institutionen von normativen Institutionen. Während das Verhalten im Rahmen normativer Institutionen meist über moralischen Druck und somit durch Stimulation von außen geregelt wird, sind kulturell-kognitive Handlungen regelmäßig intrinsisch motiviert (*taken-for-grantedness*).[604] Daher bestärken vor allem kulturell-kognitive Institutionen aufgrund ihrer Selbstverständlichkeit eine anhaltende und stabile Entwicklung sozialer Strukturen.[605]

Die drei Ebenen scheinen jedoch nicht gänzlich losgelöst voneinander zu sein. So weist *Scott* selbst darauf hin, dass sich die regulative und die normative Säule wechselseitig bestärken können.[606] Zudem ist es möglich, dass regulative und normative Institutionen im Laufe der Zeit von den Individuen internalisiert und somit zu kulturell-kognitiven Institutionen werden.

Die Hypothesen im Rahmen der vorliegenden Arbeit leiten sich sowohl aus dem ökonomischen als auch dem soziologischen Institutionalismus ab. Daher werden im Folgenden die Grundlagen dieser beiden Perspektiven näher erläutert.

4.1.1.3 Ökonomischer Institutionalismus

Im Bereich der Ökonomie wurde Institutionen traditionell eine untergeordnete Rolle zugewiesen. Obgleich bereits Neoklassiker wie *Marshall* einräumten, dass institutionelle Ordnung einen großen Einfluss auf das Verhalten habe,[607] werden die allgemeinen Gleichgewichtsmodelle der Wohlfahrts- oder Mikroökonomik sogar als „institutionsneutral"[608] beschrieben. Allerdings vermag die Untersuchung ökonomischer Effizienz unter den idealtypischen Bedingungen vollkommener Wettbewerbsmärkte und vollkommener Information nur sehr abstrakt auf ökonomische Fragestellungen der Ressourcenallokation zu antworten.[609] Daher haben institutionentheoretische Konzepte vor allem seit den 1970er Jahren auch in der Ökonomie (wieder) zunehmend an Bedeutung gewonnen. Diese Rückbesinnung wird insbesondere von der Neuen Institutionenökonomik vertreten, die institutionelle Arrangements mit Effizienz- und Kostenargumenten erklärt."[610]

In der betriebswirtschaftlichen Forschung hat sich daher die Neue Institutionenökonomie zum dominierenden institutionentheoretischen Ansatz der Betriebswirtschaftslehre entwi-

---

[602] Vgl. *D'Andrade* (1984), S. 88.
[603] Vgl. *Senge* (2006), S. 39.
[604] Vgl. *Scott* (2008), S. 61f.
[605] Vgl. *Senge* (2006), S. 40.
[606] *Scott* (2008), S. 52f.
[607] Vgl. *Marshall* (1961), S. 199f.
[608] *Richter/Furubotn* (2010), S. 1.
[609] Vgl. *Krüsselberg* (1993), S. 1f.; *Richter/Furubotn* (2010), S. 1f.
[610] Vgl. *Maurer/Schmid* (2002), S. 15.

ckelt.[611] Die verschiedenen Ansätze der Neuen Institutionenökonomik verbindet die Kritik am neoklassischen Institutionenverständnis und die Ambition, institutionentheoretische Ansätze (wieder) in die ökonomische Theorie aufzunehmen.[612] Durch die explizite Berücksichtigung institutioneller Rahmenbedingungen versuchen die institutionenökonomischen Ansätze den Realitätsgehalt ökonomischer Theorien zu erhöhen.[613] Die Neue Institutionenökonomie stellt eine Erweiterung bzw. Modifikation der älteren Institutionenökonomie sowie der Neoklassik dar, welche Institutionen als gegeben und unveränderlich ansieht.[614] Institutionen im Sinne der Neuen Institutionenökonomie vereinfachen die Alternativenwahl des rational handelnden Individuums, indem sie sein Verhalten beschränken.[615] Als Institutionen gelten formelle und informelle Regeln einschließlich der mit ihrer Durchsetzung verbundenen Mechanismen. Daher können Normen im ökonomischen Modell allenfalls als vorgegebene Restriktionen eingebaut werden. Dieses ökonomische Verständnis des Institutionenbegriffs ist traditionell von der Annahme rational handelnder Individuen geprägt und vernachlässigt somit die Vorstellung sozial handelnder Akteure.[616] Bezogen auf das disziplinübergreifende Rahmenkonzept zum Institutionenbegriff nach *Scott*, berücksichtigt der ökonomische Institutionalismus lediglich regulative und normative Institutionen.[617]

Trotz unterschiedlicher Ausrichtungen der verschiedenen Ansätze innerhalb der Neuen Institutionenökonomie basieren diese auf gemeinsamen Grundannahmen. Dabei hält die Neue Institutionenökonomie vor allem auch an vier grundlegenden Annahmen der neoklassischen Ökonomie fest.[618] So ist auch in der Neuen Institutionenökonomie die **Ressourcenknappheit** Ausgangspunkt ökonomischer und organisatorischer Probleme.[619] Unter der Annahme des **methodologischen Individualismus** sind Individuen frei in ihrem Entscheidungsverhalten und treffen rationale Entscheidungen, um ihren **individuellen Nutzen zu maximieren.** Dabei werden konsistente und stabile Präferenzen der handelnden Akteure und somit eine **Stabilität der Nutzenfunktion** unterstellt. Letztere Annahme wurde indes in der jüngeren Vergangenheit verstärkt aufgehoben. Im Unterschied zur Neoklassik geht die Neue Institutionenökonomik daher zunehmend nicht von einer vollkommenen, sondern vielmehr von einer unvollkommenen, eingeschränkten Rationali-

---

[611] Die Neue Institutionenökonomie ist kein einheitlicher Ansatz, basiert aber auf dem Vertragsgedanken als gemeinsamen Nenner. Sie setzt sich aus der Theorie der Verfügungsrechte, der Transaktionskostentheorie sowie der Prinzipal-Agenten-Theorie zusammen. Vgl. *Wolff* (1999), S. 333f.; *Horsch et al.* (2005), S. 4; *Thommen/Achleitner* (2012), S. 860-862, sowie zur Prinzipal-Agenten-Theorie Kap. 4.1.2.2.

[612] Vgl. *Maurer/Schmid* (2002), S. 19.

[613] Vgl. *Göhler/Kühn* (1999), S. 28f.

[614] Vgl. *Held/Nutzinger* (2003), S. 118-122. In der Literatur wird die Neue Institutionenökonomie auch als Neue Intitutionenökonomik, Neue Institutionenökonomische Theorie, informationsökonomische Theorie, ökonomische Theorie der Firma und aufgrund des angelsächsischen Ursprungs auch als *New Institutional Economics* bezeichnet. Vgl. *Wolf* (2013), S. 333.

[615] Vgl. *Horsch et al.* (2005), S. 4f.; *Thommen/Achleitner* (2012), S. 863; *Richter/Furubotn* (2010), S. 7f.

[616] Vgl. *Haase* (2003), S. 92.

[617] Vgl. Kap. 4.1.2.

[618] Vgl. *Edeling* (1999), S. 8.

[619] Vgl. hier und im Folgenden *Wolf* (2013), S. 337.

tät der Individuen aus.[620] Hierbei werden die Präferenzen der Individuen als unvollständig und im Zeitverlauf veränderlich angesehen.[621] Die Neue Institutionenökonomie stellt den rational handelnden Akteur in den Fokus, so dass Institutionen als Ergebnis eines effizienten und geplanten Handlungsprozesses durch den homo oeconomicus interpretiert werden können.[622]

Theoretische Ansätze des ökonomischen Institutionalismus erklären die freiwillige Veröffentlichung separater Nachhaltigkeitsberichte aus Effizienzgründen. Die Veröffentlichung solcher Berichte ist demnach auf rationale Entscheidungen des Managements zurückzuführen. Sie trägt unter Berücksichtigung des Vorhandenseins knapper Ressourcen zur Maximierung der Nutzenpräferenz des Managements und letztendlich des Unternehmens bei (bspw. Unternehmenswertsteigerung, Reputationsgewinn etc.).[623]

Ein Hauptkritikpunkt an den Ansätzen der Neuen Institutionenökonomie, der vor allem von Soziologen immer wieder erhoben wird, ist die Tatsache, dass gesellschaftliche und ethische Aspekte keine Berücksichtigung finden. So beschränken sich ökonomische Theorien weitestgehend auf die individuelle Ebene bzw. auf die Unternehmensebene (Mesoebene). Sie vernachlässigen, dass die Einbettung der Individuen in Regel-, Normen- und Wertesysteme sowohl die individuellen Handlungsentscheidungen als auch die Realitätskonzepte selbst beeinflusst.[624] *Ahmed/Scapens* weisen daher darauf hin, dass die Berücksichtigung gesellschaftlicher Werte und Normen von besonderer Bedeutung für das Verständnis bestimmter Rechnungslegungsentscheidungen, wie bspw. für oder gegen eine freiwillige Veröffentlichung von (separaten) Nachhaltigkeitsberichten, sein kann.[625] Daher wird im folgenden Abschnitt die soziologische Sichtweise des Institutionalismus skizziert. Sie erweitert die ökonomischen Theorien um eine gesellschaftliche, kollektivistische Perspektive (Makroebene).

4.1.1.4 Soziologischer Institutionalismus

Im soziologisch geprägten Institutionalismus steht das Verhältnis zwischen den vorherrschenden Grundüberzeugungen des rationalen Handelns und der gesellschaftlichen Legitimation im Fokus der Betrachtung.[626] Er gilt bisweilen als entscheidende Gegenposition zum ökonomischen Ansatz der Neuen Institutionenökonomie. Dabei sind es vor allem die grundlegenden Annahmen des **methodologischen Individualismus** und die Interpretation des handelnden Akteurs als **homo oeconomicus**, die bei den Vertretern des soziologischen Institutionalismus auf starke Ablehnung stoßen.[627] Laut *Göhler/Kühn* zielen die wesentlichen Kritikpunkte am ökonomischen Ansatz vor allem auf die Annahme eines homo oeconomicus, der durch rationale Wahlhandlungen aufgrund seiner gegeben Nutzenprä-

---

[620] Für eine Unterscheidung der Rationalität in verschiedene Stufen vgl. *Williamson* (1990), S. 50-53.

[621] Vgl. *Richter/Furubotn* (2010), S. 4. Für eine ausführliche Darstellung der grundlegenden Annahmen neuer institutionenökonomischer Ansätze vgl. *Wolf* (2013), S. 337f.

[622] Vgl. *Göhler/Kühn* (1999), S. 28.

[623] Vgl. hierzu ausführlich Kap. 4.1.2.

[624] Vgl. *Göhler/Kühn* (1999), S. 27.

[625] Vgl. *Ahmed/Scapens* (2000), S. 165-167; *Scapens* (2006), S. 11-14.

[626] Vgl. *Hasse/Krücken* (2005), S. 13.

[627] Vgl. *Maurer/Schmid* (2002), S. 22-26.

ferenzen und mit vollständiger Information ausgestattet eine Handlungsalternative wählt, welche das bestmögliche Resultat erzeugt oder zumindest erwarten lässt.[628] Aufgrund dieser starken neoklassischen Prägung des ökonomischen Institutionalismus bescheinigt *Dugger* der Neuen Institutionenökonomie zwar neu zu sein, aber keinesfalls institutionalistisch.[629] Vielmehr schließe die Annahme eines strategisch handelnden homo oeconomicus die Beeinflussung der Handlungen des Akteurs durch soziale Institutionen aus.

Auch die Soziologie ist als eine Handlungstheorie zu verstehen. Dabei steht jedoch das soziale Handeln von Akteuren im Vordergrund.[630] Im Unterschied zur ökonomischen Sichtweise ist der Kerngedanke des soziologischen Institutionalismus folglich, dass das Handeln einzelner Akteure ohne Berücksichtigung des äußeren sozialen Umfelds, d.h. ohne Berücksichtigung makrostruktureller bzw. institutionalistischer Einflüsse, nicht erklärt werden kann.[631] Eine Organisation (bspw. Unternehmen) wird somit nicht allein durch rationales Handeln einzelner Individuen geprägt, sondern ist auch maßgeblich von Normen und Wertvorstellungen innerhalb einer Gesellschaft abhängig, die auf die Organisationsmitglieder wirken.[632] Somit geht der soziologische Institutionalismus vielmehr vom **methodologischen Kollektivismus** und der Interpretation des handelnden Akteurs als **homo sociologicus** aus.[633] Im Unterschied zum methodologischen Individualismus nimmt der methodologische Kollektivismus eine makrosoziologische Perspektive ein, aus der kollektive Phänomene nicht durch das Handeln einzelner Akteure erklärt werden können. Vielmehr wirken sich kollektive Erwartungen auf das Handeln des Individuums aus, in dem der Akteur aufgrund der gesellschaftlichen Handlungserwartungen bestimmte soziale Rollen einnimmt. Auf der Grundlage eines gemeinsamen Normen- und Wertesystems sind mit diesen Rollen gesellschaftliche Erwartungen verbunden. Diese kulturellen Rahmenbedingungen wirken regulierend auf das Handeln des Akteurs.[634] Die Wirkungsweise kann sowohl negativ (bei nicht konformen Verhalten) als auch positiv (bei normgerechtem Verhalten) sein.[635] *Dahrendorf* unterstreicht die Abhängigkeit des Individuums von den gesellschaftlichen Erwartungen und konstatiert, dass *„der rollenlose Mensch [...] für Gesellschaft und Soziologie ein nicht existierendes Wesen"*[636] sei.

Bezogen auf das Dreisäulenmodell von *Scott* können auch im soziologischen Institutionalismus regulative Institutionen wirken. Es wird aber vor allem auf die Wirkungsweise von normativen und kulturell-kognitiven Wirkungsweisen abgestellt, um das Handeln von Individuen aus institutionentheoretischer Sicht zu erklären. Durch die Annahme, dass der homo sociologicus verschiedene gesellschaftliche Rollen einnimmt und die damit an ihn

[628] Vgl. *Göhler/Kühn* (1999), S. 28.
[629] Vgl. *Dugger* (1990), S. 424.
[630] Zum Begriff des sozialen Handelns vgl. ausführlich *Weber* (1980), S. 11-30.
[631] Vgl. *Field* (1984), S. 683-688.
[632] Vgl. *Scott/Meyer* (1994), S. 2; *Meyer et al.* (1994), S. 20-27.
[633] Für eine Gegenüberstellung des homo oeconomicus und des homo sociologicus vgl. grundlegend *Dahrendorf* (2010), S. 17-23.
[634] Vgl. ausführlich *Meyer/Rowan* (1977), sowie *Hall/Taylor* (1996), S. 946f.; *DiMaggio/Powell* (1991), S. 11-15.
[635] Vgl. *Schaffer* (2001), S. 179.
[636] *Dahrendorf* (2010), S. 57.

gestellten gesellschaftlichen Erwartungen verinnerlichen kann, wird die ökonomische Perspektive um die kulturell-kognitive Wirkungsweise von Institutionen erweitert.

Diese Überlegungen haben auch für die Nachhaltigkeitsberichterstattung besondere Bedeutung. Neben den Anteilseignern, die vor allem ein Interesse an Informationen über die (zukünftige) Finanz- und Ertragslage des Unternehmens haben, existiert eine Vielzahl weiterer Anspruchsgruppen, wie z.B. Umweltschutz- oder Menschenrechtsorganisationen. Um das unternehmerische Handeln gegenüber diesen Stakeholdern zu legitimieren, ist es für die Unternehmen notwendig, neben der Veröffentlichung finanzieller Informationen auch über ökologische und soziale Aspekte zu berichten.[637] Die freiwillige Veröffentlichung von Nachhaltigkeitsberichten erfolgt aus soziologischer Sicht folglich aufgrund der Erwartungen verschiedener Stakeholder.

Zusammenfassend bleibt festzuhalten, dass sich der soziologische Institutionalismus von der ökonomischen Sichtweise vor allem in seinem Institutionenverständnis und den institutionellen Wirkungsmechanismen auf die Handlungen der einzelnen Akteure unterscheidet.[638] Da auch die Soziologie den Institutionalismus als eine Handlungstheorie auffasst, wird sie im weiteren Verlauf der Arbeit nicht als konträrer Ansatz zur Neuen Institutionenökonomie aufgefasst. Vielmehr erweitert sie das ökonomische Modell um eine makrosoziologische Perspektive. Auch *Kaplan*/Ruland sprechen sich für eine Erweiterung der ökonomischen Ansätze um eine soziologische Perspektive im Rahmen der Rechnungslegungsforschung aus.[639]

Die im Folgenden dargestellten theoretischen Erklärungsansätze als Grundlage zur Hypothesengenerierung lassen sich alle in das Institutionenverständnis von *Scott* einordnen. Die Berücksichtigung institutioneller Arrangements innerhalb der Theorien folgt dabei entweder der ökonomischen oder der soziologischen Perspektive.

4.1.2 Ökonomische Theorieansätze

4.1.2.1 Vorüberlegungen

Die in der vorliegenden Arbeit verwendeten ökonomischen Theorieansätze zur Hypothesengenerierung basieren auf den grundlegenden Annahmen der Neuen Institutionenökonomie.[640] Obwohl bislang keine vollständige Einigkeit über eine Abgrenzung des inhaltlichen Bereichs der Neuen Institutionenökonomie besteht, existiert jedoch ein breiter Konsens über die zentralen, sich mitunter ergänzenden Ansätze.[641] So bilden der Verfügungsrechtsansatz (*property rights theory*), der Transaktionskostenansatz (*transaction cost theory*)

---

[637] Vgl. hierzu auch ausführlich Kap. 4.1.3.
[638] Vgl. *Göhler/Kühn* (1999), S. 27.
[639] Vgl. *Kaplan/Ruland* (1991), S. 368-372.
[640] Vgl. Kap. 4.1.1.3.
[641] Vgl. *Göbel* (2002), S. 49.

sowie der Prinzipal-Agenten-Ansatz (*principal-agent theory*) nach allgemeiner Meinung den Kern der Neuen Institutionenökonomie.[642]

Zur Entwicklung der Forschungshypothesen wird im Rahmen dieser Arbeit auf die **Prinzipal-Agenten-Theorie** zurückgegriffen. Sie beschäftigt sich mit den wirtschaftlichen Problemen des Auftragshandelns, welches als natürliche Folge aus der Arbeitsteilung und Spezialisierung entsteht.[643] Mit Bezug zur Rechnungslegung basiert die Hypothesengenerierung zudem auf Erkenntnissen der **Positive Accounting Theory**. Die Positive Accounting Theory hat die Rechnungslegungsforschung stark geprägt und versucht das Entscheidungsverhalten hinsichtlich der Wahl und Ausgestaltung bestimmter Rechnungslegungsmethoden in der externen Rechnungslegung sowohl auf Unternehmensebene als auch auf der Ebene normensetzender Instanzen zu begründen.[644] Dabei greift sie vor allem auf die zentralen Annahmen der Prinzipal-Agenten-Theorie zurück.[645] Im Folgenden werden diese beiden Ansätze näher erläutert.

4.1.2.2 Prinzipal-Agenten-Theorie

4.1.2.2.1 Grundlagen der Prinzipal-Agenten-Theorie

Innerhalb der Prinzipal-Agenten-Theorie existieren zwei Modellströmungen. Die **normative** bzw. **formal-analytische** Herangehensweise ist auf einen Soll-Zustand fokussiert und versucht zu erklären, wie etwas sein sollte. Folglich werden im Rahmen normativer Prinzipal-Agenten-Modelle unter Rückgriff auf das Pareto-Kriterium zur Optimalitätsbestimmung und der Nutzung mathematischer Methoden bspw. optimale Entlohnungssysteme modelliert.[646] In Übereinstimmung mit der wissenschaftstheoretischen Fundierung des kritischen Rationalismus ist die vorliegende Arbeit hingegen dem positiven Forschungszweig zuzuordnen. Die **positive** Herangehensweise ist vielmehr empirisch als mathematisch geprägt und befasst sich mit der Beschreibung und Erklärung institutioneller Gestaltungen von Auftragsbeziehungen in der Realität. Sie wird bspw. genutzt, um Rechnungslegungsentscheidungen, wie bspw. eine freiwillige Publizität der Unternehmen, theoretisch zu erklären.[647] Auch die positiven Ansätze beschäftigen sich dabei mit Abweichungen von einem pareto-optimalen Zustand, die anhand der sog. Agenturkosten (*agency costs*)[648] gemessen werden.[649]

---

[642] Der Verfügungsrechtsansatz und der Transaktionskostenansatz werden im weiteren Verlauf der Arbeit nicht weiter betrachtet. Für die Grundlagen der beiden Theorien vgl. *Macharzina/Wolf* (2012), S. 55-60.

[643] Vgl. *Göbel* (2002), S. 99; *Meinhövel* (2005), S. 65; *Pratt/Zeckhauser* (1985), S. 2. Die Arbeitsteilung wird mitunter als Erklärung für die Existenz von Unternehmungen verwendet. Vgl. *Coase* (1937), S. 398.

[644] Vgl. *Haller* (1994), S. 597.

[645] Vgl. *Haller* (1988), S. 398.

[646] Vgl. *Hartmann-Wendels* (1992), S. 74f.; *Meinhövel* (2005), S. 69, sowie grundlegend *Wenger/Terberger* (1988), S. 506-514; *Richter/Bindseil* (1995).

[647] Vgl. *Morris* (1987), S. 47.

[648] Zum Begriff der Agenturkosten vgl. Kap. 4.1.2.2.3.

[649] Vgl. *Meinhövel* (2005), S. 69.

Der Prinzipal-Agenten-Theorie kommt bei der Beschreibung und Erklärung des Handelns von Managern in Bezug auf bestimmte Rechnungslegungsmethoden sowie Publizitätsentscheidungen, wie bspw. der freiwilligen Veröffentlichung separater Nachhaltigkeitsberichte, eine hohe Bedeutung zu.[650] *Jensen/Meckling* definieren eine Prinzipal-Agenten-Beziehung als

> *„a contract, under which one or more persons (the principal(s)) engage another person (the agent), to perform some service on their behalf which involves delegating some decision making authority to the agent."*[651]

Charakteristisch für eine Prinzipal-Agenten-Beziehung ist demnach die Delegation von Entscheidungskompetenzen. Sie ist dadurch gekennzeichnet, dass ein Auftraggeber (**Prinzipal**) einen Auftragnehmer (**Agent**) mit der Verfolgung durch ihn definierter Ziele beauftragt.[652] Die Erreichung der Ziele des Prinzipals wird somit direkt durch das Handeln des Agenten beeinflusst. So treten bspw. Kapitalgeber (Eigen- und Fremdkapitalgeber) als Auftraggeber gegenüber den Managern (Auftragnehmer) einer Unternehmung auf.[653] Die Eigenkapitalgeber (Gesellschafter) einer Unternehmung verfolgen dabei das Ziel der Gewinnmaximierung und sind somit an möglichst hohen Dividendenzahlungen interessiert. Im Interesse der Fremdkapitalgeber liegt hingegen eine fristgerechte Begleichung der vereinbarten Zins- und Tilgungsleistungen durch das Unternehmen.[654] Besteht Interessenharmonie zwischen Managern und Kapitalgebern, ist ein opportunistisches Handeln seitens der Manager unwahrscheinlich und die Auftragsbeziehung scheint unproblematisch. Ebenfalls unproblematisch ist eine solche Beziehung bei Vorliegen vollkommener Information, da die Kapitalgeber ein absichtliches Fehlverhalten des Managements unmittelbar und ohne zeitliche Verzögerung bemerken würden. Ein Prinzipal-Agenten-Problem entsteht folglich erst dann, wenn zwei Voraussetzungen simultan erfüllt sind: Es muss zum einen **Interessendivergenz** zwischen Managern und Kapitalgebern herrschen, zum anderen muss ein Zustand **asymmetrischer Informationsverteilung**[655] vorliegen.[656] In der Regel profitiert die mit der Auftragsdurchführung beauftragte Geschäftsführung von Wissensvorsprüngen, die sie im Falle einer vorhandenen Interessendivergenz entgegen der Ziele der Kapitalgeber zu ihrer eigenen individuellen Nutzenmaximierung ausnutzen kann.[657]

Neben den grundlegenden Annahmen der Neuen Institutionenökonomie sind dementsprechend die folgenden Prämissen charakteristisch für eine Prinzipal-Agenten-Beziehung:[658]

---

[650] Vgl. *Barth* (2009), S. 87.

[651] *Jensen/Meckling* (1976), S. 308. Für eine ähnliche Definition vgl. *Ross* (1973), S. 134.

[652] Vgl. *Meinhövel* (2005), S. 65.

[653] Für weitere Beispiele vgl. *Ewert* (1987), S. 284-289; *Picot* (1991), S. 150.

[654] Vgl. *Streim/Esser* (2003), S. 836f.

[655] Zum Begriff der asymmetrischen Informationsverteilung vgl. grundlegend *Kiener* (1990), S. 22f., sowie ausführlich *Spremann* (1990), S. 561-585.

[656] Vgl. *Streim* (1988), S. 11f.; *Schneider* (1995), S. 48f.

[657] Vgl. *Streim* (1988), S. 11.

[658] Vgl. *Göbel* (2002), S. 100. Für die grundlegenden Annahmen der neuen institutionenökonomischen Ansätze vgl. Kap. 4.1.1.3.

- Der Agent kann mit seinen Entscheidungen und Handlungen positiv und negativ auf den Nutzen des Prinzipals einwirken.
- Prinzipal und Agent haben unterschiedliche Nutzenvorstellungen, so dass die Auftragsbeziehung grundsätzlich durch Interessendivergenz geprägt ist.
- Zwischen Prinzipal und Agent bestehen Informationsasymmetrien. Dabei profitiert der Agent regelmäßig von Wissensvorsprüngen, die es ihm ermöglichen, sich opportunistisch gegenüber den Interessen des Prinzipals zu verhalten, um seinen eigenen Nutzen zu maximieren.

Zusammengefasst beschreibt die Prinzipal-Agenten-Theorie demnach eine Auftragsbeziehung zwischen wirtschaftlichen Akteuren, die durch die Existenz von partieller Interessendivergenz und asymmetrischer Informationsverteilung gekennzeichnet ist.[659]

4.1.2.2.2 Prinzipal-Agenten-Probleme

Aufgrund der zuvor beschriebenen ungleichen Informationsverteilung lassen sich sowohl Informationsprobleme **vor** als auch **nach Vertragsabschluss** identifizieren (vgl. Tab. 4-2). Im Allgemeinen werden drei Arten von Informationsproblemen unterschieden: hidden characteristics, hidden action und hidden information.[660]

Entstehungszeitpunkt	Problemtyp	Problem
Vor Vertragsabschluss	Hidden characteristics	Adverse selection
Nach Vertragsabschluss	Hidden action	Moral hazard (Shirking, consumption on the job)
	Hidden information	Moral hazard (Fringe benefits)

Tab. 4-2: Prinzipal-Agenten-Probleme
Quelle: in Anlehnung an *Barth* (2009), S. 92

Vor Vertragsabschluss besteht für den Prinzipal das Problem, die Eigenschaften des Agenten sowie die von ihm angebotene Leistung nicht beurteilen zu können. Vielmehr bleiben dem Prinzipal die tatsächlichen Eigenschaften des Agenten im Vorfeld verborgen (*hidden characteristics*), so dass die Gefahr der Auswahl schlechter Vertragspartner besteht.[661] Der Agent hingegen möchte einen möglichst hohen Preis für seine angebotene Leistung durchsetzen und wird demnach bestrebt sein, seine Eigenschaften möglichst positiv darzustellen. Dies wiederum führt aufgrund mangelnden Wissens des Prinzipals über die tatsächlichen Eigenschaften des Agenten dazu, dass dieser von einer Durchschnittsqualität der angebotenen Leistung ausgeht und daher lediglich bereit ist, einen durchschnittlichen Preis zu zahlen.[662] Zu diesem durchschnittlichen Preis werden Agenten mit überdurchschnittlichen Qualifikationen ihre Leistung jedoch nicht mehr anbieten und aus

659 Vgl. *Pfaff/Zweifel* (1998), S. 184.
660 Vgl. *Küpper* (2008), S. 83-85.
661 *Göbel* (2002), S. 101.
662 Vgl. *Horsch* (2005), S. 86.

dem Markt aussteigen. Übrig bleiben lediglich die Agenten mit einer durchschnittlichen bzw. unterdurchschnittlichen Qualität, woraufhin der Durchschnittspreis, den der Prinzipal für die Leistung der Agenten zu zahlen bereit ist, weiter sinken wird. Auf diese Weise besteht die Gefahr einer **Negativauslese** (*adverse selection*).[663]

Nach Vertragsabschluss tritt das Problem auf, dass der Prinzipal die Handlungen des Agenten nicht, oder nur zu unverhältnismäßig hohen Kosten, überwachen kann (*hidden action*). Der Prinzipal kann lediglich das Ergebnis, welches aus den Handlungen des Agenten resultiert, beobachten. Dies erlaubt ihm allerdings keine Rückschlüsse auf die Leistung des Agenten, da das Ergebnis ebenso von exogenen Faktoren beeinflusst wird, die für den Prinzipal ebenfalls nur schwer zu bestimmen sind.[664] Dem Agent bietet sich daher die Möglichkeit zu opportunistischem Verhalten, indem er bspw. bewusst langsamer arbeitet oder längere Pausen einlegt. Diese Form der „Drückebergerei" wird als *shirking* bezeichnet. Zudem kann der Agent die Ressourcen des Principals für private Zwecke nutzen, indem er bspw. den Dienstwagen für private Fahrten nutzt. Diese Form des opportunistischen Verhaltens wird als *consumption on the job* bezeichnet.[665]

Nach Vertragsabschluss ergibt sich zudem ein Problem daraus, dass der Agent i.d.R. über einen Informationsvorsprung verfügt. Selbst wenn der Prinzipal die Handlungen des Agenten beobachten kann, ist er nicht in der Lage, dessen Leistung zu beurteilen (*hidden information*[666]).[667] Daher bietet sich dem Agenten auch in diesem Fall die Möglichkeit zu opportunistischem Verhalten, indem er die Handlungen wählt, die seinen eigenen Nutzen maximieren. So können Aktionäre i.d.R. nicht beurteilen, ob die vom Agenten getroffene Investitionsentscheidung die für sie bestmögliche Alternative darstellt, oder ob eigennützige Aspekte (*fringe benefits*) für die Entscheidung des Agenten ausschlaggebend waren und dieser somit seinen eigenen Nutzen zum Nachteil der Aktionäre maximiert.[668] Die Probleme nach Vertragsabschluss werden traditionell als **moralisches Risiko** (*moral hazard*) bezeichnet.[669]

4.1.2.2.3 Agenturkosten

Aufgrund der bestehenden Informationsasymmetrien und den partiell divergierenden Interessen zwischen Prinzipal und Agenten entstehen verglichen mit einem pareto-optimalen Zustand ohne Interessenkonflikte Wohlfahrtseinbußen. Diese Einbußen werden als **Agenturkosten** (*agency-costs*) bezeichnet.[670] *Jensen/Meckling* unterscheiden drei

---

[663] Das wohl bekannteste Beispiel für eine adverse Selektion ist der '*market of lemons*' von *Akerlof.* Vgl. *Akerlof* (1970), S. 489.

[664] Diese externen Faktoren können bspw. Umweltentwicklungen oder Leistungen anderer Agenten bei Teamproduktion sein. Vgl. *Hartmann-Wendels* (1989), S. 714; *Göbel* (2002), S. 102.

[665] Vgl. *Göbel* (2002), S. 102.

[666] Der Begriff *hidden information* erscheint zunächst irreführend, da letztendlich alle Agentur-Probleme daraus resultieren, dass für den Prinzipal nicht alle Informationen zugänglich sind. Vgl. *Göbel* (2002), S. 102.

[667] Vgl. *Elschen* (1991), S. 1004f.

[668] Vgl. *Göbel* (2002), S. 102.

[669] Vgl. *Arrow* (1985), S. 43-45.

[670] Vgl. *Meinhövel* (2005), S. 73.

Kostenkomponenten, welche die Prinzipal-Agenten-Problematik kennzeichnen.[671] Für den Auftraggeber besteht die Möglichkeit, das Handeln des Agenten zu überwachen, um Nutzeneinbußen aufgrund eines opportunistischen Verhaltens durch den Auftragnehmer zu vermeiden. Diese **Überwachungskosten** des Auftraggebers werden als *monitoring costs* bezeichnet. Sie umfassen bspw. Kosten der Beobachtung, Kosten einer Anreizvergütung oder Kosten für die Vorgabe expliziter Regeln.[672] Der Agent wiederum hat die Möglichkeit, Rechenschaft über seine Leistung abzulegen, um so zu signalisieren, dass er im Interesse des Prinzipals handelt. Diese **Rechenschaftskosten** bezeichnet man als *bonding costs*.[673] Die dritte Kostenkomponente stellt einen **Residualverlust** dar und wird daher als *residual loss* bezeichnet. Dieser Residualverlust ergibt sich als

> *„ein in Geld gemessener Wohlfahrtsverlust für den Principal aufgrund einer Abweichung zwischen der tatsächlichen Handlung des Agenten und einer für den Principal nutzenmaximierenden Handlung unter der Voraussetzung, dass bereits ein optimaler Überwachungs- und Rechenschaftsaufwand betrieben wird"*[674].

Die Summe dieser drei Kostenkomponenten determiniert schließlich die Agenturkosten, die regelmäßig als Bewertungskriterium für mögliche Lösungsansätze herangezogen werden.[675] Es zeigt sich, dass größere Unternehmen aufgrund der höheren Komplexität tendenziell auch mit höheren Agenturkosten konfrontiert sind.[676]

4.1.2.2.4 Lösungsmöglichkeiten für Prinzipal-Agenten-Probleme

Die Existenz von Informationsasymmetrien zwischen Prinzipal und Agent bietet dem Auftragnehmer erst die Möglichkeit zu opportunistischem Verhalten und ist folglich ein wesentlicher Auslöser für die Probleme einer solchen Auftragsbeziehung und den damit verbundenen Agenturkosten.[677] Daher liegen die Lösungsmöglichkeiten der Prinzipal-Agenten-Probleme insbesondere in der Reduktion der bestehenden Informationsasymmetrien.[678] Tab. 4-3 ergänzt die zuvor beschriebenen Prinzipal-Agenten-Probleme um die verschiedenen Lösungsmöglichkeiten.

Vor Vertragsabschluss kann der **Auftraggeber** versuchen, die eigentlichen Eigenschaften und Aktivitäten des Auftragnehmers zu ergründen und zu überprüfen, um einen geeigneten Agenten zu finden und somit das Risiko einer falschen Auswahl zu minimieren (*screening*).[679] Das Screening umfasst dabei alle Aktivitäten des Prinzipals, um im Vorfeld möglichst viele Informationen über den Agenten zu erlangen, wie bspw. die Durchführung

---

[671] Vgl. *Jensen/Meckling* (1976), S. 308; *Schroeder et al.* (2011), S. 124f.
[672] Vgl. *Göbel* (2002), S. 125.
[673] Vgl. *Jensen/Meckling* (1976), S. 308.
[674] *Meinhövel* (2005), S. 73.
[675] Vgl. *Göbel* (2002), S. 125-128.
[676] Vgl. *Barth* (2009), S. 90.
[677] Vgl. Kap. 4.1.2.2.1.
[678] Vgl. *Göbel* (2002), S. 110-113.
[679] Zum Screening-Begriff vgl. *Alparslan* (2006), S. 29f.

von Einstellungstests oder das Einholen mehrerer Angebote.[680] Nach Vertragsabschluss hat der Prinzipal die Möglichkeit, die Handlungen des Agenten zu beobachten und zu überwachen (*monitoring*).[681] Zu den Monitoring-Aktivitäten können allgemein die in den meisten Unternehmen installierten Planungs- und Kontrollsysteme, Kostenrechnungs- und Buchführungssysteme sowie andere Berichtssysteme gezählt werden.[682] Ebenso erhält der Aufsichtsrat im Rahmen der Corporate Governance die Aufgabe, die Aktivitäten des Vorstands bzw. des geschäftsführenden Managements zu überwachen.[683]

Entstehungszeitpunkt	Problemtyp	Problem	Lösungsmöglichkeiten	
			Principal	Agent
Vor Vertragsabschluss	Hidden characteristics	Adverse selection	Screening	Signaling
Nach Vertrags-abschluss	Hidden action	Moral hazard (Shirking, consumption in the job)	Monitoring	Reporting
	Hidden information	Moral hazard (Fringe benefits)		

Tab. 4-3: Prinzipal-Agenten-Probleme und Lösungsmöglichkeiten
Quelle: in Anlehnung an: *Barth* (2009), S. 92

Zudem hat auch der **Auftragnehmer** die Möglichkeit, die bestehenden Informationsasymmetrien zu senken. Vor Vertragsabschluss kann der Agent versuchen, seine Eigenschaften gegenüber dem Prinzipal glaubhaft zu signalisieren (*signaling*).[684] Nach Vertragsabschluss hat der Agent die Möglichkeit, Rechenschaft zu legen und sein Handeln gegenüber dem Prinzipal transparent zu machen (*reporting*). Zum Reporting gehören insbesondere Tätigkeiten wie die (freiwillige) Berichterstattung, die Dokumentation von Aktivitäten oder die freiwillige Unterwerfung von Kontrollen.[685]

Im Folgenden liegt der Fokus vor allem auf den Lösungsmöglichkeiten des Auftragnehmers, um die bestehenden Informationsasymmetrien zu senken. Betrachtet man das Management eines Unternehmens als Auftragnehmer und die Anteilseigner, die das Management beauftragt haben, in ihrem Interesse das Unternehmen zu führen, als Auftraggeber, so kann ein gezieltes Signaling bzw. Reporting als Instrument zur Reduktion bestehender Informationsasymmetrien zwischen beiden Parteien genutzt werden. Auf diese Weise kann das besser informierte Management durch Offenlegung relevanter Informati-

---

680 Vgl. *Göbel* (2002), S. 110f., sowie grundlegend zum Konzept des Screenings *Stiglitz* (1975), S. 283-300; *Jost* (2001), S. 28f.; *Kräkel* (2007), S. 29-34.

681 Vgl. *Arrow* (1985), S. 45f.; *Subramaniam* (2006), S. 62f.

682 Vgl. *Picot et al.* (2008), S. 79.

683 Zur Rolle des Aufsichtsrats im dualistischen System der Unternehmensverfassung vgl. *Schewe* (2010), S. 80-86. In den USA existiert hingegen ein monistisches System, was tendenziell dazu führt, dass die Machtposition des *Chief Executive Officer* (CEO) tendenziell stärker ausgeprägt ist. Vgl. *Schewe* (2010), S. 91, sowie ausführlich zum monistischen System S. 70-80.

684 Vgl. *Kräkel* (2007), S. 29-34; *Barth* (2009), S. 91f., sowie grundlegend die Arbeiten von *Spence* und *Riley*. Vgl. *Spence* (1972), S. 1-166; *Spence* (1973), S. 355-374; *Riley* (1975), S. 174-186, und *Spence* (2002), S. 434-459.

685 Vgl. *Göbel* (2002), S. 113.

onen die bestehenden Informationsasymmetrien verringern. Während durch ein gezieltes Signaling in erster Linie potenzielle Investoren angesprochen werden, zielt das Reporting vor allem auf die Rechenschaftslegung und Transparenz gegenüber den aktuellen Investoren. Im Rahmen dieser Arbeit bezieht sich das Signaling bzw. Reporting auf die veröffentlichten Informationen über die vergangenen und künftig zu erwartenden Leistungen und Aktivitäten des Unternehmens im Nachhaltigkeitsbereich. Insbesondere für Unternehmen mit einem hohen Engagement in diesem Bereich bestehen demnach Anreize, sich durch eine gezielte Nachhaltigkeitsberichterstattung von Unternehmen abzugrenzen, die Nachhaltigkeitsaspekten weniger Aufmerksamkeit einräumen. Die Nichtveröffentlichung solcher Informationen würden Investoren möglicherweise als Signal für ein nicht vorhandenes oder zumindest unzureichendes Nachhaltigkeitsengagement interpretieren.[686] Die freiwillige Veröffentlichung von Nachhaltigkeitsberichten kann somit zu einer Verringerung der Informationsasymmetrien und letztendlich zu einer Verringerung der agency costs führen.

4.1.2.3 Positive Accounting Theory

4.1.2.3.1 Grundlagen der Positive Accounting Theory

Die *Positive Accounting Theory* (PAT) hat sich in den 1970er und 1980er Jahren zum dominierenden Forschungsparadigma in der Rechnungslegungstheorie entwickelt.[687] Sie wurde entscheidend durch Veröffentlichungen der Autoren *Watts* und *Zimmermann* Ende der 1970er geprägt und besitzt bis heute einen hohen Stellenwert in der Rechnungslegungsforschung.[688] Mit Einführung der PAT entwickelte sich eine Verlagerung in der Accounting Theory vom bis dahin dominierenden normativen Forschungsansatz hin zu einer positiven Forschungsrichtung.[689] Im Unterschied zur normativen Herangehensweise, die sich bereits in den 1940er und 1950er Jahren entwickelt hat und versucht zu beschreiben, wie die Rechnungslegung ausgestaltet sein sollte,[690] stellt das positive Vorgehen im Rahmen der PAT den Ist-Zustand in den Vordergrund. *Watts/Zimmermann* sehen die Grundlagen der PAT vor allem in den Arbeiten von *Ball/Brown* und *Beaver,* welche den Einfluss von Rechnungslegungsinformationen auf die Anlageentscheidungen von Investoren auf dem Kapitalmarkt untersuchten und somit die Methoden der empirischen Finanzwissenschaft auf die Rechnungslegungstheorie übertrugen.[691] Die PAT versucht, die in der Realität auftretenden Phänomene zu erklären und in einen sinnhaften Zusammenhang zu bringen.[692]

---

[686] Vgl. *Streim* (1995), S. 716.
[687] Vgl. *Deegan/Unerman* (2011), S. 257.
[688] Vgl. *Watts/Zimmermann* (1978); *Watts/Zimmermann* (1979).
[689] Zum normativen und positiven Forschungsansatz vgl. *Watts/Zimmermann* (1986), S. 7-9.
[690] Vgl. *Ewert* (1987), S. 292-298; *Godfrey et al.* (2010), S. 24-26; *Schroeder et al.* (2011), S. 123.
[691] Vgl. *Watts/Zimmermann* (1990), S. 132. Vgl. zudem grundlegend die Arbeiten von *Beaver* (1968), S. 67-92, sowie *Ball/Brown* (1968), S. 159-178.
[692] Vgl. *Haller* (1988), S. 398. Zum Begriff normativer Aussagen vgl. *Poser* (2006), S. 33-36.

„Es wird somit der Frage nachgegangen, warum sich die Praxis der Rechnungslegung so entwickelt hat, wie sie sich in der Realität darstellt."[693]

Die PAT zielt in erster Linie darauf ab, bestimmte Rechnungslegungsentscheidungen theoretisch zu erklären und im Anschluss empirisch zu überprüfen.[694] Ebenso lässt sich die Analyse bestimmter Kapitalmarktreaktionen als Folge spezifischer Rechnungslegungsentscheidungen in diese Forschungsrichtung einordnen.[695] Die PAT folgt zudem der wissenschaftstheoretischen Grundposition des kritischen Rationalismus.[696] Sie versucht das Rechnungslegungsverhalten bzw. die Wahl bestimmter Rechnungslegungsmethoden durch das Management zu erklären, indem falsifizierbare Hypothesen zu möglichen Determinanten formuliert werden. Diese werden in einem zweiten Schritt empirisch auf ihre Gültigkeit überprüft.[697]

Ökonomisch gründet der Ansatz der PAT auf Kosten-Nutzen-Analysen, wonach der Rechnungslegung nur eine Existenzberechtigung zugesprochen werden kann, wenn ihr Nutzen die Kosten der Berichterstattung übersteigt.[698] Der Nutzen publizierter Rechnungslegungsinformationen ist aufgrund divergierender Informationsnutzen der Adressaten allerdings kaum messbar.[699] Empirisch könnte der Nutzen durch eine Verringerung der Kapitalkosten aufgrund verminderter Informationsasymmetrien abgebildet werden.[700] Im Rahmen der vorliegenden Arbeit werden sowohl die Determinanten der Nachhaltigkeitsberichterstattung analysiert, als auch die Auswirkungen der Berichterstattung auf die Eigenkapitalkosten der Unternehmen empirisch untersucht. Dieses Vorgehen lässt sich folglich der positiven Herangehensweise der PAT zuordnen.

Die PAT gründet ihre Erklärungen über das Rechnungslegungsverhalten auf der Existenz von Informationsasymmetrien und Transaktionskosten. Dabei greift sie auf das ökonomische Rationalprinzip zurück, *„wonach sich Personen bei ihren Entscheidungen rational im Hinblick auf die Maximierung ihres eigenen Wohlstands verhalten"*[701]. Darauf aufbauend beschäftigt sich die PAT vor allem mit zwei zentralen Fragestellungen und unterscheidet zwischen vertragsorientierten und prozessorientierten Ansätzen.

Mit Hilfe **vertragsorientierter Ansätze** versucht die PAT herauszufinden, was die Entscheidungen von Managern bei der Auswahl bestimmter Rechnungslegungsinstrumente (bspw. bei der Entscheidung für eine freiwillige Nachhaltigkeitsberichtserstattung) beein-

---

693 *Barth* (2009), S. 83.

694 Vgl. *Demski* (1988), S. 623: *„The central theme in Positive Accounting Theory is the choice of accounting method. Empirically, the work focuses on financial accounting method as a dependent variable. Theoretically, the work stresses the identification of the circumstances which produce a particular choice of financial accounting method."*

695 Vgl. *Barth* (2009), S. 83f. Zu den Limitationen und Schwächen der PAT vgl. kritisch *Sterling* (1990), S. 130-133, sowie *Haller* (1994), S. 604-606.

696 Zum kritischen Rationalismus vgl. Kap. 1.3.

697 Vgl. *Deegan/Unerman* (2011), S. 258.

698 Vgl. *Haller* (1994), S. 598, sowie hierzu auch Kapitel 2.2.1. Vgl. zudem *Ewert/Wagenhofer* (1992), S. 310.

699 Vgl. *Baetge et al.* (2012), S. 123f.

700 Vgl. *Griewel* (2006), S. 238f.

701 *Haller* (1994), S. 598.

flusst.[702] Im Mittelpunkt steht dabei die Annahme, dass diese Entscheidungen primär durch die in der Realität bestehenden Informationsasymmetrien und Transaktionskosten erklärt werden können.[703] Diese Annahme gründet in erster Linie auf der Prinzipal-Agenten-Theorie, *„die eine auf das Vertragsverhältnis Manager – Kapitalgeber spezialisierte Weiterentwicklung der Contracting Theory darstellt*"[704].[705] Im Fokus der Betrachtung steht dabei die Beziehung zwischen Manager und Kapitalgeber. Unter der Annahme, dass beide Parteien bestrebt sind, ihren eigenen Nutzen zu maximieren, ist die zentrale These der PAT, dass die Wahl der Rechnungslegungsmethoden primär davon abhängig ist, inwieweit die veröffentlichten Informationen zu einer Verringerung der bestehenden Informationsasymmetrien zwischen dem Management und den Kapitalgebern führen.

Basierend auf den vertragsorientierten Ansätzen haben *Watts/Zimmermann* zwei grundlegende Hypothesen formuliert, die das Rechnungslegungsverhalten des Managements in Abhängigkeit der Beziehung mit den Kapitalgebern erklären. Nach der *bonus plan hypothesis* ist die Ausgestaltung der Rechnungslegung abhängig von der Gestaltung der Managementvergütungssysteme. Demnach versuchen Manager mit einer ergebnisabhängigen Vergütung im Rahmen bilanzpolitischer Spielräume Gewinne künftiger Perioden vorzuziehen, um in der aktuellen Periode ein möglichst hohes Ergebnis auszuweisen.[706] Die *debt/equity hypothesis* unterstellt hingegen einen Zusammenhang zwischen dem Verschuldungsgrad eines Unternehmens und dem Ergebnisausweis. Je höher der Verschuldungsgrad eines Unternehmens ist, desto mehr wird das Management bestrebt sein, Gewinne künftiger Perioden vorzuziehen, um in der aktuellen Periode ein möglichst hohes Ergebnis auszuweisen.[707] Während mit einem höheren Verschuldungsgrad ein erhöhtes Risiko verbunden ist, kann das Management durch die Vorverlagerung von Gewinnen eine positive Ertragslage signalisieren.

Die **prozessorientierten Ansätze** zielen im Unterschied zu den vertragsorientierten Ansätzen nicht auf die Beziehung zwischen Managern und Kapitalgebern ab, sondern untersuchen, inwieweit Manager versuchen, regulative Normensetzungsprozesse in der Rechnungslegung zu ihrem eigenen Vorteil zu beeinflussen.[708] Dabei wird auch auf die beiden Hypothesen (*bonus plan hypothesis* und *debt/equity hypothesis*), die sich aus der Prinzipal-Agenten-Theorie ableiten, zurückgegriffen. Demnach ist die Einflussnahme auf den Normensetzungsprozess durch das Management davon abhängig, inwieweit die zur Diskussion stehenden Rechnungslegungsverfahren die Beziehungen zwischen dem Management und den Kapitalgebern und die damit verbundenen *contracting costs* zu ihrem Vorteil beeinflussen können.[709]

Dabei wird angenommen, dass vor allem große Unternehmen in stärkerem Maße Lobbyismus bei den Rechnungslegungsinstitutionen sowie den entsprechenden gesetzgebenden

[702] Zu den vertragsorientierten Ansätzen der PAT vgl. ausführlich *Haller* (1994), S. 599f.
[703] Vgl. *Haller* (1994), S. 598.
[704] *Haller* (1988), S. 398.
[705] Zu den Grundlagen der Prinzipal-Agenten-Theorie vgl. ausführlich Kap. 4.1.2.2.
[706] Vgl. *Watts/Zimmermann* (1986), S. 208, sowie ausführlich *Deegan/Unerman* (2011), S. 276-288.
[707] Vgl. *Watts/Zimmermann* (1986), S. 216, sowie ausführlich *Deegan/Unerman* (2011), S. 288-296.
[708] Vgl. *Haller* (1988), S. 399.
[709] Vgl. *Haller* (1994), S. 601.

Institutionen betreiben, um Kosten der Einflussnahme von Überwachungsinstanzen und Regulierungsbehörden (bspw. durch Besteuerung, Umweltschutzauflagen etc.) zu vermeiden (*size hypothesis*).[710] In diesem Zusammenhang spricht man auch von **politischen Kosten.**

4.1.2.3.2 Die Existenz politischer Kosten

Für die Hypothesengenerierung wird im weiteren Verlauf vor allem auf die Existenz politischer Kosten zurückgegriffen. Im Unterschied zur Prinzipal-Agenten-Theorie, bei der die Agenturkosten aus der Beziehung zwischen Prinzipal und Agent resultieren, ergeben sich politische Kosten bei der PAT aus der Einflussnahme von Überwachungsinstanzen und Regulierungsbehörden auf die Geschäftsaktivitäten des Unternehmens.[711] Politische Kosten sind somit definiert als *„those associated with the power of government to expropriate wealth from companies and redistribute it to other parties in society."*[712]

Da die Unternehmensgröße häufig als ein Indikator für die Marktmacht der Unternehmen angesehen wird, sind vor allem große Unternehmen einer kritischen politischen und gesellschaftlichen Aufmerksamkeit ausgesetzt.[713] Folglich stellen *Watts/Zimmermann* die zentrale Hypothese auf, dass *„the larger the firm, the more likely the manager is to choose accounting procedures that defer reported earnings from current to future periods"*[714]. Die *size hypothesis* geht folglich davon aus, dass größere Unternehmen mit höheren politischen Kosten (*political costs*) konfrontiert sind und verwendet die Unternehmensgröße als Stellvertretervariable (*proxy variable*) für die Höhe und Wahrscheinlichkeit von möglicherweise auftretenden politischen Kosten.[715] Um diese Kosten zu vermeiden, ist zu erwarten, dass größere Unternehmen eine umfangreichere Berichterstattung aufweisen als kleinere.[716]

Höhere Unternehmensgewinne lenken die Aufmerksamkeit von Überwachungsinstanzen und Regulierungsbehörden auf die Unternehmen und führen häufig zu einem Anstieg der politischen Kosten.[717] Unternehmen stehen demnach regelmäßig unter der kritischen Beobachtung durch verschiedene gesellschaftliche Gruppen, wie bspw. der Regierung, Enforcement-Institutionen, Gewerkschaften, Konsumenten, Umweltschutzorganisationen und anderen. Laut *Deegan/Unermann* stehen vor allem profitable Unternehmen vielfach unter dem Verdacht, einen zu geringen Anteil für das Allgemeinwohl zu leisten.

> *„Government and interest groups may publicly promote the view that a particular organization (typically large) is generating excessive profits and not paying its 'fair share' to other segments of the community (for example, the wages are too low, its*

---

[710] Vgl. *Haller* (1988), S. 391; *Barth* (2009), S. 85.
[711] Vgl. *Barth* (2009), S. 90.
[712] *Wong* (1995), S. 397.
[713] Vgl. *Watts/Zimmermann* (1990), S. 139; *Deegan/Unerman* (2011), S. 296.
[714] *Watts/Zimmermann* (1986), S. 235.
[715] Vgl. *Watts/Zimmermann* (1990), S. 139, sowie kritisch zur Unternehmensgröße als Stellvertretervariable *Ball/Foster* (1982), S. 183; *Wong* (1988), S. 162.
[716] Vgl. *Barth* (2009), S. 91.
[717] Vgl. *Haller* (1994), S. 601.

product prices are too high, its financial commitment to environmental and community initiatives is to low, its tax payments are too low, and so on)."[718]

So stehen bspw. Unternehmen des profitablen Energiesektors zunehmend in der öffentlichen Kritik, trotz hoher Unternehmensgewinne die Strompreise kontinuierlich zu erhöhen. Ebenso wird Unternehmen der Mineralölindustrie häufig vorgeworfen, im Interesse hoher Unternehmensgewinne natürliche Ressourcen auszubeuten und gleichzeitig zu wenig in den Umweltschutz und in erneuerbare Energien zu investieren. Auch Banken und Ratingagenturen, die vornehmlich für die jüngsten Wirtschaftskrisen verantwortlich gemacht werden, sehen sich zunehmend einem negativen öffentlichen Image gegenüber.[719]

Abgesehen vom Einfluss der Unternehmensgröße ist daher vor allem auch ein Zusammenhang zwischen der Branchenzugehörigkeit und der Verursachung politischer Kosten zu erwarten. So ist zu vermuten, dass „*politically sensitive companies*“[720] eher zu einer umfangreicheren Berichterstattung neigen als Unternehmen einer Branche, die weniger im Fokus eines kritischen öffentlichen Interesses steht.[721] In der Literatur werden häufig Unternehmen der Mineralölindustrie als Beispiel für politisch sensitive Firmen angeführt.[722]

Neben gewinnmindernden Bilanzierungstechniken nutzen Unternehmen zunehmend auch die Veröffentlichung von Informationen über ihr Nachhaltigkeitsengagement, um politische Kosten zu reduzieren. So argumentieren *Ness/Mirza*, dass insbesondere die freiwillige Veröffentlichung von Informationen über das Engagement der Unternehmen im ökologischen und sozialen Bereich als Maßnahme angesehen werden kann, um politische Kosten zu reduzieren.[723]

4.1.3 Soziologische Theorieansätze

4.1.3.1 Vorüberlegungen

Während die ökonomische Sichtweise des Institutionalismus ihre Argumentation ausgehend vom methodologischen Individualismus auf den rational handelnden Akteur gründet, nimmt die soziologische Sichtweise eine makrostrukturelle Perspektive ein. Basierend auf den Annahmen des methodologischen Kollektivismus sind kollektive Phänomene demnach nicht durch das Handeln einzelner Akteure zu erklären. Vielmehr wirken sich kollektive Erwartungen auf das Handeln des Individuums aus, in dem der Akteur aufgrund der gesellschaftlichen Handlungserwartungen bestimmte soziale Rollen einnimmt.[724] Daher werden diese Theorien auch als **systemorientierte Theorien**[725] (*systems-oriented theories* oder *open-system theories*) bezeichnet. Nachfolgend werden die **Legitimi-**

---

[718] *Deegan/Unerman* (2011), S. 296.
[719] Vgl. *Reisloh* (2011), S. 140f.
[720] *Deegan/Unerman* (2011), S. 300.
[721] Vgl. *Barth* (2009), S. 91.
[722] Vgl. *Wasser* (1976), S. 95; *Watts/Zimmermann* (1978), S. 115f.; *Holthausen/Leftwich* (1983), S. 87f.; *Verrecchia* (1983), S. 182; *Milne* (2002), S. 374; *Massoud* (2009), S. 1.
[723] Vgl. *Ness/Mirza* (1991), S. 215f.
[724] Vgl. Kap. 4.1.1.4.
[725] Vgl. *Gray et al.* (1996), S. 45, sowie *Scott* (2003), S. 82-101.

tätstheorie und die **Stakeholdertheorie** näher erläutert. Diese leiten sich aus der inhaltlich weiter gefassten politischen Ökonomie, auch als Nationalökonomie bezeichnet, ab.[726] Die politische Ökonomie setzt sich mit dem Zusammenhang zwischen ökonomischen Prozessen und den gesellschaftlichen sowie politischen Rahmenbedingungen auseinander und wird mitunter in zwei Stränge unterteilt, die *Gray* als *„classical“* und *„bourgeois“ political economy* bezeichnet.[727] Sowohl die Stakeholdertheorie als auch die Legitimitätstheorie sind, wie sie im Folgenden verwendet werden, auf Letztere zurückzuführen.[728]

Diese systemorientierte Perspektive geht davon aus, dass die Unternehmen durch das jeweilige gesellschaftliche Umfeld beeinflusst werden und umgekehrt dieses auch beeinflussen.[729]

> *„Organizations compete not just for resources and customers, but for political power and institutional legitimacy, for social as well as economic fitness.“*[730]

Die Nachhaltigkeitsberichterstattung kann in diesem Zusammenhang als eine Strategie angesehen werden, mit der die Unternehmen versuchen, ihre Beziehungen zu anderen gesellschaftlichen Akteuren und Institutionen zu beeinflussen. Ebenso wie die Principal-Agent-Theory und die PAT sind die Legitimitätstheorie und die Stakeholdertheorie dem positiven Forschungszweig zuzuordnen. In Abgrenzung zu einer normativen Herangehensweise versuchen diese Theorien, bestimmte Entscheidungen des Managements (bspw. die Veröffentlichung separater Nachhaltigkeitsberichte) zu erklären und ggf. zu prognostizieren.[731]

4.1.3.2 Legitimitätstheorie

4.1.3.2.1 Grundlagen der Legitimitätstheorie

Gemäß der Legitimitätstheorie (*legitimacy theory*) sind Unternehmen fortwährend darum bestrebt, dass ihre Aktivitäten als konform mit den bestehenden gesellschaftlichen Normen und Werten wahrgenommen und somit durch die Gesellschaft als legitimiert angesehen werden.[732] *Suchman* definiert **Legitimität** als *„a generalized perception or assumption that the actions of an entity are desirable, proper, or appropriate within some socially constructed system of norms, values, beliefs, and definitions.“*[733]

Eine objektive inhaltliche Ausgestaltung des Legitimitätsbegriffs ist somit nicht möglich, da Normen und Wertvorstellungen abhängig von dem jeweiligen gesellschaftlichen Sys-

---

[726] Vgl. *O'Donovan* (2002), S. 345.

[727] Vgl. *Gray et al.* (1996), S. 47; *Gray et al.* (1995), S. 53.

[728] Zur Unterscheidung zwischen *‚classical‘* und *‚bourgeois‘ political economy* vgl. ausführlicher *Gray et al.* (1996), S. 47-50, sowie *Deegan/Unerman* (2011), S. 322f. Die klassische politische Ökonomie wird im weiteren Verlauf der Arbeit keine Berücksichtigung finden.

[729] Vgl. *Aldrich* (2008), S. 265: *„The major factors that organizations must take account of in their environments are other organizations.“* Vgl. zudem ausführlicher *Caroll/Delacroix* (1982), S. 169-191.

[730] *DiMaggio/Powell* (1983), S. 150.

[731] Vgl. *Deegan/Unerman* (2011), S. 321.

[732] Vgl. *Deegan/Unerman* (2011), S. 323.

[733] *Suchman* (1995), S. 574.

tem sind. Was als legitim gilt und was nicht, ist damit zeit- und ortsabhängig, da bestehende gesellschaftliche Normen und Werte zwischen verschiedenen Gesellschaften variieren und sich zudem im Zeitverlauf ändern können (soziales Konstrukt[734]).[735]

Allgemein sind die Begriffe **Legitimität** (*legitimacy*) und **Legitimation** (*legitimation*) zu unterscheiden. Die Legitimität bezeichnet einen Status. Bezogen auf die aktuelle Fragestellung gibt sie an, ob die Aktivitäten des Unternehmens durch die Gesellschaft legitimiert sind oder nicht. Legitimation beschreibt hingegen den Prozess, der dazu führt, dass die Aktivitäten eines Unternehmens für legitimiert befunden werden.[736]

Legitimität wird als notwendige Ressource verstanden, damit ein Unternehmen langfristig überleben kann.[737] Im Unterschied zu den meisten anderen Ressourcen kann die Legitimität durch verschiedene **Legitimationsstrategien**[738] (*legitimation strategies*) direkt vom Unternehmen beeinflusst werden.[739] Entscheidend ist letztendlich nicht das tatsächliche Handeln des Unternehmens, sondern vielmehr was die Gesellschaft über das Handeln des Unternehmens weiß bzw. was sie davon wahrnimmt. So ist es möglich, dass das unternehmerische Handeln stark von den gesellschaftlichen Normen und Wertvorstellungen abweicht, es aber trotzdem nicht zu einem sanktionierenden Legitimitätsentzug kommt, da der Gesellschaft die nicht normen- und wertkonformen Aktivitäten des Unternehmens verborgen bleiben.[740]

4.1.3.2.2 Gesellschaftsvertrag

Die Legitimitätstheorie basiert auf der Annahme der Existenz eines **Gesellschaftsvertrags** (*social contract*) zwischen dem jeweiligen Unternehmen und dem gesellschaftlichen Umfeld, in dem das Unternehmen tätig ist.[741] Die Vertragsinhalte werden dabei durch die expliziten und impliziten Erwartungen der Gesellschaft an das unternehmerische Handeln determiniert. Als **explizite Erwartungen** des Gesellschaftsvertrags werden allgemein die gesetzlich kodifizierten Anforderungen an die Unternehmen verstanden. Die nicht festgeschriebenen allgemeinen gesellschaftlichen Erwartungen an die Unternehmen, welche innerhalb der einzelnen Bevölkerungsschichten oder hinsichtlich einzelner Individuen durchaus unterschiedlich sein können, werden als **implizite Erwartungen** bezeichnet.[742]

Die gesellschaftlichen Erwartungen haben sich in den letzten Jahren stark verändert. In der Vergangenheit galt traditionell die Gewinnmaximierung und somit die Profitabilität

---

[734] Vgl. *Deegan/Unerman* (2011), S. 325.
[735] Vgl. *Dowling/Pfeffer* (1975), S, 124; *Suchman* (1995), S. 574.
[736] Vgl. *Dowling/Pfeffer* (1975), S. 122.
[737] Vgl. *O'Donovan* (2002), S. 344; *Deegan/Unerman* (2011), S. 324; *Brühl/Osann* (2011), S. 282.
[738] Zu den verschiedenen Legitimationsstrategien vgl. Kap. 4.1.3.2.4.
[739] Vgl. *Woodward et al.* (1996), S. 330.
[740] Vgl. *Suchman* (1995), S. 574; *Deegan/Unerman* (2011), S. 324.
[741] Der Gesellschaftsvertrag ist nicht ein von beiden Vertragsparteien unterzeichnetes schriftliches Dokument, sondern vielmehr ein theoretisches Konstrukt.
[742] Vgl. *Gray et al.* (1996), S. 40; *Deegan/Unerman* (2011), S. 325 und S. 328.

der Unternehmen als optimaler Wertmaßstab für die Unternehmensleistung.[743] Der Profit wurde als *„all-inclusive criterion"*[744]der gesellschaftlichen Legitimität der Unternehmen angesehen. Mittlerweile sehen sich Unternehmen wesentlich umfangreicheren Erwartungen seitens der Gesellschaft ausgesetzt. Einzig durch die Gewinnmaximierung können Unternehmen heute meist keine gesellschaftliche Legitimität mehr erlangen. So hat in den letzten Jahrzehnten die unternehmerische Verantwortung in Bereichen wie Umweltschutz oder Arbeitssicherheit zunehmend an Bedeutung gewonnen.[745] Unternehmen, die den neuen gesellschaftlichen Anforderungen nicht gerecht werden, können in der Folge einen erheblichen wirtschaftlichen Schaden erleiden, indem sich für solche Unternehmen bspw. der Zugang zu notwendigen Ressourcen erschwert.[746] Der Gesellschaftsvertrag im Sinne der Legitimitätstheorie fordert von den Unternehmen daher die Beachtung von Gesetzen sowie die Berücksichtigung der Rechte und Erwartungen der Gesellschaft als Ganzes. Eine Beschränkung auf die Interessen der Investoren als ein Teil der Gesellschaft kann dazu führen, dass die unternehmerischen Tätigkeiten keine gesellschaftliche Legitimität erlangen und dem Unternehmen sogar Sanktionen durch die Gesellschaft drohen. So können diese Unternehmen einen wirtschaftlichen Schaden erleiden, indem ihnen die Kapitalaufnahme erschwert oder ihre Produkte oder Dienstleistungen durch die Konsumenten boykottiert werden.[747]

Da es sich beim Gesellschaftsvertrag um ein theoretisches Konstrukt handelt und nicht um ein inhaltlich genau umschriebenes Dokument, wird es regelmäßig dazu kommen, dass unterschiedliche Manager die Erwartungen der Gesellschaft und somit den vertraglichen Inhalt auch unterschiedlich einschätzen werden. In der Folge werden die Manager unterschiedlich auf diese Erwartungen reagieren.[748] Dies erklärt bspw., warum einige Unternehmen separate Nachhaltigkeitsberichte veröffentlichen und andere Unternehmen darauf verzichten.

4.1.3.2.3 Gesellschaftliche Erwartungen und Legitimitätslücke

Wie zuvor bereits erwähnt, ändern sich **gesellschaftliche Erwartungen** (*society's expectations*) im Zeitverlauf. Wenn sich die Erwartungen der Gesellschaft verändern, müssen die Unternehmen zeigen, dass auch sie ihr unternehmerisches Handeln ändern und bestrebt sind, in Einklang mit diesen Erwartungen zu agieren. Andernfalls müssen die Unternehmen explizit kommunizieren, warum sie ihren Geschäftsbetrieb trotz einer veränderten gesellschaftlichen Erwartungshaltung nicht geändert haben.[749] Wenn die Unternehmen

---

743 Vgl. *Friedman* (1970), New York Times (Ausgabe vom 13. September 1970). Vgl ferner *Ramanathan* (1976), S. 516; *Abbott* (1979), S. 502; *Heard/Bolce* (1981), S. 247; *Patten* (1991), S. 298; *Patten* (1992), S. 471.

744 *Ramanathan* (1976), S. 516.

745 Vgl. *Heard/Bolce* (1981), S. 247-249; *Tinker/Neimark* (1987), S. 84.

746 Vgl. *Deegan/Unerman* (2011), S. 325.

747 Vgl. *Deegan/Rankin* (1996), S. 54; *Deegan* (2002), S. 293; *Deegan* (2007), S. 133f.; *Baetge/Schmidt* (2010), S. 293f.

748 Vgl. *Deegan/Unerman* (2011), S. 328.

749 Vgl. *Deegan/Unerman* (2011), S. 329.

nicht angemessen auf veränderte gesellschaftliche Erwartungen reagieren, droht die sog. **Legitimitätslücke** (*legitimacy gap*) größer zu werden.

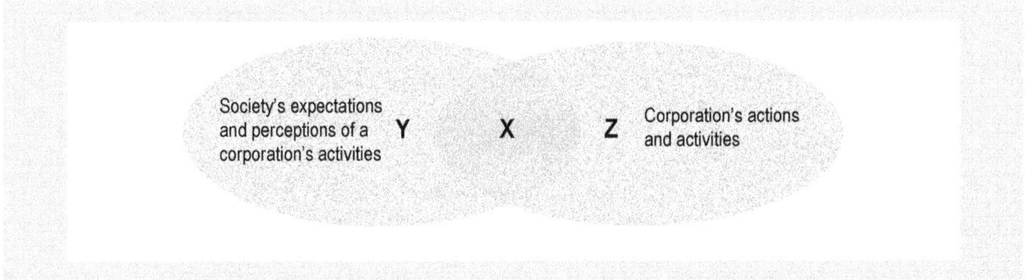

Abb. 4-1: Legitimitätslücke
Quelle: *O'Donovan* (2002), S. 347

Die in Abb. 4-1 mit Y und Z gekennzeichneten Felder repräsentierten die Legitimitätslücke. In diesem Fall stimmen das unternehmerische Handeln und die Erwartungen der Gesellschaft, wie das Unternehmen handeln sollte, nicht überein.[750] Wenn sich die gesellschaftlichen Erwartungen verändern, kann eine solche Lücke selbst dann entstehen bzw. sich vergrößern, wenn das Unternehmen seine Aktivitäten überhaupt nicht verändert.[751] So resultierte ein zunehmendes Bewusstsein über die gesundheitlichen Konsequenzen des Rauchens in einem starken Legitimitätsverlust von Unternehmen der Tabakindustrie, ohne dass diese ihre Aktivitäten in irgendeiner Weise verändert hätten.[752] Ebenso kann eine Legitimitätslücke dann entstehen, wenn sich die Aktivitäten des Unternehmens ändern während die gesellschaftlichen Erwartungen gleich bleiben oder wenn sich beides ändert, die Veränderungen jedoch konträr verlaufen oder sich zumindest nicht in gleichem Ausmaß verändern.[753]

Die Legitimität eines Unternehmens kann jedoch ebenso bedroht sein, wenn das Unternehmen zwar gemäß der Normen- und Wertvorstellungen einer Gesellschaft agiert und auch entsprechend auf veränderte gesellschaftliche Erwartungen reagiert, allerdings nicht über diese Aktivitäten berichtet. Nur durch eine entsprechende Informationsbereitstellung können die Unternehmen sicherstellen, dass ihr Handeln auch als legitim wahrgenommen wird.[754] Daher besitzt die Berichterstattung der Unternehmen, bspw. in Form von Nachhaltigkeitsberichten, eine besondere Bedeutung bei der Erlangung und Sicherstellung ihrer Legitimität. Dies gilt insbesondere in Bezug auf sich ändernde gesellschaftliche Erwartungen.

Eine weitere Bedrohung der Legitimität besteht daher vor allem auch in den der Öffentlichkeit nicht bekannten Aktivitäten der Unternehmen, die bei Bekanntwerden zu einem

[750] Vgl. *O'Donovan* (2002), S. 346f.
[751] Vgl. *Sethi* (1978), S. 58; *Wartick/Mahon* (1994), S. 302.
[752] Vgl. ausführlich *Miles/Cameron* (1982), S. 30-54; *Näsi et al.* (1997), S. 301.
[753] Vgl. *Wartick/Mahon* (1994), S. 302.
[754] Vgl. hierzu *Deegan/Unerman* (2011), S. 330.

Legitimitätsentzug und somit zu einer Ausweitung der Legitimitätslücke führen würden. *Bowles* bezeichnet diese nicht bekannten Informationen als „*Organization shadow*"[755].

> „*The potential body of information about the corporation that is unavailable to the public – the organizational shadow [...] – stands as a constant potential threat to a corporation's legitimacy. When part of the organizational shadow is revealed, either accidentally or through the activities of an activist group or journalist, a legitimacy gap may be created.*"[756]

Ein Beispiel für diese Ursache des Legitimitätsverlusts ist die Aufdeckung von Ausbeutungsbetrieben großer Sportartikelhersteller in Asien (bspw. NIKE).[757]

In dem in Abb. 4-1 mit X markierten Bereich handelt das Unternehmen hingegen in Übereinstimmung mit den gesellschaftlichen Erwartungen, so dass das Handeln als legitimiert angesehen werden kann. Um eine größtmögliche Legitimität des unternehmerischen Handelns zu erreichen, sollten die Unternehmen bestrebt sein, den mit X markierten Bereich zu maximieren.[758] Um die Legitimitätslücke zu reduzieren, können verschiedene Strategien angewendet werden, auf die im Folgenden kurz eingegangen wird.[759]

4.1.3.2.4 Legitimationsstrategien

Grundsätzlich ist zu unterscheiden, ob ein Unternehmen versucht seine Legitimität auszuweiten, zu erhalten oder zu verteidigen.[760] *Suchman* sowie *Deegan/Unermann* sprechen in diesem Zusammenhang auch davon, Legitimität zu erlangen, zu erhalten und wiederherzustellen.[761] Die Notwendigkeit, **Legitimität auszuweiten oder zu erlangen**, besteht bspw. für Unternehmen, die in einem vollständig neuen Geschäftsfeld tätig werden, in dem sie bislang keinerlei Reputation besitzen. *Ashforth/Gibbs* bezeichnen diese Situation auch als „*liability of newness*"[762]. Die Herausforderung für die Unternehmen besteht folglich darin, durch initiatives Handeln Legitimität zu erlangen.[763]

Einfacher als Legitimität auszuweiten bzw. zu erlangen oder aber auch Legitimität zu verteidigen bzw. wiederherzustellen wird allgemein die Aufgabe angesehen, **Legitimität zu erhalten**.[764] Diese kontinuierliche Herausforderung resultiert aus den sich im Zeitverlauf verändernden gesellschaftlichen Erwartungen. Aufgabe der Unternehmen ist es folglich, die gesellschaftlichen Entwicklungen zu beobachten und Veränderungen rechtzeitig zu antizipieren, um adäquat auf sich wandelnde Erwartungen der Gesellschaft reagieren zu

[755] *Bowles* (1991), S. 378.
[756] *Näsi et al.* (1997), S. 301.
[757] Für dieses und weitere Beispiele vgl. *Deegan/Unerman* (2011), S. 330.
[758] Vgl. *Sethi* (1977), S. 58.
[759] Vgl. *Dowling/Pfeffer* (1975), S. 126f.
[760] Vgl. *Ashforth/Gibbs* (1990), S. 182.
[761] Vgl. *Suchman* (1995), S. 586-599; *Deegan/Unerman* (2011), S. 331.
[762] Vgl. *Ashforth/Gibbs* (1990), S. 182.
[763] Vgl. ausführlich *Suchman* (1995), S. 586-593.
[764] Vgl. *Ashforth/Fried* (1988), S. 307f.; *Ashforth/Gibbs* (1990), S. 183; *O'Donovan* (2002), S. 349.

können und somit bereits erlangte Legitimität zu sichern (bspw. durch eine umfangreiche Berichterstattung über ihre Nachhaltigkeitsleistung).[765]

Das Erfordernis **Legitimität zu verteidigen bzw. wiederherzustellen** entsteht häufig in Folge unvorhergesehener Krisen und Zwischenfälle, die negative Auswirkungen auf die Reputation des Unternehmens haben und letztendlich zu einem gesellschaftlichen Legitimitätsentzug führen (können).[766] In vieler Hinsicht ähneln sich die Herausforderungen für die Unternehmen, wenn sie gefordert sind, ihre Legitimität auszuweiten bzw. zu erlangen oder aber sie zu verteidigen bzw. wiederherzustellen.[767] Nach *O'Donovan* beziehen sich die Unterschiede auf die Terminierung der Handlungsinitiative:

> *"Generally, however, the main difference is that strategies for repairing legitimacy are reactive, usually to an unforseen and immediate crisis, whereas techniques to gain legitimacy are usually ex ante, proactive and not normally related to crisis."*[768]

Um diesen Anforderungen zu begegnen, bieten sich den Unternehmen verschiedene **Legitimationsstrategien.** Eine direkte Zuteilung der Strategien zu den jeweiligen Herausforderungen der Ausweitung bzw. Erlangung, Erhaltung oder Verteidigung bzw. Wiederherstellung der Legitimität ist indes nicht möglich. Die meisten Strategien erscheinen jedoch vor allem sinnvoll, wenn die Unternehmen bestrebt sind, ihre Legitimation wiederherzustellen. *Deegan/Unerman* begründen dies damit, dass Studien zur Legitimität von Unternehmen bislang überwiegend auf das Vorhandensein von Krisen als Betrachtungszeitpunkt abstellen.[769] *Dowling/Pfeffer* unterscheiden dabei grundsätzlich zwischen drei Strategien:[770]

- Die Unternehmen können ihre Geschäftsaktivitäten an die gesellschaftlichen Erwartungen anpassen,
- sie können durch Kommunikation versuchen, Einfluss auf die Bildung gesellschaftlicher Erwartungen zu nehmen, um diese in Einklang mit dem aktuellen unternehmerischen Handeln zu bringen, oder
- sie können ebenfalls durch Kommunikation versuchen, von der Gesellschaft mit bestimmten Normen und Werten identifiziert zu werden, welche ein hohes Maß an Legitimität besitzen.

Insbesondere die beiden letztgenannten Strategien gründen explizit auf der Offenlegung von Informationen.[771] Die traditionelle Finanzberichterstattung allein erscheint indes nicht ausreichend, um die Aktivitäten der Unternehmen gegenüber den mehrdimensionalen und komplexen gesellschaftlichen Erwartungen zu legitimieren. Daher kommt insbesondere der Nachhaltigkeitsberichterstattung durch die Veröffentlichung ökonomischer,

---

765 Vgl. ausführlich *Suchman* (1995), S. 593-597.

766 Vgl. *Ashforth/Gibbs* (1990), S. 183f.; *Suchman* (1995), S. 597-599. Für ein Beispiel aus der Tabakindustrie vgl. *Pava/Krausz* (1997), S. 341-344.

767 Vgl. *Suchman* (1995), S. 597; *O'Donovan* (2002), S. 350.

768 *O'Donovan* (2002), S. 350.

769 *Deegan/Unerman* (2011), S. 332f.

770 Vgl. *Dowling/Pfeffer* (1975), S. 127.

771 Vgl. *Deegan/Unerman* (2011), S. 333.

ökologischer und sozialer Informationen eine große Bedeutung im Rahmen des Legitimierungsprozesses zu.

4.1.3.3 Stakeholdertheorie

4.1.3.3.1 Grundlagen der Stakeholdertheorie

Auch die Stakeholdertheorie lässt sich mit den grundlegenden Annahmen des soziologischen Institutionalismus verbinden. Sie liefert einen Erklärungsbeitrag zu der Frage, inwiefern Mechanismen aus dem Unternehmensumfeld, in diesem Fall die Ansprüche verschiedener Stakeholder, auf die Unternehmen wirken.[772] Dabei stellt die Stakeholdertheorie weder im Verhältnis zur Legitimitätstheorie noch in sich einen inhaltlich klar abgegrenzten Theorieansatz dar. Daher wird die Stakeholdertheorie im Folgenden zunächst inhaltlich von der Legitimitätstheorie abgegrenzt und das im weiteren Verlauf zugrundeliegende Verständnis für diesen Theorieansatz näher beschrieben.

Sowohl die Stakeholder- als auch die Legitimitätstheorie folgen beide einem systemorientierten Ansatz und betrachten das jeweilige Unternehmen als einen Teil des gesellschaftlichen Systems, durch das dieses beeinflusst wird und welches wiederum das System beeinflusst.[773] Während die Legitimitätstheorie auf einen Gesellschaftsvertrag im Generellen abstellt, berücksichtigt die Stakeholdertheorie die Tatsache, dass unterschiedliche Stakeholder auch unterschiedliche Partikularinteressen, mit denen das Unternehmen konfrontiert wird, vertreten. Die Stakeholdertheorie stellt daher hinsichtlich der gesellschaftlichen Anforderungen, die an das Unternehmen gestellt werden, einen differenzierteren Ansatz dar. Anstelle eines generellen Gesellschaftsvertrags werden vielmehr verschiedene Gesellschaftsverträge mit den unterschiedlichen Anspruchsgruppen des Unternehmens ausgehandelt.[774] Im weiteren Verlauf der Arbeit werden die beiden Ansätze als sich in großen Teilen überschneidende Theorien betrachtet. Dies folgt daraus, dass diese sich gegenseitig ergänzen anstatt miteinander zu konkurrieren.[775]

Neben dieser Abgrenzung ist die Stakeholdertheorie auch für sich genommen inhaltlich nicht eindeutig und klar definiert. Daher konstatiert *Hasnas* zu Recht:

> *„Unfortunately, 'stakeholder theory' is somewhat of a troublesome label because it is used to refer to both an empirical theory of management and a normative theory of business ethics, often without clearly distinguishing between the two.“*[776]

Somit kann im Rahmen der Stakeholdertheorie grundsätzlich zwischen einer ethischen (normativen) und einer betriebswirtschaftlich empirischen (positiven) Herangehensweise unterschieden werden. Diese beiden Sichtweisen der Stakeholdertheorie werden im Folgenden kurz dargestellt.

---

[772] Vgl. *Brühl/Osann* (2011), S. 283.

[773] Vgl. hier und im Folgenden *Deegan* (2002), S. 295.

[774] Vgl. *Deegan* (2002), S. 283; *Deegan/Unerman* (2011), S. 348.

[775] Vgl. *Gray et al.* (1995), S. 53. Für eine stärkere Differenzierung zwischen beiden Ansätzen plädiert *Näsi et al.* (1997), S. 296-306.

[776] *Hasnas* (1998), S. 25.

4.1.3.3.2 Ethische Sichtweise

Die **ethische** bzw. **normative**[777] Sichtweise der **Stakeholdertheorie** geht zwar von unterschiedlichen Interessen der Stakeholder aus, sie unterscheidet jedoch nicht zwischen der Bedeutung verschiedener Stakeholder für das Unternehmen. Die unterschiedlichen Beeinflussungsmöglichkeiten und somit die Machtpositionen einzelner Stakeholdergruppen gegenüber dem Unternehmen finden in der normativen Stakeholdertheorie daher keine Berücksichtigung.[778] Vielmehr werden die Interessen sämtlicher Stakeholder hinsichtlich der Geschäftstätigkeit sowie der Berichterstattung der Unternehmen als gleichwertig erachtet.[779] Sofern es zu Zielkonflikten zwischen den verschiedenen Partikularinteressen der Stakeholder kommt, fordert die normative Stakeholdertheorie eine bestmögliche Ausbalancierung dieser Interessen durch das Unternehmen. Ebenso wie die Legitimitätstheorie fordert die normative Stakeholdertheorie eine Unternehmensführung, welche die gesellschaftlichen Interessen im Allgemeinen und somit die Interessen sämtlicher Stakeholder berücksichtigt, ungeachtet der jeweiligen Auswirkungen auf den Gewinn oder wertorientierte Kennzahlen des Unternehmens.[780] Folglich besteht die Aufgabe des Managements nicht ausschließlich in der Steigerung der Aktionärsrenditen, sondern vielmehr in der Koordination und gleichwertigen Behandlung sämtlicher Partikularinteressen der Stakeholder. *Stoney/Winstanley* beschreiben die grundlegende Anforderung der normativen Stakeholdertheorie an die Unternehmen als

> *„the ethical treatment of stakeholders which may require that the economic motive of organizations – to be profitable – be tempered to take account of the moral role of organizations and their enormous social effects on people's lives."*[781]

Im Rahmen der normativen Stakeholdertheorie erscheint daher eine etwas weiter gefasste Definition des Stakeholderbegriffs zielführend, da sie keine Gewichtung der verschiedenen Stakeholder impliziert. Demnach umfasst der Stakeholderbegriff Gruppen oder einzelne Personen, die in irgendeiner Form Einfluss auf das unternehmerische Handeln und somit auf die Erreichung der Unternehmensziele haben können, oder die umgekehrt durch die Geschäftstätigkeit des Unternehmens beeinflusst werden.[782]

Im Rahmen der ethischen (normativen) Stakeholdertheorie (wie auch der Legitimitätstheorie) kann die Nachhaltigkeitsberichterstattung der Unternehmen als Verantwortung gegenüber den verschiedenen Stakeholdern bzw. der Gesellschaft im Allgemeinen verstanden werden.[783] Überträgt man die Prinzipal-Agenten-Problematik[784] von einer Meso- auf eine Makroebene, so könnte es Aufgabe der Nachhaltigkeitsberichterstattung sein, die Stakeholder sowie die Gesellschaft im Allgemeinen (Prinzipal) mit Informationen über

---

[777] Zu den Grundlagen sowie Restriktionen der normativen Sichtweise vgl. ausführlicher *Donaldson/Preston* (1995), S. 71-73.
[778] Vgl. *Deegan/Unerman* (2011), S. 349.
[779] Vgl. hier und im Folgenden *Hasnas* (1998), S. 26.
[780] Vgl. *Hasnas* (1998), S. 25.
[781] *Stoney/Winstanley* (2001), S. 608.
[782] Vgl. *Freeman/Reed* (1983), S. 91.
[783] Vgl. *Hurst* (1970), S. 58.
[784] Zur Prinzipal-Agenten-Theorie vgl. ausführlich Kap. 4.1.2.2.

das Ausmaß, in dem das Unternehmen (Agent) den gesellschaftlichen Anforderungen Rechnung trägt, zu versorgen (Rechenschaftslegung).[785]

4.1.3.3.3 Betriebswirtschaftliche Sichtweise

Da im Rahmen der vorliegenden Arbeit ein positiver Forschungsansatz verfolgt wird, steht die **betriebswirtschaftliche** Sichtweise der **Stakeholdertheorie** im weiteren Verlauf der Arbeit im Fokus der Betrachtung. Im Unterschied zur ethisch normativen Stakeholdertheorie soll mit Hilfe des betriebswirtschaftlich positiven Ansatzes der Versuch unternommen werden, den Einfluss von (spezifischen) Stakeholdern auf bestimmte Offenlegungsentscheidungen des Managements zu erklären. Im Anschluss werden die aufgestellten Hypothesen empirisch überprüft.[786]

Im Unterschied zur Legitimitätstheorie sowie zur ethischen Sichtweise des Stakeholderansatzes gründet die freiwillige Nachhaltigkeitsberichterstattung der Unternehmen aus betriebswirtschaftlicher Sicht der Stakeholdertheorie somit nicht auf einer moralischen Verpflichtung gegenüber der Gesellschaft bzw. den verschiedenen Anspruchsgruppen der Unternehmen. Vielmehr wird die freiwillige Offenlegung von Unternehmensinformationen in erster Linie als Mittel der Unternehmen verstanden, um langfristig ihre Gewinne zu maximieren.[787] Diese betriebswirtschaftliche Sichtweise führt die Stakeholdertheorie letztendlich mit dem Shareholder Value-Ansatz zusammen. So konstatieren *Freeman et al.*

> *„that Friedman's maximizing shareholder value view is compatible with stakeholder theory. After all, the only way to maximize value sustainably is to satisfy stakeholder interests."*[788]

Nach dieser unternehmensbezogenen Sichtweise wird argumentiert, dass die Unternehmen von unterschiedlichen Stakeholdern sowohl materielle als auch immaterielle Ressourcen beziehen, die für das langfristige Überleben der Unternehmen notwendig sind. Demzufolge können Verstöße gegen die Interessen bestimmter Stakeholder den Zugang zu notwendigen Ressourcen (bspw. Kapital, Produktionsfaktoren) erschweren oder gar verhindern.[789] Auf diese Weise erlangt das Management solcher Ressourcenbeziehungen eine existenzielle Bedeutung für das Unternehmen.[790]

Vor diesem Hintergrund ist anzunehmen, dass Unternehmen bestrebt sind, insbesondere die Beziehungen zu den für sie zur Ressourcensicherung jeweils bedeutendsten Stakeholdern zu pflegen. Je größer die Bedeutung der jeweiligen Ressourcen für die Unternehmen ist, desto höher ist die Wahrscheinlichkeit, dass die Unternehmen die Interessen der Stakeholder berücksichtigen – sowohl im Rahmen ihrer Geschäftstätigkeit als auch in der Berichterstattung.[791] Daher scheint es zielführend, die Definition des Stakeholderbegriffs

---

[785] Vgl. *Gray et al.* (1991), S. 16.
[786] Vgl. *Deegan/Unerman* (2011), S. 352.
[787] Vgl. *Freeman et al.* (2010), S. 10-12.
[788] *Freeman et al.* (2010), S. 12.
[789] Vgl. *Oliver* (1991), S. 149f.; *Bansal* (2005), S. 202; *Freeman et al.* (2010), S. 94f. Exemplarisch für die Ölindustrie vgl. *Massoud* (2009), S. 1-4.
[790] Vgl. *Brühl/Osann* (2011), S. 282; *Mousa* (2010), S. 404.
[791] Vgl. *Pfeffer/Salancik* (1978), S. 43f.; *Ullman* (1985), S. 551f.

im Vergleich zu der weit gefassten Definition der ethischen Sichtweise enger zu fassen. *Clarkson* unterscheidet in seiner Stakeholderdefinition daher zwischen primären und sekundären Stakeholdern (vgl. Abb. 4-2).[792]

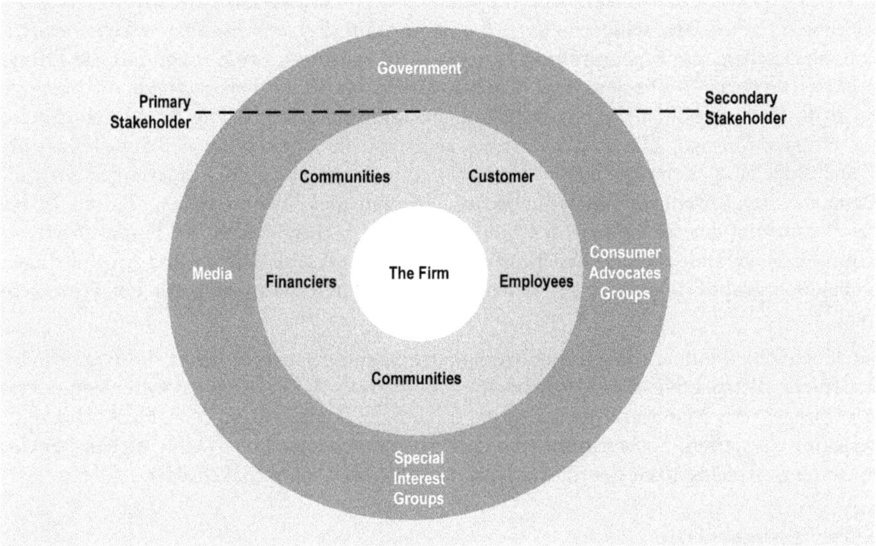

Abb. 4-2: Primäre und sekundäre Stakeholder
Quelle: in Anlehnung an *Freeman et al.* (2010), S. 24

Als **primäre Stakeholder** werden diejenigen Anspruchsgruppen der Unternehmen bezeichnet, die einen entscheidenden Einfluss auf die langfristige ökonomische Entwicklung der Unternehmen haben. Diese Stakeholder sind von den Unternehmen primär zu berücksichtigen, da im Falle einer Nichtbeachtung ihrer Interessen die Unternehmensfortführung ernsthaft bedroht sein kann.[793] Zu den primären Stakeholdern zählen typischerweise Investoren, Mitarbeiter, Kunden, Lieferanten sowie die Gesellschaft.[794] **Sekundäre Stakeholder** beeinflussen das Unternehmen ebenfalls oder werden durch das Unternehmen beeinflusst. Dabei beeinflussen sie häufig die Beziehungen des Unternehmens zu seinen primären Stakeholdern. So können Umweltschutzorganisationen die Beziehungen des Unternehmens zu seinen Kunden und der Gesellschaft beeinflussen.[795] Allerdings stehen sie i.d.R. nicht in direkten Austausch- bzw. Geschäftsbeziehungen mit den Unternehmen, so dass sie nicht von essenzieller Bedeutung für die Unternehmensfortführung sind. Vor allem die Medien und spezielle Interessenverbände werden zu den sekundären Stakeholdern gezählt.

---

[792] Vgl. hier und im Folgenden *Clarkson* (1995), S. 105-108.

[793] Vgl. *Freeman/Reed* (1983), S. 91; *Clarkson* (1995), S. 106.

[794] Zu den Ansprüchen der verschiedenen Stakeholdergruppen gegenüber den Unternehmen vgl. *Freeman et al.* (2010), S. 24f.

[795] Vgl. *Freeman et al.* (2007), S. 8.

Die zentralen Herausforderungen, die sich den Unternehmen im Rahmen des Stakeholdermanagements stellen, sind einerseits die Identifikation der für das Unternehmen jeweils relevanten Stakeholder und andererseits der Umgang mit bestehenden Interessenkonflikten priorisierter Stakeholdergruppen.[796] Zur Identifikation bzw. Priorisierung der relevanten Stakeholder schlagen *Mitchell et al.* vor, auf drei verschiedene Stakeholderattribute abzustellen: die Machtposition (*power*), die Legitimität (*legitimacy*) und die Dringlichkeit (*urgency*).[797] Die jeweilige **Machtposition** bestimmt sich dadurch, in welchem Ausmaß die Stakeholder die Geschäftstätigkeit und damit den Erfolg des Unternehmens beeinflussen können. Das zweite Attribut stellt auf die **Legitimität** der Stakeholder ab. Stakeholder sind demnach legitimiert, wenn ihre Interessen und Forderungen im Einklang mit den jeweiligen gesellschaftlichen Normen und Werten stehen. Zuletzt ist bei der Ermittlung der relevanten Stakeholder auch die **Dringlichkeit** der Forderungen bestimmter Stakeholder zu berücksichtigen. Je größer das Ausmaß dieser drei Attribute einer Stakeholdergruppe insgesamt ist, desto größer ist deren Bedeutung für ein Unternehmen.[798]

Im Unterschied zur ethischen Sichtweise der Stakeholdertheorie liefert die betriebswirtschaftliche Perspektive die Möglichkeit, detailliertere Aussagen über Offenlegungsentscheidungen des Managements sowie die inhaltliche Ausgestaltung von Nachhaltigkeitsberichten zu treffen. So bestimmt sich der Inhalt eines separaten Nachhaltigkeitsberichts mitunter in Abhängigkeit der für das Unternehmen relevanten Stakeholder.

4.1.4 Zwischenfazit

Der Institutionalismus beschäftigt sich mit dem Einfluss von Institutionen auf das Handeln und Zusammenleben von Individuen in vielfältiger Art und Weise und ist Gegenstand verschiedener Wissenschaftsdisziplinen. In der vorliegenden Arbeit bilden ausgewählte Erklärungsansätze des ökonomischen und soziologischen Institutionalismus die Basis für die Hypothesenentwicklung (vgl. Abb. 4-3).

Wie die vorherigen Ausführungen gezeigt haben, unterscheiden sich diese beiden Ansätze insbesondere in ihren Annahmen bezüglich der handelnden Individuen. Der **ökonomische Institutionalismus** unterstellt ein rational handelndes Individuum (homo oeconomicus), welches unter Berücksichtigung seiner individuellen Nutzenpräferenzen die für sich bestmögliche Handlungsalternative wählt. Der **soziologische Institutionalismus** geht hingegen davon aus, dass kollektive Phänomene nicht durch das Handeln einzelner Akteure bestimmt werden, sondern sich kollektive gesellschaftliche Erwartungen auf das Handeln des Individuums auswirken (homo sociologicus). Während sich eine freiwillige Veröffentlichung von Nachhaltigkeitsberichten aus Sicht der Prinzipal-Agenten-Theorie und der PAT folglich aus Effizienzgründen erklären lässt, ist die Veröffentlichung aus Sicht der Legitimitäts- und Stakeholdertheorie in den gesellschaftlichen Erwartungen verschiedener Stakeholder begründet.

---

[796] Vgl. *Freeman et al.* (2010), S. 27, sowie Kap. 2.1.2.
[797] Vgl. hier und im Folgenden *Mitchell et al.* (1997), S. 865-868.
[798] Vgl. *Deegan/Unerman* (2011), S. 354.

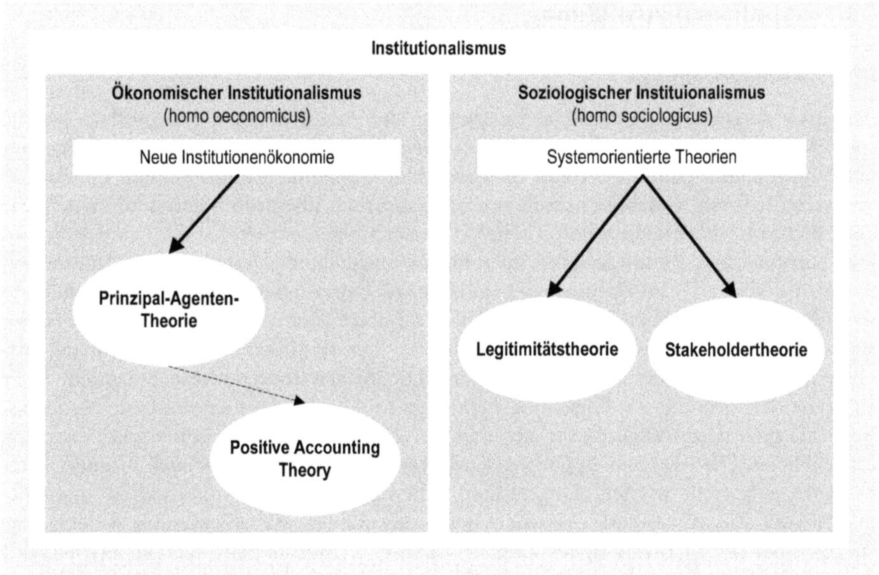

Abb. 4-3: Theoretische Fundierung

Wie die Ausführungen zur PAT und zur Legitimitätstheorie gezeigt haben, wird in beiden Ansätzen argumentiert, dass Unternehmen in strategischer Art und Weise Informationen veröffentlichen, um so die Beziehungen zu dem jeweiligen gesellschaftlichen Umfeld, in dem sie agieren, zu beeinflussen. Folglich kann die Frage gestellt werden, inwiefern sich die Implikationen der Legitimitätstheorie überhaupt von den politischen Kosten der PAT unterscheiden.[799] In der Tat bestehen zwischen beiden Ansätzen Gemeinsamkeiten, allerdings werden bei genauerer Betrachtung die zuvor angesprochenen Unterschiede in den grundlegenden Annahmen deutlich. Die Legitimitätstheorie gründet ihre Aussagen auf dem Bestehen eines sog. Gesellschaftsvertrags. Demnach treffen Manager bestimmte Entscheidungen hinsichtlich der Offenlegung von Informationen mit der Absicht, der Gesellschaft zu versichern, dass das Unternehmen in Einklang mit den gesellschaftlichen Werten und Normen handelt. Der Ansatz der politischen Kosten aus der PAT gründet seine Aussagen hingegen auf den ökonomischen Annahmen, dass der Manager grundsätzlich durch Selbstinteresse geleitet wird und bestrebt ist, seinen eigenen Nutzen zu maximieren.[800]

Trotz der konzeptionellen Unterschiede zwischen beiden Disziplinen werden der ökonomische und der soziologische Institutionalismus als komplementäre Ansätze aufgefasst.[801] Daher wird zur Erklärung der Veröffentlichung und Ausgestaltung separater Nachhaltigkeitsberichte im Rahmen der Hypothesenentwicklung sowohl auf ökonomische als auch auf soziologische Theorieansätze zurückgegriffen.

---

[799] Zu den politischen Kosten der PAT vgl. Kap. 4.1.2.3.2.

[800] Zu den Grundannahmen ökonomischer Theorien vgl. Kap. 4.1.1.3.

[801] Vgl. Kap. 4.1.1.

4.2 Hypothesenentwicklung

4.2.1 Vorüberlegungen

Die zuvor dargestellte theoretische Fundierung der Arbeit bildet die Grundlage für die Entwicklung der relevanten Forschungshypothesen. Als Hypothesen werden im Allgemeinen Aussagen bezeichnet, die einen (theoretischen) Zusammenhang zwischen mindestens zwei verschiedenen Variablen postulieren und empirisch überprüft werden können.[802] Sie sagen nicht nur das Ergebnis empirischer Untersuchungen vorher, sondern sind aufgrund ihrer theoretischen Fundierung darüber hinaus geeignet, die untersuchten Zusammenhänge zu erklären.[803] Im Rahmen der statistischen Untersuchung wird grundsätzlich ein Hypothesenpaar, bestehend aus einer Null- und einer Alternativhypothese, miteinander verglichen.[804] Die **Nullhypothese** unterstellt, dass kein signifikanter Zusammenhang zwischen den untersuchten Variablen existiert. Die **Alternativhypothese** entspricht üblicherweise der formulierten Forschungshypothese und bildet das Gegenteil zur Nullhypothese. Sie geht demzufolge davon aus, dass ein Zusammenhang zwischen den Variablen feststellbar ist. Die Alternativhypothese kann sowohl in gerichteter als auch in ungerichteter Form aufgestellt werden. Ungerichtete Alternativhypothesen unterstellen einen beobachtbaren Zusammenhang zwischen den untersuchten Variablen, ohne jedoch eine Aussage über die Richtung dieses Zusammenhangs zu postulieren. Werden Hypothesen hingegen so formuliert, dass sie eine bestimmte Richtung des untersuchten Zusammenhangs erwarten lassen, handelt es sich um gerichtete Hypothesen.

Wie die Analyse zum Stand der empirischen Forschung gezeigt hat, kann zwischen Unternehmen, die eine ernsthafte Nachhaltigkeitsinformation betreiben, und Unternehmen, die ihre Nachhaltigkeitsberichterstattung gezielt nutzen, um *greenwashing* zu betreiben, unterschieden werden. Um diesem Aspekt in der vorliegenden empirischen Untersuchung Rechnung zu tragen, erscheint es daher zielführend, im Rahmen der Hypothesenentwicklung zwischen der **Erstellung eines separaten Nachhaltigkeitsberichts** einerseits und der **Qualität der Berichterstattung** andererseits zu unterscheiden.[805]

Im Einklang mit den in der Einleitung formulierten Teilzielen der Arbeit werden im Folgenden zunächst die Hypothesen zu den Determinanten der Nachhaltigkeitsberichterstattung aufgestellt (Kap. 4.2.2), bevor in einem zweiten Schritt die Hypothesen zu den Eigenkapitalkostenwirkungen einer separaten Nachhaltigkeitsberichterstattung formuliert werden (Kap. 4.2.3). Das Kapitel schließt mit einem zusammenfassenden Hypothesenüberblick (Kap. 4.2.4).

4.2.2 Determinanten der separaten Nachhaltigkeitsberichterstattung

Aufbauend auf der theoretischen Fundierung werden im Folgenden die Hypothesen zu den Determinanten der Nachhaltigkeitsberichterstattung entwickelt. Neben firmenspezifi-

---

802 Vgl. *Wagenhofer* (1990), S. 222.
803 Vgl. *Bortz/Döring* (2006), S. 23.
804 Vgl. *Siegel* (2012), S. 250; *Fama/French* (1997), S. 52f.
805 Vgl. Kap. 3.5.

schen Charakteristika, wie der Unternehmensgröße, der Medienpräsenz, dem systematischen Risiko, der Profitabilität und der Stakeholderorientierung der Unternehmen, werden auch ein möglicher Länder- und Brancheneinfluss analysiert. Ferner wird der Einfluss einer freiwilligen Berichtsprüfung sowie der Wahl des Berichtsprüfers untersucht.

4.2.2.1 Ländereinfluss

Es gibt eine Vielzahl länderspezifischer Faktoren, welche die Berichtspraxis der Unternehmen beeinflussen können.[806] So können länderspezifische Unterschiede in der Nachhaltigkeitsberichterstattung bspw. durch kulturelle Einflüsse, Unterschiede im Rechtssystem, Kapitalmarktunterschiede oder unterschiedliche politische und gesellschaftliche Rahmenbedingungen begründet sein.[807] Die Variable zur Bestimmung des Ländereinflusses stellt folglich eine Sammelvariable dar. Vor dem Hintergrund der theoretischen Fundierung werden länderspezifische Einflussfaktoren im Folgenden vor allem vor dem Hintergrund einer unterschiedlich stark ausgeprägten Stakeholderorientierung in Deutschland und den USA sowie Unterschieden im Corpoate Governance-System erklärt.

Gemäß der Legitimitätstheorie sind Unternehmen fortwährend bestrebt, ihre Aktivitäten gegenüber der Gesellschaft zu legitimieren.[808] Allerdings existiert kein allgemeingültiges inhaltliches Verständnis des Legitimitätsbegriffs, da Normen und Wertvorstellungen abhängig von dem jeweiligen gesellschaftlichen System sind und sich somit vor allem zwischen verschiedenen Ländern unterscheiden können. Sowohl im Rahmen der **Legitimitäts-** als auch der **Stakeholdertheorie** werden Unternehmen als ein Bestandteil des gesellschaftlichen Systems aufgefasst, durch das diese beeinflusst werden und welches diese wiederum beeinflussen.[809] Je größer die Stakeholderorientierung innerhalb einer Gesellschaft ist, desto größer ist der Legitimitätsdruck für die Unternehmen und somit die Bereitschaft, sämtliche Stakeholderinteressen zu berücksichtigen. Folglich wird in der Literatur ein positiver Zusammenhang zwischen der Nachhaltigkeitsberichterstattung und der Stakeholderorientierung einer Gesellschaft vermutet.[810] Die Stakeholderorientierung eines Landes wird dabei regelmäßig über die jeweiligen Corporate Governance-Strukturen erfasst. *Van der Laan Smith et al.* unterscheiden im Rahmen der Kategorisierung von Corporate Governance-Systemen zwischen dem Vertragsdenken und dem Kommunitarismus.[811] Die vertragstheoretische Sichtweise, wie bspw. das amerikanische System charakterisiert werden kann, verfolgt primär das Ziel der Unternehmenswertsteigerung durch Maximierung der Residualansprüche der Investoren und ist daher stark vom Shareholder Value-Ansatz geprägt. In Kontinentaleuropa basieren Corporate Governance-Systeme eher auf einer kommunitaristischen Perspektive, welche die Unternehmen im Einklang

[806] Zu länderspezifischen Einflüssen auf die Rechnungslegungspraxis vgl. ausführlich *Deegan/Unerman* (2011), S. 128-147; *Nobes/Parker* (2012), S. 28-51.

[807] Für eine tabellarische Übersicht möglicher Ursachen für länderspezifische Unterschiede in der Rechnungslegung vgl. *Deegan/Unerman* (2011), S. 130.

[808] Vgl. *Deegan/Unerman* (2011), S. 323.

[809] Vgl. hier und im Folgenden *Deegan* (2002), S. 295.

[810] Vgl. bspw. *van der Laan Smith et al.* (2005), S. 129f.

[811] Vgl. *van der Laan Smith et al.* (2005), S. 129.

mit der Stakeholdertheorie als Teil des gesellschaftlichen Systems auffasst.[812] Demnach haben Unternehmen neben den rein ökonomischen Zielsetzungen auch eine gesellschaftliche Verantwortung. Folglich kann angenommen werden, dass die Stakeholderorientierung in Deutschland stärker ausgeprägt ist als in den USA.[813]

Neben der Stakeholderorientierung können Unterschiede in der Nachhaltigkeitsberichterstattung zwischen Deutschland und den USA auch in der Überwachung im Rahmen der Corporate Governance und somit in der konkreten Ausgestaltung der Leitungsmodelle begründet sein. Während in den USA ein monistisches Leitungsmodell vorherrscht, existiert in Deutschland ein dualistischer Ansatz.[814] Im monistischen Leitungsmodell werden Leitungs- und Kontrollkompetenzen zu einem Organ zusammengefasst (*Board of Directors*). Dabei bleibt die Interessenvertretungskompetenz auf die Anteilseigner beschränkt.[815] Das dualistische System sieht hingegen eine strikte Trennung von Leitungs- (Vorstand) und Kontrollorgan (Aufsichtsrat) vor. Gemäß dem Deutschen Corporate Governance Kodex (DCGK) leitet der Vorstand das Unternehmen in eigener Verantwortung und ist nach § 90 AktG verpflichtet, regelmäßig und auf Anfrage an den Aufsichtsrat zu berichten.[816] Die zentralen Aufgaben des Aufsichtsrats liegen hingegen in der Bestellung, Überwachung und Beratung des Vorstands. Der Aufsichtsrat ist in Entscheidungen, die für das Unternehmen von grundlegender Bedeutung sind, eingebunden. Im Unterschied zum monistischen System bleibt die Interessenvertretungskompetenz nicht auf die Anteilseigner beschränkt, sondern es werden den Arbeitnehmern bestimmte Mitbestimmungsrechte eingeräumt.[817] In Deutschland sind bei Unternehmen mit mehr als 500 bzw. 2.000 Arbeitnehmern im Inland auch die Arbeitnehmer zu einem Drittel bzw. zur Hälfte im Aufsichtsrat vertreten.[818]

Aus Sicht der Prinzipal-Agenten-Theorie wird argumentiert, dass in Ländern mit einem dualistischen Corporate Governance-System aufgrund einer größeren Unabhängigkeit der Aufsichtsratsmitglieder ein stärkeres **Monitoring** der Aktivitäten des Vorstands stattfindet und somit opportunistisches Verhalten der Vorstandmitglieder begrenzt wird.[819] Im Rahmen des Monitoring kann der Aufsichtsrat bspw. eine umfassende Berichterstattung durchsetzen.

Allerdings ist auch eine gegensätzliche Argumentation denkbar. So kann ein Monitoring im Rahmen dualistischer Leitungsmodelle auch schwächer ausgeprägt sein als in monistischen Systemen, da der Aufsichtsrat aufgrund einer höheren Distanz zur täglichen Geschäftstätigkeit und einer geringen Frequenz an Aufsichtsratssitzungen regelmäßig

---

812 Vgl. *van der Laan Smith et al.* (2005), S. 130.

813 Vgl. *Yoshimori* (1995), S. 33.

814 Für einen grundlegenden Vergleich des monistischen und des dualistischen Systems der Unternehmensverfassung vgl. ausführlich *Schewe* (2010), S. 65-92. Weiterhin gibt es noch ein pluralistisches Konzept der Corporate Governance, wie es bspw. in Japan existiert. Vgl. *Yoshimori* (1995), S. 33f.

815 Vgl. *Schewe* (2010), S. 70.

816 Vgl. DKGK (2012), S. 1.

817 Vgl. *Schewe* (2010), S. 80.

818 Vgl. DCGK (2012), S. 1.

819 Vgl. *Haniffa/Cooke* (2005), S. 399f.; *Adnan et al.* (2011), S. 6f.

schlechter informiert ist als der Vorstand und seine Möglichkeiten im Rahmen der Überwachung dadurch eingeschränkt werden.[820]

Basierend auf den vorangegangenen Überlegungen kann daher ein Ländereinfluss auf die Veröffentlichung von Nachhaltigkeitsinformationen angenommen werden, der sich durch eine höhere Stakeholderorientierung in Deutschland sowie ein stärkeres Monitoring in dualistischen Corporate Governance-Systemen erklärt. Die zu überprüfenden Hypothesen lauten daher:

H1a: In Deutschland ist die Wahrscheinlichkeit, dass Unternehmen einen separaten Nachhaltigkeitsbericht erstellen, höher als in den USA.

H1b: In Deutschland ist die Qualität separater Nachhaltigkeitsberichte größer als in den USA.

Frühere empirische Studien konnten bereits Ländereinflüsse auf die Nachhaltigkeitsberichterstattung feststellen. So stellten Ho/*Taylor* signifikante Unterschiede in der Ausgestaltung des TBL-Reporting zwischen Japan und den USA fest. Den Ergebnissen zu Folge berichten japanische Unternehmen deutlich umfangreicher über Nachhaltigkeitsaspekte als amerikanische Unternehmen.[821] Auch *van der Laan Smith et al.* stellen fest, dass Umfang und Qualität der Nachhaltigkeitsberichterstattung in Dänemark bzw. Norwegen größer bzw. höher ist als in den USA.[822]

4.2.2.2 Einfluss der Unternehmensgröße

Auch für die Erklärung einer freiwilligen Berichterstattung, die über die jeweiligen gesetzlichen Anforderungen hinausgeht, wird häufig auf die Prinzipal-Agenten-Theorie zurückgegriffen. Eine Berichterstattung, kann demnach durch das Bestehen von Informationsasymmetrien zwischen dem Management und den verschiedenen Stakeholdern der Unternehmen erklärt werden. Die Informationsasymmetrien und die damit verbundenen **Agenturkosten** steigen mit zunehmender Größe und Komplexität der Unternehmen an.[823] Demnach werden vor allem große Unternehmen bestrebt sein, die bestehenden Informationsasymmetrien durch eine umfangreiche Berichterstattung zu reduzieren. Es ist zu vermuten, dass Unternehmen im Rahmen der freiwilligen Berichterstattung insbesondere auch über ihre Nachhaltigkeitsleistung berichten werden, um den verschiedenen Partikularinteressen der Stakeholder gerecht zu werden.

Auch im Rahmen der PAT lässt sich eine umfangreiche freiwillige Berichterstattung in Abhängigkeit von der Unternehmensgröße erklären. Die Unternehmensgröße kann als Indikator für Marktmacht angesehen werden und daher die Aufmerksamkeit von Regulierungsbehörden und Überwachungsinstanzen auf sich ziehen. Insbesondere große Unter-

---

[820] Zu den Schwächen und Stärken monistischer und dualistischer Leitungsmodelle vgl. *Schewe* (2010), S. 90.

[821] Vgl. *Ho/Taylor* (2007), S. 144f.

[822] Vgl. *van der Laan Smith et al.* (2005), S. 147.

[823] Vgl. *Barth* (2009), S. 98f. Zum Entstehen von Agenturkosten vgl. ferner *Jensen/Meckling* (1976), S. 308-310, sowie Kap. 4.1.2.2.3.

nehmen stehen daher unter der kritischen Beobachtung durch verschiedene gesellschaftliche Gruppen, wie bspw. der Regierung, Enforcement-Institutionen oder Umweltschutzorganisationen. Je größer ein Unternehmen ist, desto größer ist folglich die Gefahr **politischer Kosten**.[824] Um die Aufmerksamkeit von Regulierungsbehörden und Überwachungsinstanzen sowie die damit verbundene Gefahr politischer Kosten (bspw. in Form von Berichtspflichten oder Umweltschutzauflagen) zu reduzieren, werden Unternehmen vermutlich umfangreicher über Nachhaltigkeitsaspekte berichten und auf diese Weise ihre gesellschaftlich verantwortungsvolle Unternehmensführung signalisieren.

Zudem verfügen große Unternehmen über die notwendigen Ressourcen für eine umfangreiche freiwillige Berichterstattung.[825] Während eine detailliertere Informationsbereitstellung bei kleineren Unternehmen mitunter verhältnismäßig hohe Kosten der Datenerhebung verursachen dürfte, werden die entsprechenden Informationen bei großen Unternehmen häufig bereits im Rahmen interner Steuerungs- und Informationsprozesse erhoben. Die Informationsbereitstellung verursacht bei größeren Unternehmen daher geringere zusätzliche Kosten als bei kleineren Unternehmen.

Frühere Studien konnten bereits zeigen, dass die Unternehmensgröße eine wesentliche Determinante für den Umfang der (freiwilligen) Unternehmensberichterstattung ist.[826] Auch in Studien zur Nachhaltigkeitsberichterstattung wurde die Unternehmensgröße regelmäßig als wesentliche Determinante identifiziert.[827] Sowohl *Roberts* als auch *Bosso/Kumar* konnten in ihren Studien jedoch zeigen, dass sich diese Ergebnisse nicht zwingend auch auf einen Einfluss auf die Qualität der Berichterstattung übertragen lassen.[828] Es stellt sich somit die Frage, ob die Unternehmensgröße sowohl die Quantität als auch die Qualität der Nachhaltigkeitsberichterstattung beeinflusst. Somit werden im Rahmen der empirischen Untersuchung folgende Hypothesen getestet:

H2a: Es besteht ein positiver Zusammenhang zwischen der Erstellung eines separaten Nachhaltigkeitsberichts und der Unternehmensgröße.

H2b: Es besteht ein positiver Zusammenhang zwischen der Qualität der separaten Nachhaltigkeitsberichterstattung und der Unternehmensgröße.

4.2.2.3 Einfluss der Medienpräsenz

Im Rahmen der **Legitimitätstheorie** wird argumentiert, dass der ökonomische Erfolg und letztendlich auch die Existenz von Unternehmen in starkem Maße von der Legitimation des unternehmerischen Handelns durch die Gesellschaft abhängig sind.[829] Entscheidend

[824] Zum Begriff der politischen Kosten vgl. Kap. 4.1.2.3.2.
[825] Vgl. hier und im Folgenden *Singhvi/Desai* (1971), S. 131.
[826] Vgl. z.B. *Singhvi/Desai* (1971), S. 129-138; *Buzby* (1975), S. 16-37; *Wallace et al.* (1994), S. 41-53.
[827] Vgl. bspw. *Trotman/Bradley* (1981), S. 361; *Neu et al.* (1998), S. 277f.; *Cormier/Magnan* (1999), S. 444 und S. 447-449; *Cormier/Magnan* (2003), S. 54 und S. 59; *Brammer/Pavelin* (2004), S. 95f.; *Haniffa/Cooke* (2005), S. 415-418; *Ho/Taylor* (2007), S. 144.
[828] Vgl. *Roberts* (1992), S. 608; *Boesso/Kumar* (2007), S. 287.
[829] Vgl. *Reich* (1998), S. 12; *Archel et al.* (2009), S. 1286.

für die Legitimität der Geschäftsaktivitäten ist dabei nicht das tatsächliche Handeln an sich, sondern vielmehr das, was die Gesellschaft über das Handeln der Unternehmen wahrnimmt.[830] Der Berichterstattung über die unternehmerischen Aktivitäten kommt daher eine besondere Bedeutung zu, um die Legitimitätslücke zu minimieren.[831] Die gesellschaftlichen Erwartungen können sich im Zeitverlauf ändern und werden insbesondere durch die Medien (bspw. über Funk und Fernsehen oder das Internet) geprägt und beeinflusst.[832] Folglich ist zu vermuten, dass Unternehmen mit zunehmender Medienpräsenz gleichzeitig einem höheren Legitimitätsdruck ausgesetzt sind. Diese Unternehmen werden folglich verstärkt versuchen, dem Risiko eines Legitimitätsverlusts durch eine umfangreiche Berichterstattung vorzubeugen. Da die unternehmerische Verantwortung gegenüber der Gesellschaft und der Umwelt in den letzten Jahren zu einem wesentlichen Anliegen gesellschaftlicher Erwartungen geworden ist, kann angenommen werden, dass Unternehmen mit zunehmender Medienpräsenz insbesondere auch umfangreiche Informationen über ihre Nachhaltigkeitsleistung veröffentlichen. So weisen auch frühere Studien auf einen Zusammenhang zwischen der Medienpräsenz und dem Umfang der Berichterstattung über Nachhaltigkeitsaspekte hin.[833] Im weiteren Verlauf sind somit die folgenden Hypothesen zu überprüfen:

H3a: Es besteht ein positiver Zusammenhang zwischen der Erstellung eines separaten Nachhaltigkeitsberichts und der Medienpräsenz.

H3b: Es besteht ein positiver Zusammenhang zwischen der Qualität der separaten Nachhaltigkeitsberichterstattung und der Medienpräsenz.

4.2.2.4 Einfluss des systematischen Risikos

Als systematisches Risiko werden Risiken bezeichnet, die von den Investoren nicht durch Diversifizierung des Wertpapierportfolios reduziert werden können.[834] Das systematische Risiko ist definiert als Kovarianz der Renditen des Wertpapiers und des Marktes im Verhältnis zur Varianz der Marktrendite.[835] Das systematische Risiko ist Grundlage der Renditeerwartungen von Investoren und wird mit Hilfe des Betafaktors (ß) bewertet.[836] Je höher das systematische Risiko und somit der Betafaktor eines Wertpapiers ist, desto höher werden die Renditeerwartungen der Investoren sein, um das Risiko ihrer Investition

[830] Vgl. Kap. 4.1.3.2.1.

[831] Vgl. *Neu et al.* (1998), S. 267. Zum Begriff der Legitimitätslücke vgl. Kap. 4.1.3.2.3.

[832] Vgl. *McCombs et al.* (1995), S. 282.

[833] Vgl. bspw. *Deegan et al.* (2002), S. 327-329; *Cormier/Magnan* (2003), S. 54 und 58f.; *Aerts et al.* (2008), S. 648 und 654; *Islam/Deegan* (2010), S. 142.

[834] Bspw. das gesamtwirtschaftliche und politische Umfeld. Vgl. *Salcher et al.* (2010), S. 466. Im Unterschied zum systematischen Unternehmensrisiko kann das unsystematische Unternehmensrisiko durch Diversifizierung des Aktienportfolios reduziert werden.

[835] Vgl. *Drukarczyk/Schüler* (2009), S. 56.

[836] Für risikolose Investitionsprojekte ist der Betafaktor folglich gleich null. Vgl. *Perridon et al.* (2012), S. 297.

zu kompensieren. Ist das Risiko höher (ß>1) bzw. geringer (ß<1) als das Marktrisiko (ß=1), liegt der entsprechende Risikozuschlag über bzw. unter der Marktrisikoprämie.[837]

Mit zunehmendem systematischem Risiko steigt die Unsicherheit auf Seiten der Investoren. Die Unsicherheit besteht vor allem dahingehend, inwieweit die Renditeerwartungen der (potenziellen) Kapitalgeber durch exogene Einflüsse (bspw. wirtschaftliche und politische Entwicklungen) gefährdet sind.[838] So können politische Entscheidungen, wie bspw. der beschlossene Atomausstieg in Deutschland, erhebliche finanzielle Auswirkungen auf den zukünftigen Erfolg von Unternehmen der Energiebranche haben. Investoren benötigen daher umfassende Unternehmensinformationen bezüglich des Umgangs mit ökonomischen, ökologischen und sozialen Risiken. Durch ein gezieltes **Reporting** von Nachhaltigkeitsinformationen können die Risikotransparenz verbessert und bestehende **Informationsasymmetrien** zwischen dem Management und den Investoren gesenkt werden.[839]

Daher ist zu vermuten, dass Unternehmen mit einem höheren systematischen Risiko insgesamt, aber insbesondere auch im Bereich der Nachhaltigkeit, umfangreicher berichten, um das Anlagerisiko der Investoren zu verringern und die geforderten Risikoprämien zu senken.[840] Die zu testenden Hypothesen lauten daher wie folgt:

H4a: *Es besteht ein positiver Zusammenhang zwischen der Erstellung eines separaten Nachhaltigkeitsberichts und dem systematischen Unternehmensrisiko.*

H4b: *Es besteht ein positiver Zusammenhang zwischen der Qualität der separaten Nachhaltigkeitsberichterstattung und dem systematischen Unternehmensrisiko.*

Es lassen sich jedoch auch Argumente für einen negativen Zusammenhang zwischen der Erstellung bzw. der Qualität der separaten Nachhaltigkeitsberichterstattung und dem systematischen Risiko anführen. Unternehmen mit einem geringeren systematischen Risiko weisen weniger volatile Gewinn- und Aktienkursverläufe auf. *Roberts* argumentiert, dass diese Unternehmen eher bereit sein werden, ihre Nachhaltigkeitsaktivitäten, die mit finanziellen Aufwendungen verbunden sind und somit Auswirkungen auf die Gewinnentwicklung haben, zu intensivieren.[841]

Auch die Ergebnisse früherer Studien zeigen unterschiedliche empirische Befunde. Während die Ergebnisse von *Cormier/Magnan* auf einen positiven Zusammenhang zwischen dem Umfang publizierter Nachhaltigkeitsinformationen und dem systematischen Risiko hinweisen,[842] stellt *Roberts* in seiner Studie einen negativen Zusammenhang zwischen der Berichtsqualität und dem Unternehmensrisiko fest.[843] Die Befunde von *Trotman/Bradley* zeigen, dass das systematische Risiko bei Unternehmen, die Nachhaltigkeitsinformationen veröffentlichen, höher ist als bei den Unternehmen, die keine Informationen zu Nachhal-

[837] Vgl. *Perridon et al.* (2012), S. 297; *Kajüter* (2011b), S. 33.
[838] Vgl. *Salcher et al.* (2010), S. 466.
[839] Vgl. *von der Crone/Hoch* (2002), S. 43.
[840] Vgl. *Cormier/Magnan* (1999), S. 433; *Cormier/Magnan* (2003), S. 47 und 50.
[841] Vgl. *Roberts* (1992), S. 604.
[842] Vgl. *Cormier/Magnan* (1999), S. 441-444; *Cormier/Magnan* (2003), S. 54f.
[843] Vgl. *Roberts* (1992), S. 608.

tigkeitsaspekten bereitstellen. Einen signifikanten Zusammenhang zwischen dem Berichtsumfang und dem Unternehmensrisiko können sie hingegen nicht feststellen.[844] Diese Ergebnisse stützen das Vorgehen in der vorliegenden Arbeit, bei der Bestimmung der Determinanten zwischen der Erstellung und der Qualität von Nachhaltigkeitsberichten zu unterscheiden.

4.2.2.5 Einfluss der Profitabilität

Die Profitabilität von Unternehmen wird mitunter als Maßstab für die Qualität des Managements angesehen.[845] Durch gezielte **Signaling**-Maßnahmen kann das Management die bestehenden Agenturkosten reduzieren. Im Falle profitabler Zukunftsaussichten wird das Management daher bestrebt sein, umfangreiche Informationen, insbesondere auch über eine gesellschaftlich verantwortungsvolle und nachhaltige Unternehmensführung, zu veröffentlichen, um den Stakeholdern eine gute und beständige Managementleistung zu signalisieren und sich gleichzeitig von anderen Wettbewerbern abzusetzen.[846] Zudem können sich profitable Unternehmen höhere Ausgaben im Nachhaltigkeitsbereich und eine umfangreiche Berichterstattung über ihre Nachhaltigkeitsaktivitäten leisten.[847] Im Falle weniger profitabler Unternehmen könnten Investitionen in Nachhaltigkeitsaktivitäten hingegen als überflüssige Aufwendungen erachtet werden, die sich negativ auf die Profitabilität der Unternehmen auswirken.[848]

Analog zur Unternehmensgröße lässt sich dieser positive Zusammenhang auch durch die Existenz **politischer Kosten** begründen. Demnach stehen vor allem profitable Unternehmen unter dem Verdacht, einen zu geringen Anteil für das Allgemeinwohl zu leisten.[849] Daher werden profitable Unternehmen eher bestrebt sein, umfassend über ihr freiwilliges Nachhaltigkeitsengagement zu berichten und somit ihre Gewinnmargen zu rechtfertigen als weniger profitable Unternehmen.[850]

Neben diesen ökonomischen Erklärungsansätzen scheint vor allem auch die **Stakeholdertheorie** geeignet, den Zusammenhang zwischen der Nachhaltigkeitsberichterstattung und der Profitabilität zu erklären. Im Rahmen der Stakeholdertheorie wird argumentiert, dass Unternehmen langfristig nur dann ökonomisch erfolgreich sein können, wenn sie die Interessen der verschiedenen Stakeholder berücksichtigen.[851] Die freiwillige Offenlegung von Nachhaltigkeitsinformationen kann folglich als Mittel der Unternehmen verstanden werden, um langfristig profitabel wirtschaften zu können.[852]

Basierend auf diesen verschiedenen Erklärungsansätzen lassen sich zusammenfassend folgende Hypothesen ableiten:

---

[844] Vgl. *Trotman/Bradley* (1981), S. 360f.
[845] Vgl. *Cerf* (1961), S. 21; *Singhvi/Desai* (1971), S. 134; *Roberts* (1992), S. 604.
[846] Vgl. *Frings* (1975), S. 292; *Inchausti* (1997), S. 54; *Cormier/Magnan* (1999), S. 433f.
[847] Vgl. *Hackston/Milne* (1996), S. 82.
[848] Vgl. *Singhvi/Desai* (1971), S. 134; *Roberts* (1992), S. 604.
[849] Vgl. Kap. 4.1.2.3.2
[850] Vgl. *Inchausti* (1997), S. 54; *Haniffa/Cooke* (2005), S. 402.
[851] Vgl. Kap. 4.1.3.3.
[852] Vgl. *Roberts* (1992), S. 604.

H5a: *Es besteht ein positiver Zusammenhang zwischen der Erstellung eines separaten Nachhaltigkeitsberichts und der Profitabilität der Unternehmen.*

H5b: *Es besteht ein positiver Zusammenhang zwischen der Qualität der separaten Nachhaltigkeitsberichterstattung und der Profitabilität der Unternehmen.*

Allerdings lassen sich auch Argumente für einen umgekehrten Zusammenhang anbringen.[853] Basierend auf den Überlegungen zu gezielten Signaling-Maßnahmen des Managements kann in Bezug auf die Veröffentlichung von Nachhaltigkeitsinformationen auch argumentiert werden, dass Unternehmen über ihre Nachhaltigkeitsaktivitäten und die damit verbundenen Aufwendungen berichten, um die geringe Profitabilität zu erklären und um ihr ökologisches und gesellschaftliches Engagement hervorzuheben.[854]

Im Hinblick auf die Berichterstattung von Nachhaltigkeitsinformationen sind die empirischen Befunde zum Zusammenhang mit der Profitabilität bislang gemischt. Die meisten Studien können einen positiven Zusammenhang zwischen der Profitabilität der Unternehmen und der Veröffentlichung von Nachhaltigkeitsinformationen feststellen.[855] Andere Studien weisen hingegen keine signifikanten Ergebnisse auf,[856] während *Ho/Taylor* sogar einen negativen Zusammenhang feststellen.[857]

4.2.2.6 Einfluss einer Berichtsprüfung und der Wahl des Berichtsprüfers

Der Einfluss einer **freiwilligen Berichtsprüfung** auf die Qualität separater Nachhaltigkeitsberichte wurde im Rahmen empirischer Untersuchungen zu den Determinanten der Nachhaltigkeitsberichterstattung bislang vernachlässigt. Basierend auf den Überlegungen zur Prinzipal-Agenten-Theorie kann die Veröffentlichung separater Nachhaltigkeitsberichte mit dem Abbau bestehender Informationsasymmetrien und folglich einer Reduktion der **Agenturkosten** begründet werden. Aufgrund der Tatsache, dass die Veröffentlichung von Nachhaltigkeitsinformationen bisher meist auf freiwilliger Basis erfolgt und separate Nachhaltigkeitsberichte keiner Prüfungspflicht durch externe Dritte unterliegen, wird die Glaubwürdigkeit solcher Berichte mitunter in Frage gestellt. Glaubwürdigkeit ist jedoch eine notwendige Voraussetzung, damit die bereitgestellten Informationen von den Adressaten als wahr und täuschungsfrei eingestuft werden.[858] Eine externe Berichtsprüfung kann den Unternehmen helfen, die Qualität und somit die Transparenz der Nachhaltigkeitsberichterstattung zu verbessern und auf diese Weise bestehende Informationsasymmetrien zwischen dem Management und den Stakeholdern der Unternehmen abzubauen. So hilft das Hinterfragen von Datenerhebungsmethoden und Berichtsprozessen sowie von Angaben zu verschiedenen Indikatoren und anderen Berichtsinhalten durch externe Dritte, dass Nachhaltigkeitsmanagementsystem einschließlich der Berichtsprozesse

---

[853] Vgl. *Lang/Lundholm* (1993), S. 248; *Ho/Taylor* (2007), S. 130f.

[854] Vgl. *Inchausti* (1997), S. 54; *Ho/Taylor* (2007), S. 142f.

[855] Vgl. *Bowman/Haire* (1975), S. 49-58; *Roberts* (1992), S. 608; *Cormier/Magnan* (1999), S. 441-444; *Cormier/Magnan* (2003), S. 53-55; *Haniffa/Cooke* (2005), S. 412-418.

[856] Vgl. *Williams* (1999), S. 222; *Aerts et al.* (2008), S. 654.

[857] Vgl. *Ho/Taylor* (2007), S. 140-144.

[858] Vgl *Spelthahn et al.* (2009), S. 61.

verlässlicher zu gestalten und die Qualität der Berichterstattung insgesamt zu erhöhen.[859] In der Folge können Unternehmen durch gezielte **Signaling**-Maßnahmen den Adressaten eine hohe Berichtsqualität anzeigen. So stärkt die Bescheinigung einer externen Berichtsprüfung das Vertrauen der Berichtsadressaten auf die Richtigkeit und Vollständigkeit der veröffentlichten Informationen.[860] Im weiteren Verlauf der Untersuchung wird daher die folgende Hypothese empirisch überprüft:

H6: Es besteht ein positiver Zusammenhang zwischen der Qualität der separaten Nachhaltigkeitsberichterstattung und einer freiwilligen Berichtsprüfung.

In anderen empirischen Studien zu den Determinanten der Nachhaltigkeitsberichterstattung wurde der Einfluss einer Berichtsprüfung bislang kaum berücksichtigt. Allerdings kontrollieren *Adnan et al.* in ihrer Studie für den Einfluss einer freiwilligen Berichtsprüfung auf die Quantität und Qualität der Nachhaltigkeitsberichterstattung und stellen einen positiven Zusammenhang fest.[861] Auch *Vurro/Perrini* kontrollieren in ihrer empirischen Studie zum Zusammenhang zwischen der Veröffentlichung von Nachhaltigkeitsinformationen und der Nachhaltigkeitsleistung für eine Berichtsprüfung durch externe Dritte.[862] Die Ergebnisse weisen auf einen positiven Zusammenhang zwischen einer externen Berichtsprüfung und der Nachhaltigkeitsleistung hin.[863]

Neben einer freiwilligen Berichtsprüfung kann die Qualität der Berichterstattung zudem von der **Wahl des Berichtsprüfers** abhängig sein.[864] Es ist zu vermuten, dass Unternehmen, die umfassend über ihre Nachhaltigkeitsleistung berichten, eine hohe Transparenz und Glaubwürdigkeit ihrer Berichterstattung anstreben und eine positive Informationslage aufweisen, eher einen hochqualifizierten Wirtschaftsprüfer auswählen, als Unternehmen mit einer geringen Berichtsqualität und negativer Informationslage.[865] Da die Qualität einer Wirtschaftsprüfungsleistung nicht direkt gemessen werden kann, wird sie häufig über die Größe der Wirtschaftsprüfungsgesellschaft approximiert.[866] Im Einklang mit früheren empirischen Studien wird die Unternehmensgröße über die Zugehörigkeit zum Kreis der Big-Four-Wirtschaftsprüfungsgesellschaften definiert.[867] Eine freiwillige Berichtsprüfung durch eine Big-Four-Gesellschaft kann daher als **Signaling**-Maßnahme der Unternehmen interpretiert werden, um den Berichtsadressaten eine hohe Berichtsqualität anzuzeigen.

Empirische Studien bestätigen einen positiven Zusammenhang zwischen steigenden Agenturkosten und der Nachfrage nach einer qualitativ hochwertigen Berichtsprüfung.[868] Diese Ergebnisse weisen darauf hin, dass die Auswahl des Wirtschaftsprüfers eine Rolle

[859] Vgl. *Hofmann* (2007), S. 135f.; *Höschen/Vu* (2008), S. 379.
[860] Vgl. *Clausen/Loew* (2005), S. 36-38; *Höschen/Vu* (2008), S. 379.
[861] Vgl. *Adnan et al.* (2011), S. 15.
[862] Vgl. *Vurro/Perrini* (2011), S. 466.
[863] Vgl. *Vurro/Perrini* (2011), S. 469.
[864] Vgl. *Barth* (2009), S. 106f.
[865] Vgl. *Titman/Trueman* (1986), S. 160; *Craswell/Taylor* (1992), S. 304.
[866] Vgl. *DeAngelo* (1981), S. 197f.; *Naser et al.* (2002), S. 128-130.
[867] Vgl. *Barth* (2009), S. 107.
[868] Vgl. *Francis/Wilson* (1988), S. 680; *Craswell/Taylor* (1992), S. 305.

spielt, wenn die Unternehmen beabsichtigen, durch eine transparente Berichterstattung bestehende Informationsasymmetrien abzubauen.

Umgekehrt haben Wirtschaftsprüfer ein Interesse daran, die Berichterstattung ihrer Mandanten positiv zu beeinflussen, um dem Markt ihre eigene Qualität zu signalisieren und somit ihre Reputation zu erhöhen.[869] Mit steigender Größe der Wirtschaftsprüfungsgesellschaft steigt auch die Unabhängigkeit des Wirtschaftsprüfers vom jeweiligen Prüfungsmandat. Daher haben insbesondere große Wirtschaftsprüfungsgesellschaften die Möglichkeit, auf die Berichterstattung ihrer Mandanten Einfluss zu nehmen. Bei kleineren Wirtschaftsprüfungsgesellschaften kann davon ausgegangen werden, dass sie nur einen geringen Einfluss auf die Berichterstattung ihrer Mandanten nehmen können, da die wirtschaftlichen Konsequenzen eines Mandatsverlusts für kleinere Kanzleien schwerwiegender sein dürften.[870]

Daher wird neben dem Einfluss einer freiwilligen Berichtsprüfung im weiteren Verlauf der Untersuchung zudem die folgende Hypothese empirisch überprüft:

H7: Die Qualität der separaten Nachhaltigkeitsberichterstattung ist bei Unternehmen größer, die durch eine Big-Four-Wirtschaftsprüfungsgesellschaft geprüft werden.

Während *Adnan et al.* in ihrer Studie feststellen, dass chinesische Unternehmen, deren Geschäftsberichte von einer Big-Four-Wirtschaftsprüfungsgesellschaft geprüft wurden, eher Nachhaltigkeitsinformationen in ihren Geschäftsberichten veröffentlichen als andere Unternehmen, können *Bhattacharyya et al.* in ihrer Studie hingegen keinen Zusammenhang zwischen der Nachhaltigkeitsberichterstattung und der Größe der Wirtschaftsprüfungsgesellschaft feststellen.[871] Ferner existieren Studien, die den Einfluss der Wirtschaftsprüfungsgesellschaft auf die allgemeine Unternehmensberichterstattung untersuchen. Die empirischen Befunde können jedoch keinen eindeutigen Zusammenhang nachweisen.[872]

4.2.2.7 Einfluss der Stakeholderorientierung

Im Rahmen der **Stakeholdertheorie** wird argumentiert, dass die Unternehmen von unterschiedlichen Stakeholdern sowohl materielle (bspw. Produktionsfaktoren) als auch immaterielle Ressourcen (bspw. Humankapital) beziehen, die für das Überleben und den langfristigen ökonomischen Erfolg der Unternehmen unabdingbar sind.[873] Demzufolge ist das Management solcher Ressourcenbeziehungen von existenzieller Bedeutung für die

[869] Vgl. *Wallace et al.* (1995), S. 47; *Alsaeed* (2005), S. 315. Weist die Berichterstattung der Mandanten eine geringe Berichtsqualität auf, droht der Wirtschaftsprüfungsgesellschaft eine Verringerung der Reputation und möglicherweise sogar der Verlust weiterer Mandanten. Vgl. *Francis/Wilson* (1988), S. 664.

[870] Vgl. *Malone et al.* (1993), S. 254.

[871] Vgl. *Adnan et al.* (2011), S. 15; *Bhattacharyya et al.* (2010), S. 24.

[872] Einen positiven Zusammenhang stellen z.B. *Patton/Zelenka* (1997), S. 618f., fest. *Alsaeed* kann hingegen keinen signifikanten Zusammenhang zwischen der Unternehmensberichterstattung und der Größe der Wirtschaftsprüfungsgesellschaft feststellen. Vgl. *Alsaeed* (2005), S. 318.

[873] Vgl. hierzu auch Kap. 4.1.3.3.

Unternehmen.[874] Insbesondere die Investoren (Eigen- und Fremdkapitalgeber) zählen zu den primären Stakeholdern, da sie einen bedeutenden Einfluss auf die Kapitalbeschaffung der Unternehmen haben.[875] Im weiteren Verlauf der Untersuchung stehen daher die Investoren als eine der bedeutendsten Stakeholdergruppen im Fokus der Betrachtung.[876]

Bezogen auf die Informationsbedürfnisse der Investoren wird die Nachhaltigkeitsberichterstattung gezielt zur Verbesserung der Risikotransparenz eingesetzt, um bestehende Informationsasymmetrien abzubauen und eine effiziente Kapitalallokation zu gewährleisten.[877] Allerdings unterscheiden sich nicht nur die Interessen verschiedener Stakeholdergruppen, sondern vielmehr differieren auch die Interessen von Eigen- und Fremdkapitalgebern. So gibt es Investoren, die ein vermehrtes Interesse an Nachhaltigkeitsinformationen für ihre Investitionsentscheidung haben. Andere Investoren berücksichtigen solche Informationen hingegen kaum oder überhaupt nicht in ihrem Investitionskalkül.[878] Aufgrund dieser unterschiedlichen und mitunter divergierenden Interessen ist die Priorisierung verschiedener Stakeholdergruppen eine der zentralen Herausforderungen für die Unternehmen.[879] Die Relevanz unterschiedlicher Anspruchsgruppen, bspw. der Kapitalgeber, bestimmt sich dabei vor allem anhand des Einflusses, mit dem die jeweiligen Stakeholder die Geschäftstätigkeit und damit den Erfolg der Unternehmen beeinflussen können.

Eine stakeholderorientierte Unternehmensführung erfordert die Berücksichtigung der verschiedenen Interessen der internen und externen Anspruchsgruppen. Es ist daher zu vermuten, dass der Umfang sowie die Qualität der Nachhaltigkeitsberichterstattung in Abhängigkeit der Anzahl sowie des Einflusses der verschiedenen Investoren variiert. Dabei ist das Vorliegen heterogener Informationsbedürfnisse umso wahrscheinlicher, je höher die Anzahl der Investoren ist. Im weiteren Verlauf der Arbeit wird angenommen, dass die Stakeholderorientierung der Unternehmen umso größer ist, desto umfassender und unterschiedlicher die Interessen der Investoren sind und desto größer die Abhängigkeit der Unternehmen von den Stakeholdern ist. Aufbauend auf diesen Überlegungen werden die folgenden Hypothesen formuliert:

H8a: Es besteht ein positiver Zusammenhang zwischen der Erstellung eines separaten Nachhaltigkeitsberichts und der Stakeholderorientierung der Unternehmen.

H8b: Es besteht ein positiver Zusammenhang zwischen der Qualität der separaten Nachhaltigkeitsberichterstattung und der Stakeholderorientierung der Unternehmen.

Analog zu der hier angeführten Argumentationsweise können *Boesso/Kumar* einen positiven Zusammenhang zwischen dem Stakeholder-Engagement der Unternehmen und der Veröffentlichung von Nachhaltigkeitsinformationen feststellen.[880]

---

874 Vgl. *Brühl/Osann* (2011), S. 282; *Mousa* (2010), S. 404.
875 Zur Unterscheidung zwischen primären und sekundären Stakeholdern vgl. ausführlich Kap. 4.1.3.3.3.
876 Vgl. *Neu et al.* (1998), S. 269; *Rudzioniene* (2006), S. 51.
877 Vgl. *von der Crone/Hoch* (2002), S. 43.
878 Vgl. *Neu et al.* (1998), S. 269f.
879 Vgl. Kap. 4.1.3.3.3.
880 Vgl. *Boesso/Kumar* (2007), S. 289f.

4.2.2.8 Einfluss der Branchenzugehörigkeit

Ebenso wie der Ländereinfluss stellt die Branchenzugehörigkeit eine Sammelvariable dar. Letztendlich kann nicht eindeutig bestimmt werden, welche Branchenspezifika die Nachhaltigkeitsberichterstattung der Unternehmen beeinflussen. So unterscheiden sich bspw. das systematische Risiko, die Profitabilität, die Höhe von Forschungs- und Entwicklungsaufwendungen, das gesellschaftliche Image sowie andere mögliche Unternehmenscharakteristika häufig in Abhängigkeit der jeweiligen Branche. Während der Einfluss des systematischen Risikos sowie der Profitabilität auf die Erstellung und Qualität separater Nachhaltigkeitsberichte in der vorliegenden Arbeit explizit analysiert wird,[881] bildet die Variable zur Messung des Brancheneinflusses sämtliche anderen branchenspezifischen Firmencharakteristika ab. Vor dem Hintergrund der theoretischen Grundlagen begründen sich branchenspezifische Einflüsse auf die Nachhaltigkeitsberichterstattung vor allem durch die politische Sensitivität sowie das Konkurrenzverhalten innerhalb verschiedener Branchen.

So ist neben dem Einfluss der Unternehmensgröße vor allem auch ein Zusammenhang zwischen der Branchenzugehörigkeit und der Verursachung **politischer Kosten** zu erwarten. Insbesondere Unternehmen aus politisch sensitiven Branchen ziehen die Aufmerksamkeit von Überwachungsinstanzen und Regulierungsbehörden auf sich. Als politisch sensitive Branchen werden besonders diejenigen eingestuft, in denen Unternehmen besonders hohe Gewinne erwirtschaften, deren Aktivitäten aber gleichzeitig negative Auswirkungen auf ihr gesellschaftliches und/oder ökologisches Umfeld haben. In der Literatur werden der Energiesektor, die Mineralölindustrie sowie Banken häufig als Beispiele für eine politisch sensitive Branche genannt.[882] Weiterhin sind die gesellschaftlichen Erwartungen entscheidend für das Image einer bestimmten Branche. Basierend auf der **Legitimitätstheorie** sind Unternehmen fortwährend bestrebt, ihr Handeln gegenüber der Gesellschaft zu legitimieren. Unternehmen, die den gesellschaftlichen Anforderungen nicht gerecht werden, können erheblichen wirtschaftlichen Schaden erleiden, indem sich für solche Unternehmen bspw. der Zugang zu notwendigen Ressourcen erschwert.[883] In den letzten Jahrzehnten ist vor allem die unternehmerische Verantwortung in Bereichen wie Umweltschutz oder Arbeitssicherheit zunehmend in den Fokus gesellschaftlicher Erwartungen gerückt.[884] Daher sind vor allem Unternehmen politisch und ökologisch sensitiver Branchen zunehmend gefordert, Informationen über ihr Nachhaltigkeitsengagement zu veröffentlichen. So stellen *Ness/Mirza* in ihrer Studie fest, dass Unternehmen der Mineralölindustrie in ihren Geschäftsberichten umfangreicher über ökologische Aspekte berichten als Unternehmen anderer Branchen.[885]

Zudem kann das Konkurrenzverhalten innerhalb einer Branche für eine differierende Ausgestaltung der Nachhaltigkeitsberichterstattung zwischen den verschiedenen Branchen

---

[881] Vgl. Kap. 4.2.2.4 und Kap. 4.2.2.5.

[882] Vgl. Kap. 4.1.2.3.2, sowie exemplarisch die folgenden Studien: *Wasser* (1976), S. 95; *Watts/Zimmermann* (1978), S. 115f.; *Holthausen/Leftwich* (1983), S. 87f.; *Verrecchia* (1983), S. 182; *Milne* (2002), S. 374; *Massoud* (2009), S. 1.

[883] Vgl. *Deegan/Unerman* (2011), S. 325. Vgl. ausführlich Kap. 4.1.3.2.

[884] Vgl. *Heard/Bolce* (1981), S. 247-249; *Tinker/Neimark* (1987), S. 84.

[885] Vgl. *Ness/Mirza* (1991), S. 215f.

verantwortlich sein. So kann das Abweichen vom branchendurchschnittlichen Berichtsverhalten vor dem Hintergrund des **Signaling** als „bad news" interpretiert werden.[886] Die Nachhaltigkeitsberichterstattung eines Unternehmens wird daher umso umfassender sein, je umfassender die Konkurrenzunternehmen innerhalb derselben Branche berichten. Basierend auf den zuvor genannten Argumenten werden die folgenden Hypothesen formuliert:

H9a: Die Erstellung eines separaten Nachhaltigkeitsberichts wird durch die Branchenzugehörigkeit der Unternehmen beeinflusst.

H9b: Die Qualität der separaten Nachhaltigkeitsberichterstattung wird durch die Branchenzugehörigkeit der Unternehmen beeinflusst.

Während *Campbell et al.* den unterstellten Zusammenhang in ihrer Studie nicht bestätigen können,[887] weisen die empirischen Befunde der meisten früheren empirischen Studien auf einen signifikanten Zusammenhang zwischen der Ausgestaltung der Berichterstattung über Nachhaltigkeitsthemen und der Branchenzugehörigkeit hin.[888]

4.2.3 Kapitalkostenwirkung der Nachhaltigkeitsberichterstattung

Um die Forschungsfrage zu beantworten, inwieweit eine freiwillige Nachhaltigkeitsberichterstattung mit ökonomischen Vorteilen für die Unternehmen verbunden ist, werden im Rahmen einer Kapitalmarktstudie die Eigenkapitalkostenwirkungen der Berichterstattung empirisch untersucht. Die Erwartung sinkender Kapitalkosten in Folge einer umfassenden und transparenten Berichterstattung ist eines der bedeutendsten Motive der Unternehmen, umfangreiche Informationen auf freiwilliger Basis zu veröffentlichen.[889] Durch eine umfassende Berichterstattung können die Informationsasymmetrien zwischen dem Management der Unternehmen und den Investoren abgebaut und somit die **Agenturkosten** reduziert werden. Der Abbau der Informationsasymmetrien führt zu einer Verringerung der Investitionsunsicherheit der Investoren. Diese werden daher eine geringere Risikoprämie für die Kapitalüberlassung fordern und die Kapitalkosten der Unternehmen werden infolgedessen sinken.[890]

Separate Nachhaltigkeitsberichte machen die Nachhaltigkeitsleistung der Unternehmen sichtbar und erweitern die Bewertungsgrundlage der Investoren im Rahmen ihrer Investitionsentscheidung. Da die Nachhaltigkeitsaktivitäten letztendlich auch Auswirkungen auf die Ertragslage der Unternehmen haben können, erhöhen sie die Risikotransparenz und reduzieren die Unsicherheit auf Seiten der Investoren.[891] Ferner argumentieren *Richardson et al.*, dass einige Investoren insbesondere ein Interesse an nachhaltigen Investments haben und durchaus bereit sind, einen Aufpreis für die Wertpapiere nachhaltiger Unternehmen

[886] Vgl. *Inchausti* (1997), S. 56.
[887] Vgl. *Campbell et al.* (2003), S. 568f.
[888] Vgl. bspw. *Roberts* (1992), S. 608; *Holder-Webb et al.* (2009), S. 510-513; *Li et al.* (2010), S. 647-650.
[889] Vgl. *Choi* (1973), S. 159; *Cooke* (1993), S. 523.
[890] Vgl. *Core* (2001), S. 450f.; *Bailey et al.* (2006), S. 176; *Dhaliwal et al.* (2011), S. 62.
[891] Vgl. *von der Crone/Hoch* (2002), S. 43f.

zu zahlen.[892] Folglich werden Investoren bei gleichen Erwartungen der zukünftigen Cashflows eine geringere Risikoprämie für die Wertpapiere nachhaltiger Unternehmen fordern. Basierend auf diesen Überlegungen gilt es, die folgenden Hypothesen empirisch zu überprüfen:

H10a: *Es besteht ein negativer Zusammenhang zwischen der Veröffentlichung eines separaten Nachhaltigkeitsberichts und den Eigenkapitalkosten der Unternehmen.*

H10b: *Es besteht ein negativer Zusammenhang zwischen der Qualität der separaten Nachhaltigkeitsberichterstattung und den Eigenkapitalkosten der Unternehmen.*

In früheren Studien wurde insbesondere der Einfluss der Finanzberichterstattung auf die Kapitalkosten untersucht.[893] In der Gesamtschau deuten die empirischen Befunde auf einen negativen Zusammenhang zwischen der Qualität der Finanzberichterstattung und den Kapitalkosten hin.[894] Die Auswirkungen der Berichterstattung über Nachhaltigkeitsaspekte auf die Kapitalkosten sind bislang wenig erforscht. Die Ergebnisse der Studien in diesem Bereich lassen keinen eindeutigen Zusammenhang erkennen. In Übereinstimmung mit den Ergebnissen zur Auswirkung der Qualität der Finanzberichterstattung weisen die empirischen Befunde von *Plumlee et al.* auf einen negativen Zusammenhang zwischen der Qualität der Umweltberichterstattung und den Kapitalkosten hin.[895] *Dhaliwal et al.* stellen in ihrer Untersuchung fest, dass vor allem Unternehmen mit hohen Kapitalkosten eine Berichterstattung initiieren und in der Folge von einer Verringerung der Kapitalkosten profitieren können.[896] Während die empirischen Befunde von *Clarkson et al.* keinen eindeutigen signifikanten Zusammenhang aufzeigen,[897] stellen *Richardson/Welker* und *Déjean/Martinez* entgegen ihrer Vermutung einen signifikant positiven Zusammenhang zwischen der Berichterstattung über Nachhaltigkeitsaspekte und den Kapitalkosten fest.[898]

4.2.4 Zusammenfassung

Der Institutionalismus bildet das theoretische Fundament der vorliegenden Arbeit. Ausgehend von der Annahme, dass institutionelle Strukturen das Handeln von Individuen und folglich auch Managemententscheidungen beeinflussen, wird versucht zu erklären, welche Determinanten die Erstellung eines Nachhaltigkeitsberichts sowie die Qualität der Berichterstattung beeinflussen und welche Wirkung die Nachhaltigkeitsberichterstattung auf die Eigenkapitalkosten der Unternehmen hat. Um ein möglichst umfassendes Verständnis der Nachhaltigkeitsberichterstattung zu erlangen, wurde im Rahmen der Hypothesenentwicklung sowohl auf die Sichtweise des ökonomischen als auch des soziologi-

---

[892] Vgl. *Richardson et al.* (1999), S. 22f.

[893] Vgl. *Core* (2001), S. 441-456; *Healy/Palepu* (2001), S. 405-440; *Botosan* (2006), S. 31-40.

[894] Vgl. bspw. *Botosan* (1997), S. 346f.; *Leuz/Verrecchia* (2000), S. 120f.; *Hail* (2002), S. 765f.; *Lambert et al.* (2007), S. 410f.

[895] Vgl. *Plumlee et al.* (2010), S. 23-25.

[896] Vgl. *Dhaliwal et al.* (2011), S. 74-79 und 94.

[897] Vgl. *Clarkson et al.* (2010), S. 23f.

[898] Vgl. *Richardson/Welker* (2001), S. 613f.; *Déjean/Martinez* (2009), S. 73f.

schen Institutionalismus zurückgegriffen. Während ökonomische Theorieansätze regelmäßig auf Kosten-Nutzen-Überlegungen basieren, stellen soziologische Ansätze das Verhältnis zwischen den vorherrschenden Grundüberzeugungen des rationalen Handelns und der gesellschaftlichen Legitimation in den Fokus der Betrachtung. Abb. 4-4 fasst die Hypothesen sowie die zugrundeliegende theoretische Fundierung zusammen.

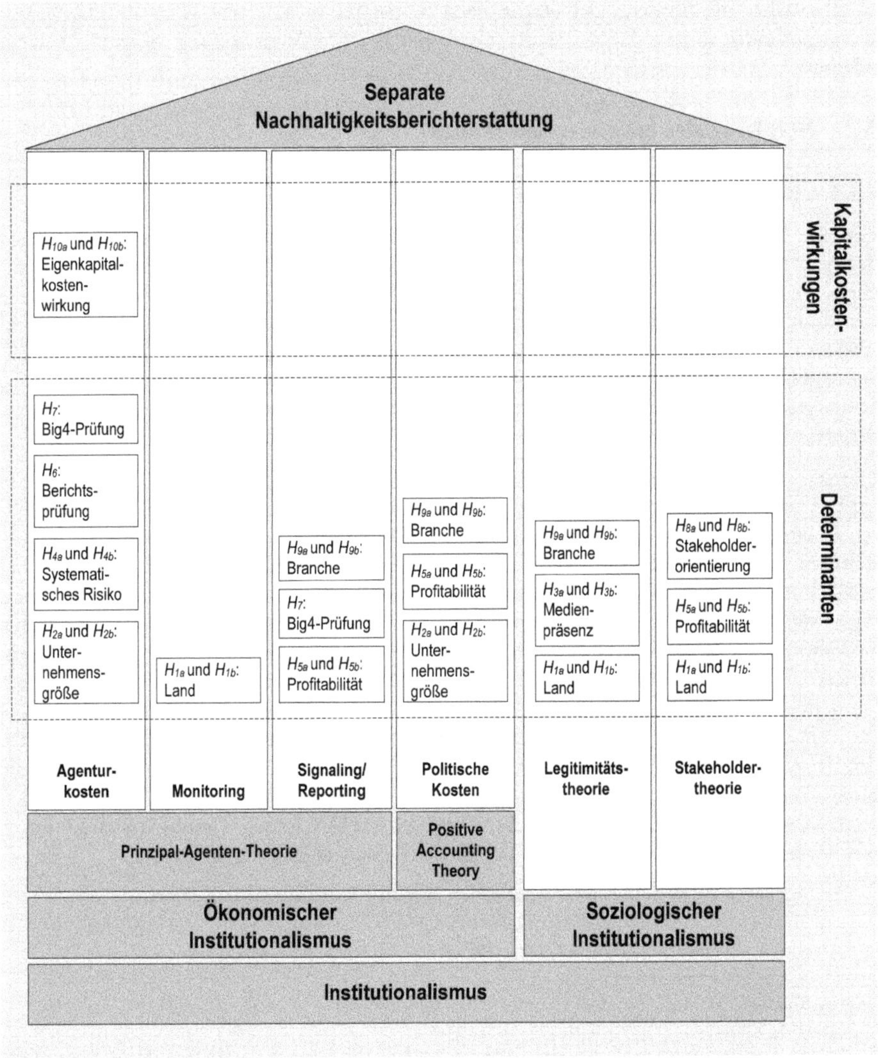

Abb. 4-4: Theoretische Fundierung und Hypothesenentwicklung
Quelle: in Anlehnung an *Barth* (2009), S. 11

5 Forschungsdesign

Aufbauend auf der theoretischen Fundierung und der Hypothesenentwicklung wird in diesem Kapitel das gewählte Forschungsdesign vorgestellt. Das Forschungsdesign ist so angelegt, dass es einen Vergleich der empirisch beobachtbaren Sachverhalte mit den in den Forschungshypothesen vermuteten Zusammenhängen ermöglicht.[899] Im Folgenden werden daher die Struktur des empirischen Feldes (Kap. 5.1), die gewählte Datenerhebungsmethodik (Kap. 5.2) sowie die Verfahren zur Datenauswertung (Kap. 5.3) näher erläutert.

5.1 Struktur des empirischen Feldes

5.1.1 Beschreibung der Grundgesamtheit

Um die Berichtspraxis sowie die Determinanten und die Eigenkapitalkostenwirkungen der Nachhaltigkeitsberichterstattung in Deutschland und den USA empirisch zu untersuchen, wurden die jeweils 160 größten Unternehmen in beiden Ländern betrachtet. Eine Beschränkung auf die jeweils größten Unternehmen erscheint insbesondere vor dem Hintergrund der Ergebnisse früherer empirischer Untersuchungen, welche die Unternehmensgröße regelmäßig als wesentliche Determinante identifizierten, zielführend.[900] Eine Grundgesamtheit von insgesamt 320 Unternehmen stellt zudem eine geeignete Ausgangsbasis dar, um im Rahmen der empirischen Auswertung valide Ergebnisse zu erhalten.[901]

Die deutsche Grundgesamtheit bildet sich aus den Unternehmen, die zum 31.12.2010 im HDAX und SDAX der Deutschen Börse gelistet waren und umfasst folglich die 160 größten Unternehmen des Prime Standards. Der **HDAX** umfasst die Werte von **110 Unternehmen** aus den Auswahlindizes DAX, MDAX und TecDAX. Der DAX enthält die 30 größten und umsatzstärksten Unternehmen, die an der Frankfurter Börse gelistet sind und bildet das Segment der Bluechips ab.[902] Der MDAX setzt sich aus 50 Mid-Cap-Werten zusammen, die in der Rangliste nach Marktkapitalisierung des Streubesitzes und Börsenumsatz auf die DAX-Werte folgen.[903] Es können sich nur Werte aus den fortlaufend gehandelten Werten des Prime-Segments für eine Aufnahme in den MDAX qualifizieren. Im TecDAX werden die 30 größten und liquidesten Werte aus dem Technologie-Sektor des Prime-Segments unterhalb des DAX zusammengefasst. Der **SDAX** umfasst die sog. Small-Cap-Werte und besteht aus insgesamt **50 Unternehmen**, die hinsichtlich Marktkapitalisierung und Börsenumsatz auf die Werte des MDAX folgen. Grundsätzlich kommen nur solche Unternehmen für die Aufnahme in die Auswahlindizes in Frage,

- die ihren juristischen oder operativen Sitz in Deutschland haben oder

---

[899] Vgl. *Kromrey* (2009), S. 79.

[900] Vgl. Kap. 3.3.3.

[901] Zu den angewandten Auswertungsverfahren im Rahmen der empirischen Untersuchung vgl. ausführlich Kap. 5.3.

[902] Vgl. *Deutsche Börse AG* (2009), S. 8f.

[903] Vgl. *Deutsche Börse AG* (2009), S. 15f.

- die einen Schwerpunkt des Handelsumsatzes an der Frankfurter Wertpapierbörse (FWB) und ihren Hauptsitz in einem EU oder EFTA Staat haben.[904]

Die Grundgesamtheit der amerikanischen Unternehmen setzt sich aus den 160 größten Unternehmen zusammen, die am 31.12.2010 im **S&P 500** gelistet waren. Der S&P 500 beinhaltet die Werte der 500 größten börsennotierten US-amerikanischen Unternehmen und zählt zu den bedeutendsten Aktienindizes der Welt. Mit einer Abdeckung von etwa 75% der US-amerikanischen Börsenkapitalisierung gilt der S&P 500 als repräsentativ für den Gesamtmarkt.[905] Der Aktienindex beinhaltet ausschließlich Unternehmen, die an der New York Stock Exchange (NYSE) und der NASDAQ gehandelt werden,[906] und wird anhand der Marktkapitalisierung gewichtet.[907] Die Auswahl der 160 größten Unternehmen des S&P 500 in der vorliegenden Arbeit erfolgte anhand der Marktkapitalisierung zum 31.12.2010.[908]

Der Ausschluss von Unternehmen aus dem Banken-, Versicherungs- und Finanzdienstleistungssektor ist aufgrund ihres spezifischen Geschäftsmodells sowie differierender regulatorischer Anforderungen in der empirischen Rechnungslegungsforschung oftmals sinnvoll und weit verbreitet.[909] In der vorliegenden Arbeit wird jedoch bewusst auf eine solche Vorgehensweise verzichtet, da eine umfassende Nachhaltigkeitsberichterstattung in Deutschland und den USA auf freiwilliger Basis stattfindet und folglich keine differierenden regulatorischen Anforderungen bestehen. Zudem wurde auf Basis der GRI-Leitlinien ein branchenübergreifender Disclosure Index zur Analyse der Nachhaltigkeitsberichte verwendet.

Die Branchenzusammensetzung der Grundgesamtheit deutscher Unternehmen zeigt, dass vor allem die Sektoren *Industrials* und *Consumer Discretionary* mit 28% bzw. 19% relativ stark vertreten sind und zusammen fast die Hälfte der 160 größten deutschen Unternehmen abdecken (vgl. Abb. 5-1).[910] Die Branchen *Health Care, Financials* und *Information Technology* umfassen jeweils mindestens 10% der betrachteten Unternehmen, während die Sektoren *Energy, Consumer Staples, Telecommunication Services* und *Utilities* mit unter 5% eher schwach vertreten sind.

---

[904] Vgl. *Deutsche Börse AG* (2009), S. 8.

[905] Vgl. *S&P* (2012a), Factsheet.

[906] Für eine ausführliche Beschreibung der Kriterien zur Aufnahme in den S&P 500 vgl. *S&P* (2012b), S. 5-7.

[907] Zur Methode der Gewichtung anhand der Marktkapitalisierung vgl. ausführlich *S&P* (2012c), S. 6-11.

[908] Die Marktkapitalisierung zum 31.12.2010 wurde mit Hilfe der Datastream-Datenbank ermittelt.

[909] Vgl. *Maher et al.* (1992), S. 201; *Loughran/Ritter* (1997), S. 1825; *Carcello/Nagy* (2004), S. 61; *Maury/Pajuste* (2005), S. 1819; *Faulkender/Petersen* (2006), S. 51.

[910] Die Brancheneinteilung erfolgte anhand des Global Industry Classification Systems (GICS), welches von Morgan Stanley Capital International (MSCI) und S&P entwickelt wurde. Die hier vorliegende Verteilung wurde der Datastream-Datenbank entnommen. Zum GICS vgl. ausführlich *MSCI/S&P* (2002), S. 1-41.

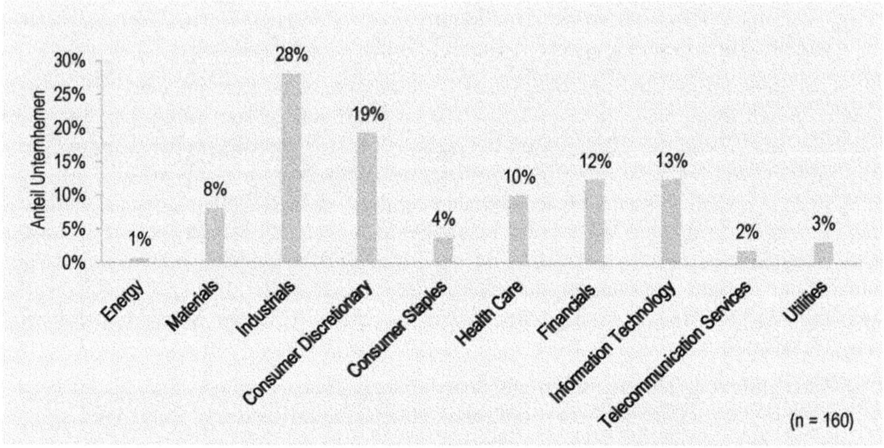

Abb. 5-1: Verteilung der Grundgesamtheit deutscher Unternehmen nach Branchen

Die Branchenverteilung der Grundgesamtheit amerikanischer Unternehmen ist Abb. 5-2 zu entnehmen. Insgesamt verteilen sich die 160 größten amerikanischen Unternehmen gleichmäßiger auf die verschiedenen Branchen als es bei dem deutschen Sample der Fall ist. So gehören den Branchen *Industrials*, *Consumer Discretionary*, *Consumer Staples*, *Health Care*, *Financials* und *Information Technology* jeweils zwischen 10% und 16% der Unternehmen an. Die einzelnen Branchen decken somit nicht einmal ein Fünftel der Grundgesamtheit ab, so dass keiner der Sektoren dominant vertreten ist. Die Branchen *Materials*, *Telecommunication Services* und *Utilities* sind mit jeweils weniger als 5% der Unternehmen aus der betrachteten Grundgesamtheit eher schwach repräsentiert.

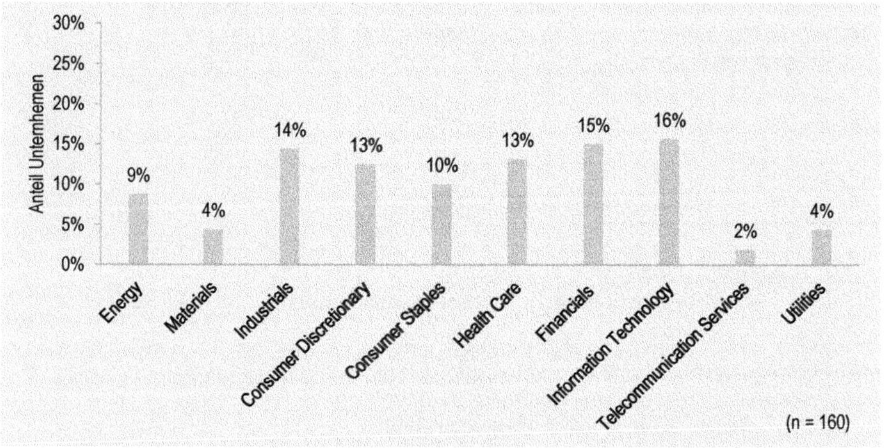

Abb. 5-2: Verteilung der Grundgesamtheit US-amerikanischer Unternehmen nach Branchen

Um die Grundgesamtheit näher zu beschreiben, ist neben der Verteilung der Branchenzugehörigkeit vor allem die Unternehmensgröße von Bedeutung. Sie gilt als ein wesentlicher Indikator für die Komplexität von Unternehmen. Die Komplexität wiederum wird als einer der Haupteinflussfaktoren für die Entstehung von Agenturkosten angesehen.[911] Demzufolge werden insbesondere große Unternehmen bestrebt sein, in ihre internen Kontrollsysteme sowie in eine transparente Berichterstattung zu investieren, um die komplexen Prozesse im Unternehmen besser steuern zu können und ihre Eigenkapitalkosten zu minimieren.[912] Zur Messung der Unternehmensgröße werden insgesamt vier verschiedene Proxys verwendet: Marktkapitalisierung, Bilanzsumme, Umsatzerlöse und Mitarbeiterzahl.[913]

Wie Abb. 5-3 zeigt, variiert die **Marktkapitalisierung** der Unternehmen in der Grundgesamtheit stark. Die deutsche Elexis AG besitzt mit 164 Mio. USD die geringste Marktkapitalisierung. Der Median liegt mit 19.476 Mio USD deutlich unter dem Mittelwert (31.517 Mio. USD), was die linkssteile Verteilung der Marktwerte anzeigt. Die höchste Marktkapitalisierung weist die amerikanische Exxon Mobil Corp. auf.

Angaben in Mio. USD (N=320)	
Minimum	164
25%-Quartil	1.489
Median	19.476
Mittelwert	31.517
75%-Quartil	36.496
Maximum	368.712
Standardabweichung	47.545

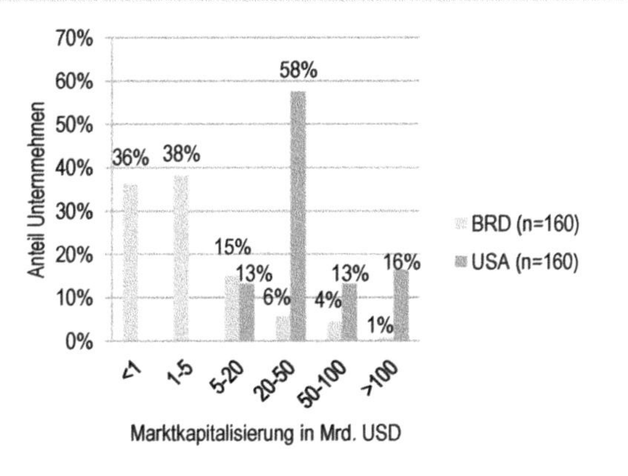

Abb. 5-3: Beschreibung der Grundgesamtheit anhand der Marktkapitalisierung

Das Balkendiagramm zeigt zudem, dass die Unternehmensgrößen der deutschen und amerikanischen Unternehmen deutlich voneinander abweichen. So ist die Marktkapitalisierung von rund drei Viertel der deutschen Unternehmen geringer als 5 Mrd. USD, während keines der amerikanischen Unternehmen diesen Schwellenwert unterschreitet. Die

[911] Zum Begriff der Agenturkosten vgl. Kap. 4.1.2.2.3.

[912] Vgl. *Quick/Knocinski* (2006), S. 622; *Reisloh* (2011), S. 217.

[913] Die entsprechenden Daten zur Messung der Proxys wurden der Datastream-Datenbank entnommen. Für eine bessere Vergleichbarkeit wurden alle Daten in US-Dollar (USD) erhoben (der Umrechnungskurs in Datastream zum 31.12.2010 betrug EUR/USD = 0,74541). Fehlende Werte in der Datenbank wurden soweit möglich den Geschäftsberichten für das Jahr 2010 entnommen.

Marktkapitalisierung beträgt für mehr als die Hälfte der amerikanischen Unternehmen zwischen 20 und 50 Mrd. USD. 16% der amerikanischen Unternehmen weisen sogar Marktwerte von über 100 Mrd. USD auf.

Eine weitere Variable zur Messung der Unternehmensgröße ist die **Bilanzsumme**. Die Bilanzsumme variiert in der Grundgesamtheit zwischen 72 Mio. USD (Amadeus Fire AG) und 2.545.265 Mio. USD bei der Deutsche Bank AG (vgl. Abb. 5-4). Die Streuung um den Mittelwert in Form der Standardabweichung beträgt 280.555 Mio. USD. Der Abstand des Mittelwerts (849.255 Mio. USD) vom Median (16.602 Mio. USD) ist in diesem Fall noch deutlicher als bei der Marktkapitalisierung. So weisen insgesamt 75% der Unternehmen eine Bilanzsumme unter 50.239 Mio. USD auf. Obwohl mit der Deutschen Bank ein deutsches Unternehmen die höchste Bilanzsumme aufweist, wird auch hier die ungleiche Verteilung der Unternehmensgröße in den beiden Ländern deutlich. Während mehr als 80% der deutschen Unternehmen eine Bilanzsumme unter 20 Mrd. USD aufweisen, sind dies in der amerikanischen Grundgesamtheit nur 25%. Bei einem Fünftel der amerikanischen Unternehmen ist die Bilanzsumme größer als 100 Mrd. USD.

Angaben in Mio. USD (N=320)	
Minimum	72
25%-Quartil	2.254
Median	16.602
Mittelwert	849.225
75%-Quartil	50.239
Maximum	2.545.265
Standardabweichung	280.555

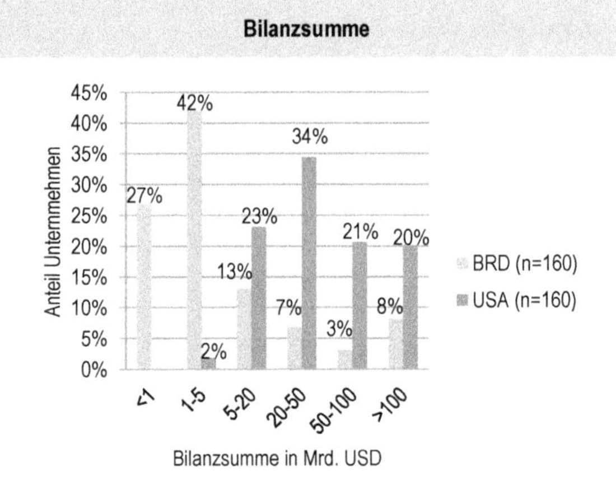

Abb. 5-4: Beschreibung der Grundgesamtheit anhand der Bilanzsumme

Ferner wurde die Unternehmensgröße anhand des **Umsatzes** gemessen.[914] Wie Abb. 5-5 zeigt, lassen sich auch anhand des Umsatzes die Größenunterschiede zwischen deutschen und amerikanischen Unternehmen auf den ersten Blick erkennen. Während 72% der deutschen Unternehmen einen Umsatz unter 5 Mrd. USD generieren, sind dies im amerikanischen Sample gerade einmal 8%. Knapp die Hälfte der amerikanischen Unternehmen (44%) generiert einen Umsatz zwischen 5 und 20 Mrd. USD. Insgesamt variiert der Umsatz in der Grundgesamtheit zwischen 32 Mio. USD bei der Deutsche Beteiligungs

[914] Der Umsatz wurde der Datastream-Datenbank entnommen und umfasst bei Banken den erwirtschafteten Geldwert aus bereitgestellten Finanzdienstleistungen aller Art (bspw. Zinserträge, Prämien, Kommissionen, Bankgebühren).

AG und 421.849 Mio. USD bei der amerikanischen Wal Mart Stores Inc. Wie bereits bei der Marktkapitalisierung und der Bilanzsumme zeigt der deutliche Abstand zwischen Mittelwert (261.497 Mio. USD) und Median (10.619 Mio. USD) die linkssteile Verteilung der Umsatzerlöse in der Grundgesamtheit an.

Angaben in Mio. USD (N=320)	
Minimum	32
25%-Quartil	1.816
Median	10.619
Mittelwert	261.497
75%-Quartil	31.746
Maximum	421.849
Standardabweichung	44.559

Umsatz

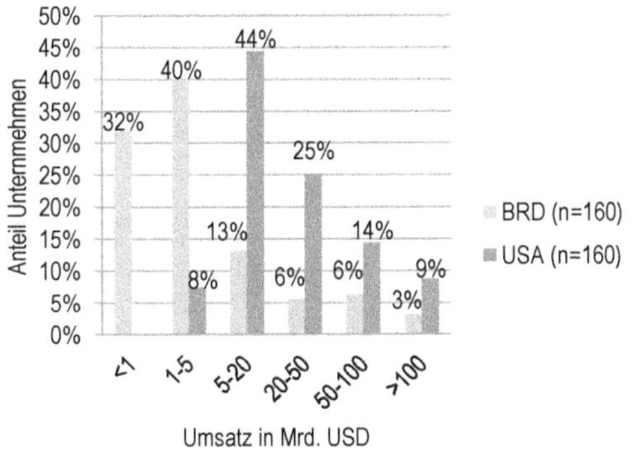

Abb. 5-5: Beschreibung der Grundgesamtheit anhand des Umsatzes

Im Gegensatz zur Marktkapitalisierung und Bilanzsumme als Proxys zur Messung der Unternehmensgröße basiert die **Mitarbeiterzahl**[915] nicht auf Markt- oder Buchwerten. Aufgrund der Tatsache, dass nicht zwingend eine hohe Mitarbeiterzahl erforderlich ist, um Unternehmen mit hohen Umsatzerlösen, Bilanzsummen und Marktwerten zu managen, können die ersten drei Proxys zu falschen Annahmen bezüglich der Komplexität von Unternehmen führen.[916] Daher wird zudem die Unternehmensgröße anhand der Mitarbeiterzahl gemessen.

Wie Abb. 5-6 zeigt, variiert Die Mitarbeiterzahl zwischen vier (Deutsche Euroshop AG) und 2,1 Mio. (Wal Mart Stores Inc.). Auch hier handelt es sich um eine linkssteile Verteilung und der Mittelwert (62.619) liegt wieder deutlich über dem Median (18.712). Auch auf Länderebene zeigt sich erneut, dass die Unternehmen in der deutschen Grundgesamtheit insgesamt kleiner sind als die amerikanischen Firmen. Während mit einem relativem Anteil von 65% die meisten deutschen Unternehmen weniger als 10.000 Mitarbeiter beschäftigen, arbeiten in 43% der amerikanischen Unternehmen zwischen 10.000 und 50.000 Mitarbeiter. Mehr als ein Viertel der amerikanischen Unternehmen beschäftigt sogar über 500.000 Angestellte.

[915] Für die BB Biotech AG konnte die Mitarbeiterzahl zum 31.12.2010 nicht ermittelt werden.

[916] Die Deutsche Euroshop AG beschäftigt nur vier Mitarbeiter und weist eine Marktkapitalisierung von 1.974 Mio. USD auf. Insgesamt ist die Marktkapitalisierung bei 36% der deutschen Unternehmen geringer als 1 Mrd. USD.

Da die Unternehmensgröße einer der bedeutendsten Einflussfaktoren für eine transparente und umfangreiche Berichterstattung ist, können die deutlichen Größenunterschiede zwischen deutschen und amerikanischen Unternehmen bei der Interpretation der Ergebnisse im Rahmen der Studie zu den Determinanten der Nachhaltigkeitsberichterstattung von besonderer Bedeutung sein.[917]

(N=319)	
Minimum	4
25%-Quartil	4.571
Median	18.712
Mittelwert	62.619
75%-Quartil	61.500
Maximum	2.100.000
Standardabweichung	143.912

Mitarbeiterzahl

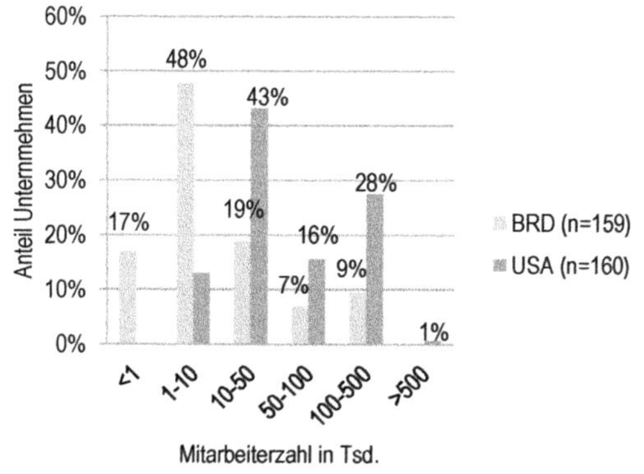

Abb. 5-6: Beschreibung der Grundgesamtheit anhand der Mitarbeiterzahl

Wie Tab. 5-1 zeigt, besteht zwischen allen vier Proxys zur Messung der Unternehmensgröße eine stark positive und statistisch signifikante Korrelation. Grundsätzlich scheinen daher alle Proxys als Indikator für die Unternehmensgröße geeignet.

	Marktkapitalisierung	**Bilanzsumme**	**Umsatz**	**Mitarbeiterzahl**
Marktkapitalisierung	1,000 -			
Bilanzsumme	0,864*** (0,000)	1,000 -		
Umsatz	0,864*** (0,000)	0,892*** (0,000)	1,000 -	
Mitarbeiterzahl	0,781*** (0,000)	0,774*** (0,000)	0,901*** (0,000)	1,000 -
Die Tabelle zeigt die Spearman-Korrelationskoeffizienten mit den entsprechenden p-Werten in Klammern.				

Tab. 5-1: Korrelationsanalysen der Proxys zur Messung der Unternehmensgröße

In Analogie zu früheren empirischen Untersuchungen wird im weiteren Verlauf der Arbeit die **Marktkapitalisierung** zur Messung der Unternehmensgröße verwendet.[918] Im

[917] Vgl. hierzu Kap. 6.2.

[918] Vgl. exemplarisch *Williams* (1999), S. 219; *Ho/Taylor* (2007), S. 138; *Reverte* (2012), S. 259.

Rahmen von Sensitivitätsanalysen wird zudem überprüft, ob sich an den jeweiligen Ergebnissen etwas ändert, wenn die Unternehmensgröße anhand einer der drei anderen Proxys operationalisiert wird.

5.1.2 Festlegung der Untersuchungseinheit

Ausgehend von der zuvor beschriebenen Grundgesamtheit von jeweils 160 Unternehmen in Deutschland und den USA wird im Folgenden die relevante Untersuchungseinheit festgelegt. Diese leitet sich aus der entsprechenden Forschungsfrage ab und muss demnach relevant vor dem Hintergrund der zu untersuchenden Hypothesen sein. Weiterhin müssen die Untersuchungseinheiten tatsächlich existieren und für den Forscher zugänglich sein.[919] Nachhaltigkeitsinformationen werden von den Unternehmen über verschiedene Informationsmedien bereitgestellt. Ein einheitliches Berichtsformat existiert bislang nicht.[920] Eine Vielzahl der Unternehmen nutzt vor allem separate (PDF-)Berichte und das Internet, um über Nachhaltigkeitsthemen zu berichten.[921] Einige Unternehmen veröffentlichen darüber hinaus Informationen zur Nachhaltigkeitsleistung in ihren Geschäftsberichten.[922] Eine vollständige Integration von Finanz- und Nachhaltigkeitsberichterstattung ist bislang jedoch die Ausnahme.[923] Neben diesen Berichtsformaten für eine umfangreiche Nachhaltigkeitsberichterstattung nutzen Unternehmen auch Produktverpackungen oder TV- und Printmedien, um über ihre Bestrebungen im Nachhaltigkeitsbereich zu informieren.[924] Es zeigt sich, dass die Veröffentlichung von Nachhaltigkeitsinformationen über eine Vielzahl verschiedener Berichtsmedien erfolgt. In der vorliegenden empirischen Untersuchung werden **separat veröffentlichte Nachhaltigkeitsberichte** der Unternehmen als relevante Untersuchungseinheit festgelegt.[925] Diese Auswahl ist dadurch begründet, dass separate Nachhaltigkeitsberichte das am häufigsten genutzte Berichtsformat darstellen und zudem leicht zugänglich sind.[926] Da Unternehmen neben separaten Berichten jedoch auch andere Berichtsformate nutzen, um über ihre Nachhaltigkeitsleistung zu berichten, wird im Rahmen der empirischen Untersuchung für die Veröffentlichung von Nachhaltigkeitsinformationen im Internet und im Geschäftsbericht kontrolliert.[927]

Separate Nachhaltigkeitsberichte in gedruckter Form bzw. in PDF-Format bilden die alleinige Basis für die Auswertung im Rahmen der Inhaltsanalyse. Zunächst wurde auf den Unternehmenswebseiten recherchiert, ob die Unternehmen einen entsprechenden Bericht

---

919 Vgl. Kap. 5.2.2.

920 Vgl. Kap. 2.2.3.

921 Vgl. *KPMG* (2011b), S. 8.

922 Vgl. *KPMG* (2011b), S. 8f.

923 Die BASF SE sowie die SolarWorld AG haben die Nachhaltigkeitsberichterstattung vollständig in den Geschäftsbericht integriert. Vgl. *BASF SE* (2011) und *SolarWorld AG* (2011).

924 Da diese Informationskanäle jedoch nicht für eine umfangreiche Nachhaltigkeitsberichterstattung genutzt werden können, finden sie im weiteren Verlauf keine Beachtung.

925 Vgl. Kap. 5.1.2. In anderen empirischen Studien wurden bislang häufig die Geschäftsberichte als Untersuchungseinheit verwendet, um den Umfang und/oder die Qualität publizierter Nachhaltigkeitsinformationen zu messen. Vgl. *Unerman* (2000), S. 669-671.

926 Vgl. *KPMG* (2011b), S. 9; *KPMG* (2009), S. 13; *KPMG* (2008), S. 16.

927 Zu den verwendeten Kontrollvariablen vgl. ausführlich Kap. 6.2.1 und Kap. 6.3.2.

erstellen. Darüber hinaus wurden die Public Relations- bzw. Investor Relations-Abteilungen der Unternehmen per E-Mail angeschrieben und gefragt, ob das jeweilige Unternehmen einen separaten Nachhaltigkeitsbericht erstellt. Die Nachhaltigkeitsberichte wurden dann auf der Webseite bzw. per E-Mail bestellt. Die Auswertung der Berichte erfolgte in Papierform. Sofern ein physischer Bericht nicht erhältlich war, wurde auf einen Ausdruck der elektronischen PDF-Version im Internet zurückgegriffen. Um die Vergleichbarkeit bei der Auswertung deutscher und amerikanischer Nachhaltigkeitsberichte zu gewährleisten, wurde für die Auswertung grundsätzlich auf die englische Version der Nachhaltigkeitsberichte zurückgegriffen.

5.1.3 Beschreibung der analysierten Nachhaltigkeitsberichte

Im Gegensatz zur Finanzberichterstattung sind die Veröffentlichungszyklen separater Nachhaltigkeitsberichte nicht gesetzlich vorgeschrieben. Daher wurden in der vorliegenden Arbeit die per 30.09.2011 jeweils aktuellen Berichte analysiert. Diese beziehen sich auf den Berichtszeitraum 2010 bzw. 2009. Mit dem 30.09.2011 wurde bewusst ein späterer Zeitpunkt, der neun Monate nach dem betrachteten Bilanzstichtag (31.12.2010) liegt, ausgewählt, um möglichst viele Berichte für das aktuellste Berichtsjahr 2010 zu erhalten.[928] Sofern Unternehmen lediglich Nachhaltigkeitsberichte bezogen auf einen Berichtszeitraum vor dem Jahr 2009 veröffentlicht haben, wurden diese aus Gründen mangelnder Aktualität von der Analyse ausgeschlossen.

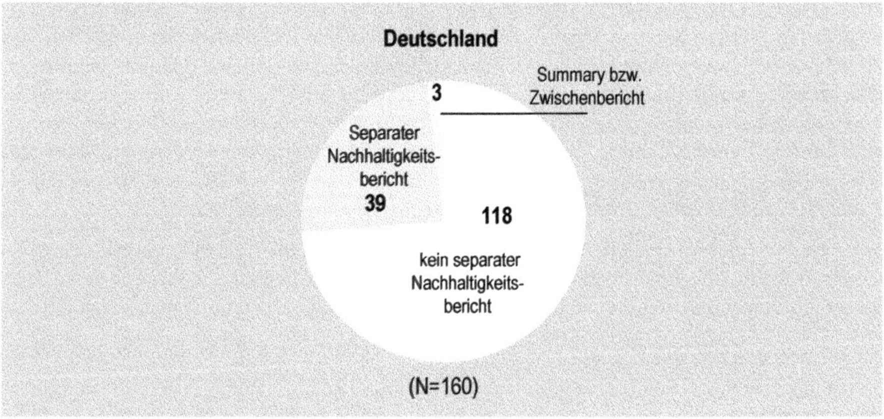

Abb. 5-7: Erstellung separater Nachhaltigkeitsberichte in Deutschland

Insgesamt erfüllen 42 deutsche und 98 amerikanische Unternehmen die Anforderungen der festgelegten Untersuchungseinheit sowie des betrachteten Untersuchungszeitraums, so dass 140 Nachhaltigkeitsberichte im Rahmen der inhaltsanalytischen Auswertung berücksichtigt werden. Dies entspricht knapp 44% der betrachteten Grundgesamtheit von 320 Unternehmen. Im Rahmen der empirischen Untersuchung werden folglich die 140 Be-

---

928 Aufgrund fehlender gesetzlicher Publizitätspflichten werden die Nachhaltigkeitsberichte häufig erst im Anschluss an den Geschäftsbericht fertiggestellt und im Laufe der Sommermonate veröffentlicht.

richterstatter von den 180 Unternehmen unterschieden, die keinen separaten Nachhaltigkeitsbericht erstellen.

Teilweise veröffentlichen Unternehmen lediglich einen sog. Summary-Report, der die wesentlichen Nachhaltigkeitsaspekte für den Berichtszeitraum zusammenfasst, und verweisen entsprechend auf eine ausführliche Berichterstattung im Internet (vgl. Abb. 5-7 und Abb. 5-8).[929]

Die deutsche Commerzbank AG und die amerikanische Wells Fargo Corp. veröffentlichen hingegen in einem zweijährigen Berichtszyklus umfassende Nachhaltigkeitsberichte. Da in die Analyse nur Berichte eingegangen sind, die bis zum 30.09.2011 veröffentlicht waren, stand als aktueller Bericht bei diesen beiden Unternehmen lediglich ein Zwischenbericht zur Verfügung.

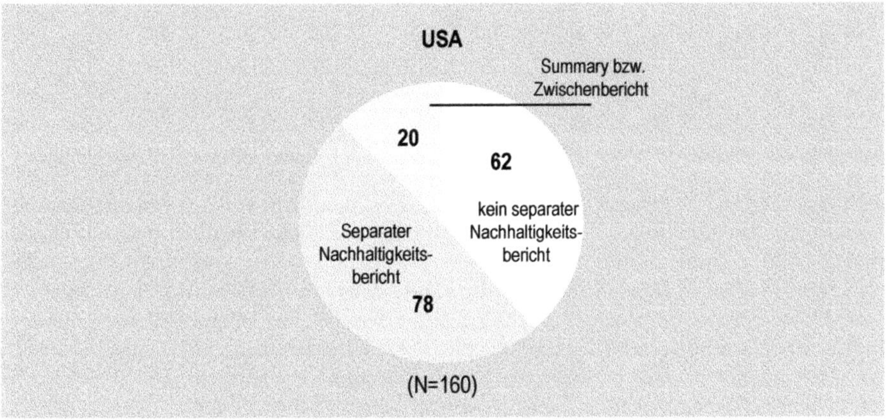

Abb. 5-8: Erstellung separater Nachhaltigkeitsberichte in den USA

Sofern Dokumente explizit als Summary-Reports oder Zwischenberichte deklariert sind, werden diese separat erfasst. Da sie trotzdem die Kriterien eines separaten Nachhaltigkeitsberichts in Form eines geschlossenen PDF-Dokuments oder einer Version in Papierform erfüllen, werden sie in die Analyse aufgenommen. Im Rahmen der empirischen Untersuchung zu den Determinanten und den Eigenkapitalkostenwirkungen der Nachhaltigkeitsberichterstattung wird aufgrund der Problematik verschiedener Berichtsformate zusätzlich für die Berichterstattung im Internet und im Geschäftsbericht kontrolliert.[930]

Die Analysebasis in Deutschland erscheint mit 42 Nachhaltigkeitsberichten zunächst etwas klein, allerdings decken die analysierten Unternehmen insgesamt knapp 60% der Marktkapitalisierung der gesamten deutschen Grundgesamtheit ab. Eine Ausweitung der Grundgesamtheit erscheint zudem nicht zielführend. Wie bereits erwähnt, sind vor allem große Unternehmen um eine transparente Berichterstattung bemüht und veröffentlichen

[929] Vgl. bspw. die Nachhaltigkeitsberichte der Linde AG, Archer Daniels Midland Comp., Baxter International Inc. oder der Ford Motor Comp.

[930] Vgl. Kap. 6.2.1 und Kap. 6.3.2.

daher im Vergleich zu kleineren Unternehmen vermehrt freiwillige Informationen, die über die gesetzlichen Anforderungen hinausgehen.

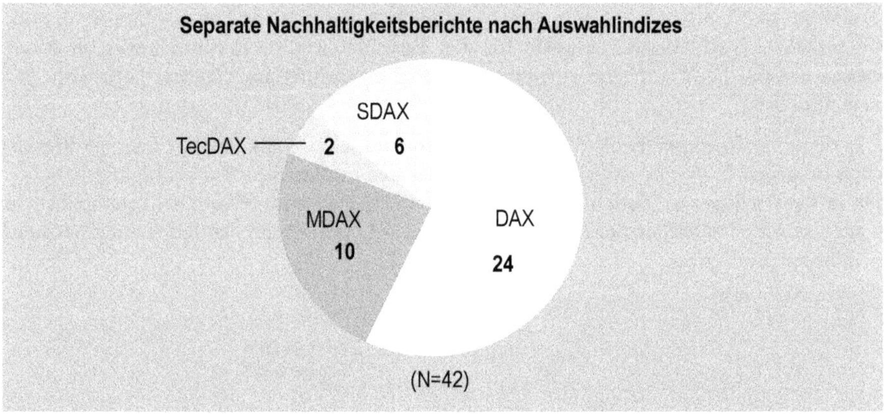

Abb. 5-9: Verteilung separater Nachhaltigkeitsberichte deutscher Unternehmen auf die Auswahlindizes

Abb. 5-9 zeigt die Verteilung der in Deutschland veröffentlichten Nachhaltigkeitsberichte auf die vier Auswahlindizes. Die Ergebnisse stützen die Argumentation, dass mit abnehmender Unternehmensgröße immer weniger Firmen einen separaten Nachhaltigkeitsbericht veröffentlichen. So sind mehr als die Hälfte der Unternehmen, die einen separaten Nachhaltigkeitsbericht erstellen, im DAX gelistet, welcher nur knapp 20% der Grundgesamtheit umfasst. Insgesamt haben 80% der DAX-Unternehmen einen separaten Nachhaltigkeitsbericht in dem betrachteten Berichtszeitraum veröffentlicht. Im SDAX veröffentlichten gerade einmal 12% der Unternehmen einen solchen Bericht.

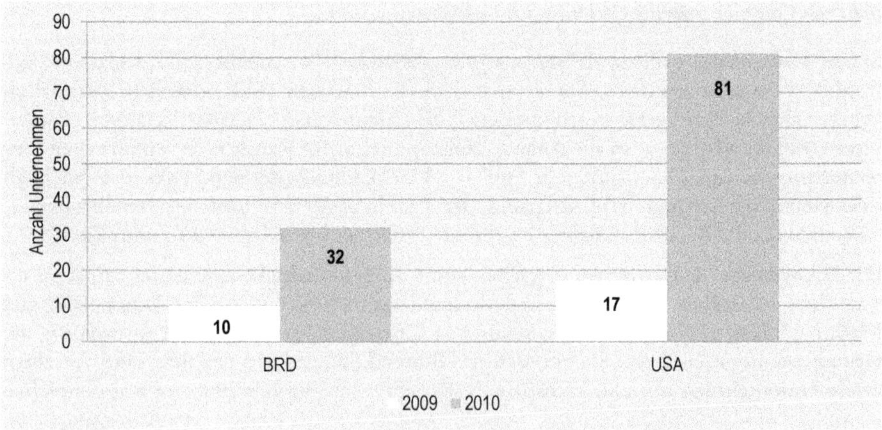

Abb. 5-10: Berichtszeiträume der analysierten Nachhaltigkeitsberichte

Im Rahmen der Analyse sollen primär Publikationen für das Berichtsjahr 2010 analysiert werden. Wie Abb. 5-10 zeigt, beziehen sich über 80% der analysierten Berichte auf das Berichtsjahr 2010. Lediglich bei 27 Unternehmen musste auf den Bericht für das Jahr 2009 zurückgegriffen werden.

5.2 Datenerhebungsmethodik

5.2.1 Grundlagen der Inhaltsanalyse

Um die Nachhaltigkeitsberichterstattung empirisch zu untersuchen, wird in der vorliegenden Arbeit auf inhaltsanalytische Verfahren zur Datenerhebung zurückgegriffen. Die **Inhaltsanalyse** ist ein Datenerhebungsverfahren, welches sich in den letzten Jahren zu einem festen Bestandteil der empirischen Sozialforschung entwickelt hat.[931] Der Begriff geht zurück auf den englischsprachigen Begriff der *content analysis*, welche ursprünglich als eine Technik zur Beschreibung von Kommunikationsinhalten verstanden wurde.[932] Die Inhaltsanalyse, teilweise auch als Text-, Dokument- und Bedeutungsanalyse bezeichnet, „befasst sich mit der systematischen Erhebung und Auswertung von Texten, Bildern und Filmen“[933].

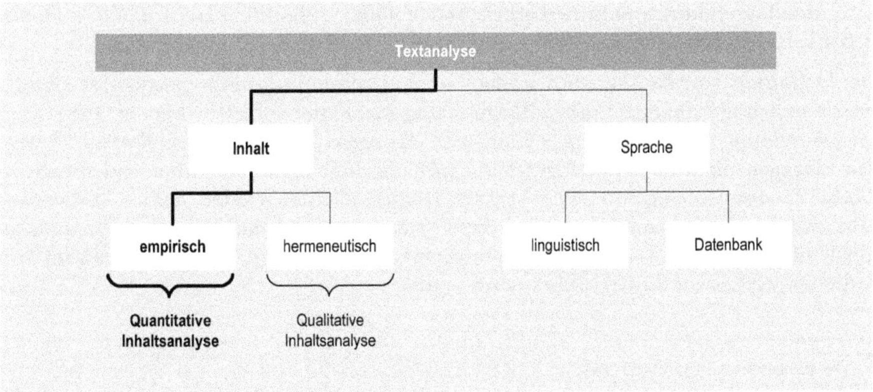

Abb. 5-11: Systematisierung textanalytischer Ansätze
Quelle: in Anlehnung an *Atteslander* (2010), S. 195

Wie Abb. 5-11 verdeutlicht, kann sich die Textanalyse sowohl auf die Verwendung von Sprache als auch auf den Inhalt der untersuchten Texte beziehen. Um die aktuelle Praxis der Nachhaltigkeitsberichterstattung empirisch zu untersuchen, werden die Inhalte separater Nachhaltigkeitsberichte mit Hilfe einer **quantitativen** bzw. **empirischen Inhaltsanalyse** ausgewertet.[934] Die Unterscheidung zwischen empirischer und hermeneutischer

---

931 Vgl. *Atteslander* (2010), S. 181.

932 Vgl. *Merten* (1995), S. 48.

933 *Diekmann* (2009), S. 576.

934 Die Analyse der Verwendung von Sprache wird daher nicht weiter betrachtet. Vgl. hierzu *Atteslander* (2010), S. 181.

Textanalyse entspricht der in der Literatur gängigen Unterscheidung zwischen der quantitativen und qualitativen Inhaltsanalyse. Während die qualitative Inhaltsanalyse auf die Auslegung und Interpretation von Texten abzielt,[935] besteht das Analyseziel empirischer Ansätze darin, zuvor formulierte Hypothesen zu verifizieren bzw. zu falsifizieren.[936]

Eine der bekanntesten Definitionen der Inhaltsanalyse stammt von *Berelson*:

> *„Content analysis is a research technique for the objective, systematic, and quantitative description of the manifest content of communication."*[937]

Aus dieser Definition gehen bereits drei konstituierende Charakteristika der Inhaltsanalyse hervor. Das Kategoriensystem[938] muss so präzise und trennscharf ausgestaltet sein, dass verschiedene Forscher es auf denselben Untersuchungsgegenstand anwenden können und zu denselben Ergebnissen gelangen (**Objektivität**).[939] Zudem muss die Einbeziehung bzw. das Auslassen von Kommunikationsinhalten systematisch und basierend auf konsistenten Regelungen erfolgen,[940] und das Kategoriensystem muss im Hinblick auf die Forschungsfrage so ausgestaltet sein, dass ausschließlich relevante Informationen erhoben werden (**Systematik**).[941] Schließlich ist die Transformation der Kommunikationsinhalte in numerische Informationen notwendig, um statistische Auswertungsverfahren anwenden zu können (**Quantifizierung**).[942] Nach *Krippendorf* können Objektivität und Systematik unter den Gütekriterien Replizierbarkeit und Validität subsumiert werden.[943] Die Replizierbarkeit lässt sich wiederum dem Gütekriterium der Reliabilität unterordnen.[944]

Die Definition von *Berelson* wird in der Literatur mitunter kritisch gesehen, da sie sich ausschließlich auf die quantitative Beschreibung manifester Inhalte[945] bezieht. Inferenzen auf Kommunikator oder Rezipient und somit Aussagen über die *„soziale Realität"*[946] werden hingegen nicht berücksichtigt. *Atteslander* erweitert diese Definition und spricht in diesem Zusammenhang von einem sozialen Kommunikationsmodell, das als Zeichenverkehr zwischen Sender und Empfänger beschrieben werden kann, indem ein bestimmter Inhalt übermittelt wird, dessen Erzeugung und Entschlüsselung von einer Vielzahl von Bedingungen (soziale Situation) bestimmt wird.

---

935 Vgl. *Kromrey* (2009), S. 302-304.

936 Vgl. *Atteslander* (2010), S. 182. Der hermeneutische bzw. qualitative Ansatz der Inhaltsanalyse findet im Folgenden keine weitere Berücksichtigung. Eine tabellarische Gegenüberstellung des quantitativen und qualitativen Ansatzes liefert *Atteslander* (2010), S. 200. Zur qualitativen Inhaltsanalyse vgl. weiterhin *Diekmann* (2009), S. 607-613, sowie ausführlich *Mayring* (2010).

937 *Berelson* (1971), S. 18. Vgl. hierzu auch *Merten* (1981), S. 59f.

938 Zum Kategoriensystem vgl. ausführlich Kap. 5.2.4.1.

939 Vgl. *Kassarjian* (1977), S. 9.

940 Vgl. *Holsti* (1969), S. 4.

941 Zu den Begriffen Systematik und Objektivität vgl. in diesem Zusammenhang auch *Früh* (1981), S. 94.

942 Vgl. *Kassarjian* (1977), S. 9f. Zur Problematik der Abgrenzung zwischen ordinal und intervall skalierten Disclosure Indices vgl. 5.3.1.

943 Vgl. *Krippendorf* (2004), S. 19.

944 Zu den Gütekriterien der Inhaltsanalyse vgl. ausführlich Kap. 5.2.5.

945 Für eine kritische Auseinandersetzung zur Begrifflichkeit „manifester Inhalte" vgl. *Krippendorf* (2004), S. 19f.

946 *Kromrey* (2009), S. 301.

> *„Ein Ziel der Inhaltsanalyse neben der Beschreibung und Auswertung des eigentlichen Textinhalts ist es also, aus den manifesten Merkmalen eines Textes auf Zusammenhänge seiner Entstehung und Verwendung zu stoßen.“*[947]

Ziel der vorliegenden Arbeit ist zum einen ein Vergleich der Nachhaltigkeitsberichterstattungspraxis in Deutschland und den USA. Zum anderen werden mögliche Determinanten der Berichterstattung bestimmt sowie die Eigenkapitalkostenwirkungen der Nachhaltigkeitsberichterstattung untersucht. Insofern wird der Definition von Atteslander gefolgt. Die Inferenzen auf Kommunikator und Rezipient (soziale Situation) werden somit in den Mittelpunkt der Analyse gestellt.

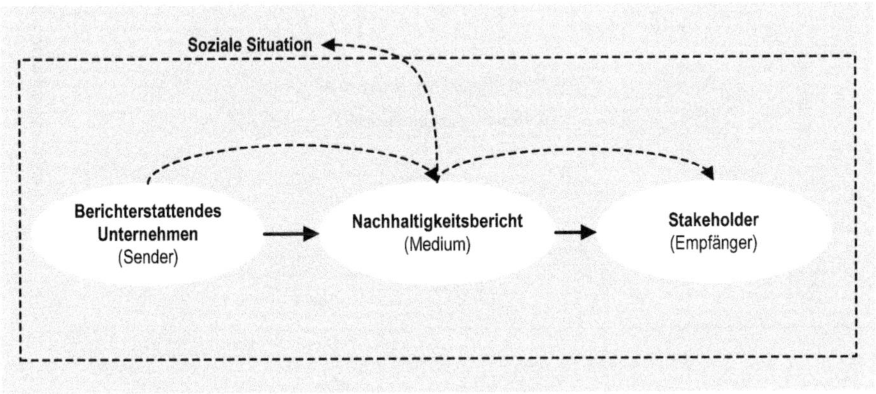

Abb. 5-12: Kommunikationsmodell im Kontext der Nachhaltigkeitsberichterstattung
Quelle: in Anlehnung an *Diekmann* (2009), S. 581; *Atteslander* (2010), S. 197

Abb. 5-12 skizziert einen typischen Kommunikationsprozess am Beispiel der Nachhaltigkeitsberichterstattung. Das berichterstattende Unternehmen (Sender/Kommunikator) veröffentlicht einen separaten Nachhaltigkeitsbericht (Medium), um die verschiedenen Stakeholdergruppen (Empfänger/Rezipient) über die Nachhaltigkeitsleistung des Unternehmens zu informieren. Die empirische Analyse richtet den Blick einerseits auf das berichterstattende Unternehmen, indem die Berichterstattungspraxis (Kap. 6.1) sowie die Determinanten einer freiwilligen Nachhaltigkeitsberichterstattung (Kap. 6.2) in Deutschland und den USA untersucht werden. Zudem wird der Blick auf die verschiedenen Stakeholder als Berichtsadressaten gelegt, indem die Wirkung der Nachhaltigkeitsberichterstattung auf die Eigenkapitalkosten der Unternehmen analysiert wird (Kap. 6.3).

5.2.2 Phasen einer Inhaltsanalyse

Um den Forschungsablauf im Rahmen der Inhaltsanalyse transparent darzustellen, werden die einzelnen Arbeitsschritte in acht Phasen unterteilt (vgl. Abb. 5-13):

---

[947] *Atteslander* (2010), S. 196.

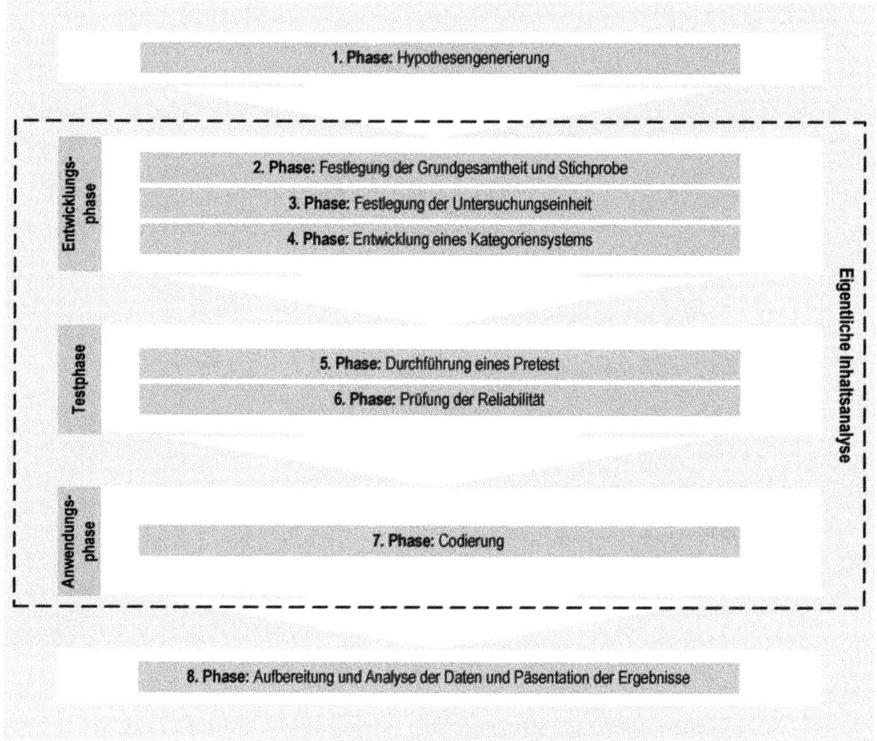

Abb. 5-13: Phasen einer Inhaltsanalyse
Quelle: in Anlehnung an *Diekmann* (2009), S. 595; *Rössler* (2005), S. 35

Die Hypothesengenerierung beschreibt die erste Phase und ist im Vorfeld der eigentlichen Inhaltsanalyse durchzuführen. Sie ist Voraussetzung für die Bildung eines adäquaten, auf die jeweilige Forschungsfrage abgestimmten Kategoriensystems. Die Hypothesen können sowohl deduktiv, d. h. von bereits bekannten Theorien abgeleitet, als auch induktiv, also ohne expliziten Theoriebezug, ermittelt werden.[948] Die Hypothesen im Rahmen dieser Untersuchung wurden deduktiv auf Basis ökonomischer und soziologischer Theorieansätze hergeleitet.[949]

Mit dem zweiten Arbeitsschritt beginnt die eigentliche Inhaltsanalyse. Die Phasen 2 bis 4 beschreibt *Rössler* als **Entwicklungsphase.**[950] Zunächst sind die zu untersuchende Grundgesamtheit und die Stichprobe zu bestimmen sowie die Untersuchungseinheit festzule-

948 Vgl. *Atteslander* (2010), S. 209. Die für die vorliegende Arbeit zugrunde gelegten Hypothesen wurden in Kapitel 4 formuliert. Basierend auf dem kritischen Rationalismus wurde dabei eine deduktive Vorgehensweise gewählt.
949 Vgl. Kap. 4.1.
950 Vgl. *Rössler* (2005), S. 35.

gen.[951] Die Auswahl der zu untersuchenden Texte erfolgt grundsätzlich vor dem Hintergrund der jeweiligen Forschungsfrage. Zudem ist für die Festlegung der Untersuchungseinheiten besonders darauf zu achten, dass die Texte für den Zweck der Untersuchung

- relevant sind,
- tatsächlich existieren und
- zugänglich sind.[952]

Die Entwicklung eines Kategoriensystems in der vierten Phase ist von zentraler Bedeutung und bildet das Kernstück der Inhaltsanalyse.[953] Das Kategoriensystem beinhaltet die Regelungen zur Transformation der Textinhalte in numerische Informationen und ist daher eine notwendige Basis für den Kodierungsprozess. Die Regelungen zur Codierung werden in einem Codebuch festgehalten, um eine einheitliche Anwendung zu gewährleisten.[954] Die Festlegung eines Kategoriensystems als Kernproblem der Inhaltsanalyse wird in Kap. 5.2.4.1 ausführlicher betrachtet.

Im Anschluss an die Entwicklung des Kategoriensystems beginnt die sog. **Testphase.** In dieser Phase ist das Kategoriensystem einem Pretest sowie einer Prüfung der Reliabilität zu unterziehen und gegebenenfalls weiterzuentwickeln.[955]

Die Codierung der Textinhalte bezeichnet *Rössler* als **Anwendungsphase.**[956] Sie stellt die eigentliche Datenerhebung dar und bildet den letzten inhaltsanalytischen Arbeitsschritt. Die Codierung beschreibt den Prozess, bei dem die Textdaten basierend auf dem zuvor festgelegten Kategoriensystem in numerische Daten transformiert werden.[957]

Die letzte Phase ist unabhängig vom gewählten Forschungsdesign Bestandteil jeder empirischen Studie: die Aufbereitung und Auswertung der Daten mittels statistischer Verfahren sowie die Präsentation der Ergebnisse.

5.2.3 Anforderungen an ein Kategoriensystem

Als Kategoriensystem bzw. Disclosure Index[958] wird die Gesamtheit aller Kategorien einer inhaltsanalytischen Untersuchung bezeichnet.[959] Wie im vorherigen Abschnitt erläutert, bildet das Kategoriensystem das Kernstück einer Inhaltsanalyse. *Berelson*, der in diesem Zusammenhang häufig zitiert wird, unterstreicht die elementare Bedeutung des Kategoriensystems für die Inhaltsanalyse und schreibt:

---

[951] Zur Bestimmung der Grundgesamtheit und zur Festlegung der Untersuchungseinheit vgl. Kap. 5.1 bzw. Kap. 5.2.4.1.

[952] Vgl. *Kromrey* (2009), S. 317.

[953] Vgl. *Stier* (1999), S. 163.

[954] Vgl. *Reisloh* (2011), S. 203.

[955] Vgl. *Diekmann* (2009), S. 595.

[956] Vgl. *Rössler* (2005), S. 35.

[957] Vgl. *Atteslander* (2010), S. 190 und S. 211.

[958] Die Begriffe Kategoriensystem und Disclosure Index werden im Folgenden synonym verwendet.

[959] Vgl. *Atteslander* (2010), S. 203.

> *„Since the categories contain the substance of the investigation, a content analysis can be no better than its system of categories."*[960]

Bevor der diesem Forschungsprojekt zugrundeliegende Disclosure Index entwickelt wird, werden in diesem Abschnitt zunächst die Anforderungen, die ein Kategoriensystem erfüllen muss, erläutert.

Nach *Atteslander* muss ein Kategoriensystem aus den Untersuchungshypothesen theoretisch abgeleitet sein.[961] Diese Anforderung wird mitunter als die bedeutendste aller Anforderungen angesehen.[962] *Früh* spricht in diesem Zusammenhang von einer theoriegeleiteten Kategorienbildung.[963] Die Forschungsfrage bestimmt letztendlich die Art des Kategoriensystems. Nur wenn das Kategoriensystem wirklich das misst, was es messen soll, können die statistischen Ergebnisse hinreichend valide sein.[964]

Zudem müssen die einzelnen Kategorien unabhängig voneinander sein.[965] Die Forderung nach Unabhängigkeit der Kategorien bedeutet, dass die einzelnen Kategorien nicht miteinander korrelieren dürfen. Die Zuordnung einer Texteinheit zu einer Kategorie darf die Zuordnung anderer Texteinheiten nicht beeinflussen. Dies ist vor allem im Hinblick auf die statistische Auswertung der Daten von besonderer Bedeutung.[966]

Ferner müssen die Ausprägungen jeder Kategorie vollständig sein und dürfen sich nicht überschneiden, d.h. sie müssen trennscharf sein. Die Ausprägungen jeder Kategorie müssen dabei nach einer Dimension ausgerichtet und jede Kategorie und ihre Ausprägungen müssen eindeutig definiert sein.[967] Die Vollständigkeit bezieht sich nicht auf den gesamten Inhalt eines Textes. Als vollständig kann ein Kategoriensystem bezeichnet werden, wenn sämtliche, für die jeweilige Forschungsfrage relevanten Texteinheiten einer bestimmten Kategorie zugeordnet werden können.[968] Über die Forschungsfrage hinausgehende Aspekte sind von der Analyse auszuschließen.[969] Zudem müssen die Ausprägungen der Kategorien, die Kategorien an sich sowie ggf. gebildete Unterkategorien überschneidungsfrei und trennscharf sein, so dass jede Texteinheit ausschließlich einer Kategorie bzw. Unterkategorie zuordenbar ist.[970]

Um die Daten später miteinander vergleichen zu können, müssen die Kategorien und ihre Ausprägungen aus einem einheitlichen Klassifikationsprinzip abgeleitet werden. Sie dürfen sich nur auf eine Bedeutungsdimension beziehen.[971] Um eine zuverlässige Einordnung

---

960 *Berelson* (1971), S. 147.
961 Vgl. *Atteslander* (2010), S. 203f.
962 Vgl. *Holsti* (1969), S 95.
963 Vgl. *Früh* (2007), S. 153-156.
964 Vgl. *Atteslander* (2010), S. 206. Zu den Anforderungen an das Gütekriterium der Validität vgl. ausführlich Kap. 5.2.5.3.
965 Vgl. *Atteslander* (2010), S. 204f.
966 Vgl. *Stier* (1999), S. 165.
967 Vgl. *Atteslander* (2010), S. 204f.
968 Vgl. *Kromrey* (2009), S. 314f.; *Stier* (1999), S. 165.
969 Vgl. *Rössler* (2005), S. 93.
970 Vgl. *Diekmann* (2009), S. 589; *Rössler* (2005), S. 93; *Stier* (1999), S. 164.
971 Vgl. *Atteslander* (2010), S. 204f.; *Kromrey* (2009), S. 314.

von Texteinheiten in die entsprechenden Kategorien zu gewährleisten, ist es zwingend notwendig die einzelnen Kategorien bzw. Unterkategorien und ihre Ausprägungen operational zu definieren.[972] Dies kann u.a. durch eine allgemeine Beschreibung der jeweiligen Kategorie und ihrer Ausprägungen anhand von (Negativ-) Beispielen oder einer Stichwortliste geschehen. Sind mehrere Kodierer mit der Analyse der Texteinheiten beauftragt, sollten die Kodierer zuvor geschult werden, um eine einheitliche Kodierung zu gewährleisten.[973]

In der vorliegenden Arbeit wird auf ein theoriegeleitetes Kategoriensystem zurückgegriffen, um die Qualität der Nachhaltigkeitsberichterstattung zu analysieren. Basierend auf den Anforderungen an ein Kategoriensystem wird im nächsten Abschnitt der diesem Forschungsprojekt zugrundeliegende Disclosure Index entwickelt.

5.2.4 Entwicklung des Disclosure Index

Ein Index ist grundsätzlich als ein Messwert für ein komplexes Merkmal definiert, der aus den Messwerten mehrerer Indikatorvariablen zusammengesetzt wird.[974] Auf diese Weise generierte Disclosure Indices werden regelmäßig als Proxy zur Bestimmung der Quantität und Qualität publizierter Informationen verwendet, da sich diese Attribute i.d.R. nicht direkt messen lassen.[975] Auf diese Weise ist es bspw. möglich, die Qualität verschiedener Nachhaltigkeitsberichte miteinander zu vergleichen sowie die Determinanten und Wirkungsweisen der Berichterstattung zu analysieren.[976]

Grundsätzlich kann zwischen *subjective analysts' ratings* und *semi-objective approaches* unterschieden werden.[977] Analog zum Großteil der bereits existierenden empirischen Untersuchungen zur Berichterstattung wird hier auf den semi-objektiven Ansatz zurückgegriffen. Dabei wird ex ante eine Liste mit Indikatoren (Kategorien) entwickelt und die entsprechenden Textpassagen genau untersucht. Textpassagen, die keinen Bezug zu den zuvor identifizierten Kriterien aufweisen, werden dabei ignoriert. *Beattie et al.* sprechen daher auch von einer *„objective, form-oriented content analytic method"*[978]. Auch wenn dieser Ansatz insgesamt weniger subjektiv erscheint, ist vor allem im Hinblick auf die Entwicklung eines Kategoriensystems und dessen Gewichtung sowie der Zuordnung einzelner Textpassagen zu den entsprechenden Kategorien ein gewisses Maß an Subjektivität unvermeidbar.[979] Im Folgenden wird das Kategoriensystem festgelegt und die Gewichtung der Kategorien erläutert.

---

[972] Vgl. *Kromrey* (2009), S. 317f.
[973] Vgl. *Stier* (1999), S. 165.
[974] Vgl. *Bortz/Döring* (2006), S. 143.
[975] Vgl. *Cooke/Wallace* (1989), S. 51: *„[...] disclosure is an abstract concept that cannot be measured directly."*.
[976] Vgl. *Hütten* (2000), S. 233.
[977] Vgl. hier und im Folgenden *Beattie et al.* (2004), S. 208.
[978] *Beattie et al.* (2004), S. 208.
[979] Vgl. *Smith/Taffler* (2000), S. 638.

5.2.4.1 Festlegung des Kategoriensystems

Unter Berücksichtigung separater Nachhaltigkeitsberichte als relevante Untersuchungseinheit, wird nachfolgend ein Kategoriensystem entwickelt, anhand dessen die Berichte ausgewertet werden. Die **Konstruktion des Disclosure Index** ist entscheidend für die Eignung des Index zur Messung der Qualität der Berichterstattung.

> *„The usefulness of the disclosure index as a measure of disclosure is therefore critically dependent on the selection of items to be included in the index.“*[980]

Um die Qualität der publizierten Informationen beurteilen zu können, kann auf die Informationsbedürfnisse der Berichtsadressaten zurückgegriffen werden.[981] Der Adressatenkreis stellt einen wichtigen Ausgangspunkt bei der (1) Festlegung des Kategoriensystems, (2) bei der Gewichtung der einzelnen Kategorien sowie (3) ihrer Ausprägungen dar. In der Literatur finden sich indes unterschiedliche Vorgehensweisen. Während die Studie von *Cooke*[982] die Informationsbedürfnisse sämtlicher Abschlussadressaten bei der Konstruktion des Disclosure Index berücksichtigt, fokussieren sich andere Studien häufig auf die Informationsbedürfnisse einer bestimmten Adressatengruppe (bspw. Finanzanalysten).[983] Demnach wählt und gewichtet der Forscher Kategorien hinsichtlich der Bedeutung, die ihnen von den jeweiligen Berichtsadressaten beigemessen wird. Dieser Ansatz ist aber auch mit einigen Problemen verbunden.[984] Zum einen muss der Forscher die relevante(n) Adressatengruppe(n) im Vorfeld der Untersuchung bestimmen. Zum anderen können sich im Zeitverlauf verändernde Informationsbedürfnisse oder auch heterogene Informationsbedürfnisse innerhalb einer Adressatengruppe zu Problemen führen. Da sich die Nachhaltigkeitsberichterstattung an sämtliche Stakeholder des Unternehmens mit unterschiedlichen Informationsbedürfnissen richtet, erscheint die Messung der Berichtsqualität unter einem direkten Rückgriff auf die Adressatenbedürfnisse nicht zielführend. Auf die Herleitung eines individuellen Disclosure Index, abgeleitet aus den Bedürfnissen der Adressaten (*user group orientation*[985]), wird aufgrund der hohen Subjektivität verzichtet. Weiterhin ist zu beachten, dass es sich in der vorliegenden Arbeit um eine international vergleichende Studie handelt und dies bei der Kategorienbildung berücksichtigt werden muss.[986]

Um den Anforderungen an ein Kategoriensystem gerecht zu werden und die angesprochenen Probleme zu minimieren, wird bei der Festlegung des Kategoriensystems auf den **Berichtsrahmen der GRI** zur Nachhaltigkeitsberichterstattung zurückgegriffen.[987] Die *G3-Reporting Guidelines* haben sich international als führendes Rahmenkonzept zur Nachhaltigkeitsberichterstattung etabliert und besitzen weltweit Anerkennung. Daher

---

[980] *Marston/Shrives* (1991), S. 195.

[981] Vgl. *Dhaliwal* (1980), S. 385f.

[982] Vgl. *Cooke* (1989), S. 114f.

[983] Vgl. *Singhvi/Desai* (1971), S. 129f.; *Buzby* (1975), S. 20-24; *Stanga* (1976), S. 43; *Firth* (1984), S. 272-274.

[984] Vgl. *Courtis* (1992), S. 32.

[985] Vgl. *Marston/Shrives* (1991), S. 201.

[986] Vgl. *Marston/Shrives* (1991), S. 202; *Reisloh* (2011), S. 194.

[987] Zum Berichtsrahmen der GRI vgl. ausführlich Kap. 2.3.

eignet sich der GRI-Leitfaden insbesondere in einem internationalen Setting als **Deduktionsbasis** des Kategoriensystems.[988] Zudem bezieht die GRI sämtliche Stakeholdergruppen in die Entwicklung des Berichtsrahmens mit ein. Daher kann angenommen werden, dass sich in dem Leitfaden die Informationsbedürfnisse der verschiedenen Berichtsadressaten in ausreichendem Maße widerspiegeln. Des Weiteren wurden die Leitlinien der GRI bereits in anderen empirischen Untersuchungen zur Nachhaltigkeitsberichterstattung als Deduktionsbasis zur Entwicklung eines Disclosure Index herangezogen.[989]

Die GRI veröffentlichte am 23. März 2011 eine neue Version (G3.1) des Leitfadens zur Nachhaltigkeitsberichterstattung, allerdings handelt es sich dabei lediglich um eine zwischenzeitliche Aktualisierung der bestehenden Guidelines.[990] Eine umfassende Überarbeitung und folglich eine völlig neue Generation der Leitlinien (G4) liegt seit ihrer Veröffentlichung im Juni 2012 als *Exposure Draft* vor. Zur Bildung des Kategoriensystems wurde auf die Version G3.0 zurückgegriffen, da die analysierten Nachhaltigkeitsberichte vor dem 30.09.2011 erstellt und veröffentlicht wurden, und nicht davon ausgegangen werden kann, dass die Unternehmen bereits den Leitfaden in der Version 3.1 anwenden.[991]

Wie Tab. 5-2 zeigt, basiert das vorliegende Kategoriensystem auf den Leistungsindikatoren *(Performance Indicators)* in den drei Bereichen Ökonomie *(Economy)*, Ökologie *(Environment)* und Soziales *(Social)*. Diese Kategorien werden in drei (Ökonomie), sieben (Ökologie) bzw. vier (Soziales) Unterkategorien gegliedert. Aus Gründen einer branchenübergreifenden Vergleichbarkeit werden im Rahmen der Auswertung ausschließlich die 49 Kernleistungsindikatoren (*Core Indicators*) berücksichtigt. Für die Kernleistungsindikatoren gilt die widerlegbare Vermutung, dass diese für alle Unternehmen anwendbar und gleichzeitig für die meisten Unternehmen wesentlich sind.[992] Das vorliegende Kategoriensystem kann daher als branchenübergreifender Mindestanforderungskatalog an eine umfassende Nachhaltigkeitsberichtserstattung verstanden werden. Die einzelnen Kernindikatoren determinieren die tiefste Gliederungsebene des Disclosure Index und bilden somit die Items[993] anhand derer die Nachhaltigkeitsberichte analysiert werden. Insgesamt besteht der Disclosure Index aus 49 Indikatoren: Ökonomie (7), Ökologie (17) und Gesellschaft (25).

---

[988] Vgl. *Adnan et al.* (2011), S. 10.

[989] Vgl. *Ho/Taylor* (2007), S. 135-137; *Quick/Knocinski* (2006), S. 616-622; *Holder-Webb et al.* (2009), S. 504; *Clarkson et al.* (2008), S. 304 und 309f.; *Samy et al.* (2010), S. 208f.; *Clarkson et al.* (2010), S. 17; *Hummel* (2012), S. 177.

[990] Vgl. Kap. 2.3.1.

[991] Der G3.0-Leitfaden umfasst im Vergleich zur aktuellsten Version (G3.1) insgesamt 49 (55) Kern- und 30 (29) Zusatzindikatoren. Für eine ausführliche Übersicht der einzelnen Indikatoren des G3.0-Leitfadens vgl. den umfassenden Disclosure Index im Anhang (Tab. A-1).

[992] Vgl. *GRI* (2006), S. 24.

[993] Die Begriffe Item und Indikator werden im Folgenden synonym verwendet.

Sustainability Reporting Disclosure Index		Number of Items	Maximum Value
Part 1: Economic Performance Indicators		**7**	**28**
Thereof	Economic Performance	4	16
Thereof	Market Presence	2	8
Thereof	Indirect Economic Impacts	1	4
Part 2: Environmental Performance Indicators		**17**	**68**
Thereof	Materials	2	8
Thereof	Energy	2	8
Thereof	Water	1	4
Thereof	Biodiversity	2	8
Thereof	Emissions, Effluents, and Waste	7	28
Thereof	Products and Services	2	8
Thereof	Compliance	1	4
Part 3: Social Performance Indicators		**25**	**100**
Thereof	Labor Practices and Decent Work	9	36
Thereof	Human Rights	6	24
Thereof	Society	6	24
Thereof	Product Responsibility	4	16
Σ	**Disclosure Index**	**49**	**196**

Tab. 5-2: Zusammenfassende Darstellung des Disclosure Index

5.2.4.2 Gewichtung einzelner Items und Ausprägungen

Nachdem im vorherigen Abschnitt ein Kategoriensystem mit den zu untersuchenden Items festgelegt wurde, stellt sich die Frage nach der Gewichtung einzelner Items oder ihrer möglichen Ausprägungen. Die Beantwortung dieser Frage ist in erster Linie davon abhängig, was mit dem entwickelten Disclosure Index gemessen werden soll. In der Literatur wird seit langem kritisch diskutiert, ob mit einem Disclosure Index lediglich die Quantität oder auch die Qualität der publizierten Informationen gemessen werden kann.[994] Einige Studien nutzen die Methodik eines Disclosure Index, um den Umfang der Berichterstattung zu messen.[995] In diesen Fällen werden häufig ungewichtete Disclosure Indizes verwendet. Dabei wird davon ausgegangen, dass alle Items von gleich hoher Be-

[994] Vgl. *Marston/Shrives* (1991), S. 195: *„Calculating an index score for a particular company can give a measure of the extent of disclosure but not necessarily the quality of the disclosure."*.

[995] Vgl. *Firth* (1984), S. 269-277; *Wang et al.* (2008), S. 20f.; *Barth* (2009), S. 120-125. Ebenso gibt es Studien, die speziell den Umfang von Nachhaltigkeitsinformationen messen. Vgl. hierzu *Haniffa/Cooke* (2005), S. 397-406; *Ho/Taylor* (2007), S. 129-138.

deutung sind.[996] Wird ein Item berichtet, so wird die Punktzahl eins vergeben. Sofern das entsprechende Item im Bericht nicht genannt wird, beträgt die Punktzahl null.[997] Andere Studien hingegen verwenden einen Disclosure Index, um die Qualität der Berichterstattung zu messen.[998] Dabei wird häufig eine Gewichtung einzelner Items vorgenommen.[999] *Al-Tuwaijri et al.* gewichten sowohl einzelne Items hinsichtlich ihrer Bedeutung als auch die Ausprägungen der einzelnen Indikatoren, um die damit verbundene Qualität der Berichterstattung anhand drei verschiedener Qualitätsstufen zu messen.[1000] In anderen Studien wird die Quantität der Berichterstattung gleichzeitig als Proxy für die Berichtsqualität verwendet.[1001] *Beretta/Bozzolan*[1002] zeigen in ihrer Studie allerdings, dass der Berichtsumfang nicht zwingend auch ein guter Proxy zur Bestimmung der Berichtsqualität ist und merken an: „*Unweighted Indices, by construction, can only measure the quantity of disclosure*".[1003]

In der vorliegenden Arbeit wird ein gewichteter Disclosure Index verwendet, um die **Qualität der Berichterstattung** zu evaluieren. Aufgrund der Tatsache, dass gewichtete Disclosure Indices zwangsläufig ein gewisses Maß an Subjektivität beinhalten, wird zusätzlich ein ungewichteter, dichotomer Disclosure Index erhoben, um die Quantität der Berichterstattung zu messen und für die Effekte einer Gewichtung zu kontrollieren.[1004] Dabei beträgt die Punktzahl für jeden Leistungsindikator entweder null oder eins. Sofern Angaben zu dem entsprechenden Indikator gemacht werden, wird die Punktzahl eins vergeben. Wird ein Indikator gar nicht berichtet, beträgt die Punktzahl null.

Um ein größtmögliches Maß an Objektivität und Nachvollziehbarkeit zu gewährleisten, orientiert sich die vorgenommene Gewichtung ebenfalls an dem G3-Berichtsrahmen der GRI. Da der Leitfaden keine Gewichtung der einzelnen Leistungsindikatoren vorsieht, wird auch in der vorliegenden Arbeit auf eine Gewichtung der einzelnen Items verzichtet. Vielmehr wird die Qualität der Berichterstattung gemessen, indem die Ausprägungen der einzelnen Items gewichtet werden. Für jeden berichteten Indikator kann somit eine Punktzahl zwischen null und vier erreicht werden (vgl. Tab. 5-3). Je höher die erreichte Punktzahl für ein Item ist, desto höher ist die Qualität der Berichterstattung über dieses Item zu bewerten.

---

[996] Vgl. *Barth* (2009), S. 123.

[997] Vgl. *Barth* (2009), S. 125.

[998] Vgl. *Singhvi/Desai* (1971), S. 129-131; *Robbins/Austin* (1986), S. 413-417; *Coy et al.* (1993), S. 121-129. Ebenso gibt es Studien zur Messung der Qualität von Nachhaltigkeitsinformationen. Vgl. exemplarisch *Al-Tuwaijri et al.* (2004), S. 454f.; *Plumlee et al.* (2010), S. 2-7; *van der Laan Smith et al.* (2010), S. 139f.

[999] Vgl. *Beretta/Bozzolan* (2008), S. 337f.

[1000] Vgl. *Al-Tuwaijri et al.* (2004), S. 454.

[1001] Vgl. *Dhaliwal et al.* (1979), S. 248f.

[1002] Vgl. *Beretta/Bozzolan* (2008), S. 333-375.

[1003] *Beretta/Bozzolan* (2008), S. 337.

[1004] Vgl. *Marston/Shrives* (1991), S. 203. Der ungewichtete Disclosure Index weist einen maximalen Gesamtscore von 49 Punkten auf. Für jeden der 49 Leistungsindikatoren, über die berichtet wird, wird ein Punkt vergeben. Wird über einen bestimmten Indikator nicht berichtet, gibt es null Punkte. Vgl. hierzu auch das Vorgehen von *Barth* (2009), S. 125.

Ausprägung	Definition	Pkt.	Punktvergabe
Qualitative Angaben	Ausschließlich verbale Auseinandersetzung mit dem jeweiligen Indikator	0	Keine Angabe
		0,5	Lediglich allgemeingültige Aussagen zum jeweiligen Themengebiet ohne jeglichen Bezug zum Unternehmen oder zu den im jeweiligen Indikator geforderten Angaben
		1	Deskriptive Beschreibung sowie systematische Darstellung der im jeweiligen Indikator geforderten Angaben
Quantitative Angaben	Maßzahl in absoluter oder relativer Form	0	Keine Angabe
		0,5	Im Hinblick auf den Indikator lediglich unzureichende quantitative Angaben
		1	Quantitative Angaben, welche die geforderten Angaben der jeweiligen Indikatoren hinreichend erfüllen
Angaben im Zeitvergleich	Darstellung von Informationen für den aktuellen Berichtszeitraum im Vergleich zu den Vorjahren	0	Keine Angabe
		0,5	Darstellung von Informationen lediglich im Vergleich zu einem einzelnen vorherigen Berichtszeitraum
		1	Darstellung von Informationen im Vergleich zu mindestens zwei vorherigen Berichtszeiträumen
Formulierung von Zielsetzungen	Berichterstattung über kurz- und mittelfristige Zielsetzungen des Unternehmens	0	Keine Angabe
		0,5	Lediglich tendenzielle Zielsetzungen ohne konkrete Wertmaßstäbe oder einen bestimmten Zeithorizont
		1	Konkrete Zielformulierung unter Angabe von konkreten Wertmaßstäben und/oder bestimmten Zeithorizonten

Tab. 5-3: Gewichtung der Ausprägungsmerkmale des Disclosure Index

Die Anforderungen hinsichtlich der Berichtsqualität sind in den GRI-Leitlinien in den Prinzipien der Berichterstattung zur Qualitätssicherung verankert.[1005] Die verschiedenen Ausprägungsmerkmale leiten sich dabei im Speziellen aus dem Prinzip der Vergleichbarkeit ab.[1006] Um die Berichtsqualität zu erhöhen, sollten Unternehmen neben einer rein qualitativen Darstellung von Nachhaltigkeitsthemen nach Möglichkeit auch quantitative Angaben machen. Zudem sollte es dem Leser möglich sein, die ökonomische, ökologische und soziale Leistung der Unternehmen im Zeitverlauf und vor dem Hintergrund formulierter Zielvorgaben zu analysieren.[1007]

[1005] Vgl. *GRI* (2006), S. 13-17.

[1006] Vgl. hier und im Folgenden *GRI* (2006), S. 14f., sowie ausführlich zu den Prinzipien zur Qualitätssicherung Kap. 2.3.2.1.2.

[1007] Eine ähnliche Gewichtung nehmen *Adnan et al.* vor. Vgl. *Adnan et al.* (2011), S. 12.

Insgesamt ergibt sich somit eine mögliche Maximalpunktzahl von 196 Punkten.[1008] Der Disclosure Index ermittelt sich aus der Summe der Items multipliziert mit der erreichten Punktzahl anhand der Ausprägungsmerkmale:

$$DI = \sum_{i=1}^{49} d_i \tag{5.1}$$

mit

DI = Disclosure Index;

d_i = erreichte Punktzahl für das Item i.

Obwohl für die Kernleistungsindikatoren die widerlegbare Vermutung gilt, dass diese für alle Unternehmen anwendbar und gleichzeitig für die meisten Unternehmen wesentlich sind, kann das Problem auftreten, dass bestimmte Indikatoren für einige Unternehmen nicht zutreffen oder unwesentlich sind.[1009] Im Rahmen der Analyse ist folglich sicher zu stellen, dass Unternehmen, die für einen bestimmten Indikator begründet keine Angaben gemacht haben, nicht benachteiligt werden.[1010] Um dieses Problem aufzugreifen, wird neben der absoluten Höhe des Disclosure Index auch ein Zielerreichungsgrad anhand der für das Unternehmen maximal möglichen Punktzahl ermittelt.[1011] Sofern im Nachhaltigkeitsbericht darauf hingewiesen wird, dass ein bestimmter Indikator für das jeweilige Unternehmen nicht zutreffend oder unwesentlich ist, so wird der Disclosure Index um die entsprechende mögliche Punktzahl verringert. Falls ein Indikator ohne Angabe von Gründen unberücksichtigt bleibt, ist es für den Leser nicht ersichtlich, ob der Indikator für das jeweilige Unternehmen nicht zutreffend bzw. unwesentlich ist, oder ob über diesen Indikator nicht berichtet wurde, obwohl dies möglich bzw. gemäß der GRI-Leitlinien sogar erforderlich gewesen wäre. In diesem Fall wurde keine Kürzung der möglichen Gesamtpunktzahl des Disclosure Index vorgenommen. Nachdem die Entwicklung des verwendeten Disclosure Index ausführlich erläutert wurde, werden nachfolgend die Gütekriterien der Inhaltsanalyse näher beschrieben.

[1008] Vgl. Tab. 5-2. Eine ausführliche Darstellung des Disclosure Index anhand der Auswertungsunterlagen findet sich im Anhang (vgl. Tab. A-1).

[1009] Vgl. *GRI* (2006), S. 24. Zu dieser Problematik vgl. ebenso die Studien von *Buzby* (1974), S. 429f., und *Al-Tuwaijri et al.* (2004), S. 454.

[1010] Vgl. *Marston/Shrives* (1991), S. 204f.

[1011] Vgl. *Buzby* (1975), S. 26-28 und S. 36.

5.2.5 Gütekriterien der Inhaltsanalyse

5.2.5.1 Verhältnis von Reliabilität und Validität

Das grundsätzliche Ziel einer jeden inhaltsanalytischen Auswertung ist die Reduktion komplexer Informationsstrukturen auf die für die Fragestellung relevanten Informationen.[1012] Diese Verringerung der Komplexität ist notwendig, um die Informationen kodieren zu können und in einem weiteren Schritt quantitativ zu analysieren. Dazu wurde im vorherigen Kapitel die Entwicklung des zugrundeliegenden Kategoriensystems ausführlich erläutert. Als zentrale Kriterien für die Güte eines solchen Erhebungs- und Messinstruments werden generell die **Reliabilität** (Zuverlässigkeit) und die **Validität** (Gültigkeit) angesehen.[1013] Diese beiden Konzepte sind jedoch wenig konkret definiert und nicht ganz trennscharf voneinander. Das Kriterium der Validität ist deutlich weiter gefasst und schließt die Reliabilität mit ein (Abb. 5-14). Der Begriff der Validität ist inhaltlich sehr vage und wird mitunter in interne und externe Validität unterteilt.[1014]

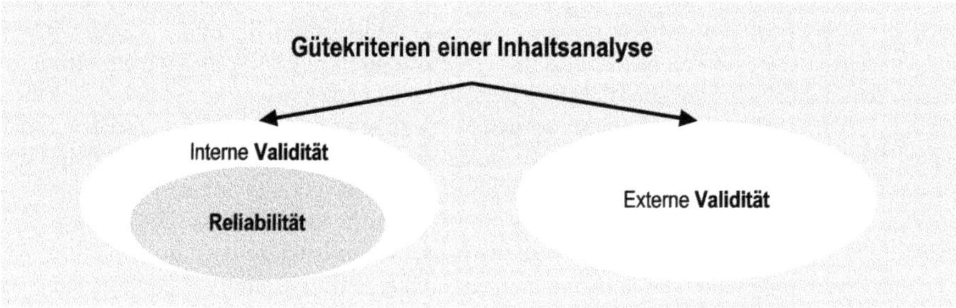

Abb. 5-14: Gütekriterien einer Inhaltsanalyse
Quelle: in Anlehnung an *Merten* (1995), S. 303

Die **interne Validität** wird dabei vor allem durch die Reliabilität des verwendeten Messinstruments bestimmt. Dieses kann als zuverlässig angesehen werden, wenn es gelingt, die unterschiedlichen Textpassagen entsprechend ihrer inhaltlichen Bedeutung den richtigen Kategorien zuzuordnen und das Messinstrument folglich das misst, was es messen soll.[1015] Die **externe Validität** geht über die Identität zwischen gefordertem bzw. unterstelltem und empirischen Zusammenhang hinaus und beschreibt die Korrespondenz von Analyseergebnis und sozialer Wirklichkeit.[1016] Externe Gültigkeit liegt demzufolge dann vor, wenn das verwendete Kategoriensystem korrekte Schlussfolgerungen über die tatsächliche Realität zulässt.[1017] Ein hohes Maß an Reliabilität ist indes eine notwendige Voraussetzung für valide Ergebnisse. Umgekehrt führt eine hohe Zuverlässigkeit des Messinstruments

---

[1012] Vgl. *Lisch/Kriz* (1978), S. 69.
[1013] Vgl. *Mayring* (2010), S. 116.
[1014] Vgl. *Merten* (1995), S. 302.
[1015] Vgl. *Früh* (2007), S. 196; *Kromrey* (2009), S. 321.
[1016] Vgl. *Merten* (1995), S. 302 und S. 311.
[1017] Vgl. *Kromrey* (2009), S. 302.

nicht gleichzeitig auch zu einer hohen Validität. Im Folgenden werden die beiden Gütekriterien der Inhaltsanalyse näher erläutert.

5.2.5.2 Reliabilität

Die Reliabilität bezieht sich auf die Frage, ob ein Messinstrument geeignet ist, bei wiederholter Anwendung stets gleiche Ergebnisse zu liefern, oder ob es aufgrund von Schwächen des verwendeten Instruments zu Messfehlern oder Messungenauigkeiten kommt.[1018] Reliabilität lässt sich in die drei Dimensionen Stabilität, Wiederholbarkeit und Genauigkeit eines Messinstruments differenzieren.[1019]

Stabilität ist dann gegeben, wenn die Messergebnisse bei wiederholter Anwendung des Messinstruments im Zeitablauf unverändert bleiben.[1020] Da die Auswertung der Texte häufig nicht zu einem bestimmten Zeitpunkt stattfindet, sondern sich regelmäßig über einen längeren Zeitraum erstreckt, kann es mit fortschreitender Arbeit dazu kommen, dass die Ergebnisse am Beginn und am Ende der Auswertungsphase nicht übereinstimmen. In diesem Zusammenhang spricht man auch von der **Intracoderreliabilität.**[1021] So kann es bspw. durch Ermüdung aber auch durch Lernprozesse im Verlauf der Auswertung zu Inkonsistenzen kommen. Um der Problematik der Intracoderreliabilität entgegenzuwirken, können dieselben Textpassagen von der gleichen Person zu verschiedenen Zeitpunkten der Auswertungsphase mehrfach analysiert werden. Kommt der Codierer zu den verschiedenen Zeitpunkten zu denselben Ergebnissen, kann von einer Stabilität der Ergebnisse ausgegangen werden.[1022] Um dieser Problematik in der vorliegenden Arbeit entgegenzuwirken und eine möglichst hohe Intracoderreliabilität zu gewährleisten, wurde zunächst ein Pretest mit zehn Nachhaltigkeitsberichten früherer Berichtszeiträume durchgeführt. Auf Basis der daraus resultierenden Erfahrungen wurden die Codieranweisungen überarbeitet und präzisiert. In einem weiteren Schritt wurden darüber hinaus die ersten zehn ausgewerteten Nachhaltigkeitsberichte zum Ende der Auswertungsphase anhand desselben Kategoriensystems erneut analysiert, um die Auswirkung möglicher Ermüdungserscheinungen oder Lernprozesse auf die Ergebnisse der Auswertung zu messen. Die Ergebnisse wiesen lediglich geringfügige Abweichungen zu den Messergebnissen zu Beginn der Auswertung auf, so dass von einer hohen Stabilität der Ergebnisse ausgegangen werden kann.

Die **Wiederholbarkeit** adressiert die Problematik von unterschiedlichen Messergebnissen, die durch den Einsatz mehrerer Codierer auftreten kann.[1023] In Abgrenzung zur Stabilität spricht man in diesem Zusammenhang auch von der **Intercoderreliabilität**. Der Einsatz mehrerer Codierer wird gemeinhin als größte Gefahr für die Zuverlässigkeit inhaltsanaly-

---

[1018] Vgl. *Müller-Böling* (1992), S. 1504: *„Daher wird Reliabilität auch als das Ausmaß der Streuung bei wiederholtem Messen definiert."*.

[1019] Vgl. *Krippendorf* (2004), S. 211 und S. 214-216. *Merten* verwendet in diesem Zusammenhang die Begriffe temporaler, intersubjektiver und instrumenteller Dimensionen. Inhaltlich unterscheiden sich die beiden Differenzierungen jedoch nicht. Vgl. *Merten* (1995), S. 303.

[1020] Vgl. *Barth* (2009), S. 125.

[1021] Vgl. *Kromrey* (2009), S. 321.

[1022] Vgl. *Barth* (2009), S. 126.

[1023] Vgl. *Merten* (1995), S. 303.

tischer Auswertungsverfahren angesehen.[1024] Unterschiede in den Messergebnissen können dabei vor allem aus kognitiven Unterschieden zwischen den Codierern, mehrdeutigen Codieranweisungen sowie aus einfachen Fehlern bei der Auswertung resultieren.[1025] Die Zuverlässigkeit der Ergebnisse hängt dabei sowohl von Inhalt und Eigenart der zu untersuchenden Texte als auch vom gewählten Kategoriensystem ab. Vieldeutige Kategorien führen tendenziell zu größeren Abweichungen der Messergebnisse verschiedener Codierer als eindeutige.[1026] Die Gefahr von Ergebnisabweichungen kann in diesem Falle vor allem durch gezielte Codierschulungen und die Anfertigung eines Codebuchs verringert werden.[1027] Zudem kann die Zuverlässigkeit der Ergebnisse anhand verschiedener Testverfahren überprüft werden. Dabei werden regelmäßig sog. Reliabilitätskoeffizienten gebildet[1028], die bspw. die Zahl der Codierer multipliziert mit der Zahl übereinstimmender Urteile ins Verhältnis zur Gesamtanzahl aller Codierurteile setzt.[1029] Das Problem der Intercoderreliabilität tritt in der vorliegenden Arbeit allerdings nicht auf, da die inhaltsanalytische Auswertung der Nachhaltigkeitsberichte allein vom Autor durchgeführt wurde.

Die **Genauigkeit** bezieht sich auf die Präzision des Messinstruments selbst und geht der Frage nach, inwiefern ein Messinstrument geeignet ist, tatsächlich das zu messen, was es zu messen beabsichtigt.[1030] Neben Intra- und Intercoderverzerrungen können auch Abweichungen von einem vorgegeben Standard die Genauigkeit des Messinstruments beeinflussen.[1031] Neben Codierschulungen ist es daher ratsam, ein möglichst objektives und konkret umschriebenes Kategoriensystem zu entwickeln, um unerwünschte Ungenauigkeiten im Rahmen der Auswertung zu vermeiden. Daher wurde im Rahmen der vorliegenden Arbeit ein umfassendes Codebuch entwickelt. Dieses beinhaltet eine ausführliche Beschreibung der Berichtsanforderungen zu jedem einzelnen Indikator. Des Weiteren wurden für jedes Ausprägungsmerkmal und für jede mögliche Punktvergabe (0; 0,5; 1) illustrierende Beispiele entwickelt, um eine möglichst hohe Genauigkeit des verwendeten Messinstruments zu gewährleisten.

5.2.5.3 Validität

Im Kern ist Validität als Übereinstimmung zwischen dem, was man messen möchte, und dem, was man tatsächlich misst, definiert.[1032] Grundsätzlich kann die Validität als Qualitätsstandard angesehen werden, der angibt, ob das verwendete Messinstrument geeignet ist, um die zuvor entwickelten Hypothesen zu überprüfen. Die Gültigkeit eines Messinstruments lässt sich jedoch nicht verifizieren. Sie kann lediglich durch Kritik in Frage ge-

---

1024 Vgl. *Stier* (1999), S. 165; *Kromrey* (2009), S. 320f.
1025 Vgl. *Schnell et al.* (2011), S. 403.
1026 Vgl. *Kromrey* (2009), S. 320f.
1027 Vgl. *Kolbe/Burnett* (1991), S. 245; *Milne/Adler* (1999), S. 252f.; *Rössler* (2005), S.19 sowie ausführlich S. 87-92.
1028 Vgl. hierzu ausführlicher *Scott* (1955), S. 321-325; *Holsti* (1969), S. 135-142; *Merten* (1995), S. 304-310; *Mayring* (2010), S. 118-122; *Rössler* (2005), S. 185-193.
1029 Vgl. *Holsti* (1969), S. 140.
1030 Vgl. *Merten* (1995), S. 303; *Krippendorf* (2004), S. 215.
1031 Vgl. *Krippendorf* (2004), S. 215f.
1032 Vgl. *Merten* (1995), S. 310.

stellt und somit falsifiziert werden. Solange keine Einwände gegen die Gültigkeit oder Anwendung eines bestimmten Messinstruments formuliert werden können, kann Validität bis auf weiteres unterstellt werden.[1033] Während die interne Validität bereits bei der Operationalisierung der Hypothesen sowie der Entwicklung eines entsprechenden Messinstruments beginnt, geht die externe Validität darüber hinaus. Sie umfasst nicht nur die Gültigkeit des verwendeten Messinstruments, sondern zielt vielmehr auf die Frage nach der Gültigkeit der Ergebnisse. Die Validität kann nach den vier verschiedenen Typen der

- Analysevalidität,
- Inhaltsvalidität,
- Kriteriumsvalidität sowie
- Inferenzvalidität

differenziert werden.[1034] Die beiden erstgenannten Typen beziehen sich dabei auf die interne Validität, die zuletzt genannten Typen hingegen auf die externe Validität.

Die **Analysevalidität** ist vor allem abhängig von der Intercoderreliabilität. Sie gibt folglich Auskunft darüber, wie der vom Forscher gemeinte Bedeutungsgehalt durch die Codierer getroffen wurde. Dabei kann die Codierung des Forschers als Standardvorgabe angesehen werden. Folglich ist die Analysevalidität davon abhängig, wie genau die Auswertung durch verschiedene Codierer die Auffassungen des Forschers widerspiegeln.[1035] Weisen entsprechende Reliabilitäskoeffizienten bereits zu Beginn der Auswertung entsprechende Abweichungen bei der Codierung auf, so sollten Kategoriendefinitionen ggf. konkretisiert und Codierschulungen intensiviert werden, um die Gefahr möglicher Messverzerrungen aufgrund von Interpretationsspielräumen der Codierer einzuschränken.[1036]

Neben der Analysevalidität ist auch die **Inhaltsvalidität** der internen Gültigkeit zuzuordnen. Diese kommt bereits bei der Entwicklung des Kategoriensystems und der Definition der verschiedenen Ausprägungen zum Tragen. Sie verlangt, dass die Aspekte der Dimension, die gemessen werden soll, möglichst vollständig berücksichtigt werden[1037] und geht somit der Frage nach, ob das entwickelte Kategoriensystem die gewünschte Dimension vollständig beschreibt und folglich plausible Ergebnisse liefert.[1038] Um die Vollständigkeit des Analyseinstruments zu gewährleisten, kann einerseits auf frühere Forschungsarbeiten zurückgegriffen werden. Andererseits können Anpassungen des Kategoriensystems auf Basis von ersten Codiererfahrungen vorgenommen werden.[1039] In dieser Arbeit wurde ein Kategoriensystem basierend auf den Leitlinien der GRI entwickelt. Diese besitzen weltweit eine hohe Akzeptanz und wurden bereits in früheren Studien regelmäßig zur Herlei-

---

1033 Vgl. *Zimmermann* (1972), S. 79.

1034 Vgl. *Rössler* (2005), S. 193-196.

1035 Vgl. *Rössler* (2005), S. 194: *„Die Analysevalidität ergibt sich aus einer Reliabilitätsberechnung zwischen Forschern und Codierern; sie ist damit die einzige Art von Validität, die sich quantifizieren lässt."*.

1036 Vgl. *Früh* (2007), S. 184f.

1037 Vgl. *Krippendorf* (2004), S. 315.

1038 Vgl. *Holsti* (1969), S. 143; *Lisch/Kriz* (1978), S. 101.

1039 Vgl. *Rössler* (2005): *„Aussagen über die Inhaltsvalidität betreffen die Vollständigkeit des Instruments und lassen sich zum Teil aus Vorüberlegungen, zum Teil aus Codierungen und Codiererverhalten ableiten."*.

tung adäquater Kategoriensysteme verwendet.[1040] Des Weiteren wurde ein Pretest anhand von zehn Nachhaltigkeitsberichten früherer Berichtszeiträume durchgeführt. Auf Basis der Erfahrungen wurden die Definitionen der einzelnen Ausprägungen von Kategorien konkretisiert und ein umfassendes Codebuch angelegt.

Wie bereits erwähnt, steht bei der Frage nach externer Validität, im Unterschied zur internen Validität, die Gültigkeit der Ergebnisse im Mittelpunkt.[1041] Zur Prüfung der externen Gültigkeit wird regelmäßig ein Vergleich der empirischen Ergebnisse mit anderen (externen) empirischen Ergebnissen durchgeführt.[1042] Dabei soll im Folgenden zwischen der Kriteriums- und der Inferenzvalidität unterschieden werden. Eine hohe **Kriteriumsvalidität** kann dann angenommen werden, wenn sich die gewonnenen Ergebnisse durch die Ergebnisse anderer inhaltsanalytischer Untersuchungen stützen lassen und somit im Einklang mit früheren Forschungsergebnissen stehen. Mögliche Unterschiede und überraschende Ergebnisse müssen plausibel erklärt werden können.[1043] Die **Inferenzvalidität** ist eng mit der Kriteriumsvalidität verknüpft und geht der Frage nach, ob die auf Basis der gewonnen inhaltsanalytischen Ergebnisse formulierten Interpretationen der sozialen Wirklichkeit Gültigkeit beanspruchen können.[1044] Allerdings handelt es sich bei den Vergleichsobjekten nicht um andere inhaltsanalytische Untersuchungen, sondern um Studien, in denen eine andere methodologische Vorgehensweise gewählt wurde. Analog zur Überprüfung der Kriteriumsvalidität soll anhand dieser Studien die Schlüssigkeit der eigenen Befunde belegt werden. Aufgrund der vielen Spezifikationen im Rahmen einer empirischen Studie, wie der Bestimmung der Grundgesamtheit, des Betrachtungszeitraums oder auch weiterer Kontextfaktoren ist es oftmals schwierig, Studien zu finden, die für einen solchen Vergleich der empirischen Ergebnisse geeignet erscheinen.[1045] Im Falle einer Ermangelung passender Vergleichsstudien weist *Rössler* auf die Möglichkeit hin, selbst eine zweite Datenerhebung parallel zur Inhaltsanalyse durchzuführen.[1046] Diese Vorgehensweise erscheint aus forschungsökonomischen Gründen jedoch nicht immer sinnvoll. Aspekte zur Beurteilung der Kriteriums- und Inferenzvalidität werden üblicherweise im Rahmen der Diskussion der Ergebnisse im Forschungsbericht behandelt,[1047] so dass an dieser Stelle auf Kap. 6.4 der Arbeit verwiesen wird.

[1040] Vgl. *Ho/Taylor* (2007), S. 135-137; *Quick/Knocinski* (2006), S. 616-622; *Holder-Webb et al.* (2009), S. 504; *Clarkson et al.* (2008), S. 304 und S. 309f.; *Samy et al.* (2010), S. 208f.; *Clarkson et al.* (2010), S. 17.

[1041] Vgl. *Merten* (1995), S. 311.

[1042] Vgl. *Schnell et al.* (2011), S. 147f.

[1043] Vgl. hierzu *Rössler* (2005), S. 195f.: *„Die Kriteriumsvalidität nutzt den Vergleich mit externen Quellen und vergleichbaren Erhebungen, um die Plausibilität der Ergebnisse einer Inhaltsanalyse einzuschätzen.“*.

[1044] Vgl. hier und im Folgenden *Rössler* (2005), S. 196: *„Zur Beurteilung der Inferenzvalidität sind meist externe Erhebungen mit einem anderen methodischen Zugriff erforderlich, um die Gültigkeit weiter gehender Schlussfolgerungen aufgrund der Inhaltsanalyse zu belegen.“*.

[1045] Vgl. *Reisloh* (2011), S. 205.

[1046] Vgl. *Rössler* (2005), S. 196.

[1047] Vgl. *Barth* (2009), S. 128.

5.3 Auswertungsverfahren

Im Rahmen empirischer Arbeiten werden zur Überprüfung der in den Hypothesen postulierten Zusammenhänge Verfahren der inferenziellen Statistik herangezogen.[1048] Die Gewinnung gültiger Aussagen über die Realität durch Falsifikation von Hypothesen entspricht dem Konzept der Erkenntnisgewinnung im kritischen Rationalismus und steht folglich im Einklang mit der wissenschaftstheoretischen Grundpositionierung der vorliegenden Arbeit. Beginnend mit einem kurzen Exkurs zur Problematik der Zuordnung des Disclosure Index zu einem bestimmten Skalenniveau (Kap. 5.3.1) werden nachfolgend die im Rahmen der empirischen Untersuchung verwendeten Auswertungsverfahren näher erläutert.

5.3.1 Skalenniveau des Disclosure Index

Die Qualität der erhobenen Daten ist insbesondere von der Art und Weise der Messung abhängig. Die Messung von Daten ermöglicht es, spezifische Eigenschaften des empirischen Untersuchungsgegenstands nach bestimmten Regeln in Zahlen auszudrücken.[1049] In Abhängigkeit des empirischen Untersuchungsgegenstands können die entsprechenden Merkmalsausprägungen anhand verschiedener **Skalenniveaus** gemessen werden.[1050] Im Hinblick auf die Datenauswertung ist das Skalenniveau von besonderer Bedeutung, da die Anwendung statistischer Analyseverfahren entscheidend von der Skala abhängt, mit deren Hilfe die Merkmalsausprägungen erfasst werden.[1051] Handelt es sich bei den erhobenen Daten um qualitative Variablen, können diese entweder nominal- oder ordinalskaliert sein.[1052] Während nominalskalierte Daten (bspw. Geschlecht, Nationalität) lediglich eine Unterscheidung in bestimmte Gruppen ermöglichen, ohne eine bestimmte Rangfolge der Gruppierung anzugeben, erlauben ordinalskalierte Daten (bspw. Kundenzufriedenheit) darüber hinaus eine Festlegung der Intensität bzw. der Güte einer Merkmalsausprägung des Untersuchungsobjektes im Vergleich zu anderen Merkmalsausprägungen.[1053] Eine Bestimmung des Abstands zwischen zwei Rangplätzen ist indes nicht möglich. Auch kann nicht davon ausgegangen werden, dass die Abstände zwischen den verschiedenen Rängen gleich groß sind. Hierzu sind vielmehr metrisch- bzw. kardinalskalierte Daten (Intervall- und Verhältnisskala) und folglich quantitative Variablen erforderlich.[1054] Zusätzlich zu den Eigenschafen einer Ordinalskala erlauben intervallskalierte Daten (bspw. Temperatur) Aussagen über die Abstände zwischen zwei Merkmalsausprägungen in Form von Differenzbildung. Verhältnisskalierte Daten (bspw. Gewicht, Einkommen) setzen zudem einen natürlichen Nullpunkt des beobachteten Untersuchungsobjekts voraus und erlauben zusätzlich zur Intervallskala eine Produkt- und Quotientenbildung.[1055]

[1048] Zum Begriff der inferenziellen bzw. schließenden Statistik vgl. *Bankhofer/Vogel* (2008), S. 91.
[1049] Vgl. *Backhaus et al.* (2011), S. 10.
[1050] Vgl. *Auer/Rottmann* (2011), S. 6.
[1051] Vgl. *Eckstein* (2012), S. 23.
[1052] Vgl. *Auer/Rottmann* (2011), S. 6.
[1053] Vgl. *Cleff* (2011), S. 20f.
[1054] Vgl. *Auer/Rottmann* (2011), S. 6.
[1055] Vgl. *Eckstein* (2012), S. 26f.; *Backhaus et al.* (2011), S. 11.

Die Zuordnung der untersuchten Merkmalsausprägungen zu einem bestimmten Skalenniveau ist in der Praxis jedoch nicht immer eindeutig möglich. In der Literatur wird insbesondere kritisch diskutiert, ob Disclosure Indices die Anforderungen an metrisch skalierte Daten erfüllen oder lediglich einem ordinalen Skalenniveau entsprechen.[1056] Nimmt man an, dass ein Disclosure Index metrisches Skalenniveau aufweist, so würde man bspw. zu dem Urteil kommen, dass ein Nachhaltigkeitsbericht mit einem Disclosure Index von 100 Punkten doppelt so gut sei wie ein Bericht, der lediglich einen Disclosure Index von 50 Punkten erreicht.[1057] Diese Interpretation von metrisch skalierten Disclosure Indices ist jedoch umstritten. In der Literatur wird häufig argumentiert, dass lediglich die Aussage getroffen werden kann, dass ein Disclosure Index von 100 Punkten besser ist als ein Index von 50 Punkten und es sich folglich nur um ordinalskalierte Daten handelt.[1058] Das Skalenniveau des Disclosure Index ist jedoch entscheidend für die Anwendung statistischer Verfahren zur Auswertung des Datenmaterials. Im Falle ordinalskalierter Daten wäre bspw. die Berechnung eines arithmetischen Mittelwerts nicht möglich und es müsste stattdessen auf den Median zur Bestimmung eines Mittelmaßes zurückgegriffen werden. Ebenso müssten parametrische Tests zur Analyse des Zusammenhangs zwischen zwei Variablen durch nicht-parametrische Testverfahren ersetzt werden.[1059] Die Ergebnisse einiger empirischer Studien relativieren die Problematik hinsichtlich des unterstellten Skalenniveaus bei Disclosure Indices, indem sie zeigen, dass die Anwendung parametrischer Testverfahren trotz ordinalskalierter Daten unproblematisch ist, sofern die Voraussetzungen der Normalverteilung und der Varianzhomogenität erfüllt sind.[1060]

Sofern in Studien, welche Disclosure Indices zur Bestimmung des Umfangs bzw. der Qualität der Unternehmensberichterstattung verwenden, im Rahmen der Auswertung auf parametrische Testverfahren zurückgegriffen wird, werden die Ergebnisse häufig durch nicht-parametrische Tests abgesichert.[1061] In der vorliegenden Arbeit wird der Ansicht gefolgt, dass der verwendete Disclosure Index metrisches Skalenniveau besitzt und daher parametrische Testverfahren angewendet werden können, sofern die notwendigen Voraussetzungen hierfür erfüllt sind.[1062]

5.3.2 Deskriptive Statistiken und univariate Analyseverfahren

Die Praxis der Nachhaltigkeitsberichterstattung (Kap. 6.1) wird insbesondere anhand **deskriptiver Statistiken** analysiert. Im Unterschied zur inferenziellen Statistik steht bei deskriptiven Statistiken die Beschreibung der Daten anhand von Lageparametern und Streuungsmaßen im Vordergrund.[1063] Um einen ersten Überblick über die gewonnenen Daten zu erhalten, werden zunächst allgemeine Charakteristika der Berichtspraxis (bspw. zu Branchenverteilung, Anwendungsebenen der GRI, Berichtsprüfung) anhand von abso-

[1056] Vgl. *Marston/Shrives* (1991), S. 199f.; *Coy/Dixon* (2004), S. 82-84.
[1057] Vgl. *Coy et al.* (1994), S. 261.
[1058] Vgl. *Marston/Shrives* (1991), S. 199.
[1059] Vgl. *Reisloh* (2011), S. 206.
[1060] Vgl. *Gregoire/Driver* (1987), S. 159-165; *Davison/Sharma* (1988), S. 137-144.
[1061] Vgl. *Barth* (2009), S. 132; *Reisloh* (2011), S. 206.
[1062] Zu den Voraussetzungen zur Anwendung parametrischer Testverfahren vgl. Kap. 5.3.2.
[1063] Vgl. *Schira* (2012), S. 43.

luten und relativen (prozentualen) Häufigkeitsverteilungen beschrieben.[1064] Um den Umfang und die Qualität der Berichterstattung zu analysieren, werden neben Häufigkeitsverteilungen insbesondere statistische Maßzahlen zur quantitativen Beurteilung der Lage (Mittelwert, Median) sowie die Standardabweichung als statistisches Streuungsmaß verwendet.[1065] Ferner dienen deskriptive Statistiken im Rahmen der empirischen Untersuchung der Determinanten (Kap. 6.2) und der Eigenkapitalkostenwirkungen (Kap. 6.3) einer näheren Beschreibung der einzelnen Variablen im Vorfeld der multivariaten Analysen.

Neben deskriptiven Statistiken werden zudem Verfahren der induktiven Statistik angewendet, um zu überprüfen, inwieweit die Stichprobenergebnisse generalisiert werden können und somit Schlussfolgerungen auf die Grundgesamtheit erlauben.[1066] Hierzu werden zunächst **univariate Analyseverfahren** verwendet, um die Signifikanz einzelner Merkmale zu überprüfen. Das Signifikanzniveau (α) gibt an, mit welcher Fehlerwahrscheinlichkeit die Nullhypothese (H_0) abgelehnt werden kann.[1067] Je kleiner α gewählt wird, desto unwahrscheinlicher wird eine irrtümliche Ablehnung von H_0. Gleichzeitig verringert sich jedoch auch die Chance, bei falscher H_0 zu einer Ablehnung von H_0 zu kommen.[1068] Die gebräuchlichsten Werte für α, die auch in der vorliegenden Arbeit verwendet werden, sind $\alpha = 0{,}1$, $\alpha = 0{,}05$, $\alpha = 0{,}01$. Im Rahmen der empirischen Untersuchung wird das jeweilige Signifikanzniveau mit dem typografischen Zeichen Asterisk (*) indiziert: * = signifikant auf dem 10%-Niveau, ** = signifikant auf dem 5%-Niveau und *** = signifikant auf dem 1%-Niveau.

Mit Hilfe eines **T-Tests** kann bspw. untersucht werden, ob sich zwei Gruppen hinsichtlich ihrer Mittelwerte signifikant voneinander unterscheiden.[1069] Die Anwendung eines T-Tests ist jedoch mit bestimmten Anforderungen an die Daten verknüpft.[1070] Neben der Anforderung intervallskalierter Daten sollte das untersuchte Merkmal in der Population normalverteilt sein und Varianzhomogenität zwischen beiden Stichproben bestehen. In der Literatur werden diese Anforderungen jedoch nicht als sehr restriktiv angesehen und es wird argumentiert, dass die Ergebnisse eines T-Tests auch bei einer fehlenden Erfüllung der Anforderungen brauchbar sind.[1071]

Die Erfüllung der Normalverteilungsannahme sowie der Varianzhomogenität wird in der vorliegenden Arbeit mit Hilfe des Kolmogorov-Smirnov-Tests bzw. des Levene-Tests überprüft.[1072] Die Testergebnisse zeigen, dass sowohl Normalverteilung als auch Varianzhomogenität nur in sehr seltenen Fällen gegeben sind. Daher werden die univariaten Ana-

[1064] Vgl. *Toutenburg et al.* (2009), S. 7-13.

[1065] Zu den Lage- und Streuungsmaßen vgl. ausführlich *Bankhofer/Vogel* (2008), S. 27-37; *Schira* (2012), S. 43-58; *Toutenburg et al.* (2009), S. 27-35.

[1066] Vgl. *Bankhofer/Vogel* (2008), S. 91; *Auer/Rottmann* (2011), S. 351.

[1067] Zur Unterscheidung zwischen Null- und Alternativhypothese vgl. Kap. 4.2.1.

[1068] Vgl. hier und im Folgenden *Auer/Rottmann* (2011), S. 352f.

[1069] Vgl. *Bortz/Döring* (2006), S. 496-501; *Brosius* (2011), S. 476.

[1070] Vgl. *Eckstein* (2012), S. 259-263; *Brosius* (2011), S. 477-480.

[1071] Vgl. hierzu exemplarisch *Brosius* (2011), S. 479f.

[1072] Zur Überprüfung der Anforderungen mit Hilfe des Kolgomorov-Smirnov-Tests und des Levene-Tests vgl. *Eckstein* (2012), S. 261f.

lysen zur Bestimmung der Signifikanz der Ergebnisse in der vorliegenden Untersuchung mittels des nicht-parametrischen Wilcoxon-Mann-Whitney-Tests durchgeführt, da dieser lediglich ordinalskalierte Daten erfordert und auch bei fehlender Normalverteilung und Varianzhomogenität angewendet werden kann.[1073] Zusätzlich zu diesem nicht-parametrischen Testverfahren werden auch T-Tests durchgeführt, um zu überprüfen, ob sich etwaige Ergebnisunterschiede ergeben. Die Ergebnisse des T-Tests werden jedoch nicht berichtet.[1074] Der Wilcoxon-Mann-Whitney-Test wird sowohl zur Analyse der Berichtspraxis (Kap. 6.1) als auch im Vorfeld der multivariaten Analysen in Kap. 6.2 und 6.3 zur näheren Beschreibung bestimmter Variablen verwendet. Ebenso wird in Kap. 6.2.3 der Ländereinfluss (*H1*) bei isolierter Betrachtung sowie der isolierte Einfluss einer freiwilligen Berichtsprüfung (*H6*) und der Prüfung durch eine Big-Four-Wirtschaftsprüfungsgesellschaft (*H7*) auf die Erstellung bzw. Qualität separater Nachhaltigkeitsberichte mit Hilfe des Wilcoxon-Mann-Whitney-Tests analysiert. Um den isolierten Einfluss der Branche (*H9*) zu analysieren, wird ein Test zum Vergleich mehrerer unabhängiger Variablen benötigt. Hierzu wird mit dem Kruskal-Wallis-Test ebenfalls ein nicht-parametrisches Testverfahren verwendet.[1075] Der Test vergleicht die Werte einer Variablen in verschiedenen Fallgruppen, wobei in diesem Fall die Branche die jeweilige Fallgruppe und dementsprechend eine unabhängige Stichprobe bildet.[1076]

5.3.3 Bivariate Korrelationsanalysen

Ferner werden im Rahmen der empirischen Auswertung **bivariate Korrelationsanalysen** verwendet, um das Ausmaß des statistischen Zusammenhangs zwischen zwei verschiedenen Merkmalen zu quantifizieren.[1077] In der vorliegenden Arbeit werden Korrelationsanalysen zum einen zur näheren Beschreibung des Zusammenhangs einzelner Variablen im Vorfeld der multivariaten Regressionsanalysen verwendet (Kap. 6.2.2 und 6.3.3). Zudem wird im Rahmen der Untersuchung der Determinanten der isolierte Einfluss der Unternehmensgröße (*H2*), der Medienpräsenz (*H3*), des systematischen Risikos (*H4*), der Profitabilität (*H5*) sowie des Streubesitzanteils der Aktien und des Verschuldungsgrads (jeweils *H8*) auf die Erstellung bzw. die Qualität separater Nachhaltigkeitsberichte analysiert (Kap. 6.2.3.).

Während bei multivariaten Regressionsanalysen zwischen der abhängigen und den unabhängigen Variablen unterschieden wird, ist eine solche Unterscheidung im Rahmen von Korrelationsanalysen nicht notwendig. Der Korrelationskoeffizient zeigt die Stärke eines Zusammenhangs zweier Variablen an.[1078] Er kann jedoch nicht als Beweis für eine Kausalbeziehung betrachtet werden, sondern beschränkt sich darauf, lineare Zusammenhänge

[1073] Vgl. *Anderson et al.* (1996), S. 758-763; *Toutenburg et al.* (2009), S. 246f.; *Rasch et al.* (2010b), S. 161-163.
[1074] Die Anwendung parametrischer T-Tests führte im Vergleich zum Wilcoxon-Mann-Whitney-Test in keinem Fall zu abweichenden Ergebnissen.
[1075] Vgl. *Anderson et al.* (1996), S. 766-768; *Rasch et al.* (2010b), S. 164-166.
[1076] Zum Vorgehen im Rahmen des Kruskal-Wallis-Test vgl. *Brosius* (2011), S. 880-882.
[1077] Vgl. *Bortz/Döring* (2006), S. 506f.; *Auer/Rottmann* (2011), S. 92.
[1078] Vgl. *Rasch et al.* (2010a), S. 120-122.

aufzudecken.[1079] Der Korrelationskoeffizient kann Werte zwischen -1 und +1 annehmen, wobei das Vorzeichen die Richtung des Zusammenhangs anzeigt und der Wert 0 aussagt, dass kein Zusammenhang zwischen den untersuchten Variablen besteht.[1080] In Analogie zum Vorgehen bei univariaten Analysen wurde in dieser Arbeit der Rangkorrelationskoeffizient nach *Spearman* verwendet (*spearman rho*.[1081] Im Unterschied zum Korrelationskoeffizienten nach *Bravais-Pearson* erfordert der Rangkorrelationskoeffizient lediglich ordinalskalierte Daten und kommt ohne die Anforderungen der Normalverteilung und Varianzhomogenität aus.[1082] Bezüglich der Stärke des Zusammenhangs wird im weiteren Verlauf der Arbeit zwischen einer schwachen (ab r = +/-0,1), einer mittleren (ab r = +/-0,3) und einer starken Korrelation (ab r = +/-0,5) unterschieden.[1083]

5.3.4 Multivariate Regressionsanalysen

Die Determinanten und die Eigenkapitalkostenwirkungen der Nachhaltigkeitsberichterstattung wurden letztendlich mit Hilfe multivariater Regressionsanalysen untersucht.[1084] Anhand der multivariaten Analyseergebnisse wurden schließlich auch die Forschungshypothesen überprüft (Kap. 6.2.6 und Kap. 6.3.6).

Mit Hilfe **multivariater Regressionsanalysen** wird versucht, die Zusammenhänge zwischen einer abhängigen (zu erklärenden) und einer oder mehrerer unabhängiger (erklärender) Variablen zu beschreiben und zu erklären.[1085] Um die Wirkungsbeziehungen zwischen der Qualität der Nachhaltigkeitsberichterstattung und den untersuchten Determinanten (Kap. 6.2.4) sowie zwischen den Eigenkapitalkosten und der Erstellung bzw. Qualität der Nachhaltigkeitsberichterstattung (Kap. 6.3.4) zu untersuchen, wurden multivariate Regressionsgleichungen geschätzt.[1086] Um die Determinanten der Erstellung eines separaten Nachhaltigkeitsberichts zu untersuchen, wird hingegen eine binäre Probitregression geschätzt,[1087] da in diesem Fall der Einfluss auf eine binomiale Variable getestet wird.[1088] Mit Hilfe von binären Probit- bzw. Logit-Modellen kann die Frage analysiert werden, mit welcher Wahrscheinlichkeit Unternehmen einen separaten Nachhaltigkeitsbericht in Abhängigkeit verschiedener Determinanten erstellen.[1089] Die Fallzahl pro Gruppe sollte bei Anwendung dieser Modelle jedoch nicht kleiner als 25 sein. Bei einer

---

1079 Vgl. *Freedman et al.* (2007), S. 150; *Tabachnick/Fidell* (2010), S. 56f.; *Rasch et al.* (2010a), S. 127f.

1080 Vgl. *Bankhofer/Vogel* (2008), S. 301.

1081 Vgl. *Anderson et al.* (1996), S. 769-772; *Mosler/Schmid* (2009), S. 177-181; *Auer/Rottmann* (2011), S. 98-102.

1082 Vgl. *Brosius* (2011), S. 525.

1083 Vgl. *Cohen* (2009), S. 116; *Bortz/Schuster* (2011), S. 165.

1084 Die Regressionsanalyse dient dazu, die Realität zu beschreiben. Vgl. *Auer/Rottmann* (2011), S. 417.

1085 Vgl. *Backhaus et al.* (2011), S. 56.

1086 Zur Vorgehensweise im Rahmen linearer Regressionsanalysen vgl. ausführlich *Backhaus et al.* (2011), S. 56-97.

1087 Zur Vorgehensweise bei Probitregressionen vgl. ausführlich *Stock/Watson* (2012), S. 429-433.

1088 Vgl. *Hosmer/Lemeshow* (2004), S. 1.

1089 Vgl. *Backhaus et al.* (2011), S. 250.

größeren Anzahl unabhängiger Variablen sollten die Beobachtungszahlen pro Gruppe höher sein.[1090]

Analog zu den bereits dargestellten uni- und bivariaten Testverfahren ist auch die Regressionsanalyse an bestimmte Voraussetzungen geknüpft.[1091] Damit die Regressionsergebnisse Gültigkeit besitzen und interpretierbar sind, müssen die Residuen identisch verteilt sein und dürfen nicht miteinander korrelieren. Ferner darf keine lineare Abhängigkeit zwischen den Regressoren bestehen und die Störterme müssen normalverteilt sein.

Ist eine identische Verteilung der Residuen nicht gegeben, so liegt **Heteroskedastizität** vor. Heteroskedastizität führt zu ineffizienten Schätzern und einer Verfälschung des Standardfehlers.[1092] Systematische Zusammenhänge zwischen den Residuen verursachen hingegen **Autokorrelation**. Autokorrelation hat zur Folge, dass die geschätzten Standardfehler kleiner sind als die wahren Standardfehler. In der Folge sind die Signifikanztests verzerrt und nicht mehr zulässig.[1093] Während sich die Problematik von Autokorrelation in der Regel auf Zeitreihenanalysen beschränkt, wird Heteroskedastizität vor allem bei der Analyse von Querschnittsdaten als problematisch angesehen und ist im vorliegenden Fall daher von größerer Bedeutung.[1094] Um dieser Problematik entgegenzuwirken, wurden für sämtliche Regressionsmodelle mit Hilfe des Huber-White- bzw. Sandwich-Schätzers sog. (heteroskedastie-)robuste Standardfehler geschätzt.[1095] Danach kann davon ausgegangen werden, dass die berichteten Regressionskoeffizienten unverzerrt, konsistent und effizient sind.

Weiterhin ist sicherzustellen, dass die unabhängigen Variablen nicht linear voneinander abhängig sind und somit keine **Multikollinearität** vorliegt. Multikollinearität liegt dann vor, wenn eine oder mehrere unabhängige Variablen mit einer anderen unabhängigen Variablen korrelieren.[1096] Um das Vorliegen von Multikollinearität zu prüfen, werden zum einen Korrelationsanalysen im Vorfeld der multivariaten Analyse durchgeführt.[1097] Zudem wurde der Varianzinflationsfaktor (VIF) als Kollinearitätsmaß herangezogen.[1098] Dabei deuten VIF-Werte ab ca. zehn auf das Vorliegen von (Multi-)Kollinerarität hin.[1099] In der vorliegenden Untersuchung wurde für jede Regressionsschätzung der maximale VIF angegeben. Da die berichteten VIF-Werte deutlich kleiner als zehn sind, lassen sich bei der empirischen Analyse keine Probleme von Multikollinearität erkennen.

Darüber hinaus müssen die Störterme des Regressionsmodells normalverteilt sein. Nach dem zentralen Grenzwertsatz kann davon ausgegangen werden, dass ab einer Stichpro-

[1090] Vgl. *Backhaus et al.* (2011), S. 295.
[1091] Vgl. *Backhaus et al.* (2011), S. 84-97; *Brosius* (2011), S. 574-584.
[1092] Vgl. *von Auer* (2011), S. 389; *Backhaus et al.* (2011), S. 90.
[1093] Vgl. *Brosius* (2011), S. 577f.
[1094] Vgl. *Backhaus et al.* (2011), S. 92.
[1095] Vgl. *Baum* (2006), S. 136; *Wooldridge* (2009), S. 265-269. Ferner vgl. vertiefend *Huber* (1967), S. 221-233; *White* (1980), S. 817-838.
[1096] Vgl. *Siegel* (2012), S. 371-375; *Brosius* (2011), S. 580f.
[1097] Vgl. *Brosius* (2011), S. 582.
[1098] Vgl. *von Auer* (2011), S. 522f.; *Backhaus et al.* (2011), S. 95f.
[1099] Vgl. *Brosius* (2011), S. 583.

bengröße von mehr als 30 Beobachtungen die Bedingung der **Normalverteilung** als erfüllt angesehen werden kann.[1100]

Da die Gültigkeit der Ergebnisse einer multivariaten Regressionsanalyse insbesondere von der Erfüllung der zuvor erläuterten Annahmen abhängt, werden im Rahmen von Robustheitstests sog. Rang-Regressionen durchgeführt, bei denen die abhängige und die unabhängigen Variablen in Ränge transformiert werden.[1101]

Nachdem im Rahmen des Forschungsdesigns die Struktur des empirischen Feldes (Kap. 5.1), das inhaltsanalytische Vorgehen (Kap. 5.2) sowie die zugrundeliegenden Auswertungsverfahren (Kap. 5.3) erläutert wurden, werden nachfolgend im sechsten Kapitel die empirischen Befunde zur Nachhaltigkeitsberichterstattung in Deutschland und den USA dargestellt und kritisch gewürdigt.

[1100] Vgl. *Poddig et al.* (2008), S. 90; *Auer/Rottmann* (2011), S. 284 und S. 476. In der vorliegenden Arbeit ist ein Stichprobenumfang von mindestens 30 Beobachtungen bei allen Regressionsanalysen gegeben.
[1101] Vgl. zu diesem Vorgehen auch *Barth* (2009), S. 138; *Merschdorf* (2012), S. 218.

6 Empirische Befunde

6.1 Praxis der Nachhaltigkeitsberichterstattung

Nachfolgend werden die Befunde zur Ausgestaltung separater Nachhaltigkeitsberichte in Deutschland und den USA vorgestellt. Dazu werden zunächst die Ergebnisse zu den allgemeinen Charakteristika (bspw. Branchenverteilung, Berichtsprüfung) der Berichtspraxis (Kap. 6.1.1) sowie zur inhaltlichen Ausgestaltung der Nachhaltigkeitsberichte (Kap. 6.1.2) dargestellt. Anschließend werden die empirischen Befunde zur Berichtspraxis kritisch analysiert (Kap. 6.1.3).

6.1.1 Allgemeine Charakteristika der Berichtspraxis

In Analogie zur Betrachtung der Grundgesamtheit aller 320 Unternehmen verteilen sich die 98 amerikanischen Unternehmen, die einen Nachhaltigkeitsbericht erstellen, im Vergleich zu den deutschen Unternehmen gleichmäßiger auf die verschiedenen Branchen (vgl. Abb. 6-1). So sind den Branchen *Industrials*, *Consumer Discretionary*, *Consumer Staples*, *Health Care*, *Financials* und *Information Technology* jeweils zwischen 11% und 16% der Unternehmen, die einen Nachhaltigkeitsbericht veröffentlichen, zuzuordnen. Bei den deutschen Unternehmen ist die Branche *Industrials* im Vergleich zu den anderen Sektoren mit 29% verhältnismäßig stark vertreten.

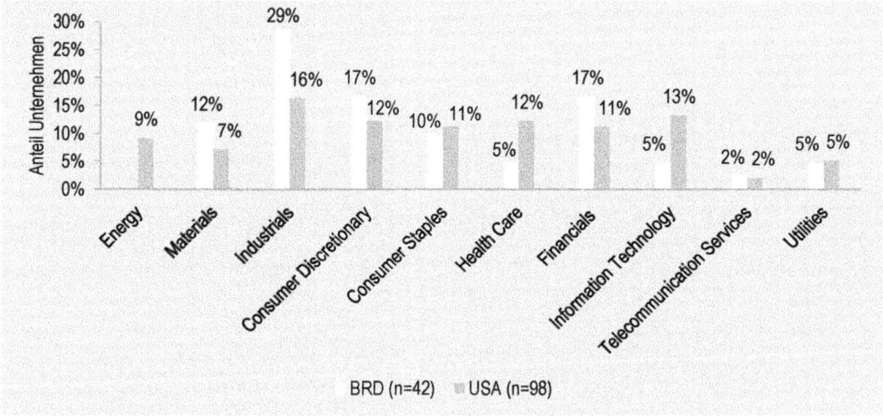

Abb. 6-1: Separate Nachhaltigkeitsberichte in Deutschland und den USA nach Branchen

Die C.A.T. Oil AG[1102], das als einziges Unternehmen der deutschen Grundgesamtheit der Branche *Energy* zugeordnet ist, erstellte zum Zeitpunkt der Untersuchung keinen separaten Nachhaltigkeitsbericht. Daher sind dem Energiesektor keine deutschen Unternehmen zugeordnet. Die Branchen *Telecommunication Services* und *Utilities* sind mit 2% bzw. 5%

[1102] Die C.A.T. Oil AG hat ihren Firmensitz in Wien (Österreich) und ist im SDAX an der deutschen Börse gelistet.

in beiden Ländern gleich stark aber im Verhältnis zu den anderen Branchen wie bereits in der Grundgesamtheit eher schwach vertreten.

Insgesamt geben 110 Unternehmen, also mehr als drei Viertel, explizit an, sich bei der Erstellung ihres Nachhaltigkeitsberichts an den **Leitlinien der GRI** zu orientieren.[1103] In Deutschland ist dieser Anteil mit rund 83% etwas höher als in den USA (77%). Dies bestätigt die gewählte Vorgehensweise, sich bei der Herleitung eines geeigneten Disclosure Index zur Messung der Qualität der Nachhaltigkeitsberichterstattung stark an den Leitlinien der GRI zu orientieren.

Um Erstanwendern den Einstieg in die GRI-Berichterstattung zu erleichtern und erfahrenen Anwendern gleichzeitig ein umfassendes Rahmenwerk bereitzustellen, gibt es unterschiedliche **Anwendungsebenen** (C, B, A) des GRI-Berichtsrahmens.[1104] Die niedrigste Anwendungsebene C sieht lediglich eine Berichterstattung von mindestens 10 Leistungsindikatoren vor, bei Anwendungsebene B sind mindestens 20 Leistungsindikatoren zu berichten, und Anwendungsebene A verlangt eine umfassende Berichterstattung über alle Kernleistungsindikatoren sowie die jeweiligen branchenspezifischen Indikatoren (sector supplements).[1105]

Application Level	Anzahl (Anteil) der Unternehmen		
	BRD (n=35)	USA (n=75)	Gesamt (n=110)
A	15 (43%)	15 (20%)	30 (27%)
B	12 (34%)	22 (29%)	34 (31%)
C	1 (3%)	10 (13%)	11 (10%)
Σ	**28 (80%)**	**47 (63%)***	**75 (68%)**
davon GRI-Level Check	16 (57%)	12 (26%)	28 (37%)
Keine Angabe	**7 (20%)**	**28 (37%)**	**35 (32%)**

* Die Summe der einzelnen Anteile entspricht aufgrund von Rundungsdifferenzen nicht den ausgewiesenen 63%.

Tab. 6-1: GRI-Anwendungsebenen und Application Level Check

Wie Tab. 6-1 zeigt, geben 75 (68%) der 110 Unternehmen, die sich bei der Erstellung ihres Nachhaltigkeitsberichts an den Leitlinien der GRI orientieren, die Anwendungsebene an, auf der sie den GRI-Berichtsrahmen anwenden.[1106] Der Anteil der Unternehmen, die Angaben zur Anwendungsebene machen, liegt in Deutschland mit rund 80% deutlich über dem Anteil in den USA (63%). Am häufigsten deklarieren die Unternehmen ihre Berichte als konform mit den Anwendungsebenen A und B (85%). Es ist zu vermuten, dass vor allem Unternehmen, die einen umfassenden Nachhaltigkeitsbericht erstellen,

[1103] Auch andere Studien zur Berichtspraxis zeigen, dass die GRI-Leitlinien weltweit als das meist verwendete Rahmenkonzept zur Orientierung bei der Erstellung eines Nachhaltigkeitsberichts fungieren. Vgl. *KPMG* (2011a), S. 21.

[1104] Vgl. *GRI* (2011a), S. 1.

[1105] Zudem erfordert der GRI-Leitfaden Angaben zu Unternehmensstrategie und -profil sowie zum Managementansatz, deren Umfang ebenfalls je nach Anwendungsebene variiert. Vgl. *GRI* (2011a), S. 2.

[1106] Zu den Anwendungsebenen vgl. auch Kap. 2.3.4.

dieses auch gegenüber den Adressaten signalisieren. Während deutsche Unternehmen am häufigsten angeben, der Anwendungsebene A zu entsprechen (54%), deklarieren die meisten amerikanischen Unternehmen ihren Bericht als konform mit der Anwendungsebene B (47%).

Der Unterschied zwischen den beiden Ländern wird noch deutlicher, wenn man berücksichtigt, wie viele Unternehmen die Anwendungsebene extern durch die GRI bestätigen lassen (vgl. Tab. 6-1). Während sich in Deutschland mehr als die Hälfte der Unternehmen die Anwendungsebene des Berichts durch einen sog. **Application Level Check** durch die GRI attestieren lassen, machen in den USA lediglich rund Viertel der Unternehmen, die in ihrem Bericht entsprechende Angaben zur Anwendungsebene machen, davon Gebrauch. Ferner stellt sich die Frage, ob ein Zusammenhang zwischen einer externen Verifizierung der Anwendungsebene durch die GRI und der Qualität der Nachhaltigkeitsberichterstattung besteht. Ein Vergleich der Mittelwerte beider Gruppen zeigt, dass die durchschnittliche Qualität der Nachhaltigkeitsberichterstattung bei den Unternehmen, die ihre selbst deklarierte Anwendungsebene durch die GRI bestätigen lassen, mit durchschnittlich 30% höher ist als bei Unternehmen, die auf eine solche externe Überprüfung verzichten (21%). Die Ergebnisse des Mittelwertvergleichs sind statistisch signifikant auf dem 1%-Signifikanzniveau (p = 0,001).[1107]

Dieser Eindruck wird zusätzlich verstärkt, wenn man die Inanspruchnahme einer **freiwilligen Berichtsprüfung** durch externe Dritte betrachtet. Während in Deutschland genau die Hälfte der Unternehmen versucht, den Angaben in ihrem Bericht durch eine freiwillige Prüfung eine erhöhte Verlässlichkeit und Glaubwürdigkeit zu verleihen, machen in den USA gerade einmal 18 Unternehmen von dieser Möglichkeit Gebrauch (vgl. Tab. 6-2).

	Anzahl (Anteil) der Unternehmen		
	BRD (n=42)	**USA (n=98)**	**Gesamt (n=140)**
Berichtsprüfung	**21 (50%)**	**18 (18%)**	**39 (28%)**
davon Big4-Prüfung	17 (81%)	-	17 (12%)
Keine Prüfung	**21 (50%)**	**80 (82%)**	**101 (72%)**

Tab. 6-2: Freiwillige Berichtsprüfung

Zudem scheint sich die Bedeutung, die Big-Four-Wirtschaftsprüfungsgesellschaften im Rahmen der Prüfung von Nachhaltigkeitsberichten zukommt, in beiden Ländern deutlich zu unterscheiden. Von den amerikanischen Nachhaltigkeitsberichten, die im Rahmen der Analyse untersucht werden, ist kein einziger Bericht durch eine Big-Four Wirtschaftsprüfungsgesellschaft geprüft worden. In Deutschland zeigt sich hingegen ein vollkommen anderes Bild. Hier enthielten 81% der Berichte, die einer externen Prüfung unterzogen wurden, das Testat einer Big-Four-Wirtschaftsprüfungsgesellschaft.

Wie aus Tab. 6-3 hervorgeht, unterscheiden sich die analysierten Berichte auch hinsichtlich ihres **Umfangs**. So umfasst der Nachhaltigkeitsbericht der amerikanischen McKesson

[1107] Da Varianzhomogenität für die beiden Gruppen angenommen werden kann, wurde neben dem nicht parametrischen Wilcoxon-Mann-Whitney-Test auch ein parametrischer T-Test durchgeführt.

Corp. gerade einmal sechs Seiten, während die Deutsche Post AG mit 246 Seiten den umfangreichsten Bericht veröffentlichte. Bei dem Bericht der McKesson Corp. handelt es sich jedoch explizit um einen Summary-Report. Der kürzeste Bericht, der nicht explizit als Summary oder Zwischenbericht deklariert wurde, ist von der amerikanischen Illinois Tool Works Inc. veröffentlicht worden und umfasst 13 Seiten. Der Mittelwert liegt mit durchschnittlich 62 Seiten nur knapp über dem Median (53 Seiten).

Land	Berichtsumfang (Seitenzahl)				
	Mittelwert	Median	Std.Abw.	Minimum	Maximum
BRD (n=42)	84	73	51	16	246
USA (n=98)	52	44	39	6	243
Gesamt (n=140)	62	53	45	6	246
Wilcoxon-Mann-Whitney-Test	p < 0,001				

Tab. 6-3: Berichtsumfang separater Nachhaltigkeitsberichte in Deutschland und den USA

Auch zwischen den beiden Ländern bestehen deutliche Unterschiede bezüglich des Umfangs der Nachhaltigkeitsberichte. So liegt der Mittelwert in Deutschland mit 84 Seiten deutlich über dem durchschnittlichen Berichtsumfang in den USA (52 Seiten). Ein statistischer Vergleich der beiden Mittelwerte bestätigt einen signifikanten Mittelwertunterschied ($p<0{,}001$) hinsichtlich des Berichtsumfangs zwischen Deutschland und den USA.[1108] Da häufig argumentiert wird, dass der Berichtsumfang positiv mit der Berichtsqualität korreliert,[1109] ist zu vermuten, dass sich ähnliche Differenzen bezüglich der Berichtsqualität zwischen Deutschland und den USA bei der Analyse der inhaltlichen Ausgestaltung der Nachhaltigkeitsberichte im folgenden Kapitel zeigen.

Differenziert man bei den deutschen Unternehmen weiterhin nach der Zugehörigkeit zu den verschiedenen Auswahlindizes, zeigen sich auch hier Unterschiede bezüglich des Berichtsumfangs (vgl. Tab. 6-4). Die Mittelwerte der DAX- (91 Seiten) und MDAX-Unternehmen (90 Seiten) sind nahezu identisch, allerdings ist die Standardabweichung bei den MDAX-Unternehmen (31 Seiten) deutlich geringer als bei den DAX-Unternehmen (55 Seiten). Ausgehend vom DAX und MDAX nimmt die durchschnittliche Seitenzahl der Nachhaltigkeitsberichte mit Zugehörigkeit zu den Indizes TecDax (69 Seiten) und SDAX (47 Seiten) jedoch deutlich ab.

Ob die beschriebenen Unterschiede im Berichtsumfang in Abhängigkeit von der Indexzugehörigkeit auch statistisch signifikant sind, wurde im Rahmen des nicht-parametrischen Kruskal-Wallis-Test überprüft. Mit einem Signifikanzwert von $p = 0{,}1743$ kann die Nullhypothese, der zufolge die Stichproben derselben gemeinsamen Grundgesamtheit entstammen, nicht verworfen werden. Schließt man die Summary-Reports und Zwischenberichte von der Untersuchung aus, erhält man hingegen einen Signifikanzwert von

[1108] Es ergeben sich keine Veränderungen dieses Ergebnisses, wenn man die Summary-Reports und Zwischenberichte von der Analyse ausschließt.

[1109] Vgl. Kap. 5.2.4.2.

p = 0,0461. Dieses Ergebnis stützt die Vermutung, dass sich der Berichtsumfang in Abhängigkeit der Indexzugehörigkeit auch statistisch signifikant unterscheidet.

Index	Berichtsumfang (Seitenzahl)				
	Mittelwert	Median	Std.Abw.	Minimum	Maximum
DAX (n=24)	91	74	55	16	246
MDAX (n=10)	90	84	31	24	120
TecDAX (n=2)	69	69	23	53	85
SDAX (n=6)	47	45	19	20	77
Kruskal-Wallis-Test	p = 0,1743				

Tab. 6-4: Berichtsumfang separater Nachhaltigkeitsberichte nach deutschen Auswahlindizes

Diese ersten Befunde zu den allgemeinen Charakteristika der Nachhaltigkeitsberichterstattung in den beiden Ländern zeigen, dass der Anteil der Unternehmen, die einen separaten Nachhaltigkeitsbericht erstellen, in den USA deutlich höher ist als in Deutschland.[1110] Als einer der wesentlichen Einflussfaktoren für die Erstellung eines separaten Nachhaltigkeitsberichts gilt gemeinhin die Unternehmensgröße. Wie die Beschreibung der Grundgesamtheit gezeigt hat, sind die amerikanischen Unternehmen deutlich größer als die Unternehmen der deutschen Grundgesamtheit. Unter Berücksichtigung der Argumentation, dass vor allem große Unternehmen freiwillig über Nachhaltigkeitsaspekte berichten, überrascht dieses Ergebnis nicht.

Allerdings sind die Nachhaltigkeitsberichte deutscher Unternehmen deutlich umfassender. Darüber hinaus sind deutsche Unternehmen im Vergleich zu amerikanischen Firmen deutlich intensiver darum bemüht, ihrer Berichterstattung durch Angabe und Prüfung der Anwendungsebene durch die GRI sowie mit Hilfe einer freiwilligen Berichtsprüfung durch externe Dritte ein höheres Maß an Verlässlichkeit und Transparenz zu verleihen.

6.1.2 Inhaltliche Ausgestaltung der Nachhaltigkeitsberichterstattung

Nachdem im vorherigen Abschnitt die Ergebnisse allgemeiner Charakteristika der Berichtspraxis in Deutschland und den USA vorgestellt wurden, widmet sich das vorliegende Kapitel der inhaltlichen Ausgestaltung der Nachhaltigkeitsberichterstattung. Zunächst werden die Ergebnisse der Berichterstattung über die in den GRI geforderten Kernleistungsindikatoren in den einzelnen Dimensionen Ökonomie, Ökologie und Soziales beschrieben. Im letzten Abschnitt erfolgt eine zusammenfassende Darstellung zur inhaltlichen Ausgestaltung der Berichtspraxis in den drei Nachhaltigkeitsdimensionen.

[1110] Dieses Ergebnis deckt sich auch mit den Ergebnissen anderer internationaler Studien zur Praxis der Nachhaltigkeitsberichterstattung. So belegen amerikanische Unternehmen hinsichtlich des Anteils der Unternehmen, die einen separaten Nachhaltigkeitsbericht veröffentlichen, regelmäßig einen Platz im vorderen Viertel, während deutsche Unternehmen eher im Mittelfeld rangieren. Vgl. bspw. *KPMG* (2009), S. 9.

Die Beurteilung der Berichtsqualität erfolgt anhand des zuvor entwickelten Disclosure Index. Die Ergebnisse zur Berichtsqualität werden nachfolgend im Vergleich zur Quantität der Berichterstattung dargestellt.

6.1.2.1 Ökonomische Leistungsindikatoren

Die Gesamtqualität der Berichterstattung über die ökonomischen Leistungsindikatoren ist mit einem Zielerreichungsgrad von gerade einmal 15% als stark verbesserungswürdig zu beurteilen (vgl. Abb. 6-2). Dabei ist die Berichtsqualität in Deutschland deutlich höher als in den USA. Insgesamt ist sie mit einem Zielerreichungsgrad von 20% aber dennoch als schwach einzustufen.

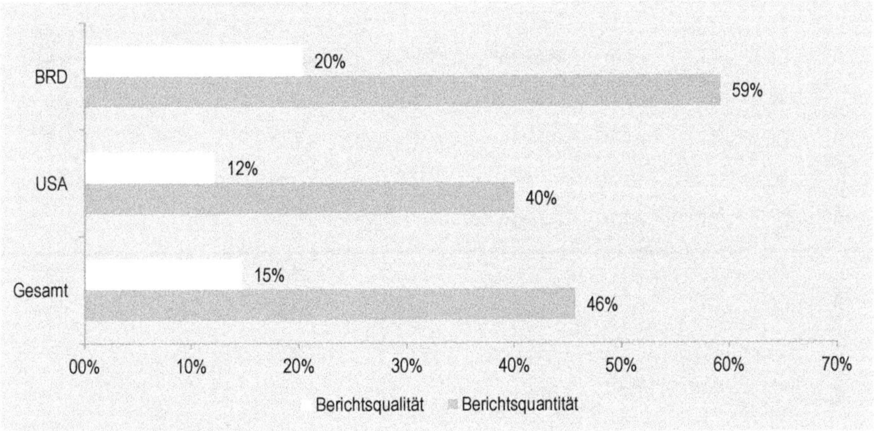

Abb. 6-2: Zielerreichungsgrade ökonomischer Leistungsindikatoren

Deutsche Unternehmen decken im Rahmen der Berichterstattung deutlich mehr GRI-Leistungsindikatoren ab, als dies bei amerikanischen Unternehmen der Fall ist. So erklärt sich, dass die Berichtsquantität in Deutschland mit einem Zielerreichungsgrad von 59% deutlich über dem Umfang amerikanischer Berichte (40%) liegt. Im Unterschied zur Berichtsqualität kann die Quantität der analysierten Nachhaltigkeitsberichte durchaus als mittelmäßig eingestuft werden, obwohl auch hier Verbesserungspotenzial besteht.

Tab. 6-5 zeigt jedoch, dass die individuellen Ergebnisse der Unternehmen deutlich von den Mittelwerten der Berichtsqualität in den jeweiligen Ländern abweichen können. So unterscheidet sich der minimale Wert der Berichtsqualität in beiden Ländern nicht so stark, wie es ein Mittelwertvergleich vermuten lässt. Während die Unternehmen Allergan Inc., Newmont Mining Corp. und Time Warner Inc. in ihren Nachhaltigkeitsberichten gar nicht über ökonomische Leistungsindikatoren berichten, kommt auch die deutsche

IVG Immobilien AG nur auf einen Zielerreichungsgrad von 1%.[1111] So macht die IVG Immobilien AG lediglich Angaben zu Spenden und anderen Investitionen in die Gemeinde.[1112] Die höchste Berichtsqualität wird in beiden Ländern durch Unternehmen der Chemiebranche erreicht. Die deutsche Wacker Chemie AG erreicht einen Zielerreichungsgrad von 51%, das amerikanische Unternehmen Dow Chemical Comp. kommt auf einen Wert von 43%. Damit ist aber auch die Berichterstattung bei den Unternehmen mit den höchsten Zielerreichungsgraden lediglich als mittelmäßig zu bewerten. Die Maximalwerte hinsichtlich der Quantität der Berichterstattung lagen in beiden Ländern sogar bei 100%. So machten insgesamt fünf deutsche und zwei amerikanische Unternehmen zu jedem der sieben Kernleistungsindikatoren Angaben.[1113]

	Land	Ökonomische Leistungsindikatoren (Zielerreichungsgrad in %)				
		Mittelwert	Median	Std.Abw.	Minimum	Maximum
Berichtsqualität	BRD (n=42)	20,4	19,0	13,0	1,1	51,1
	USA (n=98)	12,2	10,3	9,2	0,0	42,9
	Gesamt (n=140)	14,7	12,0	11,0	0,0	51,1
	Wilcoxon-Mann-Whitney-Test	p < 0,001				
Berichtsquantität	BRD (n=42)	59,2	57,1	26,3	14,3	100
	USA (n=98)	40,0	28,6	21,3	0,0	100
	Gesamt (n=140)	45,7	42,9	24,5	0,0	100
	Wilcoxon-Mann-Whitney-Test	p < 0,001				

Tab. 6-5: Berichterstattung über ökonomische Leistungsindikatoren

Obwohl die Ergebnisse zeigen, dass die Berichtsqualität der einzelnen Unternehmen innerhalb beider Länder stark variiert, unterscheidet sich die Qualität der Berichterstattung auch zwischen Deutschland und den USA insgesamt signifikant ($p < 0,001$). Ein Vergleich der beiden Mittelwerte der Berichtsquantität kommt zu demselben Ergebnis ($p < 0,001$).

Am umfangreichsten berichten Unternehmen über ihren unmittelbar erzeugten und ausgeschütteten monetären Wertbeitrag (EC1) für die verschiedenen Stakeholdergruppen. Insgesamt machen 132 Unternehmen Angaben zu diesem Indikator. Lediglich in acht Fällen finden sich hierzu keine Informationen in den Nachhaltigkeitsberichten. Allerdings

[1111] An dieser Stelle sei erwähnt, dass es sich bei dem Nachhaltigkeitsbericht der Newmont Mining Corp. um ein Summary handelt. Es ist also möglich, dass das Unternehmen die entsprechenden Informationen im Rahmen ihrer Internetberichterstattung auf der Unternehmenshomepage oder in Geschäftsberichten bereitstellt.

[1112] Vgl. *IVG* (2011), S. 63.

[1113] Dies waren die deutschen Unternehmen Axel Springer AG, MAN SE, Münchener Rück AG, Siemens AG und Wacker Chemie AG sowie die amerikanischen Unternehmen Dow Chemical Comp. und Hess Corp.

erfolgt die Berichterstattung auch hier häufig nur sehr selektiv, so dass die Unternehmen lediglich auf den Wertbeitrag für bestimmte Stakeholdergruppen eingehen. Die insgesamt hohe Anzahl der Unternehmen, die über diesen Indikator berichtet, lässt sich vor allem dadurch erklären, dass diese Informationen größtenteils aus den Geschäftsberichten übernommen werden können. Die Ermittlung der Umsätze, der Personalaufwendungen, der Zins- und Dividendenzahlungen sowie des Steueraufwands stellt für die Unternehmen keinen zusätzlichen Aufwand dar.

Insbesondere die Berichterstattung über die anderen ökonomischen Kernleistungsindikatoren ist indes stark verbesserungsbedürftig. Es zeigt sich, dass die Berichterstattung vor allem bei den Indikatoren deutliche Mängel aufweist, für die im Regelfall keine Informationen im Rahmen des Geschäftsberichts bereitgestellt werden. Dies könnte darin begründet sein, dass die Bereitstellung solcher Informationen möglicherweise mit einem erheblichen zusätzlichen Aufwand der Informationsbereitstellung verbunden ist. Dies betrifft vor allem die Angaben zu den finanziellen Folgen des Klimawandels (EC2), die Geschäftsbeziehungen der Unternehmen mit lokalen Zulieferern (EC6) sowie die Verfahren zur Einstellung und den Anteil von lokalem Personal (EC7).

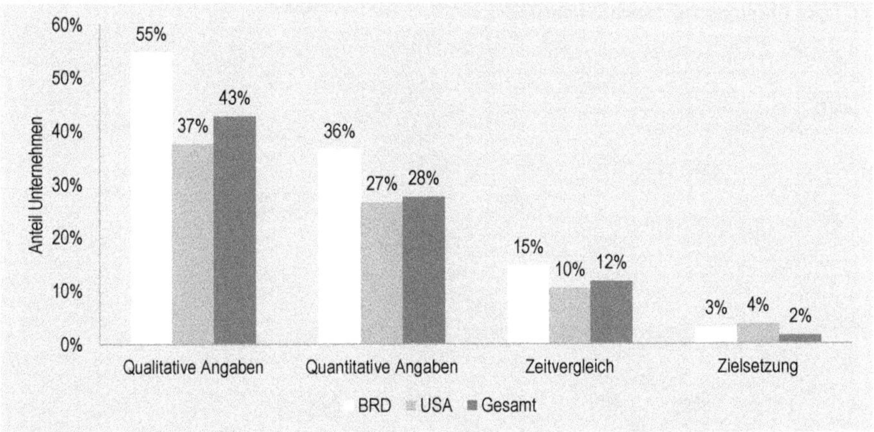

Abb. 6-3: Angaben im Rahmen der Berichterstattung über ökonomische Leistungsindikatoren

Wie Abb. 6-3 verdeutlicht, berichten die Unternehmen in überwiegend qualitativer Form über die ökonomischen Leistungsindikatoren (43%). In 28% der Fälle quantifizieren die Unternehmen die gegebenen Informationen. Es wird jedoch deutlich, dass erhebliches Verbesserungspotenzial hinsichtlich der Angabe von Zeitvergleichen und Zielsetzungen besteht. Um die Nachhaltigkeitsleistung eines Unternehmens beurteilen zu können, sind Informationen über die Entwicklung im Zeitverlauf sowie die Zielsetzungen des Unternehmens notwendig. Im Rahmen der Berichterstattung über ökonomische Leistungsindikatoren werden nur in 12% der Fälle die Informationen im Zeitverlauf bereitgestellt. Zielsetzungen werden lediglich in 4% der Fälle formuliert. Es ist allerdings zu erwähnen, dass Zielsetzungen nicht für jeden Indikator in gleicher Weise sinnvoll erscheinen, da die Zielerreichung bspw. entscheidend davon abhängt, inwieweit das Unternehmen diese beeinflussen kann. Allerdings wäre es in solchen Fällen auch möglich, Prognosen und damit Angaben über die erwarteten Entwicklungen zu machen. Insgesamt schneiden auch bei Betrachtung der Art der veröffentlichten Informationen die deutschen Unternehmen besser ab. Lediglich bei der Formulierung von Zielsetzungen liegen die amerikanischen (4%) einen Prozentpunkt vor den deutschen Unternehmen (3%).

6.1.2.2 Ökologische Leistungsindikatoren

Wie Abb. 6-4 zeigt, ist die Berichterstattung über die ökologischen Leistungsindikatoren bedeutend besser gelungen. Insgesamt erreicht die Berichterstattung mit einem Wert von 30% einen doppelt so hohen Zielerreichungsgrad im Vergleich zur Berichterstattung über die ökonomischen Indikatoren. Dieser Unterschied ist im Hinblick auf die Quantität der Berichterstattung deutlich geringer. So liegt der durchschnittliche Berichtsumfang der ökologischen Leistungsindikatoren mit einem Zielerreichungsgrad von insgesamt 54% nur acht Prozentpunkte über dem durchschnittlichen Berichtsumfang der ökonomischen Indikatoren (46%). Folglich ist der Unterschied in der Berichterstattung über diese beiden Dimensionen vor allem durch eine höhere Qualität der veröffentlichten Informationen über ökologische Aspekte begründet.

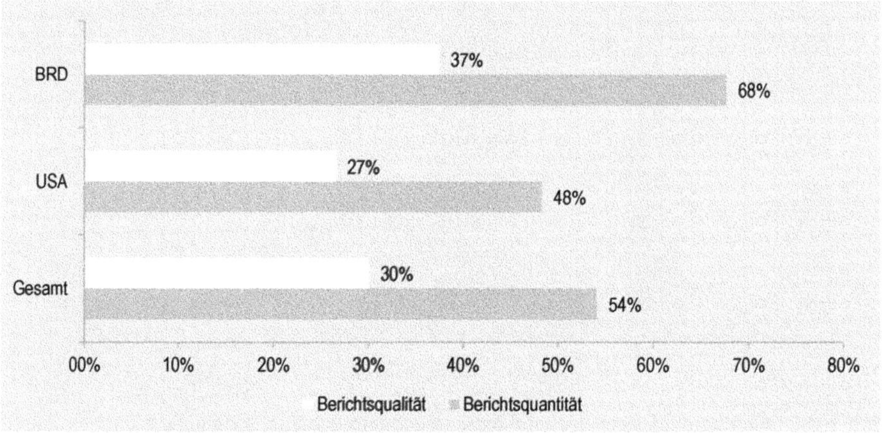

Abb. 6-4: Zielerreichungsgrade ökologischer Leistungsindikatoren

Allerdings kann auch ein Zielerreichungsgrad von 30% allenfalls als mittelmäßig bezeichnet werden, so dass die Berichterstattung über die ökologischen Leistungsindikatoren ebenfalls noch Verbesserungspotenzial aufweist. Vergleicht man die Berichtspraxis in den beiden Ländern, so zeigt sich bei Unternehmen in Deutschland eine durchschnittlich höhere Berichtsqualität (37%) als in den USA (27%). Tab. 6-6 verdeutlicht, dass auch hier die Unterschiede in der Qualität und Quantität der Berichterstattung zwischen den beiden Ländern statistisch signifikant sind (jeweils $p < 0{,}001$).[1114]

Die geringste Qualität in der Berichterstattung über ökologische Aspekte weist die amerikanische Newmont Mining Corp. mit einem Zielerreichungsgrad von knapp 1% auf. Allerdings handelt es sich bei dem Bericht um ein Summary, weshalb die Vergleichbarkeit mit den anderen Berichten nur eingeschränkt möglich ist. Die amerikanische United-Health Group Inc. erstellt hingegen kein Summary und liegt mit einem Zielerreichungsgrad von 2% gerade einmal knapp vor der Newmont Mining Corp. In Deutschland weist der Nachhaltigkeitsbericht der TAKKT AG mit einem Zielerreichungsgrad von 7% die geringste Qualität in der Berichterstattung über die ökologischen Leistungsindikatoren auf.

Die erreichten Maximalwerte der Berichtsqualität unterscheiden sich in beiden Ländern kaum voneinander. Analog zur Berichterstattung über die ökonomischen Leistungsindikatoren weist der Nachhaltigkeitsbericht der Dow Chemical Comp. mit einem Zielerreichungsgrad von 69% die höchste Berichtsqualität aller amerikanischen Unternehmen auf.

	Land	Ökologische Leistungsindikatoren Zielerreichungsgrad in %				
		Mittelwert	**Median**	**Std.Abw.**	**Minimum**	**Maximum**
Berichtsqualität	BRD (n=42)	37,4	35,7	16,5	7,4	68,0
	USA (n=98)	26,5	25,7	14,3	0,7	69,2
	Gesamt (n=140)	30,0	27,6	15,7	0,7	69,2
	Wilcoxon-Mann-Whitney-Test	p < 0,001				
Berichtsquantität	BRD (n=42)	67,6	67,6	24,3	23,5	100,0
	USA (n=98)	48,3	47,1	20,7	5,9	100,0
	Gesamt (n=140)	54,1	52,9	23,5	5,9	100,0
	Wilcoxon-Mann-Whitney-Test	p < 0,001				

Tab. 6-6: Berichterstattung über ökologische Leistungsindikatoren

In Deutschland erreichte die Deutsche Bank AG mit einem Wert von 68% den höchsten Zielerreichungsgrad und lag damit rund einen Prozentpunkt hinter der amerikanischen Dow Chemical Comp. Es mag überraschen, dass ein Unternehmen aus dem Bankensektor in Deutschland die höchste Berichtsqualität über ökologische Leistungsindikatoren aufweist. Daher sei an dieser Stelle darauf hingewiesen, dass sich die erreichbare Punktzahl des Disclosure Index gerade im Bereich der ökologischen Aspekte für die Deutsche Bank deutlich reduziert hat, da allein sieben der insgesamt 17 ökologischen Leistungsindikato-

[1114] Da sowohl für die Qualität als auch die Quantität der Berichterstattung über ökologische Leistungsindikatoren Varianzhomogenität der beiden Gruppen vorlag, wurde neben dem nicht-parametrischen Wilcoxon-Mann-Whitney-Test auch ein T-Test durchgeführt. Dieser kommt zu demselben Ergebnis wie der parametrische Test (jeweils $p < 0{,}001$).

ren für das Unternehmen nicht relevant bzw. wesentlich waren. Das Ergebnis zeigt allerdings auch, dass Unternehmen aus ökologisch weniger sensitiven Branchen durchaus umfassend über ökologische Aspekte berichten können. Ein weiteres Beispiel hierfür ist die Münchener Rück AG, die als Versicherungsunternehmen mit einem Zielerreichungsgrad von 67% nur einen Prozentpunkt hinter der Deutschen Bank AG liegt. Der Solarstromtechnologiekonzern SolarWorld AG folgt den beiden Unternehmen mit einem Wert von 61%. Betrachtet man die Berichtsquantität genauer, so gab es auch bei der Berichterstattung über ökologische Aspekte insgesamt sieben deutsche und drei amerikanische Unternehmen, die Angaben zu allen 17 geforderten Kernleistungsindikatoren gemacht haben.[1115]

Am häufigsten berichten Unternehmen über ihre Energie- bzw. Wasserverbräuche, ihre Emissions- und Abfallmengen sowie über Maßnahmen zur Verringerung der ökologischen Auswirkungen ihrer Produkte und Dienstleistungen. Allerdings bleibt hier kritisch anzumerken, dass sich die bereitgestellten Informationen hinsichtlich ihrer Qualität doch stark unterscheiden. Zum einen werden viele Unternehmen den Informationsanforderungen der GRI-Indikatoren nicht gerecht. So berichten die meisten Unternehmen zwar über ihre absoluten Emissionsmengen, es fehlt jedoch häufig eine Unterscheidung zwischen direkten und indirekten Emissionen (EN 17) sowie Angaben zu sonstigen relevanten Treibhausgasemissionen (EN 17), wie bspw. aufgrund des Berufsverkehrs der Mitarbeiter oder Dienstreisen. Ebenso werden häufig die verbrauchten Wassermengen berichtet, allerdings fehlen in knapp 50% der Fälle die in den GRI geforderten Angaben der entsprechenden Entnahmequellen (EN 9) oder auch von Art und Ort der Abwassereinleitungen (EN 21). Zum anderen zeigt Abb. 6-5, dass sich auch die Art der bereitgestellten Informationen stark unterscheidet. So werden insgesamt zwar deutlich mehr Zielsetzungen seitens der Unternehmen formuliert als es bei den ökonomischen Leistungsindikatoren der Fall ist, allerdings ist dieser Wert mit 14% trotzdem verbesserungswürdig. Es zeigt sich schon anhand der Häufigkeiten der verschiedenen Angaben, dass die Berichterstattung insgesamt eine deutlich höhere Qualität gegenüber den Angaben zur ökonomischen Leistung aufweist. Vor allem werden die Informationen deutlich häufiger im Zeitverlauf dargestellt (35%) als dies bei der Berichterstattung über ökonomische Aspekte der Fall war (15%).

Die Berichterstattung über Materialverbräuche und den Einsatz von Recyclingmaterial sowie über Aspekte der Biodiversität ist hingegen weniger gut ausgestaltet. Hierzu machen nicht einmal 50% der Unternehmen Angaben. Während sich die Angaben zur Biodiversität explizit auf Schutzgebiete beziehen und dies möglicherweise nicht für jedes berichtende Unternehmen von Relevanz ist, so kann nicht davon ausgegangen werden, dass mehr als 50% der Unternehmen keinerlei oder nur geringfügige Materialverbräuche haben. Eine fehlende Berichterstattung ist indes nur dann angemessen, wenn der entsprechende Sachverhalt für das berichtende Unternehmen nicht zutrifft oder lediglich als unwesentlich einzustufen ist. Allerdings sollten Unternehmen auch in diesen Fällen ihr Vorgehen begründen, so dass der Adressat zwischen einer fehlenden Berichterstattung und der Tat-

[1115] Dies waren die deutschen Unternehmen Axel Springer AG, Beiersdorf AG, HeidelbergCement AG, Münchener Rück AG, Siemens AG, SolarWorld AG und Wacker Chemie AG sowie die amerikanischen Unternehmen Dow Chemical Comp., Hess Corp. und Praxair Inc.

sache, dass der entsprechende Sachverhalt für das Unternehmen nicht zutreffend oder unwesentlich ist, unterscheiden kann.

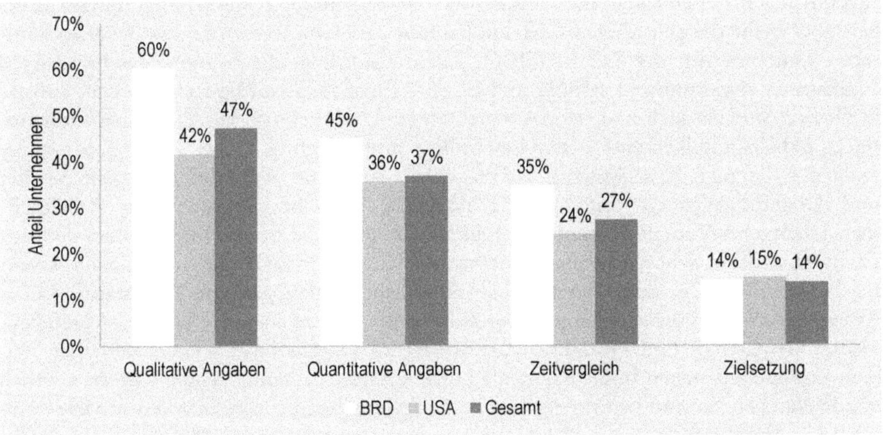

Abb. 6-5: Angaben im Rahmen der Berichterstattung über ökologische Leistungsindikatoren

6.1.2.3 Soziale Leistungsindikatoren

Die Berichterstattung über die sozialen Leistungsindikatoren ist insgesamt stark verbesserungswürdig. Mit einem Wert von 17% ist die durchschnittliche Berichtsqualität deutlich geringer als bei den zuvor dargestellten ökologischen Leistungsindikatoren (Abb. 6-6). In Analogie zu den Befunden zur Darstellung der ökonomischen und ökologischen Leistung ist die Qualität der Berichterstattung, gemessen anhand des Zielerreichungsgrads, in Deutschland (20%) deutlich höher als in den USA (12%).

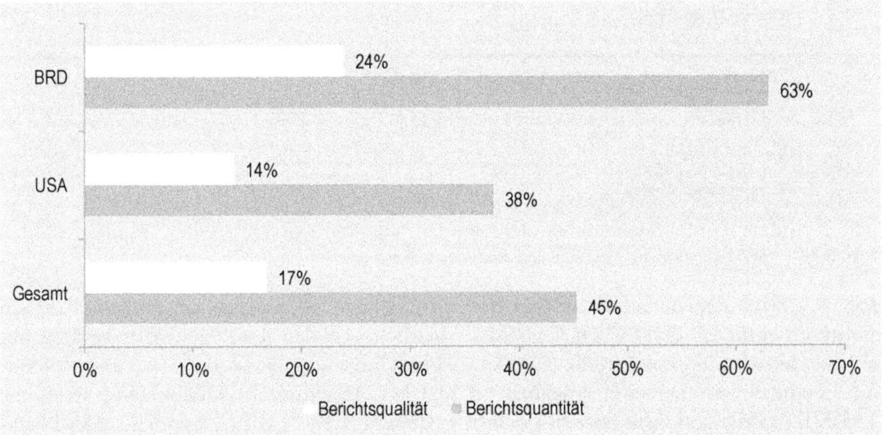

Abb. 6-6: Zielerreichungsgrade sozialer Leistungsindikatoren

Betrachtet man die Quantität der Berichterstattung, so ist festzustellen, dass diese mit einem Wert von 45% deutlich über dem Wert der Berichtsqualität (17%) liegt. Anhand der Ergebnisse zur Berichtsquantität wird deutlich, dass deutsche Unternehmen durchschnittlich über mehr der geforderten GRI-Indikatoren berichten (63%) als dies bei amerikanischen Unternehmen der Fall ist (38%). Allerdings erfolgt die Auswahl der berichteten Indikatoren insgesamt sehr selektiv und ist als verbesserungswürdig zu beurteilen. Sowohl in Deutschland als auch in den USA berichten die Unternehmen vor allem über Indikatoren zu Arbeitspraktiken und menschenwürdiger Beschäftigung. Dabei werden insbesondere zu den Themen Beschäftigung, Arbeitsschutz, Aus- und Weiterbildung sowie Vielfalt und Chancengleichheit umfangreiche Angaben gemacht. Aspekte zum Arbeitnehmer/Arbeitgeber-Verhältnis werden vor allem von amerikanischen Unternehmen deutlich seltener berichtet. Während 66% der deutschen Unternehmen Angaben zu diesem Aspekt machen, sind dies in den USA lediglich 30%. Im Vergleich zur Berichterstattung über Arbeitspraktiken und menschenwürdige Beschäftigung wird über die Themen Menschenrechte, Gesellschaft und Produktverantwortung im Durchschnitt seltener berichtet. Zudem sind die gegebenen Informationen zu diesen Aspekten häufig auch inhaltlich deutlich oberflächlicher. So sind bspw. Angaben zu den Menschenrechtsindikatoren in vielen Fällen reine Absichtserklärungen ohne jeglichen Bezug zu entsprechenden Kontrollmaßnahmen oder ergriffenen Maßnahmen im Falle einer Verletzung der Menschenrechtsprinzipien eines Unternehmens.

	Land	Soziale Leistungsindikatoren Zielerreichungsgrad in %				
		Mittelwert	Median	Std.Abw.	Minimum	Maximum
Berichtsqualität	BRD (n=42)	23,9	23,3	11,1	4,5	50,0
	USA (n =98)	13,8	12,5	9,5	0,0	39,5
	Gesamt (n=140)	16,8	15,0	11,0	0,0	50,0
	Wilcoxon-Mann-Whitney-Test	p < 0,001				
Berichtsquantität	BRD (n=42)	63,0	66,0	23,4	12,0	100
	USA (n=98)	37,6	34,0	21,9	0,0	92,0
	Gesamt (n=140)	45,3	40,0	25,2	0,0	100
	Wilcoxon-Mann-Whitney-Test	p < 0,001				

Tab. 6-7: Berichterstattung über soziale Leistungsindikatoren

Tab. 6-7 zeigt, dass auch bei der Berichterstattung über die sozialen Leistungsindikatoren die unternehmensindividuellen Ergebnisse deutlich von den jeweiligen Mittelwerten abweichen können. So machen die amerikanischen Unternehmen MetLife Inc. und Prudential Financial Inc. keinerlei Angaben zu sozialen Aspekten. In Deutschland weist die TAKKT AG die geringste Berichtsqualität in diesem Bereich auf (knapp 5%). Der Nachhaltigkeitsbericht der deutschen SolarWorld AG erreicht mit einem Zielerreichungsgrad von 50% die höchste Qualität aller Berichte. Dieser Wert liegt allerdings deutlich hinter den Maximalwerten in der Berichterstattung über ökologische Indikatoren. In den USA beträgt der höchste Zielerreichungsgrad sogar nur knapp 40%. Auch im sozialen Bereich ist es die Dow Chemical Comp., die den Maximalwert bei den US-Unternehmen erreicht. Insgesamt weist das Unternehmen somit in allen drei Dimensionen den höchsten Zielerreichungsgrad aller amerikanischen Unternehmen auf. In Analogie zu den Befunden zur Darstellung der ökonomischen und ökologischen Aspekte, ist sowohl die Qualität als auch die Quantität der Nachhaltigkeitsberichterstattung in Deutschland wesentlich höher. Diese Unterschiede sind mit p-Werten von jeweils < 0,001 statistisch signifikant.

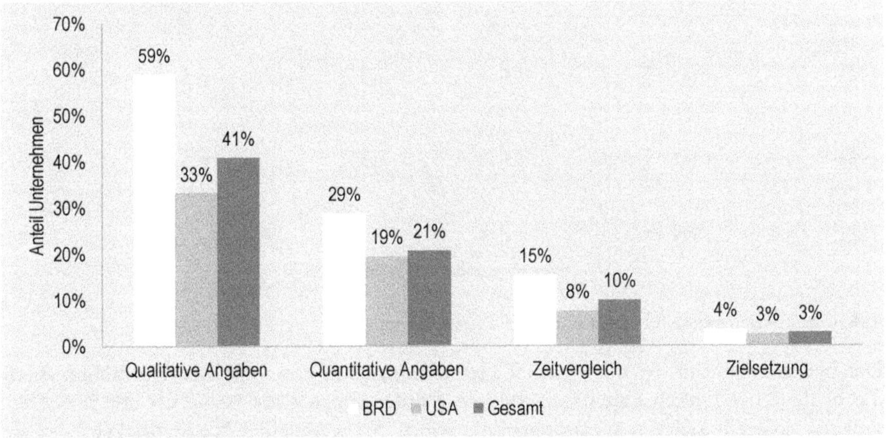

Abb. 6-7: Angaben im Rahmen der Berichterstattung über soziale Leistungsindikatoren

Abb. 6-7 liefert eine Übersicht über die Art sowie die Häufigkeit gemachter Angaben über die soziale Leistung der Unternehmen. Dabei zeigt sich deutlich, dass auch in der Berichterstattung über soziale Leistungsindikatoren qualitative Angaben dominierend sind. So wurde in insgesamt 41% der möglichen Fälle in verbaler Form über einen Indikator berichtet. Lediglich in 21% bzw. 10% der Fälle werden quantitative Angaben bzw. Zeitvergleiche gemacht. Diese Werte sind insgesamt geringer als bei der Berichterstattung über die ökonomischen Leistungsindikatoren. Allerdings muss erwähnt werden, dass die GRI im Bereich Ökonomie lediglich sieben Kernleistungsindikatoren vorgeben, während es im Bereich Soziales 17 Indikatoren sind. Dementsprechend sind die Möglichkeiten, entsprechende Angaben zu machen, im Bereich der sozialen Leistungsindikatoren deutlich größer. Die Qualität der Berichterstattung über soziale Aspekte liegt indes mit 17% etwas über der Berichtsqualität im ökonomischen Bereich (15%). Zielsetzungen werden mit durchschnittlich 3% ebenso selten formuliert wie bei der Darstellung der ökonomischen Leistung (4%). Insgesamt scheint bei der Berichterstattung über soziale Leistungsindikatoren gerade im Bereich der quantitativen Angaben, der Darstellung von Informationen im Zeitvergleich sowie bei der Formulierung von Zielsetzungen erhebliches Verbesserungspotenzial zu bestehen.

6.1.2.4 Zusammenfassende Darstellung

Zusammenfassend ist festzuhalten, dass die Berichtsqualität in den drei Dimensionen Ökonomie, Ökologie und Soziales insgesamt 21% beträgt (vgl. Abb. 6-8).

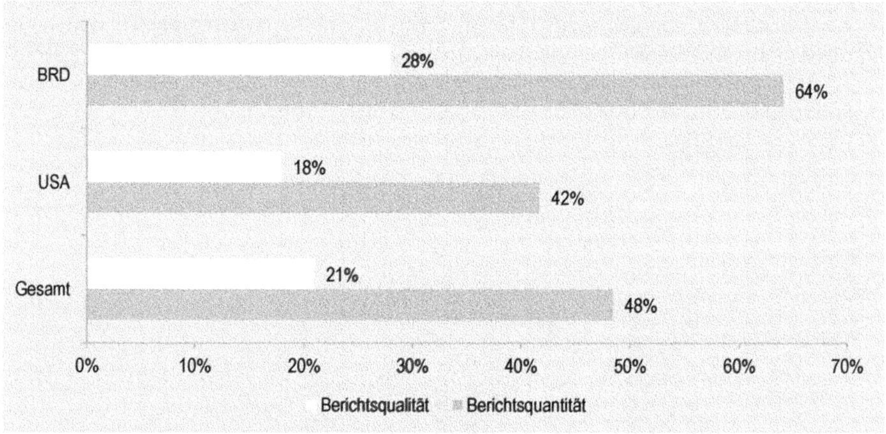

Abb. 6-8: Zusammenfassende Darstellung der Zielerreichungsgrade

Die Berichtsquantität ist mit einem Zielerreichungsgrad von 48% deutlich höher. Auch die in den drei Dimensionen festgestellten Länderunterschiede bezüglich der Berichterstattung spiegeln sich im Gesamtergebnis wider. So weisen die Nachhaltigkeitsberichte deutscher Unternehmen sowohl eine höhere Qualität (28%) als auch eine höhere Quantität (64%) in der Berichterstattung auf als dies bei den amerikanischen Unternehmen (18% bzw. 42%) der Fall ist.

Analog zu einer differenzierten Betrachtung der drei verschiedenen Nachhaltigkeitsdimensionen zeigt der Mittelwertvergleich in Tab. 6-8, dass sich die durchschnittliche **Berichtsqualität** der beiden Länder insgesamt statistisch signifikant voneinander unterscheidet ($p < 0{,}001$). Ein Vergleich der Berichtsquantität kommt zu demselben Ergebnis. Die alleinige Betrachtung des Mittelwerts als Lageparameter ist jedoch wenig aussagekräftig. Wie Tab. 6-8 zeigt, weisen die mittleren 50% der analysierten Nachhaltigkeitsberichte einen Zielerreichungsgrad zwischen 13% und 29% auf und bewegen sich somit innerhalb einer Bandbreite von rund 16%. 25% der Unternehmen erreichen sogar nur einen Zielerreichungsgrad zwischen 2% und 13%. Damit weist ein Viertel der 140 analysierten Nachhaltigkeitsberichte eine geringe Berichtsqualität auf. Die besten 25% der Unternehmen erreichen mit einem Zielerreichungsgrad zwischen 29% und 52% verhältnismäßig gute Ergebnisse. Allerdings kann auch hier die Berichtsqualität größtenteils nur als mittelmäßig bewertet werden. Eine Analyse der **Berichtsquantität** führt hingegen zu einem deutlich besseren Ergebnis. Die mittleren 50% der analysierten Berichte weisen mit einem Zielerreichungsgrad zwischen 31% und 63% eine deutlich höhere Bandbreite in der Quantität als in der Qualität der Berichterstattung auf. Die Ergebnisse zeigen aber auch, dass ein Großteil der Unternehmen auf eine Reihe der geforderten Leistungsindikatoren nicht eingeht und die Berichtsquantität somit insgesamt als mittelmäßig beurteilt werden kann. Die unteren 25% der analysierten Berichte kommen auf einen Zielerreichungsgrad zwischen 6% und 31% und besitzen somit eher eine geringe Berichtsqualität. Mit einem Zielerreichungsgrad von 63% bis 100% gehen die oberen 25% der Unternehmen auf eine Vielzahl der in den GRI geforderten Kernleistungsindikatoren ein. In den Nachhaltigkeitsberichten der deutschen Unternehmen Axel Springer AG und Wacker Chemie AG finden sich sogar zu jedem der 49 Leistungsindikatoren Angaben.

	Land	Berichterstattung über die GRI-Kernleistungsindikatoren Zielerreichungsgrad in %						
		Mittelwert	25%-Quartil	Median	75%-Quartil	Std.Abw.	Minimum	Maximum
Berichtsqualität	BRD (n=42)	27,9	17,1	30,2	37,4	12,1	5,2	52,3
	USA (n=98)	17,9	9,9	17,2	22,7	9,8	1,7	50,0
	Gesamt (n=140)	20,9	13,1	18,9	28,5	11,5	1,7	52,3
	Wilcoxon-Mann-Whitney-Test	p < 0,001						
Berichtsquantität	BRD (n=42)	64,1	45,0	67,0	86,0	22,3	20,0	100,0
	USA (n=98)	41,7	29,0	41,0	51,0	19,0	6,0	96,0
	Gesamt (n=140)	48,4	31,0	44,0	63,0	22,5	6,0	100,0
	Wilcoxon-Mann-Whitney-Test	p < 0,001						

Tab. 6-8: Zusammenfassende Darstellung der Berichtsqualität und -quantität

Die höchste Berichtsqualität bei den analysierten Berichten weist der Nachhaltigkeitsbericht der deutschen SolarWorld AG auf. Dieses Beispiel verdeutlicht, dass der Bericht mit der höchsten Berichtsquantität nicht zugleich auch die höchste Berichtsqualität besitzen muss. In den USA erreicht der Bericht der Dow Chemical Comp. mit einem Zielerreichungsgrad von 50% die höchste Berichtsqualität. Wie die vorherigen Kapitel gezeigt haben, erzielte das Unternehmen bereits bei einer isolierten Betrachtung der drei Nachhaltigkeitsdimensionen in allen drei Bereichen die höchste Berichtsqualität. Anders als bei den deutschen Unternehmen erreichte die Dow Chemical Comp. gemeinsam mit der Hess Corp. auch den höchsten Zielerreichungsgrad bezüglich der Berichtsquantität (96%). Die geringste Berichtsqualität weisen die Nachhaltigkeitsberichte der deutschen TAKKT AG (5,2%) und der amerikanischen UnitedHealth Group Inc. (1,7%) auf.[1116]

Insgesamt zeigt sich, dass die Unternehmen sehr selektiv über die verschiedenen Leistungsindikatoren berichten. Die Ausgestaltung der Nachhaltigkeitsberichte lässt vermuten, dass die Unternehmen vorwiegend über solche Indikatoren berichten, deren Informa-

[1116] Bei dem Nachhaltigkeitsbericht der amerikanischen UnitedHealth Group handelt es sich nicht, wie man zunächst vermuten könnte, um ein Summary oder einen Zwischenbericht.

tionsbereitstellung einen relativ geringen zusätzlichen Aufwand verursacht und die häufig ohnehin intern erhoben werden. So berichten die Unternehmen vor allem über ökonomische Kennzahlen, die auch im Geschäftsbericht veröffentlicht werden, über ihre Energie- und Wasserverbräuche, ihre Emissions- und Abfallmengen, die ökologischen Auswirkungen ihrer Produkte sowie über Themen wie Beschäftigung, Arbeitsschutz, Aus- und Weiterbildung sowie Vielfalt und Chancengleichheit. In diesen Fällen werden neben der Darstellung in verbaler Form häufig auch quantitative Angaben gemacht. Wie Abb. 6-9 verdeutlicht, erfolgt die Darstellung der Informationen überwiegend in qualitativer Form (43%). Dies unterstreicht zusätzlich die Vermutung einer im Durchschnitt doch sehr selektiven Berichterstattung, da in 57% der Fälle keinerlei verbale Informationen zu den Indikatoren gemacht werden. Deutsche Unternehmen (59%) machen deutlich häufiger qualitative Angaben zu den Leistungsindikatoren als amerikanische Unternehmen (37%). Während mit durchschnittlich 29% im Vergleich zur Berichterstattung in verbaler Form relativ häufig auch quantitative Angaben gemacht werden, erfolgt die Angabe von Zeitvergleichen (16%) sowie die Formulierung von Zielsetzungen (7%) selten. Zeitvergleiche werden überwiegend in den am häufigsten berichteten Themenkomplexen gemacht, da die entsprechenden Daten dieser Indikatoren ohnehin regelmäßig auf jährlicher oder teilweise auch unterjähriger Basis in Unternehmen erhoben werden.

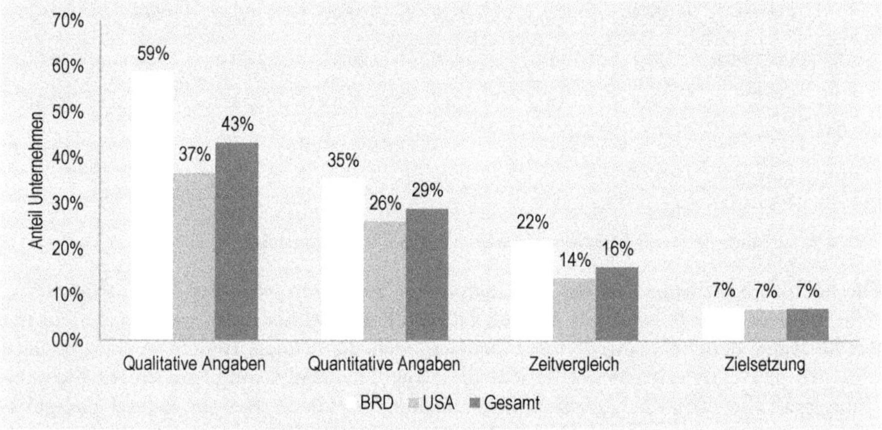

Abb. 6-9: Zusammenfassende Darstellung nach Art der Angaben im Nachhaltigkeitsbericht

Abb. 6-9 zeigt insgesamt, dass deutsche Unternehmen im Rahmen der separaten Nachhaltigkeitsberichterstattung mehr Informationen bereitstellen als amerikanische Firmen. Während deutsche Unternehmen häufiger qualitative und quantitative Angaben machen und dem Adressaten häufiger Zeitvergleiche ermöglichen, liegen die Unternehmen beider Länder hinsichtlich der Formulierung von Zielsetzungen mit einem Wert von 7% gleich auf.

6.1.3 Kritische Würdigung der Ergebnisse

Im Folgenden werden die empirischen Befunde zur Berichtspraxis in Deutschland und den USA unter Berücksichtigung der Anforderungen an eine umfassende Nachhaltigkeitsberichterstattung kritisch gewürdigt. Im Fokus steht die Frage, inwieweit die Berichtspraxis dem Anspruch einer vollständigen, ausgewogenen und wahrheitsgetreuen Darstellung der positiven und negativen ökonomischen, ökologischen und sozialen Auswirkungen des unternehmerischen Handelns gerecht wird.[1117] Zudem werden mögliche Ursachen für länderspezifische Unterschiede in der Berichtspraxis diskutiert. Ferner werden die Ergebnisse der vorliegenden Arbeit mit den Befunden anderer nationaler und internationaler Studien zur Nachhaltigkeitsberichterstattung in Deutschland und den USA verglichen. In Analogie zur Darstellung der empirischen Befunde zur Berichtspraxis werden zunächst allgemeine Charakteristika der Nachhaltigkeitsberichterstattung diskutiert bevor die inhaltliche Ausgestaltung separater Nachhaltigkeitsberichte kritisch gewürdigt wird.

Insgesamt veröffentlichten in dem betrachteten Untersuchungszeitraum knapp 44% der 320 Unternehmen der Grundgesamtheit einen **separaten Nachhaltigkeitsbericht**, wobei der Anteil in den USA (61%) deutlich höher ist als in Deutschland (26%). Dieses Ergebnis deckt sich mit den Ergebnissen anderer international vergleichender Untersuchungen. Eine regelmäßig von *KPMG* durchgeführte Studie zur Praxis der Nachhaltigkeitsberichterstattung in 22 Ländern kommt ebenfalls zu dem Ergebnis, dass, ausgehend von den 100 umsatzstärksten Unternehmen in den einzelnen Ländern, der Anteil der Unternehmen, die einen separaten Nachhaltigkeitsbericht veröffentlichen, in den USA mit 73% deutlich größer ist als in Deutschland (47%).[1118] *Quick/Knocinski* stellen in ihrer 2006 veröffentlichten Studie zur Berichterstattungspraxis der 110 HDAX-Unternehmen in Deutschland ebenfalls fest, dass der Anteil der Unternehmen, die einen separaten Nachhaltigkeitsbericht veröffentlichen, in Deutschland mit knapp 24% eher gering ist.[1119]

Es ist zu berücksichtigen, dass es sich bei den Ergebnissen der vorliegenden Studie lediglich um eine Momentaufnahme der Berichtspraxis handelt und somit die Stabilität der Ergebnisse im Zeitverlauf nicht gewährleistet werden kann.[1120] Die Ergebnisse früherer Studien haben jedoch gezeigt, dass die Veröffentlichung separater Nachhaltigkeitsberichte sowohl national als auch international stetig zugenommen hat.[1121] Allerdings hat sich an der Tatsache, dass der Anteil der veröffentlichten Nachhaltigkeitsberichte in den USA grundsätzlich höher ist als in Deutschland, nichts geändert.

Auf den ersten Blick scheint demnach ein Ländereinfluss in Bezug auf die Veröffentlichung separater Nachhaltigkeitsberichte zu bestehen. Ebenso könnten die Ergebnisse aber auch darauf hindeuten, dass der höhere Anteil separater Nachhaltigkeitsberichte in den USA nicht auf einen Ländereinfluss, sondern vielmehr auf den Einfluss der Unterneh-

---

[1117] Zu den Zielen der Nachhaltigkeitsberichterstattung vgl. *Hauth/Raupach* (2001), S. 25; *Burschel et al.* (2004), S. 555f; *GRI* (2011b), S. 3.

[1118] Vgl. *KPMG* (2008), S. 16; *KPMG* (2009), S. 9.

[1119] Vgl. *Quick/Knocinski* (2006), S. 622f.

[1120] Zu den Limitationen der vorliegenden Untersuchung vgl. ausführlich Kap. 7.2.

[1121] Vgl. *KPMG* (2008), S. 15f.; *KPMG* (2009), S. 7-9; *KPMG* (2011a), S. 6-10.

mensgröße zurückzuführen ist. Die Unternehmensgröße wird regelmäßig als ein wesentlicher Einflussfaktor für die Veröffentlichung von Nachhaltigkeitsinformationen angesehen.[1122] Wie die Beschreibung der Grundgesamtheit gezeigt hat, unterscheiden sich deutsche und amerikanische Unternehmen deutlich in ihrer Größe. Unabhängig davon, ob als Proxy für die Unternehmensgröße die Marktkapitalisierung, die Bilanzsumme, der Umsatz oder die Mitarbeiterzahl verwendet wird, sind die amerikanischen Unternehmen deutlich größer als die Unternehmen der deutschen Grundgesamtheit.[1123] Ebenso zeigt die Berechnung der Variationskoeffizienten, dass die relative Streuung der Unternehmensgröße – gemessen anhand der Marktkapitalisierung – in Deutschland mit einem Wert von 2,1 deutlich größer ist als in der amerikanischen Grundgesamtheit (1,01). Es kann daher vermutet werden, dass sich der höhere Anteil separater Nachhaltigkeitsberichte in den USA insbesondere durch Unterschiede in der Unternehmensgröße erklären lässt und weniger auf länderspezifische Einflussfaktoren zurückzuführen ist. Diese Vermutung kann allerdings erst im Rahmen der empirischen Untersuchung zu den Determinanten separater Nachhaltigkeitsberichte abschließend beantwortet werden.[1124]

Von den 140 Unternehmen, die im Untersuchungszeitraum einen Nachhaltigkeitsbericht veröffentlichten, gaben 110 explizit an, sich im Rahmen der Erstellung des Berichts an den **Leitlinien der GRI** zu orientieren. Mit 83% war dieser Anteil der Unternehmen in Deutschland nur geringfügig höher als in den USA (77%). Zu diesem Ergebnis kommen auch andere Studien.[1125] So zeigt eine Studie von *KPMG*, dass 80% der Nachhaltigkeitsberichte der 250 größten Unternehmen weltweit auf den GRI basieren.[1126] Wie eine Studie von *SustainAbility/UNEP* zeigt, lag dieser Wert im Jahre 2002 bereits bei rund 60%.[1127] Diese Ergebnisse verdeutlichen die dominierende Stellung des GRI-Berichtsrahmens zur Nachhaltigkeitsberichterstattung gegenüber anderen nationalen und internationalen Leitlinien. In der Literatur wird das Rahmenkonzept der GRI in diesem Zusammenhang daher auch als „de-facto"-Standard bezeichnet.[1128] Die Etablierung eines international einheitlichen Rahmenkonzepts zur Nachhaltigkeitsberichterstattung ist insbesondere vor dem Hintergrund der inter- und zwischenbetrieblichen sowie der internationalen Vergleichbarkeit der bereitgestellten Informationen zu begrüßen. Zudem stellen *Clausen/Loew* in ihrer internationalen Studie zum Nutzen von Testaten in der Nachhaltigkeitsberichterstattung im Jahr 2005 fest, dass die Einhaltung anerkannter Standards wie dem GRI-Leitfaden vor allem in Deutschland der bedeutendste Einflussfaktor für die Glaubwürdigkeit der Nachhaltigkeitsberichterstattung ist.[1129] Allerdings sind gerade im Rahmen einer freiwilligen Berichterstattung geeignete Benchmarks notwendig, um nicht nur die Veröffentlichung von Nachhaltigkeitsinformationen, sondern vor allem auch die

---

[1122] Empirische Studien können diesen positiven Zusammenhang regelmäßig nachweisen. Vgl. exemplarisch *KPMG* (2011a), S. 11; *Hummel* (2012), S. 178.

[1123] Zur Beschreibung der Grundgesamtheit vgl. ausführlich Kap. 5.1.

[1124] Vgl. Kap. 6.2.

[1125] Vgl. *SustainAbility/UNEP* (2002), S. 14; *S&P et al.* (2004), S. 38-42; *KPMG* (2009), S. 10f.; *KPMG* (2011a), S. 21; *Gebauer* (2012), S. 31; *Hummel* (2012), S. 177.

[1126] Vgl. *KPMG* (2011a), S. 21.

[1127] Vgl. *SustainAbility/UNEP* (2002), S. 14.

[1128] Vgl. *Fonseca* (2010), S. 1; *KPMG* (2011b), S. 6.

[1129] Vgl. *Clausen/Loew* (2005), S. 37f.

Qualität der Berichterstattung stetig zu verbessern. Daher weist *KPMG* in ihrer internationalen Studie auf die Bedeutung von weniger verbreiteten internationalen Standards hin, um ein effektives Benchmarking im Zeitablauf zu gewährleisten.[1130]

Die Ergebnisse zeigen, dass insgesamt rund 68% der Unternehmen, die sich bei der Erstellung ihres Nachhaltigkeitsberichts an den Leitlinien der GRI orientieren, Angaben zur **Anwendungsebene** machen. Am häufigsten deklarieren die Unternehmen ihre Berichte als konform mit den Anwendungsebenen A und B (85%). Es ist zunächst positiv zu bewerten, dass ein hoher Anteil der betrachteten Unternehmen bereits umfassende Nachhaltigkeitsberichte veröffentlicht. Allerdings erscheint das Konzept verschiedener Anwendungsebenen vor allem vor dem Hintergrund der Vergleichbarkeit der Berichte als problematisch. Lediglich die Anwendungsebene A schreibt eine Berichterstattung über alle Leistungsindikatoren vor. Die Unternehmen sind zudem aufgefordert, entweder über die Indikatoren zu berichten oder zu begründen, warum einzelne Indikatoren nicht berichtet werden.[1131] Im Sinne der Vergleichbarkeit der Berichte ist eine solch klare Regelung zu begrüßen. Bei den Anwendungsebenen B und C gibt die GRI jedoch lediglich eine Mindestanzahl zu berichtender Indikatoren vor. Daher besteht zwangsläufig die Gefaht einer selektiven Informationsbereitstellung durch die Unternehmen. Diese können folglich bewusst über Indikatoren berichten, welche die Wahrnehmung ihrer Nachhaltigkeitsaktivitäten durch den Adressaten positiv beeinflussen. Dem Adressaten wird nicht ersichtlich, ob nicht berichtete Indikatoren für das Unternehmen nicht relevant sind, oder ob die Informationen unter Umständen bewusst ausgelassen wurden, um ein positives Nachhaltigkeitsbild des Unternehmens zu zeichnen.[1132] Die Anwendungsebenen C und B ermöglichen den Unternehmen folglich ein sog. *cherry picking*.[1133] Neben der Problematik einer fehlenden Vergleichbarkeit der Nachhaltigkeitsberichterstattung zwischen verschiedenen Unternehmen, kann auf Basis der verschiedenen Anwendungsebenen folglich eine ausgewogene Berichterstattung, die positive und negative Aspekte gleichermaßen umfasst, nicht gewährleistet werden.

Die GRI hat in ihrem Entwurf zum neuen G4-Berichtsrahmen auf die Probleme hinsichtlich der aktuellen Regelungen zu den Anwendungsebenen reagiert und schlägt vor, diese mit Einführung des neuen G4-Leitfadens abzuschaffen.[1134] Um den Unternehmen weiterhin einen schrittweisen Einstieg in die Nachhaltigkeitsberichterstattung zu ermöglichen, sehen die neuen Regelungen eine Einführungsphase über zwei Berichtszeiträume vor. Sofern die Unternehmen während dieser Zeit den Anforderungen des G4-Berichtsrahmens nicht vollumfänglich entsprechen, müssen sie angeben, welche Informationen sie ausgelassen haben. Die Abschaffung der Anwendungsebenen ist vor dem Hintergrund der Glaubwürdigkeit und Vergleichbarkeit der Berichterstattung grundsätzlich zu begrüßen.

[1130] Vgl. *KPMG* (2011a), S. 21.
[1131] Vgl. *GRI* (2011a), S. 2.
[1132] Vgl. *Hofmann* (2007), S. 134.
[1133] Vgl. *Henriques* (2007), S. 89; *Economist Intelligence Unit* (2010), S. 9; *Fonseca* (2010), S. 7.
[1134] Vgl. hier und im Folgenden *GRI* (2012b), S. ii.

Die Problematik wird zudem dadurch verschärft, dass die Unternehmen die entsprechenden Anwendungsebenen ihrer Berichte selbst deklarieren können. Eine Pflicht zur Überprüfung der Berichtskonformität durch die GRI besteht nicht. Die Unternehmen können ihre Selbsteinschätzung der Anwendungsebene jedoch freiwillig durch einen **Application Level Check** der GRI oder andere externe Dritte bestätigen lassen.[1135] Ein solches Vorgehen würde die Glaubwürdigkeit der Angaben sowie die Transparenz der Berichterstattung erhöhen. So weisen separate Nachhaltigkeitsberichte, die einem *Application Level Check* unterzogen wurden, eine höhere Berichtsqualität auf. Auf Basis dieser Ergebnisse kann zwar nicht ohne weiteres für jeden Nachhaltigkeitsbericht, der mit einem *Application Level Check* durch die GRI versehen ist, eine überdurchschnittliche Berichtsqualität angenommen werden. Allerdings deuten die Ergebnisse darauf hin, dass Unternehmen, die um eine transparente und glaubhafte Berichterstattung bemüht sind, versuchen, dies dem Adressaten durch eine externe Bestätigung durch die GRI zu signalisieren. Die Ergebnisse zeigen allerdings, dass lediglich 37% der Unternehmen, die Angaben zur Anwendungsebene machen, diese auch durch die GRI verifizieren lassen. Betrachtet man die beiden Länder genauer, ist festzustellen, dass der Anteil der Unternehmen in Deutschland mit 57% deutlich höher ist als bei den amerikanischen Unternehmen (26%). Diese Ergebnisse deuten darauf hin, dass deutsche Unternehmen, die einen Nachhaltigkeitsbericht erstellen, im Vergleich zu den amerikanischen Unternehmen stärker um eine transparente und glaubwürdige Darstellung der Berichtsinhalte bemüht sind. Unter Berücksichtigung einer möglichen Signalwirkung an die Berichtsadressaten bezüglich der Qualität der Berichterstattung, sollten Unternehmen, die bislang keine *Application Level Checks* in Auftrag geben, diese Option in Zukunft in Betracht ziehen.

Eine weitere Möglichkeit, die Transparenz und Glaubwürdigkeit der Nachhaltigkeitsberichterstattung zu erhöhen, wird häufig in der Durchführung einer **Berichtsprüfung** gesehen.[1136] Eine solche Berichtsprüfung erfolgt bislang überwiegend auf freiwilliger Basis. Es wird argumentiert, dass eine externe Prüfung das Vertrauen der Berichtsadressaten hinsichtlich der Verlässlichkeit und Vollständigkeit der Angaben im Nachhaltigkeitsbericht bestärkt.[1137] *Clausen/Loew* können in ihrer Untersuchung die positive Auswirkung einer Testierung auf die Glaubwürdigkeit der Berichterstattung grundsätzlich feststellen. Allerdings ist dieser Einflussfaktor im Vergleich zu anderen Faktoren als weniger bedeutend einzustufen.[1138] Der Einfluss einer freiwilligen Berichtsprüfung auf die Erstellung sowie die Qualität separater Nachhaltigkeitsberichte wird im Rahmen der Analyse zu den Determinanten der Berichterstattung ausführlich untersucht.[1139]

Die Ergebnisse zeigen, dass nur knapp 28% der analysierten Nachhaltigkeitsberichte extern geprüft wurden. Offen bleibt, ob sich die geringe Nachfrage nach externen Prüfungsleistungen dadurch erklärt, dass sich die Unternehmen durch die Testierung keine wesentlichen Vorteile, bspw. in Form einer erhöhten Glaubwürdigkeit ihrer Berichtsinhalte, versprechen. Ebenso könnte dieses Ergebnis dafür sprechen, dass viele Unternehmen den

1135 Vgl. *GRI* (2011a), S. 1.
1136 Vgl. *Hofmann* (2007), S. 135f.
1137 Vgl. *Höschen/Vu* (2008), S. 379.
1138 Vgl. *Clausen/Loew* (2005), S. 37f.
1139 Vgl. Kap. 6.2.

Nachhaltigkeitsbericht tatsächlich als PR-Instrument zum *greenwashing* nutzen, um ihr Image als nachhaltiges Unternehmen zu stärken. In diesem Fall meiden Unternehmen aufgrund mangelnder Berichtsqualität möglicherweise eine externe Prüfung ihrer Nachhaltigkeitsberichte. Die Tatsache, dass in Deutschland ein größerer Anteil der Unternehmen ihren Nachhaltigkeitsbericht extern prüfen lassen und Nachhaltigkeitsberichte deutscher Unternehmen zudem eine höhere Berichtsqualität aufweisen, könnte für letztere Erklärung sprechen. Auch in der Literatur wird argumentiert, dass ein Zusammenhang zwischen der Berichtsprüfung und der Qualität der Nachhaltigkeitsberichterstattung besteht.[1140] So hilft das Hinterfragen von Berichtprozessen sowie von Angaben zu verschiedenen Indikatoren und anderen Berichtsinhalten durch externe Dritte, Berichtsprozesse verlässlicher zu gestalten und die Qualität der Berichterstattung zu verbessern. Auch in der vorliegenden Arbeit wird im Rahmen der Hypothesenentwicklung ein positiver Zusammenhang zwischen einer freiwilligen Berichtsprüfung und der Berichtsqualität unterstellt.[1141]

Die Tatsache, dass in Deutschland deutlich mehr Unternehmen als in den USA ihren separaten Nachhaltigkeitsbericht extern prüfen lassen, könnte zum einen in der langen Tradition der Lageberichterstattung begründet sein.[1142] Während der Lagebericht in Deutschland durch einen Wirtschaftsprüfer zu prüfen ist, unterliegt die MD&A in den USA keiner expliziten und umfangreichen Prüfungspflicht.[1143] Dies könnte zudem erklären, warum deutsche Unternehmen ihre Nachhaltigkeitsberichte überwiegend durch Big-Four-Wirtschaftsprüfungsgesellschaften prüfen lassen, während in den USA kein einziger Bericht durch eine der vier großen Gesellschaften geprüft wurde. Zum anderen könnte die in Deutschland vergleichsweise verbreitete Praxis einer freiwilligen Prüfung von Nachhaltigkeitsberichten auf die höhere Stakeholderorientierung in Deutschland zurückzuführen sein. So stellen *Simnett et al.* in ihrer empirischen Untersuchung fest, dass Unternehmen aus Ländern mit einer höheren Stakeholderorientierung mit einer größeren Wahrscheinlichkeit ihre Nachhaltigkeitsberichte einer freiwilligen externen Berichtsprüfung unterziehen.[1144]

Wie die Analyse zur **inhaltlichen Ausgestaltung** der Nachhaltigkeitsberichterstattung gezeigt hat, ist das elementare Ergebnis der empirischen Untersuchung zum Status quo der Nachhaltigkeitsberichterstattung ein im Durchschnitt eher geringer Zielerreichungsgrad von rund 21%. Die geringe **Qualität der Nachhaltigkeitsberichterstattung** in Deutschland und den USA deutet darauf hin, dass zwischen dem Status quo der Berichtspraxis und den Anforderungen, die in der Literatur und in Praxisleitfäden an eine qualitativ hochwertige Nachhaltigkeitsberichterstattung gestellt werden, eine große Diskrepanz besteht. Auch andere nationale und internationale Studien attestieren der Nachhaltigkeitsberichterstattung lediglich eine geringe bis mittlere Qualität. Eine internationale Studie von *S&P et al.* aus dem Jahr 2004 zeigt, das von insgesamt 351 analysierten Nachhal-

[1140] Vgl. *Höschen/Vu* (2008), S. 379.
[1141] Dieser Zusammenhang wird in Kap. 6.2 näher analysiert.
[1142] Zur Entwicklung der regulatorischen Grundlagen der Lageberichterstattung in Deutschland vgl. *Hartmann* (2010), S. 612-621.
[1143] Vgl. Kap. 2.2.2.2.
[1144] Vgl. *Simnett et al.* (2009), S. 965.

tigkeitsberichten lediglich 21 Unternehmen einen Zielerreichungsgrad von 50% oder größer erreichen.[1145] Eine Studie von *AccountAbility/csrnetwork* aus dem Jahr 2008 zeigt für insgesamt 39 der 100 größten Unternehmen weltweit einen Score von über 50%.[1146] Der durchschnittliche Zielerreichungsgrad über neun verschiedene Branchen liegt zwischen 32% und 53% und damit etwas über den Ergebnissen der vorliegenden Studie.[1147] In der vorliegenden Untersuchung erreichten lediglich zwei von insgesamt 140 Unternehmen einen Score von 50% oder größer.[1148] *Quick/Knocinski* können in ihrer Studie zur separaten Nachhaltigkeitsberichterstattung deutscher HDAX-Unternehmen ebenfalls nur eine geringe bis mittlere Berichtsqualität von durchschnittlich 41% feststellen.[1149] Zu einem ähnlichen Ergebnis kommen *Daub et al.*, deren Ergebnisse für schweizerische Unternehmen eine Performance der Nachhaltigkeitsberichterstattung von durchschnittlich 36% bestätigen.[1150] Die aktuellste Untersuchung in Deutschland ist das IÖW/future-Ranking der Nachhaltigkeitsberichte 2011. Die Ergebnisse der Untersuchung weisen eine mittelmäßige Berichtsqualität von rund 50% auf.[1151] Die durchschnittliche Qualität der Nachhaltigkeitsberichterstattung deutscher Unternehmen ist auch in der vorliegenden Studie mit rund 28% größer als der Gesamtdurchschnitt bezogen auf beide Länder (21%).

Insgesamt zeigen die Ergebnisse der vorliegenden Studie, dass die Qualität der Nachhaltigkeitsberichterstattung tendenziell etwas geringer einzustufen ist, als dies in anderen Studien der Fall ist. Es sei darauf hingewiesen, dass die verschiedenen Untersuchungsergebnisse nicht ohne weiteres miteinander verglichen werden können. So unterscheiden sich die Studien hinsichtlich der Grundgesamtheit, des Untersuchungszeitraums, aber auch bezüglich der methodischen Vorgehensweise mitunter deutlich voneinander. Das vergleichsweise schlechtere Abschneiden der analysierten Nachhaltigkeitsberichte hinsichtlich der Berichtsqualität in der vorliegenden Untersuchung kann zum einen an den vergleichsweise hohen Anforderungen des Disclosure Index an die Berichtsqualität liegen. Insbesondere kann es aber auch darin begründet sein, dass die GRI-Leitlinien neben der Berichterstattung über die Nachhaltigkeitsleistung auch Darstellungen zum Unternehmen, zu formalen Aspekten sowie zum Managementansatz vorsehen.[1152] Diese Aspekte wurden im Rahmen der Auswertung allerdings nicht explizit berücksichtigt, da die Darstellung der konkreten Nachhaltigkeitsleistung anhand der Kernleistungsindikatoren zur Beurteilung der Qualität der Nachhaltigkeitsberichterstattung bedeutender ist.[1153]

[1145] Vgl. *S&P et al.* (2004), S. 21.

[1146] Vgl. *AccountAbility/csrnetwork* (2008a), S. 5. Zur methodischen Vorgehensweise vgl. zudem *AccountAbility/csrnetwork* (2008b), S. 2-5.

[1147] Vgl. *AccountAbility/csrnetwork* (2008a), S. 7. In der vorliegenden Untersuchung erreichten lediglich zwei von insgesamt 140 Unternehmen einen Score von 50% oder größer. Dies waren die deutsche SolarWorld AG (52,3%) und die amerikanische Dow Chemical Comp. (50%).

[1148] Dies waren die deutsche SolarWorld AG (52,3%) und die amerikansiche Dow Chemical Comp. (50%).

[1149] Vgl. *Quick/Knocinski* (2006), S. 633.

[1150] Vgl. *Daub et al.* (2004), S. 13.

[1151] Vgl. *Gebauer* (2012), S. 24. Der Durchschnittswert aller bewerteten Berichte lag bei 353 von insgesamt 700 Punkten.

[1152] Vgl. *GRI* (2011b), S. 5.

[1153] Vgl. *Quick/Knocinski* (2006), S. 634.

Quick/Knocinski stellen in ihrer Untersuchung fest, dass die Unternehmen den weitaus größten Teil ihrer erreichten Gesamtpunktzahl im Bereich der Darstellung des Unternehmens und durch Angaben zu formalen Aspekten erlangen. Auch in anderen Studien werden diese Aspekte regelmäßig mit in die Auswertung einbezogen, so dass sich dadurch die vergleichsweise leichte Abweichung der durchschnittlichen Berichtsqualität nach unten erklären lässt.

Wie die Analyse separater Nachhaltigkeitsberichte gezeigt hat, ist die Qualität der Nachhaltigkeitsberichterstattung in Übereinstimmung mit der Hypothese (vgl. $H1_b$ in Kap. 4.2.2.1) in Deutschland im Durchschnitt deutlich größer als bei amerikanischen Unternehmen. Dieser Unterschied ist zudem statistisch signifikant.[1154] Die Nullhypothese, dass sich die Berichtsqualität in beiden Ländern nicht voneinander unterscheidet, kann auf Basis eines Mittelwertvergleichs folglich zurückgewiesen werden.[1155] Dieses Ergebnis wird von *KPMG* im Rahmen der internationalen Studie zur Nachhaltigkeitsberichterstattung bestätigt. Die Studie kommt ebenfalls zu dem Ergebnis, dass die Qualität der Nachhaltigkeitsberichterstattung in den USA geringer ist als in Deutschland.[1156] Wie bereits im Rahmen der Hypothesenentwicklung angeführt wurde, könnte die höhere Berichtsqualität in Deutschland auf eine vergleichsweise größere Stakeholderorientierung sowie strengere Regelungen zur Corporate Governance zurückzuführen sein.[1157] Die Studie von *KPMG* zeigt zudem eine weitere Ursache für die geringere Berichtsqualität in den USA. Im Unterschied zu deutschen Unternehmen fokussieren sich amerikanische Unternehmen vor allem auf die Kommunikation von Nachhaltigkeit, ohne entsprechend umfangreiche Kontrollsysteme und Berichtsprozesse zu implementieren.[1158] Auch dies kann wiederum ein Hinweis darauf sein, dass vor allem amerikanische Unternehmen ihre Nachhaltigkeitsberichte vergleichsweise häufig dazu nutzen, ihr Unternehmen als besonders nachhaltig darzustellen, indem sie *greenwashing* betreiben. Zu derselben Schlussfolgerung gelangen *Holder-Webb et al.* in ihrer Studie zur Berichterstattungspraxis in den USA.[1159]

Weiterhin haben die Ergebnisse zur Ausgestaltung der Berichterstattung gezeigt, dass die **Quantität der Nachhaltigkeitsberichterstattung** deutlich höhere Zielerreichungsgrade aufweist als die Berichtsqualität. Allerdings kann auch die Berichtsquantität mit einem Zielerreichungsgrad von durchschnittlich 48% allenfalls als mittelmäßig bezeichnet werden. Dieser Wert ist in Deutschland mit 64% sicherlich auch noch ausbaufähig, liegt allerdings deutlich über der durchschnittlichen Berichtsquantität in den USA (42%). Folglich machen die Unternehmen im Durchschnitt nur zu knapp der Hälfte aller 49 Leistungsindikatoren Angaben. Dies ist mitunter darauf zurückzuführen, dass nicht alle Unternehmen ihren Nachhaltigkeitsbericht basierend auf den GRI-Leitlinien erstellen oder

---

[1154] Sowohl die Ergebnisse des T-Tests als auch des nicht parametrische Wilcoxon-Mann-Whitney-Tests sind auf dem 1%-Niveau statistisch signifikant (p < 0,001).

[1155] Eine endgültige Annahme oder Ablehnung der in Kap. 4.2 formulierten Hypothesen erfolgt jedoch erst auf Basis der Ergebnisse der multivariaten Regressionsanalyse. Vgl. hierzu die kritische Würdigung der Ergebnisse in Kap. 6.2.6.

[1156] Vgl. *KPMG* (2011a), S. 4.

[1157] Vgl. hierzu Kap. 4.2.2.1.

[1158] Vgl. *KPMG* (2011a), S. 5.

[1159] Vgl. *Holder-Webb et al.* (2009), S. 514-517.

aber nicht vollumfänglich entsprechend der Anwendungsebene A berichten. Zudem kann dies aber auch darauf hindeuten, dass Unternehmen bewusst sehr selektiv berichten und *cherry-picking* betreiben. Auch *Gamble et al.* stellen anhand der Berichterstattung US-amerikanischer Unternehmen fest, dass diese durchschnittlich über weniger als 20% der zur Auswertung verwendeten Indikatoren berichten und die Berichtsqualität insgesamt als gering einzustufen ist.[1160]

Die im Vergleich zur Berichtsqualität durchschnittlich deutlich höheren Zielerreichungsgrade der Berichtsquantität deuten zudem darauf hin, dass die Angaben zu den verschiedenen Indikatoren in vielen Fällen nicht über Formulierungen in Form von Absichtserklärungen und Lippenbekenntnissen hinausgehen und bekräftigen die Vermutung, dass die Berichte vielfach als PR-Instrumente benutzt werden. Auch die Autoren früherer Studien gelangen zu ähnlichen Schlussfolgerungen.[1161]

Während ein positiver Zusammenhang zwischen der Quantität und der Qualität separater Nachhaltigkeitsberichte aufgrund der Operationalisierung basierend auf demselben Kategoriensystem zu erwarten ist,[1162] werfen die Ergebnisse zudem die Frage auf, ob ein Zusammenhang zwischen dem Umfang – gemessen anhand der Seitenzahl – und der Berichtsqualität besteht. Mitunter wird angenommen, dass der Umfang der Berichterstattung gleichzeitig auch ein guter Indikator für die Berichtsqualität sei.[1163] Die Analyse auf Basis des Spearman-Rangkorrelationskoeffizienten zeigt, dass die Seitenzahl stark mit der Berichtsqualität korreliert ($r = 0{,}6871$). Dieser positive Zusammenhang ist mit einem p-Wert von $p < 0{,}001$ statistisch signifikant.[1164] *Quick/Knocinski* stellen in ihrer Studie mit einem Korrelationskoeffizienten in Höhe von 0,51 ebenfalls einen positiven Zusammenhang zwischen der Seitenzahl separater Nachhaltigkeitsberichte und der Berichtsqualität fest.[1165] Die im Jahre 2002 durchgeführte Studie von *SustainAbility* und *UNEP* kommt hingegen zu anderen Ergebnissen. Obwohl sich die Seitenzahl der Berichte innerhalb von zwei Jahren im Durchschnitt um 45% erhöht hat, blieb die Qualität der veröffentlichten Informationen konstant.[1166] Dieses Ergebnis lässt vermuten, dass einige Unternehmen ihre Berichte unnötig aufblähen, indem sie die Adressaten mit unwesentlichen Informationen „bombardieren". *SustainAbility* und *UNEP* sprechen in diesem Zusammenhang daher auch vom ‚*Carpet Bombing Syndrome*'. Auch wenn die Ergebnisse in dieser Studie einen positiven Zusammenhang zwischen Umfang bzw. Quantität und Qualität der Berichterstattung aufzeigen, lässt vor allem der deutliche Unterschied zwischen der Berichtsquantität und -qualität vermuten, dass ein solches *carpet bombing* durch die Be-

---

1160 Vgl. *Gamble et al.* (1995), S. 47.

1161 Vgl. *Samsinger/Schiessl* (2004), S. 22; *Quick/Knocinski* (2006), S. 639.

1162 Eine Analyse auf Basis des Spearman-Rangkorrelationskoeffizienten bestätigt mit einem Korrelationskoeffizienten von $r = 0{,}7124$ den vermuteten positiven Zusammenhang ($p < 0{,}001$).

1163 Vgl. *Dhaliwal et al.* (1979), S. 248f.

1164 Diese Ergebnisse bleiben auch unverändert, wenn man die Unternehmen mit einem Summary oder einem Zwischenbericht aus der Analyse ausschließt.

1165 Vgl. *Quick/Knocinski* (2006), S. 637f.

1166 Vgl. *SustainAbility/UNEP* (2002), S. 2. Die Berichtsqualität wurde auf Basis von 49 Nachhaltigkeitsindikatoren erfasst. Je nach Berichtsqualität wurde für jeden Indikator eine Punktzahl von 0 bis 4 vergeben. Vgl. *SustainAbility/UNEP* (2002), S. 21.

richtsersteller auch bei den hier analysierten Nachhaltigkeitsberichten nicht ausgeschlossen werden kann.

6.2 Determinanten der Nachhaltigkeitsberichterstattung

Nachdem im vorherigen Kapitel die Praxis der Nachhaltigkeitsberichterstattung in Deutschland und den USA vergleichend dargestellt wurde, werden nachfolgend die empirischen Befunde zu den Determinanten der Nachhaltigkeitsberichterstattung erläutert. Einleitend werden zunächst die verwendeten abhängigen und unabhängigen Variablen sowie deskriptive Statistiken und Korrelationsanalysen beschrieben (Kap. 6.2.1 und Kap. 6.2.2). Anschließend wird der isolierte Einfluss der Determinanten auf die abhängigen Variablen untersucht (Kap. 6.2.3). Kap. 6.2.4 zeigt schließlich die Ergebnisse der multivariaten Regressionsanalysen zur Analyse des simultanen Einflusses aller Bestimmungsfaktoren auf die Erstellung sowie die Qualität separater Nachhaltigkeitsberichte. Die Überprüfung der in Kap. 4.2 formulierten Forschungshypothesen erfolgt schließlich auf Basis dieser Regressionsergebnisse. Im Anschluss wird die Sensitivität und Robustheit der Ergebnisse überprüft (Kap. 6.2.5). Die Untersuchung der Determinanten der Nachhaltigkeitsberichterstattung schließt mit einer kritischen Würdigung der Ergebnisse (Kap. 6.2.6).

6.2.1 Verwendete Variablen

6.2.1.1 Abhängige Variablen

Um die Frage nach den Determinanten der Erstellung separater Nachhaltigkeitsberichte beantworten zu können, wird als abhängige bzw. als zu erklärende Variable eine Dummy-Variable verwendet. Diese nimmt den Wert eins an, wenn das entsprechende Unternehmen einen separaten Nachhaltigkeitsbericht in dem betrachteten Zeitraum veröffentlicht hat.[1167] Sofern Unternehmen keinen separaten Nachhaltigkeitsbericht erstellen, nimmt die Dummy-Variable den Wert null an. Da es sich bei der abhängigenVariable um eine binomiale, nominalskalierte Variable handelt, wird die multivariate Analyse mit Hilfe einer Probitregression durchgeführt.[1168]

Um die Einflussfaktoren der Qualität separater Nachhaltigkeitsberichte zu untersuchen, wird als abhängige Variable der zur Messung der Berichtsqualität ermittelte Wert des Disclosure Index eingesetzt.[1169] Hierzu wird der relative Zielerreichungsgrad verwendet.

6.2.1.2 Unabhängige Variablen

Die unabhängigen bzw. die erklärenden Variablen der folgenden Untersuchung sind die Stellvertretervariablen für die verschiedenen **Determinanten der Berichterstattung**, die basierend auf den theoretischen Grundlagen im Rahmen der Hypothesenentwicklung in Kap. 4.2 hergeleitet wurden.

[1167] Für die Auswahl der zu analysierenden Nachhaltigkeitsberichte vgl. Kap. 5.1.2.
[1168] Zu den Auswertungsmethoden vgl. Kap. 5.3.
[1169] Vgl. Kap. 5.2.4.

Wie im Rahmen der Hypothesenentwicklung bereits erwähnt, handelt es sich bei der Variable zur Messung eines möglichen **Ländereinflusses** auf die separate Nachhaltigkeitsberichterstattung in Deutschland und den USA um eine Sammelvariable.[1170] Um den Ländereinfluss zu bestimmen, wird daher eine Dummy-Variable in das Regressionsmodell aufgenommen, die den Wert eins für deutsche und den Wert null für amerikanische Unternehmen besitzt.

Der Einfluss der **Unternehmensgröße** kann anhand verschiedener Variablen operationalisiert werden.[1171] In der vorliegenden Untersuchung wird die logarithmierte Marktkapitalisierung als Stellvertretervariable für die Unternehmensgröße verwendet.[1172] Im Rahmen von Sensitivitätsanalysen werden zudem die logarithmierte Bilanzsumme, der logarithmierte Umsatz sowie die Mitarbeiterzahl als alternative Proxys zur Messung der Unternehmensgröße in das Regressionsmodell aufgenommen. Die Erhebung der Variablen erfolgt zum Bilanzstichtag 31.12.2010. Die entsprechenden Daten wurden der Datastream-Datenbank entnommen.

Um den Einfluss der **Medienpräsenz** zu operationalisieren, wird die Anzahl der Suchergebnisse in großen internationalen Onlinesuchmaschinen herangezogen. Hierzu wurde der Unternehmensname in das Suchfeld der Webseiten von *Google*, *Yahoo* und *Bing* eingegeben und das arithmetische Mittel der Anzahl der Suchergebnisse gebildet.[1173]

Ferner wurde angenommen, dass ein Zusammenhang zwischen dem **systematischen Risiko** und der Erstellung sowie der Qualität separater Nachhaltigkeitsberichte besteht. Analog zu anderen empirischen Untersuchungen wird das systematische Risiko anhand des Betafaktors operationalisiert.[1174] Dazu wurde der Ein-Jahres-Betafaktor auf Basis eines wöchentlichen Renditeintervalls zum 31.12.2010 in Datastream berechnet.

Um den Einfluss der **Profitabilität** zu messen, sind ebenfalls verschiedene Stellvertretervariablen denkbar. So verwenden *Haniffa/Cooke* den *return on equity* (ROE),[1175] während *Ho/Taylor* die Profitabilität mittels des *return on asset* (ROA) operationalisieren.[1176] In der vorliegenden Untersuchung wird der ROA zur Messung der Profitabilität herangezogen. Im Unterschied zu anderen Profitabilitätskennzahlen, wie bspw. der Eigenkapitalrentabilität, hat diese Kennzahl den Vorteil, dass sie unabhängig von der jeweiligen Finanzierungsstruktur des Unternehmens ist. Der ROA (nach Steuern) berechnet sich ebenfalls zum 31.12.2010 und wurde aus Datastream entnommen.

Weiterhin wird im Rahmen der empirischen Untersuchung der Einfluss einer **freiwilligen Berichtsprüfung** sowie der Einfluss einer **Berichtsprüfung durch eine Big-Four-Wirtschaftsprüfungsgesellschaft** analysiert. Hierzu werden jeweils Dummy-Variablen gebildet. Diese nehmen den Wert eins im Falle einer freiwilligen Berichtsprüfung bzw.

[1170] Vgl. ausführlich Kap. 4.2.2.1.
[1171] Vgl. *Barth* (2009), S. 100.
[1172] Vgl. Kap. 5.1.1.
[1173] Zu einem ähnlichen Vorgehen vgl. *Albers/Günther* (2011), S. 336f.
[1174] Vgl. z.B. *Dhaliwal et al.* (2011), S. 69.
[1175] Vgl. *Haniffa/Cooke* (2005), S. 407.
[1176] Vgl. *Ho/Taylor* (2007), S. 138.

einer Big-Four-Prüfung und den Wert null im Falle einer fehlenden Berichtsprüfung bzw. keiner Big-Four-Prüfung an. Um den Einfluss einer Berichtsprüfung durch eine Big-Four-Wirtschaftsprüfungsgesellschaft im Regressionsmodell zu untersuchen, wird ein Interaktionsterm zwischen beiden Dummy-Variablen gebildet. Dieser Interaktionsterm misst den zusätzlichen Effekt einer Berichtsprüfung durch eine Big-Four-Wirtschaftsprüfungsgesellschaft.

Ferner wird der Einfluss der **Stakeholderorientierung** berücksichtigt. Dabei stehen die Investoren als eine der bedeutendsten Stakeholdergruppen im Fokus.[1177] In Übereinstimmung mit der Hypothesenentwicklung ist die Stakeholderorientierung der Unternehmen umso größer, je höher die Anzahl und der Einfluss der Investoren sind. Im Folgenden wird daher angenommen, dass die Stakeholderorientierung bei steigendem Streubesitzanteil bzw. steigendem Verschuldungsgrad zunimmt.

Die Stakeholderorientierung hinsichtlich der Eigenkapitalgeber wird daher über den **Streubesitzanteil** der Aktien abgebildet. Dieser gibt den Anteil der Unternehmensbeteiligungen an, die weniger als 5% betragen. Es wird angenommen, dass sich die Stakeholderorientierung mit steigendem Streubesitzanteil und somit einer erhöhten Anzahl verschiedener Investoren erhöht.[1178] Dieser Argumentation kann entgegen gehalten werden, dass institutionelle Anleger regelmäßig einen größeren Einfluss auf die Geschäftstätigkeit der Unternehmen ausüben können. Allerdings sind institutionelle Anleger im Vergleich zu privaten Investoren meist besser informiert und sind daher möglicherweise nicht in dem Maße auf allgemein zugängliche Informationen angewiesen, wie dies bei privaten Anlegern der Fall ist. Zudem erlaubt der Streubesitzanteil keine Rückschlüsse darüber, auf wie viele Investoren sich der Anteil der Aktien verteilt, der sich nicht im Streubesitz befindet. Daher ist es nicht möglich, den Einfluss bzw. die Machtposition institutioneller Investoren über diese Variable abzubilden.

Die Stakeholderorientierung hinsichtlich der Fremdkapitalgeber wird anhand des **Verschuldungsgrads** operationalisiert.[1179] Um gleichzeitig den Grad der Abhängigkeit des Unternehmens von den Fremdkapitalgebern und somit deren Einfluss auf die Geschäftstätigkeit und damit den Unternehmenserfolg zu berücksichtigen, wird der Nettoverschuldungsgrad der Unternehmen ermittelt. Dieser berechnet sich als Quotient aus dem gesamten Fremdkapital abzüglich liquider Mittel und dem Eigenkapital zum 31.12.2010.

Die entsprechenden Daten zur Ermittlung des Streubesitzanteils sowie des Nettoverschuldungsgrads wurden der Datastream-Datenbank entnommen. Da die Stakeholderorientierung nicht direkt beobachtbar ist, kann die Operationalisierung anhand des Streubesitzanteils und des Verschuldungsgrads durchaus kritisch hinterfragt werden. In der Literatur finden sich mitunter auch andere Proxys zur Messung der Stakeholderorientierung, deren Eignung jedoch ebenfalls kritisch zu hinterfragen ist. So verwenden *Boesso/Kumar* zur Messung des Stakeholder-Engagements der Unternehmen in ihrer Studie bspw. die Anzahl verliehener Auszeichnungen für die Qualität der Nachhaltigkeitsberichterstattung

---

[1177] Vgl. Kap. 4.2.2.7.

[1178] Für ein ähnliches Vorgehen vgl. *Liu/Anbumozhi* (2009), S. 595.

[1179] Vgl. hierzu auch *Liu/Anbumozhi* (2009), S. 596.

sowie die Mitarbeiterproduktivität, definiert als EBITDA dividiert durch die Anzahl der Mitarbeiter.[1180] Hinsichtlich der Stakeholdergruppe der Investoren erscheinen der Streubesitzanteil der Aktien sowie der Verschuldungsgrad schließlich am besten geeignet, um einen möglichen Einfluss der Stakeholderorientierung abzubilden.

Als letzte Determinante wird der Einfluss der **Branchenzugehörigkeit** auf die separate Nachhaltigkeitsberichterstattung untersucht. Dazu werden Dummy-Variablen für jede Branche in das Regressionsmodell aufgenommen. Die Klassifizierung der Branchenzugehörigkeit erfolgt anhand des *Global Industry Classification Standard* (GICS).[1181] Der GICS ist ein globaler Standard zur Klassifizierung von Branchen, der von Morgan Stanley Capital International (MSCI) und Standard & Poor's (S&P) entwickelt wurde und insgesamt 10 Branchen und 24 Industriegruppen umfasst.[1182] Im Rahmen der Regressionsanalyse wird für insgesamt neun Branchen kontrolliert, während die Branche „Financials" als Referenzgruppe nicht in das Modell aufgenommen wird.[1183]

Sustainability Reporting Disclosure Index		**Maximum Value**
Part 1: Economic Performance Indicators		**9**
Thereof	Economic Performance	3
Thereof	Market Presence	3
Thereof	Indirect Economic Impacts	3
Part 2: Environmental Performance Indicator		**21**
Thereof	Materials	3
Thereof	Energy	3
Thereof	Water	3
Thereof	Biodiversity	3
Thereof	Emissions, Effluents, and Waste	3
Thereof	Products and Services	3
Thereof	Compliance	3
Part 3: Social Performance Indicators		**12**
Thereof	Labor Practices and Decent Work	3
Thereof	Human Rights	3
Thereof	Society	3
Thereof	Product Responsibility	3
Σ	**Disclosure Index**	**42**

Tab. 6-9: Kriterienkatalog zur Auswertung der Internetberichterstattung

[1180] Vgl. *Boesso/Kumar* (2007), S. 280f.
[1181] Dieselbe Klassifizierung wählt *Bachert* (2012), S. 122.
[1182] Vgl. *MSCI/S&P* (2002), S. 3.
[1183] Die Ergebnisse weisen keine Veränderungen auf, wenn andere Branchen als Referenzgröße aus dem Modell ausgeschlossen werden. Vgl. zu diesem Vorgehen auch *Bachert* (2012), S. 122.

Neben den Determinanten werden zwei **Kontrollvariablen** für die Berichterstattung im Internet und im Geschäftsbericht in das Modell aufgenommen. Es darf nicht unberücksichtigt bleiben, dass Unternehmen unterschiedliche Berichtsformate nutzen, um über ihre Nachhaltigkeitsleistung zu berichten. Auch wenn Unternehmen keinen separaten Nachhaltigkeitsbericht erstellen, heißt dies nicht, dass diese Unternehmen nicht über ihre Nachhaltigkeitsleistung berichten. Es könnte vielmehr sein, dass einige Unternehmen vorzugsweise das Internet oder den Geschäftsbericht für die Nachhaltigkeitsberichterstattung nutzen und deswegen keinen oder lediglich einen stark verkürzten separaten Nachhaltigkeitsbericht veröffentlichen. Dieser Tatsache wird in der vorliegenden Untersuchung Rechnung getragen, indem für die Veröffentlichung von **Nachhaltigkeitsinformationen im Internet** und **im Geschäftsbericht** kontrolliert wird.

Um für die Qualität der Nachhaltigkeitsberichterstattung im Internet zu kontrollieren, wurde, basierend auf dem Disclosure Index zur Messung der Qualität separater Nachhaltigkeitsberichte, ein verkürzter Kriterienkatalog entwickelt (vgl. Tab. 6-9). Die Internetberichterstattung wird ebenfalls anhand der drei Dimensionen Ökonomie, Ökologie und Soziales ausgewertet. Um eine detailliertere Auswertung zu ermöglichen, werden diese drei Oberkategorien in weitere drei (Ökonomie), sieben (Ökologie) bzw. vier (Gesellschaft) Unterkategorien gegliedert.

In Analogie zum Kategoriensystem zur Analyse separater Nachhaltigkeitsberichte orientiert sich der Disclosure Index an der von der GRI geforderten Berichterstattung über die Kernleistungsindikatoren in den drei Nachhaltigkeitsdimensionen. Im Rahmen der Auswertung wurden in jeder der 14 Unterkategorien in Abhängigkeit von Umfang und Qualität der Berichterstattung bis zu drei Punkte gemäß dem Bewertungsschema in Abb. 6-10 vergeben.

0 Punkte = keine Berichterstattung:

Das Unternehmen berichtet gar nicht über Nachhaltigkeitsaspekte dieser Kategorie.

1 Punkt = unvollständige bzw. allgemeingültige Berichterstattung:

Das Unternehmen berichtet lediglich über allgemeine Grundsätze in globaler Form. Konkrete Bezüge zu den Aktivitäten des Unternehmens werden nicht hergestellt.

2 Punkte = systematische Berichterstattung:

Im Rahmen der Berichterstattung werden die relevanten Themen systematisch dargestellt, indem direkt auf die Aktivitäten des Unternehmens eingegangen wird. Allerdings erfolgt die Berichterstattung überwiegend in qualitativer Form. Eine systematische Darstellung relevanter Key Performance Indicators (KPIs) erfolgt nicht. Entwicklungen im Zeitverlauf werden nicht systematisch dargestellt.

3 Punkte = umfassende bzw. vollumfängliche Darstellung:

Die Berichterstattung geht über rein qualitative Erläuterungen hinaus und erfolgt tiefgründig und umfassend. Es werden relevante KPIs in quantitativer Form veröffentlicht. Entwicklungen im Zeitverlauf werden systematisch dargestellt.

Abb. 6-10: Punktevergabe zur Auswertung der Internetberichterstattung

Ebenso wie beim Disclosure Index zur Auswertung separater Nachhaltigkeitsberichte wurde im Rahmen der multivariaten Regressionsanalyse der relative Zielerreichungsgrad zur Messung der Internetberichterstattung verwendet.

Neben der Berichterstattung in separaten Nachhaltigkeitsberichten sowie im Internet berichten Unternehmen zunehmend auch in ihren Geschäftsberichten über Nachhaltigkeitsaspekte, auch wenn dieses Berichtsmedium bislang eher selten für eine umfassende Nachhaltigkeitsberichterstattung genutzt wird.[1184] Um für den Umfang von Nachhaltigkeitsinformationen im Geschäftsbericht zu kontrollieren, wurden auch diese inhaltsanalytisch ausgewertet. Dazu wurden die relevanten Kapitel mit Nachhaltigkeitsbezug identifiziert und die entsprechenden Sätze sowie Seiten gezählt. Im Unterschied zu den Proxies zur Messung der Berichtsqualität in separaten Nachhaltigkeitsberichten sowie im Internet, wurde lediglich der Umfang, nicht jedoch die Qualität von Nachhaltigkeitsinformationen gemessen. In der Literatur wird mitunter jedoch argumentiert, dass der Umfang der Berichterstattung gleichzeitig auch ein geeigneter Proxy für die Berichtsqualität sei.[1185] In der Analyse wird zur Messung der Nachhaltigkeitsberichterstattung im Geschäftsbericht sowohl der relative Seitenumfang[1186] als auch die absolute Anzahl der Sätze verwendet.[1187]

6.2.2 Deskriptive Statistiken und Korrelationsanalysen

Bevor der isolierte bzw. simultane Einfluss der Determinanten auf die Erstellung und die Qualität separater Nachhaltigkeitsberichte untersucht wird, werden zunächst die deskriptiven Statistiken und Korrelationsanalysen der unabhängigen Variablen sowie der Kontrollvariablen dargestellt.

Wie die Beschreibung der Grundgesamtheit (Kap. 5.1.1) bereits gezeigt hat, unterscheiden sich deutsche und US-amerikanische Unternehmen hinsichtlich ihrer Größe deutlich voneinander. Wie die deskriptiven Statistiken in Tab. 6-10 zeigen, ist auch bezüglich der Medienpräsenz ein deutlicher Unterschied zwischen deutschen und US-amerikanischen Unternehmen festzustellen. Gemessen anhand der Suchergebnisse in drei großen Online-Suchmaschinen besitzen Unternehmen in den USA mit durchschnittlich 4,5 Mio. Suchergebnissen eine deutlich höhere Medienpräsenz als deutsche Unternehmen (0,5 Mio.).

Während das systematische Risiko – gemessen anhand des Betafaktors – in den USA im Durchschnitt etwas geringer ist, weisen die US-amerikanischen im Vergleich zu den deutschen Unternehmen eine höhere Profitabilität, einen höheren Streubesitzanteil der Aktien sowie einen höheren Verschuldungsgrad auf.

[1184] Vgl. *KPMG* (2009), S. 14f.; *KPMG* (2008), S. 17.

[1185] Vgl. Kap. 5.2.4.2.

[1186] Der relative Seitenumfang bemisst sich nach der Anzahl der Seiten mit Nachhaltigkeitsbezug im Verhältnis zur Gesamtseitenzahl des Geschäftsberichts.

[1187] Unabhängig davon, welcher Proxy zur Messung des Umfangs im Rahmen der empirischen Analysen verwendet wird, bleiben die Ergebnisse unverändert. Im weiteren Verlauf der Arbeit werden die Regressionsergebnisse unter Verwendung des relativen Seitenumfangs berichtet.

	BRD		USA		Gesamt	
	Mittelwert	Std.Abw.	Mittelwert	Std.Abw.	Mittelwert	Std.Abw.
Unternehmensgröße (in Mrd USD.)	7,8	16,7	55,3	55,9	31,5	47,5
Medienpräsenz (in Mio. USD)	0,5	0,9	4,5	20,5	2,5	14,6
Systematisches Risiko (Betafaktor)	1,04	0,4	1,0	0,4	1,04	0,4
Profitabilität (in %)	5,5	8,5	8,7	5,8	7,1	7,5
Streubesitzanteil (in %)	70,0	23,2	92,0	9,1	80,9	20,8
Verschuldungsgrad	0,43	1,1	0,51	3,9	0,48	2,9

Tab. 6-10: Deskriptive Statistiken der unabhängigen Variablen (Determinantenstudie)

Die Nachhaltigkeitsberichterstattung im Internet weist mit einem durchschnittlichen Zielerreichungsgrad von knapp 26% ein ähnliches Qualitätsniveau wie die separate Nachhaltigkeitsberichterstattung auf (vgl. Tab. 6-11).[1188] Konträr zu den empirischen Befunden zur Ausgestaltung separater Nachhaltigkeitsberichte ist die Qualität der Internetberichterstattung amerikanischer Unternehmen mit knapp 29% höher als bei den Unternehmen des deutschen Samples (23%). Ein Mittelwertvergleich zeigt, dass dieser Unterschied statistisch signifikant ist ($p < 0{,}001$).

	Nachhaltigkeitsberichterstattung im Internet Zielerreichungsgrad in %				
	Mittelwert	Median	Std.Abw.	Minimum	Maximum
BRD (N=160)	22,5	14,3	21,1	4,8	85,7
USA (N=160)	28,5	26,2	18,9	0	88,1
Gesamt (N=320)	25,5	19,0	20,2	0	88,1
Wilcoxon-Mann-Whitney-Test	p < 0,001				

Tab. 6-11: Deskriptive Statistiken zur Nachhaltigkeitsberichterstattung im Internet

Allerdings ist für beide Samples eine hohe Streuung um den Mittelwert zu beobachten (BRD = 21%; USA = 19%), was eine sehr heterogene Berichtsqualität in beiden Ländern erkennen lässt. Während in Deutschland alle 160 Unternehmen Informationen mit Nachhaltigkeitsbezug auf ihren Webseiten veröffentlichen, berichten zwei amerikanische Unternehmen nicht über Nachhaltigkeitsaspekte im Internet.[1189] Die Ergebnisse zeigen, dass ungeachtet der Veröffentlichung separater Nachhaltigkeitsberichte nahezu alle Unternehmen das Internet nutzen, um über Nachhaltigkeitsthemen zu informieren.

[1188] Zur Qualität der separaten Nachhaltigkeitsberichterstattung vgl. ausführlich Kap. 6.1.3. Bei dem Vergleich der Ergebnisse ist jedoch zu berücksichtigen, dass die Auswertung der Internetberichterstattung auf Basis eines verkürzten und vergleichsweise aggregierten Kategoriensystem erfolgte.

[1189] Die amerikanischen Unternehmen Precision Castparts Corp. und Priceline.com Inc. berichten auf ihren Webseiten nicht über Nachhaltigkeitsaspekte.

Tab. 6-12 zeigt die deskriptiven Statistiken zur Nachhaltigkeitsberichterstattung im Geschäftsbericht. Der Umfang von Nachhaltigkeitsinformationen im Geschäftsbericht ist mit einem relativen Seitenumfang von insgesamt knapp 3% sehr gering. In beiden Ländern scheinen die Unternehmen bislang primär einen separaten Nachhaltigkeitsbericht und/oder das Internet für eine umfassende Nachhaltigkeitsberichterstattung zu nutzen. Die umfangreichsten Informationen liefert die amerikanische Kraft Foods Inc. mit insgesamt 602 Sätzen. In Deutschland weist die BASF SE, die ihre Nachhaltigkeitsberichterstattung vollständig in den Geschäftsbericht integriert hat, mit 577 Sätzen die umfangreichste Berichterstattung über Nachhaltigkeitsaspekte im Geschäftsbericht auf.

	Nachhaltigkeitsberichterstattung im Geschäftsbericht Anzahl Sätze (relativer Seitenumfang in %)				
	Mittelwert	**Median**	**Std.Abw.**	**Minimum**	**Maximum**
BRD (N=160)	127 (3,4)	99 (2,8)	110 (3,0)	0	577 (28,2)
USA (N=160)	73 (1,8)	39 (1,2)	98 (2,1)	0	602 (15,4)
Gesamt (N=320)	100 (2,6)	68 (1,9)	108 (2,7)	0	602 (28,2)
Wilcoxon-Mann-Whitney-Test	p < 0,001 (p < 0,001)				

Tab. 6-12: Deskriptive Statistiken zur Nachhaltigkeitsberichterstattung im Geschäftsbericht

Auch hier weist die hohe Standardabweichung in Deutschland (110) und den USA (98) auf eine sehr heterogene Berichtspraxis hinsichtlich des Umfangs von Nachhaltigkeitsinformationen im Geschäftsbericht hin. Wie ein Mittelwertvergleich bestätigt, sind die Anzahl der Sätze mit Nachhaltigkeitsbezug sowie der relative Seitenumfang in den Geschäftsberichten deutscher Unternehmen (127 bzw. 3%) signifikant (jeweils p < 0,001) höher als in den amerikanischen Geschäftsberichten (73 bzw. 2%).

Neben den deskriptiven Statistiken werden in Tab. 6-13 die Korrelationsanalysen zwischen den unabhängigen Variablen sowie den Kontrollvariablen dargestellt. Die starke Korrelation zwischen der Länder-Dummy-Variablen und der Unternehmensgröße (r = -0,754***) zeigt, dass die Unternehmen des deutschen Samples signifikant kleiner sind als die amerikanischen Firmen.

	Land	Größe	Medienpräsenz	Syst. Risiko	Profitabilität	Externe Berichtsprüfung	Big4-Prüfung	Streubesitzanteil	Verschuldungsgrad	Disclosure Internet	Disclosure Geschäftsbericht
Land	1,000 -										
Größe	-0,754*** (0,000)	1,000 -									
Medienpräsenz	-0,535*** (0,000)	0,748*** (0,000)	1,000 -								
Syst. Risiko	0,028 (0,615)	-0,014 (0,802)	0,045 (0,423)	1,000 -							
Profitabilität	0,219*** (0,000)	-0,245*** (0,000)	-0,230*** (0,000)	0,182*** (0,001)	1,000 -						
Externe Berichtsprüfung	0,043 (0,452)	0,226*** (0,000)	0,226*** (0,000)	0,006 (0,911)	-0,088 (0,119)	1,000 -					
Big4-Prüfung	0,241*** (0,000)	0,104* (0,064)	0,186*** (0,001)	0,007 (0,902)	-0,044 (0,434)	0,645*** (0,000)	1,000 -				
Streubesitzanteil	-0,486*** (0,000)	0,471*** (0,000)	0,324*** (0,000)	0,038 (0,500)	-0,150*** (0,008)	0,092 (0,104)	-0,028 (0,625)	1,000 -			
Verschuldungsgrad	0,020 (0,721)	0,067 (0,235)	0,045 (0,427)	0,077 (0,172)	0,020 (0,730)	0,051 (0,370)	0,050 (0,380)	0,071 (0,209)	1,000 -		
Disclosure Internet	-0,214*** (0,000)	0,506*** (0,000)	0,489*** (0,000)	-0,038 (0,499)	-0,180*** (0,001)	0,360*** (0,000)	0,316*** (0,000)	0,214*** (0,000)	0,107* (0,057)	1,000 -	
Disclosure Geschäftsbericht	0,372*** (0,000)	-0,152*** (0,007)	-0,158*** (0,005)	-0,036 (0,524)	0,146** (0,010)	0,209*** (0,000)	0,240*** (0,000)	-0,167*** (0,003)	0,114** (0,044)	0,227*** (0,000)	1,000 -

Die Tabelle zeigt die Spearman-Korrelationskoeffizienten mit den entsprechenden p-Werten in Klammern.

Tab. 6-13: Korrelationsanalysen der unabhängigen Variablen (Determinanten und Kontrollvariablen)

Zudem weisen die Ergebnisse eine starke Korrelation zwischen der Unternehmensgröße und der Medienpräsenz auf (r = 0,748***). Dieses Ergebnis verwundert nicht, da davon ausgegangen werden kann, dass die Medienpräsenz und somit die öffentliche Aufmerksamkeit, der ein Unternehmen ausgesetzt ist, mit steigender Unternehmensgröße zunimmt.[1190] Es ist daher möglich, dass sich beide Variablen im Rahmen der multivariaten Analyse gegenseitig Erklärungsgehalt rauben. Um für diesen Effekt zu kontrollieren, werden, neben einer gleichzeitigen Berücksichtigung der Variablen im Regressionsmodell, beide Variablen zudem einzeln in das Modell aufgenommen.[1191] Ferner zeigen die Ergebnisse eine schwache bis mittlere positive und statistisch signifikante Korrelation zwischen einer freiwilligen Berichtsprüfung und der Nachhaltigkeitsberichterstattung im Internet (r = 0,360***) bzw. im Geschäftsbericht (r = 0,209***) auf. Zudem besteht eine schwach positive, statistisch signifikante Korrelation zwischen der Nachhaltigkeitsberichterstattung im Internet und im Geschäftsbericht (r = 0,227***). Dies zeigt, dass Unternehmen die verschiedenen Berichtsformate tendenziell eher ergänzend bzw. parallel denn alternativ nutzen.

6.2.3 Isolierter Einfluss der Determinanten

Nachdem in den vorherigen Kapiteln die verwendeten Variablen vorgestellt und die deskriptiven Statistiken und Korrelationsanalysen der unabhängigen Variablen dargestellt wurden, wird in diesem Kapitel zunächst der isolierte Einfluss der Determinanten untersucht. Auf Basis der Ergebnisse zur Ausgestaltung der separaten Nachhaltigkeitsberichterstattung in Deutschland und den USA konnten bereits erste Aussagen zu den Forschungshypothesen bezüglich des Ländereinflusses ($H1_a$ und $H1_b$) gemacht werden (vgl. Kap. 6.1). Entgegen der formulierten Vermutung haben die empirischen Befunde zur Berichtspraxis gezeigt, dass der Anteil der Unternehmen, die einen separaten Nachhaltigkeitsbericht erstellen, in den USA (61%) deutlich größer ist als in Deutschland (26%). Allerdings könnte dies insbesondere darauf zurückzuführen sein, dass die Unternehmen der amerikanischen Grundgesamtheit im Vergleich zum deutschen Sample deutlich größer sind. Letztendlich werden die Ergebnisse der multivariaten Analysen im folgenden Kapitel Aufschluss über den Einfluss der Unternehmensgröße auf die Erstellung von Nachhaltigkeitsberichten geben. Ferner haben die Ergebnisse in Übereinstimmung mit der Forschungshypothese gezeigt, dass die Nachhaltigkeitsberichte deutscher Unternehmen eine statistisch signifikant höhere Berichtsqualität aufweisen als die Berichte amerikanischer Unternehmen.[1192]

Im Folgenden werden, basierend auf einer isolierten Betrachtung, die weiteren Einflussfaktoren untersucht. Um die Stärke und Richtung des Zusammenhangs zwischen der Erstellung sowie der Qualität separater Nachhaltigkeitsberichte und den Determinanten Unternehmensgröße, Medienpräsenz, systematisches Risiko, Profitabilität, Streubesitzanteil sowie Verschuldungsgrad zu untersuchen, werden in einem ersten Schritt Korrelationsanalysen durchgeführt.

[1190] Vgl. hierzu auch die Ausführungen zu den politischen Kosten in Kap. 4.1.2.3.2.
[1191] Vgl. hierzu Kap. 6.2.4.
[1192] Vgl. hierzu auch Kap. 6.1.

Wie die Ergebnisse zeigen, stellt die **Unternehmensgröße** vor allem in Bezug auf die Erstellung eines separaten Nachhaltigkeitsberichts eine bedeutende Determinante dar (vgl. Tab. 6-14). Mit einem Korrelationskoeffizienten von r = 0,483*** ist dieser Einfluss statistisch signifikant auf dem 1%-Niveau. Auch wenn man den Zusammenhang in Deutschland und den USA separat betrachtet, kann für beide Länder ein signifikanter Einfluss der Unternehmensgröße festgestellt werden (BRD: r = 0,481***; USA: r = 0,172**), wobei der Zusammenhang in Deutschland wesentlicher stärker ist als in den USA. Die Annahme, es bestehe kein Zusammenhang zwischen der Unternehmensgröße und der Erstellung eines separaten Nachhaltigkeitsberichts kann aufgrund der Ergebnisse somit zurückgewiesen werden.

	Unternehmensgröße		
	Gesamt	BRD	USA
Berichtserstellung	0,483*** (0,000)	0,481*** (0,000)	0,172** (0,030)
Berichtsqualität	-0,077 (0,367)	0,391** (0,011)	0,053 (0,607)

Die Tabelle zeigt die Spearman-Korrelationskoeffizienten mit den entsprechenden p-Werten in Klammern.

Tab. 6-14: Einfluss der Unternehmensgröße

Ein positiver Zusammenhang zwischen der Unternehmensgröße und der Qualität der Nachhaltigkeitsberichterstattung kann anhand der Ergebnisse der Korrelationsanalyse nicht eindeutig festgestellt werden. Während sich auf Basis des Gesamtsamples sowie für das amerikanische Sample kein Zusammenhang feststellen lässt (r = -0,077 bzw. r = 0,053),[1193] deutet der Korrelationskoeffizient für die deutschen Unternehmen auf einen mittleren positiven, statistisch signifikanten Einfluss der Unternehmensgröße auf die Berichtsqualität hin.

Es ist zu vermuten, dass aufgrund der Tatsache, dass die Grundgesamtheit ohnehin nur verhältnismäßig große Unternehmen umfasst und die Variation der Unternehmensgröße innerhalb der Beobachtungswerte in den USA im Vergleich zu Deutschland deutlich geringer ist, ein statistisch positiver Zusammenhang für amerikanische Unternehmen nicht festgestellt werden kann.[1194] Es ist durchaus möglich, dass sehr wohl ein positiver Zusammenhang zwischen der Unternehmensgröße und der Berichtsqualität besteht, dieser allerdings aufgrund der Verteilung der Unternehmensgröße der analysierten Unternehmen in diesem speziellen Setting nicht nachgewiesen werden kann. Auch hier müssen letztendlich

---

1193 Obwohl der Korrelationskoeffizient auf Basis des Gesamtsamples negativ ist, sind auf Länderebene jeweils positive Korrelationskoeffizienten festzustellen. Dies kann durch die signifikanten Unterschiede in der Unternehmensgröße zwischen den beiden Ländern erklärt werden. Da die deutschen Unternehmen grundsätzlich kleiner sind und gleichzeitig eine höhere Berichtsqualität aufweisen, kommt es bei Betrachtung des Gesamtsamples zu einem negativen Vorzeichen des Korrelationskoeffizienten.

1194 Der Variationskoeffizient der Unternehmensgröße bezogen auf Unternehmen, die einen separaten Nachhaltigkeitsbericht erstellen, beläuft sich in den USA auf einen Wert von 0,98 (n = 98), während dieser Wert mit 1,22 (n = 42) für deutsche Unternehmen größer ausfällt.

die Ergebnisse der multivariaten Regressionsanalyse Aufschluss über die Wirkungsweise der Unternehmensgröße auf die Nachhaltigkeitsberichterstattung geben.[1195]

Ähnliche Ergebnisse wie für die Unternehmensgröße zeigen sich für den Einfluss der **Medienpräsenz** (vgl. Tab. 6-15). Mit einer mittleren positiven Korrelation von r = 0,471*** (BRD: r = 0,461***; USA: r = 0,188**) kann auch hier insgesamt sowie auf Länderebene ein statistisch signifikanter Einfluss der Medienpräsenz auf die Erstellung eines separaten Nachhaltigkeitsberichts festgestellt werden, wobei dieser Zusammenhang bezogen auf die deutsche Grundgesamtheit deutlich stärker ist. Insgesamt kann die Nullhypothese, dass kein Zusammenhang zwischen der Medienpräsenz der Unternehmen und der Erstellung eines Nachhaltigkeitsberichts besteht, auf Basis der Ergebnisse der Korrelationsanalyse zurückgewiesen werden.

	Medienpräsenz		
	Gesamt	BRD	USA
Berichtserstellung	0,471*** (0,000)	0,461*** (0,000)	0,188** (0,017)
Berichtsqualität	0,103 (0,226)	0,427*** (0,005)	0,079 (0,440)
Die Tabelle zeigt die Spearman-Korrelationskoeffizienten mit den entsprechenden p-Werten in Klammern.			

Tab. 6-15: Einfluss der Medienpräsenz

Ein Einfluss der Medienpräsenz auf die Berichtsqualität kann ebenso wie bei der Unternehmensgröße nicht eindeutig festgestellt werden. Während die Ergebnisse für deutsche Unternehmen eine mittlere und statistisch signifikant positive Korrelation (r = 0,427***) zwischen der Medienpräsenz der Unternehmen und der Qualität der Nachhaltigkeitsberichterstattung zeigen, kann ein solcher Zusammenhang für amerikanische Unternehmen (r = 0,079) sowie für das Gesamtsample (r = 0,103) nicht nachgewiesen werden. Die Ergebnisse der Korrelationsanalysen der unabhängigen Variablen im vorherigen Kapitel haben gezeigt, dass zwischen der Unternehmensgröße und der Medienpräsenz der Unternehmen ein positiver und statistisch signifikanter Zusammenhang besteht.[1196] Demnach ist zu vermuten, dass auch im Falle der Medienpräsenz möglicherweise kein eindeutiger Zusammenhang festgestellt werden kann, da im Rahmen der empirischen Studie ohnehin relativ große Unternehmen mit einer hohen Medienpräsenz betrachtet werden.

Ein Zusammenhang zwischen dem **systematischen Unternehmensrisiko** und der Erstellung eines Nachhaltigkeitsberichts kann auf Basis der Ergebnisse der Korrelationsanalyse nicht nachgewiesen werden.[1197] Anhand der Korrelationskoeffizienten in Tab. 6-16 ist sowohl für das Gesamtsample (r = 0,037) als auch für die USA (r = 0,005) kein Zusammenhang zu identifizieren. Lediglich in Deutschland scheint mit einem Korrelationskoeffizienten von r = 0,104 ein sehr schwacher positiver Einfluss des systematischen Risikos

[1195] Die Ergebnisse bleiben insgesamt unverändert, wenn man anstelle der Marktkapitalisierung die Bilanzsumme, den Umsatz oder die Mitarbeiterzahl als Indikator für die Unternehmensgröße einsetzt.

[1196] Vgl. Tab. 6-13.

[1197] Insgesamt mussten fünf Unternehmen aus der Analyse ausgeschlossen werden, da der Betafaktor für diese Unternehmen nicht zu ermitteln war.

auf die Erstellung eines separaten Nachhaltigkeitsberichts vorzuliegen. Dieser ist aber statistisch nicht signifikant. Somit kann die Nullhypothese, dass zwischen der Erstellung eines separaten Nachhaltigkeitsberichts und dem systematischen Unternehmensrisiko kein Zusammenhang besteht, nicht zurückgewiesen werden.

	Systematisches Risiko		
	Gesamt	**BRD**	**USA**
Berichtserstellung	0,037 (0,513)	0,104 (0,197)	0,005 (0,947)
Berichtsqualität	0,029 (0,731)	-0,012 (0,942)	-0,033 (0,750)
Die Tabelle zeigt die Spearman-Korrelationskoeffizienten mit den entsprechenden p-Werten in Klammern.			

Tab. 6-16: Einfluss des systematischen Risikos

Auch in Bezug auf die Berichtsqualität kann anhand der Ergebnisse kein Zusammenhang festgestellt werden. Betrachtet man Deutschland und die USA getrennt voneinander, so deuten die Korrelationskoeffizienten sogar auf einen negativen Zusammenhang hin. Allerdings kann bei Korrelationskoeffizienten von r = -0,012 (BRD) bzw. r = -0,033 (USA) nicht einmal ein sehr schwacher Zusammenhang unterstellt werden. Somit kann die Nullhypothese, dass das systematische Unternehmensrisiko keinen Einfluss auf die Qualität der Nachhaltigkeitsberichterstattung hat, ebenfalls nicht zurückgewiesen werden. Das systematische Unternehmensrisiko trägt bei einer isolierten Betrachtung der Einflussfaktoren somit nicht nennenswert zur Erklärung der Erstellung sowie der Qualität separater Nachhaltigkeitsberichte bei.

Entgegen der in Kap. 4.2.2.5 formulierten Hypothese, dass ein positiver Zusammenhang zwischen der Erstellung eines separaten Nachhaltigkeitsberichts und der **Profitabilität** der Unternehmen besteht, zeigen die Ergebnisse der Korrelationsanalyse gegenteilige Ergebnisse (vgl. Tab. 6-17).

	Profitabilität		
	Gesamt	**BRD**	**USA**
Berichtserstellung	-0,160*** (0,004)	-0,188** (0,017)	-0,014 (0,856)
Berichtsqualität	-0,122 (0,151)	-0,178 (0,258)	-0,129 (0,207)
Die Tabelle zeigt die Spearman-Korrelationskoeffizienten mit den entsprechenden p-Werten in Klammern.			

Tab. 6-17: Einfluss der Profitabilität

Insgesamt ist eine schwach negative Korrelation mit einem Korrelationskoeffizienten von r = -0,160*** festzustellen. Dieses Ergebnis ist statistisch signifikant auf dem 1%-Signifikanzniveau. Auch für das deutsche Sample zeigen die Ergebnisse eine schwach negative, statistisch signifikante Korrelation (r = -0,188**). Für die amerikanischen Unternehmen ergibt sich zwar auch ein negatives Vorzeichen, allerdings kann bei einem Korrelationskoeffizienten von r = -0,014 kein Zusammenhang angenommen werden. Auf Basis der vorliegenden Ergebnisse kann, entgegen der Vermutung in der Forschungshypothese, für das Gesamtsample ein statistisch signifikanter, wenn auch tendenziell schwacher, negativer Zusammenhang zwischen der Erstellung eines separaten Nachhaltigkeitsberichts und der Profitabilität der Unternehmen konstatiert werden.

Die Berichtsqualität weist ebenfalls einen schwach negativen Zusammenhang mit der Profitabilität auf (Gesamt: r = -0,122; BRD: r = -0,178; USA: r = -0,129), allerdings sind diese Ergebnisse statistisch nicht signifikant. Insgesamt bleibt somit festzuhalten, dass eine isolierte Betrachtung der Determinanten darauf hindeutet, dass insbesondere weniger profitable Unternehmen einen separaten Nachhaltigkeitsbericht veröffentlichen. Die Profitabilität der Unternehmen scheint jedoch keinen Einfluss auf die Qualität der Nachhaltigkeitsberichterstattung zu haben.

Der Einfluss der **Stakeholderorientierung** auf die Erstellung eines separaten Nachhaltigkeitsberichts bzw. auf die Qualität der Berichterstattung beschränkt sich in der vorliegenden Arbeit auf den Einfluss von Investoren. Dabei wird zwischen Eigen- und Fremdkapitalgebern unterschieden, weshalb als Indikator für die Stakeholderorientierung einerseits der Streubesitzanteil der Aktien und andererseits der Verschuldungsgrad verwendet wird. Wie Tab. 6-18 zeigt, besteht ein schwach positiver Zusammenhang zwischen dem **Streubesitzanteil der Aktien** und der Erstellung eines Nachhaltigkeitsberichts. Dieser Einfluss ist mit einem Korrelationskoeffizienten von 0,279*** statistisch signifikant auf dem 1%-Signifikanzniveau. Auch für das amerikanische Sample lässt sich ein schwach positiver, statistisch signifikanter Zusammenhang feststellen (r = 0,143*). Betrachtet man ausschließlich deutsche Unternehmen, ist dieser Zusammenhang schwächer und statistisch nicht signifikant. Insgesamt scheinen Unternehmen mit einem höheren Streubesitzanteil der Aktien eher einen separaten Nachhaltigkeitsbericht zu veröffentlichen als Unternehmen mit einem geringeren Streubesitzanteil. Für das Gesamtsample kann somit die Nullhypothese, dass kein Zusammenhang zwischen dem Streubesitzanteil und der Erstellung eines separaten Nachhaltigkeitsberichts besteht, zunächst abgelehnt werden.

	Streubesitzanteil der Aktien		
	Gesamt	**BRD**	**USA**
Berichtserstellung	0,279*** (0,000)	0,100 (0,207)	0,143* (0,070)
Berichtsqualität	-0,100 (0,239)	-0,083 (0,603)	0,140 (0,171)

Die Tabelle zeigt die Spearman-Korrelationskoeffizienten mit den entsprechenden p-Werten in Klammern.

Tab. 6-18: Einfluss des Streubesitzanteils

Die Untersuchung des Zusammenhangs zwischen dem Streubesitzanteil und der Berichtsqualität weist für das Gesamtsample sowie für die deutschen Unternehmen einen schwach negativen Zusammenhang auf (Gesamt: r = -0,100; BRD: r = -0,083). Lediglich für das amerikanische Sample lässt sich ein schwach positiver Zusammenhang feststellen (r = 0,140). Allerdings sind die Ergebnisse statistisch nicht signifikant, so dass der hier verwendete Indikator für die Stakeholderorientierung insgesamt nicht nennenswert zur Erklärung der Qualitätsunterschiede in der Nachhaltigkeitsberichterstattung beitragen kann.

Wie die Ergebnisse der Korrelationsanalyse in Tab. 6-19 zeigen, besteht zwischen dem **Verschuldungsgrad** der Unternehmen und der Erstellung eines Nachhaltigkeitsberichts bei Betrachtung des Gesamtsamples ein schwach positiver, statistisch signifikanter Zusammenhang (r = 0,101*). Betrachtet man die Ergebnisse auf Länderebene, ist ebenfalls ein schwach positiver Zusammenhang festzustellen (BRD: r = 0,108; USA: r = 0,123), allerdings sind diese Werte statistisch nicht signifikant. Insgesamt scheint der Verschuldungsgrad als Indikator für die Stakeholderorientierung lediglich einen sehr geringen Erklärungsbeitrag für die Erstellung eines Nachhaltigkeitsberichts zu liefern. Die Nullhypothese, dass die Höhe des Verschuldungsgrads keinen Einfluss auf die Erstellung eines separaten Nachhaltigkeitsberichts hat, ist auf Basis des Gesamtsamples jedoch abzulehnen.

	Verschuldungsgrad		
	Gesamt	**BRD**	**USA**
Berichtserstellung	0,101* (0,071)	0,108 (0,176)	0,123 (0,122)
Berichtsqualität	0,033 (0,697)	-0,185 (0,240)	0,073 (0,475)
Die Tabelle zeigt die Spearman-Korrelationskoeffizienten mit den entsprechenden p-Werten in Klammern.			

Tab. 6-19: Einfluss des Verschuldungsgrads

Ferner weisen die Ergebnisse der Korrelationsanalyse keinen Zusammenhang zwischen dem Verschuldungsgrad der Unternehmen und der Qualität der Nachhaltigkeitsberichterstattung auf (r = 0,033). Für die USA kann ebenfalls kein Zusammenhang festgestellt werden (r = 0,073). Für das deutsche Sample zeigt sich hingegen ein schwach negativer Zusammenhang (r = -0,185). Dieser ist statistisch allerdings nicht signifikant. Analog zu den Ergebnissen zum Einfluss des Streubesitzanteils besitzt auch die Höhe des Verschuldungsgrads und somit die Stakeholderorientierung bei einer isolierten Betrachtung der Determinanten keinen Erklärungsgehalt bezüglich der Qualität separater Nachhaltigkeitsberichte.

Der Zusammenhang zwischen der Qualität der Nachhaltigkeitsberichterstattung und einer **freiwilligen Berichtsprüfung** wurde mithilfe eines Mittelwertvergleichs bestimmt. Um den Einfluss einer externen Berichtsprüfung zu untersuchen, werden die Unternehmen in zwei Gruppen unterteilt und miteinander verglichen. Die erste Gruppe besteht aus Unternehmen, die ihren Nachhaltigkeitsbericht freiwillig durch externe Dritte haben überprüfen lassen, während sich die zweite Gruppe aus den Unternehmen zusammensetzt, die auf eine Prüfung ihres Nachhaltigkeitsberichts verzichtet haben.

Wie die Ergebnisse in Tab. 6-20 zeigen, unterscheiden sich die Mittelwerte der Berichtsqualität zwischen den beiden Gruppen deutlich voneinander. Der p-Wert zeigt zudem, dass diese Mittelwertunterschiede statistisch signifikant sind ($p < 0,001$) und die Nullhypothese, nach der sich die Qualität der Nachhaltigkeitsberichterstattung in den beiden Gruppen nicht voneinander unterscheidet, folglich zurückgewiesen werden kann. Auch für das amerikanische Sample unterscheiden sich die Mittelwerte auf dem 1%-Signifikanzniveau ($p < 0,001$). Betrachtet man ausschließlich die Nachhaltigkeitsberichte deutscher Unternehmen, sind die Mittelwertunterschiede der Berichtsqualität zwischen geprüften und nicht geprüften Berichten nicht ganz so deutlich wie bei den amerikanischen Unternehmen. Der p-Wert weist dennoch eine statistische Signifikanz der Unterschiede auf dem 10%-Niveau auf (p = 0,072). Insgesamt bestätigen die Ergebnisse den vermuteten positiven Zusammenhang. Es kann somit angenommen werden, dass separate Nachhaltigkeitsberichte, die einer externen Berichtsprüfung unterzogen wurden, tendenziell eine höhere Berichtsqualität aufweisen.

	Berichtsqualität (Zielerreichungsgrad in %)								
	Gesamt			**BRD**			**USA**		
	n	**Mittelwert**	**Std. Abw.**	**n**	**Mittelwert**	**Std. Abw..**	**n**	**Mittelwert**	**Std. Abw..**
Berichtsprüfung	39	28,7	11,8	21	30,9	11,5	18	26,0	11,9
Keine Berichtsprüfung	101	17,9	9,9	21	24,8	12,2	80	16,1	8,3
Wilcoxon-Mann-Whitney-Test	p < 0,001			p = 0,072			p < 0,001		

Tab. 6-20: Einfluss einer freiwilligen Berichtsprüfung

Weiterhin ist zu analysieren, ob Nachhaltigkeitsberichte, die durch eine **Big-Four-Wirtschaftsprüfungsgesellschaft** geprüft worden sind, eine höhere Qualität besitzen als Berichte, die durch eine andere externe Organisation[1198] geprüft wurden (vgl. Tab. 6-21). Auf Basis der Ergebnisse eines Mittelwertvergleichs lässt sich kein Zusammenhang zwischen der Berichtsqualität und der Prüfung durch eine Big-Four-Wirtschaftsprüfungsgesellschaft feststellen (p = 0,276).[1199] Die Nullhypothese, dass sich die Mittelwerte zwischen beiden Gruppen nicht voneinander unterscheiden, kann somit nicht abgelehnt werden.

	Berichtsqualität (Zielerreichungsgrad in %)								
	Gesamt			**BRD**			**USA**		
	n	**Mittelwert**	**Std. Abw.**	**n**	**Mittelwert**	**Std. Abw.**	**n**	**Mittelwert**	**Std. Abw.**
Big4-Prüfung	17	30,7	11,2	17	30,7	11,2	-	-	-
Keine Big4-Prüfung	22	27,1	12,2	4	31,9	14,2	18	26,0	11,9
Wilcoxon-Mann-Whitney-Test	p = 0,276			p = 1,000			-		

Tab. 6-21: Einfluss einer Prüfung durch eine Big-Four-Wirtschaftsprüfungsgesellschaft

[1198] Dies können bspw. Nicht-Big-Four-Wirtschaftsprüfungsgesellschaften, gemeinnützige Organisationen (bspw. Umweltverbände), andere Zertifizierungsgesellschaften (bspw. der TÜV) oder andere Beratungsgesellschaften, die sich auf Nachhaltigkeit und Nachhaltigkeitsberichte spezialisiert haben, sein. Vgl. *Höschen/Vu* (2008), S. 379; *KPMG* (2009), S. 46.

[1199] Auch hier konnte Varianzhomogenität zwischen beiden Gruppen angenommen werden, so dass neben dem parametrischen Wilcoxon-Mann-Whitney-Test zusätzlich ein T-Test durchgeführt wurde.

Betrachtet man die Ergebnisse auf Länderebene, so ergeben sich interessante Unterschiede in der Berichtspraxis zwischen Deutschland und den USA. Während in Deutschland rund 80% der geprüften Nachhaltigkeitsberichte durch eine Big-Four-Wirtschaftsprüfungsgesellschaft geprüft wurden, ließ keines der amerikanischen Unternehmen seinen Bericht durch eine der vier großen Wirtschaftsprüfungsgesellschaften überprüfen. Allerdings kann auch für Deutschland mit einem Signifikanzwert von p = 1,000 kein signifikanter Unterschied in der Berichtsqualität zwischen den beiden Gruppen festgestellt werden.

		Berichtsqualität (Zielerreichungsgrad in %)							
	Gesamt			**BRD**			**USA**		
	n	**Mittelwert**	**Std. Abw.**	**n**	**Mittelwert**	**Std. Abw.**	**n**	**Mittelwert**	**Std. Abw.**
Energy	9	20,7	10,5	0	-	-	9	20,7	10,5
Materials	12	29,4	15,0	5	28,9	15,8	7	29,7	15,6
Industrials	28	20,8	9,2	12	25,0	10,6	16	17,6	6,8
Consumer Discretionary	19	17,6	12,0	7	26,7	12,7	12	12,2	7,9
Consumer Staples	15	22,8	10,0	4	33,2	4,7	11	19,1	8,6
Health Care	14	16,8	12,4	2	41,3	2,1	12	12,7	7,3
Financials	18	19,0	11,9	7	26,3	11,7	11	14,4	9,9
Information Technology	15	22,1	12,2	2	30,9	30,2	13	20,7	9,1
Telecommunication Services	3	14,5	3,5	1	11,0	-	2	16,2	2,5
Utilities	7	25,4	7,7	2	32,9	3,9	5	22,3	6,7
Kruskal-Wallis-Test Erstellung		p = 0,330			p = 0,628			p = 0,678	
Kruskal-Wallis-Test Qualität		p = 0,139			p = 0,573			p = 0,020	

Tab. 6-22: Einfluss der Branchenzugehörigkeit

Als eine weitere mögliche Determinante der Nachhaltigkeitsberichterstattung wird regelmäßig auch die **Branchenzugehörigkeit** angenommen. Einerseits ist zu vermuten, dass die Branchenzugehörigkeit einen Einfluss auf die Erstellung eines separaten Nachhaltigkeitsberichts hat. Andererseits kann davon ausgegangen werden, dass die Nachhaltigkeitsberichterstattung in Abhängigkeit der Branche unterschiedlich ausgestaltet ist und damit auch entsprechende Unterschiede in der Berichtsqualität verbunden sind. Tab. 6-22 gibt einen Überblick über die Mittelwerte der Berichtsqualität in den verschiedenen Branchen.

Es zeigt sich, dass die Branchen *Materials* (29%), *Consumer Staples* (23%) und *Information Technology* (22%) im Durchschnitt die höchste Berichtsqualität aufweisen. Am geringsten ist die Qualität der Berichterstattung in den Branchen *Health Care* (17%), *Consumer Discretionary* (18%) und *Financials* (19%). Der Zusammenhang zwischen der Branchenzugehörigkeit und der Erstellung bzw. der Qualität separater Nachhaltigkeitsberichte wird mit Hilfe des parameterfreien Kruskal-Wallis-Tests analysiert. Dieser ähnelt dem Wilcoxon-Mann-Whitney-Test mit dem Unterschied, dass er für den Vergleich von mehr als zwei Gruppen angewendet werden kann. Die Ergebnisse zeigen, dass die hier beobachteten Mittelwertunterschiede mit Signifikanzwerten für das Gesamtsample sowie für das deutsche Sample von $p = 0{,}139$ bzw. $p = 0{,}573$ statistisch nicht signifikant sind. Lediglich für die amerikanischen Unternehmen lassen sich signifikante Mittelwertunterschiede auf dem 5%-Signifikanzniveau feststellen ($p = 0{,}020$). Insgesamt kann die Nullhypothese, dass sich die Qualität der Nachhaltigkeitsberichterstattung zwischen den Branchen nicht unterscheidet, somit nicht eindeutig zurückgewiesen werden. Ebenso scheint die Branchenzugehörigkeit bei isolierter Betrachtung der Determinanten keinen signifikanten Einfluss auf die Erstellung eines separaten Nachhaltigkeitsberichts zu haben (Gesamt: $p = 0{,}330$; BRD: $p = 0{,}628$; USA: $p = 0{,}678$).

Die Untersuchung des isolierten Einflusses der Determinanten einer separaten Nachhaltigkeitsberichterstattung hat bereits erste Zusammenhänge aufgedeckt. Die Ergebnisse der Korrelationsanalysen haben gezeigt, dass ein Zusammenhang zwischen der Erstellung eines separaten Nachhaltigkeitsberichts und den Einflussfaktoren Unternehmensgröße, Medienpräsenz, Profitabilität und Streubesitzanteil der Aktien besteht. Für das systematische Unternehmensrisiko und den Verschuldungsgrad sind hingegen keine Zusammenhänge zu erkennen. In Bezug auf die Berichtsqualität konnten im Rahmen der Korrelationsanalysen allerdings keine eindeutigen Zusammenhänge festgestellt werden. Lediglich für die deutschen Unternehmen zeigte sich ein signifikant positiver Einfluss der Unternehmensgröße sowie der Medienpräsenz auf die Berichtsqualität.

Zudem konstatieren die Ergebnisse der Mittelwertvergleiche einen signifikanten Einfluss einer freiwilligen Berichtsprüfung auf die Qualität der Nachhaltigkeitsberichterstattung. Zwischen der Berichtsprüfung durch eine Big-Four-Wirtschaftsprüfungsgesellschaft und der Qualität der Berichterstattung ist allerdings kein Zusammenhang erkennbar. Ebenso lässt sich anhand der Ergebnisse ein signifikanter Einfluss der Branchenzugehörigkeit weder auf die Erstellung noch auf die Qualität separater Nachhaltigkeitsberichte nachweisen.

Um zu einem abschließenden Urteil über die Determinanten der separaten Nachhaltigkeitsberichterstattung zu gelangen und zu überprüfen, ob die Forschungshypothesen abzulehnen oder nicht abzulehnen sind, wird im folgenden Kapitel der simultane Einfluss aller Determinanten im Rahmen multivariater Regressionsanalysen untersucht.

6.2.4 Simultaner Einfluss der Determinanten

6.2.4.1 Einfluss auf die Erstellung eines separaten Nachhaltigkeitsberichts

Um den simultanen Einfluss der Determinanten auf die Erstellung separater Nachhaltigkeitsberichte zu untersuchen, wird die folgende Probitregression geschätzt:

$$(6.1) \quad \textit{Separater NB} = \alpha + \beta_1 Land_i + \beta_2 Größe_i + \beta_3 Medien_i + \beta_4 Syst.\ Risiko_i + \beta_5 Profit_i + \beta_6 Streubesitz_i + \beta_7 Verschuldung_i + \beta_8 Branche_i + \beta_9 Discl.\ Int._i + \beta_{10} Discl.\ GB_i + \varepsilon_i$$

mit

Separater NB	=	Dummy-Variable; mit 1, wenn separater Nachhaltigkeitsbericht erstellt wird, sonst 0;
Land	=	Dummy-Variable; mit 1, wenn deutsches Unternehmen, sonst 0;
Größe	=	logarithmierte Marktkapitalisierung;
Medien	=	arithmetisches Mittel der Anzahl der Suchergebnisse in Online-Suchmaschinen;
Syst. Risiko	=	Betafaktor;
Profit	=	Profitabilität (ROA);
Streubesitz	=	Streubesitzanteil (Beteiligungen < 5%);
Verschuldung	=	Verschuldungsgrad (Fremdkapital – liquide Mittel/Eigenkapital);
Branche	=	Dummy-Variablen für die einzelnen Branchen; mit 1, wenn Zugehörigkeit zur ausgewählten Branche, sonst 0;
Discl. Int.	=	Zielerreichungsgrad (in %) zur Messung der Berichtsqualität im Internet;
Discl. GB	=	relativer Seitenumfang der Nachhaltigkeitsberichterstattung im Geschäftsbericht.

Neben der Analyse des Gesamtsamples werden auch Regressionen auf Basis der einzelnen Ländersamples durchgeführt, um mögliche Unterschiede zwischen Deutschland und den USA aufzuzeigen. Abschließend wird anhand von Sensitivitätsanalysen und Robustheitstests die Stabilität der Ergebnisse überprüft.

Die Ergebnisse werden zunächst auf Basis des Ausgangsmodells, welches alle Determinanten gleichzeitig einschließt, ermittelt (vgl. Modell 1 in Tab. 6-23). Wie das Pseudo-R^2 verdeutlicht, erklärt das Modell 34,2% der Gesamtstreuung. Die Überprüfung der Regressionskoeffizienten mit Hilfe des Z-Werts zeigt zudem, dass das Gesamtmodell mit einem Signifikanzwert von p < 0,001 statistisch signifikant ist. Insgesamt werden fünf Unternehmen aufgrund mangelnder Datenverfügbarkeit von der Analyse ausgeschlossen.

Variablen	Erwartetes Vorzeichen	Erstellung separater Nachhaltigkeitsbericht		
		Modell 1	Modell 2	Modell 3
Konstante	+/-	-3,5019 (-2,93)***	-3,2229 (-2,94)***	-2,6818 (-2,56)**
Land	+	-0,3489 (-1,14)	-0,3296 (-1,08)	-0,7087 (-3,14)
Unternehmensgröße	+	0,1635 (1,64)*	0,1967 (2,21)**	
Medienpräsenz	+	0,0502 (0,66)		0,1128 (1,64)*
Systematisches Risiko	+	0,4295 (1,73)**	0,4551 (1,85)**	0,3985 (1,60)*
Profitabilität	+	-0,0064 (-2,26)	-0,0066 (-2,30)	-0,0060 (-2,18)
Streubesitzanteil	+	0,0024 (0,45)	0,0024 (0,45)	0,0027 (0,53)
Verschuldungsgrad	+	0,0025 (0,30)	0,0023 (0,27)	0,0026 (0,34)
Energy	+/-	-0,1693 (-0,38)	-0,1957 (-0,45)	-0,1631 (-0,36)
Materials	+/-	0,3511 (0,77)	0,3419 (0,74)	0,3753 (0,80)
Industrials	+/-	0,4861 (1,59)	0,5001 (1,62)	0,3998 (1,37)
Consumer Discretionary	+/-	0,3186 (0,91)	0,3620 (1,05)	0,2464 (0,73)
Consumer Staples	+/-	0,3868 (0,92)	0,4124 (0,98)	0,3236 (0,79)
Health Care	+/-	-0,1532 (-0,44)	-0,1261 (-0,36)	-0,2234 (-0,65)
Information Technology	+/-	-0,4628 (-1,35)	-0,4117 (-1,24)	-0,5571 (-1,69)*
Telecommunication Services	+/-	0,1293 (0,28)	0,1342 (0,28)	0,1102 (0,24)
Utilities	+/-	0,0058 (0,01)	0,0010 (0,00)	-0,0791 (-0,16)
Disclosure Internet	+/-	3,2606 (5,63)***	3,2946 (5,72)***	3,6236 (6,46)***
Disclosure Geschäftsbericht	+/-	-3,9637 (-1,28)	-4,0627 (-1,31)	-3,2294 (-1,05)
n		315	315	315
Pseudo-R^2		34,2%	34,1%	33,6%
Z-Wert		113,25***	111,83***	113,58***
Maximaler VIF		4,26	2,86	2,15

*, ** und *** zeigen statistisch signifikante Ergebnisse auf dem 10%-, 5%- und 1%-Signifikanzniveau (zweiseitig) an. Im Falle gerichteter Hypothesen spiegelt dieser Wert ein einseitiges Signifikanzniveau wider.

Tab. 6-23: Probitregressionsergebnisse zu Determinanten der Erstellung (Gesamtsample)

Wie die Ergebnisse in Tab. 6-23 zeigen, hat die **Unternehmensgröße** einen signifikanten Einfluss auf die Erstellung eines separaten Nachhaltigkeitsberichts (p = 0,050). Neben der

Unternehmensgröße kann auch das **systematische Unternehmensrisiko** als signifikante Einflussgröße für die Erstellung eines separaten Nachhaltigkeitsberichts identifiziert werden ($p = 0{,}042$). Allerdings zeigen die Ergebnisse nicht den vermuteten positiven Einfluss der Profitabilität auf die Erstellung separater Nachhaltigkeitsberichte. Führt man hingegen einen zweiseitigen Hypothesentest durch, zeigt sich sogar ein signifikant negativer Einfluss der Profitabilität auf die Erstellung von Nachhaltigkeitsberichten ($p = 0{,}024$). Ein Einfluss der Länder-Variable, der Medienpräsenz, des Streubesitzanteils, des Verschuldungsgrads und der Branchenzugehörigkeit kann auf Basis der Ergebnisse indes nicht festgestellt werden. Allerdings zeigen die Ergebnisse einen signifikant positiven Zusammenhang zwischen der Kontrollvariablen zur Nachhaltigkeitsberichterstattung im Internet und der Erstellung eines Nachhaltigkeitsberichts ($p = 0{,}001$). Dieses Ergebnis deutet darauf hin, dass die Unternehmen verschiedene Berichtsformate parallel nutzen, um über ihre Nachhaltigkeitsleistung zu berichten.

Die Ergebnisse der Korrelationsanalyse der unabhängigen Variablen haben gezeigt, dass die Unternehmensgröße und die Medienpräsenz stark positiv miteinander korrelieren. Daher kann angenommen werden, dass sich die beiden Variablen gegenseitig Erklärungsgehalt rauben, sofern sie gemeinsam in das Regressionsmodell aufgenommen werden. Um der beschriebenen Problematik Rechnung zu tragen und den Einfluss der beiden Variablen näher zu analysieren, wurden zusätzlich zwei weitere Regressionsanalysen durchgeführt, in denen jeweils nur eine der beiden Variablen aufgenommen wurde (vgl. Modell 2 und 3 in Tab. 6-23). Die Ergebnisse bestätigen den vermuteten Zusammenhang. Wird jeweils eine der beiden Variablen aus dem Modell ausgeschlossen, erhöht sich der Regressionskoeffizient und somit der Einfluss der anderen Variable. So erhöht sich der Regressionskoeffizient der Unternehmensgröße von 0,1635 auf 0,1967, sobald man die Medienpräsenz aus dem Modell ausschließt. Schließt man hingegen die Unternehmensgröße aus dem Regressionsmodell aus, erhöht sich der Regressionskoeffizient der Medienpräsenz von 0,0502 auf 0,1128. Zudem zeigt Modell 3, dass bei Ausschluss der Unternehmensgröße die Medienpräsenz einen signifikanten Einfluss ($p = 0{,}050$) auf die Erstellung eines separaten Nachhaltigkeitsberichts hat. Die Ergebnisse auf Basis der modifizierten Regressionsanalysen in Modell 2 und 3 lassen daher vermuten, dass die Medienpräsenz ebenfalls einen – wenn auch nur marginalen – Einfluss auf die Erstellung separater Nachhaltigkeitsberichte zu haben scheint. Diese Vermutung wird zudem dadurch gestützt, dass das Pseudo-R^2 mit 34,2% bei gleichzeitiger Aufnahme beider Variablen in das Regressionsmodell größer ist als bei Ausschluss einer der beiden Einflussfaktoren (34,1% bzw. 33,6%). Folglich scheinen beide Variablen einen Erklärungsgehalt zur Erstellung separater Nachhaltigkeitsberichte zu besitzen, auch wenn dies auf Basis des Ausgangsmodells zur Regressionsschätzung nur für die Unternehmensgröße nachgewiesen werden kann.

Betrachtet man die beiden Ländersamples separat voneinander, ist festzustellen, dass das Pseudo-R^2 des amerikanischen Subsamples mit 17,6% deutlich geringer als bei Betrachtung des deutschen Samples (43,6%). Der Z-Wert zeigt jedoch, dass beide Schätzungen statistisch signifikant sind (BRD: $p < 0{,}001$; USA: $p = 0{,}009$), und somit über die Stichprobe hinaus Gültigkeit besitzen.

Insgesamt bestätigen die Ergebnisse der Probitregression auf Basis der beiden Ländersamples die Ergebnisse für das Gesamtsample. Es können allerdings Unterschiede in der Wirkungsweise der Determinanten auf Länderebene identifiziert werden (vgl. Tab. 6-24).

Variablen	Erwartetes Vorzeichen	Erstellung separater Nachhaltigkeitsbericht	
		BRD	USA
Konstante	+/-	-5,0610 (-3,13)***	-3,9369 (-1,77)*
Unternehmensgröße	+	0,2168 (1,74)**	0,1282 (0,64)
Medienpräsenz	+	0,2015 (1,66)**	0,0091 (0,09)
Systematisches Risiko	+	0,2775 (0,75)	0,6461 (1,56)*
Profitabilität	+	-0,0106 (-2,83)	-0,0050 (-0,86)
Streubesitzanteil	+	0,0018 (0,31)	0,0099 (0,71)
Verschuldungsgrad	+	0,0032 (0,18)	0,0037 (0,40)
Energy	+/-	(omitted)	0,0445 (0,09)
Materials	+/-	-0,4550 (-0,68)	(omitted)
Industrials	+/-	0,1045 (0,25)	0,6908 (1,62)
Consumer Discretionary	+/-	-0,1153 (-0,23)	0,6668 (1,37)
Consumer Staples	+/-	0,5029 (0,85)	0,6759 (1,19)
Health Care	+/-	-1,2706 (-2,60)***	0,3660 (0,78)
Information Technology	+/-	-1,4742 (-2,13)**	0,0651 (0,15)
Telecommunication Services	+/-	-0,6058 (-1,19)	0,5791 (0,83)
Utilities	+/-	-0,9531 (-1,63)	0,4079 (0,52)
Disclosure Internet	+/-	2,3849 (2,43)**	3,5487 (4,24)***
Disclosure Geschäftsbericht	+/-	-3,8155 (-0,96)	-3,0579 (-0,53)
n		155	152
Pseudo-R^2		43,6%	17,6%
Z-Wert		71,66***	32,18***
Maximaler VIF		2,38	2,47

*, ** und *** zeigen statistisch signifikante Ergebnisse auf dem 10%-, 5%- und 1%-Signifikanzniveau (zweiseitig) an. Im Falle gerichteter Hypothesen spiegelt dieser Wert ein einseitiges Signifikanzniveau wider.

Tab. 6-24: Probitregressionsergebnisse zu Determinanten der Erstellung (Ländersamples)

Während bei gleichzeitiger Aufnahme der Unternehmensgröße sowie der Medienpräsenz in das Regressionsmodell in den USA weder die Unternehmensgröße noch die Medienpräsenz als wesentliche Determinanten identifiziert werden können, zeigen die Ergebnisse für das deutsche Sample einen signifikanten Einfluss beider Bestimmungsfaktoren ($p = 0,041$ bzw. $p = 0,048$) auf die Erstellung eines separaten Nachhaltigkeitsberichts. Dies könnte möglicherwiese darin begründet liegen, dass die Unternehmen der amerikanischen Grundgesamtheit ohnehin wesentlich größer sind und aufgrund einer geringeren Variation in den Beobachtungswerten ein Einfluss der Unternehmensgröße nicht festzustellen ist. Da in den USA jedoch deutlich mehr Unternehmen einen separaten Nachhaltigkeitsbericht erstellen als in Deutschland und die Unternehmen der Grundgesamtheit zudem deutlich größer sind, ist anzunehmen, dass auch in den USA ein Zusammenhang zwischen der Unternehmensgröße und der Erstellung separater Nachhaltigkeitsberichte besteht, auch wenn dies anhand der Ergebnisse nicht gezeigt werden kann. Länderspezifische Unterschiede bezüglich des Einflusses der Medienpräsenz auf die Erstellung separater Nachhaltigkeitsberichte können möglicherweise in den Themenschwerpunkten der medialen Präsenz begründet liegen. Es ist denkbar, dass deutsche Medien deutlich kritischer über unternehmerische Geschäftsaktivitäten in Zusammenhang mit Nachhaltigkeit berichten, während Nachhaltigkeitsaspekte im Rahmen der Medienpräsenz amerikanischer Unternehmen eine geringere Rolle spielen.

Zudem zeigt sich auf Basis der Ergebnisse der Ländersamples, dass der signifikante Einfluss des systematischen Unternehmensrisikos nur für das amerikanische Sample ($p = 0,060$) bestätigt werden kann. In Deutschland zeigt sich im Gegensatz zum Gesamtsample und zum amerikanischen Sample ein Brancheneinfluss. So erstellen Unternehmen der Branchen *Health Care* ($p = 0,009$) und *Information Technology* ($p = 0,033$) mit einer geringeren Wahrscheinlichkeit einen separaten Nachhaltigkeitsbericht als Unternehmen des Finanzsektors. Der positive Zusammenhang zwischen der Kontrollvariablen zur Messung der Nachhaltigkeitsberichterstattung im Internet und der Erstellung eines Nachhaltigkeitsberichts ist, analog zum Gesamtsample, auch auf Basis der Ländersamples sowohl in Deutschland ($p = 0,015$) als auch in den USA ($p < 0,001$) statistisch signifikant.

6.2.4.2 Einfluss auf die Qualität der Nachhaltigkeitsberichterstattung

Der simultane Einfluss der Determinanten auf die Qualität der separaten Nachhaltigkeitsberichterstattung wird mit Hilfe des folgenden Regressionsmodells analysiert:

$$(6.2) \quad \textit{Discl. Index} = \alpha + \beta_1 \textit{Land}_i + \beta_2 \textit{Größe}_i + \beta_3 \textit{Medien}_i + \beta_4 \textit{Syst. Risiko}_i + \beta_5 \textit{Profit}_i + \beta_6 \textit{Streubesitz}_i + \beta_7 \textit{Verschuldung}_i + \beta_8 \textit{Branche}_i + \beta_9 \textit{Disclosure Int.}_i + \beta_{10} \textit{Disclosure GB}_i + \varepsilon_i$$

mit

Discl. Index = Zielerreichungsgrad (in %) zur Messung der Berichtsqualität

und allen anderen Variablen wie zuvor definiert.

Analog zum Vorgehen im vorherigen Kapitel werden neben der Analyse des Gesamtsamples auch Regressionen auf Basis der einzelnen Ländersamples durchgeführt. Das Ausgangsmodell, welches alle Determinanten gleichzeitig einschließt (vgl. Modell 1 in Tab. 6-25), weist ein adjustiertes R^2 von 33,5% auf. Der F-Wert ($p < 0,001$) zeigt zudem, dass das Gesamtmodell über die Stichprobe hinaus Gültigkeit besitzt.

Variablen	Erwartetes Vorzeichen	Qualität separater Nachhaltigkeitsberichte		
		Modell 1	Modell 2	Modell 3
Konstante	+/-	-0,1583 (-1,20)	-0,0448 (-0,35)	-0,1307 (-1,10)
Land	+	0,0968 (2,56)***	0,1078 (2,93)***	0,0843 (2,83)***
Unternehmensgröße	+	0,0075 (0,62)	0,0231 (2,27)**	
Medienpräsenz	+	0,0215 (2,51)***		0,0251 (3,40)***
Systematisches Risiko	+	-0,0012 (-0,03)	0,0091 (0,27)	-0,0031 (-0,09)
Profitabilität	+	-0,0002 (-0,65)	-0,0003 (-0,88)	-0,0002 (-0,59)
Freiwillige Berichtsprüfung	+	0,0847 (2,98)***	0,0787 (2,76)***	0,0861 (3,17)***
Big4-Prüfung	+	-0,0579 (-1,31)	-0,0534 (-1,17)	-0,0516 (-1,17)
Streubesitzanteil	+	-0,0010 (-1,58)	-0,0010 (-1,58)	-0,0009 (-1,46)
Verschuldungsgrad	+	0,0009 (2,53)***	0,0006 (1,76)**	0,0010 (2,94)***
Energy	+/-	0,0589 (1,32)	0,0373 (0,85)	0,0601 (1,36)
Materials	+/-	0,1057 (2,20)**	0,0956 (1,98)*	0,1043 (2,15)**
Industrials	+/-	0,0287 (0,84)	0,0289 (0,84)	0,0246 (0,73)
Consumer Discretionary	+/-	-0,0140 (-0,35)	-0,0032 (-0,08)	-0,0183 (-0,46)
Consumer Staples	+/-	0,0277 (0,55)	0,0347 (0,67)	0,0251 (0,50)
Health Care	+/-	-0,0094 (-0,21)	-0,0009 (-0,02)	-0,0143 (-0,34)
Information Technology	+/-	0,0505 (1,24)	0,0584 (1,43)	0,0456 (1,13)
Telecommunication Services	+/-	-0,0746 (-0,88)	-0,0704 (-0,85)	-0,0742 (-0,87)
Utilities	+/-	0,0902 (1,77)*	0,0697 (1,38)	0,0888 (1,75)*
Disclosure Internet	+/-	0,0419 (0,71)	0,0585 (1,00)	0,0456 (0,78)
Disclosure Geschäftsbericht	+/-	0,1500 (0,39)	0,1335 (0,34)	0,1547 (0,40)
n		139	139	139
Adjustiertes R^2		33,5%	31,2%	33,8%
F-Wert		6,01***	6,20***	6,17***
Maximaler VIF		3,97	3,89	3,09

*, ** und *** zeigen statistisch signifikante Ergebnisse auf dem 10%-, 5%- und 1%-Signifikanzniveau (zweiseitig) an. Im Falle gerichteter Hypothesen spiegelt dieser Wert ein einseitiges Signifikanzniveau wider.

Tab. 6-25: Regressionsergebnisse zu Determinanten der Berichtsqualität (Gesamtsample)

In Übereinstimmung mit der Forschungshypothese zeigen die Ergebnisse auf Basis des Ausgangsmodells einen statistisch signifikanten **Ländereinfluss** ($p = 0{,}006$) auf die Qualität der Nachhaltigkeitsberichterstattung. Demzufolge ist die Berichtsqualität bei deutschen Unternehmen deutlich höher im Vergleich zu Unternehmen des amerikanischen Samples. Im Unterschied zum Einfluss auf die Erstellung separater Nachhaltigkeitsberichte weisen die Ergebnisse der Regressionsschätzung darauf hin, dass die **Medienpräsenz** im Vergleich zur **Unternehmensgröße** einen stärkeren Einfluss auf die Berichtsqualität hat. Während die Medienpräsenz bei gleichzeitiger Aufnahme beider Variablen in das Regressionsmodell als signifikante Determinante identifiziert werden kann ($p = 0{,}007$), ist für die Unternehmensgröße kein signifikanter Zusammenhang festzustellen ($p = 0{,}534$). Allerdings ist auch hier zu konstatieren, dass sich beide Variablen gegenseitig Erklärungsgehalt rauben. Schließt man sukzessive eine der beiden Variablen aus dem Regressionsmodell aus, so zeigt sich auch hier, dass sowohl die Unternehmensgröße ($p = 0{,}013$) als auch die Medienpräsenz ($p = 0{,}001$) einen signifikanten Einfluss auf die Qualität separater Nachhaltigkeitsberichte haben (vgl. Modell 1 und 2 in Tab. 6-25). Auch die adjustierten R^2 der drei Modelle deuten darauf hin, dass die Medienpräsenz hinsichtlich der Berichtsqualität den größeren Erklärungsgehalt besitzt. So ist der Erklärungsgehalt für die Modelle 1 und 3 mit korrigierten R^2 von 33,5% bzw. 33,8% größer als bei Ausschluss der Medienpräsenz in Modell 2 (31,2%).

Weiterhin ist in Übereinstimmung mit der Forschungshypothese ein signifikant positiver Zusammenhang zwischen der Berichtsqualität und einer **freiwilligen Berichtsprüfung** ($p = 0{,}002$) festzustellen. Ebenso kann der **Verschuldungsgrad** der Unternehmen mit einem Signifikanzwert von $p = 0{,}007$ als eine wesentliche Determinante identifiziert werden. Dieser weist einen positiven Zusammenhang zur Berichtsqualität auf. Ferner kann für die **Branchen** *Materials* ($p = 0{,}019$) und *Utilities* ($p = 0{,}026$) ein signifikanter Einfluss festgestellt werden. Die Unternehmen dieser beiden Branchen weisen im Vergleich zu Unternehmen des Finanzsektors eine signifikant höhere Berichtsqualität auf.

Führt man die Regressionen auf Basis der beiden Ländersamples durch, wird für das deutsche und amerikanische Sample ein adjustiertes R^2 von 20,6% bzw. 26,5% ausgewiesen (vgl. Tab. 6-26). Für das amerikanische Sample kann mit einem Signifikanzwert von $p < 0{,}001$ zudem eine globale Gültigkeit der Ergebnisse angenommen werden. Wie die F-Statistik zeigt, ist die Regressionsschätzung für das deutsche Sample hingegen nicht signifikant, so dass dieses Modell nicht unbedingt über die Stichprobe hinaus Gültigkeit besitzt.[1200] Die fehlende globale Signifikanz der Regressionsschätzung ist insbesondere auf die geringe Anzahl von Beobachtungen zurückzuführen.

Die Ergebnisse der Regressionsanalysen auf Basis der Ländersamples zeigen, dass die Qualität der Nachhaltigkeitsberichterstattung in Deutschland vor allem durch die Unternehmensgröße ($p = 0{,}049$) beeinflusst wird, während in den USA ein stärkerer Einfluss der Medienpräsenz festzustellen ist ($p = 0{,}029$). Ferner konnte auf Basis des Gesamtsamples zudem ein signifikant positiver Einfluss einer freiwilligen Berichtsprüfung sowie des Verschuldungsgrads auf die Berichtsqualität festgestellt werden. Der positive Einfluss einer Berichtsprüfung kann bei separater Betrachtung der Ländersamples jedoch nur für das

[1200] Vgl. *Backhaus et al.* (2011), S. 7f.

amerikanische Sample bestätigt werden (p = 0,001). Für das deutsche Sample lässt sich hingegen kein statistisch signifikanter Zusammenhang identifizieren (p = 0,824).

Variablen	Erwartetes Vorzeichen	Qualität separater Nachhaltigkeitsberichte	
		BRD	USA
Konstante	+/-	-0,1426 (-0,68)	-0,0445 (-0,18)
Unternehmensgröße	+	0,0327 (1,73)**	-0,0114 (-0,67)
Medienpräsenz	+	0,0183 (0,84)	0,0214 (1,93)**
Systematisches Risiko	+	-0,0447 (-0,82)	0,0144 (0,30)
Profitabilität	+	-0,0001 (-0,12)	-0,0006 (-1,12)
Freiwillige Berichtsprüfung	+	0,0141 (0,23)	0,0954 (3,10)***
Big4-Prüfung	+	-0,0504 (-0,80)	-
Streubesitzanteil	+	-0,0017 (-1,58)	-0,0002 (-0,18)
Verschuldungsgrad	+	0,0003 (0,15)	0,0007 (1,62)*
Energy	+/-	(omitted)	0,0931 (1,82)*
Materials	+/-	0,0335 (0,36)	0,1587 (2,95)***
Industrials	+/-	-0,0036 (-0,05)	0,0679 (1,39)
Consumer Discretionary	+/-	-0,0465 (-0,54)	0,0139 (0,24)
Consumer Staples	+/-	-0,0406 (-0,41)	0,0601 (0,79)
Health Care	+/-	0,0489 (0,49)	-0,0016 (-0,03)
Information Technology	+/-	0,1272 (0,90)	0,0829 (1,59)
Telecommunication Services	+/-	-0,3397 (-3,74)***	0,0598 (0,97)
Utilities	+/-	0,0013 (0,01)	0,1332 (1,71)*
Disclosure Internet	+/-	0,1529 (1,12)	-0,0264 (-0,40)
Disclosure Geschäftsbericht	+/-	0,4437 (0,41)	0,0690 (0,20)
n		42	97
Adjustiertes R^2		20,6%	26,5%
F-Wert		1,59	8,31***
Maximaler VIF		5,22	4,32

*, ** und *** zeigen statistisch signifikante Ergebnisse auf dem 10%-, 5%- und 1%-Signifikanzniveau (zweiseitig) an. Im Falle gerichteter Hypothesen spiegelt dieser Wert ein einseitiges Signifikanzniveau wider.

Tab. 6-26: Regressionsergebnisse zu Determinanten der Berichtsqualität (Ländersamples)

Ebenso kann der signifikant positive Einfluss des Verschuldungsgrads nur für das amerikanische Sample bestätigt werden (p = 0,055). Für deutsche Unternehmen zeigt sich auch hier kein statistisch signifikanter Zusammenhang (p = 0,886). Im Hinblick auf den Einfluss der Branchenzugehörigkeit kann für das deutsche Sample ein signifikant negativer Einfluss der Branche *Telecommunication Services* (p = 0,001) auf die Berichtsqualität konstatiert werden, während in den USA ein signifikant positiver Einfluss der Branchen *Energy* (p = 0,073), *Materials* (p = 0,004) und *Utilities* (p = 0,092) auf die Berichtsqualität festzustellen ist.

6.2.5 Sensitivitätsanalysen und Robustheitstests

Um die **Sensitivität** der Ergebnisse zu überprüfen, wurden die Regressionen mit alternativen Proxys für die Unternehmensgröße durchgeführt. Bezüglich der Probitregression zeigen die Ergebnisse, dass auch bei Verwendung der logarithmierten Bilanzsumme (p = 0,001), des logarithmierten Umsatzes (p = 0,022) sowie der Mitarbeiterzahl (p = 0,003) die Unternehmensgröße einen signifikanten Einfluss auf die Erstellung separater Nachhaltigkeitsberichte hat (vgl. Tab. A-3 im Anhang). Auch bezüglich des Einflusses auf die Berichtsqualität wurden verschiedene Proxys zur Messung der Unternehmensgröße verwendet und mit den Ergebnissen auf Basis des Gesamtsamples (vgl. Tab. 6-25) verglichen (vgl. **Fehler! Verweisquelle konnte nicht gefunden werden.**). Die Ergebnisse zeigen, dass auch bei Verwendung der logarithmierten Bilanzsumme (p = 0,670) sowie des logarithmierten Umsatzes (p = 0,970) kein signifikanter Einfluss der Unternehmensgröße auf die Qualität separater Nachhaltigkeitsberichte identifiziert werden kann. Lediglich bei Verwendung der Mitarbeiterzahl als Proxy für die Unternehmensgröße ist ein schwach signifikanter Einfluss (p = 0,084) zu konstatieren.

Aufgrund der unvermeidbaren inhärenten Subjektivität des Disclosure Index zur Messung der Berichtsqualität wurde zusätzlich die Berichtsquantität anstelle der Berichtsqualität als abhängige Variable in das Regressionsmodell aufgenommen, um die Sensitivität der Ergebnisse zu überprüfen (vgl. Tab. A-6 im Anhang). Die Ergebnisse hinsichtlich der Quantität der Berichterstattung bestätigen den signifikanten Einfluss der Länderzugehörigkeit (p = 0,005), der Medienpräsenz (p = 0,013), der Durchführung einer freiwilligen externen Berichtsprüfung (p = 0,005), des Verschuldungsgrads (p = 0,032) sowie einer Zugehörigkeit zu den Branchen *Energy* (p = 0,073), *Materials* (p = 0,062) und *Utilities* (p = 0,047).

Um die **Robustheit** der Ergebnisse zu überprüfen, wurden die Regressionsmodelle zudem auf Basis der Cook-Distanz[1201] um Ausreißer (*Outlier*) bereinigt. Dazu wurden drei verschiedene Schwellenwerte zur Bestimmung von Ausreißern berechnet. Hinsichtlich der Determinanten der Erstellung separater Nachhaltigkeitsberichte wurde das Sample lediglich auf Basis des geringsten Schwellenwertes (Cook-Distanz > 4/n) um einen Ausreißer bereinigt. Das Ergebnis der um diesen Ausreißer bereinigten Regressionsschätzung zeigt keine Veränderungen der aufgezeigten Ergebnisse (vgl. Tab. A-4 im Anhang).

Analog wurde auch die Robustheit der Ergebnisse zu den Determinanten der Qualität separater Nachhaltigkeitsberichte überprüft. Insgesamt wurden elf Ausreißer aus dem Re-

---

[1201] Vgl. *Anderson et al.* (1996), S. 615-617.

gressionsmodell entfernt. Auch hier ergeben sich keine Veränderungen der wesentlichen Ergebnisse (vgl. Tab. A-7 im Anhang). Ferner wurden zur Absicherung der Ergebnisse Rang-Regressionen geschätzt. Auch auf Basis der Rang-Regressionen ergeben sich keine Veränderungen der Ergebnisse zu den Determinanten der Berichtsqualität (vgl. Tab. A-8).

6.2.6 Kritische Würdigung der Ergebnisse

In den vorherigen Kapiteln wurde sowohl der isolierte als auch der simultane Einfluss verschiedener Determinanten der Nachhaltigkeitsberichterstattung untersucht. Im Folgenden werden die empirischen Befunde zu den Einflussfaktoren kritisch gewürdigt und mit den Ergebnissen anderer Studien verglichen. Hierbei ist jedoch grundsätzlich zu beachten, dass sich die verschiedenen Studien hinsichtlich der betrachteten Länder, der Untersuchungsgegenstände (bspw. separate Nachhaltigkeitsberichte, Webseiten, Geschäftsberichte), der analysierten Nachhaltigkeitsdimensionen (Ökonomie, Ökologie und Soziales), der Auswertungs- und Analysemethoden sowie anderer Faktoren unterscheiden. Dies kann die Vergleichbarkeit der Studien mitunter einschränken.[1202]

Basierend auf den Überlegungen der Stakeholdertheorie sowie des Monitoring im Rahmen der Corporate Governance wurde ein **Ländereinfluss** auf die Erstellung und Qualität separater Nachhaltigkeitsberichte vermutet (vgl. $H1_a$ und $H1_b$ in Kap. 4.2.2.1). Zum einen wurde die Hypothese aufgestellt, dass deutsche Unternehmen tendenziell eher einen freiwilligen Nachhaltigkeitsbericht erstellen als amerikanische Unternehmen. Wie die Ergebnisse zur Berichtspraxis bereits gezeigt haben, ist der Anteil der Unternehmen, die einen separaten Nachhaltigkeitsbericht veröffentlichen, in den USA deutlich höher als in Deutschland.[1203] Aufgrund der Tatsache, dass die Unternehmen der amerikanischen Grundgesamtheit deutlich größer sind als die des deutschen Samples, wurde bereits in Kap. 6.1 vermutet, dass sich der höhere Anteil separater Nachhaltigkeitsberichte in den USA vor allem durch die Unternehmensgröße erklären lässt und weniger in einem Einfluss länderspezifischer Faktoren begründet ist. Die Ergebnisse der Regressionsanalyse stützen diese Argumentation. So konnte kein signifikanter Ländereinfluss auf die Erstellung separater Nachhaltigkeitsberichte festgestellt werden.

Zum anderen wurde die Hypothese formuliert, dass die Berichtsqualität in Deutschland höher ist als in den USA. Die Ergebnisse zur Berichtspraxis haben bereits anhand von Mittelwertvergleichen gezeigt, dass die Qualität der separaten Nachhaltigkeitsberichterstattung deutscher Unternehmen signifikant höher ist als bei amerikanischen Unternehmen. Im Rahmen der multivariaten Regressionsanalyse konnte ebenfalls ein signifikanter Ländereinfluss auf die Berichtsqualität festgestellt werden, wonach die Berichtsqualität in Deutschland wesentlich höher ist. Auch andere empirische Studien stellen fest, dass der Umfang freiwillig publizierter Informationen mit Nachhaltigkeitsbezug in den USA im Vergleich mit anderen Ländern regelmäßig gering ist. So kommen *Ho/Taylor* in ihrer Stu-

[1202] Allerdings beziehen sich die Studien fast ausschließlich auf die Analyse der Determinanten einer freiwilligen Berichterstattung über Nachhaltigkeitsaspekte. Empirische Studien, die sich auf die freiwillige Unternehmenspublizität im Allgemeinen beziehen, werden hierbei nicht näher betrachtet. Daher erscheint der Vergleich mit anderen Studien durchaus geeignet, um Tendenzaussagen treffen zu können.

[1203] Zur Berichtspraxis vgl. ausführlich Kap. 6.1.

die aus dem Jahr 2007 zu dem Ergebnis, dass der Umfang der Nachhaltigkeitsberichterstattung in Japan deutlich höher ist als in den USA.[1204] Auch die Ergebnisse der Studie von *van der Laan Smith et al.* aus dem Jahr 2005 zeigen einen signifikanten Ländereinfluss auf den Umfang und die Qualität publizierter Nachhaltigkeitsinformationen. Demnach weisen norwegische und dänische Unternehmen sowohl eine umfangreichere als auch qualitativ hochwertigere Berichterstattung als amerikanische Unternehmen auf.[1205] Dies führen die Autoren beider Studien vor allem auf eine höhere Stakeholderorientierung der betrachteten Länder im Vergleich zu den USA zurück.[1206] Auch die Ergebnisse anderer empirischer Studien können einen Ländereinfluss auf den Umfang freiwillig veröffentlichter Nachhaltigkeitsinformationen feststellen.[1207]

Vor dem Hintergrund der theoretischen Fundierung der vorliegenden Arbeit erklärt sich der Ländereinfluss ebenso wie in den Studien von *Ho/Taylor* und *van der Laan Smith et al.* vor allem durch eine höhere Stakeholderorientierung in Deutschland. Während amerikanische Unternehmen primär die Shareholderinteressen und somit das Ziel der Wertsteigerung durch Maximierung der Residualansprüche in den Vordergrund stellen, werden Unternehmen in Kontinentaleuropa vielmehr als Teil des gesellschaftlichen Systems aufgefasst, wodurch ihnen neben rein ökonomischen Zielsetzungen auch eine gesellschaftliche Verantwortung zugesprochen wird. Neben der Stakeholderorientierung können die Länderunterschiede ebenso in der unterschiedlichen Ausgestaltung der Leitungsmodelle im Rahmen der Corporate Governance begründet sein. So lässt sich vor dem Hintergrund der theoretischen Fundierung der Hypothesen argumentieren, dass das dualistische Corporate Governance-System in Deutschland zu einer größeren Unabhängigkeit der Aufsichtsratsmitglieder und somit zu einem stärkeren Monitoring der Vorstandsaktivitäten führt. Da es sich bei der Ländervariable jedoch um eine Sammelvariable handelt, kann der Ländereinfluss auch in anderen Einflussfaktoren begründet sein, die nicht Gegenstand der theoretischen Grundlagen der vorliegenden Arbeit sind (bspw. kulturelle Einflüsse).[1208]

Basierend auf den theoretischen Überlegungen der Prinzipal-Agenten-Theorie sowie der PAT wurde die Hypothese formuliert, dass ein positiver Zusammenhang zwischen der **Unternehmensgröße** und der Erstellung bzw. der Qualität separater Nachhaltigkeitsberichte besteht (vgl. $H2_a$ und $H2_b$ in Kap. 4.2.2.2). Sowohl die Ergebnisse der Korrelations- als auch der Regressionsanalyse zeigen einen signifikant positiven Einfluss der Unternehmensgröße auf die Erstellung eines separaten Nachhaltigkeitsberichts und bestätigen somit den vermuteten Zusammenhang. Die Ergebnisse erweisen sich zudem als stabil, wenn verschiedene Variablen (Bilanzsumme, Umsatzerlöse, Mitarbeiterzahl) zur Bestimmung

---

[1204] Vgl. *Ho/Taylor* (2007), S. 144.

[1205] Vgl. *van der Laan Smith et al.* (2005), S. 147.

[1206] Vgl. *van der Laan Smith et al.* (2005), S. 145 und 147; *Ho/Taylor* (2007), S. 134.

[1207] *Neu et al.* (1998), S. 276f.; *Williams* (1999), S. 223; *Orij* (2010), S. 885f.; *Vurro/Perrini* (2011), S. 469.

[1208] Vgl. Kap. 4.2.2.1.

der Unternehmensgröße eingesetzt werden. Der positive Zusammenhang wird zudem durch die Ergebnisse anderer empirischer Studien bestätigt.[1209]

Der Einfluss der Unternehmensgröße auf die Erstellung separater Nachhaltigkeitsberichte kann dadurch erklärt werden, dass mit zunehmender Größe der Unternehmen auch die Komplexität zunimmt. Dies führt zu erhöhten Informationsasymmetrien und folglich zu einem Anstieg der Agenturkosten. Daher werden vor allem große Unternehmen bestrebt sein, die Informationsasymmetrien durch Veröffentlichung freiwilliger Informationen über ihr Nachhaltigkeitsengagement möglichst gering zu halten und somit steigenden Agenturkosten entgegenzuwirken. Die Erstellung separater Nachhaltigkeitsberichte könnte ferner in der Vermeidung politischer Kosten begründet sein. Im Rahmen der PAT wird die Unternehmensgröße regelmäßig als Indikator für Marktmacht verwendet, welche wiederum die Aufmerksamkeit von Regulierungsbehörden und anderen gesellschaftlichen Gruppen (bspw. Umweltverbände) auf die jeweiligen Unternehmen lenkt. Um politischen Kosten, wie Kosten durch Berichtspflichten, Steuern oder Umweltschutzauflagen, entgegenzuwirken, werden große Unternehmen tendenziell eher bestrebt sein, freiwillige Informationen mit Nachhaltigkeitsbezug zu veröffentlichen.

Ein positiver Einfluss der Unternehmensgröße auf die Qualität der separaten Nachhaltigkeitsberichterstattung kann indes nicht eindeutig bestätigt werden. Sowohl bei isolierter Betrachtung der Determinanten als auch im Rahmen der Regressionsanalyse ist der Zusammenhang für das Gesamtsample statistisch nicht signifikant.[1210] Dies könnte unter anderem darin begründet sein, dass in der Analyse des Einflusses auf die Berichtsqualität lediglich Unternehmen berücksichtigt werden, die einen separaten Nachhaltigkeitsbericht veröffentlichen. Da die Unternehmensgröße bereits als wesentliche Determinante für die Erstellung eines separaten Nachhaltigkeitsberichts identifiziert wurde, handelt es sich bei den untersuchten Unternehmen daher ohnehin tendenziell um große Unternehmen. Aufgrund der Tatsache, dass sich die Unternehmen hinsichtlich ihrer Größe nicht so deutlich voneinander unterscheiden wie bei Betrachtung der gesamten Grundgesamtheit, ist es folglich schwieriger, statistisch signifikante Zusammenhänge festzustellen.

Auf Basis der vorliegenden Ergebnisse ist jedoch vor allem zu vermuten, dass sich die Determinanten der Erstellung und der Qualität der Nachhaltigkeitsberichterstattung voneinander unterscheiden. So haben bereits die Ergebnisse zur Berichtspraxis gezeigt, dass zwar überwiegend große Unternehmen einen separaten Nachhaltigkeitsbericht erstellen, die Qualität der Berichterstattung allerdings stark variiert. Auch *Roberts* stellt in seiner globalen Studie aus dem Jahr 1992 keinen signifikanten Zusammenhang zwischen der Unternehmensgröße und der Qualität publizierter Nachhaltigkeitsinformationen fest.[1211] *Boesso/Kumar* unterscheiden in ihrer Studie ebenfalls zwischen dem Einfluss verschiedener

---

[1209] Vgl. *Trotman/Bradley* (1981), S. 360; *Neu et al.* (1998), S. 277f.; *Cormier/Magnan* (1999), S. 448; *Gray et al.* (2001), S. 349; *Cormier/Magnan* (2003), S. 53-59; *Brammer/Pavelin* (2004), S. 95f.; *Ho/Taylor* (2007), S. 144; *Holder-Webb et al.* (2009), S. 519; *Li et al.* (2010), S. 649. Die Studien untersuchen i.d.R. den Zusammenhang zwischen der Unternehmensgröße und dem Umfang publizierter Nachhaltigkeitsinformationen.

[1210] Lediglich für das deutsche Sample ist ein signifikanter Zusammenhang zwischen der Unternehmensgröße und der Berichtsqualität festzustellen.

[1211] Vgl. *Roberts* (1992), S. 608.

Bestimmungsfaktoren auf die Quantität der freiwilligen Berichterstattung einerseits sowie die Berichtsqualität andererseits. Die Angaben im Rahmen der freiwilligen Publizität umfassen dabei vor allem auch Aspekte mit Nachhaltigkeitsbezug.[1212] Die Ergebnisse zeigen sowohl für Italien als auch für die USA einen signifikanten Einfluss der Unternehmensgröße auf die Quantität der Berichterstattung. Analog zu den Ergebnissen der vorliegenden Arbeit können *Boesso/Kumar* allerdings keinen statistischen Zusammenhang zwischen der Unternehmensgröße und der Qualität der Berichterstattung feststellen.[1213] Insgesamt kann somit festgehalten werden, dass tendenziell eher große Unternehmen einen separaten Nachhaltigkeitsbericht erstellen, wenngleich die Unternehmensgröße nicht geeignet scheint, um Unterschiede in der Qualität der Nachhaltigkeitsberichterstattung zu erklären.

Als ein weiterer Einflussfaktor der Erstellung bzw. der Qualität separater Nachhaltigkeitsberichte wurde die **Medienpräsenz** untersucht (vgl. $H3_a$ und $H3_b$ in Kap. 4.2.2.3). In der Legitimitätstheorie wird die gesellschaftliche Legitimität unternehmerischen Handelns als notwendige Ressource verstanden, damit ein Unternehmen langfristig überleben kann. Unternehmen werden daher fortwährend bestrebt sein, ihr Handeln gegenüber der Gesellschaft zu legitimieren. Die Medienpräsenz kann als Indikator für den Legitimitätsdruck, dem ein Unternehmen ausgesetzt ist, verstanden werden. Die Ergebnisse der Korrelationsanalysen weisen analog zum Einfluss der Unternehmensgröße auf einen statistisch signifikant positiven Zusammenhang zwischen der Medienpräsenz und der Erstellung separater Nachhaltigkeitsberichte hin. In Bezug auf die Berichtsqualität konnte ein solcher Zusammenhang indes nur für das deutsche Sample bestätigt werden.

Die Ergebnisse der Regressionsanalyse weisen hingegen abweichende Ergebnisse auf. So kann der positive Einfluss der Medienpräsenz auf die Erstellung separater Nachhaltigkeitsberichte bei simultanem Einfluss aller Determinanten nicht bestätigt werden. Die Korrelationsanalysen der unabhängigen Variablen sowie die Modifikation der Regressionsmodelle haben jedoch gezeigt, dass die Medienpräsenz stark mit der Unternehmensgröße korreliert und sich beide Variablen im Rahmen der multivariaten Regressionsanalyse gegenseitig Erklärungsgehalt rauben. Schließt man die Unternehmensgröße aus dem Modell aus, weist auch die Medienpräsenz einen statistisch signifikanten Einfluss auf und scheint somit ebenfalls einen Erklärungsbeitrag zur Erstellung separater Nachhaltigkeitsberichte zu leisten. Auf Basis der Ergebnisse des Regressionsmodells, welches beide Variablen gleichzeitig analysiert, bleibt jedoch festzuhalten, dass die Unternehmensgröße einen höheren Erklärungsgehalt für die Erstellung separater Nachhaltigkeitsberichte hat. Dies könnte vor allem darin begründet sein, dass die Entscheidung für die Erstellung separater Nachhaltigkeitsberichte primär durch Nachahmungseffekte bestimmt ist. Die Nachhaltigkeitsberichterstattung hat sich bei großen Unternehmen zu einem festen Bestandteil der Stakeholderkommunikation entwickelt. Folglich besteht für große Unternehmen, die auf eine Berichterstattung über Nachhaltigkeitsaspekte verzichten, die Gefahr möglicher Reputationsverluste und letztendlich negativer ökonomischer Konsequenzen.

[1212] Vgl. *Boesso/Kumar* (2007), S. 274.
[1213] Vgl. *Boesso/Kumar* (2007), S. 287.

Wie die Ergebnisse zeigen, hat die Medienpräsenz hingegen einen stärkeren Einfluss auf die Qualität der Berichterstattung. So weisen die Ergebnisse der Regressionsanalyse für das Gesamtsample sowie für das amerikanische Sample einen statistisch signifikant positiven Zusammenhang auf.[1214] Für das deutsche Sample kann dieser Zusammenhang nicht bestätigt werden. Dies könnte darin begründet sein, dass amerikanische Unternehmen tendenziell erst mit steigendem Legitimitätsdruck eine ernsthafte und transparente Nachhaltigkeitsberichterstattung vorantreiben. Wie die Analyse der Berichtspraxis gezeigt hat, weist die Nachhaltigkeitsberichterstattung in Deutschland im Vergleich zu den USA ohnehin eine deutlich höhere Qualität auf. Es ist zu vermuten, dass deutsche Unternehmen bereits stärker für Nachhaltigkeitsaspekte sensibilisiert sind und eine qualitativ hochwertige Berichterstattung nicht primär durch externen Legitimitätsdruck forciert wird, sondern vielmehr im Selbstverständnis der Unternehmen verankert ist. Grundsätzlich bleibt festzuhalten, dass die Medienpräsenz insbesondere für die Qualität separater Nachhaltigkeitsberichte eine wesentliche Determinante darstellt. Diese Ergebnisse zum Einfluss der Medienpräsenz auf die Erstellung und Qualität separater Nachhaltigkeitsberichte decken sich mit den Befunden anderer empirischer Studien, welche die Medienpräsenz der Unternehmen ebenfalls als eine wesentliche Determinante der Strategie und des Umfangs freiwillig publizierter Nachhaltigkeitsinformationen identifizieren.[1215]

Aus agentur-theoretischen Gesichtspunkten wurde zudem ein positiver Zusammenhang zwischen dem **systematischen Unternehmensrisiko** und der Erstellung bzw. der Qualität separater Nachhaltigkeitsberichte angenommen (vgl. $H4_a$ und $H4_b$ in Kap. 4.2.2.4). Die Ergebnisse der Korrelationsanalyse lassen keinen Einfluss des systematischen Risikos auf die Erstellung separater Nachhaltigkeitsberichte erkennen. Im Rahmen der Regressionsanalyse konnte auf Basis des Gesamtsamples hingegen für alle drei Modelle ein signifikant positiver Zusammenhang festgestellt werden, so dass die Hypothese, dass das systematische Unternehmensrisiko einen signifikanten Einfluss auf die Erstellung separater Nachhaltigkeitsberichte hat, nicht abgelehnt werden kann. Andere empirische Studien können den positiven Zusammenhang indes bestätigen. *Trotman/Bradley* und *Cormier/Magnan* stellen in ihren Studien ebenfalls einen positiven Zusammenhang zwischen dem Unternehmensrisiko und dem *Disclosure Level* freiwillig publizierter Nachhaltigkeitsinformationen in Australien, Kanada und Frankreich fest.[1216] Die Regressionsanalysen auf Länderebene können diesen Zusammenhang jedoch nur für das amerikanische Sample bestätigen. Für Deutschland kann ein signifikanter Zusammenhang hingegen nicht festgestellt werden. Möglicherweise liegt das Hauptmotiv für eine Erstellung separater Nachhaltigkeitsberichte bei deutschen Unternehmen bislang nicht in einer Verbesserung der Risikotransparenz. So zeigt eine Studie von *KPMG*, dass deutsche Unternehmen als Motivation

[1214] Nimmt man die Medienpräsenz und die Unternehmensgröße gleichzeitig in das Regressionsmodell auf, so kann für die Unternehmensgröße kein signifikanter Einfluss auf die Berichtsqualität festgestellt werden. Die Medienpräsenz scheint daher einen höheren Erklärungsgehalt für die Qualität der separaten Nachhaltigkeitsberichterstattung zu besitzen.

[1215] Vgl. *Deegan et al.* (2002), S. 327-329; *Cormier/Magnan* (2003), S. 53-55 und S. 58f.; *Brammer/Pavelin* (2004), S. 96; *Aerts et al.* (2008), S. 648f. und S. 654f.; *Islam/Deegan* (2010), S. 142.

[1216] Vgl. *Trotman/Bradley* (1981), S. 360f.; *Cormier/Magnan* (1999), S. 441-444; *Cormier/Magnan* (2003), S. 53-55.

für Nachhaltigkeitsaktivitäten und Nachhaltigkeitsberichterstattung vor allem wirtschaftliche Motive, die Reputation der Marke, die Steigerung der Innovationskraft sowie eine erhöhte Mitarbeitermotivation angeben. Eine günstigere Kapitalbeschaffung oder einen erhöhten Unternehmenswert geben jedoch nicht einmal die Hälfte der 100 größten deutschen Unternehmen als Motiv an.[1217]

Weiterhin wurde ein positiver Zusammenhang zwischen dem systematischen Risiko und der Qualität der Berichterstattung vermutet. Weder die Ergebnisse im Rahmen der Betrachtung des isolierten Einflusses der Bestimmungsfaktoren noch die Ergebnisse der Regressionsanalysen können diesen Zusammenhang bestätigen. Es scheint vielmehr, dass das Unternehmensrisiko zwar einen Einfluss auf die Erstellung eines separaten Nachhaltigkeitsberichts hat, die Qualität hingegen durch andere Einflussfaktoren determiniert wird. Da das systematische Unternehmensrisiko insbesondere durch die Branchenzugehörigkeit beeinflusst wird, könnte es sein, dass die Berichtsqualität vielmehr durch die Branchenzugehörigkeit und somit durch die spezifische unternehmerische Geschäftstätigkeit beeinflusst wird. Auch *Trotman/Bradley* können zwar einen positiven Einfluss des Unternehmensrisikos auf die Veröffentlichung von Nachhaltigkeitsinformationen feststellen, im Hinblick auf die Berichtsquantität konstatieren ihre Ergebnisse hingegen einen negativen Einfluss.[1218] *Roberts* stellt in seiner Studie aus dem Jahr 1992 ebenfalls einen negativen Zusammenhang zwischen dem systematischen Unternehmensrisiko und der Berichtsqualität fest.[1219]

Basierend auf der Prinzipal-Agenten-Theorie sowie der Stakeholdertheorie wurde zudem ein positiver Zusammenhang zwischen der **Profitabilität** der Unternehmen und der Erstellung bzw. der Qualität separater Nachhaltigkeitsberichte vermutet (*$H5_a$* und *$H5_b$* in Kap. 4.2.2.5). Dieser Zusammenhang kann auf Basis der vorliegenden Ergebnisse jedoch nicht bestätigt werden. Sowohl die Ergebnisse der Korrelationsanalyse als auch die empirischen Befunde der multivariaten Regressionsanalysen weisen vielmehr auf einen statistisch signifikant negativen Zusammenhang hin. Der Zusammenhang zwischen der Profitabilität und der freiwilligen Publizität von Nachhaltigkeitsinformationen kann auch unter Einbezug der Ergebnisse anderer empirischer Studien nicht eindeutig geklärt werden. Während die Ergebnisse der Studie von *Ho/Taylor* ebenfalls auf einen negativen Zusammenhang hindeuten, stellen einige Studien hingegen einen positiven Zusammenhang fest.[1220] Die Ergebnisse weiterer Studien lassen indes keinen Zusammenhang zwischen der Profitabilität der Unternehmen und dem Umfang freiwillig publizierter Nachhaltigkeitsinformationen erkennen.[1221]

Eine mögliche Erklärung für den hier festgestellten negativen Zusammenhang könnte sein, dass sich Unternehmen durch die freiwillige Veröffentlichung von Nachhaltig-

---

1217 Vgl. *KPMG* (2011b), S. 12.

1218 Vgl. *Trotman/Bradley* (1981), S. 360f.

1219 Vgl. *Roberts* (1992), S. 608.

1220 Vgl. *Bowman/Haire* (1975), S. 53; *Roberts* (1992), S. 608; *Cormier/Magnan* (1999), S. 441-444; *Haniffa/Cooke* (2005), S. 415f.

1221 Vgl. *Williams* (1999), S. 222; *Cormier/Magnan* (2003), S. 53-55; *Aerts et al.* (2008), S. 654; *Vurro/Perrini* (2011), S. 469.

keitsinformationen künftige ökonomische Vorteile versprechen, bspw. in Form einer Reputationserhöhung oder geringerer Kapitalkosten. Demnach könnte insbesondere für weniger profitable Unternehmen ein Anreiz bestehen, die Profitabilität durch eine Berichterstattung über ihre Nachhaltigkeitsaktivitäten zu verbessern. Dies könnte darauf hindeuten, dass Unternehmen die Nachhaltigkeitsberichterstattung für ein gezieltes *greenwashing* instrumentalisieren. Bei der Interpretation der Ergebnisse besteht jedoch grundsätzlich die Problematik der ungeklärten Kausalität. Nimmt man an, dass ein Zusammenhang zwischen der Profitabilität und der Nachhaltigkeitsberichterstattung der Unternehmen besteht, ist letztendlich nicht eindeutig geklärt, ob eine höhere Profitabilität den Umfang der Nachhaltigkeitsberichterstattung beeinflusst, oder vielmehr die Berichterstattung über Nachhaltigkeitsaspekte zu einer höheren Profitabilität führt. Diese Frage kann auf Basis der vorliegenden Ergebnisse nicht geklärt werden, da es sich um eine Querschnittsanalyse und somit eine Momentaufnahme handelt.[1222] Um den Zusammenhang zwischen der Profitabilität und der Nachhaltigkeitsberichterstattung näher zu untersuchen, wäre eine Längsschnittanalyse erforderlich, um die Effekte im Zeitverlauf analysieren zu können.

Ferner wurde der Zusammenhang zwischen der Profitabilität der Unternehmen und der Qualität der separaten Nachhaltigkeitsberichterstattung analysiert. Weder im Rahmen der Korrelationsanalyse noch bei der Durchführung multivariater Regressionsanalysen konnte ein statistisch signifikanter Zusammenhang festgestellt werden. Die Tatsache, dass die Profitabilität nicht als wesentliche Determinante der Berichtsqualität identifiziert werden kann, bestärkt vor dem Hintergrund des negativen Zusammenhangs mit der Erstellung von Nachhaltigkeitsberichten die Argumentation, dass die Nachhaltigkeitsberichterstattung von einem Großteil der Unternehmen als Instrument zum *greenwashing* benutzt wird. Die Hypothese, dass ein positiver Zusammenhang zwischen der Profitabilität der Unternehmen und der Erstellung bzw. der Qualität separater Nachhaltigkeitsberichte besteht, ist auf Basis der vorliegenden Ergebnisse folglich abzulehnen.

Aus agentur-theoretischer Sicht wurde weiterhin sowohl der Einfluss einer freiwilligen Berichtsprüfung als auch der Einfluss einer Berichtsprüfung durch eine Big-Four-Wirtschaftsprüfungsgesellschaft auf die Qualität der Nachhaltigkeitsberichterstattung analysiert (vgl. *H6* und *H7* in Kap. 4.2.2.6).

Zum einen wurde vermutet, dass ein positiver Zusammenhang zwischen einer **freiwilligen Berichtsprüfung** und der Berichtsqualität besteht. Sowohl die isolierte Betrachtung des Zusammenhangs als auch die Analyse des simultanen Einflusses sämtlicher Determinanten im Rahmen der multivariaten Regressionsanalyse deuten auf einen statistisch signifikant positiven Einfluss einer freiwilligen Berichtsprüfung auf die Qualität der Berichterstattung hin. Dieses Ergebnis deckt sich mit den Ergebnissen von *Adnan et al.* und *Vurro/Perrini*, die in ihren Studien ebenfalls einen statistisch signifikanten Zusammenhang zwischen einer unabhängigen Berichtsprüfung durch externe Dritte und der Quantität bzw. Qualität der Nachhaltigkeitsberichterstattung feststellten.[1223] Unabhängig von einer Berichtsprüfung durch externe Dritte verweisen *Ridley et al.* in ihrer Studie zudem auf den Nutzen einer internen Revision der Kontrollsysteme im Rahmen der Informati-

[1222] Vgl. zu den Limitationen der vorliegenden Untersuchung auch Kap. 7.2.

[1223] Vgl. *Adnan et al.* (2011), S. 15; *Vurro/Perrini* (2011), S. 466 und 469.

onsbeschaffung sowie des Berichtserstellungsprozesses.[1224] Im Rahmen der Regressionsanalyse auf Basis der Ländersamples konnte dieser Zusammenhang allerdings nur für das amerikanische Sample nachgewiesen werden. Für deutsche Unternehmen sind die Ergebnisse statistisch nicht signifikant. Dies könnte einerseits darauf zurückzuführen sein, dass die Berichtsqualität in Deutschland insgesamt höher ist als in den USA und folglich eine geringere Streuung in den Beobachtungswerten vorliegt. Andererseits ist das deutsche Sample relativ klein und somit ist die Wahrscheinlichkeit, statistisch signifikante Ergebnisse zu erhalten, ohnehin geringer.

Weiterhin wurde die Hypothese aufgestellt, dass ein positiver Zusammenhang zwischen der Prüfung durch eine **Big-Four-Wirtschaftsprüfungsgesellschaft** und der Qualität separater Nachhaltigkeitsberichte besteht. Anders als die Ergebnisse der Studie von *Adnan et al.* implizieren,[1225] muss die Hypothese auf Basis der vorliegenden Ergebnisse jedoch verworfen werden. Weder die isolierte Betrachtung noch die Messung des simultanen Einflusses weisen einen statistischen Zusammenhang auf.[1226] Allerdings ist bei der Interpretation der Ergebnisse zu berücksichtigen, dass in Deutschland rund 81% der Unternehmen einer Big-Four-Wirtschaftsprüfungsgesellschaft das Mandat zur Prüfung ihres Nachhaltigkeitsberichts erteilt haben. Damit existieren für das deutsche Sample gerade einmal vier Vergleichsunternehmen, die nicht durch eine der vier großen Wirtschaftsprüfungsgesellschaften geprüft wurden. In den USA wurde hingegen kein einziger Nachhaltigkeitsbericht von einer Big-Four-Wirtschaftsprüfungsgesellschaft geprüft, so dass für das amerikanische Sample eine Analyse der Hypothese gar nicht möglich war. Diese ungleiche Verteilung zwischen beiden Ländern könnte mitunter ursächlich dafür sein, dass im Rahmen der empirischen Untersuchungen kein statistisch signifikanter Zusammenhang festgestellt werden konnte. Berücksichtigt man zudem die Tatsache, dass die Qualität der Nachhaltigkeitsberichterstattung in Deutschland insgesamt signifikant höher ist als in den USA, könnte die Beteiligung einer Big-Four-Wirtschaftsprüfungsgesellschaft am Berichterstellungs- bzw. Berichtprüfungsprozess unter Umständen doch einen Einfluss auf die Qualität der Nachhaltigkeitsberichterstattung haben, auch wenn dies im Rahmen der Regressionsanalyse nicht bestätigt werden kann. *Han et al.* untersuchen in ihrer Studie aus dem Jahr 2012 zwar nicht die Berichterstattung über Nachhaltigkeitsinformationen im Speziellen, sie stellen jedoch einen statistisch signifikant positiven Zusammenhang zwischen der Größe der Wirtschaftsprüfungsgesellschaft und der Transparenz der Berichterstattung im Allgemeinen fest.[1227] Auch die Ergebnisse von *Adnan et al.* zeigen, dass chinesische Unternehmen, deren Geschäftsberichte von einer Big Four-Wirtschaftsprüfungsgesellschaft geprüft wurden, eher Nachhaltigkeitsinformationen in ihren Geschäftsberichten veröffentlichen als andere Unternehmen.[1228]

[1224] Vgl. *Ridley et al.* (2011), S. 475-488.

[1225] Vgl. *Adnan et al.* (2011), S. 15.

[1226] Auch *Bhattacharyya* können in ihrer Studie keinen signifikanten Zusammenhang zwischen der Größe der Prüfungsgesellschaft und der Umwelt- und Sozialberichterstattung australischer und indischer Unternehmen feststellen. Vgl. *Bhattacharyya et al.* (2010), S. 24.

[1227] Vgl. *Han et al.* (2012), S. 39f.

[1228] Vgl. *Adnan et al.* (2011), S. 15.

Ferner wurde vermutet, dass ein positiver Zusammenhang zwischen der **Stakeholderorientierung** und der Erstellung bzw. der Qualität separater Nachhaltigkeitsberichte besteht (*H8ₐ* und *H8ᵦ* in Kap. 4.2.2.7). Dabei wurde der Fokus auf Investoren als eine der bedeutendsten Stakeholder gelegt und bei der Analyse zwischen Eigen- und Fremdkapitalgebern unterschieden. Die Stakeholderorientierung wurde durch den Streubesitzanteil der Aktien sowie den Verschuldungsgrad approximiert. So wurden die Hypothesen formuliert, dass ein positiver Zusammenhang zwischen dem **Streubesitzanteil der Aktien** bzw. dem **Verschuldungsgrad** und der Erstellung bzw. der Qualität separater Nachhaltigkeitsberichte besteht. Sowohl für den Einfluss des Streubesitzanteils als auch für den Verschuldungsgrad konnte im Rahmen der Korrelationsanalysen ein positiver Zusammenhang mit der Erstellung separater Nachhaltigkeitsberichte festgestellt werden. Im Rahmen der multivariaten Analyse konnte dieser Einfluss jedoch nicht bestätigt werden. Somit sind die Hypothesen, nach denen ein positiver Einfluss des Streubesitzanteils und des Verschuldungsgrads auf die Erstellung von Nachhaltigkeitsberichten besteht, abzulehnen.

Da die Stakeholderorientierung nicht direkt gemessen werden kann, wurde bei der Auswahl der Proxys zur Messung der Stakeholderorientierung angenommen, dass ein erhöhter Streubesitzanteil der Aktien sowie ein höherer Verschuldungsgrad mit einem höheren Maß differierender Interessen der Kapitalgeber verbunden ist. Es wurde erwartet, dass die Unternehmen in der Folge mit einer umfangreicheren Berichterstattung reagieren, um nach Möglichkeit die Interessen und Informationsbedürfnisse sämtlicher Kapitalgeber zu befriedigen. Bei der Interpretation der Ergebnisse ist daher zu berücksichtigen, dass diese beiden Variablen unter Umständen nur begrenzt geeignet sind, um die Stakeholderorientierung bezüglich der Gruppe der Kapitalgeber abzubilden. *Boesso/Kumar* verwenden in ihrer Studie bspw. die Anzahl erhaltener CSR-Awards sowie die Umsatzrentabilität, um die Stakeholderorientierung zu approximieren.[1229] Die Ergebnisse weisen einen positiven Zusammenhang zwischen der Stakeholderorientierung und dem Umfang publizierter Nachhaltigkeitsinformationen auf. Einen Einfluss der Stakeholderorientierung auf die Berichtsqualität können sie indes nicht feststellen.[1230]

Allerdings weisen die Ergebnisse der vorliegenden Arbeit auf einen Einfluss der Stakeholderorientierung – gemessen anhand des Verschuldungsgrads – auf die Berichtsqualität hin. Die Ergebnisse bestätigen den vermuteten positiven Zusammenhang zwischen dem Verschuldungsgrad der Unternehmen und der Berichtsqualität. In Bezug auf den Einfluss des Streubesitzanteils der Aktien lassen sich allerdings keine signifikanten Zusammenhänge feststellen. Die Durchführung der Regressionsanalysen auf Basis der Ländersamples zeigt jedoch, dass sich die Ergebnisse nur für das amerikanische Sample bestätigen lassen. Dieses Ergebnis könnte darin begründet sein, dass der Nettoverschuldungsgrad amerikanischer Unternehmen im Durchschnitt höher ist als bei deutschen Unternehmen.[1231] Die Fremdkapitalgeber besitzen in den USA dadurch eine vergleichsweise stärker ausgeprägte Machtposition gegenüber den Unternehmen. Die Nullhypothese, dass kein Zusammenhang zwischen der Stakeholderorienteirung und der Qualität der separaten Nachhaltig-

[1229] Vgl. *Boesso/Kumar* (2007), S. 280f.
[1230] Vgl. *Boesso/Kumar* (2007), S. 289.
[1231] Vgl. Kap. 6.2.2.

keitsberichterstattung besteht, kann auf Basis der vorliegenden Ergebnisse folglich abgelehnt werden.

Auch *Roberts* verwendet in seiner globalen Studie den Verschuldungsgrad als Maßzahl zur Approximation der Stakeholderorientierung. Die Ergebnisse weisen ebenso auf einen positiven Zusammenhang zwischen dem Verschuldungsgrad und der Qualität der Berichterstattung hin.[1232] Insgesamt kann auf Basis bisheriger Forschungsergebnisse jedoch kein eindeutiger Zusammenhang identifiziert werden. *Aerts et al.* stellen entgegen der vorliegenden Ergebnisse in ihrer Studie einen negativen Einfluss des Verschuldungsgrads auf den Umfang publizierter Nachhaltigkeitsinformationen für Nordamerika (Kanada und USA) fest.[1233] Für Europa (Belgien, Deutschland, Frankreich, Niederlande) konnten sie hingegen keinen signifikanten Zusammenhang identifizieren. Auch die Ergebnisse der Studien von *Cormier/Magnan* bestätigen einen negativen Zusammenhang zwischen dem Verschuldungsgrad und dem Umfang publizierter Nachhaltigkeitsinformationen.[1234] Andere Studien können hingegen keinen statistisch signifikanten Zusammenhang feststellen.[1235]

Abschließend wurde überprüft, ob die **Branchenzugehörigkeit** einen Einfluss auf die Erstellung bzw. Qualität separater Nachhaltigkeitsberichte hat ($H9_a$ und $H9_b$ in Kap 4.2.2.8). Basierend auf den Überlegungen im Rahmen der Prinzipal-Agenten-Theorie wurde vermutet, dass Unternehmen derselben Branche ein ähnliches Publizitätsverhalten aufweisen. Zudem kann aus Sicht der Legitimitätstheorie argumentiert werden, dass vor allem Unternehmen in politisch sensitiven Branchen bestrebt sein werden, ihr Handeln durch eine umfangreiche Berichterstattung gegenüber der Gesellschaft zu legitimieren. Sowohl die Korrelationsanalysen als auch die Durchführung multivariater Regressionsanalysen konnten keinen Einfluss der Branchenzugehörigkeit auf die Erstellung separater Nachhaltigkeitsberichte feststellen. Berücksichtigt man, dass es sich beim Brancheneinfluss um eine Sammelvariable handelt, werden branchenspezifische Einflüsse möglicherweise zu einem großen Teil bereits durch die Einflüsse der Medienpräsenz sowie des systematischen Risikos abgebildet, da diese firmenspezifischen Charakteristika i.d.R. stark durch die Branchenzugehörigkeit beeinflusst werden.

Bezüglich der Determinanten der Berichtsqualität konnte auf Basis der Korrelationsanalysen für das Gesamtsample sowie für Deutschland nicht gezeigt werden, dass sich die Qualität separater Nachhaltigkeitsberichte in den verschiedenen Branchen signifikant voneinander unterscheidet. Die Ergebnisse bestätigen lediglich für das amerikanische Sample signifikante Mittelwertunterschiede. Dies könnte darin begründet sein, dass eine gesellschaftliche Verantwortung der Unternehmen in Deutschland bereits stärker im Selbstverständnis der Unternehmen verankert ist, während amerikanische Unternehmen tendenziell erst mit steigendem Legitimitätsdruck eine ernsthafte und transparente Nachhaltigkeitsberichterstattung forcieren. Der wahrgenommene Legitimitätsdruck ist neben der Unternehmensgröße und der Medienpräsenz dabei vor allem von der Branchenzugehörig-

[1232] Vgl. *Roberts* (1992), S. 608.
[1233] Vgl. *Aerts et al.* (2008), S. 654.
[1234] Vgl. *Cormier/Magnan* (1999), S. 441-444; *Cormier/Magnan* (2003), S. 53-55.
[1235] Vgl. *Neu et al.* (1998), S. 277f.; *Haniffa/Cooke* (2005), S. 415f.

keit abhängig. Insbesondere Unternehmen aus politisch und ökologisch sensitiven Branchen sehen sich einem höheren Legitimitätsdruck gesellschaftlicher Erwartungen ausgesetzt. Die Untersuchung des simultanen Einflusses der Determinanten konnte zeigen, dass die Zugehörigkeit zu den Branchen *Materials* und *Utilities* einen signifikant positiven Einfluss auf die Qualität der Nachhaltigkeitsberichterstattung hat. Daher kann die Nullhypothese, dass kein Zusammenhang zwischen der Branchenzugehörigkeit und der Qualität separater Nachhaltigkeitsberichte besteht, abgelehnt werden.[1236]

Abb. 6-11 fasst die Ergebnisse der Hypothesentests auf Basis der multivariaten Regressionsanalysen überblicksartig zusammen:

		Erstellung	Berichtsqualität
H1a & H1b	*In Deutschland ist die Wahrscheinlichkeit, dass Unternehmen einen separaten Nachhaltigkeitsbericht erstellen, sowie die Berichtsqualität höher als in den USA.*	abgelehnt	**Nicht abgelehnt**
H2a & H2b	*Es besteht ein positiver Zusammenhang zwischen der Erstellung/Qualität eines separaten Nachhaltigkeitsberichts und der Unternehmensgröße.*	**Nicht abgelehnt**	abgelehnt
H3a & H3b	*Es besteht ein positiver Zusammenhang zwischen der Erstellung/Qualität eines separaten Nachhaltigkeitsberichts und der Medienpräsenz.*	abgelehnt	**Nicht abgelehnt**
H4a & H4b	*Es besteht ein positiver Zusammenhang zwischen der Erstellung/Qualität eines separaten Nachhaltigkeitsberichts und dem systematischen Unternehmensrisiko.*	**Nicht abgelehnt**	abgelehnt
H5a & H5b	*Es besteht ein positiver Zusammenhang zwischen der Erstellung/Qualität eines separaten Nachhaltigkeitsberichts und der Profitabilität der Unternehmen.*	abgelehnt	abgelehnt
H6	*Es besteht ein positiver Zusammenhang zwischen der Qualität separater Nachhaltigkeitsberichte und einer freiwilligen Berichtsprüfung.*		**Nicht abgelehnt**
H7	*Die Qualität separater Nachhaltigkeitsberichte ist bei Unternehmen größer, die durch eine der Big-Four-Wirtschaftsprüfungsgesellschaften geprüft werden.*		abgelehnt
H8a & H8b	*Es besteht ein positiver Zusammenhang zwischen der Erstellung/Qualität eines separaten Nachhaltigkeitsberichts und der Stakeholderorientierung der Unternehmen.*	abgelehnt	**Nicht abgelehnt**
H9a & H9b	*Die Erstellung/Qualität eines separaten Nachhaltigkeitsberichts wird durch die Branchenzugehörigkeit der Unternehmen beeinflusst.*	abgelehnt	**Nicht abgelehnt**

Abb. 6-11: Ergebnisse der Hypothesentests zu den Determinanten der Nachhaltigkeitsberichterstattung

[1236] Auch andere empirische Studien ermitteln die Branchenzugehörigkeit häufig als wesentliche Determinante der Berichterstattung über Nachhaltigkeitsaspekte Vgl. *Roberts* (1992), S. 608; *Gray et al.* (2001), S. 347f.; *Holder-Webb et al.* (2009), S. 510-513; *Li et al.* (2010), S. 647f.

6.3 Eigenkapitalkostenwirkungen der Nachhaltigkeitsberichterstattung

Nachdem in den vorherigen Kapiteln die Berichtspraxis sowie die Determinanten der Nachhaltigkeitsberichterstattung untersucht wurden, widmet sich dieses Kapitel dem dritten Teilziel der vorliegenden Arbeit. Im Folgenden wird die Wirkungsweise der Nachhaltigkeitsberichterstattung auf die Eigenkapitalkosten der Unternehmen empirisch analysiert. Dazu werden zunächst die Grundlagen impliziter Eigenkapitalkosten sowie deren Operationalisierung im Rahmen der empirischen Untersuchung näher erläutert (Kap. 6.3.1). Nachfolgend werden die verwendeten Variablen (Kap. 6.3.2) sowie deskriptive Statistiken und Korrelationsanalysen (Kap. 6.3.3) beschrieben. In Kap. 6.3.4 wird schließlich der Zusammenhang zwischen der Nachhaltigkeitsberichterstattung und den Eigenkapitalkosten der Unternehmen durch multivariate Regressionsanalysen empirisch untersucht. Anschließend wird die Sensitivität und Robustheit der Ergebnisse überprüft (Kap. 6.3.5), bevor das Kapitel mit einer kritischen Würdigung der Ergebnisse schließt (Kap. 6.3.6).

6.3.1 Implizite Eigenkapitalkosten

6.3.1.1 Grundlagen

Um die Wirkungsweise der Veröffentlichung sowie der Qualität separater Nachhaltigkeitsberichte auf die Kapitalkosten der Unternehmen zu untersuchen, muss zunächst eine geeignete Stellvertretervariable zur Messung der Kapitalkosten bestimmt werden. Analog zu gängigen Proxys in der Literatur werden zur Messung des Effekts die Eigenkapitalkosten der Unternehmen geschätzt.[1237]

Die Eigenkapitalkosten spiegeln die Renditeerwartungen der Investoren wider.[1238] Daher besteht in der Literatur ein Konsens, dass zur Ermittlung der Eigenkapitalkosten die zukünftig erwarteten Cashflows mit den Renditeforderungen der Kapitalmarktteilnehmer für vergleichbare Alternativanlagen zu diskontieren sind.[1239] Die Renditeforderung setzt sich aus dem Zinssatz für eine risikolose Geldanlage und einer Risikoprämie, welche das nicht diversifizierbare, systematische Risiko des Kapitalmarktportfolios berücksichtigt, zusammen.[1240] In der Praxis, aber auch in früheren empirischen Studien, kommt häufig das Capital Asset Pricing Model (CAPM) zur Bestimmung der Kapitalkosten zur Anwendung.[1241] Allerdings wurde die Eignung des CAPM zur Bestimmung der Kapitalkosten in den letzten Jahren verstärkt in Frage gestellt. Einer der Hauptkritikpunkte an dem Modell bezieht sich auf die Approximation der Renditeforderungen unter Rückgriff auf histori-

---

[1237] Einige Studien untersuchen auch die Auswirkungen der Unternehmensberichterstattung auf die Fremdkapitalkosten. Vgl. bspw. *Sengupta* (1998), S. 459f.; *Kothari* (2001), S. 677-680. Die Ausführungen in diesem Kapital beziehen sich ausschließlich auf die Eigenkapitalkosten der Unternehmen.

[1238] Vgl. *Fama/Miller* (1972), S. 181-185.

[1239] Vgl. *Daske/Gebhardt* (2006), S. 531.

[1240] Vgl. *Kothari* (2001), S. 181.

[1241] Vgl. *Daske/Gebhardt* (2006), S. 531. So zeigen bspw. *Lambert et al.* in ihrer analytischen Studie auf Basis des CAPM, als Ausgangsmodell zur Bestimmung der Kapitalkosten, dass eine bessere Berichterstattung zu einer Verringerung der Kapitalkosten führt. Vgl. *Lambert et al.* (2007), S. 385-418.

sche Kapitalmarktrenditen.[1242] In Folge der zunehmenden Kritik am CAPM haben sich in jüngerer Vergangenheit verschiedene Modelle zur Schätzung der impliziten Eigenkapitalkosten (*implied cost of equity capital*) entwickelt.[1243]

Die Kritik am CAPM aufgreifend leiten sich die erwarteten **impliziten Eigenkapitalkosten** nicht aus historischen Kapitalmarktdaten ab, sondern berechnen sich auf Basis der erwarteten Zahlungsströme und dem aktuellen Marktpreis der jeweiligen Aktie.[1244] Die Ansätze beruhen somit auf dem zentralen Gedanken des Barwertkalküls zur Beurteilung von Investitionsentscheidungen, wonach sich der Wert eines Investitionsobjektes durch Diskontierung künftiger Zahlungsrückflüsse ermittelt.[1245] In den Ansätzen zur Schätzung impliziter Eigenkapitalkosten ist der Wert des Investitionsobjektes in Form des aktuellen Aktienkurses jedoch bekannt. Um die geforderte Rendite der Investoren und somit die Höhe der Eigenkapitalkosten zu erhalten, wird die Barwertgleichung umgeformt und nach dem Diskontsatz aufgelöst.[1246] Die Höhe der geschätzten Renditeforderung ist dabei abhängig vom gewählten Modell zur Schätzung der impliziten Eigenkapitalkosten. Die Modelle basieren zwar alle auf den theoretischen Grundlagen des Dividendendiskontierungsmodells, sie unterscheiden sich allerdings hinsichtlich ihrer spezifischen Ausgestaltung sowie in der Art der Berechnung.[1247]

Es stellt sich somit die Frage, welches Modell sich am besten zur Schätzung der impliziten Eigenkapitalkosten eignet. In der Vergangenheit wurden verschiedene Studien durchgeführt, um die Güte der Modelle zu vergleichen. Zur Bewertung der Modellgüte kann einerseits untersucht werden, wie stark die Höhe der impliziten Eigenkapitalkosten mit verschiedenen Proxys zur Risikobestimmung korreliert. Zum anderen kann überprüft werden, inwieweit die mit Hilfe der verschiedenen Modelle geschätzten Kapitalkosten mit den tatsächlich realisierten Renditen übereinstimmen.[1248] *Guay* testet fünf verschiedene Modelle und können keinen signifikanten Zusammenhang zwischen den impliziten Eigenkapitalkosten und den tatsächlich realisierten Renditen feststellen.[1249] *Reese* kann ebenfalls keine eindeutige Rangfolge der Modelle anhand des Zusammenhangs zwischen den geschätzten Eigenkapitalkosten und hypothetischen Risikofaktoren bestimmen.[1250] Auch *Botosan/Plumlee* untersuchen den Zusammenhang zwischen den geschätzten Eigenkapitalkosten und verschiedenen Risikofaktoren (bspw. Betafaktor, Markt-Buchwert-Verhältnis) anhand fünf verschiedener Modelle zur Messung impliziter Eigenkapitalkosten. Sie können in ihrer Studie hingegen zeigen, dass das Dividendendiskontierungsmodell von *Botosan/Plumlee*[1251] (2002) sowie das Gewinnkapitalisierungsmodell von *Easton*[1252] (2004)

[1242] Vgl. *Fama/French* (1997), S. 154; *Elton* (1999), S. 1199f.; *Kothari* (2001), S. 181f.; *Reese* (2005), S. 1.

[1243] Für eine Übersicht der verschiedenen Modelle zur Schätzung impliziter Eigenkapitalkosten vgl. *Botosan/Plumlee* (2005), S. 21-33, sowie *Nölte* (2008), S. 187-201.

[1244] Vgl. *Reese* (2005), S. 1.

[1245] Vgl. *Coenenberg et al.* (2012), S. 100.

[1246] Vgl. *Kothari* (2001), S. 182.

[1247] Vgl. *Nölte* (2008), S. 202.

[1248] Vgl. *Botosan/Plumlee* (2005), S. 21-24.

[1249] Vgl. *Guay* (2011), S. 145f.

[1250] Vgl. *Reese* (2005), S. 41.

[1251] Vgl. *Botosan/Plumlee* (2002), S. 31f.

[1252] Vgl. *Easton* (2004), S. 77-81.

stärker mit entsprechenden Risikofaktoren korrelieren und sich im Vergleich zu den anderen Modellen folglich besser für die Eigenkapitalkostenschätzung eignen.[1253] *Botosan et al.* bestätigten dieses Ergebnis in ihrer Studie aus dem Jahr 2011. Die Ergebnisse belegen abermals, dass diese beiden Modelle die verlässlichsten Schätzer für die Eigenkapitalkosten darstellen, da sie die konsistentesten Ergebnisse in Bezug auf die tatsächlich realisierten Renditen als auch hinsichtlich spezifischer Risikofaktoren aufweisen.[1254]

Chen et al. vergleichen die Güte von Residualgewinn- und Gewinnkapitalisierungsmodellen hinsichtlich spezifischer Risikofaktoren in verschiedenen Ländern.[1255] Residualgewinnmodelle setzen die Erfüllung des Kongruenzprinzips (*clean surplus relation*) voraus. *Chen et al.* argumentieren daher, dass in Ländern, in denen häufiger gegen das Kongruenzprinzip verstoßen wird, die Gewinnkapitalisierungsmodelle eine höhere Güte der Eigenkapitalkostenschätzung aufweisen.[1256] Die Autoren zeigen in einem ersten Schritt, dass in Deutschland und anderen europäischen Ländern häufiger gegen das Kongruenzprinzip verstoßen wird als dies in angloamerikanischen Ländern (USA, Kanada, Australien) sowie in Japan der Fall ist.[1257] In Übereinstimmung mit diesen Ergebnissen zeigt die Untersuchung in einem zweiten Schritt, dass die Eigenkapitalkostenschätzungen basierend auf Gewinnkapitalisierungsmodellen in europäischen Ländern eine höhere Korrelation mit den Risikofaktoren aufweisen, während in angloamerikanischen Ländern die Schätzungen auf Basis von Residualgewinnmodellen geeigneter erscheinen.[1258]

6.3.1.2 Gewinnkapitalisierungsmodell nach Easton (2004)

Wie die Ausführungen im vorherigen Kapitel gezeigt haben, ist auf Basis der empirischen Befunde eine eindeutige Rangfolge der Güte verschiedener Modelle zur Schätzung impliziter Eigenkapitalkosten nicht feststellbar. Allerdings konnten *Botosan/Plumlee* ihre Ergebnisse im Zeitverlauf bestätigen. Die Ergebnisse identifizieren, neben dem Modell von *Botosan/Plumlee* (2002), das Gewinnkapitalisierungsmodell nach *Easton* (2004) als verlässlichsten Schätzer der impliziten Eigenkapitalkosten. Zudem konnten *Chen et al.* zeigen, dass Gewinnkapitalisierungsmodelle vor allem in europäischen Ländern zur Eigenkapitalkostenschätzung geeignet sind, da sie ohne Annahme der Erfüllung des Kongruenzprinzips auskommen. Das Modell von *Easton* (2004) bietet darüber hinaus den Vorteil, dass es geringere Anforderungen an die Datenverfügbarkeit stellt und weniger Schätzgrößen benötigt, da zur Berechnung der Eigenkapitalkosten lediglich der aktuelle Aktienkurs sowie die erwarteten Gewinne je Aktie (*earnings per share, EPS*) der folgenden zwei Jahre benötigt werden.[1259] Die Verwendung eines kürzeren Detailprognosezeitraums erscheint auch vor dem Hintergrund verzerrter Analystenschätzungen durchaus vorteilhaft. So finden *Easton/Sommers* in ihrer Studie heraus, dass Analystenschätzungen vor allem für einen

[1253] Vgl. *Botosan/Plumlee* (2005), S. 49-51.
[1254] Vgl. *Botosan et al.* (2011), S. 1117-1119.
[1255] Vgl. *Chen et al.* (2004), S. 323-328.
[1256] Vgl. *Chen et al.* (2004), S. 323f.
[1257] Vgl. *Chen et al.* (2004), S. 329-336.
[1258] Vgl. *Chen et al.* (2004), S. 343.
[1259] Vgl. *Easton* (2004), S. 81.

Zeithorizont von mehr als einem Jahr optimistisch verzerrt sind.[1260] In der Folge führen zu optimistische Analystenschätzungen zu überhöhten Eigenkapitalkostenschätzungen, die zudem kaum mit den entsprechenden Risikofaktoren korrelieren.[1261] Unter Berücksichtigung der zuvor genannten Aspekte werden die impliziten Eigenkapitalkosten in dieser Arbeit, analog zum Vorgehen in einer Reihe anderer empirischer Studien,[1262] auf Basis des Gewinnkapitalisierungsmodells nach *Easton* (2004) geschätzt.

Das **Gewinnkapitalisierungsmodell nach Easton (2004)** leitet die impliziten Eigenkapitalkosten auf Basis des Kurs-Gewinnwachstum-Verhältnisses (*price-earnings-growth ratio*, PEG) her.[1263] Im Unterschied zum Gewinnkapitalisierungsmodell von *Ohlsen/Juettner-Nauroth*[1264] (2005) geht *Easton* davon aus, dass das abnormale Gewinnwachstum (*abnormal earnings growth*, AEG) über den Prognosezeitraum hinaus gleich Null ist.[1265] Diese Annahme scheint unter der Berücksichtigung bestehender Wettbewerbsmärkte durchaus sachgerecht und wird regelmäßig auch von Finanzanalysten und anderen Marktteilnehmern im Rahmen von Bewertungsverfahren getroffen.[1266] Zudem unterstellt *Easton* eine konstante Thesaurierungsquote von 100%, wodurch die künftigen Dividendenzahlungen je Aktie (*dividend per share*, DPS) ebenfalls gleich Null sind.[1267] Unter Berücksichtigung der zuvor genannten Annahmen lässt sich folgende Bewertungsgleichung zur Berechnung des aktuellen Werts je Aktie im Betrachtungszeitpunkt aufstellen:

(6.3) $$P_0 = \frac{(eps_2 - eps_1)}{r_{Easton}^2}$$

mit

P_t	=	Aktienkurs zum Zeitpunkt t;
eps_t	=	erwarteter Gewinn je Aktie für Periode t;
r_{Easton}	=	erwarteter Eigenkapitalkostensatz nach dem Modell von Easton (2004).

Durch Umformen und Auflösen der Gleichung nach dem Diskontierungssatz erhält man die impliziten Eigenkapitalkosten nach *Easton* (2004):

1260 Vgl. *Easton/Sommers* (2007), S. 984f.
1261 Vgl. *Guay* (2011), S. 145f.; *Nölte* (2008), S. 206.
1262 Vgl. exemplarisch *Broedel Lopes/de Alencar* (2010), S. 451; *Reverte* (2012), S. 259.
1263 Vgl. *Easton* (2004), S. 77-81.
1264 Vgl. *Ohlson/Juettner-Nauroth* (2005), S. 349-365.
1265 Vgl. *Easton* (2004), S. 79f.
1266 Vgl. *Botosan et al.* (2011), S. 1118.
1267 Vgl. *Easton* (2004), S. 81.

(6.4) $$r_{Easton} = \sqrt{\frac{(eps_2 - eps_1)}{P_0}} = \sqrt{\frac{1}{PEG \ x \ 100}}$$

mit

PEG = Kurs-Gewinnwachstum-Verhältnis.

Die Berechnung der impliziten Eigenkapitalkosten erfordert die Bedingung, dass $eps_2 > eps_1$. Diese Restriktion kann zu einer Verringerung des Datensatzes führen. In der vorliegenden Untersuchung ist diese Bedingung bei 16 von 320 Unternehmen nicht erfüllt, so dass sich der Datensatz um diese Unternehmen reduziert. Die Bedingung $eps_2 > eps_1$ führt dazu, dass für sieben deutsche und fünf amerikanische Unternehmen die Eigenkapitalkosten nicht berechnet werden können.

6.3.2 Verwendete Variablen

6.3.2.1 Abhängige Variable

Die impliziten Eigenkapitalkosten stellen die abhängige Variable in den Regressionsmodellen dar. Es wird untersucht, ob die Erstellung bzw. Veröffentlichung sowie die Qualität separater Nachhaltigkeitsberichte zu einer Verringerung der Eigenkapitalkosten führt. Abb. 6-12 veranschaulicht die Berechnung der impliziten Eigenkapitalkosten in der vorliegenden Studie nach dem Modell von *Easton* (2004).[1268]

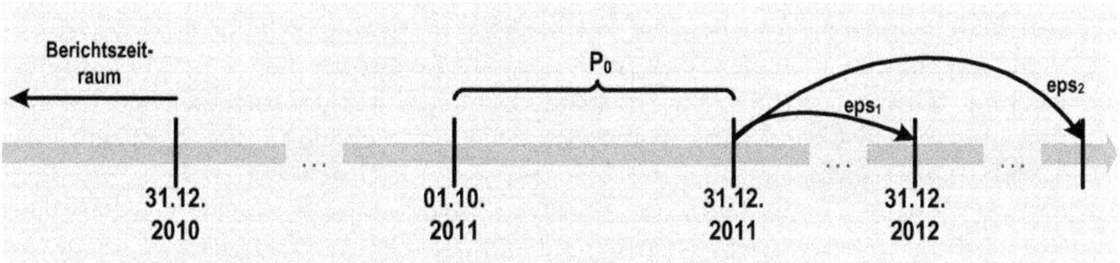

Abb. 6-12: Berechnung der impliziten Kapitalkosten nach *Easton* (2004)

In die Analyse werden die aktuellen Nachhaltigkeitsberichte der Unternehmen einbezogen, die bis zum 30.09.2011 für die allgemeine Öffentlichkeit zugänglich waren.[1269] Die Veröffentlichung der Berichte ist Voraussetzung dafür, dass die Informationen einen Einfluss auf den Aktienkurs sowie die Analystenschätzungen und letztendlich auf die Eigenkapitalkosten der Unternehmen haben können. Folglich wurden die Eigenkapitalkosten für einen Dreimonatszeitraum nach dem 30.09.2011 berechnet. Die Berechnung der EPS-Schätzungen erfolgte somit für den Zeitraum von Oktober bis Dezember 2011. Die

[1268] Für die Berechnung impliziter Eigenkapitalkosten vgl. exemplarisch *Hail* (2002), S. 768; *Cheng et al.* (2006), S. 184-186.

[1269] Vgl. hierzu auch Kap. 5.1.3.

notwendigen Gewinnschätzungen der Analysten wurden der Datenbank FactSet entnommen. Für die Berechnung der Eigenkapitalkosten wurde für jedes Unternehmen der Median der Analystenschätzungen für die beiden folgenden Geschäftsjahre (31.12.2012 und 31.12.2013) ermittelt. Weiterhin wurde für jedes Unternehmen der Median der täglichen Aktienkurse in dem dreimonatigen Bewertungszeitraum berechnet. Die entsprechenden Aktienkurse wurden der Datastream-Datenbank entnommen. Um mögliche Verzerrungen aufgrund abweichender Geschäftsjahre bei der Berechnung der Eigenkapitalkosten zu vermeiden, wurden Unternehmen, deren Bilanzstichtag nicht der 31. Dezember eines jeden Jahres ist, von der Untersuchung ausgeschlossen.[1270]

6.3.2.2 Unabhängige Variablen

Die **unabhängigen** bzw. die **erklärenden Variablen** entsprechen den abhängigen Variablen aus der Determinantenstudie.[1271] Die Wirkungsweise der Veröffentlichung separater Nachhaltigkeitsberichte auf die Eigenkapitalkosten der Unternehmen wird mit Hilfe der entsprechenden Dummy-Variablen für die Erstellung eines separaten Nachhaltigkeitsberichts untersucht. Um die Eigenkapitalkostenwirkungen der Qualität separater Nachhaltigkeitsberichte zu untersuchen, wird als erklärende Variable der Disclosure Index zur Messung der Berichtsqualität verwendet.

Wie bereits im Rahmen der Determinantenstudie erläutert wurde, ist zu berücksichtigen, dass Unternehmen verschiedene Berichtsformate nutzen, um über ihre Nachhaltigkeitsleistung zu informieren. Auch wenn Unternehmen keinen separaten Nachhaltigkeitsbericht erstellen, bedeutet dies nicht, dass diese Unternehmen nicht über Nachhaltigkeitsaspekte berichten. Die Ergebnisse in Kap. 6.2.4.1 haben gezeigt, dass Unternehmen, die einen separaten Nachhaltigkeitsbericht erstellen, häufig parallel das Internet sowie den Geschäftsbericht nutzen, um über ihre Nachhaltigkeitsleistung zu informieren. Demzufolge kann angenommen werden, dass Analysten und Investoren die für ihre Investitionsentscheidung notwendigen Nachhaltigkeitsinformationen aus unterschiedlichen Quellen beziehen. Aus diesem Grund wird im Rahmen der Untersuchung für die Veröffentlichung von **Nachhaltigkeitsinformationen im Internet** und **im Geschäftsbericht** kontrolliert. Analog zum Vorgehen in der Studie zu den Determinanten der Nachhaltigkeitsberichterstattung wird die Internetberichterstattung anhand des relativen Zielerreichungsgrads gemessen. Zur Messung der Nachhaltigkeitsberichterstattung im Geschäftsbericht wird der relative Seitenumfang verwendet.

Neben den Kontrollvariablen zur Berichterstattung im Internet und im Geschäftsbericht werden weitere unternehmensindividuelle, risikospezifische **Kontrollvariablen** eingeführt, für die in der Vergangenheit bereits gezeigt wurde, dass sie einen Einfluss auf die Höhe der Eigenkapitalkosten haben. In Analogie zu früheren Studien wird im Rahmen der multivariaten Analysen daher für den Einfluss der Unternehmensgröße, des systematischen Risikos, des Verschuldungsgrads sowie des Marktwert-Buchwert-Verhältnisses kontrol-

[1270] Insgesamt müssen 65 Unternehmen aufgrund eines abweichenden Geschäftsjahres von der Untersuchung ausgeschlossen werden.

[1271] Vgl. Kap. 6.2.1.

liert.[1272] Im Folgenden wird erläutert, welche Richtung des Zusammenhangs zwischen den verwendeten Kontrollvariablen und der Höhe der Eigenkapitalkosten angenommen wird.

Die **Unternehmensgröße** wird in der Literatur häufig zur Messung des Informationsumfeldes verwendet.[1273] Größere Unternehmen weisen tendenziell eine umfangreichere Berichterstattung auf, wodurch bestehende Informationsasymmetrien sowie Schätzrisiko der Investoren verringert werden. Aufgrund der vergleichsweise höheren Informationstransparenz können Unsicherheiten seitens der Investoren verringert werden und diese fordern folglich eine geringere Risikoprämie für die Kapitalüberlassung. Ebenso weisen große Unternehmen eine höhere Aktienliquidität auf, wodurch sich das Liquiditätsrisiko verringert.[1274] Die impliziten Eigenkapitalkosten sollten folglich geringer sein, je größer das Unternehmen ist. Die Unternehmensgröße wird anhand der logarithmierten Marktkapitalisierung operationalisiert. Dazu wird der Median der täglichen Marktkapitalisierung für den dreimonatigen Berechnungszeitraum der Eigenkapitalkosten von Oktober bis Dezember 2011 aus der Datastream-Datenbank entnommen.[1275]

Weiterhin wird für das **systematische Risiko** (Betafaktor) eines Wertpapiers kontrolliert. Je größer der Betafaktor ist, desto höher ist das mit dem Wertpapier verbundene Investitionsrisiko und die damit verbundene Renditeforderung der Investoren.[1276] Folglich ist zu erwarten, dass die impliziten Eigenkapitalkosten positiv mit dem systematischen Risiko korrelieren.[1277] Zur Operationalisierung des systematischen Risikos wird der Ein-Jahres-Betafaktor auf Basis eines wöchentlichen Renditeintervalls zum 30.09.2011 in Datastream berechnet.

Ferner wird für den **Verschuldungsgrad** der Unternehmen kontrolliert. Mit wachsendem Verschuldungsgrad erhöht sich das Investitionsrisiko, was folglich zu höheren Renditeforderungen der Eigenkapitalgeber führt.[1278] Daher ist davon auszugehen, dass die impliziten Eigenkapitalkosten mit wachsendem Verschuldungsgrad ansteigen. In Analogie zur Determinantenstudie wird der Nettoverschuldungsgrad zum 30.09.2011 berechnet.[1279]

Fama/French können zudem empirisch feststellen, dass Unternehmen mit einem geringeren **Marktwert-Buchwert-Verhältnis** signifikant höhere Renditen erwirtschaften, und führen dies auf ein erhöhtes Unternehmensrisiko zurück.[1280] Ein niedrigeres Marktwert-Buchwert-Verhältnis kann möglicherweise auf gesunkene Marktwerte zurückzuführen sein, was wiederum auf eine ungünstige finanzielle Entwicklung der Unternehmen hindeuten kann.[1281] Es ist somit zu erwarten, dass das Marktwert-Buchwert-Verhältnis nega-

---

[1272] Vgl. exemplarisch *Gebhardt et al.* (2001), S. 145-148; *Dhaliwal et al.* (2006), S. 705f.; *Hail/Leuz* (2006), S. 496; *El Ghoul et al.* (2011), S. 2393.

[1273] Vgl. *Gode/Mohanram* (2003), S. 405.

[1274] Vgl. *Penman* (2004), S. 667f.

[1275] Zur Oeprationalisierung wird auf den Median zurückgegriffen, da dieser im Vergleich zum Mittelwert robuster gegenüber Ausreißern ist. Vgl. *Bortz/Schuster* (2011), S. 28.

[1276] Vgl. *Perridon et al.* (2012), S. 277.

[1277] Vgl. *El Ghoul et al.* (2011), S. 2393.

[1278] Vgl. *Nölte* (2008), S. 227.

[1279] Die entsprechenden Daten wurden ebenfalls der Datastream-Datenbank entnommen.

[1280] Vgl. *Fama/French* (1992), S. 440f.

[1281] Vgl. *Nölte* (2008), S. 228.

tiv mit den impliziten Eigenkapitalkosten korreliert. Analog zur Berechnung der Unternehmensgröße wird zur Operationalisierung der Kontrollvariable der Median des täglichen Marktwert-Buchwert-Verhältnisses für den dreimonatigen Berechnungszeitraum der Eigenkapitalkosten von Oktober bis Dezember 2011 aus der Datastream-Datenbank ermittelt.

Schließlich wird analog zu anderen empirischen Studien auch für die **Branchenzugehörigkeit** sowie das entsprechende **Land** kontrolliert.[1282] Die Klassifizierung der Branchenzugehörigkeit erfolgt wie bereits im Rahmen der Determinantenstudie anhand des GICS. Auch hier fungiert die Branche *Financials* als Referenzgruppe. Um mögliche Länderunterschiede zu identifizieren, wird zudem eine Dummy-Variable eingefügt, die den Wert eins für deutsche und den Wert null für amerikanische Unternehmen annimmt.

6.3.3 Deskriptive Statistiken und Korrelationsanalysen

Bevor der Einfluss einer separaten Nachhaltigkeitsberichterstattung auf die Eigenkapitalkosten der Unternehmen im Rahmen multivariater Regressionsanalysen untersucht wird, werden zunächst die deskriptiven Statistiken zu den impliziten Eigenkapitalkosten und dem Markwert-Buchwert-Verhältnis sowie die entsprechenden Korrelationsanalysen der Test- und Kontrollvariablen dargestellt.

Wie Tab. 6-27 zeigt, liegt die durchschnittliche Höhe der impliziten Eigenkapitalkosten auf Basis der Berechnung nach dem Modell von *Easton* (2004) bei 11,7%. Die Eigenkapitalkosten amerikanischer Unternehmen sind mit einem durchschnittlichen Wert von 10,0% indes signifikant (p = 0,005) geringer als bei den Unternehmen des deutschen Samples (13,1%). Bei dem Vergleich der Mittelwerte für die beiden Länder ist jedoch zu berücksichtigen, dass die Unternehmen des amerikanischen Samples deutlich größer sind als deutsche Unternehmen. Wie im vorherigen Kapitel zu den verwendeten Kontrollvariablen erläutert wurde, ist ein negativer Zusammenhang zwischen der Unternehmensgröße und den Eigenkapitalkosten zu erwarten. Daher ist zu vermuten, dass sich die vergleichsweise geringeren Kapitalkosten für das amerikanische Sample insbesondere dadurch erklären, dass die Unternehmen deutlich größer sind als jene in Deutschland.

Zudem ist die Streuung um den Mittelwert in Deutschland (7,8%) deutlich größer als in den USA (3,0%). Dies spiegelt sich auch in den minimalen und maximalen Eigenkapitalkostensätzen wider. Diese sind mit 0,2% bzw. 56,7% deutlich geringer bzw. höher als die Randwerte für das amerikanische Sample. Um die Robustheit der Ergebnisse im Rahmen der multivariaten Analyse zu überprüfen, werden deshalb um Ausreißer bereinigte Regressionsanalysen durchgeführt.

[1282] Vgl. bspw. *Cheng et al.* (2006), S. 192; *Hail/Leuz* (2006), S. 495-498; *Li* (2010), S. 614f.; *El Ghoul et al.* (2011), S. 2393.

	Höhe der impliziten Eigenkapitalkosten in %				
	Mittelwert	Median	Std.Abw.	Minimum	Maximum
BRD (N=150)	13,1	11,0	7,8	0,2	56,7
USA (N=151)	10,0	10,0	3,0	2,2	24,6
Gesamt (N=301)	11,7	10,4	6,1	0,2	56,7
Wilcoxon-Mann-Whitney-Test	p = 0,005				

Tab. 6-27: Deskriptive Statistiken der impliziten Eigenkapitalkosten

Während die Unternehmensgröße, das systematische Risiko sowie der Verschuldungsgrad bereits im Rahmen der Determinantenstudie als unabhängige Variablen im Regressionsmodell berücksichtigt wurden, wird zur Untersuchung der Eigenkapitalkostenwirkungen separater Nachhaltigkeitsberichte zusätzlich das Marktwert-Buchwert-Verhältnis als Kontrollvariable aufgenommen. Wie Tab. 6-28 zeigt, ist das Marktwert-Buchwert-Verhältnis in den USA deutlich höher als in Deutschland. Ein niedrigeres Marktwert-Buchwert-Verhältnis kann möglicherweise auf eine ungünstige finanzielle Entwicklung der Unternehmen hindeuten und könnte ebenfalls erklären, warum die impliziten Eigenkapitalkosten in Deutschland höher sind als in den USA.

	BRD		USA		Gesamt	
	Mittelwert	**Std.Abw.**	**Mittelwert**	**Std.Abw.**	**Mittelwert**	**Std.Abw.**
Marktwert-Buchwert-Verhältnis	1,9	2,3	6,0	37,7	4,0	26,8

Tab. 6-28: Deskriptive Statistiken zum Marktwert-Buchwert-Verhältnis (Kontrollvariable)

Tab. 6-29 liefert einen Überblick der Korrelationen der im Modell verwendeten Test- und Kontrollvariablen. Zum einen verdeutlichen die Korrelationsanalysen zwischen den einzelnen Variablen zur Messung des Umfangs und der Qualität der Nachhaltigkeitsberichterstattung, dass die Qualität der Internetberichterstattung signifikant ($p < 0,001$) mit der Erstellung eines separaten Nachhaltigkeitsberichts korreliert. Ebenso korreliert die Berichtsqualität im Internet und der Umfang der Nachhaltigkeitsberichterstattung im Geschäftsbericht signifikant (jeweils $p < 0,001$) mit der Qualität separater Nachhaltigkeitsberichte. Im Einklang mit den Ergebnissen zur Berichtspraxis (Kap. 6.1) deuten die Korrelationsanalysen darauf hin, dass sich die Unternehmen im Rahmen der Berichterstattung nicht auf ein Berichtsformat beschränken, sondern vielmehr verschiedene Berichtsformate parallel nutzen, um über Nachhaltigkeitsthemen zu informieren.

Ferner zeigt die Korrelationsanalyse, dass die Kontrollvariablen Unternehmensgröße, systematisches Risiko, Verschuldungsgrad und Marktwert-Buchwert-Verhältnis alle signifikant in der jeweils vermuteten Richtung mit den impliziten Eigenkapitalkosten korrelieren. Die hohe Korrelation der Eigenkapitalkosten mit den risikospezifischen Kontrollvariablen lässt daher vermuten, dass die Ergebnisse auf Basis der Berechnung nach dem Modell von *Easton* (2004) ein geeigneter Schätzer für die Höhe der impliziten Eigenkapitalkosten sind.

	Eigen kapital-kosten	Separater Bericht	Disclosure Index	Disclosure Internet	Disclosure Geschäfts-bericht	Land	Größe	Systemat. Risiko	Verschul-dungsgrad	Markwert/ Buchwert
Eigenkapitalkosten	1,000 -									
Separater Bericht	-0,067 (0,253)	1,000 -								
Disclosure Index	-0,096 (0,271)	- -	1,000 -							
Disclosure Internet	-0,094 (0,1062)	0,537*** (0,000)	0,296*** (0,001)	1,000 -						
Disclosure Geschäftsbericht	-0,026 (0,651)	-0,002 (0,970)	0,337*** (0,000)	0,218*** (0,000)	1,000 -					
Land	0,167*** (0,004)	-0,362*** (0,000)	0,369*** (0,000)	-0,216*** (0,000)	0,405*** (0,000)	1,000 -				
Größe	-0,270*** (0,000)	0,446*** (0,000)	-0,134 (0,122)	0,463*** (0,000)	-0,214*** (0,000)	-0,764*** (0,000)	1,000 -			
Systemat. Risiko	0,510*** (0,000)	-0,098* (0,092)	0,212** (0,014)	-0,054 (0,355)	0,152*** (0,009)	0,365*** (0,000)	-0,309*** (0,000)	1,000 -		
Verschuldungsgrad	0,131** (0,024)	0,133** (0,022)	-0,006 (0,948)	0,128** (0,0280)	0,079 (0,175)	-0,006 (0,924)	0,058 (0,321)	0,066 (0,255)	1,000 -	
Markwert/Buchwert	-0,379*** (0,000)	0,023 (0,697)	-0,038 (0,659)	0,065 (0,267)	-0,144** (0,013)	-0,363*** (0,000)	0,355*** (0,000)	-0,426*** (0,000)	-0,196*** (0,001)	1,000 -

Die Tabelle zeigt die Spearman-Korrelationskoeffizienten mit den entsprechenden p-Werten in Klammern.

Tab. 6-29: Korrelationsanalyse der Test- und Kontrollvariablen

Allerdings kann im Rahmen der Korrelationsanalyse kein signifikanter Zusammenhang zwischen der Nachhaltigkeitsberichterstattung und den impliziten Eigenkapitalkosten der Unternehmen festgestellt werden. Auch die Kontrollvariablen zur Berichterstattung im Internet und im Geschäftsbericht lassen keinen Zusammenhang zur Höhe der Eigenkapitalkosten erkennen. Letztendlich kann jedoch nur die multivariate Regressionsanalyse im folgenden Kapitel Aufschluss darüber geben, ob der vermutete negative Zusammenhang zwischen der Nachhaltigkeitsberichterstattung und der Höhe Eigenkapitalkosten besteht.

6.3.4 Ergebnisse der multivariaten Regressionsanalysen

Um den Einfluss der **Veröffentlichung von Nachhaltigkeitsberichten** auf die Eigenkapitalkosten der Unternehmen zu untersuchen (*H10a*), wird die folgende Regressionsgleichung aufgestellt:

$$\begin{aligned}(6.5)\quad \textit{Implizite EKK} = {} & \alpha + \beta_1 \textit{Separater NB}_i + \beta_2 \textit{Separater NB}_i {*} \textit{Land}_i + \\ & \beta_3 \textit{Discl. Int.}_i + \beta_4 \textit{Discl. GB}_i + \beta_5 \textit{Land}_i + \beta_6 \textit{Größe}_i + \\ & \beta_7 \textit{Syst. Risiko}_i + \beta_8 \textit{Verschuldung}_i + \\ & \beta_9 \textit{Marktwert/Buchwert}_i + \beta_{10} \textit{Branche}_i + \varepsilon_i\end{aligned}$$

mit

implizite EKK = Höhe der impliziten Eigenkapitalkosten;

Marktwert/Buchwert = Marktwert-Buchwert-Verhältnis;

und allen anderen Variablen wie zuvor definiert.

Ausgehend von den 320 Unternehmen der Grundgesamtheit wurden insgesamt 88 Unternehmen aufgrund mangelnder Datenverfügbarkeit sowie abweichender Geschäftsjahre von der Analyse ausgeschlossen, so dass insgesamt 232 Unternehmen in die Analyse eingegangen sind (vgl. Tab. 6-30). Modell 1 zeigt zunächst die Ergebnisse der Regressionsanalyse auf Basis des Gesamtsamples, ohne für einen möglichen Ländereinfluss zu kontrollieren. Das geschätzte Modell weist ein adjustiertes R^2 in Höhe von 23,5% auf. Ferner zeigt die F-Statistik, dass das Modell über die Stichprobe hinaus Gültigkeit besitzt ($p < 0{,}001$).

Die Ergebnisse können die Hypothese, dass ein negativer Zusammenhang zwischen der Veröffentlichung eines separaten Nachhaltigkeitsberichts und der Höhe der Eigenkapitalkosten besteht, nicht stützen. Vielmehr weist der Regressionskoeffizient von 0,013 auf einen positiven Zusammenhang zwischen den beiden Variablen hin. Führt man zudem einen zweiseitigen Hypothesentest durch, weisen die Ergebnisse sogar einen positiven Zusammenhang auf dem 10%-Signifikanzniveau ($p = 0{,}060$) auf.

Um Länderunterschiede feststellen zu können, wird in Modell 2 für einen möglichen Ländereinfluss kontrolliert. Durch Aufnahme des Interaktionsterms sowie eines Länder-Dummys in das Regressionsmodell steigt zugleich der Erklärungsgehalt der Regressionsschätzung und das adjustierte R^2 erhöht sich auf 26,8%. Ebenso zeigt die F-Statistik, dass das Gesamtmodell signifikant ist (p < 0,001) und somit Erklärungsgehalt über die Stichprobe hinaus besitzt.

Variablen	Erwartetes Vorzeichen	Implizite Eigenkapitalkosten	
		Modell 1	Modell 2
Konstante	+/-	0,3030 (4,29)***	0,4458 (4,67)***
Separater Nachhaltigkeitsbericht	-	0,0132 (1,89)	0,0003 (0,04)
Separater Bericht*Land	+/-		0,0204 (1,47)
Disclosure Internet	-	0,0057 (0,38)	0,0230 (1,35)
Disclosure Geschäftsbericht	-	-0,0444 (-0,32)	0,0584 (0,41)
Land	+/-		-0,0521 (-3,56)***
Unternehmensgröße	-	-0,1087 (-3,70)***	-0,1691 (-4,19)***
Systematisches Risiko	+	0,0327 (3,24)***	0,0414 (4,15)***
Verschuldungsgrad	+	0,0013 (1,60)*	0,0011 (1,25)
Marktwert/Buchwert	-	0,0000 (1,66)	0,0000 (1,38)
Energy	+/-	0,0125 (1,11)	0,0002 (0,02)
Materials	+/-	-0,0152 (-1,14)	-0,0135 (-1,06)
Industrials	+/-	-0,0023 (-0,21)	-0,0015 (-0,14)
Consumer Discretionary	+/-	0,0091 (0,65)	0,0149 (1,10)
Consumer Staples	+/-	-0,0033 (-0,22)	-0,0017 (-0,11)
Health Care	+/-	0,0013 (0,11)	0,0056 (0,48)
Information Technology	+/-	0,0168 (1,36)	0,0142 (1,19)
Telecommunication Services	+/-	0,0023 (0,18)	0,0104 (0,75)
Utilities	+/-	0,0260 (0,49)	0,0249 (0,49)
n		232	232
Adjustiertes R^2		23,5%	26,8%
F-Wert		7,21***	7,51***
Maximaler VIF		2,08	4,98

*, ** und *** zeigen statistisch signifikante Ergebnisse auf dem 10%-, 5%- und 1%-Signifikanzniveau (zweiseitig) an. Im Falle gerichteter Hypothesen spiegelt dieser Wert ein einseitiges Signifikanzniveau wider.

Tab. 6-30: Regressionsergebnisse zu Eigenkapitalkostenwirkungen der Veröffentlichung eines separaten Nachhaltigkeitsberichts

Auch die Ergebnisse in Modell 2 deuten entgegen der Erwartungen eher auf einen positiven Zusammenhang zwischen den Eigenkapitalkosten und der Erstellung bzw. Veröffentlichung separater Nachhaltigkeitsberichte hin. Dieser ist jedoch auch bei einem zweiseitigen Hypothesentest statistisch nicht signifikant von Null verschieden ($p = 0{,}143$). Zudem kann der Interaktionsterm keine signifikanten Länderunterschiede aufzeigen. Die Nullhypothese, dass kein statistischer Zusammenhang zwischen der Erstellung eines separaten Nachhaltigkeitsberichts und den Eigenkapitalkosten der Unternehmen besteht, kann auf Basis der vorliegenden Ergebnisse folglich nicht abgelehnt werden. Die Ergebnisse zeigen weiterhin, dass auch zwischen den Kontrollvariablen zur Nachhaltigkeitsberichterstattung im Internet bzw. im Geschäftsbericht und der Höhe der impliziten Eigenkapitalkosten kein statistisch signifikanter Zusammenhang besteht.

Die Kontrollvariablen Unternehmensgröße, systematisches Risiko und Verschuldungsgrad weisen einen signifikanten Einfluss in erwarteter Richtung auf die Höhe der impliziten Eigenkapitalkosten auf und bestätigen daher die Auswahl der unternehmensindividuellen, risikospezifischen Kontrollvariablen. Lediglich für das Marktwert-Buchwert-Verhältnis konstatieren die Ergebnisse keinen signifikanten Einfluss auf die Höhe der Eigenkapitalkosten.

Neben dem Einfluss der Nachhaltigkeitsberichterstattung auf die Veröffentlichung separater Nachhaltigkeitsberichte wird ein negativer Zusammenhang zwischen der **Qualität der Nachhaltigkeitsberichterstattung** und den Eigenkapitalkosten der Unternehmen vermutet (*H10$_b$*). Um diesen Zusammenhang zu untersuchen, wird die folgende Regressionsgleichung geschätzt:

$$(6.6)\quad \textit{Implizite EKK} = \alpha + \beta_1 \textit{Discl. Index}_i + \beta_2 \textit{Discl. Index*Land}_i + \beta_3 \textit{Discl. Int.}_i + \beta_4 \textit{Discl. GB}_i + \beta_5 \textit{Land}_i + \beta_6 \textit{Größe}_i + \beta_7 \textit{Syst. Risiko}_i + \beta_8 \textit{Verschuldung}_i + \beta_9 \textit{Marktwert/Buchwert}_i + \beta_{10} \textit{Branche}_i + \varepsilon_i$$

mit allen Variablen wie zuvor definiert.

Auch im Rahmen dieser Regressionsschätzung müssen ausgehend von den 140 Unternehmen, die einen separaten Nachhaltigkeitsbericht erstellen, 39 Unternehmen aufgrund mangelnder Datenverfügbarkeit sowie abweichender Geschäftsjahre von der Analyse ausgeschlossen werden.[1283] Analog zum Vorgehen bei der Analyse des Einflusses der Veröffentlichung eines Nachhaltigkeitsberichts wird die Regressionsgleichung zunächst auf Basis des Gesamtsamples, ohne Berücksichtigung möglicher Länderunterscheide, geschätzt (vgl. Modell 1 in Tab. 6-31). Die Überprüfung der globalen Gütekriterien des Regressionsmodells ergibt ein adjustiertes R^2 von 36,2%. Zudem weist die F-Statistik ein signifikantes Ergebnis ($p < 0{,}001$) aus.

In Übereinstimmung mit der Forschungshypothese bestätigen die Regressionsergebnisse einen negativen Zusammenhang zwischen der Berichtsqualität und den impliziten Eigenkapitalkosten der Unternehmen. Dieser Zusammenhang ist darüber hinaus auf dem 5%-Niveau statistisch signifikant ($p = 0{,}043$). Die Kontrollvariablen für die Nachhaltig-

[1283] Insgesamt umfasst die Regressionsschätzung 36 deutsche und 65 amerikanische Unternehmen.

keitsberichterstattung im Internet bzw. im Geschäftsbericht weisen hingegen keinen Zusammenhang mit der Höhe der Eigenkapitalkosten auf.

Variablen	Erwartetes Vorzeichen	Implizite Eigenkapitalkosten	
		Modell 1	Modell 2
Konstante	+/-	0,1081 (1,24)	0,0824 (0,88)
Disclosure Index (separater Bericht)	-	-0,0620 (-1,74)**	0,0068 (2,17)
Disclosure Index*Land	+/-		-0,0310 (-2,97)***
Disclosure Internet	-	0,0053 (0,27)	0,0233 (1,39)
Disclosure Geschäftsbericht	-	0,2547 (1,46)	0,2620 (1,82)
Land	+/-		0,0208 (1,02)
Unternehmensgröße	-	-0,0210 (-0,60)	-0,0201 (-0,51)
Systematisches Risiko	+	0,0566 (5,02)***	0,0650 (6,29)***
Verschuldungsgrad	+	0,0009 (2,06)**	0,0009 (2,33)**
Marktwert/Buchwert	-	0,0000 (0,03)	-0,0016 (-1,04)
Energy	+/-	-0,0115 (-0,81)	-0,0039 (-0,31)
Materials	+/-	0,0017 (0,10)	0,0075 (0,55)
Industrials	+/-	-0,0067 (-0,49)	0,0025 (0,22)
Consumer Discretionary	+/-	0,0018 (0,11)	0,0043 (0,27)
Consumer Staples	+/-	-0,0062 (-0,35)	-0,0125 (-0,58)
Health Care	+/-	-0,0193 (-1,30)	-0,0208 (-1,58)
Information Technology	+/-	-0,0115 (-0,81)	-0,0039 (-0,31)
Telecommunication Services	+/-	0,0017 (0,10)	0,0075 (0,55)
Utilities	+/-	-0,0067 (-0,49)	0,0025 (0,22)
n		101	101
Adjustiertes R^2		36,2%	45,8%
F-Wert		5,93***	6,55***
Maximaler VIF		2,68	5,83

*, ** und *** zeigen statistisch signifikante Ergebnisse auf dem 10%-, 5%- und 1%-Signifikanzniveau (zweiseitig) an. Im Falle gerichteter Hypothesen spiegelt dieser Wert ein einseitiges Signifikanzniveau wider.

Tab. 6-31: Regressionsergebnisse zu Eigenkapitalkostenwirkungen der Berichtsqualität

Um Länderunterschiede feststellen zu können, wird in Modell 2 für einen möglichen Ländereinfluss kontrolliert (vgl. Tab. 6-31). In der Folge erhöht sich das adjustierte R^2 auf 45,8%. Die F-Statistik bestätigt zudem, dass das Gesamtmodell signifikant ist und somit über die Stichprobe hinaus Gültigkeit besitzt. Entgegen der Ergebnisse aus Modell 1 zeigen die empirischen Befunde einen positiven Zusammenhang zwischen der Qualität der Nachhaltigkeitsberichterstattung und den Eigenkapitalkosten auf. Führt man einen zweiseitigen Hypothesentest durch, so ist dieser Einfluss zudem statistisch signifikant auf dem 5%-Signifikanzniveau ($p = 0,033$). Dieses Ergebnis kann allerdings nur im Zusammenhang mit dem Interaktionsterm zur Identifikation von Länderunterschieden sinnvoll interpretiert werden. Der Interaktionsterm zeigt, dass dieser positive Effekt für deutsche Unternehmen signifikant geringer ist ($p < 0,001$). Subtrahiert man den Regressionskoeffizienten des Interaktionsterms vom Koeffizienten zur Messung des Einflusses der Berichtsqualität, zeigt sich, dass der untersuchte Zusammenhang für deutsche Unternehmen sogar negativ ist (0,0068 – 0,0310 = -0,0242). Der in Modell 1 festgestellte signifikant negative Zusammenhang manifestiert sich somit durch den für das deutsche Sample beobachtbaren negativen Zusammenhang zwischen der Berichtsqualität und den impliziten Eigenkapitalkosten. Die Nullhypothese, dass kein Zusammenhang zwischen der Qualität der Nachhaltigkeitsberichterstattung und den Eigenkapitalkosten besteht, kann demzufolge abgelehnt werden.

Die empirischen Befunde lassen bedeutende Länderunterschiede in der Wirkungsweise der Nachhaltigkeitsberichterstattung auf die Eigenkapitalkosten erkennen. Während für deutsche Unternehmen der vermutete negative Zusammenhang bestätigt werden kann, weisen die empirischen Befunde für das amerikanische Sample hingegen einen signifikant positiven Zusammenhang zwischen der Berichtsqualität und den Eigenkapitalkosten auf.

Auf Basis der vorliegenden Ergebnisse könnte die unterschiedliche Eigenkapitalkostenwirkung der Nachhaltigkeitsberichterstattung vor allem auf Unterschiede in der Berichtsqualität zwischen Deutschland und den USA zurückzuführen sein. Ein weiterer Grund für die Länderunterschiede könnte sein, dass amerikanische Unternehmen ihre Nachhaltigkeitsberichterstattung primär dazu nutzen, um *greenwashing* zu betreiben und die bereitgestellten Informationen daher eine vergleichsweise geringe Glaubwürdigkeit besitzen. Wie im Rahmen der Determinantenstudie gezeigt werden konnte, signalisiert eine externe Berichtsprüfung den Adressaten eine hohe Berichtsqualität und kann daher zu einer erhöhten Glaubwürdigkeit der Berichterstattung führen. Neben der mangelnden Berichtsqualität könnte folglich eine fehlende Glaubwürdigkeit der Berichterstattung ursächlich für den positiven Zusammenhang zwischen der Nachhaltigkeitsberichtserstattung und den Eigenkapitalkosten bei amerikanischen Unternehmen sein.[1284] Um diesen möglichen Zusammenhang zu überprüfen und die bestehenden Länderunterschiede zu plausibilisieren, wurde das Regressionsmodell um eine Dummy-Variable erweitert, die den Wert eins annimmt wenn der Nachhaltigkeitsbericht der Unternehmen extern geprüft wurde (vgl. Tab. A-9 im Anhang). Die Ergebnisse bestätigen die Vermutung und zeigen für das amerikanische Sample einen negativen Einfluss einer externen Berichtsprüfung auf die Eigenkapitalkosten in den USA. Für das Gesamtsample sowie für die deutschen Unternehmen zeigt sich hingegen kein signifikanter Zusammenhang. Alle anderen Ergebnisse des Grundmodells in Tab. 6-31 bleiben dabei unverändert.

[1284] Vgl. *Déjean/Martinez* (2009), S. 73; *Clarkson et al.* (2011), S. 27 und S. 53-55.

Wie die Ergebnisse zu den Kontrollvariablen zeigen, besteht zwischen der Berichterstattung über Nachhaltigkeitsaspekte im Internet bzw. im Geschäftsbericht und der Höhe der Eigenkapitalkosten kein statistisch signifikanter Zusammenhang. Ferner weisen die Kontrollvariablen systematisches Risiko und Verschuldungsgrad einen signifikanten Einfluss in erwarteter Richtung auf die Höhe der impliziten Eigenkapitalkosten auf, während die Regressionskoeffizienten für die Unternehmensgröße und das Marktwert-Buchwert-Verhältnis statistisch nicht signifikant sind.

6.3.5 Sensitivitätsanalysen und Robustheitstests

In Analogie zur Untersuchung der Determinanten der Nachhaltigkeitsberichterstattung werden zur Überprüfung der Gültigkeit der Ergebnisse Sensitivitätsanalysen und Robustheitstests durchgeführt. Die Ergebnisse zum Einfluss der Nachhaltigkeitsberichterstattung sind insbesondere von dem verwendeten Proxy für die Berichterstattung abhängig. In der vorliegenden Untersuchung wird ein Disclosure Index zur Messung der Qualität separater Nachhaltigkeitsberichte verwendet. Mit dieser Maßzahl ist unweigerlich ein gewisses Maß an Subjektivität verbunden. Um die **Sensitivität** der Ergebnisse bezüglich des verwendeten Proxys für die Berichtsqualität zu überprüfen, wird das Modell zusätzlich unter Verwendung der Berichtsquantität geschätzt. Im Unterschied zum Index zur Messung der Qualität berücksichtigt das Quantitätsmaß lediglich, ob ein Indikator berichtet wurde oder nicht. Die Ergebnisse der Regressionsschätzung mit Hilfe der Berichtsquantität zeigen keine systematischen Veränderungen der empirischen Befunde (vgl. Tab. A-10).

Um die **Robustheit** der Ergebnisse zu überprüfen werden die Regressionsschätzungen zudem auf Basis der Cook-Distanz um Ausreißer bereinigt. In Analogie zur Determinantenstudie werden wiederum drei verschiedene Schwellenwerte zur Bestimmung von Ausreißern bestimmt.[1285] Sowohl die empirischen Befunde hinsichtlich der Wirkungsweise der Veröffentlichung (vgl. Tab. A-11 im Anhang) als auch der Berichtsqualität (vgl. Tab. A-12 im Anhang) auf die impliziten Eigenkapitalkosten der Unternehmen weisen keine systematischen Veränderungen auf, wenn man die Regressionsschätzung um Ausreißer bereinigt. Ferner werden Rang-Regressionen durchgeführt, um die Robustheit der Ergebnisse zu überprüfen. Auch die Ergebnisse der Rang-Regressionsschätzungen weisen keine systematischen Veränderungen auf (vgl. Tab. A-13 und Tab. A-14 im Anhang).

6.3.6 Kritische Würdigung der Ergebnisse

Während viele Studien den Einfluss der Veröffentlichung freiwilliger, überwiegend finanzieller Informationen auf die Kapitalkosten analysieren, finden sich bislang nur wenige Studien, welche die Wirkungsweise der Nachhaltigkeitsberichterstattung auf die Eigenkapitalkosten von Unternehmen untersuchen. Diese Studien analysieren den Zusammenhang meist für US-amerikanische Unternehmen und weisen bislang keine konsistenten Ergebnisse auf.[1286] Für deutsche Unternehmen wurde dieser Zusammenhang bislang noch

[1285] Die beiden konservativeren Schwellenwerte kamen zu demselben Ergebnis, so dass hier lediglich das Modell mit dem konservativsten (Cook-Distanz >1) sowie das Modell mit dem am wenigsten konservativen Schwellenwert (Cook-Distanz > 4/n) geschätzt werden.

[1286] Vgl. Kap. 3.4.

nicht empirisch untersucht. Ferner beschränken sich die bisherigen Studien zur Wirkungsweise der Nachhaltigkeitsberichterstattung auf die Kapitalkosten ausschließlich auf einen nationalen Kontext. *Hail/Leuz* zeigen in ihrer Untersuchung mit 40 verschiedenen Ländern jedoch, dass die Höhe der Eigenkapitalkosten unter anderem auch von den spezifischen Offenlegungsvorschriften sowie Vorschriften zum Wertpapierhandel in den jeweiligen Ländern beeinflusst wird.[1287] Es ist also anzunehmen, dass sich die Wirkungsweise der Nachhaltigkeitsberichterstattung auf die Eigenkapitalkosten in Abhängigkeit länderspezifischer institutioneller Rahmenbedingungen international unterscheidet. Die Ergebnisse der vorliegenden Studie ermöglichen eine differenziertere Analyse der Wirkungsweise einer freiwilligen Nachhaltigkeitsberichterstattung auf die Eigenkapitalkosten als es bisherige Studien getan haben, da im Rahmen der Untersuchung zwischen der Wirkungsweise der Erstellung einerseits und der Berichtsqualität andererseits unterschieden wird. Darüber hinaus ermöglichen die Ergebnisse einen Ländervergleich zwischen Deutschland und den USA.

Die Ergebnisse der vorliegenden Untersuchung zeigen, dass die Veröffentlichung eines separaten Nachhaltigkeitsberichts sowohl in Deutschland als auch in den USA keinen Einfluss auf die Höhe der Eigenkapitalkosten hat. Hypothese *10a* ist folglich abzulehnen:

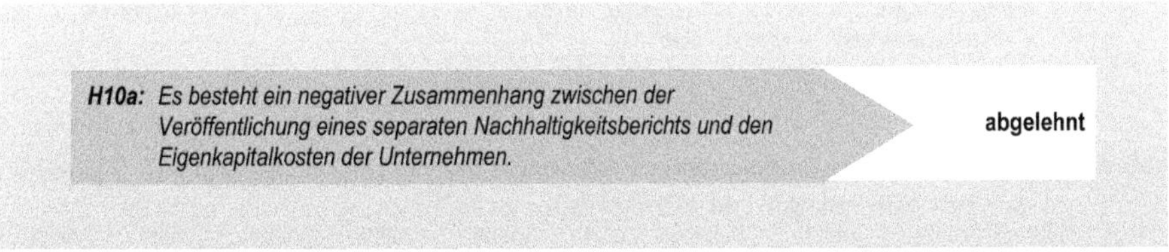

Abb. 6-13: Ergebnisse des Hypothesentests zu den Eigenkapitalkostenwirkungen der Veröffentlichung eines separaten Nachhaltigkeitsberichts

Im Gegensatz zu diesen Ergebnissen können *Plumlee et al.* für amerikanische Unternehmen einen negativen Zusammenhang zwischen der freiwilligen Veröffentlichung eines separaten Umweltberichts und den Eigenkapitalkosten feststellen. Das Ergebnis der vorliegenden Untersuchung deckt sich jedoch in weiten Teilen mit den Ergebnissen von *Dhaliwal et al.*, welche die Wirkung der Veröffentlichung separater Nachhaltigkeitsberichte von insgesamt 294 börsennotierten US-amerikanischen Unternehmen über einen Zeitraum von 1993-2007 untersuchten.[1288] Die Ergebnisse zeigen, dass Unternehmen, die erstmalig einen separaten Nachhaltigkeitsbericht veröffentlichen, in der Folge nicht zwangsläufig auch von geringeren Kapitalkosten profitieren. Vielmehr deuten die Ergebnisse darauf hin, dass eine Reduktion der Kapitalkosten, in Folge der erstmaligen Veröffentlichung eines separaten Nachhaltigkeitsberichts, nur für diejenigen Unternehmen zu erwarten ist, die im Vergleich zum Branchendurchschnitt eine überdurchschnittliche Nachhaltigkeitsleistung aufweisen.[1289]

[1287] Vgl. *Hail/Leuz* (2006), S. 523f.
[1288] Vgl. *Dhaliwal et al.* (2011), S. 64.
[1289] Vgl. *Dhaliwal et al.* (2011), S. 94.

Es ist anzunehmen, dass Unternehmen mit einer überdurchschnittlichen Nachhaltigkeitsleistung auch umfassender über ihre Leistungen im Nachhaltigkeitsbereich berichten werden. Daher kann vermutet werden, dass die Wirkungsweise der Nachhaltigkeitsberichterstattung auf die Eigenkapitalkosten der Unternehmen in starkem Maße vom Umfang und der Qualität der Berichterstattung abhängig ist. In Übereinstimmung mit der Forschungshypothese bestätigen die empirischen Befunde der vorliegenden Untersuchung für das deutsche Sample einen signifikant negativen Zusammenhang zwischen der Qualität der Nachhaltigkeitsberichterstattung und den impliziten Eigenkapitalkosten der Unternehmen. Für das amerikanische Sample bestätigt sich der vermutete Zusammenhang jedoch nicht. Vielmehr weisen die Ergebnisse einen signifikant positiven Zusammenhang auf.

Da für das deutsche Sample ein signifikant negativer Einfluss der Nachhaltigkeitsberichterstattung auf die impliziten Eigenkapitalkosten festzustellen ist, kann die Nullhypothese, dass kein negativer Zusammenhang besteht, nicht abgelehnt werden:

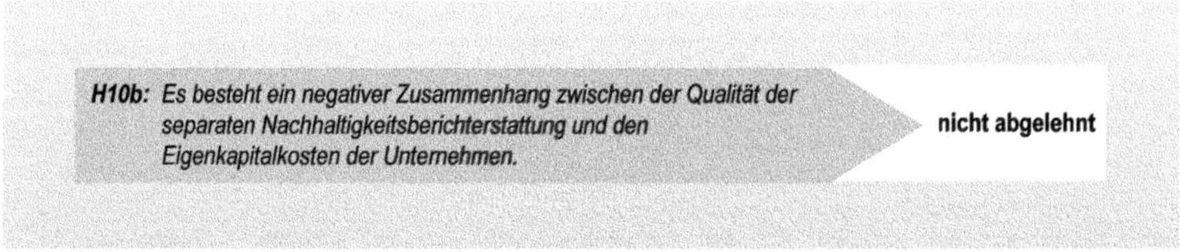

Abb. 6-14: Ergebnisse des Hypothesentests zur Wirkungsweise der Qualität der separaten Nachhaltigkeitsberichterstattung auf die Eigenkapitalkosten

Die Ergebnisse für das amerikanische Sample decken sich größtenteils mit den Befunden anderer Studien aus dem angloamerikanischen Raum. So stellen *Richardson/Welker* in ihrer Studie für 87 kanadische Unternehmen ebenfalls einen positiven Zusammenhang zwischen der Nachhaltigkeitsberichterstattung und den Kapitalkosten fest.[1290] Auch *Plumlee et al.* konstatieren in ihrer Studie einen positiven Zusammenhang zwischen der Qualität einer freiwilligen Umweltberichterstattung und den Kapitalkosten.[1291] *Clarkson et al.* untersuchen in ihrer Studie die Eigenkapitalkostenwirkung einer freiwilligen Umweltberichterstattung in separaten Berichten und auf Webseiten börsennotierter US-amerikanischer Unternehmen. Im Unterschied zu den empirischen Befunden der vorliegenden Untersuchung und den zuvor dargestellten Ergebnissen früherer Studien weisen die Ergebnisse keinen signifikanten Zusammenhang zwischen einer freiwilligen Berichterstattung über ökologische Aspekte und den Eigenkapitalkosten auf.[1292]

Für deutsche Unternehmen wurden die Eigenkapitalkostenwirkungen der Nachhaltigkeitsberichterstattung in früheren Untersuchungen bislang nicht empirisch analysiert, so dass geeignete Vergleichsstudien fehlen. Außerhalb des angloamerikanischen Raums untersuchen *Déjean/Martinez* diesen Zusammenhang. In ihrer Studie analysieren die Auto-

[1290] Vgl. *Richardson/Welker* (2001), S. 613f.
[1291] Vgl. *Plumlee et al.* (2010), S. 26.
[1292] Vgl. *Clarkson et al.* (2010), S. 25f.

ren die Umweltberichterstattung von 112 börsennotierten französischen Unternehmen in separaten Berichten sowie in Geschäftsberichten.[1293] Entgegen der Ergebnisse für das deutsche Sample in der vorliegenden Studie weisen die empirischen Befunde einen signifikant positiven Zusammenhang zwischen der Umweltberichterstattung und den Eigenkapitalkosten der Unternehmen auf,[1294] und stimmen somit vielmehr mit den Befunden für das amerikanische Sample überein. Allerdings kann *Reverte* in seiner Studie anhand eines Samples spanischer Firmen, in Analogie zu den empirischen Befunden für das deutsche Sample in der vorliegenden Untersuchung, einen negativen Zusammenhang zwischen der Nachhaltigkeitsberichterstattung und den impliziten Eigenkapitalkosten der Unternehmen zeigen.[1295] Ferner deuten die Ergebnisse darauf hin, dass dieser Effekt für Unternehmen aus ökologisch sensitiven Branchen stärker ist.

Die Ergebnisse der vorliegenden Untersuchung erweitern die bestehenden empirischen Befunde vor allem um zwei Aspekte. Zum einen ergänzen sie das bislang überschaubare empirische Feld zur Wirkungsweise einer freiwilligen Nachhaltigkeitsberichterstattung auf die Kapitalkosten von Unternehmen um weitere Ergebnisse außerhalb des angloamerikanischen Raums und liefern erste empirische Befunde für Deutschland. Des Weiteren zeigt die empirische Studie Länderunterschiede zwischen der Wirkungsweise der Nachhaltigkeitsberichterstattung auf die Eigenkapitalkosten zwischen Deutschland und den USA auf. Die Befunde machen deutlich, dass Ergebnisse auf Basis nationaler Studien nicht ohne weiteres auf andere Länder übertragbar sind.

Die bestehenden Länderunterschiede werfen gleichsam die Frage nach den Ursachen für die unterschiedliche Wirkungsweise der Qualität der Nachhaltigkeitsberichterstattung auf die impliziten Eigenkapitalkosten der Unternehmen auf. Diese Frage kann auf Basis der vorliegenden Ergebnisse nicht abschließend beantwortet werden, allerdings lässt sich die unterschiedliche Wirkungsweise durch verschiedene Ursachen erklären.

Wie die Analyse der Ergebnisse gezeigt hat, kann die unterschiedliche Eigenkapitalkostenwirkung der Nachhaltigkeitsberichterstattung auf die unterschiedliche Berichtsqualität in Deutschland und den USA zurückzuführen sein. Neben der vergleichsweise geringen Berichtsqualität könnte eine fehlende Glaubwürdigkeit der Nachhaltigkeitsberichterstattung ursächlich für den positiven Zusammenhang zwischen der Nachhaltigkeitsberichterstattung und den Eigenkapitalkosten für amerikanische Unternehmen sein.

Neben den möglichen Ursachen, die sich direkt aus den Ergebnissen der vorliegenden Untersuchung ableiten lassen, können die länderspezifischen Unterschiede möglicherweise auch in anderen Aspekten begründet sein. So ist denkbar, dass amerikanische Investoren ein geringeres Interesse an Nachhaltigkeitsinformationen haben. Auszahlungen im Nachhaltigkeitsbereich könnten als unnötige Kosten beurteilt werden, welche die Zahlungsrückflüsse an die Investoren verringern.[1296] Sieht man von möglichen zukünftigen Einzahlungspotenzialen der Investitionen im Nachhaltigkeitsbereich ab, könnte der Unternehmenswert in Folge geringerer Cashflow-Erwartungen sinken und das unternehmensindi-

[1293] Vgl. *Déjean/Martinez* (2009), S. 65f.
[1294] Vgl. *Déjean/Martinez* (2009), S. 73.
[1295] Vgl. *Reverte* (2012), S. 266.
[1296] Vgl. *Richardson et al.* (1999), S. 17.

viduelle Risiko zunehmen.[1297] Folglich würden Investoren für nachhaltig agierende Unternehmen einen vergleichsweise höheren Risikozuschlag verlangen, wodurch sich der positive Zusammenhang zwischen der Qualität der Nachhaltigkeitsberichterstattung und den Eigenkapitalkosten der Unternehmen für das amerikanische Sample erklären ließe.

Eine weitere Ursache kann zudem in den länderspezifischen Offenlegungspflichten und den damit verbundenen Anforderungen an die Unternehmensberichterstattung begründet sein. *Hail/Leuz* stellen in ihrer Studie vor allem für Länder mit umfangreichen Anforderungen an die Berichterstattung und strikten Vorschriften im Wertpapierhandel geringere Kapitalkosten fest.[1298] Folglich wird es insbesondere schwierig sein, den inkrementellen Effekt einer freiwilligen Nachhaltigkeitsberichterstattung auf die Kapitalkosten für Unternehmen mit einer umfangreichen Berichterstattung aufzuzeigen. Da insbesondere amerikanische Unternehmen umfangreichen Berichtspflichten unterliegen, könnten die institutionellen Rahmenbedingungen ursächlich dafür sein, dass ein negativer Effekt einer freiwilligen Nachhaltigkeitsberichterstattung auf die Eigenkapitalkosten für amerikanische Unternehmen nicht gezeigt werden kann.[1299] Zudem haben die deskriptiven Befunde gezeigt, dass die Eigenkapitalkosten amerikanischer Unternehmen im Durchschnitt bereits geringer sind als bei deutschen Unternehmen.

Auf Basis der vorliegenden Ergebnisse stellt sich berechtigterweise die Frage, warum amerikanische Unternehmen überhaupt separate Nachhaltigkeitsberichte erstellen, wenn sie ihre Eigenkapitalkosten dadurch nicht senken können und ggf. sogar mit einer Erhöhung der Kapitalkosten rechnen müssen. Vor dem Hintergrund der empirischen Befunde zu den Determinanten der Berichterstattung könnte ein Hauptmotiv für die Veröffentlichung separater Nachhaltigkeitsberichte daher in der Vermeidung politischer Kosten sowie in der Legitimation des unternehmerischen Handelns gegenüber der Gesellschaft begründet sein. Durch eine Legitimation ihrer Geschäftsaktivitäten können Unternehmen Reputationsverluste vermeiden, die wiederum mit erheblichen negativen ökonomischen Konsequenzen verbunden sein können.

6.4 Verknüpfung der Teilstudienergebnisse

Das sechste Kapitel widmete sich der empirischen Untersuchung der Nachhaltigkeitsberichterstattung in Deutschland und den USA. Nach einer Untersuchung der Berichtspraxis wurden sowohl die Determinanten als auch die Eigenkapitalkostenwirkungen der separaten Nachhaltigkeitsberichterstattung empirisch analysiert. Im Folgenden werden die zentralen Ergebnisse der Teilstudien in einer abschließenden Gesamtwürdigung zusammengeführt (Kap. 6.4.1). Zudem werden mögliche Implikationen für Berichtsersteller, Berichtsadressaten, Gesetzgeber und Standardsetzer sowie Wirtschaftsprüfer kritisch diskutiert (Kap. 6.4.2).

[1297] Vgl. *Richardson/Welker* (2001), S. 614; *Déjean/Martinez* (2009), S. 73.
[1298] Vgl. *Hail/Leuz* (2006), S. 524.
[1299] Vgl. *Hail* (2002), S. 765f.

6.4.1 Abschließende Gesamtwürdigung

Die Befunde zur Berichtspraxis haben gezeigt, dass die Nachhaltigkeitsberichterstattung eine bedeutende Komponente in der Berichterstattung großer börsennotierter Unternehmen darstellt. So veröffentlicht knapp die Hälfte der 320 analysierten Unternehmen einen separaten Nachhaltigkeitsbericht, wobei dieser Anteil in den USA (61%) deutlich größer ist als in Deutschland (26%). Vor dem Hintergrund der Ergebnisse ist dies vor allem darauf zurückzuführen, dass die Unternehmen der amerikanischen Grundgesamtheit deutlich größer sind.[1300] So haben die empirischen Befunde zu den Determinanten der Nachhaltigkeitsberichterstattung die Unternehmensgröße als wesentlichen Einflussfaktor für die **Erstellung separater Nachhaltigkeitsberichte** identifiziert. Die Ergebnisse der Kapitalkostenstudie zeigen zudem, dass die bloße Veröffentlichung von Nachhaltigkeitsberichten in beiden Ländern keinen Einfluss auf die Höhe der Eigenkapitalkosten hat.

Weiterhin bestätigen die Befunde zur Berichtspraxis die hohe Bedeutung der GRI-Leitlinien. Insgesamt geben knapp 80% der Unternehmen an, sich bei der Erstellung ihres Nachhaltigkeitsberichts an den Leitlinien der GRI zu orientieren. Von den GRI-Anwendern deklarieren rund 85% der Unternehmen ihren Nachhaltigkeitsbericht als konform mit den Anwendungsebenen A oder B und berichten somit über mindestens 20 der 49 Kernleistungsindikatoren. Hierbei konnte festgestellt werden, dass die Berichtsqualität der Unternehmen, die ihre Angaben zur Anwendungsebene extern durch die GRI verifizieren lassen, signifikant höher ist als bei den Unternehmen, die auf einen sog. *Application Level Check* verzichten.

Die Ergebnisse der multivariaten Regressionsanalysen implizieren, dass neben der Unternehmensgröße auch die Medienpräsenz einen Erklärungsbeitrag für die Veröffentlichung von Nachhaltigkeitsberichten leistet. Die empirische Untersuchung hat jedoch gezeigt, dass beide Variablen stark miteinander korrelieren und die Unternehmensgröße einen größeren Erklärungsbeitrag besitzt. Insgesamt scheinen insbesondere die im Rahmen der PAT behandelten politischen Kosten sowie die Legitimitätstheorie geeignet, um die Entscheidung des Managements für eine separate Nachhaltigkeitsberichterstattung zu erklären. Auf Basis der theoretischen Fundierung kann daher vermutet werden, dass große Unternehmen einen separaten Nachhaltigkeitsbericht in erster Linie erstellen, um den gesellschaftlichen Erwartungen gerecht zu werden und zusätzliche Kosten, bspw. durch eine gesetzliche Regulierung der Berichterstattung oder Umweltschutzauflagen, zu vermeiden. Neben der Unternehmensgröße konnte auch das systematische Risiko als wesentliche Determinante der Erstellung separater Nachhaltigkeitsberichte identifiziert werden. Der Einfluss des systematischen Risikos deutet darauf hin, dass die Unternehmen die Nachhaltigkeitsberichterstattung nutzen, um bestehende Informationsasymmetrien zwischen dem Unternehmen und seinen Stakeholdern abzubauen. Die übrigen untersuchten Determinanten konnten hingegen keinen wesentlichen Erklärungsbeitrag für die Veröffentlichung von Nachhaltigkeitsberichten leisten.

Weiterhin wurde die **Qualität der Nachhaltigkeitsberichterstattung** empirisch analysiert. Mit einem durchschnittlichen Zielerreichungsgrad von rund 21% ist die Berichts-

[1300] Zur Beschreibung der Grundgesamtheit vgl. ausführlich Kap. 5.1.

qualität in Deutschland und den USA insgesamt als gering einzuschätzen. Der Vergleich mit anderen empirischen Befunden zeigt, dass auch in früheren Studien lediglich eine schwache bis mittlere Qualität der Nachhaltigkeitsberichterstattung festgestellt wird.[1301] Die Qualität der separaten Nachhaltigkeitsberichterstattung ist bei deutschen Unternehmen (28%) signifikant höher als bei Unternehmen des amerikanischen Samples (20%). Auch die Analyse zu den Determinanten der Nachhaltigkeitsberichterstattung bestätigte neben dem Einfluss der Medienpräsenz, einer freiwilligen Berichtsprüfung, dem Verschuldungsgrad und der Branchenzugehörigkeit zudem einen Länderfluss. Die Determinanten der Berichtsqualität unterscheiden sich somit von den Einflussfaktoren der Erstellung eines separaten Nachhaltigkeitsberichts. Dies bestätigt das Vorgehen, im Rahmen der Hypothesengenerierung zwischen den Determinanten der Entscheidung des Managements, einen separaten Nachhaltigkeitsbericht zu erstellen und zu veröffentlichen, und denen der Berichtsqualität zu unterscheiden.

Die stark differierende Berichtsqualität in den beiden Ländern könnte auch ursächlich für die Unterschiede in den Eigenkapitalkostenwirkungen der Nachhaltigkeitsberichterstattung sein. Während die Qualität der Nachhaltigkeitsberichterstattung in Deutschland einen signifikant negativen Einfluss auf die Höhe der Eigenkapitalkosten hat, weisen die Ergebnisse für das amerikanische Sample auf einen positiven Zusammenhang hin. Die geringe Berichtsqualität in den USA kann zu einer fehlenden Glaubwürdigkeit der Berichterstattung führen. Folglich könnte eine mangelnde Entscheidungsnützlichkeit der Nachhaltigkeitsinformationen ursächlich dafür sein, dass in den USA nicht der vermutete negative Zusammenhang zwischen der Nachhaltigkeitsberichterstattung und den Eigenkapitalkosten besteht.

Die empirischen Befunde deuten vielmehr darauf hin, dass Unternehmen in den USA in Folge einer umfassenden Nachhaltigkeitsberichterstattung durch vergleichsweise hohe Kapitalkosten abgestraft werden und Investoren für nachhaltig agierende Unternehmen einen höheren Risikozuschlag verlangen. Daher könnte die Ursache auch auf ein fehlendes Interesse amerikanischer Investoren an Nachhaltigkeitsinformationen zurückzuführen sein. Möglicherweise beurteilen amerikanische Investoren Investitionen im Nachhaltigkeitsbereich als unnötige Auszahlungen, welche ihre erwarteten Zahlungsrückflüsse verringern. Ferner können die Unterschiede in den Eigenkapitalkostenwirkungen der separaten Nachhaltigkeitsberichterstattung auch auf institutionelle Länderunterschiede bezüglich der Regulierung der Publizitäts- und Berichtspflichten zurückzuführen sein. Sofern amerikanische Unternehmen ihre Kapitalkosten durch eine Nachhaltigkeitsberichterstattung nicht senken können, scheint ein Hauptmotiv für die Veröffentlichung separater Nachhaltigkeitsberichte die Legitimation des unternehmerischen Handelns gegenüber der Gesellschaft zu sein. Auf diese Weise können Unternehmen Reputationsverluste vermeiden, die wiederum mit erheblichen negativen ökonomischen Konsequenzen verbunden sein können.

Insgesamt haben die Befunde zur inhaltlichen Ausgestaltung der Nachhaltigkeitsberichte gezeigt, dass die Unternehmen sehr selektiv in überwiegend qualitativer Form über die

[1301] Die Berichtsquantität ist mit einem durchschnittlichen Zielerreichungsgrad von 48% deutlich höher als die Berichtsqualität und kann durchaus als mittelmäßig bewertet werden.

verschiedenen Leistungsindikatoren berichten. Es ist zu vermuten, dass Unternehmen vorwiegend zu solchen Indikatoren Angaben machen, deren Informationsbereitstellung relativ geringen zusätzlichen Aufwand verursacht. Die im Vergleich zur qualitativen Berichterstattung geringere Bedeutung quantitativer und monetärer Informationen könnte zudem auf eine fehlende Integration des Rechnungswesens bzw. des Controllings im Rahmen des Berichterstattungsprozesses zurückzuführen sein.[1302] *Weber et al.* empfehlen daher eine stärkere Beteiligung des Controllings, weil das wirtschaftliche Potenzial von Nachhaltigkeitsaspekten noch nicht ausgeschöpft ist und vom Management der Unternehmen bislang vernachlässigt wird.[1303] Zudem besteht erhebliches Verbesserungspotenzial hinsichtlich der Angaben von Zeitvergleichen und Zielsetzungen. Diese ermöglichen es den Adressaten erst, die Nachhaltigkeitsleistung der Unternehmen sowohl im Zeitverlauf als auch inner- bzw. zwischenbetrieblich vergleichen und letztendlich bewerten zu können. Insgesamt weist die Nachhaltigkeitsberichterstattung in der Praxis somit eher einen Vergangenheits- als einen Zukunftsbezug auf. Dies lässt vermuten, dass die Informationen überwiegend zur Berichterstattung verwendet werden und weniger der internen Planung und Steuerung dienen.[1304] Die Ergebnisse deuten darauf hin, dass in vielen Unternehmen ein umfassendes Nachhaltigkeitscontrolling bislang fehlt und die Unternehmen den hohen Anforderungen einer qualitativ hochwertigen Berichterstattung kaum gerecht werden können. Möglicherweise erklärt sich die höhere Berichtsqualität in Deutschland daher auch dadurch, dass deutsche Unternehmen Nachhaltigkeitsaspekte bereits stärker im Rahmen interner Planungs- und Steuerungsprozesse berücksichtigen und ein Nachhaltigkeitscontrolling stärker ausgeprägt ist als bei amerikanischen Unternehmen.

Grundsätzlich stellt sich die Frage nach der **externen Validität** der vorliegenden Ergebnisse. Die Validität wird als Qualitätsmaßstab der empirischen Untersuchung verstanden und erlaubt Rückschlüsse darüber, inwieweit das verwendete Messinstrument zur Untersuchung der Forschungshypothesen geeignet ist.[1305] Im Rahmen der empirischen Untersuchung wurden die Ergebnisse grundsätzlich mit den empirischen Befunden früherer Studien verglichen. Insbesondere die Ergebnisse zur Praxis und zu den Determinanten der separaten Nachhaltigkeitsberichterstattung stehen überwiegend im Einklang mit den Ergebnissen früherer Studien. Daher kann eine hohe Kriteriumsvalidität angenommen werden.[1306]

[1302] Vgl. *Schaltegger/Zvezdov* (2011b), S. 94; *Schaltegger/Zvezdov* (2011a), S. 434f.

[1303] Vgl. *Weber et al.* (2010), S. 400.

[1304] Vgl. *Schaltegger/Zvezdov* (2011b), S. 93. Zur Ausgestaltung eines strategischen Nachhaltigkeitscontrollings vgl. *Fischer et al.* (2010), S. 223-227.

[1305] Vgl. ausführlich Kap. 5.2.5.3.

[1306] Eine Einschätzung der Inferenzvalidität ist indes nicht möglich, da die Vergleichsstudien zur Berichterstattung über Nachhaltigkeitsaspekte ausschließlich auf einem inhaltsanalytischen Forschungsansatz basieren.

6.4.2 Implikationen

Wie eingangs erwähnt, haben die empirischen Befunde eine Reihe von **Implikationen** für Berichtsersteller, Berichtsadressaten, Gesetzgeber und Standardsetzer sowie Wirtschaftsprüfer.

Die Befunde zur Berichtspraxis haben gezeigt, dass die Qualität der separaten Nachhaltigkeitsberichterstattung in Deutschland und den USA bislang eher gering ist. Ferner stehen die Unternehmen häufig unter dem Verdacht, ein gezieltes *greenwashing* zu betreiben, was zu einer geringen Glaubwürdigkeit der bereitgestellten Informationen führt. Hieraus ergeben sich wesentliche Implikationen für die Unternehmen als **Berichtsersteller**. Zum einen sollten Unternehmen bestrebt sein, die Qualität separater Nachhaltigkeitsberichte stetig zu verbessern. Zum anderen ist es von zentraler Bedeutung die Berichtsqualität gegenüber den Adressaten glaubhaft zu signalisieren. Auf diese Weise können sich Unternehmen, die eine ernsthafte Nachhaltigkeitskommunikation betreiben, von Unternehmen, die ihren Nachhaltigkeitsbericht primär für Werbezwecke nutzen, sichtbar abgrenzen. Zudem würde es für Unternehmen schwieriger *greenwashing* zu betreiben, da dies einfacher durch die Berichtsadressaten erkannt werden würde.

Um die Qualität der Berichterstattung zu verbessern empfiehlt sich für die Unternehmen eine umfassende Anwendung des GRI-Leitfadens. Auf diese Weise sind die Berichte für die Adressaten besser mit den Berichten anderer Unternehmen vergleichbar, da sich der GRI-Berichtsrahmen weltweit als „de-facto"-Standard etabliert hat. Dabei sollten die Unternehmen bestrebt sein, ausgewogen über sämtliche (Kern-)Leistungsindikatoren zu berichten. Sofern einzelne Indikatoren für das Unternehmen nicht zutreffend oder unwesentlich sein sollten, sollte dies erläutert werden. Nur so können die Berichtsadressaten nachvollziehen, ob ein Indikator nicht zutreffend bzw. unwesentlich ist oder ob das Unternehmen ggf. *cherry picking* betreibt. Die geringe Berichtsqualität separater Nachhaltigkeitsberichte kann unter anderem auch auf eine fehlende Integration des Rechnungswesens bzw. des Controllings in den Berichterstattungsprozess zurückgeführt werden. Die Berücksichtigung von Nachhaltigkeitsaspekten im Rahmen der internen Planung und Steuerung erscheint als notwendige Voraussetzung für eine entscheidungsnützliche und zukunftsorientierte Nachhaltigkeitsberichterstattung. Die Unternehmen sollten daher darum bemüht sein, ein internes Nachhaltigkeitscontrolling einzurichten bzw. auszubauen. Ferner empfiehlt sich eine freiwillige Berichtsprüfung, um die Berichtsqualität zu verbessern. Das Hinterfragen von Datenerhebungsmethoden und Berichtsprozessen sowie von Angaben zu verschiedenen Indikatoren und anderen Berichtsinhalten durch externe Dritte kann dabei helfen, Nachhaltigkeitsmanagementsysteme einschließlich der Berichtsprozesse verlässlicher zu gestalten und die Qualität der Berichterstattung insgesamt zu erhöhen.[1307] Die Analyse zu den Determinanten konnte den positiven Zusammenhang zwischen einer freiwilligen Berichtsprüfung und der Qualität separater Nachhaltigkeitsberichte bestätigen.

Um eine hohe Transparenz und Qualität der Nachhaltigkeitsberichterstattung gegenüber den Berichtsadressaten glaubhaft zu signalisieren, sollten die Unternehmen grundsätzlich

[1307] Vgl. *Hofmann* (2007), S. 135f.; *Höschen/Vu* (2008), S. 379.

angeben, welchen Standard (bspw. GRI, UN Global Compact) sie zur Erstellung ihrer Nachhaltigkeitsberichte heranziehen. Zudem sollten Unternehmen ihre Nachhaltigkeitsberichte freiwillig durch externe Dritte prüfen lassen. Auf diese Weise können sie gegenüber den Adressaten eine hohe Berichtsqualität signalisieren und die Glaubwürdigkeit der bereitgestellten Informationen stärken.

Insbesondere amerikanische Unternehmen sollten bestrebt sein, die Qualität der Nachhaltigkeitsberichterstattung zu verbessern. So ist der fehlende negative Einfluss der Nachhaltigkeitsberichterstattung auf die Eigenkapitalkosten möglicherweise durch die insgesamt geringe Berichtsqualität in den USA und somit eine geringe Glaubwürdigkeit separater Nachhaltigkeitsberichte zurückzuführen. Vielmehr scheinen Unternehmen mit einer höheren Berichtsqualität durch vergleichsweise hohe Eigenkapitalkosten „bestraft" zu werden. Dies könnte auf ein allgemeines Misstrauen der Stakeholder gegenüber der ernsthaften Absicht der Unternehmen zu einer nachhaltigen Unternehmensführung begründet sein. Daher ist es für amerikanische Unternehmen umso wichtiger ihre Bestrebungen im Nachhaltigkeitsbereich sowie die Qualität der Berichterstattung gegenüber den Adressaten glaubhaft zu signalisieren. Bislang lassen gerade einmal 28% der US-amerikanischen Unternehmen ihren Nachhaltigkeitsbericht extern prüfen. Eine freiwillige Berichtsprüfung kann den Unternehmen jedoch helfen, die Glaubwürdigkeit ihrer Nachhaltigkeitsberichterstattung zu erhöhen.

Neben den Berichtserstellern haben die empirischen Befunde auch Implikationen für die **Berichtsadressaten** bzw. Stakeholder. Im Rahmen der empirischen Untersuchung wurde die Unternehmensgröße als eine wesentliche Determinante für die Erstellung separater Nachhaltigkeitsberichte identifiziert. Die verschiedenen Berichtsadressaten können daher vor allem bei größeren Unternehmen eine separate Nachhaltigkeitsberichterstattung erwarten. Es ist allerdings zu berücksichtigen, dass Unternehmen, die keinen separaten Bericht veröffentlichen, möglicherweise umfangreiche Angaben zu ihrer Nachhaltigkeitsleistung im Internet oder im Geschäftsbericht bereitstellen. Sofern große börsennotierte Unternehmen hingegen gar nicht über ihre Nachhaltigkeitsaktivitäten berichten und Gründe für eine fehlende Berichterstattung nicht ersichtlich sind, kann dies möglicherweise ein Hinweis darauf sein, dass Nachhaltigkeitsaspekte bislang keine wesentliche Berücksichtigung im Rahmen der strategischen Ausrichtung sowie der Zielsetzungen des Unternehmens finden. Ebenso deutet eine fast ausschließlich auf positive Ergebnisse fokussierte, wenig kritische Nachhaltigkeitsberichterstattung darauf hin, dass die Unternehmen ihren Nachhaltigkeitsbericht möglicherweise als PR-Instrument nutzen, um sich in einem positiven Licht darzustellen. Eine stark selektive Berichterstattung der Unternehmen kann daher ein Hinwies auf sog. *cherry picking* bzw. *greenwashing* sein. Folglich können Berichtsadressaten eine transparente, glaubwürdige Berichterstattung vor allem daran erkennen, dass die Unternehmen über möglichst viele Indikatoren der GRI-Leitlinien berichten und sowohl positive als auch negative Aspekte und Entwicklungen ihrer Nachhaltigkeitsleistung darstellen.[1308] Sofern Indikatoren für die berichtenden Unternehmen nicht rele-

[1308] Bei der Anzahl der berichteten Indikatoren ist zudem die Anwendungsebene der GRI-Leitlinien zu berücksichtigen, sofern die entsprechende Angabe vom Unternehmen gemacht wird.

vant bzw. wesentlich sein sollten, so besteht für die Unternehmen die Möglichkeit, in den Berichten entsprechend darauf zu verweisen.

Die deutlichen Unterschiede in der Berichtsqualität führen dazu, dass die Nachhaltigkeitsberichte für die Berichtsadressaten nur schwer vergleichbar sind.[1309] Diese Problematik wird durch den Pluralismus verschiedener Berichtsformate zusätzlich verstärkt. Insgesamt legen die empirischen Befunde zur Berichtspraxis die Vermutung nahe, dass eine entscheidungsnützliche Analyse und Bewertung der Nachhaltigkeitsleistung von Unternehmen durch die Berichtsadressaten nur sehr eingeschränkt möglich ist. Besonders schwierig dürfte es für Investoren sein, die finanziellen Auswirkungen der verschiedenen Nachhaltigkeitsaktivitäten der Unternehmen zu evaluieren.

Ferner konnte im Rahmen der empirischen Analyse gezeigt werden, dass ein positiver Zusammenhang zwischen einer freiwilligen Berichtsprüfung und der Berichtsqualität besteht. Tendenziell signalisiert ein geprüfter Nachhaltigkeitsbericht folglich eine höhere Berichtsqualität und kann somit Informationsunsicherheiten auf Seiten der Berichtsadressaten abbauen.[1310]

Die empirischen Befunde haben zudem Implikationen für **Gesetzgeber und Standardsetzer**. Die erheblichen Unterschiede hinsichtlich des Umfangs und der Qualität der Nachhaltigkeitsberichterstattung sind insbesondere auf eine fehlende Standardisierung zurückzuführen. Dies birgt die Gefahr, dass das Interesse an Informationen zur Nachhaltigkeitsleistung im Zeitverlauf abnehmen wird, weil der Nutzen für die Adressaten aufgrund mangelnder oder unbekannter Informationsqualität zu gering ist.[1311] Um die Informationsasymmetrien zwischen den Unternehmen und den Stakeholdern zu senken, sind die Berichtsadressaten auf aussagekräftige und vergleichbare Informationen angewiesen.[1312]

In der Literatur wird daher seit geraumer Zeit die Einführung einer gesetzlichen Berichtspflicht kontrovers diskutiert.[1313] Ziel einer gesetzlichen Berichtspflicht ist es, Informationskosten der Stakeholder zu senken und auf diese Weise die bestehenden Informationsasymmetrien zwischen Unternehmen und Stakeholdern zu reduzieren. Die **Gesetzgeber** könnten durch entsprechende gesetzliche Regelungen zu einer besseren Vergleichbarkeit der Nachhaltigkeitsberichte beitragen.[1314] Eine Standardisierung der Nachhaltigkeitsbe-

---

1309 Vgl. *von der Crone/Hoch* (2002), S. 51.

1310 Durch eine externe Berichtsprüfung kann die Beweiskraft und die Glaubwürdigkeit der Nachhaltigkeitsberichte erhöht werden. Vgl. *Spelthahn et al.* (2009), S. 67.

1311 Vgl. *Herzig/Schaltegger* (2004), S. 9.

1312 Vgl. *von der Crone/Hoch* (2002), S. 47.

1313 Vgl. *Herzig/Schaltegger* (2004), S. 8-10; *Herzig/Schaltegger* (2005), S. 18; *Quick/Knocinski* (2006), S. 640; *Hofmann* (2007), S. 135f.

1314 In Europa gibt es bereits Länder, die eine verpflichtende Berichterstattung eingeführt haben. Hierzu zählen Dänemark, die Niederlande, Frankreich, Norwegen und Schweden. Vgl. *Herzig/Schaltegger* (2005), S. 18. Auch in Deutschland besteht für bestimmte Unternehmen die Pflicht zur Offenlegung nichtfinanzieller Leistungsindikatoren im Lagebericht, soweit diese für das Verständnis des Geschäftsverlaufs und der Lage des Unternehmens von Bedeutung sind. Eine Pflicht zu einer umfassenden Nachhaltigkeitsberichterstattung existiert in Deutschland und den USA indes nicht.

richterstattung könnte die Berichtsqualität erhöhen und gleichzeitig die Nutzung von Nachhaltigkeitsberichten als PR-Instrumente einschränken.

Zwar würde eine allgemeine Berichtspflicht voraussichtlich zu einer quantitativen Zunahme der Berichterstattung führen, nicht aber zwingend auch die Informationsqualität verbessern. Daher scheint eine gesetzliche Verpflichtung zur Nachhaltigkeitsberichterstattung nur mit einer gleichzeitigen Standardisierung der Berichtsinhalte sowie einheitlicher Erfassungsmethoden der nachhaltigen Unternehmensleistung zielführend.[1315] Der gewünschte Erfolgsbeitrag einer gesetzlichen Berichtspflicht ist somit auch von der Implementierung entsprechender Managementinstrumente abhängig, die eine einheitliche Erfassung der nachhaltigen Unternehmensleistung erst ermöglichen.[1316] Allerdings birgt eine gesetzliche Berichtspflicht gleichzeitig die Gefahr, dass kaum ein Anreiz für sachlich konstruktive Innovationen in der Berichterstattung besteht, da ein Signaling nicht oder zumindest kaum mehr möglich ist.

Die Gesetzgeber müssen sich folglich intensiv mit der Frage auseinandersetzen, ob und inwieweit ein regulativer Eingriff in die Nachhaltigkeitsberichterstattung zweckmäßig erscheint. Denkbar wäre bspw. auch eine teilweise Berichtspflicht, indem eine bestimmte Anzahl von Indikatoren als verpflichtender Berichtsteil vorgeschrieben wird. Gleichzeitig bleibt für die Unternehmen durch einen optionalen Berichtsteil die Möglichkeit erhalten, sich von anderen Berichterstattern durch Individualität und Innovation abzugrenzen, um möglicherweise Wettbewerbsvorteile aufzubauen und Reputationsvorsprünge zu erreichen. Grundsätzlich ist zu berücksichtigen, dass eine enge Abstimmung zwischen den verschiedenen Regulierungsbehörden auf nationaler und internationaler Ebene notwendig ist, um die Vergleichbarkeit der Berichterstattung auch international zu forcieren. Aufgrund des positiven Zusammenhangs zwischen der Unternehmensgröße und der Veröffentlichung separater Nachhaltigkeitsberichte erscheint die Beschränkung einer möglichen Berichtspflicht auf große börsennotierte Unternehmen zunächst sinnvoll. Zudem stellt sich auch die Frage, ob im Rahmen einer Berichtpflicht auch das Berichtsformat, in dem die Berichterstattung zu erfolgen hat, vorgegeben wird, da der Pluralismus der Berichtsformate die Vergleichbarkeit und folglich auch die Entscheidungsnützlichkeit der Berichterstattung zusätzlich erschwert.

Weiterhin haben die Ergebnisse gezeigt, dass ein signifikant positiver Zusammenhang zwischen einer externen Berichtsprüfung und der Berichtsqualität besteht. Den Gesetzgebern stellt sich daher auch die Frage nach einer möglichen Prüfungspflicht. Eine Berichtsprüfung scheint geeignet, um die Glaubwürdigkeit der veröffentlichten Informationen zu erhöhen und gleichzeitig die Qualität der Berichterstattung zu forcieren.[1317] Daher sollte gerade in Ländern wie den USA, in denen die Nachhaltigkeitsberichterstattung eher eine geringe Berichtsqualität aufweist und selten von der Möglichkeit einer freiwilligen externen Berichtsprüfung Gebrauch gemacht wird, über entsprechende Regulierungsmaßnahmen nachgedacht werden. In diesem Zusammenhang müssen sich die Gesetzgeber zudem

[1315] Vgl. *Herzig/Schaltegger* (2004), S. 9f.

[1316] Vgl. *Herzig/Schaltegger* (2007), S. 584.

[1317] Zu den Möglichkeiten und Herausforderungen der Prüfung von Nachhaltigkeitsberichten im Allgemeinen vgl. ausführlich *Höschen/Vu* (2008), S. 378-387.

Gedanken zur Auswahl des Prüfers machen. So wird mitunter angezweifelt, ob Wirtschaftsprüfer die nötige Fachkompetenz besitzen, um die Nachhaltigkeitsleistung der Unternehmen tatsächlich kritisch würdigen zu können. *Hofmann* diskutiert daher die Möglichkeit einer kombinierten Prüfung, die neben dem Testat des Wirtschaftsprüfers die Kommentierung eines Nachhaltigkeitsexperten vorsieht.[1318] Ferner besteht bislang die Problematik, dass die Unternehmen den inhaltlichen Gegenstandsbereich im Rahmen einer freiwilligen Prüfung selbst festlegen, wodurch die Aussagekraft des Testats sicherlich eingeschränkt wird. Auch hier sind die Gesetzgeber gefordert, im Falle der Einführung einer gesetzlichen Berichtspflicht auch den Umfang und den Gegenstandsbereich einer möglichen Pflichtprüfung zu konkretisieren.[1319]

Die Gesetzgeber nehmen folglich eine zentrale Rolle in der weiteren Entwicklung der Nachhaltigkeitsberichterstattung ein. Denkbar wäre auch die Schrittweise Einführung einer Berichts- und Prüfungspflicht, um den Unternehmen die Möglichkeit zu geben, ihre internen Strukturen und Reportingsysteme an die Anforderungen gesetzlicher Vorgaben anzupassen. Es wäre bspw. möglich, dass die Veröffentlichung von Nachhaltigkeitsberichten zunächst weiterhin auf freiwilliger Basis erfolgt, während die Prüfung im Falle einer Veröffentlichung verpflichtend ist. Durch eine Berichtsprüfung könnten auch die internen Berichtsprozesse und Erhebungsmethoden weiterentwickelt werden, so dass die Unternehmen zukünftig besser in der Lage sein werden, den Anforderungen einer Berichtspflicht gerecht zu werden.

Neben den Gesetzgebern haben die Ergebnisse vor allem auch Implikationen für die **GRI** und **andere Standardsetzer**. So ist im Falle einer gesetzlichen Berichtspflicht der Verweis auf international anerkannte Leitlinien zur Nachhaltigkeitsberichterstattung denkbar. Dazu müssen die Leitlinien allerdings eine transparente und vergleichbare Berichterstattung ermöglichen. Wie die Ergebnisse gezeigt haben, weisen die Berichte vor allem hinsichtlich der Vergleichbarkeit deutliche Mängel auf. Dies dürfte insbesondere auf die Anwendungsebenen der GRI zurückzuführen sein. Einerseits können die Unternehmen selbst bestimmen, welche Anwendungsebene sie ihrem Bericht zu Grunde legen. Andererseits können sie bei den Anwendungsebenen B und C auswählen, welche Indikatoren sie berichten. Es wird lediglich die Berichterstattung über eine Mindestanzahl von 10 bzw. 20 aus 49 Leistungsindikatoren vorgeschrieben. Ferner erfordert die Anwendungsebene C keinerlei Informationen zum Managementansatz.[1320] Die GRI haben diese Mängel ebenfalls erkannt und schlagen in ihrem Entwurf zum neuen G4-Berichtsrahmen daher vor, die Anwendungsebenen abzuschaffen.[1321] Die neuen Regelungen sehen für erstmalige Anwender vielmehr eine Einführungsphase über zwei Berichtszeiträume vor. Sofern die Unternehmen nicht vollumfänglich den Anforderungen des G4-Berichtsrahmens entsprechen, müssen sie Angaben darüber machen, welche Informationen sie ausgelassen haben.

[1318] Vgl. *Hofmann* (2007), S. 136.

[1319] Zur Diskussion einer Pflichtprüfung von Nachhaltigkeitsberichten vgl. ausführlicher *Hofmann* (2007), S. 135f.

[1320] Vgl. *GRI* (2011a), S. 2.

[1321] Vgl. hier und im Folgenden *GRI* (2012b), S. ii.

Weiterhin ist die mangelnde Vergleichbarkeit der Berichterstattung auf uneinheitliche Erhebungsmethoden zurückzuführen. Auch hier formulieren die GRI in ihren Leitlinien bislang keine konkreten Vorgaben. Vor allem bei quantitativen Angaben ist es den Unternehmen selbst überlassen, ob sie in absoluter oder relativer Form über bestimmte Kennzahlen berichten. Im Falle relativer Angaben können die Unternehmen zudem die Bezugsgrößen selbst festlegen. Es ist zu bezweifeln, dass sich auf dieser Grundlage eine vergleichbare Berichterstattung in der Praxis entwickeln wird.

In ihrer aktuell gültigen Fassung (G3.1) beinhalten die GRI folglich zu viele Ermessensspielräume und Wahlmöglichkeiten für die berichterstattenden Unternehmen, um eine transparente und vergleichbare Berichterstattung zu fördern. Vielmehr ermöglichen sie den Unternehmen ein gezieltes *cherry-picking* bzw. *greenwashing*, während sie gleichzeitig im Einklang mit dem GRI-Leitfaden berichten.

Um die Vergleichbarkeit und Transparenz der Nachhaltigkeitsberichterstattung zu erhöhen, ist folglich eine enge Zusammenarbeit zwischen den Gesetzgebern und den Entwicklern von Leitlinien zur Nachhaltigkeitsberichterstattung notwendig. Aufgrund der weltweiten Akzeptanz kommt insbesondere der GRI eine zentrale Bedeutung zu, um die Nachhaltigkeitsberichterstattung auch international vergleichbarer zu machen und die Berichtsqualität zu erhöhen.

Zudem haben die empirischen Befunde der vorliegenden Untersuchung auch Implikationen für das Rahmenkonzept des IIRC für eine integrierte Berichterstattung. Wie die Ergebnisse zur Berichtspraxis gezeigt haben, weist die Nachhaltigkeitsberichterstattung in Deutschland und den USA bislang eine eher geringe Berichtsqualität auf. Ein zentraler Gedanke der integrierten Berichterstattung ist die Informationsverknüpfung, um Wechselbeziehungen zwischen den verschiedenen Berichtselementen (Finanzbericht, Nachhaltigkeitsbericht etc.) aufzuzeigen. Um die Zielsetzung einer integrierten Berichterstattung erreichen zu können, ist es daher erforderlich, dass die einzelnen Berichtselemente eine ähnlich hohe Qualität besitzen. Die Ergebnisse der vorliegenden Untersuchung lassen allerdings vermuten, dass einige Unternehmen den Nachhaltigkeitsbericht insbesondere für PR-Maßnahmen instrumentalisieren und Nachhaltigkeitsinformationen überwiegend zur Berichterstattung verwendet werden und weniger der internen Planung und Steuerung dienen. Ein umfassendes Nachhaltigkeitscontrolling scheint in den meisten Unternehmen bislang nicht vorhanden zu sein.[1322] Es kann daher angezweifelt werden, inwieweit die aktuelle Praxis der Nachhaltigkeitsberichterstattung den Anforderungen an eine integrierte Berichterstattung gerecht werden kann.

Schließlich lassen sich aus den empirischen Befunden der vorliegenden Untersuchung auch Implikationen für **Wirtschaftsprüfer** ableiten. Der signifikant positive Zusammenhang zwischen einer freiwilligen Berichtsprüfung und der Qualität der Nachhaltigkeitsberichterstattung verdeutlicht die Bedeutung einer Prüfung für die Glaubwürdigkeit und Verlässlichkeit der publizierten Informationen. Folglich bietet die Nachhaltigkeitsthematik den Wirtschaftsprüfungsgesellschaften die Möglichkeit, weitere Prüfungs- und Beratungsaufträge zu akquirieren. Im Rahmen eines Prüfungs- und/oder Beratungsmandats

[1322] *Schaltegger/Zvezdov* (2011a), S. 434f.

können die Wirtschaftsprüfungsgesellschaften entscheidend auf den Berichterstattungsprozess einwirken. Zudem können sie die Implementierung nachhaltigkeitsbezogener Planungs- und Steuerungsprozesse unterstützen und die Einführung einheitlicher Erhebungsmethoden zur Erfassung der Nachhaltigkeitsleistung forcieren. Wie die empirischen Befunde zur Nachhaltigkeitsberichterstattung gezeigt haben, machen amerikanische Unternehmen bislang nur selten von einer freiwilligen Berichtsprüfung Gebrauch. Daher ergibt sich für Wirtschaftsprüfungsgesellschaften in den USA möglicherweise besonderes Marktpotenzial, um die Prüfung von Nachhaltigkeitsberichten voranzutreiben. Ebenso haben die Ergebnisse gezeigt, dass bislang überwiegend große börsennotierte Unternehmen über Nachhaltigkeit berichten. Es erscheint daher sinnvoll, dass die Wirtschaftsprüfungsgesellschaften vor allem auch ein Augenmerk auf kleinere Gesellschaften legen, um diese Unternehmen bei der Implementierung von Nachhaltigkeitsaspekten in die Unternehmensstrategien sowie im Rahmen des Berichterstattungsprozesses zu unterstützen.

Mitunter wird jedoch angezweifelt, ob die traditionellen Wirtschaftsprüfungsgesellschaften über die notwendige Expertise verfügen, um die Nachhaltigkeitsleistung der Unternehmen adäquat beurteilen zu können.[1323] Die vorliegenden Ergebnisse haben allerdings gezeigt, dass deutsche Unternehmen überwiegend Big-Four-Wirtschaftsprüfungsgesellschaften mit der Prüfung ihrer Nachhaltigkeitsberichte beauftragen und die geprüften Berichte insgesamt eine vergleichsweise hohe Berichtsqualität aufweisen. Insbesondere für große Wirtschaftsprüfungsgesellschaften erscheint es daher sinnvoll, durch spezialisierte Nachhaltigkeitsabteilungen die notwendige Expertise aufzubauen und sich somit als geeigneter Berichtsprüfer zu qualifizieren. Ferner erscheint auch hier eine enge Zusammenarbeit mit Gesetzgebern und Standardsetzern notwendig.

[1323] Vgl. *Hofmann* (2007), S. 136.

7 Schlussbetrachtung

Im Folgenden schließt die vorliegende Arbeit unter Bezug der eingangs formulierten Zielsetzung mit einer Schlussbetrachtung. Hierzu werden die zentralen Ergebnisse und Implikationen resümiert (Kap. 7.1) sowie die Limitationen der empirischen Untersuchung aufgezeigt (Kap. 7.2). Abschließend wird ein Ausblick für weitere interessante Forschungsprojekte und mögliche künftige Entwicklungen der Nachhaltigkeitsberichterstattung gegeben (Kap. 7.3).

7.1 Zentrale Ergebnisse und Implikationen

Die wachsende Bedeutung unternehmerischer Verantwortung hat dazu geführt, dass die Nachhaltigkeitsberichterstattung in den vergangenen zwei Jahrzehnten zunehmend an Bedeutung gewonnen hat. Mittlerweile sind Informationen über die Nachhaltigkeitsleistung ein wesentlicher Bestandteil der externen Berichterstattung großer Unternehmen, wenngleich die Berichterstattung über Nachhaltigkeitsaspekte überwiegend auf freiwilliger Basis erfolgt. Der Leitfaden der GRI hat sich dabei als weltweit anerkannter Berichtsrahmen zur Erstellung von Nachhaltigkeitsberichten etabliert. Die Berichtspraxis weist bislang jedoch eine geringe Standardisierung auf, was die Vergleichbarkeit von Nachhaltigkeitsberichten erschwert. In der Literatur wird daher seit einigen Jahren die Einführung gesetzlicher Berichts- und Prüfungspflichten kontrovers diskutiert.[1324] Da die Nachhaltigkeitsberichterstattung meist auf freiwilliger Basis erfolgt, stellt sich zudem die Frage, welche Unternehmen solche Informationen veröffentlichen und warum sie dies tun. Als eines der wesentlichen Motive für eine Nachhaltigkeitsberichterstattung wird regelmäßig die Reduktion von Kapitalkosten genannt.[1325] Empirische Studien, die den Zusammenhang zwischen der Nachhaltigkeitsberichterstattung und den Kapitalkosten der Unternehmen untersuchen, kommen bislang jedoch zu unterschiedlichen Ergebnissen.

Aufgrund der Aktualität des Themengebiets sowie den zuvor skizzierten Problemfeldern und offenen Fragestellungen war die Praxis der Nachhaltigkeitsberichterstattung Gegenstand der vorliegenden empirischen Untersuchung. Die Analyse der Nachhaltigkeitsberichterstattung erfolgte anhand der drei Teilziele,

- die Berichtspraxis in Deutschland und den USA unter Berücksichtigung der Anforderungen des GRI-Berichtsrahmens an eine Nachhaltigkeitsberichterstattung zu analysieren,
- die Determinanten der Berichterstattung zu identifizieren sowie
- die Eigenkapitalkostenwirkungen der Nachhaltigkeitsberichterstattung empirisch zu untersuchen.

Alle drei Teilstudien basieren auf einem einheitlichen Forschungsdesign. So wurde ein Disclosure Index entwickelt, um im Rahmen einer Inhaltsanalyse die Ausgestaltung der Berichtspraxis zu erheben und mit Hilfe deskriptiver Statistiken zu beschreiben. In den beiden weiteren Teilstudien bildete der Disclosure Index die Grundlage, um die Determi-

---

[1324] Vgl. *Herzig/Schaltegger* (2004), S. 8-10; *Herzig/Schaltegger* (2005), S. 18; *Quick/Knocinski* (2006), S. 640; *Hofmann* (2007), S. 135f.

[1325] Vgl. *von der Crone/Hoch* (2002), S. 43; *Bassen/Senkl* (2010), S. 256f.

nanten und Eigenkapitalkostenwirkungen der Nachhaltigkeitsberichterstattung mittels multivariater Analyseverfahren zu untersuchen.

In Vorbereitung auf die drei Teilstudien wurden zunächst die wesentlichen Grundlagen der Nachhaltigkeitsberichterstattung erläutert. Neben der Darstellung definitorischer und begrifflicher Abgrenzungen sowie einer Einordnung der Nachhaltigkeitsberichterstattung in die Unternehmenspublizität, wurde zudem der G3.1-Berichtsrahmen der GRI ausführlich beschrieben. Dieser bildet gleichzeitig die Deduktionsbasis des verwendeten Disclosure Index. Das dritte Kapitel widmete sich der Analyse des aktuellen Forschungsstands zur Nachhaltigkeitsberichterstattung. Aufbauend auf den Erkenntnissen und Limitationen früherer Studien sowie den identifizierten Forschungslücken wurde im Folgenden der theoretische Bezugsrahmen aufgespannt (Kap. 4). Der Institutionalismus bildet die theoretische Grundlage der empirischen Untersuchung, wobei zur Hypothesenentwicklung sowohl auf ökonomische als auch auf soziologische Theorieansätze zurückgegriffen wurde. Das fünfte Kapitel widmete sich schließlich dem zugrundeliegenden Forschungsdesign. Dabei stand die Entwicklung eines Disclosure Index zur Analyse der Nachhaltigkeitsberichterstattung im Mittelpunkt. Um einen objektivierten und international anwendbaren Disclosure Index zu entwickeln, basiert das ausgewählte Kategoriensystem auf dem GRI-Berichtsrahmen zur Nachhaltigkeitsberichterstattung. Unter Berücksichtigung der Berichterstattung über die 49 Kernleistungsindikatoren des GRI-Leitfadens (G3.0) wurden die zum 30.09.2011 jeweils aktuellen Nachhaltigkeitsberichte von insgesamt 42 deutschen und 98 US-amerikanischen Unternehmen inhaltsanalytisch ausgewertet. An die Darstellung des Forschungsdesigns schloss sich im sechsten Kapitel die Analyse der drei zentralen Forschungsfragen an. Nach einer Analyse der Berichtspraxis wurden zunächst die Determinanten der Nachhaltigkeitsberichterstattung untersucht, wobei zwischen den Determinanten der Erstellung und der Qualität separater Nachhaltigkeitsberichte unterschieden wurde. Abschließend wurden die Eigenkapitalkostenwirkungen der Nachhaltigkeitsberichterstattung analysiert. In Analogie zur Analyse der Determinanten wurde zwischen der Wirkungsweise der Veröffentlichung eines separaten Nachhaltigkeitsberichts einerseits und der Berichtsqualität andererseits unterschieden.

Im Folgenden werden die zentralen Ergebnisse der vorliegenden Untersuchung unter Bezugnahme auf die in der Einleitung formulierten Teilziele der Arbeit zusammengefasst.

Die empirischen Befunde zur **Berichtspraxis** haben gezeigt, dass insgesamt knapp die Hälfte der Unternehmen einen separaten Nachhaltigkeitsbericht veröffentlicht. Betrachtet man die beiden Länder genauer, zeigt sich allerdings, dass dieser Anteil in den USA (61%) deutlich größer ist als in Deutschland (26%). Dabei hat sich der GRI-Berichtsrahmen in beiden Ländern als bedeutendstes Rahmenkonzept zur Nachhaltigkeitsberichterstattung etabliert. Insgesamt gaben 83% der Unternehmen, die einen separaten Nachhaltigkeitsbericht erstellen, an, sich bei der Erstellung ihres Berichts an den Leitlinien der GRI zu orientieren. Bezüglich der Praxis einer freiwilligen Berichtsprüfung zeigen sich hingegen deutliche Länderunterschiede. Während 50% der deutschen Unternehmen ihren Nachhaltigkeitsbericht durch externe Dritte prüfen lassen, ist dieser Anteil mit 18% bei den amerikanischen Unternehmen deutlich geringer. Auch bezüglich der Berichtsqualität zeigen sich deutliche Unterschiede zwischen beiden Ländern. So ist die Qualität der Nachhaltigkeitsberichte deutscher Unternehmen mit einem durchschnittlichen Zielerreichungsgrad von 28% signifikant höher als die Qualität der Berichte US-amerikanischer Unternehmen (18%). Insgesamt weist die Berichterstattung über die GRI-Kernleistungsindikatoren in beiden Ländern eher eine schwache Qualität auf. So zeigen die Ergebnisse, dass die Unternehmen sehr selektiv über verschiedene Nachhaltigkeitsaspekte berichten, und legen die Vermutung nahe, dass einige Unternehmen *cherry picking* betreiben und die Nachhaltigkeitsberichterstattung für ein gezieltes *greenwashing* nutzen. So erfolgt die Berichterstattung überwiegend in verbaler Form. Insbesondere die Angabe von Zeitvergleichen sowie die Formulierung von Zielsetzungen sind stark verbesserungswürdig.

Bezüglich des zweiten Teilziels der Arbeit hat die Analyse der **Determinanten** der Berichterstattung gezeigt, dass sich die Einflussfaktoren auf die Entscheidung für die Erstellung eines separaten Nachhaltigkeitsberichts von den Determinanten der Qualität der Berichterstattung unterscheiden. Die Entscheidung für die Erstellung eines separaten Nachhaltigkeitsberichts wird insbesondere durch die Unternehmensgröße beeinflusst. Vor dem Hintergrund bestehender Agenturkosten sowie politischer Kosten erstellen insbesondere große Unternehmen einen separaten Nachhaltigkeitsbericht. Zudem zeigen die Ergebnisse einen positiven Einfluss des systematischen Risikos auf die Erstellung eines Nachhaltigkeitsberichts.

Während der höhere Anteil separater Nachhaltigkeitsberichte in den USA auf den Einfluss der Unternehmensgröße zurückzuführen ist, ist die höhere Qualität der Nachhaltigkeitsberichte deutscher Unternehmen insbesondere in einem Ländereinfluss begründet. Ferner zeigen die empirischen Befunde, dass die Berichtsqualität durch die Medienpräsenz, eine freiwillige Berichtsprüfung, die Höhe des Verschuldungsgrads sowie die Branchenzugehörigkeit beeinflusst wird.

Das dritte Teilziel der empirischen Untersuchung bestand in der Analyse der **Eigenkapitalkostenwirkungen** der Nachhaltigkeitsberichterstattung. Die empirischen Befunde zeigen, dass allein die Veröffentlichung eines Nachhaltigkeitsberichts sowohl in Deutschland als auch in den USA keinen Einfluss auf die Höhe der impliziten Eigenkapitalkosten hat. Ursächlich hierfür ist möglicherweise eine geringe Glaubwürdigkeit separater Nachhaltigkeitsberichte. Es ist anzunehmen, dass vielmehr die Qualität der Berichterstattung entscheidend ist, inwieweit bestehende Informationsasymmetrien zwischen dem Management der Unternehmen und den Investoren abgebaut werden können.

So zeigt die Untersuchung des Einflusses der Berichtsqualität für das deutsche Sample erwartungsgemäß einen signifikant negativen Zusammenhang zwischen der Qualität der Nachhaltigkeitsberichterstattung und den impliziten Eigenkapitalkosten der Unternehmen. Für das amerikanische Sample kann der vermutete Zusammenhang jedoch nicht bestätigt werden. Vielmehr weisen die Ergebnisse auf einen signifikant positiven Zusammenhang zwischen der Berichtsqualität und der Höhe der Eigenkapitalkosten hin. Diese länderspezifischen Unterschiede in den Eigenkapitalkostenwirkungen der Nachhaltigkeitsberichterstattung zwischen Deutschland und den USA sind möglicherweise auf die die deutlich höhere Berichtsqualität deutscher Unternehmen zurückzuführen. Ferner könnten länderspezifisch differierende Kapitalgeberinteressen sowie institutionelle Länderunterschiede bezüglich der Regulierung der Publizitäts- und Berichtspflichten ursächlich für die unterschiedliche Wirkungsweise der Berichterstattung in Deutschland und den USA sein.

Abb. 7-1 fasst die zentralen Ergebnisse der Studie anhand der drei Teilziele zusammen:

Abb. 7-1: Zusammenfassung der zentralen Ergebnisse

Basierend auf den Forschungsergebnissen wurden zudem **Implikationen** für Berichtsersteller, Berichtsadressaten, Gesetzgeber und Standardsetzer sowie Wirtschaftsprüfer abgeleitet, welche im Folgenden zusammengefasst werden (vgl. Abb. 7-2).

Die Ergebnisse zeigen, dass die Qualität der Nachhaltigkeitsberichterstattung in Deutschland und den USA bislang eher als gering zu beurteilen ist. Da Nachhaltigkeitsberichte mitunter zu Werbezwecken instrumentalisiert werden und ein gezieltes *greenwashing* betrieben wird, sollten Berichtsersteller bestrebt sein, die Qualität separater Nachhaltigkeitsberichte zu verbessern und diese glaubwürdig gegenüber den Berichtsadressaten zu signalisieren. Neben einer stärkeren Berücksichtigung von Nachhaltigkeitsaspekten zur internen Planung und Steuerung sowie der Implementierung eines umfassenden Nachhaltigkeitscontrollings, empfiehlt sich vor allem eine freiwillige Berichtsprüfung durch externe Dritte, um die Qualität sowie die Glaubwürdigkeit der Berichterstattung zu erhöhen. Um eine hohe Transparenz und Qualität der Nachhaltigkeitsberichterstattung glaubhaft zu signalisieren, sollten die Unternehmen zudem angeben, welchen Standard (bspw. GRI, UN Global Compact) sie zur Erstellung ihrer Nachhaltigkeitsberichte heranziehen.

Eine selektive, auf positive Aspekte der Nachhaltigkeitsleistung fokussierte Berichterstattung deutet hingegen auf ein *cherry picking* bzw. *greenwashing* seitens der Unternehmen hin und indiziert den Berichtsadressaten möglicherweise eine geringe Glaubwürdigkeit der bereitgestellten Informationen. Im Unterschied dazu, signalisiert eine externe Berichtsprüfung den Berichtsadressaten eine hohe Qualität der Nachhaltigkeitsberichterstattung. Insgesamt bleibt jedoch festzuhalten, dass eine Analyse und Bewertung der Nachhaltigkeitsleistung der Unternehmen durch die Berichtsadressaten aufgrund einer fehlenden Standardisierung der Berichtspraxis und dem Pluralismus verschiedener Berichtsformate nur schwer möglich ist.

Daran anknüpfend stellt sich den Gesetzgebern die Frage, inwieweit eine gesetzliche Berichtspflicht zu einer erhöhten Standardisierung und damit einhergehend zu einer besseren Vergleichbarkeit der Nachhaltigkeitsberichterstattung führen kann. Vor dem Hintergrund der Vor- und Nachteile einer gesetzlichen Berichtspflicht, wird in diesem Zusammenhang häufig auch eine teilweise Berichtspflicht diskutiert, die sich auf die Vorgabe eines bestimmten Mindestumfangs beschränkt. Dabei bedarf es einer engen Abstimmung nationaler und internationaler Regulierungsbehörden, um die Standardisierung und Vergleichbarkeit der Nachhaltigkeitsberichterstattung auch auf internationaler Ebene zu forcieren. Neben einer möglichen Berichtspflicht stellt sich den Gesetzgebern zudem die Frage, inwieweit eine gesetzliche Prüfungspflicht sinnvoll erscheint, um die Transparenz und Glaubwürdigkeit der Berichterstattung zu erhöhen.

Für Standardsetzer besteht die wesentliche Aufgabe in der Entwicklung von Rahmenkonzepten, welche eine standardisierte und vergleichbare Nachhaltigkeitsberichterstattung ermöglichen. Bezogen auf den G3.1-Berichtsrahmen der GRI ist vor dem Hintergrund einer vergleichbaren Berichterstattung insbesondere die Zweckmäßigkeit der Anwendungsebenen zu hinterfragen. Die GRI hat diesen Aspekt in ihrem Entwurf zum G4-Berichtsrahmen aufgegriffen und schlägt eine Abschaffung der bisherigen Anwendungsebenen vor. Ferner scheinen konkretere Vorgaben bezüglich der Erhebungsmethoden im Rahmen der Berichterstattung über die Leistungsindikatoren sinnvoll, um die Vergleichbarkeit der Berichterstattung zu erhöhen. Ebenso haben die empirischen Befunde zur Berichtspraxis der Nachhaltigkeitsberichterstattung Implikationen für das Rahmenkonzept des IIRC für eine integrierte Berichterstattung. Die eher geringe Berichtsqualität wirft insbesondere die Frage auf, inwieweit die Praxis der Nachhaltigkeitsberichterstattung den Anforderungen an eine integrierte Berichterstattung gerecht wird und eine Umsetzung des Rahmenkonzepts des IIRC realistisch erscheint.

Schließlich haben die empirischen Befunde zur Nachhaltigkeitsberichterstattung auch Implikationen für die Wirtschaftsprüfer. So können Unternehmen durch eine freiwillige Berichtsprüfung die Glaubwürdigkeit ihrer Nachhaltigkeitsberichterstattung erhöhen. Für die Wirtschaftsprüfungsgesellschaften bietet die Nachhaltigkeitsberichterstattung folglich die Möglichkeit, ihre Prüfungs- und Beratungstätigkeit auf diesem Gebiet weiter auszubauen. Zudem können Wirtschaftsprüfungsgesellschaften einen wesentlichen Einfluss auf den Berichterstattungsprozess ihrer Mandanten nehmen und somit zu einer Verbesserung der Berichtsqualität beitragen. Da mitunter angezweifelt wird, dass Wirtschaftsprüfer über das notwendige Know-how verfügen, um die Nachhaltigkeitsleistung der Unternehmen beurteilen zu können,[1326] erscheint es insbesondere sinnvoll, durch spezialisierte Abteilungen die notwendige Expertise im Nachhaltigkeitsbereich aufzubauen und sich somit als geeigneter Prüfer bzw. Berater in Nachhaltigkeitsfragen zu qualifizieren.

[1326] Vgl. *Hofmann* (2007), S. 136.

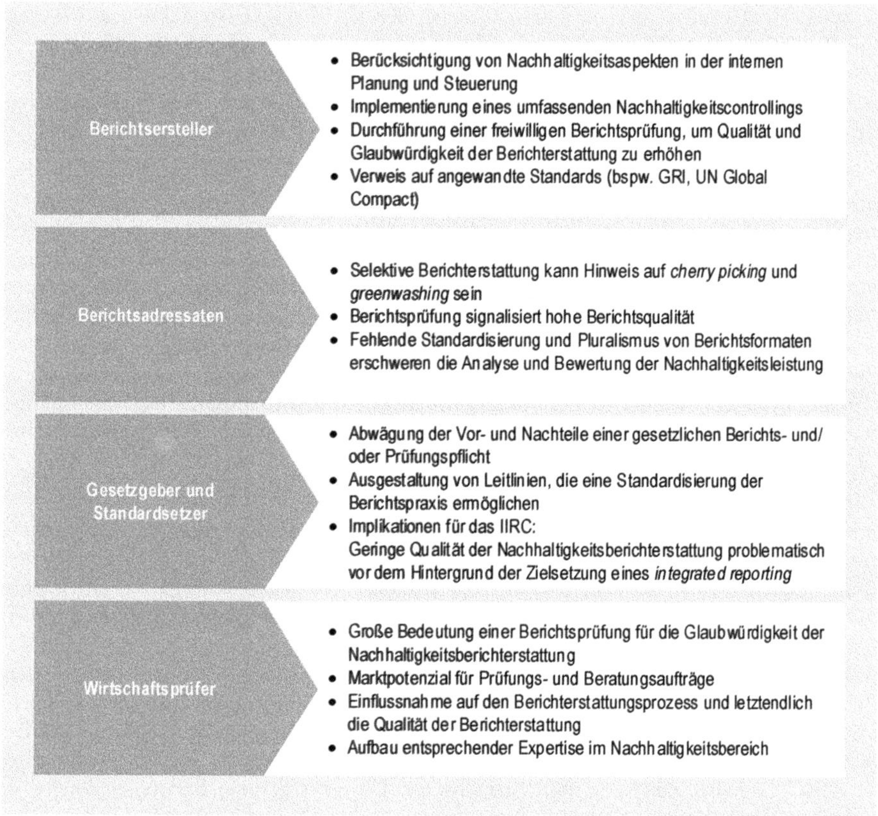

Abb. 7-2: Implikationen der Ergebnisse

Vor dem Hintergrund der zentralen Ergebnisse lässt sich der **Erkenntnisfortschritt** der vorliegenden Untersuchung wie folgt zusammenfassen: Die erste Teilstudie leistet einen wesentlichen Beitrag zur Beschreibung der Praxis der Nachhaltigkeitsberichterstattung im Ländervergleich zwischen Deutschland und den USA. Im Unterschied zu früheren empirischen Studien, die meist auf die Auswertung von Nachhaltigkeitsinformationen im Geschäftsbericht sowie auf einzelne Nachhaltigkeitsdimensionen beschränkt blieben, liefert die vorliegende Untersuchung eine umfassende Analyse der Nachhaltigkeitsberichterstattung in separaten Berichten.

Der wesentliche Beitrag der zweiten Teilstudie besteht einerseits in der Analyse firmenspezifischer Determinanten im Rahmen einer ländervergleichenden Studie. Bisherige internationale Studien fokussierten sich meist auf den Einfluss länderspezifischer Faktoren. Andererseits zeigen die Ergebnisse, dass sich die Determinanten der Erstellung eines Nachhaltigkeitsberichts und der Qualität der Nachhaltigkeitsberichterstattung voneinander unterscheiden.

Die dritte Teilstudie liefert einen wesentlichen Beitrag zu der Frage nach den Eigenkapitalkostenwirkungen der Nachhaltigkeitsberichterstattung. Es ist die erste Studie, welche die Wirkungsweise der Nachhaltigkeitsberichterstattung auf die Eigenkapitalkosten für deutsche Unternehmen untersucht. Zudem ist es die erste empirische Untersuchung, welche explizit die Eigenkapitalkostenwirkungen der Nachhaltigkeitsberichterstattung im Rahmen einer international vergleichenden Studie analysiert. Die Ergebnisse der Untersuchung haben gezeigt, dass Länderunterschiede bezüglich der Wirkungsweise der Berichterstattung auf die Eigenkapitalkosten zwischen Deutschland und den USA bestehen.

7.2 Limitationen

Die vorliegende Untersuchung weist methodisch gewisse **Limitationen** auf, die im Folgenden näher erläutert werden. Zunächst ist festzustellen, dass sich die Studie auf die Analyse separater Nachhaltigkeitsberichte fokussiert. Unternehmen verwenden jedoch regelmäßig unterschiedliche Berichtsformate, um über Nachhaltigkeitsaspekte zu berichten. Folglich gibt es Unternehmen, die umfangreiche Nachhaltigkeitsinformationen im Internet oder in ihren Geschäftsberichten veröffentlichen, die im Rahmen der Analyse der Berichtspraxis jedoch nicht berücksichtigt wurden. Allerdings wurden entsprechende Kontrollvariablen zur Nachhaltigkeitsberichterstattung im Internet und im Geschäftsbericht bei den multivariaten Analysen berücksichtigt, um dieser Problematik Rechnung zu tragen.

Die Beschränkung der Untersuchung auf die zum 31.12.2010 jeweils 160 größten börsennotierten Unternehmen in Deutschland und den USA scheint vor allem vor dem Hintergrund, dass die Unternehmensgröße eine wesentliche Determinante für die Erstellung separater Nachhaltigkeitsberichte ist, zielführend. Hinsichtlich der Aussagefähigkeit der Ergebnisse sind damit jedoch auch Limitationen verbunden. Letztlich bleibt ungewiss, in welchem Maße sich die beobachteten Zusammenhänge auch auf kleinere, nicht-kapitalmarktorientierte Unternehmen übertragen lassen. Die Ergebnisse der empirischen Untersuchung weisen zudem bedeutende Länderunterschiede in der Ausgestaltung und Wirkungsweise der Nachhaltigkeitsberichterstattung auf. Es ist daher fraglich, inwieweit diese Ergebnisse auf andere Länder übertragbar sind. Ferner ist zu berücksichtigen, dass im Rahmen der empirischen Untersuchung lediglich Determinanten untersucht werden konnten, die erkennbar und messbar waren. Es ist allerdings anzunehmen, dass weitere Einflussfaktoren, wie die Einstellung der Unternehmensleitung zur Publizität im Allgemeinen oder die unternehmenspolitischen Ziele, existieren, welche jedoch nur schwer oder gar nicht operationalisiert werden können.[1327]

Weiterhin sind die Ergebnisse in einem hohen Maße vom verwendeten Disclosure Index abhängig. Dieser wurde entwickelt, um die Qualität der separaten Nachhaltigkeitsberichterstattung zu messen. Die Entwicklung des Kategoriensystems sowie der verschiedenen Ausprägungsmerkmale orientiert sich stark an den Leitlinien der GRI, mit dem Ziel, einen möglichst objektivierten und intersubjektiv nachvollziehbaren Disclosure Index zu

[1327] Vgl. *Bauchowitz* (1979), S. 178; *Barth* (2009), S. 192.

entwickeln.[1328] Allerdings ist die Datenerhebung unter Verwendung eines Disclosure Index unweigerlich mit einem gewissen Grad an Subjektivität verbunden. Bei der Interpretation der Ergebnisse muss stets berücksichtigt werden, dass sich der hier verwendete Qualitätsbegriff auf die Berichterstattung über die Kernleistungsindikatoren der GRI bezieht. Andere Studien können in Abhängigkeit des gewählten Kategoriensystems zur Auswertung der Berichterstattung somit durchaus zu einer anderen Bewertung der Berichtsqualität gelangen. Um die Ergebnisse zusätzlich zu objektivieren, wurde die Sensitivität der Ergebnisse durch Verwendung des dichotomen Disclosure Index zur Messung des Berichtsumfangs überprüft. Ferner ist zu beachten, dass die inhaltsanalytische Auswertung von nur einer Person durchgeführt wurde und dies möglicherweise die Intracoderreliabilität in Form von subjektiven Einschätzungen, Lerneffekten und der Sorgfalt des Kodierers beeinflussen kann.[1329] Um diesen potenziellen methodischen Problemen entgegenzuwirken, wurde unter anderem ein Pretest durchgeführt und die Kategorien in der Folge weiter präzisiert.[1330] Zudem erlaubt der verwendete Disclsoure Index keine Aussagen darüber, ob es sich bei der Berichterstattung über die Kernleistungsindikatoren um Informationen positiver oder negativer Art bezüglich der Nachhaltigkeitsleistung handelt. Dies ist bei der Interpretation der Ergebnisse zu berücksichtigen, da die Wirkungsweise der Nachhaltigkeitsberichterstattung (bspw. auf die impliziten Eigenkapitalkosten) vor allem auch von dem Inhalt der berichteten Informationen abhängt.

Es ist zu berücksichtigen, dass es sich bei den empirischen Befunden der vorliegenden Studie um eine Momentaufnahme der Berichtspraxis handelt und somit die Stabilität der Ergebnisse im Zeitverlauf nicht gewährleistet werden kann. Ferner ergibt sich möglicherweise ein Endogenitätsproblem aufgrund einer umgekehrten Kausalität (*reverse causality*).[1331] So kann bspw. nicht eindeutig bestimmt werden, ob die Nachhaltigkeitsberichterstattung die Profitabilität der Unternehmen beeinflusst, oder ob die Erstellung und Qualität separater Nachhaltigkeitsberichte vielmehr durch die Profitabilität beeinflusst wird.[1332] Die vorliegenden Ergebnisse auf Basis der hier verwendeten statistischen Verfahren erlauben lediglich Aussagen über den statistischen Zusammenhang.[1333] Aussagen über die Richtung des Wirkungszusammenhangs zwischen den untersuchten Determinanten und der Nachhaltigkeitsberichterstattung sowie zwischen der Berichterstattung und den Eigenkapitalkosten können folglich nicht getroffen werden.[1334] Die Richtung des statistischen Zusammenhangs ist daher in Verbindung mit den theoriegeleiteten Hypothesen zu diskutieren. Letztendlich muss bei der Interpretation der Ergebnisse zu den Determinanten der Nachhaltigkeitsberichterstattung auf Basis des deutschen Samples berücksichtigt

---

[1328] Zudem scheint ein Rückgriff auf die Leitlinien der GRI als Deduktionsbasis des Diclosure Index geeignet, um den Anforderungen der Unabhängigkeit und Vollständigkeit eines Kategoriensystems gerecht zu werden. Zur Entwicklung des Disclosure Index vgl. ausführlich Kap. 5.2.4.

[1329] Zur Intracoderreliabilität vgl. *Kromrey* (2009), S. 321.

[1330] Zu den durchgeführten Maßnahmen, um mögliche methodische Defizite zu vermeiden, vgl. ausführlich Kap. 5.2.5.

[1331] Sofern sich die abhängige und eine unabhängige Variable gegenseitig beeinflussen liegt sogar eine simultane Kausalität vor. Vgl. *Proppe* (2009), S. 255f.

[1332] Vgl. hierzu auch Kap. 6.2.6.

[1333] Vgl. *Mayntz et al.* (1978), S. 192; *Bauchowitz* (1979), S. 178.

[1334] Vgl. *Barth* (2009), S. 192f.

werden, dass die Unternehmenszahl relativ gering ist, wodurch der Aussagegehalt der Befunde möglicherweise eingeschränkt sein kann.

Im Rahmen der Analyse der Kapitalkostenwirkung besteht zudem das Problem der Selbstselektion (*self selection*).[1335] Dies kann dazu führen, dass tatsächlich nicht die Nachhaltigkeitsberichterstattung einen Effekt auf die Eigenkapitalkosten hat, sondern ein anderer Einflussfaktor, der über diese Variable transportiert wird. Da die Analyse zu den Determinanten der Berichterstattung gezeigt hat, dass insbesondere große Unternehmen einen Nachhaltigkeitsbericht veröffentlichen, wurde im Rahmen der Studie zu den Eigenkapitalkostenwirkungen hierfür kontrolliert. Die Unternehmensgröße wird in diesem Fall zur Messung eines allgemein hohen Informationsumfeldes durch eine umfangreiche Berichterstattung der Unternehmen verwendet.

7.3 Ausblick

Aus den zentralen Ergebnissen sowie den aufgezeigten Implikationen und Limitationen der vorliegenden Arbeit lassen sich Anknüpfungspunkte für weitere mögliche Forschungsprojekte ableiten.

Die empirischen Befunde zu den Determinanten der Berichterstattung haben u.a. die Unternehmensgröße als wesentlichen Einflussfaktor für die Erstellung von Nachhaltigkeitsberichten identifiziert. Dies wirft insbesondere die Frage auf, wie die Berichtspraxis bei kleineren börsennotierten sowie nicht börsennotierten Unternehmen ausgestaltet ist und inwieweit für solche Unternehmen mögliche Eigen- bzw. Fremdkapitalkostenwirkungen festzustellen sind.

Ferner deuten die Ergebnisse der vorliegenden Untersuchung darauf hin, dass viele Unternehmen den Nachhaltigkeitsbericht für Werbezwecke instrumentalisieren. Dies lässt vermuten, dass ein umfassendes Nachhaltigkeitscontrolling in den meisten Unternehmen bislang nicht existiert. In zukünftigen Forschungsprojekten könnte der Fokus daher vermehrt auf die Verzahnung der Nachhaltigkeitsberichterstattung mit den internen Planungs- und Steuerungsprozessen sowie dem Controlling gelegt werden. Im Rahmen von Fallstudien oder breit angelegten Feldstudien könnte untersucht werden, inwieweit der Gedanke einer nachhaltigen Unternehmensführung in der Planung und Steuerung von Unternehmen berücksichtigt wird, ob bereits ein Nachhaltigkeitscontrolling implementiert wurde und inwieweit im Rahmen der Nachhaltigkeitsberichterstattung auf entsprechende Informationen zurückgegriffen wird.[1336]

Aufgrund der geringen Standardisierung der Nachhaltigkeitsberichterstattung werden seit einigen Jahren die Vor- und Nachteile einer möglichen Berichtspflicht diskutiert. Um die Diskussion mit empirischen Befunden zu untermauern, könnten zukünftige Forschungsprojekte daher ein besonderes Augenmerk auf einen Vergleich der Berichtspraxis in Ländern, die bislang keine Berichtspflichten zur Nachhaltigkeitsberichterstattung vorsehen, mit der Berichtspraxis in den Ländern, in denen bereits eine (teilweise) Berichtspflicht besteht, legen. Ein solcher Vergleich könnte weitere Erkenntnisse darüber liefern, ob und

---

[1335] Vgl. *Proppe* (2009), S. 256.

[1336] Für ein ähnliches Vorgehen vgl. bspw. *Schaltegger/Zvezdov* (2011a).

inwieweit eine gesetzliche Berichtspflicht zu einer höheren Vergleichbarkeit und Qualität der Nachhaltigkeitsberichterstattung führt und daher zweckmäßig erscheint.

Ferner ergibt sich insbesondere im Hinblick auf die Kapitalkostenwirkungen der Nachhaltigkeitsberichterstattung weiterer Forschungsbedarf, da die Anzahl bisheriger Studien relativ gering ist und sich die empirischen Befunde mitunter widersprechen. Die Ergebnisse der vorliegenden Untersuchung haben gezeigt, dass sich die Eigenkapitalkostenwirkungen zwischen verschiedenen Ländern deutlich unterscheiden können. Daher sollten künftige Forschungsprojekte insbesondere international vergleichende Ansätze verfolgen und die Analyse auf weitere Länder ausdehnen. Zudem bleiben bisherige Studien meist auf eine empirische Untersuchung im Rahmen von Archivstudien (*archival studies*) beschränkt. Es hat sich jedoch gezeigt, dass die Ergebnisse der Untersuchungen in starkem Maße von der Wahl des verwendeten Disclosure Index und den Proxys zur Bestimmung der Kapitalkosten abhängen. Daher könnten zukünftige Forschungsprojekte die Wirkungsweise von Nachhaltigkeitsinformationen auf die Investitionsentscheidungen von Investoren im Rahmen von Experimenten untersuchen. Während Archivstudien die Wirkungsweise der Berichterstattung indirekt aus aggregierten Kapitalmarktdaten ableiten, bieten Experimente den Vorteil, dass die Wirkungsweise direkt anhand des Entscheidungsverhaltens der Probanden beobachtbar ist. Die Ergebnisse würden Implikationen für die Kapitalkostenwirkungen der Berichterstattung aufzeigen und ein tieferes Verständnis für die Kapitalmarktwirkungen von Nachhaltigkeitsinformationen liefern. Da sich bisherige Studien meist auf die Analyse der Eigenkapitalkosten beschränken, könnten zukünftige Forschungsprojekte zunehmend auch die Wirkungsweise der Nachhaltigkeitsberichterstattung auf die Fremdkapitalkosten der Unternehmen untersuchen.

Grundsätzlich ist zu berücksichtigen, dass die empirischen Befunde der vorliegenden Arbeit auf einer Querschnittsanalyse basieren. Wie im vorherigen Kapitel aufgezeigt wurde, sind damit jedoch gewisse Limitationen der Untersuchungsergebnisse verbunden. Zukünftige Forschungsprojekte könnten die Ergebnisse der vorliegenden Untersuchung daher durch eine Längsschnittanalyse ergänzen.

Die vorliegende Untersuchung hat gezeigt, dass die Nachhaltigkeitsberichterstattung deutscher und US-amerikanischer Unternehmen insgesamt noch erhebliches Verbesserungspotenzial aufweist. Auch wenn der Berichtsrahmen der GRI bereits einen Beitrag zur Standardisierung der Nachhaltigkeitsberichterstattung leistet, weist die Berichtspraxis sowohl auf Unternehmensebene als auch auf Länderebene deutliche Unterschiede in der Berichtsqualität auf. Die Ergebnisse der empirischen Studien implizieren zudem, dass eine geringe Glaubwürdigkeit und Qualität separater Nachhaltigkeitsberichte möglicherweise der Grund dafür sind, dass sich in der vorliegenden Arbeit für das US-amerikanische Sample sowie auch in früheren Studien der vermutete negative Zusammenhang zwischen der Nachhaltigkeitsberichterstattung und den Eigenkapitalkosten der Unternehmen nicht bestätigt.

Aufgrund der geringen Standardisierung wurde in der Vergangenheit immer wieder über die Möglichkeiten einer verpflichtenden Nachhaltigkeitsberichterstattung sowie einer gesetzlichen Prüfungspflicht zur Verbesserung der Vergleichbarkeit sowie der Qualität der Berichterstattung diskutiert. Es bleibt daher abzuwarten, inwieweit die Gesetzgeber in den verschiedenen Ländern zukünftig regulatorisch in die Berichtspraxis eingreifen werden, um die bestehenden Defizite der Nachhaltigkeitsberichterstattung in der Praxis zu verringern und eine Standardisierung der Berichterstattung sowohl national als auch international voranzutreiben.

Ebenso wie die Gesetzgeber sind Standardsetzer wie die GRI gefordert, ihren Beitrag zu einer vergleichbaren, qualitativ hochwertigen und glaubwürdigen Nachhaltigkeitsberichterstattung zu leisten. Die GRI plant für Mai 2013 die Veröffentlichung einer neuen Generation ihrer *reporting guidelines*. Der Entwurf zum neuen G4-Berichtsrahmen sieht unter anderem eine Abschaffung der verschiedenen Anwendungsebenen vor. Dieser Schritt ist vor dem Hintergrund der Vergleichbarkeit der Nachhaltigkeitsberichterstattung grundsätzlich zu begrüßen. Es bleibt abzuwarten, inwieweit die Veröffentlichung der neuen G4-Leitlinien zu einer besseren Vergleichbarkeit sowie einer höheren Qualität der Nachhaltigkeitsberichterstattung beiträgt.

Letztendlich erscheint eine Verbesserung der Nachhaltigkeitsberichterstattung auch vor dem Hintergrund der vom IIRC formulierten Zielsetzung einer integrierten Berichterstattung erforderlich. Die empirischen Befunde der vorliegenden Arbeit lassen vermuten, dass eine Vielzahl der Unternehmen die erhobenen Nachhaltigkeitsinformationen primär für die Berichterstattung und weniger für die Planung und Steuerung verwenden. Es ist daher fraglich, inwieweit Unternehmen den Anforderungen eines *integrated reporting* und damit der Forderung, Interdependenzen und Zusammenhänge zwischen der Finanz- und Nachhaltigkeitsberichterstattung aufzuzeigen, überhaupt gerecht werden können. Hierzu erscheint eine engere Verzahnung der Nachhaltigkeitsberichterstattung mit der Unternehmenssteuerung erforderlich. Möglicherweise beschleunigen die aktuellen Entwicklungen einer integrierten Berichterstattung den Prozess hin zu einem integrierten Denken (*integrated thinking*) der Unternehmen und somit die Integration von Nachhaltigkeitsthemen in das interne Rechnungswesen und Controlling.

Anhang

Tab. A-1: **Disclosure Index zur Auswertung der Nachhaltigkeitsberichterstattung**

Performance Indicators			n.a.	Qual.	Quant.	YoY	Target	Σ
Economic Performance Indicators								
Economic Performance								
EC1	Sum [a) – f)] of direct economic value generated and distributed (value added statement).							
a)	For each 1/6	Revenues (e.g. net sales, revenues from financial investments and sales of assets)						
b)		Operating costs (e.g. Payments to suppliers, non-strategic investments, royalties, facilitation payments)						
c)		Employee wages and benefits (total monetary outflows for employees except future commitments)						
d)		Payments to providers of capital (e.g. dividends to shareholder, interest payments)						
e)		Payments to government (e.g. all company taxes except deferred taxes, penalties)						
f)		Community investments (investments of funds in the broader community included donations)						
EC2	Financial implications due to climate change (including risks and opportunities).							
EC3	Coverage of the organization's defined benefit plan obligations.							
EC4	Significant financial assistance received from government.							
Market Presence								
EC6	Policy, practices, and proportion of spending on locally-based suppliers at significant locations of operation.							
EC7	Procedures for local hiring and proportion of senior management hired from the local community at locations of significant operation.							
Indirect Economic Impacts								
EC8	Development and impact of infrastructure investments and services provided primarily for public benefit through commercial, inkind or pro bono engagement.							
Environmental Performance Indicators								
Materials								
EN1	Materials used by weight or volume.							
EN2	Percentage of materials used that are recycled input materials.							
Energy								
EN3	Direct energy consumption by primary energy source.							
EN4	Indirect energy consumption by primary energy source.							
Water								
EN8	Total water withdrawal by source.							
Biodiversity								
EN11	Location and size of land owned, leased and managed in, or adjacent to, protected areas and areas of high biodiversity value outside protected areas.							
EN12	Description of significant impacts of activities, products, and services on biodiversity in protected areas and areas of high biodiversity value outside protected areas.							

- wird fortgesetzt -

Performance Indicators		n.a.	Qual.	Quant.	YoY	Target	Σ
Environmental Performance Indicators							
Emissions, Effluents, and Waste							
EN16	Total direct and indirect greenhouse gas emissions by weight.						
EN17	Other relevant indirect greenhouse gas emissions by weight.						
EN19	Emissions of ozone-depleting substances by weight.						
EN20	NO, SO, and other significant air emissions by type and weight.						
EN21	Total water discharge by quality and destination.						
EN22	Total weight of waste by type and disposal method.						
EN23	Total number and volume of significant spills.						
Products and Services							
EN26	Initiatives to mitigate environmental impacts of products and services, and extent of impact mitigation						
EN27	Percentage of products sold and their packaging materials that are reclaimed by category.						
Compliance							
EN28	Monetary value of significant fines and total number of non-monetary sanctions for non-compliance with environmental laws and regulations.						
Social Performance Indicators							
Labor Practices and Decent Work							
Employment							
LA1	Total workforce by employment type, employment contract, and region						
LA2	Total number and rate of employee turnover by age group, gender, and region						
Labor/Management Relations							
LA4	Percentage of employees covered by collective bargaining agreements						
LA5	Minimum notice period(s) regarding operational changes, including whether it is specified in collective agreements.						
Occupational Health and Safety							
LA7	Rates of injury, occupational diseases, lost days and absenteeism, and number of work-related fatalities by region.						
LA8	Education, training, counseling, prevention and risk-control programs in place to assist workforce members, their families, or community members regarding serious diseases.						
Training and Education							
LA10	Average hours of training per year per employee by employee category.						
Diversity and Equal Opportunity							
LA13	Composition of governance bodies and breakdown of employees per category according to gender, age group, minority group membership, and other indicators of diversity.						
LA14	Ratio of basic salary of men to women by employee category.						
Human Rights							
Investment and Procurement Practices							
HR1	Percentage and total number of significant investment agreements that include human rights clauses or that have undergone human rights screening.						
HR2	Percentage of significant suppliers and contractors that have undergone screening on human rights and actions taken.						

- wird fortgesetzt -

Performance Indicators		n.a.	Qual.	Quant.	YoY	Target	Σ
Social Performance Indicators							
Non-Discrimination							
HR4	Total number of incidents of discrimination and actions taken.						
Freedom of Association and Collective Bargaining							
HR5	Operations identified in which the right to exercise freedom of association and collective bargaining may be at significant risk, and actions taken to support these rights.						
Child Labor							
HR6	Operations identified as having significant risk for incidents of child labor, and measures taken to contribute to the elimination of child labor.						
Forced and Compulsory Labor							
HR7	Operations identified as having significant risk for incidents of forced and compulsory labor, and measures to contribute to the elimination of forced and compulsory labor						
Society							
Community							
SO1	Nature, scope, and effectiveness of any programs and practices that assess and manage the impacts of operations on communities, including entering, operating and exiting.						
Corruption							
SO2	Percentage and total number of business units analyzed fo risks related to corruption.						
SO3	Percentage of employees trained in organization's anti-corruption policies and procedures.						
SO4	Actions taken in response to incidents of corruption .						
Public Policy							
SO5	Public policy positions and participation in public policy development and lobbying.						
Compliance							
SO8	Monetary value of significant fines and total number of non-monetary sanctions for non-compliance with laws and regulations.						
Product Responsibility							
Customer Health and Safety							
PR1	Life cycle stages in which health and safety impacts of products and services are assessed for improvement, and percentage of significant products and services categories subject to such procedures.						
Product and Service Labeling							
PR3	Type of product and service information required by procedures, and percentage of significant products and services subject to such information requirements.						
Marketing Communications							
PR6	Programs for adherence to laws, standards, and voluntary codes related to marketing communications, including advertising, promotion, and sponsorship.						
Compliance							
PR9	Monetary value of significant fines for non-compliance with laws and regulations concerning the provision and use of products and services						

Tab. A-2: Ergebnisse der inhaltsanalytischen Auswertung separater Nachhaltigkeitsberichte

Nr.	Unternehmen	Disclosure Index (Zielerreichungsrad)			
		Ökonomie	Ökologie	Soziales	Σ
	Deutschland				
1	ADIDAS AG	17,9%	33,1%	32,0%	**30,3%**
2	ALLIANZ SE	19,3%	50,8%	30,9%	**35,5%**
3	ALSTRIA OFFICE REIT-AG	24,3%	28,5%	25,0%	**26,1%**
4	AXEL SPRINGER AG	29,6%	49,2%	36,6%	**39,6%**
5	BAUER AG	18,6%	22,8%	15,5%	**18,5%**
6	BAYER AG	33,9%	51,5%	39,5%	**42,7%**
7	BMW	49,6%	52,2%	34,5%	**42,8%**
8	BEIERSDORF AG	37,5%	50,0%	22,5%	**33,9%**
9	CEWE COLOR HOLDING AG	2,9%	20,6%	11,0%	**13,2%**
10	COMMERZBANK AKTIENGESELLSCHAFT	12,5%	25,0%	13,0%	**17,1%**
11	DAIMLER AG	15,4%	33,8%	27,0%	**27,6%**
12	DEMAG CRANES AG	8,9%	16,1%	18,0%	**16,1%**
13	DEUTSCHE BANK AKTIENGESELLSCHAFT	9,6%	68,0%	18,5%	**31,0%**
14	DEUTSCHE BOERSE AG	12,1%	20,6%	20,0%	**19,1%**
15	DEUTSCHE LUFTHANSA AG	6,4%	17,6%	18,0%	**16,2%**
16	DEUTSCHE POST AG	22,5%	43,5%	27,8%	**32,2%**
17	DEUTSCHE TELEKOM AG	1,8%	14,0%	11,5%	**11,0%**
18	E.ON AG	18,6%	43,2%	36,0%	**35,7%**
19	EADS NV	17,1%	30,1%	12,0%	**19,0%**
20	FRAPORT AG	35,7%	50,0%	22,0%	**33,7%**
21	HEIDELBERGCEMENT AG	28,6%	53,2%	30,9%	**38,0%**
22	HEIDELBERGER DRUCKMASCHINEN AG	7,9%	26,5%	8,0%	**14,4%**
23	HENKEL AG AND CO. KGAA	7,1%	49,2%	33,5%	**35,0%**
24	HOCHTIEF AG	29,3%	32,4%	30,9%	**31,2%**
25	IVG IMMOBILIEN AG	1,1%	14,0%	11,0%	**10,6%**
26	K+S AKTIENGESELLSCHAFT	24,6%	44,6%	25,5%	**32,0%**
27	KRONES AG	26,1%	26,8%	19,5%	**22,7%**
28	KWS SAAT AG	23,9%	53,1%	31,0%	**37,4%**
29	LINDE AKTIENGESELLSCHAFT	2,5%	19,1%	5,5%	**9,8%**
30	MAN SE	36,4%	49,2%	32,5%	**38,7%**
31	MERCK KGAA	29,6%	57,7%	31,0%	**39,8%**
32	METRO AG	9,3%	37,5%	24,0%	**26,6%**
33	MÜNCHENER RÜCK AG	26,8%	67,0%	38,1%	**44,6%**
34	ROTH + RAU O.N.	9,6%	11,8%	8,0%	**9,5%**
35	RWE AG	20,0%	46,2%	22,5%	**30,1%**
36	SIEMENS AG	35,7%	58,8%	37,5%	**44,6%**
37	SOLARWORLD AG	41,1%	61,0%	50,0%	**52,3%**
38	SYMRISE AG	9,6%	27,2%	10,5%	**16,2%**
39	TAKKT AG	2,5%	7,4%	4,5%	**5,2%**
40	TUI AG	15,7%	29,4%	18,0%	**21,6%**

- wird fortgesetzt -

41	VOLKSWAGEN AG	23,9%	22,8%	17,0%	**20,0%**
42	WACKER CHEMIE AG	51,1%	54,4%	43,5%	**48,4%**
	USA				
43	3M COMPANY	7,1%	32,4%	4,0%	**14,3%**
44	ABBOTT LABORATORIES	12,5%	24,3%	5,0%	**12,8%**
45	AIR PRODUCTS AND CHEMICALS INC.	20,7%	51,5%	32,5%	**37,4%**
46	ALLERGAN, INC.	0,0%	50,0%	15,0%	**25,0%**
47	AMERICAN ELECTRIC POWER COMPAN, INC.	28,9%	28,7%	12,5%	**20,5%**
48	AMGEN INC.	4,6%	34,6%	5,5%	**15,5%**
49	APACHE CORPORATION	6,8%	18,4%	8,5%	**11,7%**
50	APPLIED MATERIALS, INC.	8,2%	47,7%	9,5%	**22,2%**
51	ARCHER-DANIELS-MIDLAND CO	6,4%	16,9%	4,0%	**8,8%**
52	AT&T INC.	13,6%	16,2%	13,5%	**14,4%**
53	BAKER HUGHES INCORPORATED	8,2%	22,8%	8,0%	**13,2%**
54	BANK OF AMERICA CORPORATION	33,9%	45,7%	17,7%	**29,0%**
55	BANK OF NEW YORK MELLON CORP.	8,9%	30,4%	13,0%	**17,7%**
56	BAXTER INTERNATIONAL INC.	8,6%	27,9%	14,5%	**18,3%**
57	BECTON, DICKINSON AND COMPANY	10,7%	26,5%	9,5%	**15,6%**
58	BOEING COMPANY (THE)	9,6%	42,6%	2,0%	**17,2%**
59	BRISTOL-MYERS SQUIBB COMPANY	1,1%	20,6%	9,0%	**11,9%**
60	CARNIVAL CORPORATION	6,4%	32,4%	16,5%	**20,6%**
61	CATERPILLAR INC.	4,6%	22,1%	13,0%	**14,9%**
62	CHEVRON CORPORATION	26,8%	27,9%	12,5%	**19,9%**
63	CISCO SYSTEMS INCORPORATED	4,3%	3,7%	6,5%	**5,2%**
64	CITIGROUP INC.	16,0%	31,5%	9,7%	**18,3%**
65	COCA-COLA COMPANY (THE)	17,1%	29,4%	27,3%	**26,5%**
66	COGNIZANT TECHNOLOGY SOLUTIONS CORPORATION	19,3%	12,5%	23,0%	**18,8%**
67	COMCAST CORPORATION	8,2%	5,1%	11,0%	**8,6%**
68	CSX CORPORATION	15,7%	23,5%	21,0%	**21,1%**
69	CUMMINS INC.	20,7%	23,5%	12,0%	**17,2%**
70	CVS CAREMARK CORPORATION	8,9%	11,8%	6,5%	**8,7%**
71	DEERE & COMPANY	4,6%	13,2%	6,5%	**8,6%**
72	DELL INC.	4,3%	50,0%	19,0%	**27,7%**
73	DOMINION RESOURCES, INC.	15,0%	26,5%	14,0%	**18,5%**
74	DOW CHEMICAL COMPANY (THE)	42,9%	69,2%	39,5%	**50,0%**
75	DUKE ENERGY CORPORATION	8,2%	43,4%	17,5%	**25,2%**
76	E.I. DU PONT DE NEMOURS & CO	22,1%	33,1%	20,0%	**24,8%**
77	EMC CORPORATION	4,6%	32,4%	15,5%	**19,8%**
78	EXELON CORPORATION	2,9%	50,8%	28,4%	**32,5%**
79	EXXON MOBIL CORPORATION	27,5%	22,1%	23,5%	**23,6%**
80	FEDEX CORPORATION	23,2%	25,7%	5,0%	**14,8%**
81	FORD MOTOR COMPANY	2,5%	14,0%	4,5%	**7,5%**
82	FREEPORT-MCMORAN COPPER & GOLD INCORPORATED	23,9%	33,8%	36,0%	**33,5%**
83	GENERAL DYNAMICS CORPORATION	0,7%	17,6%	5,5%	**9,0%**
84	GENERAL ELECTRIC COMPANY	12,1%	28,7%	19,5%	**21,6%**
	- wird fortgesetzt -				

85	GENERAL MILLS, INC.	4,3%	29,4%	15,0%	**18,5%**
86	GOLDMAN SACHS GROUP INC. (THE)	8,9%	9,6%	5,0%	**7,1%**
87	HALLIBURTON COMPANY	17,1%	24,3%	15,5%	**18,8%**
88	HESS CORPORATION	35,0%	58,8%	37,5%	**44,5%**
89	HEWLETT-PACKARD COMPANY	17,9%	53,8%	26,5%	**34,5%**
90	ILLINOIS TOOL WORKS INCORPORATED	1,1%	16,2%	4,5%	**8,1%**
91	INTEL CORPORATION	31,4%	58,9%	27,0%	**38,1%**
92	INTERNATIONAL BUSINESS MACHINES CORPORATION	11,4%	23,5%	10,0%	**14,9%**
93	JOHNSON & JOHNSON	13,2%	41,9%	12,0%	**22,6%**
94	JOHNSON CONTROLS, INC	15,0%	18,4%	9,5%	**13,4%**
95	JPMORGAN CHASE & CO.	11,8%	33,9%	7,5%	**16,7%**
96	JUNIPER NETWORKS INC	1,8%	16,9%	16,5%	**14,5%**
97	KELLOGG COMPANY	22,6%	24,3%	20,5%	**22,1%**
98	KIMBERLY-CLARK CORPORATION	15,2%	44,9%	33,0%	**34,6%**
99	KRAFT FOODS INC.	10,7%	35,3%	16,5%	**22,2%**
100	MARATHON OIL CORPORATION	8,0%	20,6%	22,5%	**19,8%**
101	MCDONALD'S CORPORATION	8,9%	13,2%	8,0%	**9,9%**
102	MCKESSON CORPORATION	5,4%	8,8%	3,0%	**5,4%**
103	MEDTRONIC, INCORPORATED	10,1%	25,7%	5,0%	**12,9%**
104	MERCK & CO. , INC.	5,4%	3,7%	3,5%	**3,8%**
105	METLIFE, INC.	9,2%	5,1%	0,0%	**3,1%**
106	MICROSOFT CORPORATION	21,4%	17,6%	19,5%	**19,1%**
107	MONSANTO COMPANY	16,7%	28,5%	17,0%	**20,8%**
108	MORGAN STANLEY	12,8%	24,3%	8,0%	**14,3%**
109	MOTOROLA SOLUTIONS INCORPORATION	1,8%	30,9%	6,0%	**14,0%**
110	NATIONAL OILWELL VARCO, INC.	0,9%	14,7%	7,5%	**9,1%**
111	NEWMONT MINING CORPORATION	0,0%	0,7%	3,0%	**1,8%**
112	NEXTERA ENERGY, INCORPORATION	13,1%	24,3%	9,5%	**15,1%**
113	NIKE INC.	10,7%	45,6%	22,5%	**28,8%**
114	NORFOLK SOUTHERN CORPORATION	29,5%	28,7%	14,5%	**21,6%**
115	NORTHROP GRUMMAN CORPORATION	5,4%	30,6%	23,0%	**22,9%**
116	OCCIDENTAL PETROLEUM CORPORATION	18,8%	30,9%	24,0%	**25,6%**
117	PEPSICO INC.	11,3%	20,6%	13,5%	**15,6%**
118	PRAXAIR INCORPORATED	30,1%	53,1%	33,5%	**39,6%**
119	PROCTER & GAMBLE CO (THE)	16,4%	46,9%	15,0%	**25,9%**
120	PRUDENTIAL FINANCIAL, INCORPORATED	8,3%	5,1%	0,0%	**3,0%**
121	QUALCOMM INCORPORATED	12,7%	35,3%	25,8%	**27,5%**
122	REYNOLDS AMERICAN INC.	1,2%	7,4%	7,5%	**6,5%**
123	STARBUCKS CORPORATION	12,5%	26,5%	0,0%	**14,0%**
124	STATE STREET CORPORATION	35,1%	34,9%	31,0%	**32,8%**
125	STRYKER CORPORATION	7,1%	7,4%	6,0%	**6,6%**
126	TARGET CORPORATION	1,2%	6,6%	2,0%	**3,5%**
127	TEXAS INSTRUMENTS INCORPORATED	3,0%	27,9%	6,5%	**13,4%**
128	TIME WARNER CABLE	8,9%	14,7%	2,5%	**7,7%**
129	TIME WARNER INC.	0,0%	11,8%	1,0%	**4,6%**

- wird fortgesetzt -

130	TJX COMPANIES, INC.	0,6%	13,2%	6,5%	**8,0%**
131	TYCO INTERNATIONAL LTD.	10,7%	19,1%	17,0%	**16,8%**
132	U.S. BANCORP	10,1%	11,0%	2,0%	**6,3%**
133	UNION PACIFIC CORPORATION	13,4%	22,1%	12,0%	**15,7%**
134	UNITED PARCEL SERVICE, INC.	20,5%	43,8%	34,5%	**35,6%**
135	UNITEDHEALTH GROUP INCORPORATED	5,1%	2,2%	0,5%	**1,7%**
136	VERIZON COMMUNICATIONS	17,0%	22,1%	15,5%	**18,0%**
137	WAL-MART STORES, INC.	23,8%	27,2%	14,5%	**20,2%**
138	WALT DISNEY COMPANY (THE)	3,9%	26,5%	26,0%	**23,0%**
139	WASTE MANAGEMENT, INC.	8,9%	34,6%	18,5%	**22,7%**
140	WELLS FARGO & COMPANY	10,4%	12,5%	7,5%	**9,7%**

Tab. A-3: Probitregressionsergebnisse zu Determinanten der Erstellung (alternative Proxys für die Unternehmensgröße)

Variablen	Erwartetes Vorzeichen	Erstellung separater Nachhaltigkeitsbericht		
		Bilanzsumme	Umsatz	Mitarbeiterzahl
Konstante	+/-	-5,6955 (-3,81)***	-4,0048 (-2,98)***	-2,3854 (-2,24)**
Land	+	-0,3749 (-1,59)	-0,5395 (-2,28)	-0,6619 (-2,94)
Unternehmensgröße	+	0,2668 (3,22)***	0,1376 (1,77)**	0,0000 (1,31)*
Medienpräsenz	+	-0,0055 (-0,07)	0,0562 (0,76)	0,0844 (1,21)
Systematisches Risiko	+	0,3163 (1,26)	0,3688 (1,48)*	0,4128 (1,67)**
Profitabilität	+	-0,0050 (-1,70)	-0,0055 (-1,96)	-0,0057 (-2,08)
Streubesitzanteil	+	-0,0003 (-0,06)	0,0014 (0,27)	0,0024 (0,46)
Verschuldungsgrad	+	0,0024 (0,29)	0,0023 (0,28)	0,0013 (0,16)
Energy	+/-	0,2771 (0,58)	-0,1953 (-0,44)	-0,0935 (-0,21)
Materials	+/-	0,8984 (1,70)*	0,3321 (0,72)	0,3960 (0,86)
Industrials	+/-	0,9432 (2,48)**	0,3786 (1,23)	0,3693 (1,26)
Consumer Discretionary	+/-	0,7924 (1,83)*	0,2065 (0,59)	0,1726 (0,51)
Consumer Staples	+/-	0,8673 (1,80)*	0,2682 (0,65)	0,2527 (0,61)
Health Care	+/-	0,3569 (0,82)	-0,2160 (-0,62)	-0,1556 (-0,46)
Information Technology	+/-	0,2152 (0,47)	-0,4317 (-1,22)	-0,4858 (-1,47)
Telecommunication Services	+/-	0,5288 (1,05)	0,1122 (0,25)	0,0373 (0,08)
Utilities	+/-	0,3317 (0,63)	-0,0807 (-0,17)	0,0065 (0,01)
Disclosure Internet	+/-	2,9475 (5,32)***	3,3002 (5,90)***	3,4926 (6,12)***
Disclosure Geschäftsbericht	+/-	-4,6481 (-1,49)	-4,0830 (-1,32)	-3,5783 (-1,16)
n		315	315	314
Pseudo R^2		35,7%	34,2%	34,1%
Z-Wert		106,79***	109,69***	115,66***
Maximaler VIF		4,22	3,11	2,22

*, ** und *** zeigen statistisch signifikante Ergebnisse auf dem 10%-, 5%- und 1%-Signifikanzniveau (zweiseitig) an. Im Falle gerichteter Hypothesen spiegelt dieser Wert ein einseitiges Signifikanzniveau wider.

Tab. A-4: Probitregressionsergebnisse zu Determinanten der Erstellung (um Ausreißer bereinigt)

Variablen	Erwartetes Vorzeichen	Erstellung separater Nachhaltigkeitsbericht
		Cooksd>4/n
Konstante	+/-	-3,8369 (-3,15)***
Land	+	-0,2506 (-0,81)
Unternehmensgröße	+	0,1952 (1,91)**
Medienpräsenz	+	0,0381 (0,49)
Systematisches Risiko	+	0,4256 (1,68)**
Profitabilität	+	-0,0064 (-2,20)
Streubesitzanteil	+	0,0037 (0,70)
Verschuldungsgrad	+	0,0162 (1,00)
Energy	+/-	-0,2098 (-0,47)
Materials	+/-	0,5302 (1,12)
Industrials	+/-	0,4793 (1,54)
Consumer Discretionary	+/-	0,3194 (0,90)
Consumer Staples	+/-	0,3460 (0,81)
Health Care	+/-	-0,1652 (-0,46)
Information Technology	+/-	-0,4494 (-1,28)
Telecommunication Services	+/-	0,0915 (0,19)
Utilities	+/-	-0,0562 (-0,11)
Disclosure Internet	+/-	3,3873 (5,61)***
Disclosure Geschäftsbericht	+/-	-2,9692 (-0,97)
n		313
Adjustiertes R^2		40,7%
F-Wert		20,49***
Maximaler VIF		5,23

*, ** und *** zeigen statistisch signifikante Ergebnisse auf dem 10%-, 5%- und 1%-Signifikanzniveau (zweiseitig) an. Im Falle gerichteter Hypothesen spiegelt dieser Wert ein einseitiges Signifikanzniveau wider.

Tab. A- 5: Regressionsergebnisse zu Determinanten der Berichtsqualität (alternative Proxys für die Unternehmensgröße)

Variablen	Erwartetes Vorzeichen	Qualität der Nachhaltigkeitsberichterstattung		
		Bilanzsumme	Umsatz	Mitarbeiterzahl
Konstante	+/-	-0,0901 (-0,59)	-0,1281 (-0,89)	-0,1441 (-1,19)
Land	+	0,0801 (2,50)***	0,0840 (2,60)***	0,0811 (2,71)***
Unternehmensgröße	+	-0,0036 (-0,43)	-0,0003 (-0,04)	-0,0000 (-1,39)*
Medienpräsenz	+	0,0270 (3,24)***	0,0252 (3,20)***	0,0270 (3,36)***
Systematisches Risiko	+	-0,0020 (-0,06)	-0,0031 (-0,09)	-0,0050 (-0,15)
Profitabilität	+	-0,0002 (-0,61)	-0,0002 (-0,59)	-0,0003 (-0,66)
Externe Berichtsprüfung	+	0,0866 (3,17)***	0,0861 (3,14)***	0,0853 (3,12)***
Big4-Prüfung	+	-0,0474 (-1,07)	-0,0513 (-1,14)	-0,0481 (-1,08)
Streubesitzanteil	+	-0,0009 (-1,34)	-0,0009 (-1,43)	-0,0010 (-1,56)
Verschuldungsgrad	+	0,0010 (3,00)***	0,0010 (2,92)***	0,0010 (2,99)***
Energy	+/-	0,0526 (1,16)	0,0602 (1,34)	0,0588 (1,33)
Materials	+/-	0,0944 (1,83)*	0,1042 (2,16)**	0,1026 (2,11)**
Industrials	+/-	0,0156 (0,43)	0,0246 (0,73)	0,0251 (0,74)
Consumer Discretionary	+/-	-0,0271 (-0,66)	-0,0182 (-0,45)	-0,0182 (-0,45)
Consumer Staples	+/-	0,0165 (0,32)	0,0252 (0,49)	0,0271 (0,54)
Health Care	+/-	-0,0249 (-0,53)	-0,0145 (-0,34)	-0,0188 (-0,44)
Information Technology	+/-	0,0337 (0,73)	0,0453 (1,14)	0,0438 (1,08)
Telecommunication Services	+/-	-0,0788 (-0,91)	-0,0740 (-0,85)	-0,0735 (-0,85)
Utilities	+/-	0,0832 (1,63)	0,0889 (1,73)*	0,0859 (1,68)*
Disclosure Internet	+/-	0,0470 (0,80)	0,0457 (0,78)	0,0430 (0,73)
Disclosure Geschäftsbericht	+/-	0,1708 (0,44)	0,1556 (0,40)	0,1886 (0,47)
n		139	139	139
Pseudo R^2		33,4%	33,3%	33,6%
Z-Wert		5,99***	5,82***	5,84***
Maximaler VIF		4,28	3,11	3,10

*, ** und *** zeigen statistisch signifikante Ergebnisse auf dem 10%-, 5%- und 1%-Signifikanzniveau (zweiseitig) an. Im Falle gerichteter Hypothesen spiegelt dieser Wert ein einseitiges Signifikanzniveau wider.

Tab. A-6: Regressionsergebnisse zu Determinanten der Berichtsquantität

Variablen	Erwartetes Vorzeichen	Quantität der Nachhaltigkeitsberichterstattung		
		Gesamtsample	BRD	USA
Konstante	+/-	-0,1583 (-0,56)	-0,0007 (-0,00)	0,1840 (0,39)
Land	+	0,2074 (2,65)***		
Unternehmensgröße	+	0,0049 (0,19)	0,0324 (0,76)	-0,0223 (-0,65)
Medienpräsenz	+	0,0429 (2,26)**	0,0417 (0,88)	0,0345 (1,58)*
Systematisches Risiko	+	-0,0036 (-0,05)	-0,1237 (-1,12)	0,0020 (0,02)
Profitabilität	+	-0,0000 (-0,07)	-0,0015 (-0,63)	-0,0004 (-0,42)
Externe Berichtsprüfung	+	0,1496 (2,65)***	0,0079 (0,06)	0,1624 (2,51)***
Big4-Prüfung	+	-0,1161 (-1,23)	-0,0771 (-0,61)	
Streubesitzanteil	+	-0,0018 (-1,48)	-0,0027 (-1,19)	-0,0007 (-0,28)
Verschuldungsgrad	+	0,0035 (1,87)**	0,0101 (1,80)**	0,0014 (1,78)**
Energy	+/-	0,1712 (1,81)*	(omitted)	0,1928 (1,87)*
Materials	+/-	0,1929 (1,88)*	0,1077 (0,48)	0,2702 (2,59)**
Industrials	+/-	0,0645 (0,83)	0,0668 (0,36)	0,0922 (0,98)
Consumer Discretionary	+/-	-0,0068 (-0,08)	0,0422 (0,21)	-0,0269 (-0,24)
Consumer Staples	+/-	0,0804 (0,75)	-0,0169 (-0,08)	0,0879 (0,59)
Health Care	+/-	-0,0106 (-0,11)	0,0958 (0,42)	-0,0443 (-0,41)
Information Technology	+/-	0,1145 (1,32)	0,1351 (0,52)	0,1417 (1,42)
Telecommunication Services	+/-	-0,1253 (-0,79)	-0,6386 (-3,13)***	0,0659 (0,58)
Utilities	+/-	0,2319 (2,01)**	0,0917 (0,40)	0,2361 (1,54)
Disclosure Internet	+/-	0,0182 (0,16)	0,3124 (1,15)	-0,1421 (-1,10)
Disclosure Geschäftsbericht	+/-	0,4270 (0,57)	0,2314 (0,09)	0,2551 (0,39)
N		139	42	97
Adjustiertes R^2		31,4%	12,8%	22,3%
F-Wert		5,60***	1,33	10,83***
Maximaler VIF		3,97	5,22	4,32

*, ** und *** zeigen statistisch signifikante Ergebnisse auf dem 10%-, 5%- und 1%-Signifikanzniveau (zweiseitig) an. Im Falle gerichteter Hypothesen spiegelt dieser Wert ein einseitiges Signifikanzniveau wider.

Tab. A-7: Regressionsergebnisse zu Determinanten der Berichtsqualität (um Ausreißer bereinigt)

Variablen	Erwartetes Vorzeichen	Qualität der Nachhaltigkeitsberichterstattung Cooksd>4/n
Konstante	+/-	-0,0641 (-0,55)
Land	+	0,0729 (2,14)**
Unternehmensgröße	+	0,0000 (0,00)
Medienpräsenz	+	0,0195 (2,49)***
Systematisches Risiko	+	-0,0344 (-1,53)*
Profitabilität	+	-0,0001 (-0,19)
Externe Berichtsprüfung	+	0,0779 (3,47)***
Big4-Prüfung	+	-0,0048 (-0,15)
Streubesitzanteil	+	-0,0005 (-0,77)
Verschuldungsgrad	+	0,0011 (3,20)***
Energy	+/-	0,0293 (0,88)
Materials	+/-	0,1288 (3,52)***
Industrials	+/-	0,0166 (0,59)
Consumer Discretionary	+/-	-0,0355 (-0,99)
Consumer Staples	+/-	0,0094 (0,25)
Health Care	+/-	-0,0375 (-1,13)
Information Technology	+/-	0,0319 (0,89)
Telecommunication Services	+/-	-0,0689 (-2,01)**
Utilities	+/-	0,0515 (1,20)
Disclosure Internet	+/-	0,0865 (2,07)**
Disclosure Geschäftsbericht	+/-	-0,0620 (-0,20)
N		128
Adjustiertes R^2		44,7%
F-Wert		20,49***
Maximaler VIF		3,90

*, ** und *** zeigen statistisch signifikante Ergebnisse auf dem 10%-, 5%- und 1%-Signifikanzniveau (zweiseitig) an. Im Falle gerichteter Hypothesen spiegelt dieser Wert ein einseitiges Signifikanzniveau wider.

Tab. A-8: Rangregressionsergebnisse zu Determinanten der Berichtsqualität

Variablen	Erwartetes Vorzeichen	Qualität der Nachhaltigkeitsberichterstattung		
		Gesamtsample	BRD	USA
Konstante	+/-	196,8249 (9,04)***	258,7971 (6,85)***	187,4571 (5,13)***
Land	+	34,2626 (2,96)***		
Unternehmensgröße	+	0,0102 (0,17)	0,1441 (1,75)**	-0,0910 (-1,15)
Medienpräsenz	+	0,1679 (3,06)***	0,1952 (2,05)**	0,1415 (1,71)**
Systematisches Risiko	+	-0,0077 (-0,18)	-0,0039 (-0,06)	0,0191 (0,30)
Profitabilität	+	-0,0508 (-1,14)	-0,0536 (-0,53)	-0,0917 (-1,49)
Externe Berichtsprüfung	+	28,6067 (3,38)***	29,4030 (1,52)*	32,6081 (3,65)***
Big4-Prüfung	+	-20,2344 (-1,51)	-26,1185 (-1,47)	-
Streubesitzanteil	+	-0,0466 (-1,12)	-0,1383 (-2,19)**	0,0501 (0,65)
Verschuldungsgrad	+	0,0046 (0,11)	-0,0502 (-0,69)	0,0636 (1,04)
Energy	+/-	27,8997 (1,68)*	(omitted)	43,2868 (2,14)**
Materials	+/-	35,9740 (2,16)**	37,0083 (1,31)	55,6743 (2,76)***
Industrials	+/-	14,8266 (1,10)	26,9465 (1,32)	35,1895 (1,85)*
Consumer Discretionary	+/-	-3,3923 (-0,22)	13,8664 (0,43)	15,6842 (0,68)
Consumer Staples	+/-	15,6923 (0,90)	37,8717 (1,24)	28,9290 (1,16)
Health Care	+/-	-6,5695 (-0,43)	34,6328 (1,22)	6,6246 (0,30)
Information Technology	+/-	19,3527 (1,23)	23,4721 (0,55)	47,6898 (2,18)**
Telecommunication Services	+/-	-25,1269 (-0,86)	-89,6192 (-2,99)***	22,2866 (1,02)
Utilities	+/-	33,9498 (2,13)**	30,3396 (1,36)	40,6840 (1,68)*
Disclosure Internet	+/-	0,0064 (0,14)	0,0226 (0,20)	-0,0398 (-0,81)
Disclosure Geschäftsbericht	+/-	0,0249 (0,53)	-0,1535 (-1,46)	0,0452 (0,92)
n		140	42	98
Adjustiertes R^2		31,1%	29,1%	25,0%
F-Wert		6,56***	1,91	3,97***
Maximaler VIF		3,41	6,47	3,91

*, ** und *** zeigen statistisch signifikante Ergebnisse auf dem 10%-, 5%- und 1%-Signifikanzniveau (zweiseitig) an. Im Falle gerichteter Hypothesen spiegelt dieser Wert ein einseitiges Signifikanzniveau wider.

Tab. A-9: Regressionsergebnisse zu Eigenkapitalkostenwirkungen der Berichtsqualität (einschließlich Kontrollvariable für Berichtsprüfung)

Variablen	Erwartetes Vorzeichen	Implizite Eigenkapitalkosten		
		Gesamt	BRD	USA
Konstante	+/-	0.1104 (1,22)	0.0779 (-0.46)	0.0179 (-0.22)
Disclosure Index	-	-0,0653* (-1,59)	-0.205** (-2,11)	0.0788 (2,99)
Disclosure Internet	-	0,0044 (0,22)	0.0399 -0.7	0.0026 -0.22
Disclosure Geschäftsbericht	-	0,2488 (1,48)	0.8348 -1.51	0.3189 (2,66)
Freiwillige Berichtsprüfung	-	0,0021 (0,22)	-0.0121 (-0,41)	-0.011* (-1,85)
Unternehmensgröße	-	-0,2197 (-0,60)	0.0213 -0.29	0.0053 -0.16
Systematisches Risiko	+	0,0569*** (5,04)	0.0444 -1.24	0.0601*** (8,06)
Verschuldungsgrad	+	0,0010** (1,97)	0.0004 -0.52	0.0017* -1.58
Marktwert/Buchwert-	+	0,0001 (0,06)	-0.0215 (-1,32)	-0.0001 (-0,05)
Energy	+/-	-0,0316** (-2,47)	(omitted)	-0.0358*** (-3,55)
Materials	+/-	-0,0294 (-1,62)	-0.0388 (-0,94)	-0.0293*** (-3,26)
Industrials	+/-	-0,0141 (-0,84)	-0.015 (-0,38)	-0.0193** (-2,32)
Consumer Discretionary	+/-	-0,0118 (-0,81)	-0.0237 (-0,65)	0.0166** (2,17)
Consumer Staples	+/-	0,0019 (0,12)	-0.0188 (-0,45)	0.0179 -1.53
Health Care	+/-	-0,0067 (-0,49)	-0.04 (-0,97)	0.0077 -0.86
Information Technology	+/-	0,0020 (0,12)	0.0319 -0.54	-0.0018 (-0,16)
Telecommunication Services	+/-	-0,0061 (-0,34)	-0.0815** (-2,14)	0.0049 -0.35
Utilities	+/-	-0,0188 (1,22)	-0.0384 (-1,49)	-0.0192 (-1,25)
n		101	36	65
Adjustiertes R^2		46,4%	23,5%	70,4%
F-Wert		5,47***	1,67	31,50***
Maximaler VIF		2,69	5,47	3,34

*, ** und *** zeigen statistisch signifikante Ergebnisse auf dem 10%-, 5%- und 1%-Signifikanzniveau (zweiseitig) an. Im Falle gerichteter Hypothesen spiegelt dieser Wert ein einseitiges Signifikanzniveau wider.

Tab. A-10: Regressionsergebnisse zu Eigenkapitalkostenwirkungen der Berichtsquantität

Variablen	Erwartetes Vorzeichen	Implizite Eigenkapitalkosten	
		Modell 1	Modell 2
Konstante	+/-	0,1235 (1,45)	0,0972 (1,19)
Berichtsquantität (separater Bericht)	-	-0,0408 (-2,33)**	0,0055 (1,42)
Berichtsquantität*Land	+/-		-0,0359 (-3,25)***
Disclosure Internet	-	0,0062 (0,34)	0,0256 (1,53)
Disclosure Geschäftsbericht	-	0,2656 (1,50)	0,2588 (1,76)*
Land	+/-		0,0304 (1,48)
Unternehmensgröße	-	-0,0262 (-0,76)	-0,0263 (-0,75)
Systematisches Risiko	+	0,0580 (5,19)***	0,0629 (6,33)***
Verschuldungsgrad	+	0,0012 (2,60)**	0,0017 (3,46)***
Marktwert/Buchwert	-	-0,0002 (-0,13)	-0,0014 (-0,93)
Energy	+/-	-0,0294 (-2,40)**	-0,0424 (-4,06)***
Materials	+/-	-0,0285 (-1,63)	-0,0353 (-2,27)**
Industrials	+/-	-0,0127 (-0,79)	-0,0128 (-0,93)
Consumer Discretionary	+/-	-0,0101 (-0,76)	-0,0033 (-0,29)
Consumer Staples	+/-	0,0042 (0,25)	0,0071 (0,52)
Health Care	+/-	-0,0067 (-0,51)	0,0032 (0,29)
Information Technology	+/-	0,0033 (0,21)	0,0036 (0,25)
Telecommunication Services	+/-	-0,0058 (-0,32)	-0,0141 (-0,62)
Utilities	+/-	-0,0157 (-1,13)	-0,0188 (-1,51)
n		101	101
Adjustiertes R^2		38,3%	48,1%
F-Wert		6,94***	6,65***
Maximaler VIF		2,67	7,15

*, ** und *** zeigen statistisch signifikante Ergebnisse auf dem 10%-, 5%- und 1%-Signifikanzniveau (zweiseitig) an. Im Falle gerichteter Hypothesen spiegelt dieser Wert ein einseitiges Signifikanzniveau wider.

Tab. A-11: Regressionsergebnisse zu Eigenkapitalkostenwirkungen der Veröffentlichung eines separaten Nachhaltigkeitsberichts (um Ausreißer bereinigt)

Variablen	Erwartetes Vorzeichen	Implizite Eigenkapitalkosten			
		Modell 1a Cooksd>4/n	Modell 1b Cooksd>1	Modell 2a Cooksd>4/n	Modell 2b Cooksd>1
Konstante	+/-	0,1877 (4,55)***	0,2901 (4,26)***	0,2964 (5,36)***	0,4353 (4,73)***
Separater Bericht	-	0,0086 (1,42)	0,0094 (1,34)	-0,0021 (-0,37)	-0,0048 (-0,75)
Separater Bericht*Land	+/-			0,0183 (1,61)	0,0224 (1,70)*
Disclosure Internet	-	0,0033 (0,24)	0,0008 (0,06)	0,0154 (1,02)	0,0180 (1,10)
Disclosure Geschäftsbericht	-	-0,0048 (-0,06)	-0,0080 (-0,06)	0,0692 (0,83)	0,0941 (0,71)
Land	+/-			-0,0397 (-3,54)***	-0,0538 (-3,77)***
Unternehmens-größe	-	-0,0645 (-3,77)***	-0,1078 (-3,66)***	-0,1098 (-4,70)***	-0,1689 (-4,24)***
Systematisches Risiko	+	0,0374 (4,66)***	0,0278 (2,57)***	0,0423 (5,16)***	0,0362 (3,41)***
Verschuldungs-grad	+	0,0081 (3,57)***	0,0107 (3,39)***	0,0084 (3,47)***	0,0107 (3,24)***
Marktwert/ Buchwert-	+	0,0002 (0,15)	0,0001 (0,10)	0,0000 (0,01)	-0,0001 (-0,05)
Energy	+/-	0,0189 (1,87)*	0,0316 (2,48)**	0,0115 (1,20)	0,0199 (1,77)*
Materials	+/-	-0,0040 (-0,35)	0,0010 (0,08)	-0,0014 (-0,12)	0,0037 (0,29)
Industrials	+/-	0,0069 (0,70)	0,0116 (0,92)	0,0088 (0,91)	0,0133 (1,08)
Consumer Discretionary	+/-	0,0128 (1,21)	0,0183 (1,29)	0,0182 (1,78)*	0,0251 (1,80)*
Consumer Staples	+/-	0,0088 (0,72)	0,0083 (0,57)	0,0104 (0,85)	0,0110 (0,75)
Health Care	+/-	0,0147 (1,45)	0,0163 (1,42)	0,0186 (1,89)*	0,0214 (1,90)*
Information Technology	+/-	0,0365 (2,96)***	0,0353 (2,63)***	0,0361 (2,98)***	0,0338 (2,56)**
Telecommunica-tion Services	+/-	0,0139 (1,30)	0,0142 (1,20)	0,0205 (1,94)*	0,0230 (1,81)*
Utilities	+/-	-0,0083 (-0,72)	0,0341 (0,66)	-0,0158 (-1,28)	0,0335 (0,68)
n		226	230	227	230
Adjustiertes R^2		34,0%	27,2%	37,5%	30,7%
F-Wert		8,78***	6,74***	7,97***	6,51***
Maximaler VIF		2,47	2,49	4,94	4,95

*, ** und *** zeigen statistisch signifikante Ergebnisse auf dem 10%-, 5%- und 1%-Signifikanzniveau (zweiseitig) an. Im Falle gerichteter Hypothesen spiegelt dieser Wert ein einseitiges Signifikanzniveau wider.

Tab. A-12: Regressionsergebnisse zu Eigenkapitalkostenwirkungen der Berichtsqualität (um Ausreißer bereinigt)

Variablen	Erwartetes Vorzeichen	Implizite Eigenkapitalkosten			
		Modell 1a Cooksd>4/n	Modell 1b Cooksd>1	Modell 2a Cooksd>4/n	Modell 2b Cooksd>1
Konstante	+/-	0,0831 (2,53)**	0,1009 (1,35)	0,0621 (1,42)	0,0814 (0,95)
Disclosure Index	-	-0,0373 (-1,48)*	-0,0448 (-1,38)*	0,0074 (2,50)**	0,0070 (2,17)**
Disclosure Index*Land	+/-			-0,0287 (-4,59)***	-0,0275 (-2,72)***
Disclosure Internet	-	-0,0086 (-0,70)	-0,0000 (-0,00)	0,0101 (1,00)	0,0172 (1,05)
Disclosure Geschäftsbericht	-	0,1971 (1,58)	0,2320 (1,46)	0,2502 (2,64)**	0,2442 (1,86)*
Land	+/-			0,0160 (1,42)	0,0180 (0,92)
Unternehmens-größe	-	-0,0099 (-0,64)	-0,0218 (-0,71)	-0,0102 (-0,53)	-0,0214 (-0,58)
Systematisches Risiko	+	0,0461 (5,39)***	0,0506 (4,74)***	0,0572 (8,27)***	0,0592 (5,89)***
Verschuldungs-grad	+	0,0052 (2,70)***	0,0074 (2,98)***	0,0045 (2,79)***	0,0062 (2,87)***
Marktwert/ Buchwert-	+	-0,0001 (-0,07)	-0,0006 (-0,37)	-0,0007 (-0,71)	-0,0019 (-1,14)
Energy	+/-	-0,0148 (-1,35)	-0,0136 (-1,18)	-0,0326 (-3,30)***	-0,0289 (-2,68)***
Materials	+/-	-0,0087 (-0,65)	-0,0153 (-0,95)	-0,0342 (-4,47)***	-0,0243 (-1,63)
Industrials	+/-	-0,0051 (-0,60)	-0,0014 (-0,10)	-0,0118 (-1,61)	-0,0037 (-0,29)
Consumer Discretionary	+/-	-0,0060 (-0,67)	-0,0073 (-0,57)	-0,0006 (-0,07)	-0,0013 (-0,11)
Consumer Staples	+/-	0,0091 (0,76)	0,0130 (0,83)	0,0126 (1,35)	0,0161 (1,22)
Health Care	+/-	0,0017 (0,17)	0,0066 (0,51)	0,0074 (0,90)	0,0122 (1,10)
Information Technology	+/-	0,0080 (0,97)	0,0187 (1,31)	0,0027 (0,30)	0,0176 (1,21)
Telecommunica-tion Services	+/-	-0,0004 (-0,03)	0,0026 (0,16)	-0,0083 (-1,03)	-0,0045 (-0,22)
Utilities	+/-	-0,0174 (-1,54)	-0,0147 (-1,06)	-0,0191 (-1,80)*	-0,0169 (-1,32)
n		92	100	91	100
Adjustiertes R^2		51,1%	42,7%	68,3%	50,0%
F-Wert		8,10***	8,52***	11,79***	8,21***
Maximaler VIF		3,01	2,97	6,68	5,99

*, ** und *** zeigen statistisch signifikante Ergebnisse auf dem 10%-, 5%- und 1%-Signifikanzniveau (zweiseitig) an. Im Falle gerichteter Hypothesen spiegelt dieser Wert ein einseitiges Signifikanzniveau wider.

Tab. A-13: Rangregressionsergebnisse zu Eigenkapitalkostenwirkungen der Veröffentlichung eines separaten Nachhaltigkeitsberichts

Variablen	Erwartetes Vorzeichen	Implizite Eigenkapitalkosten	
		Modell 1	Modell 2
Konstante	+/-		
Disclosure Index	-	-3,9334 (-0,29)	-9,6232 (-0,56)
Disclosure Index*Land	+/-		4,3492 (0,18)
Disclosure Internet	-	-0,0342 (-0,43)	-0,0049 (-0,06)
Disclosure Geschäftsbericht	-	-0,1529 (-2,14)**	-0,1016 (-1,29)*
Land	+/-		-48,9384 (-2,15)**
Unternehmensgröße	-	-0,1082 (-1,21)	-0,2740 (-2,48)**
Systematisches Risiko	+	0,2878 (3,47)***	0,3308 (3,91)***
Verschuldungsgrad	+	0,1453 (2,04)**	0,1356 (1,93)*
Marktwert/Buchwert	-	-0,1551 (-1,87)*	-0,1710 (-2,09)**
Energy	+/-	40,9756 (1,59)	25,5673 (1,00)
Materials	+/-	-4,9264 (-0,17)	-4,4436 (-0,16)
Industrials	+/-	23,8747 (1,05)	21,9394 (1,00)
Consumer Discretionary	+/-	27,6042 (1,22)	34,3254 (1,57)
Consumer Staples	+/-	17,6213 (0,52)	21,2371 (0,63)
Health Care	+/-	35,1069 (1,38)	38,5010 (1,56)
Information Technology	+/-	42,9777 (1,94)*	41,2023 (1,92)*
Telecommunication Services	+/-	-5,1135 (-0,18)	3,2668 (0,11)
Utilities	+/-	16,7635 (0,38)	14,9909 (0,34)
n		255	255
Adjustiertes R^2		17,3%	18,6%
F-Wert		4,32***	4,54***
Maximaler VIF		2,54	4,67

*, ** und *** zeigen statistisch signifikante Ergebnisse auf dem 10%-, 5%- und 1%-Signifikanzniveau (zweiseitig) an. Im Falle gerichteter Hypothesen spiegelt dieser Wert ein einseitiges Signifikanzniveau wider.

Tab. A-14: Rangregressionsergebnisse zu Eigenkapitalkostenwirkungen der Berichtsqualität

Variablen	Erwartetes Vorzeichen	Implizite Eigenkapitalkosten	
		Modell 1	Modell 2
Konstante	+/-	54,3141 (0,96)	-81,4691 (-1,36)
Disclosure Index	-	-0,2450 (-1,04)	0,4082 (1,68)*
Disclosure Index*Land	+/-		-61,1814 (-3,89)***
Disclosure Internet	-	-0,0481 (-0,37)	0,0718 (0,63)
Disclosure Geschäftsbericht	-	0,1547 (1,30)	0,2220 (1,95)
Land	+/-		6,4015 (0,20)
Unternehmensgröße	-	0,2960 (2,09)**	0,1765 (1,12)
Systematisches Risiko	+	0,5063 (3,49)***	0,6330 (5,07)***
Verschuldungsgrad	+	0,0671 (0,58)	-0,0024 (-0,02)
Marktwert/Buchwert	-	-0,1321 (-0,88)	-0,2532 (-1,76)*
Energy	+/-	-19,4487 (-0,55)	-66,6344 (-2,00)**
Materials	+/-	-33,3616 (-0,80)	-46,5136 (-1,32)
Industrials	+/-	20,8258 (0,63)	11,4826 (0,40)
Consumer Discretionary	+/-	15,8059 (0,55)	42,2636 (1,55)
Consumer Staples	+/-	58,8152 (1,40)	71,4642 (1,92)*
Health Care	+/-	23,1429 (0,63)	46,3269 (1,41)
Information Technology	+/-	65,8693 (1,99)*	68,2685 (1,98)*
Telecommunication Services	+/-	-34,1381 (-0,75)	-25,2698 (-0,53)
Utilities	+/-	8,5496 (0,15)	6,4739 (0,12)
n		106	106
Adjustiertes R^2		19,8%	30,6%
F-Wert		3,96***	5,70***
Maximaler VIF		3,07	4,90

*, ** und *** zeigen statistisch signifikante Ergebnisse auf dem 10%-, 5%- und 1%-Signifikanzniveau (zweiseitig) an. Im Falle gerichteter Hypothesen spiegelt dieser Wert ein einseitiges Signifikanzniveau wider.

Verzeichnis der Gesetze und Vorschriften

DCGK (2012)	Deutscher Corporate Governance Kodex (in der Fassung vom 15. Mai 2012).
DRS 20	Deutscher Rechnungslegungs Standard Nr. 20 (DRS 20) „Konzernlagebericht", verabschiedet durch den DSR am 14. September 2012, die Bekanntmachung durch das Bundesministerium der Justiz erfolgte am 4. Dezember 2012.
HGB	Handelsgesetzbuch, 53. Auflage 2012.
IDW RH HFA 1.007	IDW Rechnungslegungshinweis: Lageberichterstattung nach § 289 Abs.1 und 3 HGB bzw. § 315 Abs. 1 HGB in der Fassung des Bilanzrechtsreformgesetzes, 18. Oktober 2005.
PS MC	IFRS Practice Statement Management Commentary – A framework for presentation, 08. Dezember 2010.
SEC (2002)	SEC Release No. 33-8056 vom 22. Januar 2002.
SEC (2003)	SEC Interpretive Release No. 33-8350 vom 19. Dezember 2003.
SEC (2010)	SEC Interpretive Release No. 33-9106 vom 2. Februar 2010.

Literaturverzeichnis

A

Abbott, Walter F. (1979): On the Measurement of Corporate Social Responsibility: Self-Reported Disclosures as a Method of Measuring Corporate Social Involvement, in: Academy of Management Journal, 22. Jg., Heft 3, 1979, S. 501-515.

AccountAbility/csrnetwork (2008a): Accountabilty Rating 2008 – Key findings from annual study of the world's largest companies, 2008.

AccountAbility/csrnetwork (2008b): Accountability Rating 2008 – Methodology, 2008, online verfügbar unter: http://www.eni.com/it_IT/attachments/sostenibilita/impegno-sostenibilita/premi-e-riconoscimenti/AR_2008_methodology.pdf, (Stand: 16.02.2013).

Ackermann, Fran/Colin, Eden (2011): Strategic Management of Stakeholders: Theory and Practice, in: Long Range Planning, 44. Jg., Heft 3, 2011, S. 179-196.

Adams, Carol A./Hill, Wan-Ying/Roberts, Clare B. (1998): Corporate social reporting practices in Western Europe: legitimating corporate behaviour?, in: British Accounting Review, 30. Jg., Heft 1, 1998, S. 1-21.

Adnan, Shayuti M./van Staden, Chris J./Hay, David (2011): Does the Interaction of Culture with Governance Structure Influences CSR Disclosure?, Working Paper 2011.

Aerts, Walter/Cormier, Denis/Magnan, Michel (2008): Corporate environmental disclosure, financial markets and the media: an international perspective, in: Ecological Economics, 64. Jg., Heft 3, 2008, S. 643-659.

Afterman, Allan B. (2006): Handbook of SEC Accounting and Disclosure, New York 2006.

Ahmed, Mirghan N./Scapens Robert W. (2000): Cost allocation in Britain. Towards an institutional analysis, in: The European Accounting Review, 9. Jg., Heft 2, 2000, S. 159-204.

Akerlof, George A. (1970): The Market For "Lemons": Quality Uncertainty And The Market Mechanism, in: Quarterly Journal of Economics, 84. Jg., 1970, S. 488-500.

Albers, Carsten/Günther, Thomas (2011): Disclose or not disclose: determinants of social reporting for STOXX Europe 600 firms, in: Zeitschrift für Planung und Unternehmenssteuerung, 21. Jg., Heft 4, 2011, S. 323-347.

Albert, Hans (2000): Kritischer Rationalismus, Tübingen 2000.

Aldrich, Howard E. (2008): Organizations and Environments, Stanford, California 2008.

Alexander, David/Nobes, Christopher (2010): Financial accounting – An international introduction, 4. Aufl., Harlow 2010.

Alparslan, Adem (2006): Strukturalistische Prinzipal-Agent-Theorie – Eine Reformulierung der Hidden-Action-Modelle aus der Perspektive des Strukturalismus, Wiesbaden 2006, zugl. Duisburg-Essen, Univ., Diss., 2005.

Alsaeed, Khalid (2005): The Association Between Firm-Specific Characteristics and Disclosure: The Case of Saudi-Arabia, in: The Journal of American Academy of Business, 7. Jg., Heft 1, 2005, S. 310-321.

Al-Tuwaijri, Sulaiman A./Christensen, Theodore E./Hughes, K. E. (2004): The relations among environmental disclosure, environmental performance, and economic performance: a simultaneous equations approach, in: Accounting, Organizations and Society, 29. Jg., Heft 5/6, 2004, S. 447-471.

Anderson, David R./Sweeney, Dennis J./Williams, Thomas A. (1996): Statistics for business and economics, 6. Aufl., St. Paul 1996.

Archel, Pablo/Husillos, Javier/Larrinaga, Carlos/Spence, Crawford (2009): Social disclosure, legitimacy theory and the role of the state, in: Accounting, Auditing and Accountability Journal, 22. Jg., Heft 8, 2009, S. 1284-1307.

Arrow, Kenneth J. (1985): The Economics of Agency, in: Pratt, John W./Zeckhauser, Richard J. (Hrsg.), Principals and Agents: The Structure of Business, Boston 1985, S. 37-51.

Ashforth, Blake E./Fried, Yitzhak (1988): The Mindlessness of Organizational Behaviors, in: Human Relations, 41. Jg., Heft 4, 1988, S. 305-329.

Ashforth, Blake E./Gibbs, Barrie W. (1990): The double-edge of organizational legitimation, in: Orgnization Science, 1. Jg., Heft 2, 1990, S. 177-194.

Atteslander, Peter (2010): Methoden der empirischen Sozialforschung, 13. Aufl., Berlin 2010.

Auer, Benjamin/Rottmann, Horst (2011): Statistik und Ökonometrie für Wirtschaftswissenschaftler – Eine anwendungsorientierte Einführung, 2. Aufl., Wiesbaden 2011.

B

Bachert, Kristian (2012): Fair Value Accounting – Implications for Users of Financial Statements, Frankfurt am Main 2012, zugl. Münster (Westfalen), Univ., Diss., 2012.

Backhaus, Klaus/Erichson, Bernd/Plinke, Wulff/Weiber, Rolf (2011): Multivariate Analysemethoden – Eine anwendungsorientierte Einführung, 13. Aufl., Berlin 2011.

Baetge, Jörg/Hesse, Axel (2008): Best Practices bei SD-KPIs - Beispiele guter Berichterstattung zu "Sustainable Development Key Performance Indicators" (SD-KPIs) in Lageberichten 2006, Düsseldorf 2008, online verfügbar unter: http://www.sd-m.de/files/Baetge_Hesse_Best_Practices_SD_KPIs_Hrsg_Deloitte.pdf, (Stand: 15.02.2012).

Baetge, Jörg/Hippel, Boris (2009): Berichterstattung über Nachhaltigkeitsindikatoren (Sustainable Development-Key Performance Indicators [SD-KPIs]) in Geschäftsberichten unter besonderer Berücksichtigung von Best Practices, in: Bub, Wolf-Rüdger/ Mehle, Volkmar/Schumann, Ekkehard (Hrsg.), Recht und Politik - Festschrift für Peter Gauweiler zum 60. Geburtstag, Köln 2009, S. 545-564.

Baetge, Jörg/Kirsch, Hans-Jürgen/Thiele, Stefan (2012): Bilanzen, 12. Aufl., Düsseldorf 2012.

Baetge, Jörg/Schmidt, Matthias (2010): Nachhaltigkeit - Eine Angelegenheit für den CFO?!, in: Zeitschrift für Internationale Rechnungslegung, 5. Jg., Heft 7/8, 2010, S. 293-294.

Bailey, Warren/Karolyi, G. A./Salva, Carolina (2006): The economic consequences of increased disclosure: Evidence from international cross-listings, in: Journal of Financial Economics, 81. Jg., Heft 1, 2006, S. 175-213.

Ball, Ray/Brown, Philip (1968): An Empirical Evaluation of Accounting Income Numbers, in: Journal of Accounting Research, 6. Jg., Heft 2, 1968, S. 159-178.

Ball, Ray/Foster, George (1982): Corporate Financial Reporting: A Methodological Review of Empirical Research, in: Journal of Accounting Research, 20. Jg., Heft Supplement, 1982, S. 161-234.

Bankhofer, Udo/Vogel, Jürgen (2008): Datenanalyse und Statistik – Eine Einführung für Ökonomen im Bachelor, Wiesbaden 2008.

Bansal, Pratima (2005): Evolving Sustainability: A Longitudinal Study of Corporate Sustainable Development, in: Strategic Management Journal, 26. Jg., Heft 3, 2005, S. 197-218.

Bartel, Rainer (1990): Charakteristik, Methodik und wissenschaftsmethodische Probleme der Wirtschaftswissenschaften, in: Wirtschaftliches Studium, 20. Jg., Heft 2, 1990, S. 54-59.

Barth, Daniela (2009): Prognoseberichterstattung – Praxis, Determinanten und Kapitalmarktwirkungen bei deutschen börsennotierten Unternehmen, Frankfurt am Main 2009, zugl. Münster (Westfalen), Univ., Diss., 2010.

BASF SE (2011): BASF Report 2010 – Economic, environmental and social performance 2011.

Bassen, Alexander/Jastram, Sarah/Meyer, Katrin (2005): Corporate Social Responsibility – Eine Begriffserläuterung, in: Zeitschrift für Wirtschafts- und Unternehmensethik, 6. Jg., Heft 2, 2005, S. 231-236.

Bassen, Alexander/Meyer, Katrin/Schlange, Joachim (2006): The Influence of Corporate Responsibility on the Cost of Capital – An Empirical Analysis, Working Paper 2006.

Bassen, Alexander/Senkl, Daniela (2010): Ermittlung von Leistungsindikatoren nachhaltiger Unternehmensführung aus Kapitalmarktperspektive, in: Controlling, 22. Jg., Heft 4/5, 2010, S. 256-261.

Bauchowitz, Hans (1979): Die Lageberichtspublizität der Deutschen Aktiengesellschaft – Eine empirische Untersuchung zum Stand der Berichterstattung gem. § 160 Abs. 1 AktG, Frankfurt am Main 1979, zugl. München, Univ., Diss., 1978.

Baum, Christopher F. (2006): An introduction to modern econometrics using stata, College Station 2006.

Beattie, Vivien/McInnes, Bill/Fearnley, Stella (2004): A methodology for analysing and evaluating narratives in annual reports: a comprehensive descriptive profile and metrics for disclosure quality attributes, in: Accounting Forum, 28. Jg., Heft 3, 2004, S. 205-236.

Beaver, William H. (1968): The Information Content of Annual Earnings Announcements, in: Journal of Accounting Research, 6. Jg., Heft 3, 1968, S. 67-92.

Beck, A. C./Campbell, David/Shrives, Philip (2010): Content analysis in environmental reporting research: Enrichment and rehearsal of the method in a British-German context, in: The British Accounting Review, 42. Jg., 2010, S. 207-222.

Becker, Egon/Jahn, Thomas (2000): Sozial-ökologische Transformationen – Theoretische und methodische Probleme transdisziplinärer Nachhaltigkeitsforschung, in: Brand, Karl-Werner (Hrsg.), Nachhaltige Entwicklung und Transdisziplinarität – Besonderheiten, Probleme und Erfordernisse der Nachhaltigkeitsforschung, Berlin 2000, S. 67-84.

Beckmann, Kai M./Horst, Dieter (2009): Nachhaltigkeitsberichterstattung im Kontext aktueller Anforderungen an die Unternehmenspublizität, in: Freidank, Carl-Christian/Altes, Peter (Hrsg.), Rechnungslegung und Corporate Governance - Reporting, Steuerung und Überwachung der Unternehmen im Umbruch, Berlin 2009, S. 97-118.

Behncke, Nicolette/Hoffmann, Tim (2012): Integrated Reporting nach dem IIRC Discussion Paper, in: Zeitschrift für internationale und kapitalmarktorientierte Rechnungslegung, 12. Jg., Heft 9, 2012, S. 411-417.

Beiersdorf, Kati/Buchheim, Regine (2008): The Management Report under GAS 15 – German special path or export model for an IFRS 'Management Commentary'?, in: Bruns, Hans-Georg/Herz, Robert H./Neubürger, Heinz-Joachim/Tweedie, David (Hrsg.), Globale Finanzberichterstattung/Global Financial Reporting - Entwicklung, Anwendung und Durchsetzung von IFRS/Development, application and enforcement of IFRS, Festschrift für Liesel Knorr, Stuttgart 2008, S. 273-304.

Berelson, Bernard (1971): Content Analysis in Communication Research, New York 1971.

Beretta, Sergio/Bozzolan, Saverio (2008): Quality versus Quantity: The Case of Forward-Looking Disclosure, in: Journal of Accounting, Auditing and Finance, 23. Jg., Heft 3, 2008, S. 333-375.

Berndsen, Hans-Peter (1978): Unternehmenspublizität in Deutschland: Stand der empirischen Forschung, in: Die Betriebswirtschaft, 38. Jg., Heft 1, 1978, S. 121-134.

Beyhs, Oliver/Barth, Daniela (2012): Integrated Reporting – Aktuelle Entwicklungen auf dem Weg zu einer integrierten Unternehmensberichterstattung, in: Der Betrieb, 64. Jg., Heft 51/52, 2012, S. 2857-2863.

Bhattacharyya, Asit/Cummings, Lorne/Staib, Robert (2010): The Association Between Firm Characteristics and Levels of Corporate Social and Environment Reporting in Australian and Indian Organisations, Working Paper 2010.

Böcking, Hans-Joachim (2007): Zur Notwendigkeit von Grundsätzen für die Lageberichterstattung, in: Kirsch, Hans-Jürgen/Thiele, Stefan (Hrsg.), Rechnungslegung und Wirtschaftsprüfung - Festschrift zum 70. Geburtstag von Professor Dr. Dr. h.c. Jörg Baetge, Düsseldorf 2007, S. 25-63.

Boesso, Giacomo/Kumar, Kamalesh (2007): Drivers of corporate voluntary disclosure – A framework and empirical evidence from Italy and the United States, in: Accounting, Auditing and Accountability Journal, 20. Jg., Heft 2, 2007, S. 269-296.

Boms, Annette (2008): Unternehmensverantwortung und Nachhaltigkeit, Lohmar 2008, zugl.: Köln, Univ., Diss., 2007.

Bortz, Jürgen/Döring, Nicola (2006): Forschungsmethoden und Evaluation für Human- und Sozialwissenschaftler, 4. Aufl., Heidelberg 2006.

Bortz, Jürgen/Schuster, Christof (2011): Statistik für Human- und Sozialwissenschaftler. Lehrbuch mit Online-Materialien, 7. Aufl., s.l. 2011.

Botosan, Christine (1997): Disclosure Level and the Cost of Equity Capital, in: The Accounting Review, 72. Jg., Heft 3, 1997, S. 323-349.

Botosan, Christine/Plumlee, Marlene A. (2005): Assesing Alternative Proxies for the Expected Risk Premium, in: The Accounting Review, 80. Jg., Heft 1, 2005, S. 21-53.

Botosan, Christine A. (2006): Disclosure and the cost of capital: what do we know?, in: Accounting and Business Research, 36. Jg., Heft Special Issue: International Accounting Policy Forum, 2006, S. 31-40.

Botosan, Christine A./Plumlee, Marlene A. (2002): A Re-examination of Disclosure Level and the Expected Cost of Equity Capital, in: Journal of Accounting Research, 40. Jg., Heft 1, 2002, S. 21-40.

Botosan, Christine A./Plumlee, Marlene A./Wen, He (2011): The Relation between Expected Returns, Realized Returns, and Firm Risk Characteristics, in: Contemporary Accounting Research, 28. Jg., Heft 4, 2011, S. 1085-1122.

Bowles, Martin (1991): The Organization Shadow, in: Organization Studies, 12. Jg., Heft 3, 1991, S. 387-404.

Bowman, Edward H./Haire, Mason (1975): A Strategic Posture Toward Corporate Social Responsibility, in: California Management Review, 18. Jg., Heft 2, 1975, S. 49-58.

Brammer, Stephen/Pavelin, Stephen (2004): Voluntary social disclosures by large UK companies, in: Business Ethics: A European Review, 13. Jg., Heft 2/3, 2004, S. 86-99.

Brammer, Stephen/Pavelin, Stephen (2006): Voluntary Environmental Disclosures by Large UK Companies, in: Journal of Business Finance & Accounting, 33. Jg., Heft 7, 2006, S. 1168-1188.

Broedel Lopes, Alexsandro/de Alencar, Roberta C. (2010): Disclosure and cost of equity capital in emerging markets: The Brazilian case, in: The International Journal of Accounting, 45. Jg., Heft 4, 2010, S. 443-464.

Brosius, Felix (2011): SPSS 19, Heidelberg et al. 2011.

Brugger, Florian (2010): Nachhaltigkeit in der Unternehmenskommunikation – Bedeutung, Charakteristika und Herausforderungen, 1. Aufl., Wiesbaden 2010, zugl.: Lüneburg, Univ., Diss., 2010.

Brühl, Rolf/Osann, Mathias (2011): Stakeholdertheorie und Neoinstitutionalismus und ihre Beiträge zur Erklärung der freiwilligen Berichterstattung am Beispiel der immateriellen Ressourcen, in: Zeitschrift für Planung und Unternehmenssteuerung, 21. Jg., Heft 3, 2011, S. 277-298.

Burke, Frank M./Guy, Dan M./Tatum, Kay W. (2008): Audit Committees: A Guide for Directors, Management, and Consultants, 5. Aufl., Chicago 2008.

Burschel, Carlo/Losen, Dirk/Wiendl, Andreas (2004): Betriebswirtschaftslehre der Nachhaltigen Unternehmung, München 2004.

Buzby, Stephen L. (1974): Selectes Items of Information and Their Disclosure in Annual Reports, in: Accounting Review, 49. Jg., Heft 3, 1974, S. 423-435.

Buzby, Stephen L. (1975): Company Size, Listed Versus Unlisted Stocks, and the Extent of Financial Disclosure, in: Journal of Accounting Research, 13. Jg., Heft 1, 1975, S. 16-37.

C

Campbell, David (2004): A longitudinal and cross-sectional analysis of environmental disclosure in UK companies – a research note, in: The British Accounting Review, 36. Jg., 2004, S. 107-117.

Campbell, David/Craven, Barrie/Shrives, Philip (2003): Voluntary social reporting in three FTSE sectors: a comment on perception and legitimacy, in: Accounting, Auditing and Accountability Journal, 16. Jg., Heft 4, 2003, S. 558-581.

Carcello, Joseph V./Nagy, Albert L. (2004): Audit Firm Tenure and Fraudulent Financial Reporting, in: Auditing, 23. Jg., Heft 2, 2004, S. 55-69.

Caroll, Glenn R./Delacroix, Jaques (1982): Organizational Mortality in the Newspaper Industry of Argentina and Ireland: An Ecological Approach, in: Administrative Science Quarterly, 27. Jg., 1982, S. 169-198.

Carroll, Archie B. (1979): A Three-Dimensional Conceptual Model of Corporate Performance, in: Academy of Management Review, 4. Jg., Heft 4, 1979, S. 497-505.

Carroll, Archie B. (1991): The Pyramid of Corporate Social Responsibility: Toward the Moral Management of Organizational Stakeholders, in: Business Horizons, 34. Jg., Heft 4, 1991, S. 39-48.

CEC (2001): Green Paper – Promoting a European framework for Corporate Social Responsibility, Brüssel 2001, online verfügbar unter: http://eur-lex.europa.eu/ LexUriServ/site/en/com/2001/com2001_0366en01.pdf, (Stand: 16.02.2013).

Cerf, Alan R. (1961): Corporate Reporting and Investment Decisions, Berkeley 1961.

Chen, Feng/Jorgensen, Bjorn N./Yoo, Yong K. (2004): Implied cost of equity capital in earnings-based valuation: international evidence, in: Accounting and Business Research, 34. Jg., Heft 4, 2004, S. 323-344.

Cheng, C. S. A./Collins, Denton/Huang, Henry H. (2006): Shareholder rights, financial disclosure and the cost of equity capital, in: Review of Quantitative Finance & Accounting, 27. Jg., Heft 2, 2006, S. 175-204.

Chmielewicz, Klaus (1994): Forschungskonzeptionen der Wirtschaftswissenschaft, 3. Aufl., Stuttgart 1994.

Choi, Frederick (1973): Financial Disclosure and Entry to the European Capital Market, in: Journal of Accounting Research, 11. Jg., Heft 2, 1973, S. 159-175.

Clarke, Julia/Gibson-Sweet, Monica (1999): The use of corporate social disclosures in the management of reputation and legitimacy: a cross sectoral analysis of UK Top 100 Companies, in: Business Ethics: A European Review, 8. Jg., Heft 1, 1999, S. 5-13.

Clarkson, Max B. E. (1995): A Stakeholder Framework for Analyzing and Evaluating Corporate Social Performance, in: Academy of Management Review, 20. Jg., Heft 1, 1995, S. 92-117.

Clarkson, Peter M./Fang, Xiao H./Li, Yue/Richardson, Gordon (2010): The Relevance Of Environmental Disclosures For Investors and Other Stakeholder Groups: Are Such Disclosures Incrementally Informative?, Working Paper 2010.

Clarkson, Peter M./Li, Yue/Richardson, Gordon D./Vasvari, Florin P. (2008): Revisiting the relation between environmental performance and environmental disclosure: An empirical analysis, in: Accounting, Organizations and Society, 33. Jg., Heft 4/5, 2008, S. 303-327.

Clarkson, Peter M./Overell, Michael B./Chapple, Larelle (2011): Environmental Reporting and its Relation to Corporate Environmental Performance, in: Abacus, 47. Jg., Heft 1, 2011, S. 27-60.

Clausen, Jens/Loew, Thomas (2005): Mehr Glaubwürdigkeit durch Testate? – Internationale Analyse des Nutzens von Testaten in der Umwelt- und Nachhaltigkeitsberichterstattung, Hannover/Berlin 2005.

Cleff, Thomas (2011): Deskriptive Statistik und moderne Datenanalyse, 2. Aufl., Wiesbaden 2011.

Coase, Ronald H. (1937): The Nature of the Firm, in: Economica, 4. Jg., Heft 16, 1937, S. 386-405.

Coenenberg, Adolf G./Berndsen, Hans-Peter/Möller, Hans P./Schmidt, Franz/Schönbrodt, Bernd (1978): Empirische Bilanzforschung in Deutschland – Eine Bestandsaufnahme, in: Die Betriebswirtschaft, 38. Jg., Heft 4, 1978, S. 495-507.

Coenenberg, Adolf G./Haller, Axel (1993a): Empirische Forschung, in: Chmielewicz, Klaus (Hrsg.), Handwörterbuch des Rechnungswesens, 3. Aufl., Stuttgart 1993, Sp. 506-517.

Coenenberg, Adolf G./Haller, Axel (1993b): Externe Rechnungslegung, in: Hauschildt, Jürgen/Grün, Oskar (Hrsg.), Ergebnisse empirischer betriebswirtschaftlicher Forschung, Festschrift für Eberhard Witte, Stuttgart 1993, S. 557-599.

Coenenberg, Adolf G./Haller, Axel/Schultze, Wolfgang (2012): Jahresabschluss und Jahresabschlussanalyse, 22. Aufl., Stuttgart 2012.

Cohen, Jacob (1988): Statistical power analysis for the behavioral sciences, 2. Auflage, New York 1988.

Cooke, Terence E. (1989): Disclosure in the Corporate Annual Reports of Swedish Companies, in: Accounting and Business Research, 19. Jg., Heft 74, 1989, S. 113-124.

Cooke, Terence E. (1993): Disclosure in Japanese Corporate Annual Reports, in: Journal of Business Finance & Accounting, 20. Jg., Heft 4, 1993, S. 521-535.

Cooke, Terence E./Wallace, R. S. O. (1989): Global Survey of Corporate Disclosure Practices and Audit Firms: A Review Essay, in: Accounting and Business Research, 20. Jg., Heft 77, 1989, S. 47-57.

Core, John E. (2001): A Review of the Empirical Disclosure Literature: Discussion, in: Journal of Accounting and Economics, 31. Jg., Heft 1-3, 2001, S. 441-456.

Cormier, Denis/Magnan, Michel (1999): Corporate Environmental Disclosure Strategies: Determinants, Costs and Benefits, in: Journal of Accounting, Auditing and Finance, 14. Jg., Heft 3, 1999, S. 429-451.

Cormier, Denis/Magnan, Michel (2003): Environmental reporting management: a continental European perspective, in: Journal of Accounting and Public Policy, 22. Jg., Heft 1, 2003, S. 43-62.

Courtis, John K. (1992): The Reliability of Perception-Based Annual Report Disclosure Studies, in: Accounting and Business Research, 23. Jg., Heft 89, 1992, S. 31-43.

Coy, David/Dixon, Keith (2004): The public accountability index: crafting a parametric disclosure index for annual reports, in: The British Accounting Review, 36. Jg., Heft 1, 2004, S. 79-106.

Coy, David/Tower, Greg/Dixon, Keith (1993): Quantifying the Quality of Tertiary Education Annual Reports, in: Accounting and Finance, 33. Jg., Heft 2, 1993, S. 121-129.

Coy, David/Tower, Greg/Dixon, Keith (1994): Public sector reform in New Zealand: the progress of tertiary education annual reports, 1990-92, in: Financial Accountability & Management, 10. Jg., Heft 3, 1994, S. 253-261.

Craswell, Allen T./Taylor, Stephan L. (1992): Discretionary Disclosure of Reserves by Oil and Gas Companies: An Economic Analysis, in: Journal of Business, Finance & Accounting, 19. Jg., Heft 2, 1992, S. 295-308.

D

Dahlsrud, Alexander (2008): How Corporate Social Responsibility is defined: an analysis of 37 definitions, in: Corporate Social Responsibility and Environmental Management, 15. Jg., Heft 1, 2008, S. 1-13.

Dahrendorf, Ralf (2010): Homo Sociologicus, 17. Aufl., Opladen 2010.

D'Andrade (1984): Cultural meaning systems, in: Shweder, Richard A./LeVine, Robert A. (Hrsg.), Culture theory - Essays on mind, self, and emotion, Cambridge et al. 1984, S. 88-119.

Daske, Holger/Gebhardt, Günther (2006): Zukunftsorientierte Bestimmung von Risikoprämien und Eigenkapitalkosten für die Unternehmensbewertung, in: Zeitschrift für betriebswirtschaftliche Forschung, 58. Jg., Heft 4, 2006, S. 530-551.

Daub, Claus-Heinrich/Karlsson, Ylva/Ergenzinger, Rudolf/Stiller, Sebastian/ Philippi, Stefan/Scherrer, Yvonne/Schmassmann, Hector/Bieri, Lukas (2004): Auf dem Weg zum nachhaltig integrierten Geschäftsbericht – Nachhaltigkeitsberichterstattung Schweizer Unternehmen 2004, Basel 2004.

Davison, Mark L./Sharma, Anu R. (1988): Parametric Statistics and Levels of Measurement, in: Psychological Bulletin, 104. Jg., Heft 1, 1988, S. 137-144.

Dawkins, Cedric/Ngunjiri, Faith W. (2008): Corporate Social Responsibility Reporting in South Africa – A Descriptive and Comparative Analysis, in: Journal of Business Communication, 45. Jg., Heft 3, 2008, S. 286-307.

DeAngelo, Linda E. (1981): Auditor Size and Audit Quality, in: Journal of Accounting and Economics, 3. Jg., Heft 3, 1981, S. 183-199.

Deegan, Craig (2002): The legitimising effect of social and environmental disclosures – a theoretical foundation, in: Accounting, Auditing and Accountability Journal, 15. Jg., Heft 3, 2002, S. 282-311.

Deegan, Craig (2007): Organizational legitimacy as a motive for sustainability reporting, in: Unerman, Jeffrey/Bebbington, Jan/O'Dwyer, Brendan (Hrsg.), Sustainability Accounting and Accountability, Abingdon 2007, S. 127-149.

Deegan, Craig/Rankin, Michaela (1996): Do Australian companies report environmental news objectively? – An analysis of environmental disclosures by firms prosecuted sucessfully by the Environmental Protection Authority, in: Accounting, Auditing and Accountability Journal, 9. Jg., Heft 2, 1996, S. 50-67.

Deegan, Craig/Rankin, Michaela/Tobin, John (2002): An examination of the corporate social and environmental disclosures of BHP from 1983-1997 – A test of legitimacy theory, in: Accounting, Auditing and Accountability Journal, 15. Jg., Heft 3, 2002, S. 312-343.

Deegan, Craig/Unerman, Jeffrey (2011): Financial Accounting Theory, New York 2011.

Déjean, Frédérique/Martinez, Isabelle (2009): Environmental Disclosure and the Cost of Equity: The French Case, in: Accounting in Europe, 6. Jg., Heft 1, 2009, S. 57-80.

Demski, Joel S. (1988): Positive Accounting Theory: A Review, in: Accounting, Organizations and Society, 13. Jg., Heft 6, 1988, S. 623-629.

Deussen, Reiner (2007): Der Lagebericht der Kapitalgesellschaften, in: Steuer- und Bilanzpraxis, 9. Jg., Heft 21, 2007, S. 795-801.

Deutsche Börse AG (2009): Leitfaden zu den Aktienindizes der Deutschen Börse, Frankfurt am Main 2009, online verfügbar unter: http://dax-indices.com/DE/MediaLibrary/Document/Equity_L_6_15_d.pdf, (Stand: 16.02.2013).

Dhaliwal, Dan S. (1980): Improving the Quality of Corporate Financial Disclosure, in: Accounting and Business Research, 10. Jg., 1980, S. 385-391.

Dhaliwal, Dan S./Heitzman, Shane/Li, Oliver Z. (2006): Taxes, Leverage, and the Cost of Equity Capital, in: Journal of Accounting Research, 44. Jg., Heft 4, 2006, S. 691-723.

Dhaliwal, Dan S./Li, Oliver Z./Tsang, Albert/Yang, George Yong (2011): Voluntary Nonfinancial Disclosure and the Cost of Equity Capital: The Initiation of Corporate Social Responsibility Reporting, in: The Accounting Review, 86. Jg., Heft 1, 2011, S. 59-100.

Dhaliwal, Dan S./Spicer, Barry H./Vickrey, Don (1979): The quality of disclosure and the cost of capital, in: Journal of Business Finance & Accounting, 6. Jg., Heft 2, 1979, S. 245-266.

Diekmann, Andreas (2009): Empirische Sozialforschung – Grundlagen, Methoden, Anwendungen, 20. Aufl., Hamburg 2009.

DiMaggio, Paul J./Powell, Walter W. (1983): The iron cage revisited: Institutional isomorphism and collective rationality in organizational fields, in: American Sociological Review, 48. Jg., 1983, S. 147-160.

DiMaggio, Paul J./Powell, Walter W. (1991): Introduction, in: Powell, Walter W./DiMaggio, Paul J. (Hrsg.), The New Institutionalism in Organizational Analysis, Chicago 1991, S. 1-38.

Donaldson, Thomas/Preston, Lee E. (1995): The Stakeholder Theory of the Corporation: Concepts, Evidence, and Implications, in: Academy of Management Review, 20. Jg., Heft 1, 1995, S. 65-91.

Dow Jones Sustainability Indexes (2012): The Dow Jones Sustainability World Index Guide – Version 12.0, 2012, online verfügbar unter: http://www.sustainability-index.com/images/djsi-world-guidebook_tcm1071-337244.pdf, (Stand: 16.02.2013).

Dowling, John/Pfeffer, Jeffrey (1975): Organizational Legitimacy: Social Values and Organizational Behavior, in: The Pacific Sociological Review, 18. Jg., Heft 1, 1975, S. 122-136.

Drukarczyk, Jochen/Schüler, Andreas (2009): Unternehmensbewertung, 6. Aufl., München 2009.

Dugger, William (1990): The New Institutionalism: New But Not Institutionalist, in: Journal of Economic Issue, 14. Jg., Heft 2, 1990, S. 423-431.

Dyllick, Thomas (2003): Konzeptionelle Grundlagen unternehmerischer Nachhaltigkeit, in: Linne, Gudrun/Schwarz, Michael (Hrsg.), Handbuch nachhaltige Entwicklung - Wie ist nachhaltiges Wirtschaften machbar?, Opladen 2003, S. 235-243.

E

Easton, Peter D. (2004): PE Ratios, PEG Ratios, and Estimating the Implied Expected Rate of Return on Equity Capital, in: The Accounting Review, 79. Jg., Heft 1, 2004, S. 73-95.

Easton, Peter D./Sommers, Gregory A. (2007): Effect of Analysts' Optimism on Estimates of the Expected Rate of Return Implied by Earnings Forecasts, in: Journal of Accounting Research, 45. Jg., Heft 5, 2007, S. 983-1015.

Eckstein, Peter P. (2012): Statistik für Wirtschaftswissenschaftler – Eine realdatenbasierte Einführung mit SPSS, 3. Aufl., Wiesbaden 2012.

Economist Intelligence Unit (2010): Global trends in sustainability performance management, London et al. 2010, online verfügbar unter: http://fm.sap.com/data/UPLOAD/files/EIU_-_Sustainability_Performance_Management%5B1%5D.pdf, (Stand: 16.02.2013).

Edeling, Thomas (1999): Einführung: Der Neue Institutionalismus in Ökonomie und Soziologie, in: Edeling, Thomas/Jann, Werner/Wagner, Dieter (Hrsg.), Institutionenökonomie und Neuer Institutionalismus, Opladen 1999, S. 7-15.

Eiselt, Andreas/Kaspereit, Thomas (2010): Nachhaltigkeitsberichterstattung als Instrument der Kapitalmarktkommunikation, in: Zeitschrift für internationale und kapitalmarktorientierte Rechnungslegung, 10. Jg., Heft 7/8, 2010, S. 379-384.

El Ghoul, Sadok/Guedhami, Omrane/Kwok, Chuck C. Y./Mishra, Dev R. (2011): Does corporate social responsibility affect the cost of capital, in: Journal for Banking & Finance, 35. Jg., Heft 9, 2011, S. 2388-2406.

Elkington, John (1999): Cannibals with Forks – The Triple Bottom Line of the 21st Century Business, Oxford 1999.

Elschen, Rainer (1991): Gegenstand und Anwendungsmöglichkeiten der Agency-Theorie, in: Zeitschrift für betriebswirtschaftliche Forschung, 43. Jg., Heft 11, 1991, S. 1002-1012.

Elton, Edwin J. (1999): Expected Return, Realized Return, and Asset Pricing Tests, in: The Journal of Finance, 54. Jg., Heft 4, 1999, S. 1199-1220.

EUROSIF (2012): European SRI Study 2012, Brüssel 2012, online verfügbar unter: http://www.eurosif.org/images/stories/pdf/Research/2012SRIstudy/2570912_eurosif%20sri%20study_low-res.pdf, (Stand: 16.02.2013).

Ewert, Ralf (1987): The Financial Theory of Agency as a Tool for Analysis of Problems in External Accouting, in: Bamberg, Günter/Spremann, Klaus (Hrsg.), Agency Theory, Information, and Incentives, Berlin et al. 1987, S. 281-309.

Ewert, Ralf/Wagenhofer, Alfred (1992): Unternehmenspublizität und Konkurrenzwirkungen, in: Zeitschrift für Betriebswirtschaft, 62. Jg., Heft 3, 1992, S. 297-324.

F

Fama, Eugene F./French, Kenneth R. (1992): The Cross-Section of Expected Stock Returns, in: The Journal of Finance, 47. Jg., Heft 2, 1992, S. 427-465.

Fama, Eugene F./French, Kenneth R. (1997): Industry costs of equity, in: Journal of Financial Economics, 43. Jg., Heft 2, 1997, S. 153-193.

Fama, Eugene F./Miller, Merton H. (1972): The theory of finance, New York 1972.

Faulkender, Michael/Petersen, Mitchell A. (2006): Does the Source of Capital Affect Capital Structure?, in: The Review of Financial Studies, 19. Jg., Heft 1, 2006, S. 45-79.

Feldhoff, Michael/Feldhoff, Patricia (2002): Publizität, in: Küpper, Hans-Ulrich/Wagenhofer, Alfred (Hrsg.), Handwörterbuch Unternehmensrechnung und Controlling, 4. Aufl., Stuttgart 2002, Sp. 1640-1650.

Field, Alexander J. (1984): Microeconomics, Norms and Rationality, in: Economic Development and Cultural Change, 32. Jg., Heft 4, 1984, S. 683-711.

Fink, Christian/Kajüter, Peter (2011): Das IFRS Practice Statement „Management Commentary", in: Zeitschrift für internationale und kapitalmarktorientierte Rechnungslegung, 11. Jg., Heft 4, 2011, S. 177-181.

Firth, M. (1984): The extent of voluntary disclosure in corporate annual reports and its association with security risk measures, in: Applied Economics, 16. Jg., Heft 2, 1984, S. 269-277.

Fischer, Thomas/Huber, Robert/Sawczyn, Angelika (2010): Nachhaltige Unternehmensführung als Herausforderung für das Controlling, in: Controlling, 22. Jg., Heft 4/5, 2010, S. 261-287.

Fischer, Thomas M./Sawczyn, Angelika/Brauch, Benedikt (2009): Nachhaltigkeit und Sustainability Accounting, in: Wall, Friederike/Schröder, Regina W. (Hrsg.), Controlling zwischen Shareholder Value und Stakeholder Value: Neue Anforderungen, Konzepte und Instrumente, München 2009, S. 222-230.

Fonseca, Alberto (2010): Barriers to Strengthening the Global Reporting Framework: Exploring the perceptions of consultants, practitioners, and researchers, Working Paper 2010.

Francis, Jere R./Wilson, Earl R. (1988): Auditor Changes: A Joint Test of Theories Relating to Agency Costs and Auditor Differentiation, in: The Accounting Review, 63. Jg., Heft 4, 1988, S. 663-682.

Frank, Ulrich (2007): Wissenschaftstheorie, in: Köhler, Richard/Küpper, Hans-Ulrich/ Pfingsten, Andreas (Hrsg.), Handwörterbuch der Betriebswirtschaft, 6. Aufl., Stuttgart 2007, S. Sp. 2010-2017.

Franz, Peter (2008): Nachhaltigkeitsberichterstattung im Internet – Zukunftsträchtige Kommunikation für Corporate Social Responsibility, in: Isenmann, Ralf/Marx Gómez, Jorge/Amelung, Mario (Hrsg.), Internetbasierte Nachhaltigkeitsberichterstattung - Maßgeschneiderte Stakeholder-Kommunikation mit IT, Berlin 2008, S. 185-200.

Freedman, David/Pisani, Robert/Purves, Roger (2007): Statistics, 4. Aufl., New York 2007.

Freeman, Edward/Harrison, Jeffrey S./Wicks, Andrew C. (2007): Managing for Stakeholders – Survival, Reputation, and Success, New Haven, London 2007.

Freeman, Edward/Harrison, Jeffrey S./Wicks, Andrew C./Parmar, Bidhan L./ de Colle, Simone (2010): Stakeholder Theory – The State of the Art, Cambridge et al. 2010.

Freeman, Edward/Reed, David L. (1983): Stockholders and Stakeholders: A New Perspective on Corporate Governance, in: California Management Review, 25. Jg., Heft 3, 1983, S. 88-106.

Freeman, R. E. (2010): Strategic management – A stakeholder approach, Cambridge 2010.

Friedman, Milton (1970): The Social Responsibility of Business is to Increase its Profits, in: The New York Times Magazine, 13. September 1970, 1970.

Frings, Philipp A. (1975): Berichterstattung deutscher und amerikanischer Aktiengesellschaften im jährlichen Geschäftsbericht, Bonn 1975, zugl. Bonn, Univ., Diss., 1975.

Früh, Werner (1981): Inhaltsanalyse und strukturale Textanalyse, in: Zeitschrift für Sozialwissenschaften - Analyse & Kritik, 3. Jg., Heft 1, 1981, S. 93-116.

Früh, Werner (2007): Inhaltsanalyse - Theorie und Praxis, 6. Aufl., Konstanz 2007.

Fülbier, Rolf U. (1998): Regulierung der Ad-hoc-Publizität – Ein Beitrag zur ökonomischen Analyse des Rechts, Wiesbaden 1998, zugl. Münster, Univ., Diss., 1998.

Fülbier, Rolf U. (2004): Wissenschaftstheorie und Betriebswirtschaftslehre, in: Wirtschaftswissenschaftliches Studium, 34. Jg., Heft 5, 2004, S. 266-271.

G

Gamble, George O./Hsu, Kathy/Jackson, Cynthia/Tollerson, Cynthia D. (1996): Environmental Disclosures in Annual Reports: An International Perspective, in: The International Journal of Accounting, 31. Jg., Heft 3, 1996, S. 293-331.

Gamble, George O./Hsu, Kathy/Kite, Devaun/Radtke, Robin R. (1995): Environmental Disclosures In Annual Reports and 10Ks: An Examination, in: Accounting Horizons, 9. Jg., Heft 3, 1995, S. 34-54.

Gebauer, Jana (2012): Das IÖW/future-Ranking der Nachhaltigkeitsberichte 2011: Ergebnisse und Trends, Berlin/Münster 2012, online verfügbar unter: http://www.ranking-nachhaltigkeitsberichte.de/data/ranking/user_upload/pdf/IOEW-future-Ranking_2011_ Grossunternehmen_Ergebnisbericht.pdf, (Stand: 16.02.2013).

Gebauer, Jana/Glahe, Julia (2011): Praxis der Nachhaltigkeitsberichterstattung in deutschen Großunternehmen – Befragungsergebnisse im Rahmen des IÖW/future-Rankings 2011, Berlin/Münster 2011, online verfügbar unter: http://www.ranking-nachhaltigkeitsberichte.de/data/ranking/user_upload/konzerne/Ranking_2011/I%C3%96W-future_Ranking_2011_Gro%C3%9Funternehmen.pdf, (Stand: 16.02.2013).

Gebhardt, William R./Lee, Charles M./Swaminathan, Bhaskaran (2001): Toward an Implied Cost of Capital, in: Journal of Accounting Research, 39. Jg., Heft 1, 2001, S. 135-176.

Gibson, Kathy/O'Donovan, Gary (2007): Corporate Governance and Environmental Reporting: an Australian study, in: Corporate Governance: An International Review, 15. Jg., Heft 5, 2007, S. 944-956.

Glaum, Martin/Street, Donna L. (2003): Compliance with the Disclosure Requirements of Germany's New Market: IAS Versus US GAAP, in: Journal of International Financial Management and Accounting, 14. Jg., Heft 1, 2003, S. 64-100.

Göbel, Elisabeth (2002): Neue Institutionenökonomik – Konzeption und betriebswirtschaftliche Anwendungen, Stuttgart 2002.

Gode, Dan/Mohanram, Partha (2003): Inferring the Cost of Capital Using the Ohlson-Juettner Model, in: Review of Accounting Studies, 8. Jg., Heft 4, 2003, S. 399-431.

Godfrey, Jayne/Hodgson, Allan/Tarca, Ann/Hamilton, Jane/Holmes, Scott (2010): Accounting theory, 7. Aufl., Milton 2010.

Göhler, Gerhard/Kühn, Rainer (1999): Institutionenökonomie, Neo-Institutionalismus und die Theorie politischer Institutionen, in: Edeling, Thomas/Jann, Werner/Wagner, Dieter (Hrsg.), Institutionenökonomie und Neuer Institutionalismus, Opladen 1999, S. 17-42.

Gray, Rob/Javad, Mohammed/Power, David M./Sinclair, C. D. (2001): Social and Environmental Disclosure and Corporate Characteristics: A Research Note and Extension, in: Journal of Business Finance & Accounting, 28. Jg., Heft 3/4, 2001, S. 327-356.

Gray, Rob/Kouhy, Reza/Lavers, Simon (1995): Corporate social and environmental reporting – A review of the literature and a longitudinal study of UK disclosure, in: Accounting, Auditing and Accountability Journal, 8. Jg., Heft 2, 1995, S. 47-77.

Gray, Rob/Owen, Dave/Adams, Carol (1996): Accounting & Accountability – Changes and challenges in corporate social and environmental reporting, London et al. 1996.

Gray, Rob/Owen David L./Maunders, Keith (1991): Accountability, Corporate Social Reporting, and the External Social Audits, in: Advances in Public Interest Accounting, 4. Jg., 1991, S. 1-21.

Gregoire, Timothy G./Driver, B. L. (1987): Analysis of Ordinal Data to Detect Population Differences, in: Psychological Bulletin, 101. Jg., Heft 1, 1987, S. 159-165.

GRI (2005): GRI Boundary Protocol, Amsterdam 2005, online verfügbar unter: https://www.globalreporting.org/resourcelibrary/GRI-Boundary-Protocol.pdf, (Stand: 16.02.2013).

GRI (2011a): GRI Application Levels (Version 3.1), Amsterdam 2011, online verfügbar unter: https://www.globalreporting.org/resourcelibrary/G3.1-Application-Levels.pdf, (Stand: 16.02.2013).

GRI (2011b): Sustainability Reporing Guidelines (Version 3.1), Amsterdam 2011, online verfügbar unter: https://www.globalreporting.org/resourcelibrary/G3.1-Guidelines-Incl-Technical-Protocol.pdf, (Stand: 16.02.2013).

GRI (2011c): Technical Protocol – Applying the Report Content Principles, Amsterdam 2011, online verfügbar unter: https://www.globalreporting.org/resourcelibrary/GRI-Technical-Protocol.pdf, (Stand: 16.02.2013).

GRI (2012a): G4 Development – First Public Comment Period, 26 Agust - 24 November 2011, Full Survey Report, Amsterdam 2012, online verfügbar unter: https://www.globalreporting.org/resourcelibrary/G4-PCP1-Full-Report.pdf, (Stand: 16.02.2013).

GRI (2012b): G4 Exposure Draft, Amsterdam 2012, online verfügbar unter: https://www.globalreporting.org/resourcelibrary/G4-Exposure-Draft.pdf, (Stand: 16.02.2013).

GRI (2011d): GRI Sustainability Reporting Statistics – Publication year 2010, Amsterdam 2011, online verfügbar unter: https://www.globalreporting.org/resourcelibrary/GRI-Reporting-Stats-2010.pdf, (Stand: 16.02.2013).

GRI (2006): Sustainability Reporting Guidelines, Amsterdam 2006, online verfügbar unter: https://www.globalreporting.org/resourcelibrary/G3-Sustainability-Reporting-Guidelines.pdf, (Stand: 16.02.2013).

Griewel, Eva (2006): Ad hoc-Publizität und Zwischenberichterstattung im deutschen Corporate Governance-System – Eine Analyse vor dem Hintergrund europäischer Harmonisierungsbestrebungen, Wiesbaden 2006, zugl. Hamburg, Univ., Diss., 2006.

Grochla, Erwin (1978): Einführung in die Organisationstheorie, Stuttgart 1978.

Gros, Marius (2010): Rechnungslegung in Deutschland und den USA – Implikationen für eine zweckadäquate Fortentwicklung der deutschen Rechnungslegungskonzeption, Wiesbaden 2010, zugl. Frankfurt am Main, Univ., Diss., 2010.

Gros, Marius/Unrein, Daniel (2010): Zum Stand der Konvergenz von IFRS und US-GAAP – Eine Analyse der aktuellen Ereignisse, in: Zeitschrift für internationale und kapitalmarktorientierte Rechnungslegung, 10. Jg., Heft 9, 2010, S. 461-469.

Guay, Wayne (2011): Properties of implied cost of capital using analysts' forecasts, in: Australian Journal of Management, 36. Jg., Heft 2, 2011, S. 125-149.

Gutenberg, Erich (1957): Betriebswirtschaftslehre als Wissenschaft, in: Brockhoff, Klaus (Hrsg.), Geschichte der Betriebswirtschaftslehre - Kommentierte Meilensteine und Originaltexte, 2. Aufl., Wiesbaden 2002, S. 9-28.

Guthrie, James/Cuganesan, Suresh/Ward, Leanne (2008): Industry specific social and environmental reporting: The Australian Food and Beverage Industry, in: Accounting Forum, 32. Jg., Heft 1, 2008, S. 1-15.

H

Haase, Michaela (2003): Rationales und soziales Handeln – Beiträge der ökonomischen und der soziologischen Institutionentheorie, in: Schmid, Michael/Maurer, Andrea (Hrsg.), Ökonomischer und soziologischer Institutionalismus – Interdisziplinäre Beiträge und Perspektiven der Institutionentheorie und -analyse, Marburg 2003, S. 91-116.

Hachmeister, Dirk/Glaser, Andreas (2012): Veröffentlichung von E-DRS 27: Konzernlageberichterstattung im Umbruch – Eine kritische Würdigung unter Berücksichtigung ausgewählter Kommentierungsschreiben, in: Zeitschrift für Internationale Rechnungslegung, 7. Jg., Heft 7/8, 2012, S. 299-304.

Hackston, David/Milne, Markus J. (1996): Some determinants of social and environmental disclosures in New Zealand companies, in: Accounting, Auditing and Accountability Journal, 9. Jg., Heft 1, 1996, S. 77-108.

Hail, Luzi (2002): The impact of voluntary corporate disclosures on the ex-ante cost of capital for Swiss firms, in: The European Accounting Review, 11. Jg., Heft 4, 2002, S. 741-773.

Hail, Luzi/Leuz, Christian (2006): International Differences in the Cost of Equity Capital: Do Legal Institutions and Securities Regulation Matter?, in: Journal of Accounting Research, 44. Jg., Heft 3, 2006, S. 485-528.

Hall, Peter A./Taylor, Rosemary C. R. (1996): Political Science and the Three New Institutionalism, in: Political Studies, 44. Jg., Heft 5, 1996, S. 936-957.

Haller, Axel (1988): Positive Accounting Theory, in: Die Betriebswirtschaft, 48. Jg., Heft 3, 1988, S. 398-399.

Haller, Axel (1994): Positive Accounting Theory – Die Erforschung der Beweggründe bilanzpolitischen Verhaltens, in: Die Betriebswirtschaft, 54. Jg., Heft 5, 1994, S. 597-612.

Haller, Axel (2006): Nachhaltigkeitsleistung als Instrument des Value Reporting, in: Zeitschrift für Controlling und Management, 50. Jg., Heft 3 (Sonderheft), 2006, S. 62-73.

Haller, Axel/Ernstberger, Jürgen (2006): Global Reporting Initiative – Internationale Leitlinien zur Erstellung von Nachhaltigkeitsberichten, in: Betriebs-Berater, 61. Jg., Heft 46, 2006, S. 2516-2524.

Haller, Axel/Fuhrmann, Christiane (2012): Die Entwicklung der Lageberichterstattung in Deutschland vor dem Hintergrund des Konzepts des "Integrated Reporting", in: Zeitschrift für internationale und kapitalmarktorientierte Rechnungslegung, 12. Jg., Heft 10, 2012, S. 461-469.

Haller, Axel/Zellner, Paul (2011): Integrated Reporting - ein Vorschlag zur Neugestaltung der Unternehmensberichterstattung, in: Zeitschrift für internationale und kapitalmarktorientierte Rechnungslegung, 11. Jg., Heft 11, 2011, S. 523-529.

Halme, Minna/Huse, Morten (1997): The influence of corporate governance, industry and country factors on environmental reporting, in: Scandinavian Journal of Management, 13. Jg., Heft 2, 1997, S. 137-157.

Han, Sam/Kang, Tony/Yoo, Yong K. (2012): Governance Role of Auditors and Legal Environment: Evidence from Corporate Disclosure Transparency, in: European Accounting Review, 21. Jg., Heft 1, 2012, S. 29-50.

Haniffa, Ros M./Cooke, Terry E. (2005): The impact of culture and governance on corporate social reporting, in: Journal of Accounting and Public Policy, 24. Jg., Heft 5, 2005, S. 391-430.

Hansen, Ursula/Schrader, Ulf (2005): Corporate Social Responsibility als aktuelles Thema der Betriebswirtschaftslehre – Business Case; Corporate Social Responsibility (CSR); Corporate Citizenship; Gesellschaftliche Verantwortung; Sustainable Management; Zivilgesellschaft, in: Die Betriebswirtschaft, 65. Jg., Heft 4, 2005, S. 373-395.

Hartmann, Christina (2010): Die regulatorische Entwicklung des Lageberichts und seine Bedeutung im Rahmen der Unternehmenskommunikation, in: Baumhoff, Hubertus/Dücker, Reinhard/Köhler, Stefan (Hrsg.), Besteuerung, Rechnungslegung und Prüfung der Unternehmen - Festschrift für Professor Dr. Norbert Krawitz, 2010, S. 609-630.

Hartmann-Wendels, Thomas (1989): Principal-Agent-Theorie und asymmetrische Informationsverteilung, in: Zeitschrift für Betriebswirtschaft, 59. Jg., Heft 7, 1989, S. 714-734.

Hartmann-Wendels, Thomas (1992): Agency Theorie, in: Frese, Erich (Hrsg.), Handwörterbuch der Organisation, 3. Aufl., Stuttgart 1992, S. 71-80.

Hasnas, John (1998): The normative theories of business ethics: a guide for the perplexed, in: Business Ethics Quarterly, 8. Jg., Heft 1, 1998, S. 19-42.

Hasse, Raimund/Krücken, Georg (2005): Neo-Institutionalismus, 2. Aufl., Bielefeld 2005.

Hauth, Philip/Raupach, Michaela (2001): Nachhaltigkeitsberichte schaffen Vertrauen – Durch "Sustainability Reporting" kann ein Unternehmen glaubhaft machen, dass es verantwortungsbewusst handelt, in: Havard Business Manager, 23. Jg., Heft 5, 2001, S. 24-33.

Hawken, Paul (2005): The Ecology of Commerce, New York 2005.

Healy, Paul M./Palepu, Krishna G. (2001): Information asymmetry, corporate disclosure, and the capital markets: A review of the empirical disclosure literature, in: Journal of Accounting and Economics, 31. Jg., 2001, S. 405-440.

Heard, James E./Bolce, William J. (1981): The Political Significance of Corporate Social Reporting in the United States of America, in: Accounting, Organizations and Society, 6. Jg., Heft 3, 1981, S. 247-254.

Held, Martin/Nutzinger, Hans G. (2003): Perspektiven einer allgemeinen Institutionenökonomik, in: Schmid, Michael/Maurer, Andrea (Hrsg.), Ökonomischer und soziologischer Institutionalismus - Interdisziplinäre Beiträge und Perspektiven der Institutionentheorie und -analyse, Marburg 2003, S. 117-137.

Henriques, Adrian (2007): Corporate Truth – The Limits to Transparency, London 2007.

Hermann, Steffen (2005): Corporate Sustainability Branding – Nachhaltigkeits- und stakeholderorientierte Profilierung von Unternehmensmarken, Wiesbaden 2005, zugl. Hamburg, Univ., Diss., 2004.

Hermann, Steffen (2009): Corporate Sustainability Branding, in: Forum Wirtschaftsethik, 17. Jg., Heft 3, 2009, S. 18-27.

Herzig, Christian/Schaltegger, Stefan (2004): Nachhaltigkeit in der Unternehmensberichterstattung – Diskussionspapier zum Fachdialog des Bundesumweltministeriums (BMU) am 13. November 2003, Berlin 2004.

Herzig, Christian/Schaltegger, Stefan (2005): Unternehmerische Nachhaltigkeitsberichterstattung – Entwicklungen und europäische Trends, in: Information der Internationalen Treuhand AG Basel, Genf/Zürich, Heft 118, 2005, S. 10-24.

Herzig, Christian/Schaltegger, Stefan (2007): Nachhaltigkeitsberichterstattung von Unternehmen, in: Michelsen, Gerd/Godemann, Jasmin (Hrsg.), Handbuch Nachhaltigkeitskommunikation - Grundlagen und Praxis, 2. Aufl., München 2007, S. 577-587.

Hesse, Axel (2010): SD-KPI Standard 2010-2014, Münster 2010, online verfügbar unter: http://www.sd-m.de/files/SD-KPI_Standard_2010-2014_V12d.pdf, (Stand: 15.02.2013).

Hillmer, Hans-Jürgen (2012): Zukunft der Unternehmensberichterstattung – Bericht zum 27. Münsterischen Tagesgespräch vom 10.05.2012 an der WWU Münster, in: Zeitschrift für internationale und kapitalmarktorientierte Rechnungslegung, 12. Jg., Heft 6, 2012, S. 298-304.

Ho, Li-Chin J./Taylor, Martin E. (2007): An Empirical Analysis of Triple Bottom-Line Reporting and its Determinants: Evidence from the United States and Japan, in: Journal of International Financial Management and Accounting, 18. Jg., Heft 2, 2007, S. 123-150.

Hoffmann, Tim (2011): Unternehmerische Nachhaltigkeitsberichterstattung – Eine Analyse des GRI G3.1-Berichtsrahmens, 1. Aufl., Lohmar 2011, zugl. Münster (Westfalen), Univ., Diss., 2011.

Hofmann, Stefan (2007): Nachhaltigkeitsberichterstattung: Information oder Manipulation? – Sustainability Reporting im Spannungsfeld zwischen Wahrheit und Beschönigung, in: Zeitschrift für Corporate Governance, 2. Jg., Heft 3, 2007, S. 131-137.

Holder-Webb, Lori (2011): Corporate Sustainability Report 2011.

Holder-Webb, Lori/Cohen, Jeffrey R./Nath, Leda/Wood, David (2009): The Supply of Corporate Social Responsibility Disclosures Among U.S. Firms, in: Journal of Business Ethics, 84. Jg., 2009, S. 497-527.

Holland, Leigh/Foo, Yee B. (2003): Differences in environmental reporting practices in the UK and the US: the legal and regulatory context, in: The British Accounting Review, 35. Jg., Heft 1, 2003, S. 1-18.

Holsti, Ole R. (1969): Content Analysis for the Social Sciences and Humanities, Reading et al. 1969.

Holthausen, Robert W./Leftwich, Richard W. (1983): The Economic Consequences of Accounting Choice – Implications of Costly Contracting and Monitoring, in: Journal of Accounting and Economics, 5. Jg., Heft 2, 1983, S. 77-117.

Homann, Karl (2004): Gesellschaftliche Verantwortung der Unternehmen, in: Schneider, Ursula/Steiner, Peter (Hrsg.), Betriebswirtschaftslehre und gesellschaftliche Verantwortung - Mit Corporate Social Responsibility zu mehr Engagement, Wiesbaden 2004, S. 1-16.

Horsch, Andreas (2005): Agency und Versicherungsintermediation, in: Horsch, Andreas/Meinhövel, Harald/Paul, Stephan (Hrsg.), Institutionenökonomie und Betriebswirtschaftslehre, München 2005, S. 81-99.

Horsch, Andreas/Meinhövel, Harald/Paul, Stephan (2005): Institutionenökonomie und Betriebswirtschaftslehre – Einführung zum Einkommensaspekt menschlichen Handelns, in: Horsch, Andreas/Meinhövel, Harald/Paul, Stephan (Hrsg.), Institutionenökonomie und Betriebswirtschaftslehre, München 2005, S. 1-14.

Höschen, Nicole/Vu, Annette (2008): Möglichkeiten und Herausforderungen der Prüfung von Nachhaltigkeitsberichten, in: Die Wirtschaftsprüfung, 61. Jg., Heft 9, 2008, S. 378-387.

Hosmer, David W./Lemeshow, Stanley (2004): Applied Logistic Regression, 2. Aufl., Hoboken 2004.

Huber, Joseph (1995): Nachhaltige Entwicklung – Stategien für eine ökologische und soziale Erdpolitik, Berlin 1995.

Huber, Peter J. (1967): The behavior of maximum likelihood estimates under nonstandard conditions – Proceedings, in: Proceedings of the Fifth Berkeley Symposium on Mathematical Statistics and Probability, 1. Jg., 1967, S. 221-233.

Hüfner, Bernd (2007a): MD&A- und OFR-Berichtsregelungen der U.S.-amerikanischen SEC, in: Betriebswirtschaftliche Forschung und Praxis, 59. Jg., Heft 3, 2007, S. 289-310.

Hüfner, Bernd (2007b): The SEC's MD&A: Does it meet the informational demands of investors? – A conceptual evaluation, in: Schmalenbach Business Review, 59. Jg., Heft 1, 2007, S. 59-85.

Hummel, Katrin (2012): Internationaler Vergleich der Nachhaltigkeitsberichterstattung, in: Controlling, 24. Jg., Heft 3, 2012, S. 175-180.

Hurst, James W. (1970): The Legitimacy of the Business Corporation in the Law of the United States – 1780-1970, Charlottesville 1970.

Hütten, Christoph (2000): Der Geschäftsbericht als Informationsinstrument – Rechtsgrundlagen - Funktionen - Optimierungsmöglichkeiten, Düsseldorf 2000.

I

Inchausti, Begona G. (1997): The influence of company characteristics and accounting regulation on information disclosed by Spanish firms, in: The European Accounting Review, 6. Jg., Heft 1, 1997, S. 45-68.

Isenmann, Ralf/Marx Gómez, Jorge/Amelung, Mario (Hrsg.) (2008): Internetbasierte Nachhaltigkeitsberichterstattung – Maßgeschneiderte Stakeholder-Kommunikation mit IT, Berlin 2008.

Islam, Muhammad A./Deegan, Craig (2010): Media pressures and corporate disclosure of social responsibility performance information: a study of two global clothing and sports retail companies, in: Accounting and Business Research, 40. Jg., Heft 2, 2010, S. 131-148.

IVG (2011): Sustainability Report 2011, 2011.

J

Jahnke, Alexander/Knauer, Thorsten/Wömpener, Andreas (2009): Umweltorientierte Unternehmensführung – hehre Zielsetzung ohne Rechenschaft?, in: Zeitschrift für Umweltpolitik & Umweltrecht, 32. Jg., Heft 1, 2009, S. 67-91.

Jensen, Michael C./Meckling, William H. (1976): Theory of the firm: Managerial behavior, agency costs and ownership structure, in: Journal of Financial Economics, 3. Jg., Heft 4, 1976, S. 305-360.

Johnen, Jürgen/Ganske, Torsten (2002): Management Discussion and Analysis (MD&A), in: Ballwieser, Wolfgang/Coenenberg, Adolf G./von Wysocki, Klaus (Hrsg.), Handwörterbuch der Rechnungslegung und Prüfung, 3. Aufl., Stuttgart 2002, Sp. 1520-1536.

Jost, Peter-J. (2001): Die Prinzipal-Agenten-Theorie im Unternehmenskontext, in: Jost, Peter-J. (Hrsg.), Die Prinzipal-Agenten-Theorie in der Betriebswirtschaftslehre, Stuttgart 2001, S. 11-43.

K

Kajüter, Peter (2002): Prüfung der Risikoberichterstattung im Lagebericht, in: Betriebs-Berater, 57. Jg., Heft 5, 2002, S. 243-249.

Kajüter, Peter (2004): Der Lagebericht als Instrument einer kapitalmarktorientierten Rechnungslegung – Umfassende Reformen nach dem Entwurf zum BilReG und E-DRS 20, in: Der Betrieb, 57. Jg., Heft 5, 2004, S. 197-203.

Kajüter, Peter (2011a): HGB §§ 289, 289a, in: Küting, Karlheinz/Pfitzer, Norbert/Weber, Claus-Peter (Hrsg.), Handbuch der Rechnungslegung - Einzelabschluss, (Stand: April 2011), 5. Aufl. 2002, S. 1-56.

Kajüter, Peter (2011b): Wertorientierte Unternehmensführung, in: Busse von Colbe, Walther/Coenenberg, Adolf G./Kajüter, Peter/Linnhoff, Ulrich/Pellens, Bernhard (Hrsg.), Betriebswirtschaft für Führungskräfte - Eine Einführung für Ingenieure, Naturwissenschaftler, Juristen und Geisteswissenschaftler, 4. Aufl., Stuttgart 2011, S. 29-47.

Kajüter, Peter (2013a): Aktuelle Entwicklungen in der Unternehmensberichterstattung. Konzernlagebericht nach DRS 20 – Management Commentary – Integrated Reporting, in: Freidank, Carl-Christian/Velte, Patrick (Hrsg.), Unternehmenssteuerung im Umbruch – Internationale Reformen in Reporting und Corporate Governance, Berlin 2013, S. 119-153.

Kajüter, Peter (2013b): Lageberichterstattung nach E-DRS 27 - Hintergründe und neue Anforderungen, in: Baetge, Jörg/Kirsch, Hans-Jürgen (Hrsg.), Zukunft der Unternehmensberichterstattung - Lagebericht, Zusatzberichte und technische Umsetzung. Beiträge und Diskussionen zum 27. Münsterischen Tagesgespräch des Münsteraner Gesprächskreises Rechnungslegung und Prüfung e.V. am 10. Mai 2012, Düsseldorf 2013, S. 1-33.

Kajüter, Peter/Bachert, Kristian/Blaesing, Daniel (2010): Ergänzung des IFRS-Abschlusses um einen Managementbericht – Wie ist die Resonanz auf das Management Commentary-Projekt des IASB in Deutschland?, in: Internationale und kapitalmarktorientierte Rechnungslegung, 10. Jg., Heft 4, 2010, S. 183-190.

Kajüter, Peter/Fink, Christian (2012): Management Commentary – Kritische Punkte und offene Fragen zum IFRS-Practice Statement des IASB, in: Zeitschrift für internationale und kapitalmarktorientierte Rechnungslegung, 12. Jg., Heft 5, 2012, S. 247-252.

Kajüter, Peter/Guttmeier, Matthias (2009): Der Exposure Draft des IASB zum Management Commentary – Kritische Analyse und Vergleich mit DRS 15, in: Der Betrieb, 62. Jg., Heft 44, 2009, S. 2333-2339.

Kaplan, Steven E./Ruland, Robert G. (1991): Positive Theory, Rationality and Accounting Regulation, in: Critical Perspectives on Accounting, 2. Jg., Heft 4, 1991, S. 361-374.

Kassarjian, Harold H. (1977): Content Analysis in Consumer Research, in: The Journal of Consumer Research, 4. Jg., Heft 1, 1977, S. 8-18.

Kiener, Stefan (1990): Die Principal-Agent-Theorie aus informationsökonomischer Sicht, Heidelberg 1990, zugl. Regensburg, Univ., Diss., 1989.

Kim, Kicheol (2008): Interaktive Nachhaltigkeitsberichterstattung im Internet – Konzept und Bestandsaufnahme der Global-Fortune-500-Unternehmen, in: Isenmann, Ralf/Marx Gómez, Jorge/Amelung, Mario (Hrsg.), Internetbasierte Nachhaltigkeitsberichterstattung - Maßgeschneiderte Stakeholder-Kommunikation mit IT, Berlin 2008, S. 355-369.

Kolbe, Richard H./Burnett, Melissa S. (1991): Content-Analysis Research: An Examination of Applications with Directives for Improving Research Reliability and Objectivity, in: Journal of Consumer Research, 18. Jg., Heft 2, 1991, S. 243-250.

Kornmeier, Martin (2007): Wissenschaftstheorie und wissenschaftliches Arbeiten – Eine Einführung für Wirtschaftswissenschaftler, Heidelberg 2007.

Kothari, S. P. (2001): Capital markets research in accounting, in: Journal of Accounting and Economics, 31. Jg., Heft 1-3, 2001, S. 105-231.

KPMG (2008): KPMG International Survey of Corporate Responsibility Reporting 2008, Amsterdam 2008, online verfügbar unter: http://www.kpmg.com/EU/en/Documents/KPMG_International_survey_Corporate_responsibility_Survey_Reporting_2008.pdf, (Stand: 16.02.2013).

KPMG (2009): KPMG-Handbuch zur Nachhaltigkeitsberichterstattung 2008/2009 – Deutschlands 100 umsatzstärkste Unternehmen im internationalen Vergleich, 2009, online verfügbar unter: http://www.kpmg.de/docs/KPMG_Handbuch_web.pdf, (Stand: 16.02.2013).

KPMG (2011a): KPMG International Survey of Corporate Responsibility Reporting 2011, 2011, online verfügbar unter: http://www.kpmg.com/Global/en/IssuesAndInsights/ArticlesPublications/corporate-responsibility/Documents/2011-survey.pdf, (Stand: 16.02.2013).

KPMG (2011b): KPMG-Handbuch zur Nachhaltigkeitsberichterstattung – Update 2011, 2011, online verfügbar unter: http://www.kpmg.de/docs/Nachhaltigkeit_06-2012__sec.pdf, (Stand: 16.02.2013).

KPMG/UNEP (2006): Carrots and Sticks For Starters – Current trends and approaches in Voluntary and Mandatory Standards for Sustainability Reporting, Paris/Parktown 2006, online verfügbar unter: http://ec.europa.eu/enterprise/policies/sustainable-business/corporate-social-responsibility/reporting-disclosure/swedish-presidency/files/surveys_and_reports/carrots_and_sticks_-_kpmg_and_unep_en.pdf, (Stand: 16.02.2013).

Kräkel, Matthias (2007): Organisation und Management, Tübingen 2007.

Krippendorf, Klaus (2004): Content Analysis – An Introduction to Its Methodology, 2. Aufl., Thousand Oaks et al. 2004.

Kromrey, Helmut (2009): Empirische Sozialforschung – Modelle und Methoden der standardisierten Datenerhebung und Datenauswertung, 12. Aufl., Stuttgart 2009.

Kronstein, Heinrich/Claussen, Carsten P. (1960): Publizität und Gewinnverteilung im neuen Aktienrecht, Frankfurt am Main 1960.

Krüger, Holm/Schneider-Piotrowski, Katja (2008): Ergänzende Lageberichterstattung zum IFRS-Konzernabschluss – Empirische Indizien zur Berichterstattung im HDAX, in: Zeitschrift für Internationale Rechnungslegung, 3. Jg., Heft 10, 2008, S. 471-479.

Krüsselberg, Utz (1993): Theorie der Unternehmung und Institutionenökonomik – Die Theorie der Unternehmung im Spannungsfeld zwischen neuer Institutionenökonomik, ordnungstheoretischem Institutionalismus und Marktprozeßtheorie, Heidelberg 1993.

Küpper, Hans-Ulrich (2008): Controlling – Konzeption, Aufgaben, Instrumente, 5. Aufl., Stuttgart 2008.

L

Labbé, Marcus/Stein, Hans-Jürgen (2007): Nachhaltigkeitsberichte als Instrument der Unternehmenskommunikation, in: Der Betrieb, 60. Jg., Heft 49, 2007, S. 2661-2667.

Lackmann, Julia (2010): Die Auswirkungen der Nachhaltigkeitsberichterstattung auf den Kapitalmarkt – Eine empirische Analyse, Wiesbaden 2010, zugl. Bochum, Univ., Diss., 2009.

Lackmann, Julia/Ernstberger, Jürgen/Stich, Michael (2012): Market Reactions to Increased Reliability of Sustainability Information, in: Journal of Business Ethics, 107. Jg., Heft 2, 2012, S. 111-128.

Lambert, Richard/Leuz, Christian/Verrecchia, Robert E. (2007): Accounting Information, Disclosure, and the Cost of Capital, in: Journal of Accounting Research, 45. Jg., Heft 2, 2007, S. 385-420.

Lang, Mark H./Lundholm, Russell J. (1993): Cross-Sectional Determinants of Analyst Ratings of Corporate Disclosures, in: Journal of Accounting Research, 31. Jg., Heft 2, 1993, S. 246-271.

Leippe, Britta (2002): Die Bilanzierung von Leasinggeschäften nach deutschem Handelsrecht und US-GAAP – Darstellung und Zweckmäßigkeitsanalyse, Frankfurt am Main 2002, zugl. Bochum, Univ., Diss., 2001.

Leuz, Christian/Verrecchia, Robert E. (2000): The Economic Consequences of Increased Disclosure, in: Journal of Accounting Research, 38. Jg., 2000, S. 91-124.

Li, Shaomin/Fetscherin, Marc/Alon, Ilan/Lattemann, Christoph/Yeh, Kuang (2010): Corporate Social Responsibility in Emerging Markets – The Importance of the Governance Environment, in: Management International Review, 50. Jg., 2010, S. 635-654.

Li, Siqi (2010): Does Mandatory Adoption of International Financial Reporting Standards in the European Union Reduce the Cost of Equity Capital?, in: The Accounting Review, 85. Jg., Heft 2, 2010, S. 607-636.

Lingnau, Volker (1995): Kritischer Rationalismus und Betriebswirtschaftslehre, in: Wirtschaftswissenschaftliches Studium, 25. Jg., Heft 3, 1995, S. 124-129.

Lisch, Ralf/Kriz, Jürgen (1978): Grundlagen und Modelle der Inhaltsanalyse – Bestandsaufnahme und Kritik, Reinbek bei Hamburg 1978.

Liu, Xianbing/Anbumozhi, V. (2009): Determinant factors of corporate environmental information disclosure: an empirical study of Chinese listed companies, in: Journal of Cleaner Production, 17. Jg., 2009, S. 593-600.

Loew, Thomas/Ankele, Kathrin/Braun, Sabine/Clausen, Jens (2004): Bedeutung der internationalen CSR-Diskussion für Nachhaltigkeit und die sich daraus ergebenden Anforderungen an Unternehmen mit Fokus Berichterstattung, Münster/Berlin 2004, online verfügbar unter: http://www.ioew.de/uploads/tx_ukioewdb/bedeutung_der_csr_diskussion.pdf, (Stand: 16.02.2013).

Lohse, Andrea (2005): Unternehmerisches Ermessen – Zu den Aufgaben und Pflichten von Vorstand und Aufsichtsrat, Tübingen 2005, zugl. Berlin, Univ., Habil., 2004.

Lorenzen, Paul (1974): Konstruktive Wissenschaftstheorie, Frankfurt am Main 1974.

Loughran, Tim/Ritter, Jay R. (1997): The Operating Performance of Firms Conducting Seasoned Equity Offerings, in: The Journal of Finance, 52. Jg., Heft 5, 1997, S. 1823-1850.

M

Macharzina, Klaus/Wolf, Joachim (2012): Unternehmensführung – Das internationale Managementwissen: Konzepte - Methoden - Praxis, 8. Aufl., Wiesbaden 2012.

Maher, Michael W./Tiessen, Peter/Colson, Robert/Broman, Amy J. (1992): Competition and Audit Fees, in: The Accounting Review, 67. Jg., Heft 1, 1992, S. 199-211.

Malone, Claire/Fries, Clarence/Jones, Thomas (1993): An Empirical Investigation of the Extent of Corporate Financial Disclosure in the Oil and Gas Industry, in: Journal of Accounting, Auditing and Finance, 8. Jg., Heft 3, 1993, S. 249-275.

Maon, François/Lindgren, Adam/Swaen, Valérie (2009): Designing and Implementing Corporate Social Responsibility: An Integrative Framework Grounded in Theory and Practice, in: Journal of Business Ethics, 87. Jg., Heft 1, 2009, S. 71-89.

Marshall, Alfred (1961): Principles of Economics, 9. Aufl., London 1961.

Marston, Claire L./Shrives, Philip J. (1991): The Use of Disclosure Indices in Accounting Research: A Review Article, in: British Accounting Review, 23. Jg., Heft 1, 1991, S. 195-210.

Massoud, Hiba (2009): Corporate Social Responsibility – The Disclosure in the World Oil Industrie, Saarbrücken 2009, zugl. Nottingham, Univ., Diss., 2006.

Mast, Claudia/Fiedler, Katja (2007): Nachhaltige Unternehmenskommunikation, in: Michelsen, Gerd/Godemann, Jasmin (Hrsg.), Handbuch Nachhaltigkeitskommunikation - Grundlagen und Praxis, 2. Aufl., München 2007, S. 567-578.

Maurer, Andrea/Schmid, Michael (2002): Die ökonomische Herausforderung der Soziologie?, in: Maurer, Andrea/Schmid, Michael (Hrsg.), Neuer Institutionalismus - Zur soziologischen Erklärung von Organisation, Moral und Vertrauen, Frankfurt/New York 2002, S. 9-38.

Maury, Benjamin/Pajuste, Anete (2005): Multiple large shareholders and firm value, in: Journal of Banking & Finance, 29. Jg., Heft 7, 2005, S. 1813-1834.

Mayntz, Renate/Holm, Kurt/Hübner, Peter (1978): Einführung in die Methoden der empirischen Soziologie, 5. Aufl., Opladen 1978.

Mayring, Philipp (2010): Qualitative Inhaltsanalyse – Grundlagen und Techniken, 11. Aufl., Weinheim 2010.

McCombs, Maxwell/Danielian, Lucig/Wanta, Wayne (1995): Issues in the News and the Public Agenda: The Agenda-Setting Tradition, in: Glasser, Theodore L./Salmon, Charles T. (Hrsg.), Public Opinion and the Communication of Consent, New York 1995, S. 281-300.

Meffert, Heribert (2008): Corporate Social Responsibility – mehr als eine Modewelle, in: Zeitschrift für Führung + Organisation, 77. Jg., Heft 6, 2008, S. 381-383.

Meinhövel, Harald (2005): Grundlagen der Principal-Agent Theorie, in: Horsch, Andreas/Meinhövel, Harald/Paul, Stephan (Hrsg.), Institutionenökonomie und Betriebswirtschaftslehre, München 2005, S. 65-80.

Merschdorf, Martin (2012): Der Management Approach in der IFRS-Rechnungslegung – Implikationen für Unternehmen und Investoren, Frankfurt am Main 2012, zugl. Münster (Westfalen), Univ., Diss., 2012.

Merten, Klaus (1981): Inhaltsanalyse als Instrument der Sozialforschung, in: Zeitschrift für Sozialwissenschaften - Analyse & Kritik, 3. Jg., Heft 1, 1981, S. 48-63.

Merten, Klaus (1995): Inhaltsanalyse – Einführung in Theorie, Methode und Praxis, 2. Aufl., Opladen 1995.

Meyer, John W./Boli, John/Thomas George. M. (1994): Ontology and Rationalization in the Western Cultural Account, in: Scott, William R./Meyer, John W. (Hrsg.), Institutional Environments and Organizations - Structural Complexity and Individualism, Thousand Oaks et al. 1994, S. 9-27.

Meyer, John W./Rowan, Brian (1977): Institutionalized Organizations: Formal Structure as Myth and Ceremony, in: American Journal of Sociology, 83. Jg., Heft 2, 1977, S. 340-363.

Meyer, Renate/Hammerschmid, Gerhard (2006): Die Mikroperspektive des Neo-Institutionalismus – Konzeption und Rolle des Akteurs, in: Senge, Konstanze/Hellmann, Kai-Uwe (Hrsg.), Einführung in den Neo-Institutionalismus, Wiesbaden 2006,
S. 160-171.

Miles, Robert H./Cameron, Kim S. (1982): Coffin Nails and Corporate Strategies, Englewood Cliffs, New Jersey 1982.

Milne, Markus J. (2002): Positive Accounting Theory, Political Costs and Social Disclosure Analyses: A Critical Look, in: Critical Perspectives on Accounting, 13. Jg., 2002, S. 369-395.

Milne, Markus J./Adler, Ralph W. (1999): Exploring the reliability of social and environmental disclosures content analysis, in: Accounting, Auditing and Accountability Journal, 12. Jg., Heft 2, 1999, S. 237-256.

Mitchell, Ronald K./Agle, Bradley R./Wood, Donna J. (1997): Toward a Theory of Stakeholder Identification and Salience: Defining the Principle of Who and What Really Counts, in: Academy of Management Review, 22. Jg., Heft 4, 1997, S. 853-886.

Morris, Richard D. (1987): Signalling, Agency Theory and Accounting Policy Choice, in: Accounting and Business Research, 18. Jg., Heft 69, 1987, S. 47-56.

Mosler, Karl/Schmid, Friedrich (2009): Beschreibende Statistik und Wirtschaftsstatistik, 4. Aufl., Berlin/Heidelberg 2009.

Mousa, Gehan A. (2010): Stakeholder theory as an arch to manage successful legitimacy strategies, in: International Journal of Critical Accounting, 2. Jg., Heft 4, 2010, S. 399-418.

Moxter, Adolf (1962): Der Einfluß von Publizitätsvorschriften auf das unternehmerische Verhalten, Köln/Opladen 1962.

Moxter, Adolf (1970): Publizität und Rechnungswesen, in: Kosiol, Erich (Hrsg.), Handwörterbuch des Rechnungswesens, Stuttgart 1970, Sp. 1478-1484.

MSCI/S&P (2002): GICS - Global Industry Classification Standard 2002, online verfügbar unter: http://www.msci.com/resources/pdfs/MK-GICS-DIR-3-02.pdf, (Stand: 16.02.2013).

Müller-Böling, Detlef (1992): Organisationsforschung, Methodik der empirischen, in: Frese, Erich (Hrsg.), Handwörterbuch der Organisation, 3. Aufl., Stuttgart 1992, S. 1491-1505.

Müller-Christ, Georg (2001): Nachhaltiges Ressourcenmanagement – Eine wirtschaftsökologische Fundierung, Marburg 2001, zugl. Bayreuth, Univ., Habil., 2001.

Murray, Alan/Sinclair, Donald/Power, David/Gray, Rob (2006): Do Financial Markets Care About Social and Environmental Disclosure? Further Evidence from the UK, in: Accounting, Auditing and Accountability Journal, 19. Jg., Heft 2, 2006, S. 228-255.

N

Naser, Kamal/Al-Khatib, Khalid/Karbhari, Yusuf (2002): Empirical Evidence on the Depth of Corporate Information Disclosure in Developing Countries: The Case of Jordan, in: International Journal of Commerce & Management, 12. Jg., Heft 3/4, 2002, S. 122-155.

Näsi, Juha/Näsi, Salme/Philips, Nelson/Zyglidopoulos, Stelios (1997): The Evolution of Corporate Social Responsiveness: An Explanatory Study of Finnish and Canadian Forestry Companies, in: Business & Society, 38. Jg., Heft 3, 1997, S. 296-321.

Ness, Karen E./Mirza, A. M. (1991): Corporate Social Disclosure: A Note on a Test of Agency Theory, in: British Accounting Review, 23. Jg., 1991, S. 211-217.

Neu, D./Warsame, H./Pedwell, K. (1998): Managing public impressions: environmental disclosures in annual reports, in: Accounting, Organizations and Society, 23. Jg., Heft 3, 1998, S. 265-282.

Niehus, Rudolf J./Thyll, Alfred (2000): Konzernabschluß nach U.S. GAAP – Grundlagen und Gegenüberstellung mit den deutschen Vorschriften, 2. Aufl., Stuttgart 2000.

Niskala, Mikael/Pretes, Michael (1995): Environmental reporting in Finland: a note on the use of annual reports, in: Accounting, Organizations and Society, 20. Jg., Heft 6, 1995, S. 457-466.

Nobes, Christopher/Parker, Robert H. (2012): Comparative international accounting, 12. Aufl., Harlow England , New York 2012.

Nölte, Uwe (2008): Managementprognosen, Analystenschätzungen und Eigenkapitalkosten, zugl. Bochum, Univ., Diss., 2008, online verfügbar unter: http://www-brs.ub.ruhr-uni-bochum.de/netahtml/HSS/Diss/NoelteUwe/diss.pdf, (Stand: 16.02.2013).

North, Douglas C. (1992): Institutionen, institutioneller Wandel und Wirtschaftsleistung, Tübingen 1992.

O

O'Donovan, Gary (2002): Environmental disclosures in the annual report – Extending the applicability and predictive power of legitimacy theory, in: Accounting, Auditing and Accountability Journal, 15. Jg., Heft 3, 2002, S. 344-371.

Ohlson, James A./Juettner-Nauroth, Beate E. (2005): Expected EPS and EPS Growth as Determinants of Value, in: Review of Accounting Studies, 10. Jg., Heft 2/3, 2005, S. 349-365.

Okoye, Adaeze (2009): Theorising Corporate Social Responsibility as an Essentially Contested Concept: Is a Definition Necessary?, in: Journal of Business Ethics, 89. Jg., Heft 4, 2009, S. 613-627.

Oliver, Christine (1991): Strategic Responses to Institutional Process, in: Academy of Management Review, 16. Jg., Heft 1, 1991, S. 145-179.

Orij, René (2010): Corporate social disclosures in the context of national cultures and stakeholder theory, in: Accounting, Auditing and Accountability Journal, 23. Jg., Heft 7, 2010, S. 868-889.

O'Riordan, Linda/Fairbrass, Jenny (2008): Corporate Social Responsibility (CSR): Models and Theories in Stakeholder Dialogue, in: Journal of Business Ethics, 83. Jg., Heft 4, 2008, S. 745-758.

Orlitzky, Marc/Schmidt, Frank L./Rynes, Sara L. (2003): Corporate Social and Financial Performance: A Meta-Analysis, in: Organization Studies, 24. Jg., Heft 3, 2003, S. 403-441.

P

Patten, Dennis M. (1991): Exposure, Legitimacy, and Social Disclosure, in: Journal of Accounting and Public Policy, 10. Jg., 1991, S. 297-308.

Patten, Dennis M. (1992): Intra-industry environmental disclosures in response to the alaskan oil spill: a note on legitimacy theory, in: Accounting, Organizations and Society, 17. Jg., Heft 5, 1992, S. 471-475.

Patton, James/Zelenka, Ivan (1997): An empirical analysis of the determinants of the extent of disclosure in annual reports of joint stock companies in the Czech Republic – An empirical analysis of the determinants of the extent of disclosure in annual reports of joint stock companies in the Czech Republic, in: The European Accounting Review, 6. Jg., Heft 4, 1997, S. 605-626.

Paul, Walter (1993): Umfang und Bedeutung der Investor Relations, in: Betriebswirtschaftliche Forschung ung Praxis, 45. Jg., Heft 2, 1993, S. 133-162.

Pava, Moses L./Epstein, Marc J. (1993): How good is MD&A as an investment tool? – Annual reports were found to be much better at predicting good news than bad news, in: Journal of Accountancy, 175. Jg., Heft 3, 1993, S. 51-53.

Pava, Moses L./Krausz, Joshua (1997): Criteria for Evaluating the Legitimacy of Corporate Social Responsibility, in: Journal of Business Ethics, 16. Jg., 1997, S. 337-347.

Pellens, Bernhard (2001): Publizität, in: Gehrke, Wolfgang/Steiner, Manfred (Hrsg.), Handwörterbuch des Bank- und Finanzwesens, 3. Aufl., Stuttgart 2001, Sp. 1742-1754.

Pellens, Bernhard/Fülbier, Rolf U./Gassen Joachim/Sellhorn, Torsten (2011): Internationale Rechnungslegung, 8. Aufl., Stuttgart 2011.

Penman, Stephen H. (2004): Financial statement analysis and security valuation, 2. Aufl., New York 2004.

Perridon, Louis/Steiner, Manfred/Rathgeber, Andreas (2012): Finanzwirtschaft der Unternehmung, 16. Aufl., München 2012.

Pfaff, Dieter/Zweifel, Peter (1998): Die Principal-Agent Theorie – Ein fruchtbarer Beitrag der Wirtschaftstheorie zur Praxis, in: Wirtschaftliches Studium, 27. Jg., Heft 4, 1998, S. 184-190.

Pfeffer, Jeffrey/Salancik, Gerald R. (1978): The external control of organizations – A resource dependence perspective, New York 1978.

Picot, Arnold (1991): Ökonomische Theorien der Organisation – Ein Überblick über neuere Ansätze und deren betriebswirtschaftliches Anwendungspotential, in: Ordelheide, Dieter R. B./Büsselmann, Elke (Hrsg.), Betriebswirtschaftslehre und Ökonomische Theorie, Stuttgart 1991, S. 143-170.

Picot, Arnold/Dietl, Helmut/Franck, Egon (2008): Organisation – Eine ökonomische Perspektive, Stuttgart 2008.

Plumlee, Marlene/Brown, Darrell/Marshall, R. S. (2010): Voluntary Environmental Disclosure Quality and Firm Value: Further Evidence, Working Paper 2010.

Poddig, Thorsten/Dichtl, Hubert/Petersmeier, Kerstin (2008): Statistik, Ökonometrie, Optimierung – Methoden und ihre praktischen Anwendungen in Finanzanalyse und Portfoliomanagement, 4. Aufl., Bad Soden 2008.

Popper, Karl (1969): Die Logik der Sozialwissenschaften, in: Adorno, Theodor W. (Hrsg.), Der Positivismusstreit in der deutschen Soziologie, Neuwied 1969, S. 103-123.

Popper, Karl (2005): Logik der Forschung, 11. Aufl., Tübingen 2005.

Poser, Hans (2006): Wissenschaftstheorie, Stuttgart 2006.

Pratt, John W./Zeckhauser, Richard J. (1985): Principals and Agents: An Overview, in: Pratt, John W./Zeckhauser, Richard J. (Hrsg.), Principals and Agents: The Structure of Business, Boston 1985, S. 1-35.

Prazak, Natalie (2009): Management's Discussion and Analysis – Eine Bestandsaufnahme, Saarbrücken 2009.

Proppe, Dennis (2009): Endogenität und Instrumentschätzer, in: Albers, Sönke/Klapper, Daniel/Konradt, Udo/Walter, Achim/Wolf, Joachim (Hrsg.), Methodik der empirischen Forschung, 3. Aufl., Wiesbaden 2009, S. 253-266.

Q

Quick, Reiner/Knocinski, Martin (2006): Nachhaltigkeitsberichterstattung – Empirische Befunde zur Berichterstattungspraxis von HDAX-Unternehmen, in: Zeitschrift für Betriebswirtschaft, 76. Jg., Heft 6, 2006, S. 615-650.

R

Raffée, Hans/Abel, Bodo (1979): Aufgaben und aktuelle Tendenzen der Wissenschaftstheorie in den Wirtschaftswissenschaften, in: Raffée, Hans/Abel, Bodo (Hrsg.), Wissenschaftstheoretische Grundfragen der Wirtschaftswissenschaften, München 1979, S. 1-10.

Rahman, Shariful A. b. A./Yusoff, Ruslaina B./Mohamed, Wan N. b. W. (2009): Environmental Disclosure and Financial Performance: An empirical study of Malaysia, Thailand and Singapore, in: Social & Environmental Accounting Journal, 29. Jg., Heft 2, 2009, S. 46-58.

Ramanathan, Kavasseri V. (1976): Toward A Theory of Corporate Social Accounting, in: The Accounting Review, 21. Jg., Heft 3, 1976, S. 516-528.

Ransburg, Beatrix/Vásági, Mária (2007): Concepts and standards for the corporate internalization of sustainable development, in: Social and Management Sciences, 15. Jg., Heft 2, 2007, S. 43-51.

Rappaport, Alfred/Klien, Wolfgang (1999): Shareholder value – Ein Handbuch für Manager und Investoren, 2. Aufl., Stuttgart 1999.

Rasch, Björn/Friese, Malte/Hofmann, Wilhelm/Naumann, Ewald (2010a): Quantitative Methoden – Einführung in die Statistik für Psychologen und Sozialwissenschaftler, 3. Aufl., Heidelberg 2010.

Rasch, Björn/Friese, Malte/Hofmann, Wilhelm/Naumann, Ewald (2010b): Quantitative Methoden – Einführung in die Statistik für Psychologen und Sozialwissenschaftler, 3. Aufl., Heidelberg 2010.

Reese, Mario (2005): Alternative Modelle zur Schätzung erwarteter Eigenkapitalkosten – Eine empirische Untersuchung für den deutschen Aktienmarkt, 2005, online verfügbar unter: http://www.en.bwl.uni-muenchen.de/research/diskus_beitraege/workingpaper/3770.pdf, (Stand: 13.02.2013).

Reich, Robert B. (1998): The New Meaning of Corporate Social Responsibility, in: California Management Review, 40. Jg., Heft 2, 1998, S. 8-17.

Reisloh, Christian (2011): Influence of national culture on IFRS practice – An empirical study in France, Germany and the UK, Frankfurt am Main 2011, zugl. Münster (Westfalen), Univ., Diss., 2011.

Reverte, Carmelo (2012): The Impact of Better Corporate Social Responsibility Disclosure on the Cost of Equity Capital, in: Corporate Social Responsibility and Environmental Management, 19. Jg., Heft 5, 2012, S. 253-272.

Richardson, Alan J./Welker, Michael (2001): Social disclosure, financial disclosure and the cost of equity capital, in: Accounting, Organizations and Society, 26. Jg., 2001, S. 597-616.

Richardson, Alan J./Welker, Michael/Hutchinson, Ian R. (1999): Managing capital market reactions to corporate social responsibility, in: International Journal of Management Reviews, 1. Jg., 1999, S. 17-43.

Richter, Rudolf/Bindseil, Ulrich (1995): Neue Institutionenökonomik, in: Wirtschaftswissenschaftliches Studium, 24. Jg., Heft 3, 1995, S. 132-140.

Richter, Rudolf/Furubotn, Erik G. (2010): Neue Institutionenökonomik, 4. Aufl., Tübingen 2010.

Ridley, Jeffrey/D'Silva, Kenneth/Szombathelyi, Marta (2011): Sustainability assurance and internal auditing in emerging markets, in: Corporate Governance, 11. Jg., Heft 4, 2011, S. 475-488.

Riley, John G. (1975): Competitive Signalling, in: Journal of Economic Theory, 10. Jg., Heft 2, 1975, S. 174-186.

Robbins, Walter A./Austin, Kenneth R. (1986): Disclosure Quality in Governmental Financial Reports: An Assessment of the Appropriateness of a Compound Measure, in: Journal of Accounting Research, 24. Jg., Heft 2, 1986, S. 412-421.

Roberts, Clare/Weetman, Pauline/Gordon, Paul (2008): International Corporate Reporting – a comparative approach, 4. Aufl., Essex 2008.

Roberts, Robin W. (1992): Determinants of Corporate Social Responsibility Disclosure: An Application of Stakeholder Theory, in: Accounting, Organizations and Society, 17. Jg., Heft 6, 1992, S. 595-612.

Ross, Stephen A. (1973): The Economic Theory of Agency: The Principal's Problem, in: American Economic Review, 63. Jg., Heft 2, 1973, S. 134-139.

Rössler, Patrick (2005): Inhaltsanalyse, Konstanz 2005.

Rudzioniene, Kristina (2006): Impact of stakeholders' interests on financial accounting policy-making: the case of Lithuania, in: Transformations in Business & Economics, 5. Jg., Heft 1, 2006, S. 51-64.

Ruhnke, Klaus/Simons, Dirk (2012): Rechnungslegung nach IFRS und HGB, 3. Aufl., Stuttgart 2012.

S

S&P (2012a): Factsheet, 2012, online verfügbar unter: http://www.standardandpoors.com/indices/sp-500/en/us/?indexId=spusa-500-usduf--p-us-l--, (Stand: 13.02.2013).

S&P (2012b): S&P U.S. Indices Methodology, 2012, online verfügbar unter: http://www.standardandpoors.com/indices/sp-500/en/us/?indexId=spusa-500-usduf--p-us-l--, (Stand: 13.02.2013).

S&P (2012c): Index Mathematics Methodology, 2012, online verfügbar unter: http://us.spindices.com/documents/index-policies/methodology-index-math.pdf, (Stand: 13.02.2013).

S&P/SustainAbility/UNEP (2004): Risk & Opportunity – Best Practice in Non-Financial Reporting, 2004, online verfügbar unter: http://www.gppi.net/fileadmin/gppi/ SustainAbility.Risk___Opportunity2004.pdf, (Stand: 13.02.2013).

Salcher, Michael/Kuhn, Susanne/Eckstein, Dominik (2010): Bewertung von Logistikdienstleistern, in: Drukarczyk, Jochen/Ernst, Dietmar (Hrsg.), Branchenorientierte Unternehmensbewertung, 3. Aufl., München 2010, S. 447-477.

Saleh, Mustaruddin/Zulkifli, Norhayah/Muhamad, Rusnah (2011): Looking for evidence of the relationship between corporate social responsibility and corporate financial performance in an emerging market, in: Asia-Pacific Journal of Business Administration, 3. Jg., Heft 2, 2011, S. 165-190.

Samsinger, Robert/Schiessl, Eva (2004): Nachhaltigkeitsberichterstattung in Österreich nach den Richtlinien der Global Reporting Initiative (GRI) 2002, Wien 2004.

Samy, Martin/Odemilin, Godwin/Bampton, Roberta (2010): Corporate social responsibility: a strategy for sustainable business success. An analysis of 20 selected British companies, in: Corporate Governance, 10. Jg., Heft 2, 2010, S. 203-217.

Scapens, Robert W. (2006): Understanding management accounting practices: A personal journey, in: The British Accounting Review, 38. Jg., 2006, S. 1-30.

Schaefer, Patrick/Schröder, Nina I. (2012): Nachhaltigkeitsberichterstattung mittelständischer Unternehmen im Rahmen der Jahresabschluss- und Lageberichts-Publizität – Ergebnisse einer quantitativ-empirischen Untersuchung, in: Zeitschrift für Corporate Governance, 7. Jg., Heft 4, 2012, S. 184-192.

Schaffer, Thomas (2001): Institutionen und Erkenntnis – Eine Analyse im Lichte der Popperschen Erkenntnis- und Wissenschaftstheorie, Berlin 2001, zugl. Köln, Univ., Diss., 1999.

Schaltegger, Stefan/Herzig, Christian/Kleiber, Oliver/Klinke, Torsten/Müller, Jan (2007): Nachhaltigkeitsmanagement in Unternehmen – Von der Idee zur Praxis: Managementansätze zur Umsetzung von Corporate Social Responsibility und Corporate Sustainability, Lüneburg 2007.

Schaltegger, Stefan/Sturm, Andreas (1990): Ökologische Rationalität – Ansatzpunkte zur Ausgestaltung von ökologieorientierten Managementinstrumenten, in: Die Unternehmung, 44. Jg., Heft 4, 1990, S. 273-290.

Schaltegger, Stefan/Zvezdov, Dimitar (2011a): Konzeption und Praxis des Nachhaltigkeitscontrollings – Ansatzpunkte in großen deutschen Unternehmen, in: Controlling, 23. Jg., Heft 8/9, 2011, S. 430-435.

Schaltegger, Stefan/Zvezdov, Dimitar (2011b): Management klimarelevanter Reportinginformationen - Eine explorative Untersuchung in deutschen Unternehmen, in: Zeitschrift für Controlling und Management, 55. Jg., Heft 2, 2011, S. 92-96.

Scherer, Andreas G. (2006): Kritik der Organisation oder Organisation der Kritik? Wissenschaftstheoretische Bemerkungen zum kritischen Umgang mit Organisationstheorien, in: Kieser, Alfred/Ebers, Mark (Hrsg.), Organisationstheorien, Stuttgart 2006, S. 19-61.

Schewe, Gerhard (2010): Unternehmensverfassung – Corporate Governance im Spannungsfeld von Leitung, Kontrolle und Interessenvertretung, 2. Aufl., Berlin 2010.

Schewe, Gerhard/Nienaber, Ann-Marie/Buschmann, Ansgar/Liesenkötter, Bernd (2012): Alles nur Greenwashing? Wie glaubwürdig berichten Unternehmen über ihr Nachhaltigkeitsengagement?, in: Zeitschrift für Umweltpolitik & Umweltrecht, 35. Jg., Heft 1, 2012, S. 1-27.

Schira, Josef (2012): Statistische Methoden der VWL und BWL – Theorie und Praxis, 4. Aufl., München 2012.

Schmid, Michael/Maurer, Andrea (2003): Institutionen und Handeln – Probleme und Perspektiven der Institutionentheorie in Soziologie und Ökonomie, in: Schmid, Michael/ Maurer, Andrea (Hrsg.), Ökonomischer und soziologischer Institutionalismus - Interdisziplinäre Beiträge und Perspektiven der Institutionentheorie und -analyse, Marburg 2003, S. 9-46.

Schmidt, Matthias (2012): Möglichkeiten und Grenzen einer integrierten Finanz- und Nachhaltigkeitsberichterstattung, Düsseldorf 2012, zugl. Münster (Westfalen), Univ., Diss., 2011.

Schneider, Dieter (1993): Wider Insiderhandelsverbot und die Informationseffizienz des Kapitalmarkts, in: Der Betrieb, 46. Jg., Heft 29, 1993, S. 1429-1435.

Schneider, Dieter (1995): Betriebswirtschaftslehre – Grundlagen, Band 1, 2. Aufl., München 1995.

Schnell, Rainer/Hill, Paul B./Esser, Elke (2011): Methoden der empirischen Sozialforschung, 9. Aufl., München 2011.

Schreck, Philipp (2009): The Business Case for Corporate Social Responsibility – Understanding and Measuring Economic Impacts of Corporate Social Performance, Heidelberg 2009.

Schreck, Philipp (2011): Ökonomische Corporate Social Responsibility Forschung – Konzeptionalisierung und kritische Analyse ihrer Bedeutung für die Unternehmensethik, in: Zeitschrift für Betriebswirtschaft, 81. Jg., Heft 7, 2011, S. 745-769.

Schroeder, Richard G./Clark, Myrtle W./Cathey, Jack M. (2011): Financial Accounting Theory and Analysis: Text and Cases, 10. Aufl., Hoboken, NJ 2011.

Schueth, Steve (2003): Socially Responsible Investing in the United States, in: Journal of Business Ethics, 43. Jg., Heft 3, 2003, S. 189-194.

Schulz, Werner F./Burschel, Carlo/Losen, Dirk (2001): Corporate Sustainability Reporting – Zum Stand der unternehmerischen Nachhaltigkeitsberichterstattung, in: Umweltwirtschaftsforum, 9. Jg., Heft 4, 2001, S. 34-39.

Schwartz, Mark S./Carroll, Archie B. (2003): Corporate Social Responsibility: A Three-Domain Approach, in: Business Ethics Quarterly, 13. Jg., Heft 4, 2003, S. 503-530.

Schwartz, Richard M./Mussio, Donna (2009): Environmental Disclosure Requirements Under the Federal Securities Laws, New York 2009.

Scott, W. R./Meyer, J. W. (1994): Developments in Institutional Theory, in: Scott, William R./Meyer, John W. (Hrsg.), Institutional Environments and Organizations - Structural Complexity and Individualism, Thousand Oaks et al. 1994, S. 1-8.

Scott, W. R. (2008): Institutions and Organizations, 3. Aufl., Thousand Oaks 2008.

Scott, William A. (1955): Reliability of Content Analysis: The Case of Nominal Scale Coding, in: The Public Opinion Quarterly, 19. Jg., Heft 3, 1955, S. 321-325.

Scott, William R. (2003): Organizations – Rational, natural, and open systems, 5. Aufl., London et al. 2003.

Seamons, Quinton F. (1997): Requirements and Pitfalls of MD&A Disclosure, in: Securities Regulation Law Journal, 25. Jg., 1997, S. 239-275.

Selchert, Friedrich W. (1999): Die MD&A – ein Vorbild für den Lagebericht?, in: Küting, Karlheinz/Langenbucher, Günther/Weber, Claus-Peter (Hrsg.), Internationale Rechnungslegung - Festschrift für Professor Dr. Claus-Peter Weber zum 60. Geburtstag, Stuttgart 1999, S. 219-237.

Senge, Konstanze (2006): Zum Begriff der Institution im Neo-Institutionalismus, in: Senge, Konstanze/Hellmann, Kai-Uwe (Hrsg.), Einführung in den Neo-Institutionalismus, Wiesbaden 2006, S. 35-47.

Senge, Konstanze/Hellmann, Kai-Uwe (2006): Einleitung, in: Senge, Konstanze/Hellmann, Kai-Uwe (Hrsg.), Einführung in den Neo-Institutionalismus, Wiesbaden 2006, S. 7-31.

Sengupta, Partha (1998): Corporate Disclosure Quality and the Cost of Debt, in: The Accounting Review, 73. Jg., Heft 4, 1998, S. 459-474.

Sethi, Suresh P. (1977): Advocacy Advertising and Large Corporations, Lexington et al. 1977.

Sethi, Suresh P. (1978): Advocacy advertising: The American experience, in: California Management Review, 21. Jg., Heft 1, 1978, S. 55-67.

Siegel, Andrew F. (2012): Practical Business Statistics, 6. Aufl., Chicago 2012.

SIFF (2010): Report on Socially Responsible Investing Trends in the United States 2010, Washington 2010, online verfügbar unter: http://ussif.org/resources/pubs/trends/documents/2010TrendsES.pdf, (Stand: 13.02.2013).

Simnett, Roger/Vanstraelen, Ann/Chua, Wai Fong (2009): Assurance on Sustainability Reports: An International Comparison, in: The Accounting Review, 84. Jg., Heft 3, 2009, S. 937-967.

Singhvi, Surendra S./Desai, Harsha B. (1971): An Empirical Analysis of the Quality of Corporate Financial Disclosure, in: The Accounting Review, 46. Jg., Heft 1, 1971, S. 129-138.

Smith, Malcolm/Taffler, Richard J. (2000): The chairman's statement – A content analysis of discretionary narrative disclosures, in: Accounting, Auditing and Accountability Journal, 13. Jg., Heft 5, 2000, S. 624-647.

Smith, N. C. (2003): Corporate Social Responsibility: Whether or How?, in: California Management Review, 45. Jg., Heft 4, 2003, S. 52-76.

SolarWorld AG (2011): Annual Group Report 2010, 2011.

Spelthahn, Sabine/Fuchs, Livia/Demele, Uwe (2009): Glaubwürdigkeit in der Nachhaltigkeitsberichterstattung, in: Umweltwirtschaftsforum, 17. Jg., Heft 1, 2009, S. 61-68.

Spence, Andrew M. (1972): Market Signalling, Cambridge 1972, zugl. Cambridge, Univ., Diss., 1972.

Spence, Andrew M. (1973): Job Market Signaling, in: Quarterly Journal of Economics, 83. Jg., Heft 3, 1973, S. 355-374.

Spence, Andrew M. (2002): Signaling in Retrospect and the Informational Structure of Markets, in: The American Economic Review, 92. Jg., Heft 3, 2002, S. 434-459.

Spremann, Klaus (1990): Asymmetrische Information, in: Zeitschrift für Betriebswirtschaft, 60. Jg., Heft 5/6, 1990, S. 561-586.

Stanga, Keith G. (1976): Disclosure in Published Annual Reports, in: Financial Management, 5. Jg., Heft 4, 1976, S. S. 42-52.

Steinert, Andreas/Klein, Axel (2002): Corporate Social Responsibilty (CSR) – Eine neue Herausforderung an die Unternehmenskommunikation, in: Bentele, Günter/Piwinger M. G. (Hrsg.), Kommunikationsmanagement - Strategien, Wissen, Lösungen, Neuwied 2002.

Sterling, Robert R. (1990): Positive Accounting: An Assessment, in: Abacus, 26. Jg., Heft 2, 1990, S. 97-135.

Stier, Winfried (1999): Empirische Forschungsmethoden, 2. Aufl., Berlin et al. 1999.

Stiglitz, Joseph E. (1975): The Theory of "Screening", Education, and the Distribution of Income, in: The American Economic Review, 65. Jg., Heft 3, 1975, S. 283-300.

Stock, James H./Watson, Mark M. (2012): Introduction to Econometrics, 3. Aufl., Essex 2012.

Stoney, Christopher/Winstanley, Diana (2001): Stakeholding: Confusion or Utopia? Mapping the Conceptual Terrain, in: Journal of Management Studies, 38. Jg., Heft 5, 2001, S. 603-626.

Streim, Hannes (1988): Grundzüge der handels- und steuerrechtlichen Bilanzierung, Stuttgart 1988.

Streim, Hannes (1995): Zum Stellenwert des Lageberichts im System der handelsrechtlichen Rechnungslegung, in: Elschen, Rainer/Siegel, Theodor/Wagner, Franz W. (Hrsg.), Unternehmenstheorie und Besteuerung - Festschrift zum 60. Geburtstag von Dieter Schneider, Wiesbaden 1995, S. 703-721.

Streim, Hannes/Esser, Maik (2003): Rechnungslegung nach IAS/IFRS – Ein geeignetes Instrument zur Informationsvermittlung?, in: Steuern und Bilanzen, 5. Jg., Heft 18, 2003, S. 836-840.

Subramaniam, Nava (2006): Agency Theroy and Accounting Research: An Overview of Some Conceptual and Empirical Issues, in: Hoque, Zahirul (Hrsg.), Methodological Issues in Accounting Research - Theories, methods and issues, London 2006, S. 55-81.

Suchman, Mark C. (1995): Managing Legitimacy: Strategic and Institutional Approaches, in: Academy of Management Review, 20. Jg., Heft 3, 1995, S. 571-610.

SustainAbility/UNEP (2002): Trust Us – The Global Reporters 2002 Survey of Corporate Sustainability Reporting, London/Paris 2002.

Suttipun, Muttanachai/Stanton, Patricia (2012): Determinants of Environmental Disclosure in Thai Corporate Annual Reports, in: International Journal of Accounting and Financial Reporting, 2. Jg., Heft 1, 2012, S. 99-115.

T

Tabachnick, Barbara G./Fidell, Linda S. (2010): Using multivariate statistics, 5. Aufl., Boston 2010.

Tacke, Veronika (2006): Rationalität im Neo-Institutionalismus – Vom exakten Kalkül zum Mythos, in: Senge, Konstanze/Hellmann, Kai-Uwe (Hrsg.), Einführung in den Neo-Institutionalismus, Wiesbaden 2006, S. 89-101.

Tagesson, Torbjörn/Blank, Veronica B. P./Collin/Sven-Olof (2009): What Explains the Extent and Content of Social and Environmental Disclosures on Corporate Websites: A Study of Social and Environmental Reporting in Swedish Listed Corporations, in: Corporate Social Responsibility and Environmental Management, 16. Jg., Heft 6, 2009, S. 352-364.

Tesch, Jörg (2008): Nichtfinanzielle Leistungsindikatoren im Lagebericht, in: Freidank, Carl-Christian/Müller, Stefan/Wulf Inge (Hrsg.), Controlling und Rechnungslegung - Aktuelle Entwicklungen in Wissenschaft und Praxis, Festschrift für Laurenz Lachnit zum 65. Geburtstag, Wiesbaden 2008, S. 301-317.

Thommen, Jean-Paul/Achleitner, Ann-Kristin (2012): Allgemeine Betriebswirtschaftslehre, 7. Aufl., Wiesbaden 2012.

Tilebein, Meike (2005): Nachhaltiger Unternehmenserfolg in turbulenten Umfeldern – Die Komplexitätsforschung und ihre Implikationen für die Gestaltung wandlungsfähiger Unternehmen, Frankfurt am Main 2005, zugl. Stuttgart, Univ., Diss., 2004.

Tinker, Tony/Neimark, Marilyn (1987): The role of annual reports in gender and class contradictions at General Motors: 1917-1976, in: Accounting, Organizations and Society, 12. Jg., Heft 1, 1987, S. 71-88.

Titman, Sheridan/Trueman, Brett (1986): Information Quality and the Valuation of New Issues, in: Journal of Accounting and Economics, 8. Jg., Heft 2, 1986, S. 159-172.

Toutenburg, Helge/Schomaker, Michael/Wißmann, Malte/Heumann, Christian (2009): Arbeitsbuch zur deskriptiven und induktiven Statistik, 2. Aufl., Berlin/Heidelberg 2009.

Trotman, Ken T./Bradley, Graham W. (1981): Association between Social Responsibility Disclosure and Characteristics of Companies, in: Accounting, Organizations and Society, 6. Jg., Heft 4, 1981, S. 355-362.

U

Ullman, Arieh A. (1985): Data in Search of a Theory: A Critical Examination of the Relationships Among Social Performance, Social Disclosure, and Economic Performance of U.S. Firms, in: Academy of Management Review, 10. Jg., Heft 3, 1985, S. 540-557.

UNEP/GRI/KPMG/Unit for Corporate Governance in Africa (2008): Carrots and Sticks: Promoting Transparency and Sustainability – An update on trends in Voluntary and Mandatory Approaches to Sustainability Reporting, 2008, online verfügbar unter: https://www.globalreporting.org/resourcelibrary/Carrots-And-Sticks-Promoting-Transparency-And-Sustainbability.pdf, (Stand: 16.02.2013).

Unerman, Jeffrey (2000): Methodological Issues – Reflections on Quantification in Corporate Social Reporting Content Analysis, in: Accounting, Auditing and Accountability Journal, 13. Jg., Heft 5, 2000, S. 667-680.

Unrein, Daniel (2009): Der Exposure Draft zum Management Commentary-Projekt des IASB – Die zukünftige Lageberichterstattung nach IFRS, in: Praxis der internationalen Rechnungslegung, 5. Jg., Heft 9, 2009, S. 259-266.

V

van der Laan Smith, Joyce/Adhikari, Ajay/Tondkar, Rasoul H. (2005): Exploring differences in social disclosures internationally: A stakeholder perspective, in: Journal of Accounting and Public Policy, 24. Jg., Heft 2, 2005, S. 123-151.

van der Laan Smith, Joyce/Adhikari, Ajay/Tondkar Rasoul H./Andrews, Roberts L. (2010): The impact of corporate social disclosure investment behaviour: A cross-national study, in: Journal of Accounting and Public Policy, 29. Jg., Heft 2, 2010, S. 177-192.

van Marrewijk, Marcel (2003): Concepts and Definitions of CSR and Corporate Sustainability: Between Agency and Communion, in: Journal of Business Ethics, 44. Jg., Heft 2/3, 2003, S. 95-105.

Verrecchia, Robert E. (1983): Discretionary Disclosure, in: Journal of Accounting and Economics, 5. Jg., Heft 3, 1983, S. 179-194.

von Auer, Ludwig (2011): Ökonometrie – Eine Einführung, 5. Aufl., Heidelberg 2011.

von der Crone, Hans C./Hoch, Mariel (2002): Nachhaltigkeit und Nachhaltigkeitsreporting, in: Aktuelle Juristische Praxis, 11. Jg., Heft 1, 2002, S. 40-50.

von Wysocki, Klaus (1981): Sozialbilanzen – Inhalt und Formen gesellschaftsbezogener Berichterstattung, Stuttgart 1981.

Vurro, Clodia/Perrini, Francesco (2011): Making the most of corporate social responsibility reporting: disclosure structure and its impact on performance, in: Corporate Governance, 11. Jg., Heft 4, 2011, S. 459-474.

W

Wagenhofer, Alfred (1990): Informationspolitik im Jahresabschluss – Freiwillige Informationen und strategische Bilanzanalyse, Heidelberg 1990.

Wallace, R. S. O./Naser, Kamal/Mora, Araceli (1994): The Relationship Between the Comprehensiveness of Corporate Annual Reports and Firm Characteristics in Spain, in: Accounting and Business Research, 25. Jg., Heft 97, 1994, S. 41-53.

Wallace, R. S. O./Naser, Kamal/Mora, Araceli (1995): Firm-Specific Determinants of the Comprehensiveness of Mandatory Disclosure in the Corporate Annual Reports of Firms Listed on the Stock Exchange of Hong Kong, in: Journal of Accounting and Public Policy, 14. Jg., Heft 4, 1995, S. 311-368.

Wang, Kun/Sewon, O./Claiborne, M. C. (2008): Determinants and consequences of voluntary disclosure in an emerging market: Evidence from China, in: Journal of International Accounting, Auditing & Taxation, 17. Jg., Heft 1, 2008, S. 14-30.

Wartick, Steven L./Mahon, John F. (1994): Toward a Substantive Definition of the Corporate Issue Construct: A Review and Synthesis of the Literature, in: Business & Society, 33. Jg., Heft 3, 1994, S. 293-311.

Wasser, Gerd (1976): Bestimmungsfaktoren freiwilliger Prognosepublizität, Düsseldorf 1976.

Watts, Ross L./Zimmermann, Jerold L. (1978): Towards a Positive Theory of the Determination of Accounting Standards, in: The Accounting Review, 53. Jg., Heft 1, 1978, S. 112-134.

Watts, Ross L./Zimmermann, Jerold L. (1979): The Demand for and Supply of Accounting Theories: The Market for Excuses, in: The Accounting Review, 54. Jg., Heft 2, 1979, S. 273-305.

Watts, Ross L./Zimmermann, Jerold L. (1986): Positive Accounting Theory, Englewood Cliffs, New Jersey 1986.

Watts, Ross L./Zimmermann, Jerold L. (1990): Positive Accounting Theory: A Ten Year Perspective, in: The Accounting Review, 65. Jg., Heft 1, 1990, S. 131-156.

WBCSD (1999): Corporate Social Responsibility – Meeting Changing Expectations, Conches-Geneva 1999, online verfügbar unter: http://oldwww.wbcsd.org/DocRoot/hbdf19Txhmk3kDxBQDWW/CSRmeeting.pdf, (Stand: 16.02.2013).

WBCSD (2001): The Business Case for Sustainable Development – Making a difference toward the Johannisburg Summit 2002 and beyoned, 2001, online verfügbar unter: http://www.wbcsd.org/web/publications/business-case.pdf, (Stand: 16.02.2013).

WCED (1987): Our Common Future (Brundtland Report), Oxford 1987.

Weber, Jürgen/Georg, Johannes/Janke, Robert (2010): Nachhaltigkeit: Relevant für das Controlling?, in: Zeitschrift für Controlling und Management, 54. Jg., Heft 6, 2010, S. 395-400.

Weber, Max (1980): Wirtschaft und Gesellschaft, 5. Aufl., Tübingen 1980.

Welford, Richard (2004): Corporate Social Responsibility in Europe and Asia – Critical Elements and Best Practice, in: The Journal of Corporate Citizenship, 13. Jg., 2004, S. 31-47.

Wenger, Ekkehard/Terberger, Eva (1988): Die Beziehung zwischen Agent und Prinzipal als Baustein einer ökonomischen Theorie der Organisation, in: Wirtschaftswissenschaftliches Studium, 18. Jg., Heft 10, 1988, S. 506-514.

Westermann, Rainer (1987): Wissenschaftstheoretische Grundlagen der experimentellen Psychologie, in: Lüer, Gerd/Becker, Dietrich (Hrsg.), Allgemeine experimentelle Psychologie - Eine Einführung in die methodischen Grundlagen mit praktischen Übungen für das experimentelle Praktikum ; 84 Tabellen, Stuttgart 1987, S. 5-42.

White, Halbert (1980): A Heteroskedasticty-consistent covariance matrix estimator and a direct test for heteroskedasticity, in: Econometrica, 48. Jg., Heft 4, 1980, S. 817-838.

Williams, S. M. (1999): Voluntary Environmental and Social Accounting Disclosure Practices in the Asia-Pacific Region: An International Empirical Test of Political Economy Theory, in: The International Journal of Accounting, 34. Jg., Heft 2, 1999, S. 209-238.

Williamson, Oliver E. (1990): Die ökonomischen Institutionen des Kapitalismus – Unternehmen, Märkte, Kooperationen, Tübingen 1990.

Wiseman, Joanne (1982): An Evaluation Of Environmental Disclosures Made In Corporate Annual Reports, in: Accounting, Organizations and Society, 7. Jg., Heft 1, 1982, S. 53-63.

Wöhe, Günter (2010): Einführung in die Allgemeine Betriebswirtschaftslehre, 24. Aufl., München 2010.

Wolf, Joachim (2013): Organisation, Management, Unternehmensführung, 5. Aufl., Wiesbaden 2013.

Wolff, Birgitta (1999): Zum methodischen Status von Verhaltensannahmen in der Neuen Institutionenökonomik, in: Edeling, Thomas/Jann, Werner/Wagner, Dieter (Hrsg.), Institutionenökonomie und Neuer Institutionalismus, Opladen 1999, S. 133-146.

Wong, Jilnaught (1988): Economic Incentives for the Voluntary Disclosure of Current Cost Financial Statements, in: Journal of Accounting and Economics, 10. Jg., Heft 2, 1988, S. 151-167.

Wong, Jilnaught (1995): Agency Theory and Accounting Choices: A Theoretical Framework, in: Jones, Stewart/Romano, Claudio/Ratnatunga, Janek (Hrsg.), Accounting Theory: a contemporary review, Sydney et al. 1995, S. 394-406.

Woods, Maef (2003): The Global Reporting Initiative, in: The CPA Journal, 73. Jg., Heft 6, 2003, S. 60-65.

Woodward, David G./Edwards, Pam/Birkin, Frank (1996): Organizational Legitimacy and Stakeholder Information Provision, in: British Journal of Management, 7. Jg., 1996, S. 329-347.

Wooldridge, Jeffrey M. (2009): Introductory econometrics – A modern approach, 4. Aufl., Mason 2009.

Y

Yoshimori, Masau (1995): Whose Company Is It? The Concept of the Corporation in Japan and the West, in: Long Range Planning, 28. Jg., Heft 4, 1995, S. 33-44.

Z

Zeff, Stephen A. (1995): A Perspective on the U.S. Public/Private-Sector Approach to the Regulation of Financial Reporting, in: Accounting Horizons, 9. Jg., Heft 1, 1995, S. 52-70.

Zentes, Joachim/Schramm-Klein, Hanna (2009): Nachhaltigkeitsberichterstattung – eine neue Dimension der Rechnungslegung, in: Weber, Claus-Peter/Lorson, Peter/Pfitzer, Norbert/Kessler, Harald/Wirth, Johannes (Hrsg.), Berichterstattung für den Kapitalmarkt - Festschrift für Karlheinz Küting zum 65. Geburtstag, Stuttgart 2009, S. 183-209.

Zimmermann, Ekkart (1972): Das Experiment in den Sozialwissenschaften, Stuttgart 1972.

Zucker, Lynne G. (1977): The role of institutionalization in cultural persistence, in: American Sociological Review, 42. Jg., Heft 10, 1977, S. 726-743.

Zülch, Henning/Detzen, Dominic (2012): Status Quo der Übernahme und Akzeptanz der IFRS in den USA - Condorsement als kleinster gemeinsamer Nenner?, in: Der Betrieb, 65. Jg., Heft 21, 2012, S. 1166-1168.

Münsteraner Schriften zur Internationalen Unternehmensrechnung

Herausgegeben von Peter Kajüter

Band 1 Daniela Barth: Prognoseberichterstattung. Praxis, Determinanten und Kapitalmarktwirkungen bei deutschen börsennotierten Unternehmen. 2009.

Band 2 Tobias Dickmann: Controllingintegration nach M&A-Transaktionen. Eine empirische Analyse. 2010.

Band 3 Simon Esser: Produktorientiertes Kostenmanagement in der chemischen Industrie. Eine empirische Analyse. 2011.

Band 4 Christian Reisloh: Influence of National Culture on IFRS Practice. An Empirical Study in France, Germany and the United Kingdom. 2011.

Band 5 Matthias Moeschler: Cost Accounting in Germany and Japan. A Comparative Analysis. 2012.

Band 6 Martin Merschdorf: Der Management Approach in der IFRS-Rechnungslegung. Implikationen für Unternehmen und Investoren. 2012.

Band 7 Kristian Bachert: Fair Value Accounting. Implications for Users of Financial Statements. 2012.

Band 8 Daniel Blaesing: Nachhaltigkeitsberichterstattung in Deutschland und den USA. Berichtspraxis, Determinanten und Eigenkapitalkostenwirkungen. 2013.

Band 9 Christina Voets: Kulturelle Einflüsse auf die Anwendung des Impairment-Tests nach IAS 36. Eine experimentelle Untersuchung in Asien und Europa. 2013.

www.peterlang.de

www.ingramcontent.com/pod-product-compliance
Ingram Content Group UK Ltd.
Pitfield, Milton Keynes, MK11 3LW, UK
UKHW021124041026
8980IPUK00026B/391

9 783631 645475